全本点校

太平御覽

（六）

〔北宋〕李昉 等编著

谦德书院 点校

團结出版社

图书在版编目（CIP）数据

太平御览 /（北宋）李昉等编著；谦德书院点校
. -- 北京：团结出版社，2024.3
ISBN 978-7-5234-0257-3

Ⅰ. ①太… Ⅱ. ①李… ②谦… Ⅲ. ①百科全书－中国－北宋 Ⅳ. ① Z222

中国国家版本馆 CIP 数据核字 (2023) 第 135958 号

出版： 团结出版社
（北京市东城区东皇城根南街 84 号 邮编：100006）
电话：（010）65228880 65244790 （传真）
网址： www.tjpress.com
Email： zb65244790@vip.163.com
经销： 全国新华书店
印刷： 易阳印刷河北有限公司

开本： 145×210 1/32
印张： 238
字数： 5883 千字
版次： 2024 年 3 月 第 1 版
印次： 2025 年 5 月 第 2 次印刷

书号： 978-7-5234-0257-3
定价： 980.00 元（全九册）

目 录

卷第六百六十五 道部七

卷第六百六十六 道部八

太平御览卷第五百四十五 礼仪部二十四

丧纪下

《礼记·曾子问》曰："君薨而世子生，则如之何？"孔子曰："卿、大夫、士从摄主，北面于西阶南；变于朝夕哭位也。摄主，上卿代君听政也。大祝裨冕，执束帛，升自西阶，尽等，不升堂，命无哭；将有事，宜清净。祝声三，告曰：'某之子生，敢告。'升，奠弊于殡东几上。哭，降。"曾子问曰："如已葬而世子生，如之何？"孔子曰："太宰、太宗，从太祝而告于祢。告生。三月，乃名于祢，以名遍告，及社稷、宗庙、山川。"

又曰："将冠子，冠者至，揖让而入，闻齐衰、大功之丧，如之何？"冠者，宾及赞也。孔子曰："内丧则废，外丧则冠而不醴，彻馔而扫，即位而哭。如冠者未至，则废。"

又曰："婚礼既纳币，有吉日，女之父母死，则如之何？"吉日谓娶女之日也。孔子曰："婿使人吊。若婿之父母死，则女之家亦使人吊。父丧称父，母丧称母。各以其正嫡自相吊问，礼之宜。父母不在，则称伯父、世母。吊礼不废也。已葬，婿之伯父，致命女氏曰：'某之子有父母之丧，不得嗣为兄弟，嗣，继。使某致命。'女氏许诺而不敢嫁，礼也。婿免丧，女之父母使人请，婿弗娶而后嫁之，礼也。"

又曰："大夫、士有私丧，可以除之矣；而有君服焉，其除之也，如之何？"孔子曰："有君丧，服于身，不敢私服，又何除焉？于是乎有过时而弗除也。君之丧服除，而后殷祭，礼也。"谓主人也。支子则否。

又曰："君薨，既殡，而臣有父母之丧，则如之何？"孔子曰："归居于家，有殷事，则之君所，朝夕否。"曰："君既启，而臣有父母之丧，则如之何？"孔子曰："归哭而反送君。"曰："君未殡而臣有父母之丧，则如之何？"孔子曰："归殡，反于君所，有殷事则归，朝夕否。"

又曰："君出疆，以三年之戒，以椑从。君薨，其入如之何？"孔子曰："供殡服，则子麻弁绖、疏衰、菲、杖。棺柩未安，不忍成服于外也。布弁如爵弁，而用布也。杖者，为己病。入自阙，升自西阶。阙谓毁宗也。柩毁宗而入异于生。如小敛，则子免而从柩，入自门，升自阼阶。君、大夫、士，一节也。"

又《杂记》曰：恤由之丧，哀公使孺悲之孔子学《士丧礼》，《士丧礼》于是存乎书。

又曰：士之子为大夫，父母弗能主也，使其子主之。无子则为之置后。凡主兄弟之丧，虽疏亦虞。丧事虞祔乃毕。

又《杂记下》曰：姑姊妹其夫死，而夫党无兄弟，使夫之族人主丧，妻之党虽亲不主。此谓姑姊妹无子寡死。而夫若无族矣，则前后家、东西家；无有，则里尹主之。

又曰：或问于曾子曰："夫既遣而包其余，犹既食而裹其余乎？"言遣既郑而又包之，是与食于人已而裹其余将去何异。君子宁为是乎？言伤廉也。曾子曰："吾子不见大飨乎？夫大飨既飨，卷三牲之俎，归于宾馆。父母而宾客之，所以为哀也。"

又《丧服小记》曰：大夫不主士之丧，士之丧虽无主，不敢摄大夫以为主。士不摄大夫，唯宗子。

又《丧大记》曰：疾病，外内皆扫，为宾客将来问疾也。疾困曰病也。君、大夫彻县，士去琴瑟。寝东首于北牖下，谓君来视之时也。病者居北牖下。废床，彻亵衣，加新衣，体一人，人始生在地，去床，庶几气生也。彻亵衣，则所加者朝服也。男女改服，属纩，以俟绝气。唯哭先复，复而后行死事。君设大盘，造冰焉；大夫设夷盘，造冰焉；士并瓦盘，无冰。设床襢笫，有枕，唅一床，袭一床，迁尸于堂又一床，皆有枕席。君、大夫、士一也。始死，迁尸于床，幠用敛衾，去死衣。小臣楔齿用角柶，缀足用燕几。君、大夫、士一也。管人汲，授御者，御者差沐于堂上。君沐粱，大夫沐稷，士沐粱。甸人为垼于西墙下，陶人出重鬲，管人受沐，乃煮之。甸人取所彻庙之西北厞薪，用爨之。管人授御者沐，乃沐。用瓦盘，挋用巾，如他日。小臣爪手剪发。濡濯弃于坎。

又《三年问》曰:“三年之丧何也。”曰:“称情而立文,因以饰群,别亲疏贵贱之节,而弗可损益也。故曰无易之道也。”称其情而立文,称人情之轻重而制其礼也。群谓亲之党也。无易犹不易也。创钜者其日久,痛甚者其愈迟。三年者,称情而立文,所以为至痛极也。

又曰:“然则何以至期也?”言三年之义如此,则何以有降至于期也。期者谓为人后者父在为母也。曰:“至亲以期断。”言服之正,虽至亲皆期而除也。“是何也?”问服断于期之义也。曰:“天地则已易矣,四时则已变矣,其在天地之中者,莫不更始焉。是以象之也。”法此变易,可以期也。“然则何以三年也?”言法此变易可以期,何以乃三年为。曰:“加隆焉尔也,焉使倍之,故再期也。”言于父母加隆其恩,使倍期也。下焉犹然。“由九月以下,何也?”曰:“焉使弗及也。”言使其恩不若父母。故三年以为隆,缌小功以为杀,期九月为间。上取象于天,下取法于地,中取则于人,人之所以群居,和壹之理尽矣。取象于天地谓法其变易也。自三年以至缌,皆岁时之数也。言既象天地,又足以尽人聚居,纯厚之恩也。

《左传·哀下》曰:越围吴,赵孟降于丧食,赵孟,襄子无恤,时有父简子丧。楚隆曰:“三年之丧,亲昵之极也。主又降之,无乃有故乎?”楚隆,襄子家臣。赵孟曰:“黄池之役,先主与吴王有质,曰:‘好恶同之。’今越围吴,嗣子不废旧业而敌之,嗣子,襄子自谓,欲敌越救吴。非晋之所能及也。吾是以为降。”

《论语·阳货》曰:宰我问:“三年之丧期已久矣。君子三年不为礼,礼必坏;三年不为乐,乐必崩。旧谷既没,新谷既升,钻燧改火,其可已矣。”子曰:“食夫稻,衣夫锦,于女安乎?”曰:“安。”“女安,则为之。夫君子之居丧,食旨不甘,闻乐不乐,居处不安。故不为也。今女安,则为之。”宰我出。子曰:“予之不仁也。子生三年,然后免于父母之怀。夫三年之丧,天下之通丧也。予也有三年之爱于其父母乎?”言子之于父母,欲报之恩,昊天罔极。而予也有三年之爱乎?

《孝经援神契》曰:丧不过三年,以期;增倍五五二十五月。义断仁,期,十二月也。再期,二十五月也。言期增倍则可矣。复云二十五月者,容有闰,故曰期而后三十五月也。《春秋》曰：闰月葬，斋，景公看数闰也。示民有终，缘丧绝情。再期，万物再终，丧者弥远。远追慕杀，故因杀以绝。

《家语》曰：孔子在卫，司徒敬子卒，夫子吊焉。主人不哀，夫子哭，不尽声而退。蘧伯玉谓孔子曰："卫国鄙俗，不习丧礼，烦吾子辱相焉。"孔子许之。掘中溜而浴，中溜，室中。毁灶以缀足，袭尸于床。及葬，毁宗躐行，明不复有事于此。缀足，欲令不解戾也。毁宗庙之门，西而出行。神之位在庙门之外。出于大门。及墓，男子西面，妇人东面。既封，而归，殷道也。孔子行之。子游问曰："君子行礼，不求变俗，夫子变之矣。"孔子曰："非此之谓也。丧事则从其质而已矣。"

又曰：孔子之丧，公西赤掌葬焉。唅以蔬米三具，蔬米，粳米也。《礼记》曰"嘉蔬"。袭衣十有一，称加朝服一，冠章甫之冠，佩象环，径五寸，而綦组绶。綦，杂色也。桐棺四寸，柏椁五寸，饰桐疒啬，置翣、设披，周也；设崇，殷也；绸练、设旐，夏也。按柩行夹，引棺者也。崇牙，旌旗节也。绸练，旌旗之□葬乘车所建也。旌旗之旒，縿缁布广充幅长寻曰旐也。兼用三王之礼，所以尊师，且备古也。

《续汉书·礼仪志》曰：登遐，皇后诏三公典丧事。百官皆衣白单衣，白帻冠。闭城门、宫门。近臣中黄门持兵，虎贲、羽林郎、中署皆严宿卫。官府各警，北军五校绕宫屯兵，黄门令、尚书、御史、谒者昼夜行陈三公所，手足色肤如礼。皇后、皇太子哭踊如礼，沐浴如礼。守宫令兼东园匠将女执事，黄绵、缇缯、金缕、玉押柙如故事。饭含珠玉如礼，冰盘如礼。百官哭临殿下。是日夜，下竹使符到，皆伏哭尽哀。小敛如礼。东园匠、考工合东园秘器，表里洞赤，文画日、月、乌、龟、龙、虎、连璧、偃明如故事。大敛于两楹之间。

干宝《晋记》曰：大鸿胪郑默有母丧，既葬，有司依常还摄职。默固陈，执久，乃许之。于是定令，听大臣得终丧焉。

《宋书·礼志》曰：郑玄《丧制》：二十七月而终。学者多云得礼。晋初用王肃议，祥禫共月，遂以为制。江左以来，唯晋朝施用，缙绅之士犹多尊玄议。

《齐书》曰：皇太子妃薨，左卫将军沈文季经为宫臣，未详服不。正俭议曰："汉魏已来，宫僚先备臣隶之节，具体在三。存既尽敬，亡岂无服。昔庾翼丧妻，王允、滕犹府吏，宜有小君之服，况臣节之重，宜依旧君之妻，齐衰，三月而除。"

《后周书》曰：葬文宣后叱奴氏于永固陵。帝袒跣至陵所，诏曰："齐斩之情，经籍彝训，近代沿革，遂亡斯礼。伏奉遗令，既葬便除，攀慕几筵，情实未忍。三年之丧，达于天子，古今无易之道，王者之所常行。但时有未谐，不得全制，军国务重，庶目听朝，縗麻之节，苫庐之礼，率遵前典，以申罔极。百寮以下，宜依遗令。"公卿上表固请俯就权制，过葬即吉。帝不许，引古礼答之，群臣乃止。于是，遂申三年之制。五服之内，亦令依礼。

《冲波传》曰：宰我谓："三年之丧，日月既周，星辰既更，衣裳既造，百鸟既变，万物既易，黍稷既生，朽者既枯，于期可矣。"颜渊曰："人知其一，莫知其他。俱知暴虎，不知凭河。鹿生三年，其角乃堕；子生三年，而离父母之怀。子虽美辩，岂能破尧舜之法，改禹汤之典，更圣人之文，除周公之礼。改三年之丧，不亦难哉！父母者天地，天崩地坏，三年不亦宜乎？"

《荀氏家传》曰：荀爽对策曰："臣闻火生于木，故其德孝。汉之谥帝称孝，其义取此也。故汉制天下皆诵《孝经》，选吏则举孝廉，盖以孝务也。夫丧亲，自尽孝之终也。今二千石不得行三年丧，非所以崇孝道而称火德也。顷者汉嗣数乏，枝叶不繁，其咎未必不由此。往者文帝劳谦自约，行过于俭，故有遗诏，以日易月。此所谓夷惠激俗，当身而已，贯万世为后嗣法者也。"

太平御览卷第五百四十六 礼仪部二十五

居丧

《礼记·曲礼》曰：居丧未葬，读《丧礼》；既葬，读《祭礼》；丧复常，读《乐章》。为礼各于其时。居丧不言乐。

又《曲礼》曰：居丧之礼：头有疮则沐，身有疡则浴，有疾则饮酒食肉，疾止复初。不胜丧，乃比于不慈不孝。胜，任也。

又《檀弓上》曰：穆公之母卒，使人问于曾子曰："如之何？"对曰："申也闻诸申之父曰：'哭泣之哀，齐斩之情，饘粥之食，自天子达。'"

又曰：始死，充充如有穷；既殡，瞿瞿如有求而弗得；既葬，皇皇如有望而弗至。练而慨然，祥而廓然。子路有姊之丧，可以除之矣，而弗除也。孔子曰："何弗除也？"子路曰："吾寡兄弟而不忍也。"孔子曰："先王制礼，行道之人皆弗忍也。"子路闻之，遂除之。子思哭嫂也为位。礼虽无服，为位而哭，夫子善之。曾子曰："小功不税。"追服为税，则是远兄弟，终无服也。而可乎？曾子曰："丧有疾，食肉饮酒，必有草木之滋，焉以为姜桂之谓？"曾子曰：所云草木之滋者，姜桂也。

又《檀弓下》曰：子张问曰："《书》云：'高宗三年不言，言乃欢。'有诸？"时人君无行三年之丧礼者。欢，喜悦也。言乃喜悦，则民臣望其言久也。仲尼曰："胡为其不然也？古者天子崩，王世子听于冢宰三年。"冢宰，天官。

又曰：颜丁善居丧。颜丁，鲁人。始死，皇皇焉如有求而弗得；及殡，望望焉如有从而弗及；既葬，慨焉如不及其返而息。此三者，孝子哀慕之情也。

又《檀弓》曰：孔子在卫，有送葬者，而夫子观之，曰："善哉，为丧乎！足以为法矣。小子识之。"子贡曰："夫子何善尔也？"曰："其往也如慕，其反也如疑。”慕谓小儿随父母啼呼。疑者，哀亲之在后如不欲还然。

又《檀弓上》曰：孔子既祥，五日弹琴而不成声，哀未忘也。十日而成笙歌。逾月且异旬也。祥者凶事，用远日。五日弹琴，十日笙歌除由外也。弹琴以手，笙歌以气也。孔子与门人立，拱而尚右，二三子亦皆尚右。效孔子也。孔子曰：“二三子之嗜学也，我则有姊之丧故也。”二三子皆尚左。

又曰：孟献子禫，县而不乐，比御而不入。可以御妇人矣，尚未复寝。孟献子，鲁大夫仲孙蔑也。夫子曰：“献子加于人一等矣。”加犹逾也。

又《檀弓下》曰：乐正子春之母死，五日而食。曰：“吾悔之。自吾母死，不得吾情，我恶乎用吾情？”恶乎犹于何也。

又《王制》曰：三年之丧，自天子达于庶人，下通庶人于父母同。天子诸侯降期也。丧从死者，祭从生者。

又《曾子问》曰：“父母之丧弗除，可乎？”以其有终身之忧也。孔子曰：“先王制礼，过时不举，非礼也；非不能，勿除也，患其过制也。故君子过时不祭，礼也。”

又《杂记》曰：凡丧服未毕，有吊者，则为位而哭，拜，踊。客始来，主人不可以杀礼待之。大夫之哭大夫弁绖。大夫与殡亦弁绖。弁绖者，大夫锡衰相吊之服也。如爵弁而素，如环绖曰弁绖。大夫有私丧之葛，则于其兄弟之轻丧，则弁绖。

又曰：有父之丧，如未没丧而母死，其除父之丧也。服卒事，反丧服。没犹竟也。除服谓详祭之服也。卒事，既祭，反丧服，服后死者之服。虽诸父昆弟之丧，如当父母之丧，其除诸父昆弟之丧也，皆服其除丧之服。卒事，反丧服。虽有亲之大丧犹为轻服者，除骨肉之恩也。唯君之丧不除私服。言当者，期大功之丧，或终始皆在三年之中。小功缌麻则不除，殇长中乃除。

又曰：子贡问丧。子曰：“敬为上，哀次之，瘠为下。颜色称其情，戚容称其服。”问丧，问居父母之丧也。丧常哀，言敬为上者，疾时尚不能敬也。容戚，仪也。《孝经》曰：容止可观。请问兄弟之丧。子曰：“兄弟之丧，则存乎书策矣，言疏者，如礼行之未有加也。齐斩之丧，哀容之体，经不能载矣。君子不夺人之丧，重丧礼也。亦不可夺丧也。”不可以轻之于己也。

孔子曰：少连、大连善居丧，三日不怠，三月不懈。其悲哀，三年忧，东夷之子也。言其生于夷狄而知礼也。怠，惰也。懈，倦也。

又曰：三年之丧，言而不语，对而不问，庐、垩室之中，不与人坐焉。在垩室之中，非时见乎母也，不入门。言己事也。为人说为语在垩室之中，以时事见乎母，乃后入门，则居庐时不入门。疏衰皆居垩室，不庐。庐严者也。言庐哀敬之处，非有其实则不居。

又《杂记》曰：悬子曰："三年之丧如斩，期之丧如剡。"言其痛之恻怛有浅深也。期之丧，十一月而练，十三月而祥，十五月而禫。曾申问于曾子曰："哭父母有常声乎？"曰："中路婴儿失其母焉，何常声之有？"

又《间传》曰：斩衰何以服苴？苴，恶貌也，所以首其内而见诸外也。斩衰貌若苴，齐衰貌若枲，大功貌若止，小功缌麻容貌可也。此哀之发于容体者也。有大忧者面必黎黑。止谓不动于喜乐之事也。枲或为似。斩衰之哭，若往而不反；齐衰之哭，若往而反；大功之哭，三曲而偯；小功缌麻，哀容可也。此哀之发于声音者也。三曲声而折。斩衰唯而不对，齐衰对而不言，大功言而不议，小功缌麻议而不及乐。此哀之发于言语者也。议谓陈说，非时事也。斩衰三日不食，齐衰二日不食，大功三不食，小功缌麻再不食。三不食为明旦朝也，再不食谓如死，一不食始敛时一不食也。故父母之丧，既殡，食粥，朝一溢米，暮一溢米。齐衰之丧，疏食水饮，不食菜果；大功之丧，不食醯酱；小功缌麻，不饮醴酒。此哀之发于饮食者也。父母之丧，既虞，卒哭，疏食水饮，不食菜果；期而小祥，食菜果；又期而大祥，有醯酱。中月而禫，禫而饮酒。始饮酒者，先饮醴酒。始食肉者，先食干肉。父母之丧，居倚庐，寝苫枕块，不脱绖带。齐衰之丧，居垩室，芐翦不纳。大功之丧，寝有席。小功缌麻，床可也。此哀之发于居处者也。

又《奔丧》曰：闻远兄弟之丧，既除丧而后闻丧，免袒成踊，拜，宾则尚左手。小功缌麻不税者也，虽不服犹免袒。尚左手，吉拜也。

又《问丧》曰：亲始死，鸡斯徒跣，扱上衽，交手哭。恻怛之心，痛疾之意，伤肾、干肝、焦腆，水浆不入口，三日不举火。故邻里为之糜粥以饮食之。亲，父母也。鸡斯当为笄纚，声之误也。亲始死，去冠二日，乃去笄纚括发也。今时始丧者，邪巾貊头，笄纚之存象也。

又《丧服四制》曰：父母之丧，衰、冠绳缨、菅屦。三日而食粥，三月而沐，期十三月而练冠，三年而祥。比终兹三节者，仁者可以观其爱焉，知者可以观其理焉，强者可以观其志焉。

又《三年问》曰：三年之丧，何也？称情而立文，因以饰群，别亲疏贵贱之节，而弗可损益也。故曰无易之道。称情而立文者，利人情轻重而制其礼也。创钜者其日久，痛甚者其愈迟。三年者，称情而立文，所以为至痛极也。斩衰，苴杖，居倚庐，食粥，寝苫枕块，所以为至痛饰也。三年之丧，二十五月而毕，哀痛未尽，思慕未忘，然而服以是断之者，岂不送死有已、复生有节也哉？凡生天地之间者，有血气之属必有知，有知之属，莫不知爱其类。今是大鸟兽，则失丧其群匹，越月逾时，则必返巡；过其故乡，回翔焉，鸣号焉，踯躅焉，踟蹰焉，然后乃能去之。小者至于燕雀，犹有啁噍之顷焉，然后乃能去之。故有血气之属者，莫知于人。于其亲也，至死不穷，则三年之丧，二十五月而毕，若驷之过隙。然而遂之，则是无穷也。故先王为之立中制节，壹使足以成文理则释之矣。立中制节谓服纪使有年月之限者也。然则何以至期也？言三年之义为此，则何以有降至于期者？父在。父在，为母服期止。曰：至亲以期断，是何也？曰：天地则已易矣，四时则已废矣，其在天地之中者，莫不更始焉。以是象之也。然则何以三年也？曰：加隆焉尔也，焉使倍之，故再期也。丧三年以为隆，缌麻、小功以为杀，虽情不至，制以此服，所以立法。期九月以为间，间之在三年之下，缌麻、小功上也。随情轻重处之。上取象于天，下取法于地，中取则于人。人之所以群居，和壹之理尽矣。取法于天地，所谓法其变易也。自三年以至缌麻，皆岁时之数。

《左氏传·襄上》曰：晏桓子卒，晏婴粗縗斩、斩，不缉也。粗，三外布。苴绖、带杖、菅屦、苴麻之有子者，菅草屦也。食粥，居倚庐，寝苫枕草。此礼与士礼略同。此异唯枕草。其老曰："非大夫之礼。"时人所行，士及大夫縗服各有不同。晏子时为大夫，行士礼，其家臣不解，故讥。曰："唯卿为大夫。"

《家语》曰：子夏问曰："居君子之母与妻之丧，如之何？"孔子曰："居处、言语、饮食侃尔于丧所，则称其服而已。""敢问伯叔母如之何？"曰："伯母叔母疏衰期，踊不绝地。姑姊妹之功，踊绝于地。若知此者，由文矣哉，由文矣哉！"言知礼之意也。

《南史》曰：王秀字伯奋，幼时，祖父敬弘爱其风采，仕宋为太子舍人。父卒，庐于墓侧，服阕复职。

《梁书》曰：到溉遭母忧，居丧尽礼。所处庐开方四尺，毁瘠过人。服阕，犹蔬食布衣者累载。

又曰：孔奂为仪曹侍郎，遭母忧。时天下丧乱，皆不能终三年丧。唯奂及吴国张种在寇乱中守法度，并以孝闻。

奔丧

《礼记·奔丧》曰：奔丧之礼：始闻亲丧，以哭答使者，尽哀。问故，又哭，尽哀。遂行。日行百里，不以夜行。唯父母之丧，见星而行，见星而舍。侵晨冒昏行者，盖欲从速。若未得行，则成服而后行。过国至境，哭，尽哀而止。哭避市朝，望其国境哭。至于家，入门左，升自西阶，殡东。西面坐，哭尽哀，括发，袒。奔母之丧，西面哭，尽哀，括发，袒。降堂东，即位，西向哭，皆如奔父之礼。下堂东至孝子堂所住处。妇人奔丧，升自东阶，殡东。西面坐，哭尽哀。东髽，即位，与主人拾踊。拾，更也。主人与之更踊尽哀而哭者，宾客待之也。

又曰：奔丧者不及殡，先之墓，北面哭，尽哀。主人之待之也，即位于墓左，妇人墓右，成踊，尽哀。括发，东即主人位，绖绞带，哭成踊。拜宾，反位成踊。

又曰：若所为位家远，则成服而往。齐衰望乡而哭，大功望门而哭，小功至门而哭，缌麻即位而哭。奔丧哭亲疏远近之差也。

讣告

《礼记·杂记上》曰：凡讣于其君，曰："君之臣某死。"讣或作赴。

赴，至也。臣死，其子使人至君所告也。父母、妻、长子，曰："君之臣某之某死。"此臣子其家丧所主者。君，讣于他国之君，曰："寡君不禄，敢告于执事。"夫人，曰："寡小君不禄。"太子之丧，曰："寡君之適子某死。"君夫人不称薨告也，国君谦也。大夫，讣于同国敌者，曰："某不禄。"讣于士，亦曰："某不禄。"讣于他国之君，曰："君之外臣寡大夫某死。"讣于敌者，曰："吾子之外私寡大夫某不禄，使某实。"敌谓有爵者。实当为至也。士，讣于同国大夫，曰："某死。"讣于士，亦曰："某死。"讣于他国之君，曰："君之外臣某死。"讣于大夫，曰："吾子之外私某死。"于士，亦曰："吾子之外私某死。"

《白虎通》曰：天子崩，讣告诸侯者何？缘臣子哀痛愤懑，无能不告诸人者也。诸侯欲闻之，当持土地所出，以供丧事。故《礼》曰：天子崩，遣使者讣告诸侯。

又曰：诸侯薨，使臣归瑞珪于天子者何？诸侯以瑞珪为信，今死矣，嗣子谅暗，归之者，让之义也。天子闻诸侯薨，哭之何？惨怛发中，哀痛之至也。使大夫吊之，追远重终之义。

又曰：臣死亦讣告君何？此君哀痛于臣子也。君欲闻之，当加赙赗之礼。故《春秋》曰：蔡侯考父卒。卒讣，而葬不告。诸侯薨，讣告邻国何？缘邻国欲有礼也。

夺情

《礼记·曾子问》曰：子夏问："三年之丧，卒哭，金革之事无避也，礼与？初有司与？"疑有司使之然。孔子曰："夏后氏三年之丧，既殡而致事；殷人既葬而致事。致事，还其职位于君。《记》曰：君子不夺人之亲，亦不可夺亲也。此之谓乎？"子夏曰："金革之事无避也者，非与？"孔子曰："吾闻诸老聃曰：'昔鲁公伯禽则有为为之。'今以三年之丧从其利者，吾不知也。"

《东观汉记》曰：桓焉为大傅，以母忧，自乞听以大夫。行逾年，诏赐牛酒，夺服，即拜光禄大夫，迁太常。

《后汉书》曰：耿恭征疏勒，时母卒，及还，追行丧制。有诏使五官中郎将齐牛酒，释服。夺情不令追服。

又曰：赵喜代虞延行太尉事，遭母忧，上疏乞身行丧礼。显宗不许，遣使者为释服，赏赐恩宠甚渥。

《汉杂事》曰：翟方进为丞相，遭后母丧，行服三十六日，起视事，曰："不敢逾国家也。"

《吴志》曰：孙权诏曰："夫三年之丧，天下达制，人情之极痛也。贤者制哀以从礼，不肖勉而致之也。治道已泰，上下无事，君子不夺人情，故三年不逮孝子之门。至于有事，则杀礼以从宜，要绖而处事。故圣人制法，有礼无时则不行。遭丧不奔非古也，盖随时之宜，以义断恩也。前故设科，长吏在官，当须交代，而故犯之，虽随纠坐，犹以废旷。方事之殷，国家多难，凡在官司，宜各尽节，先公后私，而不恭承，甚非谓也。中外群僚，其更平议，务令得中节度。"丞相顾雍奏从大辟。其后吴令孟宗丧母，奔赴，已而自拘于武昌，以听刑戮。陆逊陈其素行，因为之请。减宗等，后不得以为比。目此遂绝。

《风俗通》曰：谨案《礼》，臣有大丧，三年不呼其门。

太平御览卷第五百四十七 礼仪部二十六

丧服

《周礼·春官·司服》曰：凡凶事，服弁服。服弁，丧冠也。其服斩缞、齐缞也。凡吊事，弁绖服。弁绖者，如爵弁而素加环绖也。《论语》曰：羔裘玄冠不以吊绖。大如缌之绖，其服锡、缞、缌、缞、疑缞。诸侯及大夫亦以锡缞为吊也。凡丧，为天王斩衰，为王后齐縗。王后，小君也，诸侯为之不杖期也。王为三公六卿锡縗，为诸侯缌縗，为大夫、士疑縗，其首服皆弁绖。君为臣吊服也。疑缞十四日升衰。疑之言拟也，拟于吉。

《仪礼·丧服》曰：丧服，斩衰裳，苴绖、杖、绞带，冠绳缨，菅屦者。为父，诸侯为天子，君，父为长子，为人后者。妻为夫，女子子在室为父，女子子嫁反在父之室为父。公士大夫之众臣，为其君布带、绳屦。

又曰：疏衰裳齐、斋牡麻绖、冠布缨、削杖、布带、疏屦三年者。父卒则为母。继母、慈母如母。母为长。

又曰：疏衰裳、斋牡麻绖、冠布缨、削杖、布带、疏屦，期者，父在为其母，出妻之子父母。父卒，继母嫁，从为之服报。不杖，麻屦者，祖父母、世父母、叔父母。

又曰：疏衰裳斋、牡麻绖，无受者：无受者，服足而除，不以经服而受也。寄公为所寓，丈夫、妇人为宗子、宗子之母妻，为旧君之母妻，庶人为国君，大夫在外，其妻长子为旧国君。

又曰：大功布，衰裳，牡麻绖，无受者：子，女子子之长殇、中殇，叔父之长殇、中殇，姑、姊妹之长殇、中殇，昆弟之长殇、中殇，夫之昆弟之子、女子子之长殇、中殇，嫡孙之长殇、中殇，大夫之庶子为嫡昆弟之长殇、中殇，公为嫡子之长殇、中殇，大夫为嫡子之长殇、中殇。其长殇皆九月，缨绖；其中殇七月，不缨绖。大功布衰裳，牡麻绖缨布带，三月。受以小功衰，即葛九月者：姑、姊妹、女子之适人者。

又曰：繐衰裳，牡麻绖，既葬除之者。传曰：繐衰者何？以小功之繐也。诸侯之大夫为天子。传曰：何以繐衰也？诸侯之大夫，以时接见乎天子。小功布衰裳，澡麻带绖，五月者：叔父、嫡孙、昆弟之下殇。

又曰：小功布衰裳，牡麻绖，即葛五月者：从祖祖父母，从祖父母报；从祖昆弟，从父姊妹、孙适人者。为人后者，为其姊妹适人者，为外祖父母。

又曰：缌麻三月者，族曾祖父母、族祖父母、族父母、族昆弟，庶孙之妇、庶孙之中殇。

又曰：公子为其母练冠麻，麻衣縓缘；为其妻縓冠，葛绖带，麻衣縓缘。皆既葬除之。

又曰：凡妾为私兄弟，如邦人。大夫吊于命妇，锡衰；命妇吊于大夫，亦锡衰。

《礼记·檀弓上》曰：丧服，兄弟之子犹子也，盖引而进之。嫂叔之无服，盖推而远之。姑、姊妹之薄也，盖有受我而厚之者。欲其一心厚之者，姑、姊妹嫁，大功，夫为妻期。

又《檀弓》曰：成人有兄死而不为衰者，闻子皋将为成宰，遂为衰。成人曰："蚕则绩而蟹有匡，范则冠而蝉有緌，兄则死而子皋为之衰。"蚩兄死者，言其衰之不为兄死，如蟹有匡、蝉有緌，不为蚕之绩、范之冠也。范，蜂也。蝉，蜩也。緌谓蜩喙长在腹下。

又《丧服小记》曰：近臣君服斯服矣，其余从而服，不从而税。除丧者，先重者；易服者，易轻者。斩衰之葛，齐衰之葛，与大功之麻同。

又曰：《服问》曰：三年之丧，已练矣，有期之丧，既葬矣，则带其故葛带，绖期之绖，服其功衰。有大功之丧，亦如之。小功，无变也。无所变于大功齐斩之服，不用轻累重。麻之有本者，变三年之葛。有本谓大功以上也。小功以下，澡麻断本。既练，遇麻断本者，于免，绖之。既免，去绖。每可以绖必绖。既绖，则去之。

《礼统》曰：天子诸侯皆为贵臣妾服三月，適夫人为八妾服三月，八妾为夫人服与舅姑同。

《家语》曰：门人疑所以服夫子者。子贡曰："昔夫子之丧颜渊，若丧子，而无服，丧子路亦然。请丧夫子若丧父而无服。"于是弟子皆服而加麻，出有所之，则犹绖。

《孔丛子》曰：秦庄子死，孟武伯问于孔子曰："古者同僚有服乎？"曰：然。同僚有相友之义，贵贱殊等，不为同官。问诸老聃：昔虢叔、闳夭友太颠、散宜生、南宫括。五臣者同僚，比德以赞文武。及虢叔死，四人者为服友之服。古达礼者行之。"

又曰：子思居卫。鲁穆公卒，县子使乎卫，闻丧而服。谓子思曰："子虽未臣鲁，父母之国也，先君宗庙在焉，奈何弗服？"子思曰："吾岂爱乎？礼弗得也。"县子曰："请问之。"答曰："臣而出国，君不扫其宗庙，则不为之服。"

又曰：司徒文子改葬其叔父，问服于子思。子思曰："礼，父母改葬，缌，既葬而除，不忍无服送至亲也。非父母无服，无服则吊服加麻。"

又曰：鲁人有同岁上计而卒，欲为之服，问于季立。季立曰："思好者其缌乎？昔诸侯大夫共会事于王，及以君命同盟，霸主其死也，则皆有哭临之礼。今之上计，上觐天子，有交宴之忻，同名绨素。上记先君，下禄子弟，相敦以好，相厉以义，又数相往来，特有思亲，比之朋友，不亦重乎？"

《白虎通》曰：弟子为师服者，弟子有君臣父子朋友之道也。故生竭敬而亲之，死则哀痛之。恩深义重，故为之服。入则绖，出则否。

习凿齿《汉晋春秋》曰：初，文帝之崩也，羊祜谓傅玄曰："三年之丧，虽贵遂服，自天子达，而汉文除之，毁礼伤义，常以为叹。今上天纵至孝，有曾、闵之性，虽夺其服，而实行丧礼。丧礼行，除服何为耶？若因此革魏之薄而兴先王之法，以敦厚风俗，垂之百代，不亦美乎？"玄曰："汉文以来，世乃浅薄，不能行国君之丧，因而除之数百年。一旦复古，恐难行也。"祜曰："就不能使天下如礼，且使主上遂服，不犹善乎？"玄曰："若主上不除而下除，此为但有父子，无君臣，三纲之道亏矣。"君子曰："傅玄知无君臣之伤教，而不知兼无父子之为重，岂不蔽惑哉！汉废君臣之丧，不降父子之服，故四海黎庶莫不尽于其新，三纲之道，二服恒用于私室。而王者独尽废之，岂所以孝治天下乎？《诗》云：‘犹之未远’，其傅玄之谓也。”

挚虞《新礼议》曰：虞谨案：古者诸侯临君其国，臣诸父兄之诸侯，未同于古。未同于古，则其尊未全，不宜使绝期之制，而令傍亲服斩衰之重也。诸侯既然，则公孙之爵亦宜如旧。

又曰：丧无弟子为师服之制。《新礼》：弟子为师衰。臣虞谨案：自古无服师之礼。故仲尼之丧，门人疑所服。子贡曰：“昔夫子丧颜渊，若丧子，而无服。请丧夫子若父而无服。”遂心丧三年。此则怀三年之哀而无齐衰之制也。出则绖，居则否，所谓吊加麻也。先圣为礼，必易从而可传。师从之义诚重，而服制之若历代相袭，不以为疑，宜定亲新礼，无服如旧。

挚虞《决疑要注》曰：礼：故臣为旧君齐衰三月，谓策名委质称臣吏者也。见察举而不为吏者，吊服加麻。

衰冠

《毛诗·羔裘》曰：《素冠》，刺不能三年也。“庶见素冠兮，棘人栾栾兮。”笺云：时无三年之恩于父母，废其丧礼，故冀幸一见素冠，急于哀戚也。

《周礼·春官·小宗伯》曰：王崩，悬衰冠之式于路门之外。《肆师》之职：大丧，禁外内男女之衰不中法者。

又《夏官·太仆》曰：大丧，悬首服之法于宫。首服之法谓免髽笄，总长短之数于宫门，示四方也。

又《天官·内司服》曰：共后之衣服，及九嫔世妇。凡命妇，共其服，共丧衰亦如之。

《仪礼·丧服》曰：斩衰者，不缉也。冠绳缨，条属，冠六升外毕，锻而勿灰。齐衰者，缉也。

又曰：疏衰裳齐。传曰：问者曰：“何冠也？”曰：“齐衰、大功，冠其受也。缌麻、小功，冠其衰也。带缘各视其冠。”

又曰：缌者，十五升抽其半，有事其缕，无事其布，曰缌也。锡衰者何也？麻之有锡者也。锡者，十五升抽其半，无事其缕，有事其布，曰锡。“

又曰：凡衰，外削幅；裳，内削幅，幅三袧。削，杀也。若齐，裳内衰外，员，广出于适寸。员在背上，适辟领也。员出于辟领外傍一寸。适，博四寸，出于衰。衰，长六寸，博四寸。

《礼记·檀弓》曰：衰与其不当物也，宁无衰。恶其乱礼。不当物谓精粗广狭不应法制。齐衰不以边坐。

又《檀弓》曰：古者冠缩缝，今也衡缝。缩，从也。今礼制衡读为横。今冠缝横，以其辟积多。故丧冠之反吉，非古也。解时人之惑。丧冠缩缝，古冠耳。

又《间传》曰：斩衰三升，齐衰四升、五升、六升，大功七升、八升、九升，小功十升、十一升、十二升，缌麻十五升去其半。有事其缕，无事其布，曰缌。此哀之发于衣服者也。

《礼记外传》曰：凡言斩衰者，以六寸之布，广四寸为衰，帖于心前，剪而不缉也。衰者，言悲摧也。缉者，缝緶之名。齐之言齐也。加针缕其裳下之缝使齐平也。凡言有事其缕者，先加灰锡治汉其麻缕，为布则不治也。哀在外故。有事其布者，则不治其缕。哀在内也。为布□之后即先治也。缌者如丝也。锡衰者，先缉锡白之谓也。疑衰者，疑其布是丝也。疑衰、锡衰，二者，君之吊服也。

又曰：吉冠之布倍于衣也。朝服十五升，则冠三十升是也。今丧冠升数少，丧礼简。斩衰三升，冠六升，升者，登也，转祖训耳。凡麻八十缕为十升，至六升即为成布也。凡言受以成布者，即葬□之后渐去粗受细。齐衰四升，冠七升。语祹疏衰，即三升半之衰也。疏亦粗也。其布在齐斩之间。

《左传·僖上》曰：许僖公见楚子于武城，许男面缚衔璧，大夫衰绖，士舆榇。榇，棺。楚子问诸逢伯，对曰：“武王克殷，微子启如是。”

又《襄六》曰：鲁昭公立十九年矣，犹有童心。比及葬，三易衰，衰衽如故衰。言其嬉戏无度。

《吴录》曰：诸葛恪将诛，有着衰衣入其阁。令人诘，答曰：“不自知入时。”外内守备亦不见也。

《郑玄别传》曰：玄卒，受业者衰绖千余人。

《郭子》曰：刘王共在舫行南酣宴，谢镇西往尚书墓还，是葬后三日。诸人欲要之。真长云：“仁祖应来。”便遣要之，果即回驾。诸人迎之，把臂便下，裁得脱帻酣宴，半坐乃觉，未得脱衰。

《释名》曰：衰，摧也。绖，实也。伤摧实也。斩衰，下缉其末，翦斩而已也。大功，其布加粗大之功，不善治之也。小功，精细之小功，转有饰也。缌，丝也，锡也。治其麻使滑易也。繐繐，如流如繐也。

绖带

《周礼·夏官》曰：弁师……王之弁绖，弁而加环绖。弁绖，王吊所服也。其弁如爵弁而素，所谓素冠也。而加环绖。环者，大如缌之麻，绖缠而不纠。《司服》职曰：凡吊事弁绖事。

《仪礼·丧服》曰：苴绖者，麻之有蕡者也。苴绖大搹，搹，手搹围九寸。左本在下，去五分一以为带。齐衰之绖，斩衰之带也，去五分一以为带。绞者，垂带也。郑玄注曰：凡服，上曰衰，下曰裳，在首在腰皆曰绖。绖之言实也。首绖象帻布冠之帻，腰绖象大带。语裥绞带革带也。牡麻者，枲麻也。牡麻绖，右本在上。

又曰：斩衰绞带七寸三分，齐之带五寸六分，大功之带四寸五分，小功之带三寸七分，缌麻之带二寸九分。郑注：绞带象革带斩之绖五分去一以为带，绳带也。

《礼记外传》曰：绖者，实也。表其有丧戚之情实也。《丧服》衰之与绖，因象平裳之时冠带，吉凶相变也。有首绖，有腰绖，有绞带。斩衰，首绖围九寸，向下皆五分去一，用为腰绖则七分五分。五分去一者，从斩至缌，缘有五服，相减，穷其数也。然则绞带又小于腰绖。齐衰，首绖七寸五分之一，腰绖五寸八分。大功，首绖五寸八分，腰绖四寸六分。小功，首绖三寸七分。缌，首绖三寸七分，腰首绖二寸九分。

《左传·僖下》曰：晋襄公击秦师于淆，子墨衰绖。晋文公未葬，故襄公称子；以凶服从戎，故墨之。

又《襄二十三》曰：晋侯有姻丧。王驸使宣子墨縗冒绖，晋自淆之役，遂常墨衰绖也。二妇人辇以如公。奉公以如固宫。

《后汉书》曰：胡广年八十三，熹平元年薨。故吏自公卿、大夫、博士、议郎以下数百人，皆衰绖殡位，自终及葬。汉兴已来，人臣之盛，未尝有也。

《宋书》曰：王诞为吴国史，母忧去职。武帝伐刘毅，起为辅国将军。诞固辞，以墨绖从行。

太平御览卷第五百四十八　礼仪部二十七

杖屦

《仪礼·丧服》曰：苴杖，竹也。削杖，桐也。各齐其心，皆下本。杖者何？爵也。非爵而杖者何？担主也。非主而杖者何？辅病。童子何不杖？不能病也。妇人何以不杖？不能病也。

又曰：斩齐裳菅屦者，菅菲也。公士、大夫之众，臣为其君。绳屦者，绳菲也。疏衰裳齐，疏屦者，藨蒯之菲也。

《礼记·丧服小记》曰：虞，杖不入室；附杖不升堂。郑玄注曰：衰益衰，敬弥多也。妇人不为主而杖者，姑在为夫杖，姑不厌妇。母为长子削杖，嫌服男子，当杖竹也。母为长子服，不可重于子为己也。女子子在室，为父母。其主丧者不杖，则子一人杖。女子子在室，亦童子也。无男昆弟，使同姓为摄主，不杖，则子一人杖谓长女也。许嫁二十而笄，笄为成人，成人正杖也。

又《丧服小记》曰：庶子不以杖即位。不适子也。位，朝夕哭位也。父不主庶子之丧，则孙以杖即位可也。祖不厌孙，孙得神也。父在，庶子为妻，以杖，即位可也。舅不主妾之丧，子得伸也。

又《杂记下》曰：古者贵贱皆杖。叔孙武叔朝，见轮人以其杖关毂而輠轮者，于是有爵而后杖也。

又《丧大记》曰：大夫之丧，三日之朝，既殡，主人、主妇、室老皆杖。大夫有君命则去杖，大夫之命则辑杖。内子为夫人之命去杖，为世妇之命授人杖。大夫有君命去杖，此指大夫之子也。而云丈夫者，通实大夫有父母之丧也。授人杖也使人执之同也。士之丧，二日而殡，三日之朝，主人杖，妇人皆杖。于君命、夫人之命，如大夫。于大夫、世妇之命，如大夫。士二日而殡者，下大夫也。士之礼，死与往日，生与来日。此二日于死者亦得三日也。妇人皆杖，谓主妇容妾为君女子子在室者。子皆杖，不以即位。子谓凡庶子也。不以即位，与去杖同也。大夫、士哭殡则杖，哭柩则辑杖。哭殡谓既涂也，哭柩谓启后也。大夫士之子于父，父也尊近，哭殡可以杖。天子诸侯之子于父，父也君也尊远，杖不入庙门也。弃杖者，断而弃之于隐者。杖以丧至尊为人得而亵之。

又《问丧》曰：或问曰："杖者何也？"怪其义各异。曰："竹'桐'一也。故为父苴杖，竹也。为母削杖，削桐也。"或问曰："杖者以何为也？"怪所为施曰："孝子丧亲，哭泣无数，服勤三年，身病体羸，以杖扶病也。言得杖乃能起也。则父在不敢杖矣，尊者在故也。堂上不杖，辟尊之处也。堂上不趋，示不遽也。此孝子之志也，人情之实也，礼义之经也。非从天降也，非从地出也，人情而已矣。"父在不杖谓为母丧也。尊者在不杖，辟尊者之处。不杖，有事不趋，皆为其感动使之忧戚也。

又《丧服四制》曰：杖者何也？爵也。三日授子杖，五日授大夫杖，七日授士杖。或曰担主，或曰辅病。妇人、童子不杖，不能病也。

《白虎通》曰：所以杖竹桐何？取其名也。竹，蹙也；桐，痛也。父以竹，母以桐。竹，阳也；桐，阴也。竹断而用之，质故为阳也。

《韩子》曰：儒执丧三年，大毁扶杖。世主以为孝而礼之。

帼髽

《仪礼·丧服》曰：女子子在室为父，布总，箭笄，髽，衰三年。总，束髻也。谓总之者，既束其本，又总其末。箭笄，条竹也。髽，露紒也。犹男子之括发以麻，则髽上用麻也。用麻者，自项而前，交于额上，却绕紒如着幓头。《小记》曰：男子冠而妇人笄，男子免而妇人髽。但言衰不言裳者，妇人不殊裳衰也。

又曰：女子子之适人者为其父母，妇人为舅姑，恶笄有首以髽。卒哭，子折笄首以笄，布总。传曰：笄有首者，恶笄之有首也。恶笄者，栉笄也。折笄首者，折吉笄之首也。吉笄者，象笄也。

《礼记·檀弓上》曰：南宫絛之妻之姑丧，孔子诲之髽，曰："尔无纵纵尔，尔无扈扈尔。"诲，教也。尔，汝也。纵纵谓太高，扈扈谓太广。尔，骀语助。

又《檀弓上》曰：鲁妇人之髽而吊，自败于台鲐也。时家家有丧，髽而相吊。去纚而紒曰髽也。

《礼记外传》曰：髽者，妇人有丧者髽。古人重髽，男子吉时皆有纵以韬其髽，然后加笄加冠也。去纚而髽曰髽。鲁妇人遭升陉之战也，露髽相吊以代丧冠也。有麻髽，女子在室，遭父母之丧，用麻合髽，以对兄弟括髽时也。有布髽。齐衰以下，以布束发也。髽者，开散之名也。既去有纵髽形葩髽。

《左传·襄公》曰：臧纥救鄫侵邾，败于狐骀。国人逆丧者皆髽。鲁于是乎始髽。髽，麻发合结也。遭丧者多，故不能备凶服，髽而已。

《广雅》曰：帼谓之帺音忌。

《魏氏春秋》曰：诸葛亮挑司马宣王战，致巾帼妇人之饰，以怒宣王。

庐

《周礼·天官·宫正》曰：掌王宫之戒令。大丧，则授庐舍，辨其亲疏贵贱之名。郑玄注曰：庐舍，垩室也。亲者、贵者居倚庐，疏者、贱者居垩室。

《仪礼·丧服》传曰：丧服斩衰，居倚庐，寝苫枕块。马融曰：倚木以为庐，于东墙下，西向，关北端也。

《礼记·杂记》曰：大夫居庐，士居垩室。

又《丧大记》曰：父母之丧居倚庐，不涂，寝苫枕块。非丧事不言。君为庐，宫之；大夫、士袒之。宫谓围障。既葬，柱楣涂庐，不于显者。君、大夫、士皆宫之。不于显者，不涂见面。

又曰：问丧，成圹而归，不敢入处室，居于倚庐，哀亲之在外也。

《白虎通》曰：父母之丧，倚庐于中门外东墙下，户北。

又曰：妇人不居。倚庐，天子七日，诸侯五日，卿大夫三日而成服，居门外东壁，为庐。

王肃《丧服要记》曰：鲁哀公葬父。孔子问曰："宁设菰庐乎？"哀公曰："菰庐起大伯。大伯出奔，闻古公崩，还赴丧，故作菰庐以彰其尸。吾父无太伯之罪，何用此为？"

《孝子传》曰：王琳，汝南上蔡人。十岁失父母，弟季年七岁，兄弟二人哭泣，哀声不绝。在冢侧作庐，不妄出入。余见“孝部”。

重

《仪礼·士丧礼》曰：重，木刊凿之。甸人置重于中庭，参分庭，一在南。夏祝取鬻余饭，盛用二鬲于西墙下。幂用疏布，久之。击用軨，悬于重。幂用苇席，北面左衽。带用軨贺之，结于后。祝取铭，置于重。郑玄曰：重，木也。悬物焉曰重。刊斫治凿之为悬簪孔也。士重木长三尺。

《礼记·杂记》曰：重，既虞而埋之。就所倚处埋之。

《礼记外传》曰：重者，未葬之前，以代主也，犹以生事之，末忍作木主。主以存神也。设重于庭，悬瓦鬲。以养病之米淅之为沐，则煮之为粥，实之重，用苇席盖之。鬼神依而饮食。始死之奠但用米，未有黍稷故也。黍稷在下之中，如生时也。殷人作主之后，联其重，悬之于庙梁。去高祖之庙，亲尽，则埋之。周人将葬，重随柩，而朝庙之外柩，而埋之于阶间，而后作主也。

凶门附

《南史》孔琳之议曰：“凶门柏装，不出礼典。起自末代，积习生常，遂成旧俗。凡人士丧仪，多出闾里。每有此，须动十数万，损人财力而义无所取。至于寒庶，则人思自竭。虽复室如悬磬，莫不倾产殚财。所谓葬之以礼，其此之谓乎？宜一罢凶门之式。”

王肃《丧服要记》曰：鲁哀公葬父。孔子问：“宁设衰门乎？”哀公曰：“衰门起于禹。禹治水，故表其门闾，以纪其功。吾父无功，何用此焉？”

韦弘与蔡谟笺问凶门曰：“父在母丧，应立凶门不？”又问：“与父别，止立凶门，愚意犹所疑，厌于父故也。今于父大门之内，别立凶门，便为父。一家有二门，以名义言之，门者，父之有也，今子复立门，岂合圣人之典训？苟不出于礼，其所不曰。故以谘白。”蔡答曰：“礼以二瓦器盛始死之祭，击木里之苇席，置于庭中近南，名为重。今之凶门，是其象也。礼既虞而作主，今未有主，故以重当主。本为丧设，非以表其门。恐不应以尊卑厌降也。礼、命士以上，父子异宫。今卑私之丧，皆别开门，亦不知今人如此者，皆有凶门不。”范坚答凶门问，曰：“簿帐似不出礼文，何由行此？”答曰：“凶门非礼。礼有县重于庭，以席覆之，其形似凶门。后出之门外表丧，由此，俗遂行之耳。”

《礼论》曰：问：“改葬立凶门否？”蔡谟答云：“改葬若停丧，谓应有凶门。”

死

《周礼·春官·大宗伯》曰：以丧礼哀死亡。

《礼记·曲礼上》曰：天子曰崩，诸侯曰薨，大夫曰卒，士曰不禄，庶人曰死。郑玄注曰：山颠坏曰崩。薨，崩之声也。卒，终也。不禄，不充其禄也。死之言澌也，精神澌尽也。死寇曰兵，异于凡人，当享禄其后也。寿考曰卒，短折曰不禄。老而死，从大夫之称；少而死，从士之称也。

又《檀弓下》曰：孔子过太山侧，有妇人哭于墓者而哀。使子路问之，曰：“子之哭也，一似重有忧者。”而曰：“然。昔者吾舅死于虎，吾夫又死焉，今吾子又死焉。”夫子曰：“何为不去也？”曰：“无苛政。”夫子曰：“小子识之，苛政猛于虎也。”

又《丧大记》曰：男子不死于妇人之手，妇人不死于男子之手。君、夫人卒于路寝；大夫、世妇卒于适寝；内子未命死于下室；士之妻死于寝。

《左传·定下》曰：齐侯伐晋，敝无存之父将室之，辞。以与其弟，曰：“此役也不死，反必娶于高国。”先登，求自门出，死于溜下。

又《哀上》曰：简子巡列曰：“毕万，匹夫也。七战皆获，有马百乘，死于牖下。毕万，晋献公卿也。死于牖下，言得寿中。群子勉之。死不在寇。”言有命也。

又《哀下》曰：太子闻之惧，下。石乞盂厌敌子路，以戈击之，断缨。子路曰：“君子死，冠不免。”结缨而死。孔子闻卫乱，曰：“柴也其来？由也死矣。”

又《哀下》曰：晋荀瑶帅师围郑，郑人俘酅魁垒，赂之以知政，闭其口而死。

《谷梁传·隐公》曰：高厚曰："崩尊曰崩。天子之崩，以尊之也。其崩之何也？以在民上，故崩之也。"

《春秋说题辞》曰：天子曰崩。崩之为言殒也。诸侯称薨。薨之为言奄然而亡。大夫曰卒，精辉终卒。卒之为言绝，绝于邦也。士曰不禄，失其忠也。不禄之言削名章也。庶人曰死，魂魄去心。死之为言精爽穷也。《白虎通》又载。

《尔雅》曰：崩、薨、无禄、卒、殂落、殪，死也。

《论语·里仁》曰：子曰："朝闻道，夕死可矣。"言将至死，不闻世之有道。

又《子罕》曰：子疾，病。子路使门人为臣病间，曰："久矣哉，由之行诈也。且予与其死于臣之手也，无宁死于二三子之手乎？且予纵不得大葬，予死于道路乎？"

又《先进》曰：颜渊死。子曰："噫！天丧予！天丧予！"子哭之恸。从者曰："子恸矣。"曰："有恸乎？非夫人之为恸而谁为？"

又《先进》曰：季路曰："敢问死。"曰："未知生，焉知死？"鬼神及死事难明，语之无益，故不答。

又《季氏》曰：齐景公有马千驷，死之日，民无德而称焉。伯夷、叔齐饿于首阳之下，民到于今称之。

《五经通义》曰："崩薨从何王以来乎？"曰："从周。何以言之？《尚书》曰：'放勋乃殂落。'舜曰：'陟方乃死。'武王既王，是以知武王以前未称崩薨也。至成王太平，乃制崩薨之著。《尚书》曰：'翌日乙丑，成王崩。'"《释名》曰："汉以来谓死为物故，言其诸物皆就朽故。"

《史记》曰：秦武王与孟说举龙文鼎，绝膑而死。徐广曰：膑或作脉矣。

又曰：范雎说秦昭王曰："夫以乌获、任鄙之力，荆成、孟贲、许慎曰：荆成，勇士也。孟贲，卫人。庆忌、夏育之勇焉，而死者，人之所必不免也。"

《后汉书》曰：马援谓孟冀曰："方今匈奴、乌丸尚扰北边，欲自请击之。男儿要当死于边野，以马革裹尸还葬耳。何能卧床上，在儿女子手中耶？”冀曰：“谅为烈士，当如此矣。”

《后魏书》曰：张预每羡古人餐玉之法，乃采访蓝田，躬往攻掘，得若环壁杂器形者大小百余。至而观之。皆光润可玩。预乃椎七十枚为屑，日服食之，余多惠人。后闻者乃更求玉于故处，皆无所见。冯翊公源怀等得其玉，琢为器佩，皆鲜明可宝。预服延年，云有效验，而世事寝食，皆不禁节，又加之好酒损志。及疾笃，谓妻子曰：“服玉若能屏居山林，排弃嗜欲，或当大得神力。而吾酒色不绝，自致于死，非药过也。然吾尸体必当有异，勿使速殡，令后人知餐服之妙。”时七月中旬，长安毒热。预停尸四宿，而体色不变。其妻常氏以玉珠二枚含之，口闭。常谓之曰：“君自云餐玉有神验，何故不受含也？”言讫，齿启，纳珠。因嘘属其口，都无秽气。举敛于棺，坚直不倾。委死犹有遗玉屑数升，囊盛纳诸棺中。

《文子》曰：老子曰：“圣人同死生，愚人亦同死生。圣人之同死生，知于分理也。愚人同死生，不知利害所在。”

《庄子》曰：人之生，气也。聚则为生，散则为死。

又曰：夫大块载我以形，劳我以生，佚我以老，息我以死。故善吾生者，乃所以善吾死也。

又曰：庄子之楚，见空髑髅，髐然有形，檄以马棰，因而问之曰：“夫子贪生失理而为此乎？将子有亡国之事、鈇钺之诛而为此乎？”于是语卒，援髑髅，枕而卧。夜半，髑髅见梦曰：“子之谈者似辩士。诸子所言，皆人生之累也，死则无此矣。子欲闻死之说乎？”庄子曰：“然。”髑髅曰：“死，无君于上，无臣于下，亦无四时之事。纵然以天地为春秋，虽南面王，乐不能过也。”

《说苑》曰：齐景公出而见殣，谓晏子曰：“此何死？”对曰：“馁而死。”公曰：“噫！寡人之无德也，亦甚矣。”晏子曰：“君之德著而不彰，何为无德？”景公曰：“何谓也？”对曰：“君之德及后宫与台榭之玩。君之雁食以菽粟，君之宫内自乐，延及后宫之族，何为其无德也？

顾臣有请于君，由君之意，自乐之心推与百姓同之，则何殣之有？”

又曰：子贡问孔子：“人死有知，将无知也？”孔子曰：“吾欲言死人有知也，恐孝子妨生以送死也。吾欲言死人无知也，恐不孝子孙弃亲不葬也。赐欲知人死有时将无知也，死徐自知之，犹未晚也。”

又曰：鲁哀公问孔子曰：“有智者寿乎？”对曰：“然。人有三死，而非命也，人自取之也。夫寝处不时，饮食不节，劳逸过度者，疾共杀之。居下位而上干其君，嗜酒欲物求不止者，刑共杀之。少以犯众，弱以侮强，忿怒不量力者，兵共杀之。此三死者，非命也。”

又曰：民有五死，圣人能去三，不能除其二。饥渴死者可去也，冻寒死者可去也。虽五，兵死者可去也。寿命死者不可去也，痈疽死者不可去也。三者可去，二者不可去。

《论衡》曰：人之死也，犹火之灭也。而燿不照，人死而智不慧。二者不齐，论者犹谓死有知，惑也。

又曰：王莽之时，省《五经章句》皆为二千万。博士弟子郭略夜定旧说，死于烛下。精思不任，脉绝气灭也。

杨泉《物理论》曰：人含气而生，精尽而死，犹澌也，灭也。譬如火焉，薪尽而火灭，则无光矣。故灭火之余，无遗炎矣。人死之后，无遗魂矣。

太平御览卷第五百四十九 礼仪部二十八

尸

《礼记·曲礼下》曰：在床曰尸。

《左传·哀下》曰：陈侯使公孙贞子聘吴，未至而卒，将以尸入。吴子使太宰嚭营劳，且辞。上介芋尹盖对曰："寡君闻楚为不道，荐伐吴国，灭厥民人。寡君使盖备使，吊君之下吏无禄。使人逢天之戚，大命殒坠。今君命逆使人曰：'无以尸造于门。'是我寡君之命委于草莽也。且臣闻之：'事死如生，礼也。'于是乎有朝聘而终、以尸将事之礼，又有朝聘而遭丧之礼。若不以尸，将命是遭丧而还也，无乃不可乎？以礼防民，犹或逾之。今大夫曰：'死而弃之'，是弃礼也。苟我寡君之命达于君所，虽陨于深渊，则天命也。"吴人内之。

《礼统》曰：尸之言矢也，陈也。

《家语》曰：史鱼将卒，命其子曰："吾在朝，不能进蘧伯玉，退弥子瑕，是吾为臣不能正君。生而不能正君，死不可以成礼。我死，汝其陈尸牖下。"灵公吊焉，怪而问之。其子以父言告公。公曰："寡人过也。"命殡于客位，进蘧伯玉，退弥子瑕。孔子曰："史鱼死而尸谏，可谓直乎？"

《史记》曰：崔杼杀庄公。晏婴立崔杼门外，曰："君为社稷死，死之；为社稷亡，亡。若为己死，非其私昵，谁敢任之。"门开而入，枕公尸而哭，三踊而出。人谓崔杼杀之。杼曰："民之望也，舍之得民。"

又曰：吴兵入郢，伍子胥求昭王，既不得，乃掘楚平王墓，出尸，鞭之三百。

又曰：吴王取子胥尸，盛以鸱夷，应劭曰：取马皮以为鸱夷盖形也。浮之江。吴人怜之，为立祠于江上，因命曰胥山。

《魏志》曰：宣王讨王陵，乃穷治其事。发凌及令狐愚冢，剖棺暴尸于所近市三日。

王隐《晋书》曰：王浚在幽州，谣曰："幽州城门似藏户，中有伏尸王彭祖。"

又曰：赵王伦害张华之时，洛中震悚。唯阎缵敢独诣东市号哭，吊尸而抚之，曰："早语君逊位而不肯去，今果不免祸。"

车频《秦书》曰：初，幕容暐在邺，居石虎宫，梦虎啮其臂，募人求虎殡所在。女子李菟告暐，在东明观下。掘得之，尸僵不毁。暐裸而骂之曰："死胡，敢梦生天子！"鞭挞毁辱，投之漳河。河流迅疾，终不移转。暐后为臣虎所执，乃悟而悔焉。符坚以李菟无状，无少长，悉坑之。

《李固别传》：梁冀诛固而露尸于四衢，命有敢临者加其罪。固弟子汝南郭况，年始成童，游学洛阳，乃左提章钺，右秉鈇锧，诣阙上书，乞收固尸。不许。往临哭，陈辞于前，遂守丧不去。

《白虎通》曰：尸者何谓也？尸之为言陈也。失气亡神，形体独陈。

《释名》曰：死曰尸。尸，舒也。骨节解舒，不能复自胜敛。

《搜神记》曰：初，钩弋夫人有罪，以谴死。殡，尸不臭而香。及昭帝即位，改葬之，棺空无尸，独丝履存焉。

《异苑》曰：河内荀儒字君林，乘冰省舅氏，陷河死。兄伦求尸，积日不得。设祭水侧，又笺与河伯。投笺一，宿岸侧。冰开，尸手执笺浮出。伦又笺谢。

又曰：浔阳周虓字孟威。宁康中，镇于巴西，为苻坚所摧，守节不屈。坚使使者请通。虓躬治逵陌，谓使者云："烦君语贼苻坚何至耳！烦国士如此。"又潜图袭。坚闻之，曰："小人正欲觅死，杀之适足成名耳。"乃苦考楚，不食而卒。敛已经旬，坚怒犹未歇，剖棺临视，虓尸欻回眸，鬓髭张烈，精瞳明亮，回盼瞩。坚睹而嘉称，乃厚加赠赙。

又曰：元嘉中，豫章胡家奴开昌邑王冢，青州人开齐襄公冢，并得金钩，而尸骸露在岩中俨然。兹亦未必有凭而然也。京房尸至义熙中犹完具。僵尸人肉堪为药，军士分割之。

《列女传》曰：齐人杞梁袭莒，战而死。其妻无所归，乃就夫尸，于城下而哭之，七日而城崩。妻遂投于淄水而死。

《博物志》曰：灵帝光和元年，元辽西太守黄翻言：海边有流灵冠绛衣，尸体完，令感梦曰："我伯夷弟孤竹君也。海水坏吾棺，求见掩藏。"

《吴会稽分地》曰：重山者，大夫种所葬也。在西乡郭外。后潮水穴山，漂去其尸。俗云：伍子胥乘渐水取以去。今山胁有缺处。

《临邑国记》曰：有灵鹫能知人吉凶。觇人将死，食尸肉尽乃去。

《晏子春秋》曰：景公操玉加于晏子尸上，涕下沾衿，尽哀而去。

又曰：景公伏晏子尸而号曰："今天降祸，不加寡人而加夫子，社稷危矣。

《论衡》曰：孟贲之尸，人不刃者，气绝也死；炭百斛，人不沃者，光灭也。

又曰：淮阳都尉尹齐为吏，酷虐。及死，怨家欲取其尸，尸亡归。

复魂

《周礼·天官·夏采》曰：掌大丧，以冕服复于太祖，以乘车建绥，复于四郊。复，招魂也。建绥者，去其旒。

又《春官·司服》曰：大丧共复衣服。衣服，今座上魂衣也。

《礼记·檀弓》曰：复，尽爱之道也。有祷祠之心焉，复谓招魂，且分祷五祀，庶几其精气之反。望反诸幽，求诸鬼神之道也。鬼神处幽暗，望其从鬼神所来。北面，求诸幽之义也。向其所来也。礼，复者升屋北面。

又《檀弓》曰：邾娄复之以矢也。盖自战于升陉始也。时师虽胜，死伤亦甚，无衣可以招魂。

又曰《曾子问》曰："为君使而卒于舍，礼曰：'公馆复，私馆不复。'凡所使之国，有司所授舍，则公馆已，何谓私馆？"子曰："善乎问也。自卿大夫家曰私馆，公与公所为曰公馆。'公馆复'，此之谓也。"

又《礼运》曰：及其死也。升屋而号，告曰：皋某复。招之于天。

又《杂记》曰：复，诸侯以褒衣、冕服、爵弁服；复，招魂复魄也。冕服者，上公五，侯伯四，子男三。褒衣亦始命为诸侯及朝觐加赐之衣也。褒犹进也。夫人税衣榆狄、狄税素沙。言其招魂用税衣上至褕狄也。狄税素沙，言皆以白纱縠为褎。复西上。北面而西上，赐长左也。复者多少，各如其命之数。

又《杂记上》曰：大夫、士死于道，则升其乘车之左毂，以其绥复。如于馆死，则其复如于其家。

又《丧大记》曰：复，有林麓则虞人设阶，无林麓则狄人设阶。复，招魂复魄也。阶，所乘以升屋者。虞人，主林麓之官也。狄人，乐吏之贱者。阶，弟也。簨虡之类。小臣复。复者，朝服。君以卷，夫人以屈狄，大夫以玄赪，世妇以袒衣，士以爵弁，士妻以税衣。皆升自东荣。中屋履危，北面三号。卷衣投于前，司服受之。降自西北荣。其为宾，则公馆复，私馆不复。其在野，则升其乘车之左毂而复。私馆，卿大夫之家也。不于之复，为主人之恶也。复衣，不以衣尸，不以敛。不以衣尸，谓不袭也。复者，庶其生也。若以其衣袭敛，是用生施死，于义相反。《丧礼》云：以衣衣尸，俗而去之。妇人复，不以袡。袡，嫁时上服，而非事鬼神之衣。凡复，男子称名，妇人称字。妇人不以名行。唯哭先复，复而后行死事。气绝则哭，哭而复，复而不苏，可以为死事。诸侯行而死于馆，则其复如于其国。如于道，则升其乘车之左毂，以其绥复。馆主所致舍绥旌旗。

又《丧服小记》曰：复与书铭，自天子达于士，其辞一也。男子称名，妇人书姓与伯仲。如不知姓，则书氏。此谓殷礼也。殷质，不重名，复则臣得名君。周之礼，天子崩，则同复曰：皋天子复。诸侯薨，复曰：皋某甫复。其余及书铭。

《礼记外传》曰：人之精气曰魂，魂，阳也。云云而动。形体谓之魄，魄，阴也。漠然不动。合阴阳二气而生也。精气聚而为一物。形劳则神逝，谓死而魂游散。死则难复生也。孝子之心不能忍也，故升屋而招其魂神也。神智无涯也。鬼者，复于土也。人皆食土之物，养成形体也。气绝而收其魂，使反复于体也。

《齐书》曰：张融，建武四年病卒，遗令白旐无旒，不设祭，令人捉麈尾登屋复魂。曰："吾生平所善，自当陵云一笑。三千买棺，无制新衾。左手执《孝经》、《老子》，右手执小品《法华经》。妾二人，事哀毕，各遣还家。"

含

《周礼·天官·冢宰》曰：太宰之职，大丧赞赠玉、含玉。助王为之也。赠玉既窆，所以送先王。含玉，死者实也。天子以玉。《杂记》曰：“含者执璧将命曰：‘寡君使某含。’”则诸侯含以璧。小宰丧荒，受其含、襚、币玉之事。《春秋传》曰：口实曰含，衣服曰襚，凶荒有璧玉者，宾客所赗委之礼。

又《天官·玉府》曰：大丧，共含玉。

又《春官·典瑞》曰：大丧，共饭玉、含玉、赠玉。饭玉，碎玉以杂米也。

《礼记·檀弓下》曰：邾娄考公之丧，考公，益之曾孙也。考公或为定公也。徐君使容居来吊含，吊且含，非之也。曰：“寡君使容居坐含进侯玉，其使容居以含。”欲亲含，非礼也。含不使贱者，君行则亲含耳。侯玉者，徐僭称王，自比天子。有司曰：“诸侯之来辱敝邑者，易则易，于则于。易于杂者，未之有也。”易谓臣礼，于谓君礼也。容居以臣欲行君礼于徐，自比天子，使大夫敌诸侯，有司固拒之，是也。容居对曰：“容居闻之，事君不敢忘其君，亦不敢遗其祖。昔我先君驹王西讨，济于河，无所不用斯言也。容居鲁人也，不敢忘其祖。”言我祖与今君，于诸侯初如是，不闻义则服也。驹王，徐先君，谓僭号者，容居，其孙也。济，渡也。言西讨渡于河，广大其国也。鲁，鲁钝也。言鲁钝者，欲自明不妄。

又《檀弓下》曰：饭用米、贝，弗忍虚也。不以食道，用美焉尔。尊之也。食道米、贝，美也。

又《杂记上》曰：含者执璧将命曰：“寡君使某含。”相者入告，出曰：“孤某须矣。含玉为璧制，其分寸大小未闻。含者入，升堂致命，再拜稽颡。含者坐委于殡东南。

又曰：天子饭九贝，诸侯七，大夫五，士三。此盖夏时也。《周礼》天子饭含用玉。

《左传》曰：叔孙豹会晋士丐于柯，盟于督阳。荀偃瘅疽，生疡于头，瘅疽，恶疮。二月卒，而视，不可含。目开口禁。宣子与抚之曰：“事吴敢不如事主！”犹视。栾怀子曰：“其为未卒事于齐故也。”怀子，栾盈。乃复抚之曰：“主苟终，所不嗣事于齐，有如河。”乃瞑，受含也。

又曰：公会吴子伐齐。将战，公孙夏命其徒歌虞殡。虞殡，送终歌典，示必死也。陈子行命其徒具含玉。亦示必死。

《春秋说题辞》曰：口实曰含，缘生象食，孝子不忍虚其欲。不忍虚，故欲实其口。天子以珠，诸侯以玉，大夫以璧，士以贝。含之为言含也。生常食，故死亦有所含。

《说文》曰：含，送终口中玉也。

《释名》曰：含以米、贝，含其口中也。

《庄子》曰：青青之麦，生于陵阪。生不布施，死何含珠为？

《吕氏春秋》曰：含珠鳞施，今葬皆用之。注云：含珠口实。鳞施，施玉匣于死者之体如鱼鳞。

绞紟衾冒

《仪礼·士丧礼》曰：死于适室，抚用敛衾；幠，覆也。敛衾，大敛所用之衾也。衾，被也。奉尸于室，抚用夷衾。夷衾，覆尸柩之衾也。

又曰：冒，缁质，长与手齐。赪杀，掩足。冒，韬尸者也。制如直囊，上曰质，下曰杀。杀韬足而上，质韬首而下。齐手上衣尤下，赤象地也。

又曰：厥明，陈衣于房，南头。西上绪紟，横三缩一，广终幅，拆其末。绪，屈也。紟，所以束衣服为坚急也，以布为之。缩从，横者三幅，从者一幅，折其末令可结之也。

《礼记·杂记》曰：唯绞紟衾冒，死而后制。

又《丧大记》曰：君锦冒黼杀，缀旁七；大夫玄冒黼杀，缀旁五；士缁冒赪杀，缀旁三。

又《丧大记》曰：小敛：布绞，缩者一，横者三；大敛：布绞，缩者三，横者五；布紟，二衾。君、大夫、士，一也。

《礼记外传》曰：绞紟衾帽，死而后制。绞者，交束之名也；紟者，坚急之称也；衾者，单被也；帽者，小敛衣，故设帽以掩形也。小敛用一衾。大用二衾：一以覆之；一者将敛之时，先铺衾于紟之下，用以举尸入棺者也。

《释名》曰：绞，交也。交结之也。紟，禁也。禁系之也。

太平御览卷第五百五十 礼仪部二十九

殓

《周礼·春官·大宗伯》曰：大宗伯，王崩，及执事莅大敛小敛，帅异族而佐。执事，太祝之属也。

又《周礼·春官·司服》曰：大丧共其敛衣服。

《礼记·檀弓上》曰：康子之母死，陈亵衣。非上服也，陈之将敛也。敬姜曰："妇人不饰，不敢见舅姑。将有四方之宾来，亵衣何为陈于斯？"命撤之。

又《丧大记》曰：小敛于户内，大敛于阼阶。君以簟席，大夫以蒲席，士以苇席。小敛君锦衾，大夫缟衾，士缁衾，皆一。衣十有九称。大敛布紟，二衾。君、大夫、士一也。簟，细苇席也。三者下皆有莞。衣十有九称，法天地之终数也。二衾者，或覆之，或荐之也。

又《曾子问》曰："下殇，土周葬于园，遂舆机而往，途迩故也。土周，圣周也。周人以夏后之圣周，葬下殇于园中，以其未成人，远不就墓也。机，举尸之床也。绳絙其中央，又以绳从旁钩之。礼以机举尸，舆之以就园而敛葬焉，途近故耳。舆机或以为余机。今墓远，则其葬也如之何？"今人敛下殇于宫中而葬之于墓，与成人同墓，途乃远其葬当舆其棺乎载之也。问礼之变。孔子曰："吾闻诸老聃曰：昔史佚有子而死，下殇也，墓远。盖欲葬之墓，如长殇，从成人也。长殇有送葬车者，则棺载之矣。史佚，武王时史贤，犹有所不知。召公谓之曰：'何以不棺敛于宫中？'欲其敛于宫中，如成人也。敛于宫中，则葬当载之也。史佚曰：'吾敢哉！'畏知礼也。召公言于周公。为史佚问。周公曰：'岂不可'。言是岂于礼可不许也。史佚行之。佚失于以为许也，遂用召公之宫言也。下殇用棺衣棺，自史佚始也。"棺谓敛于棺也。

又《问丧》曰：或问曰："死三日而后敛者，何也？"怪其迟也。曰："孝子亲死，悲哀志懑，故匍匐而哭之，若将复生然，安可得夺而敛之？故曰三日而后敛者，以俟其生也。三日而不生，亦不生矣。孝子之心，亦益衰矣。家室之计，衣服之具，亦可以成矣。亲戚之远者，亦可以至矣。是故圣人为之断决，以三日为之礼制也。”

《左传·僖下》曰：许穆公卒于师，葬之以侯，礼也。男而以侯礼，加一等。凡诸侯薨于朝会，加一等；死王事，加二等。于是有以衮敛。

又《襄公》曰：鲁季文子卒，大夫入敛，公在位，宰庀家器为葬备，无衣帛之妾，无食粟之马，无藏金玉，无重器备。君子是以知季文子之忠于公室也。相三君矣，而无私积，可不谓忠乎？

又《定上》曰：季平子行东野。东野，季氏邑。还，未至，丙申，卒于房。阳虎将以玙璠敛，玙璠，美玉，君所佩。仲梁怀弗与。怀亦季氏家臣。曰：“改步改玉。”昭公之出，季孙行君事，佩玙璠，祭宗庙。今定公立，复臣位，改君步，则亦当去玙璠。阳虎欲逐之，告公山不狃。不狃曰：“彼为君也，子何怨焉？”

《家语》曰：季平子卒，将以君之玙璠敛。孔子初为中都宰，闻之，历级而救历，登阶不聚足。曰：“送死人而以宝玉，犹曝尸于中原，示民以奸利之端。”

《后汉书》戴封年十五诣太学，时同学石敬平温病卒，封养视殡殓，以所赍粮市小棺，送丧到家，更敛。见敬平生时书物皆在棺中，乃异之。

《吴志》曰：张昭卒，遗令：幅巾素棺，敛以时服。孙权素服临吊。

又曰：诸葛瑾年六十八卒，遗令：素棺，敛以时服，事从约省。

《晋书》曰：安平王孚临终遗令曰：“有魏贞士，河内温司马孚字叔达，不伊不周，不夷不惠，立身行道，终始若一，当以素棺单椁，敛以时服。”

《南史》曰：王奂为雍州刺史，被诛，旧人无敢至者。汝南许明达为奂参军，躬为殡殓，经理甚厚，当时高其节。

《梁书》曰：王志，天监初为丹阳尹，为政清静。都下有寡妇，无子，姑亡，举债以敛葬。既而无以还之。志愍其义，以俸偿焉。

《陈书》曰：周弘直卒，遗疏："气绝之后，便买市中见材小形者，敛以时服。古人通制，但见先人，必须备礼，可着单衣，裙衫故履。既应侍养，宜备纷帨。或逢善友，又须香烟。棺内唯安白布手巾、粗香炉而已。此外无所用。"

《释名》曰：衣尸棺曰敛，藏不复也。

《风俗通》曰：礼：天子敛以梓器宫者，存时所居，缘生事亡，因以为名。凡人呼棺亦为宫也。

宋韬《遗教》曰：吾死，敛以时服，不得造新白袷单衣。

柩

《礼记·曲礼下》曰：在棺曰柩。柩之言究。

又《檀弓下》曰：君遇柩于路，必使人吊之。

又曰：襄公朝于荆，康王卒。在鲁襄公二十八年。康王，楚子昭也。荆人曰："必请袭。"欲使襄公衣之。鲁人曰："非礼也。"荆人强之，巫先拂柩，荆人悔之。巫祝荆菿，君临臣丧之礼。

《记统》曰：柩之言也，具书其谥置棺旁，万世久藏也。

《释名》曰：柩，究也，送随身之制皆究备也。

《汉书》曰：薛宣守左冯翊，多仁恕。池阳令举廉吏狱掾王立于府。未及召，闻立受因家钱，宣责让县，县案验狱掾，乃其妻受系者钱万六千，受之而掾实不知。掾惭恐，自杀。宣闻之，移书池阳曰："县所举廉吏狱掾王立，家私受财，而立不知，杀身以自明。立诚廉士，甚可闵惜。其以府决曹掾书立之柩，以显其魂。"

《东观汉记》曰：廉范字叔度，京兆人也。父客死蜀。范乃出，负丧归。至葭萌，船触石破没。范持棺柩，遂俱沉溺。众伤其义，钩求得之，仅免于死。

《晋书》曰：东海王越薨，葬东海。石勒追及于莒县宁平城，将军钱端出兵拒勒，战死，军溃。勒命焚越柩，曰："此人乱天下，吾为天下报之。故烧其骨以告天地。"

萧子显《齐书》曰：傅琰字季珪，北地灵州人也。美姿仪，为尚书左民郎。遭丧，居南岸。邻家失火，烧屋，抱柩不动。

殡

《礼记·曲礼上》曰：里有殡，不巷歌。助哀也。

又《檀弓上》曰：孔子少孤，不知其墓，孔子之父，邹邑叔梁纥。与颜氏之女征在野合，生孔子。征在耻焉不告。殡于五父之衢。欲有所就而问之，孔子亦为隐焉。殡于家，则知之者无由怪己欲发问端。五父，衢名，盖郰曼父之邻。人之见之者，皆以为葬也。见柩行于路也。其慎也，盖殡也。慎当为引，礼家读然，声之误也。殡引饰棺以輤，葬引饰棺以翣柳。孔子是时以殡引，不以葬引，时人见之者谓不知礼。

又《檀弓上》曰：天子之殡也，菆涂龙輴以椁，菆木以周龙輴加椁而涂之。天子殡以輴车，画辕以龙。加斧于椁上，毕涂屋，斧谓之黼，白黑文也。以刺绣于缘幕，加椁以覆棺。已乃屋，其上尽涂之矣。天子之礼也。

又《檀弓下》曰：帷殡，非古也，自敬姜之哭穆伯始也。穆伯，鲁大夫季悼子之子公甫靖也。敬姜，穆伯妻、文伯歜之母也。礼，朝夕哭不帷。

又《王制》曰：天子七日而殡，七月而葬；诸侯五日而殡，五月而葬；大夫、士、庶人三日而殡，三月而葬。尊者舒，卑者速也。《春秋传》曰："天子七月而葬，同轨毕至。诸侯五月，同盟至。大夫三月，同位至。士逾月，外姻至也。"

又《丧大记》曰：君殡用輴，攒至于上，毕涂屋；大夫殡以帱，攒置于西序，涂不暨于棺；士殡见椎，涂上帷之。攒犹菆也。屋殡，上覆如屋者也。帱，覆也。暨，及也。天子之殡，居棺以龙輴，攒木题凑象椁，上四注如屋以覆之。诸侯輴不画龙，攒不题凑象椁，其他亦如之。大夫之殡，废輴，置棺墉西墙下，就墙攒三面。涂之不及棺者，言攒中狭小，裁取客棺。然则天子、诸侯差宽大夫矣。士不攒，掘地下棺见小要耳。帷之者，鬼神尚幽暗也，士达于天子皆然。或作椁也。

又《坊记》曰：子云："宾礼每进以让，丧礼每加以远。浴于中溜，饭于牖下。小敛于户内，大敛于阼阶。殡于客位，祖于庭，葬于墓，所以示远也。"远之所以崇敬。

《左传·僖下》曰：晋文公卒，庚辰，将殡于曲沃。殡。窆棺也。曲物祠旧宫焉。出绛，柩有声如牛。如牛响声。卜偃使大夫拜曰："君命大事，将有西师过轶，我击之，必大捷焉。"声自柩出，故曰"君命"。大事，戎事也。偃闻奏密谋，故因柩声以正众心。

《论语·乡党》曰：朋友死，无所归，曰："于我殡。"重朋友恩也。无所殡，无亲后也。

《续汉书》曰：和帝追封，谥皇太后父梁竦为褒亲愍侯，殡赐东园棺、玉匣：衣衾。

范晔《后汉书》曰：蔡顺丧母，停柩未殡。东邻失火，烧顺屋，柩不可移。乃伏柩上，火乃越烧他舍。余见孝部。

《宋书》曰：竟陵王诞据广陵为逆。事平，蔡兴宗奉旨慰劳。广陵别驾范义与兴宗素善，在城内同诛。兴宗至，躬自收殡，致丧还豫章旧墓。上闻，谓曰："卿何敢故尔触网？"兴宗抗言答曰："陛下自杀贼，臣自葬周旋，既犯严制，正当甘于斧钺耳！"

《唐书》曰：严郢以旧怨与卢杞陷杨炎、赵惠伯，构成其罪，贬炎于崖州、惠伯于费州。郢既报怨过当，人颇不直。郢后得罪至费州，道左有柩殡。问其主名，或曰："赵惠伯之殡也。"郢默然惭恧，岁余而卒。

《穆天子传》曰：天子乃殡，盛姬于谷兵之庙。先王之庙有此者，汉氏亦所在有庙也。

《白虎通》曰：天子舟车殡，为水火也。故棺在车、在舟中，臣子更执绋，昼夜千二百人。绋，所以牵持棺者也。

《释名》曰：于西壁下涂之曰殡。殡，宾也。宾遇之，言稍远。子思子曰：殡，宾也。

赗

《礼记·杂记》曰：介赗，执珪将命曰："寡君使某赗。"相者入告，反命曰："孤某须矣。"陈乘黄大路于中庭，北珪将命，客使自下，由路西。子拜稽颡，坐委于殡东南隅，宰举以东。辀，辕也。自，率也。下谓马在路之下。《觐礼》曰：路下四亚之客，给者入设乘黄于大路之西。客入，则致命矣。

《左传·隐公》曰：天王使宰咺来归惠公、仲子之赗，缓，且子氏未薨，故名。惠公葬在春秋前，故曰缓也。子氏，仲子也。葬薨在二年。赗，助丧之物。赠死不及尸，尸，未葬之通称。吊生不及哀。诸侯曰上既葬，则衰麻除，无哭位，谅暗终丧。豫凶事，非礼也。仲子在而求赠，故曰："豫凶事"。

《谷梁传·隐公》曰：乘马曰赗。

《公羊传·隐公》曰：车马曰赗。

《春秋说题辞》曰：知生则赙，知死则赗。赙之为言助也，赗之为言覆也，舆马曰赗，货财曰赙，玩好曰赠，决其意也。衣被曰襚，养死具也。赠，称也；襚，遗也。

赙

《周礼·天官》曰：小宰，凡邦之吊事，掌其戒令，与其币器财用，凡所共者。吊事，吊诸侯诸臣币所用赠也。器，所致明器也。凡丧，始无吊而含襚，葬而赗赠。其间加恩厚，则有赙焉。

《礼记·曲礼下》曰：吊丧不能赙，不问其所费。

又《檀弓上》曰：孔子之卫，遇旧馆人之丧，入而哭之哀。出，使子贡税骖而赙之。子贡曰："于门人之丧，未有所税骖。税骖于旧馆，无乃已重乎？"言税骖太重，比于门人，恩为偏颇也。夫子曰："予向而哭之，遇于一哀，而出涕，遇，见也。旧馆人恩虽轻，我入哭，见主人为我尽一哀，是以厚恩待我也，我为之出涕。恩重，宜施惠之也。予恶夫涕之无从也。小子行之！"客行，无他物可以易之者，使遂以往也。

又《檀弓》曰：子柳之母死，既葬，子硕欲以赙布之余具祭器。古者谓钱为泉布，所以通布货财。子柳曰："不可。吾闻之也，君子不家于丧。恶恩死者以为利。请班诸兄弟之贫者。"

又《少仪》曰：赗马入庙门。以其主于死。赙马，与其币，大白兵车，不入庙门。以其主于生人也。兵车，革车也。虽为死者来陈之于外，战伐田猎之服，非盛者也。《周礼》："革路建大白以即戎也。"赙者既致命，坐委之，摈者举之，主人无亲受也。

《公羊传·隐公》曰：货财曰赙。

《谷梁传·隐公》曰：钱财曰赙，赙，助。归生者赙。

《汉书》曰：原涉，父哀帝时为南阳太守。天下殷富，大郡二千石，官赋敛送葬皆千万已上，妻子通共受之，以定产业。时又少行三年丧者。及涉父死，让还南阳，赙送行丧，冢墓三年，由是显名京师。

又曰：何并字子廉，徙颍川太守。疾病，召丞掾作先令书曰："告子恢，吾生素餐，日久死，虽得官赙，勿受。葬为小椁，但下棺。"恢如其言。

《后汉书》曰：鲁恭字仲康，父期为武陵太守，卒官。恭年十二，昼夜号踊声。郡中赙，无所受。乃归服丧，礼过成人。

《后汉书》曰：羊续为南阳太守，征为太常。未及行，会病卒。遗言薄敛，不受赗遗。旧典：二千石卒官，赙赗百万。府丞焦俭遵续先意，一无所受。诏书褒美，敕太山太守以府赙钱赐续家。

《世说》曰：王戎父浑，官至梁州刺史。浑，所历州郡，故怀其德惠，相率致赙数百万。戎悉不受。

《齐书》曰：张稷所生刘先假葬琅琊黄山。建武中改申葬礼，赙助委积于时。虽不拒绝，事毕，随以还之。

又曰：江敩卒，遗令不受赙。诏赙钱三万，布百匹。子蒨启遵敩命不受。诏嘉美之，从其所请。

又曰：张融有孝义，父畅临终谓诸子曰："昔丞相事难，吾以不同将见杀，缘司马竺超人得活。尔等必报其子。"后超人孙微、冬月遭母丧，居贫，融吊之，悉脱衣以为赠，披牛被而反。

襚

《仪礼·士丧礼》曰：士丧，君使人襚。撤帷，主人如初。襚者左执领，右执要，入，升，致命。襚之言遗也。衣被曰襚。致命曰："君使某襚。"主人拜如初。襚者入，衣尸，出。主人拜送如初。

《礼记·檀弓下》曰：卫有太史曰：柳庄，寝疾。公曰："若疾革，虽当祭，必告也。"革，急也。公再拜稽首，请于尸曰："有臣柳庄也者，非寡人之臣，社稷之臣也。"闻之死，急吊不贤也。释服而往，遂以襚之。脱君祭服以襚臣，亲贤也。

又《杂记》曰：诸侯相襚，以后路与冕服，先路与褒衣不以襚。不以已之正者施于人，以彼不以为正也。后路，贰车，贰车行在后也。

又《少仪》曰：臣致襚于君，则曰："致衣废于贾人。"敌者曰"襚"。言废衣不必其以敛也，贾人知物善恶也。亲者兄弟不以襚进。不执将命。

《左传·文公》曰：秦人来归僖公成风之襚，进礼也。秦慕诸夏，欲通敬于鲁国，有翟泉之盟，故赠僖公，并及成风。本非鲁方岳同，无相赴吊之制，故不讥其缓，而以接好为礼。诸侯相吊贺也，虽不当事，苟有礼焉，书之可也，以无忘旧好。送死不及尸，故曰"不当事"。书者，书于典策，垂示子孙，使无忘过厚之好。

又《襄公》曰：鲁公朝于楚。康王卒，楚人使公亲襚，襚，诸侯有遣使赗襚礼，今楚欲依遣使之比矣。公患之。穆叔曰："祓殡而襚，则布币也。"先使巫祓除殡之凶邪而行襚礼，与朝而布币无异。乃使巫以桃茢先殡祓，茢，黍穰。楚人弗禁。既而悔之。

又《襄公》曰：郑伯有死于羊肆，羊肆，市列。子产襚之，枕之股而哭之。敛而殡诸伯有之臣在市侧者。既而葬诸斗城。斗城，郑地名。

《春秋说题辞》曰：衣被曰襚。襚之言遗也。

《谷梁传·隐公》曰：衣衾曰襚。

《说文》曰：襚，衣死人也。

太平御览卷第五百五十一　礼仪部三十

棺

《周易·系辞》曰：古之葬者，厚衣之以薪，葬之中野，不封不树，丧期无数。后世圣人易之以棺椁。

《周礼·春官·丧祝》曰：及祖，饰棺，乃载，遂御。凡卿大夫之丧，掌事而敛饰棺。

《礼记·檀弓上》曰：有虞氏瓦棺，始不用薪者，虞氏尚瓦。夏后氏堲周，火熟曰堲，烧土冶以周于棺。殷人棺椁，椁大也，以木为之。言椁大于棺。殷人尚梓。周人墙置翣。墙，柳衣也。凡此言后王之制文也。周人以殷人之棺椁葬长殇，以夏后氏之堲周葬中殇、下殇，以有虞氏之瓦棺葬无服之殇。略未成人。

《礼记·檀弓上》曰：有子曰："夫子制于中都，四寸之棺，五寸之椁。以斯知子，不欲速朽也。"中都，鲁邑名。孔子尝为之宰，为民作此制。

《礼记·檀弓上》曰：天子之棺四重，尚深邃也。诸公三重，诸侯再重，大夫一重，士不重。水兕革棺被之，其厚三寸。以水牛兕牛之革，以为棺被。革各厚三寸，合六寸也。此为一重也。杝棺一，所谓椑棺也。《尔雅》曰："椵，杝。"梓棺二，所谓属与大棺。四者皆周。周，匝。棺束：缩二，衡三，衽每束一。衡亦当为横。衽，今小要也。柏椁以端长六尺。以端题凑也。其方盖一尺也。

《礼记·檀弓下》曰：天子崩，虞人致百祀之木，可以为棺椁者，斩之。掌山泽之官。百祀，畿内百县之祀。以为棺椁。斩，伐也。

《礼记·檀弓上》后木曰：丧，吾闻诸县子曰："夫丧，不可不深长思也，后木，鲁孝公子惠伯巩之后。买棺外内易。"我死则亦然。

《礼记·檀弓下》曰：陈乾昔寝疾，属其兄弟而命其子遵己。曰："如我死，则必大为我棺，使二婢子夹我。"婢子，妾也。陈乾昔死，其子曰："以殉葬，非礼也，况又同棺乎？"弗果杀。善尊已不陷父于不义也。

《礼记·丧大记》曰：君大棺八寸，属六寸，椑四寸；上大夫大棺八寸，属六寸；下大夫大棺六寸，属四寸；士棺六寸。大棺，棺之在表。君里棺用朱绿，用杂金鐟；大夫里棺用玄绿，用牛骨鐟；士不绿。鐟所以缘著里也。君盖用漆，三衽三束；大夫盖用漆，二衽二束；士盖不用漆，二衽二束。用漆者，涂合牡牝中也。衽，小要。君、大夫大鬊爪实于绿中，士埋之。绿当为角，声之误也。角即谓棺之内也。

《礼记外传》曰：凡棺之重数，从内数向外，如席之重也。兕革棺一，各三寸，内一重有水牛皮，次兕皮，二者合为一重，都厚六寸。一名椑棺，又名椁。椑者坚如壁，椁者亲于身也。杝棺二，厚八寸。杝曰椵木，在椑棺之外。属棺三，其厚四寸。属者施杝棺外。大棺四，厚六寸。属棺之列也。属棺、大棺皆用梓也。上公去水牛皮，兕皮外有三重也。侯伯已下去水兕，杝棺外二重。卿、大夫唯属棺与大棺，一重。士不言重，唯棺而已。

《左传·宣上》曰：郑人田衲公之乱，斫子家之棺。以四年杀君故也。斫薄其棺，不使从卿礼。

《左传·成上》曰：宋文公葬，椁有四阿，棺有翰桧。杜预注曰：翰旁饬，桧上饬，王礼。

《左传·襄上》曰：齐姜薨。初，穆姜使择美槚，槚，梓之属。以自为椁与颂琴。梓，棺也。颂琴，琴名，犹雅琴也。皆欲以送纳。季文子取以葬。君子曰："非礼也。礼无所逆。妇，养姑者也。亏姑以成妇，逆莫大焉。"穆姜，成公母；齐姜，成公妇也。

《左传·襄上》曰：定姒薨。不殡于庙，无椁，不虞。椁，亲身棺也。季孙以定姒本贱，既无备器，议其丧制，欲殡不过庙，又不及哭也。匠庆谓季文子曰："子为正卿，而小君之丧不成，不终君也。父其母，是不终事君之道也。君长，谁受其咎？"初，季孙为己树六槚于蒲圃东门之外，蒲圃，场圃名也。匠庆请木，季孙曰："略。"匠庆用蒲圃之槚，季孙不御。御，止。

《左传·哀上》曰：赵简子与郑战。简子誓曰："志父无罪，君实图之。若其有罪，绞缢以戮。桐棺三寸，不设属辟。属辟，棺之重数。王棺四重，君再重，大夫一重。素车朴马，以载柩。无入于兆。兆，葬域。下卿之罚也。"

《公羊传·定公》曰：国君薨，正棺于两楹之间，然后即位。

《论语·先进》曰：颜渊死，颜路请子之车，以为之椁。欲得卖之，以为颜渊作椁也。颜路，颜渊之父。子曰："才不才，亦各言其子也。鲤也死，有棺而无椁。吾不徒行，以为之椁，以吾从大夫之后，不可徒行也。"鲤，孔子子伯鱼。

《家语》曰：孔子之徒，公西赤掌殡葬焉。桐棺四寸，柏椁五寸。

《家语》曰：墨子葬法，棺三寸，足以朽骨；衣三领，足以朽肉。掘地之深，下无漏气发泄于上，袭之以明其所止也。

《说文》曰：棺，关也，可以掩尸。榇，附身棺也。椟，匮也。槥，椟也。

《史记》曰：飞廉生恶来。俱以材力事纣。武王伐纣，并杀恶来。时飞廉为纣使北方，还无所报，为坛霍太山而报。得石棺铭曰：天令处父与发乱，赐汝石棺。死，遂葬霍太山。

《古史考》曰：舜作瓦棺，汤作木棺。

《汉书》曰：高祖下令：士卒从军死者，为槥，服虔曰：槥音卫。应劭曰：小棺也。今谓之椟。归其县。县给衣衾棺葬具，致其尸于家，县官更给衣衾敛。祠以少牢，吏亲葬。

《汉书》曰：张汤自杀，昆弟欲厚葬。汤母曰："汤为大臣，被恶言死，何厚葬为？"载以牛车，有棺无椁。上闻，曰："非此母不生此子。"

《汉书》曰：哀帝崩，有司奏，董贤乃自杀。死后，其父恭不悔过，乃复以沙画棺，作时之色，左苍龙，右白虎，上著金银日月、玉衣珠璧，至尊无以加。

《汉书》曰：王莽奏贬丁傅太后号，改葬，发取玺绶。太后以为既往之事，不须复发。莽固争之。太后诏曰："因故棺为致椁作冢葬。"既发傅太后棺，臭闻数里。

《续汉书·礼仪志》曰：王公主贵人皆樟棺朱漆，画云气。公特进樟棺黑漆。

《续汉书》曰：杨震数切谏，为樊丰等所谮，遣归本郡。震行至城西凡阳亭，谓诸子、门人曰："身死之日，以杂木为棺，单被裁足盖形，无归冢次，勿设祭祠。”因饮鸩而卒。

《续汉书》曰：曹褒在射声营舍，有停棺椁不葬者百余所。褒亲自履行怆然。为买空地，悉葬其无主者。

《续汉书》曰：周盘字伯坚，年七十三岁，朝集诸生讲论终日。因令其二子曰：“吾日者梦见先师东里先生，与我讲于阴堂之奥而长叹，岂吾齿之尽乎？命终之日，桐棺足以周身，外椁足以周棺。敛刑悬封，濯衣幅巾。编四寸简，写《尧典》一篇，并刀笔各一，以置棺前，示不忘圣道。”其月望，无病忽终。学者以为知命。

《东观汉记》曰：郭凤字君张，善说灾异吉凶，占应，病先自知。死日，豫令弟子市棺敛具。至其日，如言卒。

《东观汉记》曰：耿秉薨，赐朱棺、玉衣。

《东观汉记》曰：梁商薨，赐东园朱寿器、银缕玉匣。

《东观汉记》曰：长沙有义士古初，遭父丧，未葬。邻人火起，及初舍，棺不可移。初冒火伏棺上，会火灭。

《东观汉记》曰：大司徒欧阳歙坐在汝南赃罪，死狱中。歙掾陈元上书追讼之，言甚切至。帝乃赐棺木，赠赙三千匹。

谢承《后汉书》曰：徐土羽为长沙郡，将死，遗令不受赠赙。一匹私马，卖以为棺。

谢承《后汉书》曰：和帝追封太后父梁松为褒亲愍侯，改殡，赐东园画棺、玉匣、衣衾而葬之。

《魏志》曰：李傕等葬董卓于郿，并收所焚尸之灰，合敛于棺而葬之。是日大风暴雨霆，卓墓水流入藏，漂其棺椁。

《魏志》曰：宣王讨王陵，赦罪。陵自知罪重，试索棺钉以观太傅意，竟给之，遂自杀。

《曹操别传》曰：操破梁孝王棺，收金宝。天子闻之，哀泣。

《晋书》曰：夏侯湛将殁，遗命小棺薄敛，不修封树。论者谓湛虽生不砥厉名节，死则俭约令终，是深达存亡之理也。

《后魏书》曰：崔光韶谓子孙曰：“吾兄弟自幼及老，衣服饮食未曾一片不同。至于儿女官婚荣利之事，未尝不先以推弟。弟顷横祸，权作松棺。亦可以为吾作松棺，使吾见之。”

《南史》曰：宋光禄大夫刘镇之，年三十许，病笃，已办凶具。既而疾愈，因蓄棺以为寿。九十余乃亡，此器方用。

《宋书》曰：王敬则为既阳令。初至既阳县，陆主山下宗侣十余船同发，敬则船独不进。乃令入水推之。见乌漆棺，敬则咒云：“若是吉，使船速进，吾富贵，当改葬尔。”船须臾进。入县城，收此棺葬之。

《宋书》曰：袁昂为豫章内史，丁所生母忧，去职，以丧还。江路风潮暴骇，昂乃缚衣着棺，誓同沉溺。及风止，船皆没，唯昂船获全。咸谓精诚所致。

《梁书》曰：衡阳宣王子简位郢州刺史，卒于官。丧将引，柩有声。议者欲开视，王妃柳氏曰：“晋文已有前例，不闻开棺。无益亡者之生。徒增生者之痛。”遂止。

《晋公卿礼秩》曰：诸公及从公薨者，赐东园秘器；在外都督者，给秘器，直钱三十万。安平王孚薨，给东园温明秘器。杨骏诛，赐五木棺一具，载以官路车。

《三十国春秋》曰：晋黄门郎殷仲堪游于江滨，见流棺于水，乃接焉。旬日之中，门前之沟忽起为岸。是夕，有人通梦于仲堪，自称徐伯，感君之惠，无以报。仲堪因问：“门岸为何祥乎？”对曰：“水中之岸，其名为洲。君将为也。”言终而没。

《唐书》曰：玄宗开元二十年，自东都幸太原。至太行坂，路隘，逢椑车。问左右曰：“车中何物？”左右奏曰：“礼，天子出，则载椑车以从，先王之制也。”上曰：“焉用此！”命焚之。无椑自此始也。

《庄子》曰：古之丧礼，贵贱有仪，上下有等。天子棺椁七重，诸侯五重，大夫三重，士再重。墨子独生不歌，死不服，桐棺三重而无椁，以为法式。

《慎子》曰：匠人成棺而无憎于人，利在人也死。

《吕氏春秋》曰：善棺椁所以备蝼蚁也。今世俗大乱，人生逾侈，非为死者虑，亦所以相矜。

《淮南子》曰：吾生有七尺之形，死有一棺之土。

《淮南子》曰：鬻棺者，欲民之疾疫也；蓄粟者，欲岁之荒饥也。

《盐铁论》曰：古者瓦棺墍周，足以收形骸发齿而已。及其后桐棺不依，桑棺不留。今富者绨题墙凑，中者梓棺楩椁，贫者缯囊缇囊。

《风俗通》曰：叶令王乔，天下一玉棺于厅事前，令臣吏试入，终不动摇。乔曰："天帝独欲召我。"沐浴服饰，寝其中，盖便立覆。宿昔葬于城东。县中牛皆流汗。

《风土记》曰：阳羡县令袁起生有神灵，无疾暴亡。殡敛已竟，风雷冥晦，失起丧柩。山下居民夜闻山下有数十人，晨往山上，见起棺柩。俄而潜藏，唯有石冢、石坛今在。

《神仙传》曰：介象为吴主所征，至武昌，连求去，不许。象言病，帝使左右以美梨一奁赐象。须臾象死，帝殡而埋之。以中时死，其日晡时，到建业，以所赐梨付守苑吏。后吏以状闻，即发象棺。棺中无所有，有奏符。

《搜神记》曰：令有县孙孤城，古孤竹君之国也。灵帝光和元年，辽中有浮棺，人破斫之。棺中人语曰："我，伯夷之弟，孤竹君也。海水坏我棺椁，是以漂。汝斫我何为？"乃不敢破，因为立祠。民有发视者，无病而死。

《搜神记》曰：北有道人能令人与死人相见。其同郡人，妇死已数年，闻而往见之，曰："愿令一见死妇，死不恨矣。"道人曰："可。然闻鼓声疾出。"俄而得见之，与妇言语，悲喜恩情如生。良久，闻鼓音，恨恨不能得时出，门闭户掩，婿婿乃徒出，闭其衣裾户间，掣绝而去。后数岁余，此人死，家葬之。开冢，见妇棺盖下有衣裾。

《异苑》曰：海陵如皋县东城村边海岸崩坏，一古墓有方头漆棺，以朱题上云：百七年堕水，元嘉二十载三月堕于悬献。

《巴蜀志》曰：獠夷死，即立埋棺，不卧设。

盛弘之《荆州记》曰：冠军县东一里有张詹墓，魏太和时人也。刻碑背曰："白楸之棺，易朽之裳。铜钱不入，瓦器不藏。嗟尔后人，幸勿我伤。"自胡石之乱，坟墓莫不夷毁。此墓元嘉初犹俨然，六年大水，民饥，始被发。初开，金银锡铜之器烂然毕备。有二朱漆棺，棺前垂竹薄帘，金钉钉之。

《永嘉郡记》曰：乐成县石堂水口，先时有一漆棺，逆水入溪十余里便住，有灵下人云是方姥，甚有灵验。

《从征记》曰：刘表冢在高平郡。表子琮捣四方珍香数十石着棺中，苏合消救之香，莫不毕备。永嘉中，郡人衡熙发其墓，表貌如生，香闻数十里。熙惧，不敢犯。

陆机《大墓赋》曰：睹洪檟而为櫕。櫕，小棺也。

太平御览卷第五百五十二 礼仪部三十一

椁

《周礼·地官·闾师》曰：凡庶民不树者不椁。

《礼记·檀弓上》曰：子游曰："昔者夫子居于宋，见桓司马自为石椁，三年而不成。夫子曰：'若是其靡也！死不如速朽之愈也。'死之欲速朽，为桓司马言之。"

《礼记·檀弓下》曰：孔子之故人曰原壤，其母死，夫子助之沐椁。沐，治也。原壤登木曰："久矣，予之不托于音也！"木，椁材也。托，寄也。谓叩木以作音也。歌曰："狸首之班然，执女手之卷然。"说人辞也。夫子为弗闻也者而过之。从者曰："子未可以已乎？"夫子曰："丘闻之，亲者无失其为亲也，故者无失其为故也。"

又《丧大记》曰：君松椁，大夫柏椁，士杂木椁。椁谓周棺者也。天子柏椁，以端长六尺，夫子制于中都。使庶人之椁五尺五寸，谓端方也。棺椁之间，君容柷，大夫容壶，士容甒。间可以藏物，因以为节。

《左传·定上》曰：魏献子属役于韩简子及原寿过，简子，韩起孙不信也。寿过，周大夫也。而田于大陆，焚焉。还，卒于宁。宁，今修武，魏地。范献子去其柏椁，以其未复命而田也。范献子伐魏，子为政，去其柏椁，是贬。

《广雅》曰：椁，廓也。

《史记》曰：始皇葬骊山，发北山石为椁。

又曰：慎夫人鼓瑟，上自倚瑟而歌，意凄怆悲怀，顾谓群臣曰："嗟乎！北山石为椁，用纻絮斮，陈漆其间，纻絮以漆著着间。岂可动哉？"左右曰："善！"张释之前曰："使其中有可欲者，虽锢南山，犹有郄。使其中无可欲者，虽无石椁，又何戚焉？"文帝称善。

《古史考》曰：禹作土塈以周棺，汤作木椁易土塈。

《汉书》曰：始皇石椁中为游。

又刘向上书曰：棺椁之作，自黄帝始也。臣瓒注曰：殷人作棺椁也。始皇葬于骊山，后牧儿亡羊，羊入其藏。牧者持火照求羊，失火，烧其藏及椁。

《续汉礼仪志》曰：侯王、公主、将军、特进薨，使者治丧，作柏椁。

《东观汉记》曰：明帝自制石椁，广丈二尺，长二丈五。

《魏志》曰：夫馀国厚葬，有椁无棺。东沃沮，其葬作大木椁，长十余丈，开一头作户。举家皆共椁，刻木为数。

鱼豢《魏略》曰：高丽，其死葬，有椁无棺，停丧百日也。

《越绝书》曰：阖闾葬，铜椁三重。

《二石伪事》曰：佛图澄死时，众官皆殡敛。以生所服、锡杖、钵，终内着棺中，为其埋石作椁。葬毕经年，冉闵后，故发椁开棺视之，了不见体骨处所，唯见杖钵存焉。

《庄子》曰：卫灵公死，卜葬沙丘而吉。掘之数仞，得石椁焉。有铭曰："不冯其子。"灵公夺而埋之。

郭缘生《述征记》曰：桓魋石椁在九里山之东北也。椁有二重，门间隐起，青石方净如镜，门扇数四。

《博物志》曰：汉滕公薨，公卿送至东都门。四马悲鸣，掊地不行。于蹄下得石椁，有铭曰："佳城郁郁，三千年见白日，吁嗟滕公居此室。"

《豫章记》曰：艾县有一冢，凿青石以为椁，制度非常，号曰杨柳冢。历代久远，莫知其谁。

攒

《礼记·丧大记》曰：君殡用輴，攒至于上，毕涂屋。大夫殡以帱，攒置于西序，涂不墍于棺。士殡见衽，涂上。帷之。郑玄注云：攒犹菆也。

《释名》曰：涂曰攒，攒木于上而涂之也。

刍灵

《周礼·春官·冢人》曰：及葬，言鸾车象人。鸾，遣车也。象人，以刍草为人。言，问其不如法度也。

《礼记·檀弓》曰：涂车、刍灵，自古有之，刍灵，束茅为人马。谓之灵者，神之类。明器之道也。言与明器同。孔子谓"为刍灵者善"，谓"为俑者不仁"，不殆于用人乎哉？俑，偶人也。有面目机发，有以于生人。孔子善古而非周。

《释名》曰：束草为人马，以神灵名之也。

《续汉书·礼仪志》曰：天子崩，刍灵三十六尺。

王肃《丧服要记》曰：鲁哀公葬父，孔子问曰："宁设桐人乎？"哀公曰："桐人起于虞卿。虞卿，齐人，遇恶继母不得养父，死不得葬。知有过，故作桐人。吾父生得供养，何用桐人为？"

陆机《士庶挽歌辞》曰：埏埴为涂车，束薪作刍灵，

明器

《周礼·春官·冢人》曰：大丧，入藏凶器。凶器，明器。

《周礼·夏官·司兵》曰：大丧，廞五兵。廞，兴作也。兴作明器之共。

《礼记·檀弓上》曰：宋襄公葬其夫人，醯醢百瓮。曾子曰："既曰明器矣，而又实之。"言名之为明器与祭器皆实之，是乱鬼器与人器也。

又曰：既殡，旬而布材与明器。木工宜乾暗，且预成。材，椁材也。

又曰：之死而致死之，不仁而不可为也；之死而致生之，不知而不可为也。之，往也。死之生之，谓无知与有知也。为犹行也。是故竹不成用，瓦不成沬，木不成斫，成犹善也。竹不可用善，谓边无縢。味当作沬。沬，靧也。琴瑟张而不平，竽笙备而不和，无宫商之谓。有钟磬而无簨虡。不悬之也。横曰簨，植曰虡。其曰明器，神明之也。言神明死之也。神明者，非人所知，折其器如此。

又曰：仲宪言于曾子曰："夏后氏用明器，示民无知也。所谓致死之。仲宪，孔子弟子原宪。殷人用祭器，示民有知也。所谓致生之。周人兼用

之，示民疑也。”言使民疑于无知与有知。曾子曰：“其不然乎！其不然乎！非其说之非也。夫明器，鬼器也；祭器，人器也。夫古之人，胡为而死其亲乎？”言仲宪之言，三者皆非。此或用鬼器，或用人器。

又《檀弓下》曰：孔子谓“为明器者，知丧道矣”。备物而不可用也。哀哉，死者而用生者之器，不殆于用殉乎哉？其曰明器，神明之也。神明，死者异于生人也。

《释名》曰：送死之器曰明器，神明之器异于人。

《盐铁论》曰：古者明器有形无实，示人不用也。今厚资多藏，器用如生人，并衣绨纨。

江逌表曰：宣皇帝顾命：终制，山陵不设明器，以贻后则。景帝奉遵遗敕。逮文明皇后崩，武皇帝亦承前，无所设施，唯醯醢之奠瓦器而已。昔康皇帝玄宫内宝奁乌粥，此盖太妃因己之情，实违先志累世之法。今永欲以为故事，用此二物。

明衣

《说文》曰：䘳，鬼衣也。读如葛垒萦之萦。

《穆天子传》曰：赠用文锦明衣。

祖载

《周礼·春官·丧祝》曰：掌大丧，及朝，御柩，乃奠；朝，将葬朝于祖考庙。及祖，饰棺，及载，遂御之。祖，将葬祖于庭。

《礼记·檀弓》曰：殡于客位，祖于庭，所以即远也。

《仪礼·既夕》曰：既夕哭，请启期，告于殡。夙兴，设盥于祖庙门外。祖，王父也。下士祖祢共庙。有司请祖期。将行而饮食曰祖。祖，始也。

《白虎通》曰：祖于庭何？夺孝子之恩也。祖，始。始载于庭也。乘车辞祖祢，故为祖载也。

翣

《周礼·夏官》曰：御仆，大丧持翣。翣，棺饰也。持之者，夹蜃车。

《礼记·檀弓下》曰：周人廧置翣。郑玄注云：廧，柳衣。翣者，车饰也。

又《礼器》曰：天子七月而葬，五重八翣；诸侯五月而葬，三重六翣；大夫三月而葬，再重四翣。此以多为贵也。

又《丧大记》曰：饰棺，君黼翣二，画翣二。大夫黻翣二，画翣二；士画翣二。

《古史考》曰：周公作翣。

《齐书》曰：张绪卒日，无宅以殡，遗命：凶事不设柳翣。

《庄子》曰：战而死者，其人之葬也，不以翣资。翣者，武之所资也。战而死者，无武也，翣将安施耳。

《世本》曰：武王作翣。

董勋答问曰：翣似屏风，人持随丧车前后左右也。

绋

《礼记·杂记》曰：诸侯丧，执绋五百人，四绋皆衔枚。绋，引车索。

《释名》曰：从前引曰绋。绋，发也。发车使行。

《续汉书·礼仪志》曰：礼，登遐，中黄门、虎贲执绋。

又曰：公卿已下子弟凡三百人执绋，白素帻，委貌冠。

杜预《要集》曰：凡挽，天子六绋，诸侯四，大夫二，士一。

旂旒

贺循《葬礼》曰：大夫五旒，吉韦车之所建也。通而已下，不为龙画。

旐

《周礼·春官》曰：司常，大丧供铭旌，建廞车之旌。铭旌，王则太常也。

《礼记·檀弓上》曰：铭，明旌也。以死者不可别也，故以其旗识之。

《续汉书·礼仪志》曰：礼，登遐，大旗之制：长三刃，十有二斿，曳地；画日月升龙；书旐，曰天子之柩。

贺循《葬礼》曰：杠，今之旐也。古者以缁布为之，命以绛缯，题姓字而已，不为画饬也。

《礼论》曰：问："下殇葬墓，有旐否？"徐邈答曰："旐以题柩耳。无不有旐。"

《晋书》曰：魏明悼后崩，议书名旌。或欲去姓而书魏，或欲两书。安平王子孚以为经典正义，皆不应书。凡帝王，皆因本国之名以为天子之号，而与往代相别耳，非为择美名以自光也。天称皇天，则帝称皇帝；地称后土，则后称皇后。此乃所以同天地之大号，统无二之尊名。不待称国号以自表，不俟称民族以自彰。

挽歌

《左传·哀上》曰：吴与齐战，齐人公孙夏将战，命其徒歌《虞殡》。杜预注曰：《虞殡》，送葬歌曲，示必死。

《纂文》曰：《薤露》，今人挽歌。

《续汉书·礼仪志》曰：礼，登遐，羽林孤儿巴俞櫂歌者六十人。

《续汉书》曰：大将军梁商三月上巳日会洛水，倡乐毕极，终以《薤露》之歌，座中流涕。其年八月而商薨。

《晋公卿礼秩》曰：安平王葬，给挽歌六十人。诸公及开府给三十人。

《晋书·礼志》曰：汉魏故事：大丧及大臣之丧，执绋者挽歌。新礼以为挽歌出于汉武帝。役人之劳，歌声哀切，遂以为送终之礼。虽音曲摧怆，非经典所制，违礼。衔枚之义方，在号慕，不宜以歌为名，除挽歌。挚虞以为挽歌因唱和而为摧怆之声，衔枚所以全哀，此亦以感众。虽非经典所载，是历代故事。《诗》称"君子作歌，唯以告哀"。以歌为名，无所嫌，宜定新礼如旧。

《续晋阳秋》曰：袁山松作《行路难》，辞句婉丽，听者莫不流泪。吴昙善倡乐，桓伊能挽歌。时称为三绝。

又曰：武陵王晞未败四五年，喜为挽歌，自摇铃，使左右和之。

《语林》曰：张湛好于斋前种松柏，养鸲鹆。袁山松出游，好令左右挽歌。时人谓“张屋下陈尸，袁道上行殡”。

谢绰《宋拾遗录》曰：太祖尝召颜延之传诏，频曰：“寻觅不值。”太祖曰：“但酒店中求之，自当得也。”传诏依旨访觅，果见延之在酒肆，裸身挽歌，了不应对。他日酒醒，乃往。

《宋书》曰：范晔为吏部郎。元嘉元年，彭城王太妃薨，将葬。祖夕，僚故并集东府。晔与司徒左曹属王深及弟司徒祭酒广夜中酣饮，开北牖，听挽歌为乐。彭城王义康大怒，左迁宣城太守。

《梁书》曰：谢几卿，普通六年诏西昌侯藻督众军北侵，几卿启求行，擢为藻军师长史。军至涡阳，退败，几卿坐免官。居自扬石井宅中，交好者载酒从之，客恒满坐。时左丞庾仲容亦免归，二人意相得，并肆情诞纵。或乘露车历游郊野，醉则执铎挽歌，不屑物议。

《庄子》曰：绋讴所生，必于斥苦。司马彪注云：绋，引柩索也。斥，疏缓若用力也。引绋所以讴者，为人用力慢缓不齐，促急之也。

《风俗通》曰：京师宾婚嘉会，酒酣之后，续以挽歌。

谯周《法训》曰：挽歌者，高帝召田横至尸乡自毙，从者不敢哭而不胜其哀，故作此歌以寄哀音焉。

干宝《搜神记》曰：挽歌者，丧家之乐；执绋者，相和之声也。挽歌词有《薤露》、《蒿里》二章，出田横门人。横自杀，门人伤之，为悲歌。言人如薤上露，易晞灭也。亦谓人死，精魂于蒿里。

《古辞》曰：“薤露朝露何易晞，明朝更复露。人死一去何时归？”二章曰：“蒿里谁家地，聚敛精魄无贤愚。鬼伯一何相催促，人命不得少踟蹰。”至李延年乃分为二曲。《薤露》送王公贵人，《蒿里》送士、大夫、庶人，使挽柩者歌之。语祠长歌、短歌，言寿命长短不可妄求。

魏缪袭《挽歌辞》曰：生时游国都，死没弃中野。朝发高堂上，暮宿黄泉下。白日入虞渊，县车息驷马。造化虽神明，安能复存我？形容稍歌灭，齿发行当堕。自古皆有然，谁能离此者？

陆机《挽歌辞》曰：魂衣何盈盈，旗旐何习习。父母拊棺号，兄弟扶筵泣。灵輀动轇轕，龙首矫崔嵬。挽歌挟毂唱，嘈嘈一何悲。浮云中容与，飘风不能回。渊鱼仰失梁，征乌俯坠飞。

又曰：中闱且勿喧，听我《薤露》诗。生死各异伦，祖载当有时。舍爵两楹位，启殡进灵輀。饯饭觞莫举，出宿归无期。

又曰：重阜何崔嵬，玄庐窜其间。磅礴云四极，穹崇效苍天。侧听阴沟涌，卧观天井悬。圹宵何辽廓，大暮安可晨。人往有返岁，我行无归年。昔居四人宅，今为万鬼邻。昔为七尺体，今成灰与尘。金玉昔所佩，鸿毛今不振。丰肌享蝼蚁，形体永夷泯。寿堂延魑魅，虚无自相宾。蝼蚁尔何怨，魑魅我何亲。抚心痛荼毒，永叹莫为陈。

晋陶潜《挽歌辞》曰：荒草何茫茫，白杨亦萧萧。严霜九月中，送我出远郊。四面无人居，高坟正嶕峣。马为仰天鸣，风日自萧条。幽室一已闭，千年不复朝。千年不复朝，贤达无奈何。向来相送人，各亦归其家。亲戚或余悲，他人亦已歌。死去何所道？托体同山阿。

又曰：有生必有死，早终非命促。昨暮同为人，今旦在鬼录。魂气散何之，枯形寄空木。娇儿索父号，良友抚我哭。

颜延之《挽歌辞》曰：今龟告明兆，撤奠在方昏。戒徒赴幽穸，祖驾出高门。行行去城邑，遥遥首丘园。息镳竟平隧，税驾列岩根。

北齐祖孝征《挽歌辞》曰：驱驷马，谒帝长杨宫。旌悬白云外，骑猎红尘中。今来向漳浦，素盖转悲风。荣华与歌笑，万事尽成空。

隋卢思道《彭城王挽歌辞》曰：旭日禁门开，隐隐灵舆发。才看凤楼迥，稍视龙山没。犹陈五营骑，尚聚三河卒。容卫俨未归，空山照秋月。

又乐平长公主，《挽歌辞》曰：妆楼对驰道，吹台临景舍。风入上春朝，月满凉秋夜。未言歌笑毕，已觉先荣谢。何时洛水湄？芝田解龙驾。

方相

《周礼·夏官》曰：方相氏掌蒙熊皮、黄金四目、玄衣朱裳，执戈、扬盾，帅百隶。大丧，先柩，及墓，入圹，以戈击四隅，欧方良。圹穿中也。方良，罔两也。

蔡质《汉官仪》曰：阴太后崩，前有方相及凤皇车。

《晋公卿礼秩》曰：上公薨者，给方相车一乘。安平王孚薨，方相车驾马。

《幽明录》曰：广陵露白村人，每夜辄见鬼怪。或有异形丑恶，怯弱者莫敢过。村人怪如此，疑必有故。相率得十人，一时发掘，入地尺许，得一朽烂方相头。访之故老，咸云："尝有人冒雨葬至此，遇劫，一时散走，方相头陷没泥中。"

《风俗通》曰：俗说亡人魂气浮扬，故作魌头以存之。言头体魌魌然盛大也。或谓魌头为触圹，殊方语也。

太平御览卷第五百五十三　礼仪部三十二

葬送一

《易下·系》曰：古之葬者，厚衣之以薪，葬之中野，衣之以薪而埋之于中野。不封不树，丧其无数。后世圣人易之以棺椁，盖取诸《大过》。

《尚书》曰：周公在丰，致政，老在丰也。将没，欲葬成周。周公薨，成王葬于毕。成王不敢臣周公，故归于武王，葬毕也。

《礼记·曲礼上》曰：助葬必执绋。绋，引申索。

《礼记·檀弓上》曰：太公封营丘，比及五世，皆反葬于周。君子曰："乐，乐其所自生。礼，不忘其本。古之人有言曰：狐死正丘首，仁也。"正丘首，正首丘也。仁，恩也。

又曰：舜葬于苍梧之野，盖三妃未之从也。古不合葬。

又曰：葬于北方北首，三代之达礼也，之幽之故也。北方北首，国北也。

又曰：子柳之母死，子硕请具。具，丧之器用也。子柳，鲁叔仲皮之子，子硕兄。子柳曰："何以哉？"言无其财。子硕曰："请粥庶弟之母。"粥谓嫁之也。妾贱，取之曰买之也。子柳曰："如之何其粥人之母，以葬其母也？不可。"

又曰：公叔文子升于瑕丘，蘧伯玉从。二子卫大夫也。文子，献公之孙名拔也。文子曰："乐哉，斯丘也。死则我欲葬焉。"伯玉曰："吾子乐之，则瑗请前。"刺其欲害人良田。瑗，伯玉名也。

又曰：成子高寝疾，成子高，齐大夫。国成伯，高父也。庆遗入请曰："夫子病革矣。如至乎大病，则如之何？"观其意也。革，急也。庆遗，封之族。子高曰："吾闻之也，生有益于人，死不害于人。吾纵生无益于人，吾可以死害于人哉？我死则择不食之地而葬我焉。"不食谓不垦耕。

又曰：国子高曰："葬也者，藏也。藏也者，欲人之弗得见也。是故衣足以饰身，棺周于衣，椁周于棺，土周于椁，反壤树之哉！"

又曰：孔子之丧，有自燕来观者，舍于子夏氏。子夏曰："圣人之葬人与？人之葬圣人也，子何观焉？昔者夫子言之曰：吾见封之若堂者矣。见若防者矣，防形旁杀平上而长。见若覆夏屋者矣，覆谓茨瓦也。夏屋，今之门庑也，其形傍广而卑。见若斧者矣，从若斧者焉。马鬣封之谓也。"

《礼记·檀弓上》曰：季武子成寝。杜氏之葬在西阶之下，请合葬焉。许之。入宫而不敢哭。武子曰："合葬，非古也。自周公以来，未之有改也。吾许其大而不许其细，何居？"命之哭。

又曰：子游问具。夫子曰："称家之有亡。"子游曰："有亡恶乎齐？"恶乎齐，问丰省之比。夫子曰："有，无过礼。苟亡矣，敛首足形，还葬，悬棺而封。不设碑綍，不备礼也。人岂有非之者哉？"

又曰：宋襄公葬其夫人，醯醢百瓮。

《礼记·檀弓下》曰：季子皋葬其妻，犯人之禾。申祥以告，曰："请庚之。"申祥，子张子。庚，偿也。子皋曰："孟氏不以是罪予，朋友不以是弃予，以吾为邑长于斯也。买道而葬，后难继也。"恃宠虐民，非也。

又曰：延陵季子适齐，于其反也，其长子死，葬于嬴博之间。嬴博，齐地，泰山县是也。孔子曰："延陵季子，吴之习于礼者也。"往而观其葬焉。其坎深不至于泉，以生恕死。其敛以时服。既葬封，广轮掩坎，其高可隐也。轮，从也。隐，据也。既封，左袒，右还其封，且号者三，曰："骨肉归复于土，命也。若魂气则无不之也，无不之也。"还，回。而遂行。孔子曰："延陵季子之于礼，其合矣乎！"

又曰：子路曰："伤哉贫也！生无以为养，死无以为礼也。"孔子曰："啜菽饮水尽其欢，斯之谓孝；敛手足形，还葬而无椁，称其材，斯之谓礼。"还犹疾也。

《礼记·王制》曰：天子七日而殡，七月而葬；诸侯五日而殡，五月而葬；大夫、士、庶人三日而殡，三月而葬。尊者舒，卑者速。《春秋传》曰："天子七月而葬，同轨毕至；诸侯五月，同盟至；大夫三月，同位至；士逾月，外姻至。"三年之丧，自天子达庶人。县封葬不为雨止。不封不树。丧不贰事。

《礼记·曾子问》曰："葬引至于堩，日有食之，则有变乎？且不乎？”堩，道也。变谓异礼。孔子曰：“昔吾从老聃助葬于巷党。及堩，日有食之。老聃曰：‘丘，止柩就道右，止哭以听变。’既明，反而后行。曰‘礼也’。巷党，党名也。反葬，丘问之曰：‘夫柩不可以反也。日有食之，不知其已之迟也，则岂如行哉？’已，止也。数读为速。老聃曰：‘夫柩不早出，不暮宿。侵晨夜则近奸寇也。见星而行者，唯罪人与奔父母之丧者乎！日有食之，安知其不见星也？为无日而匿，祚豫止。且君子行礼，不以人之亲痁患。’”痁患，病也。以人之父母行礼而恐，惧其有患害不为也。

《礼记·曾子问》曰：“并有丧，如之何？何先何后？”并谓父母。若亲同者，同月死。孔子曰：“葬，先轻而后重；其奠也，先重而后轻，礼也。自启及葬不奠。不奠，务于当葬者。行葬不哀次。不哀次，轻于在殡者。反葬，奠而后辞于殡，遂修葬事。殡当为宾，声之误也。辞于宾谓告将葬启期也。其虞也，先重而后轻，礼也。”

《礼记·丧大记》曰：君葬用輴，四綍，二碑，御棺用羽葆；大夫葬用輴，二綍，二碑，御棺用茅；士葬用国车，二綍，无碑，比出宫，御棺用功布。大夫废輴，此言輴，非也。

《礼记·中庸》曰：父为大夫，子为士，葬以大夫，祭以士。父为士，子为大夫，葬以士，祭以大夫。

《左传·隐公》曰：公将如棠观鱼者，臧僖伯谏，不从。冬，臧僖伯卒。公曰：“叔父有憾于寡人，叔父有憾，观鱼不听也。寡人弗敢忘。”葬之加一等。

又曰：元年冬，十月庚申，改葬惠公。公弗临，贾逵曰：改葬，改备礼也。葬嗣君之事，公不临，言无恩。礼曰改葬细也。故不书。惠公之薨也，有宋师，太子少，葬故有阙。是以改葬。言是以，明礼缺故也。

又曰：天子七月而葬，同轨毕至；诸侯五月，同盟至；大夫三月，同位至；士逾月，外姻至。

《左传·僖上》曰：许穆公卒于师，葬之以侯，礼也。男而侯礼，加一等。凡诸侯薨于朝会，加一等；诸侯命有三等：公为上等，侯伯为中等，子男为下等。死王事，加二等。于是有以衮敛。死王事谓朝天子，以命用师。衮敛者，上公九命服衮也。

《左传·宣上》曰：葬敬嬴，旱无麻，始用葛茀。记礼变之所由。茀所以引柩，殡则有之以备火，葬则以下柩。雨，不克葬，礼也。礼：卜葬先远日，辟不怀也。怀，思也。

《左传·成上》曰：宋文公卒。始厚葬，用蜃炭，益车马，始用殉，重器备。椁有四阿，棺有翰桧。君子谓华元、乐莒"于是乎不臣。臣，治烦去惑者也。今二子者，君生则纵其惑，死又益其侈，是弃君于恶，何臣之为？"

《左传·昭二》曰：叔孙卒，杜泄将以路葬，且尽卿礼。路，王所赐叔孙车。南遗谓季孙曰："叔孙未乘路，葬焉用之？且冢卿无路，介卿以葬，不亦左乎？"

《左传·昭十二》曰：郑简公卒，将为葬除。除葬道。及游氏之庙，游氏，子太叔族。将毁焉。子太叔使其除徒执用以立，而无庸毁。用毁庙具。曰："子产过女，而问'何故不毁'，乃曰'不忍庙也。诺，将毁矣'"。教毁庙者之辞。既如是，子产乃使辟之。毁之，则朝堋；弗毁，则日中而堋。

《春秋说题辞》曰：葬，尸下藏也。人生于阴，含阳充；死入地，归所与也。宋均注：人生阴谓在胞胎中。

《论语·先进》曰：颜渊死，门人欲厚葬之。子曰："不可。"门人厚葬之。子曰："回也视予犹父也，予不得视犹子也。非我也，夫二三子也。"言颜路在，听门人厚葬之。

《白虎通》曰：周公以王礼葬何？以为周公践祚理政，与天同志。原天之意，子爱周公，与文武不异。故以王礼。

《尔雅》曰：葬，藏，谓之圹宅。兆茔，域地也。

《说文》曰：窆，葬下棺也。

《史记》曰：项王已死，楚地皆降汉，独鲁不下。汉乃引天下兵欲屠之。为其守礼义，为王死节，乃持项王头示鲁。鲁父兄乃降。始楚怀王初封项籍为鲁公，及其死，鲁最后下，故以鲁公礼葬项籍彭城。

《史记》曰：临江闵王荣，以孝景前四年为太子，四岁，废为临江王。四年，坐侵庙壖为宫，上征荣诣中尉府。中尉郅都责讯王，王恐，自杀，葬蓝田。燕数万衔土置冢上。百姓怜之。

又曰：郭解姊子负解之势，与人饮，强灌之。人怒，拔刀刺杀解姊子，去亡。解姊怒曰："以翁伯之义，人杀吾子，贼不得。"弃其尸于道，不葬，欲以辱解。解使人征知贼处。贼窘，自归，具以实告解。解曰："杀之固当，吾儿不直。"遂去其罪。其姨乃收而葬之。诸公闻之，皆多解之义。

《战国策》曰：秦宣太后爱魏馀，病且死，令曰："我死，必以魏子为殉。"庸芮为之说后曰："以死者为有知乎？"曰："无知。"芮曰："何乃空以生之所爱，葬无知之死人哉？若死者有知，先王之积怒久矣。太后救过不暇，何得私魏子乎？"太后乃止。

《汉书》曰：韩信，淮阴人。家贫无行，不得推择为吏，又不能治生为商贾。常从人寄食，其母死，无以葬，乃行营高燥地，旁可置万家者为冢。

又曰：张良始所见下邳圯上老父与书者，后十三岁，从高帝过济北，果得谷城山下黄石，取而宝祠之。及良死，并葬黄石。每上冢，伏腊祠黄石。

又曰：卫青贵，而平阳侯曹寿有恶疾，就国。长公主问列侯贤者，左右皆言大将军。主叹曰："此出吾家，常从我奈何？"左右曰："于今尊贵无比。"于是，主讽皇后，言之上，乃诏青尚平阳主，合葬起冢。

又曰：三长史害张汤，自杀，昆弟欲厚葬。汤母曰："汤为天子大臣，被恶言而死，何厚葬为？"载以牛车，有棺而无椁。上闻之，曰："非此母不生此子。"乃尽诛三长史。

又曰：主父偃方贵幸时，客以千数。及死，无一人视，独孔车收葬焉。上闻之，以车为长者。

又曰：霍光薨，上及皇后太后亲临光丧。太中大夫任宣与侍御史五人持节护丧事。赐金钱缯絮，绣被百领，衣五十箧，璧珠玑玉衣，师古曰:《汉仪注》以玉为襦,如铠状,连缀之,以黄金为缕,腰以下玉为札,长尺广二寸,半为甲。下至足,亦缀以金缕也。便房、黄肠题凑各一具,苏材曰:以柏木黄心致累棺外曰黄肠。木头皆内向,故曰题凑。如淳曰:便房,冢圹中室也。《汉仪注》:天子陵中明中高丈二尺,周二丈,内梓宫,次楩椁、柏黄肠题凑也。东园温明,服虔曰:东园处此器形如方漆桶开一面,漆画之,以镜置其中,以悬尸上,大敛并盖之矣。皆如乘舆制度。载光尸柩以輼辌车,黄屋左纛,发材官轻车、北军五校士军陈,至茂陵,以送其葬。谥曰宣城侯。发三河卒穿复土起冢,祠堂置园邑三百家。

又曰:金日殚薨,赐葬具冢地,送以轻车,介士军至茂陵,谥曰敬侯。

又曰:杨王孙者,孝武时人也。学黄老之术,家业千金。厚自奉养,生亡所不至。及病且终,先令其子曰:"吾欲倮葬,以反吾真。必亡易吾意。死则为囊盛尸,尸入地七尺。即下,从足引脱其囊,以身亲土。"其子欲默而不从,重废父命;欲从之,心又不忍。乃往见王孙友人祁侯。祁侯与王孙书。王孙报曰:"盖闻古之圣王,缘人不忍其亲,故为制礼。今则越之。吾是以裸葬,将以矫世。吾闻之:神精者,天之有;形骸者,地之有。精神离形,各归其真,故谓之鬼。鬼之为言归也。尸块然独处,岂有知哉?裹以币帛,隔以棺椁,支体结束,口含玉石,欲化不得,郁为枯腊。千载之后,棺椁朽腐,乃得归土,就其真宅。"祁侯曰:"善。"遂裸葬。

又曰:朱云年七十余,终于家。病不呼医药,遗言:以身服敛,棺周于身,土为椁,韦昭曰:烧土为椁也。为丈五坟,葬平陵东郭外。

又曰:韦玄成为相,病且死。因使者自白曰:"不胜父子私,愿乞体骨,归葬父墓。"上许焉。

又曰:朱邑病且死,嘱其子曰:"我故为桐乡吏,其民爱我,必葬桐乡。后世子孙奉我,不如桐乡民。"及死,其子葬之桐乡西郭外,民果共为邑起冢立祠,岁祠祭,至今不绝。

又曰:孔光薨,王莽白太后,使九卿策赠以太师、博山侯印绶,赐乘舆秘器金钱杂帛。少府供帐,公卿百官会吊。送葬,载以乘舆及副各一乘，羽林孤儿、诸生合四百人挽送，车万余两。将作穿复土，河东卒五百人起坟，如大将军王凤制度。

又曰：董贤死，见废，裸诊其尸，因埋狱中。贤所厚吏沛人朱诩自劾。去大司马府备棺衣，收贤尸葬之。王莽闻之，大怒，以他罪系杀诩。

又曰：楚王戊女解忧妻乌孙。公主上书言年老思乡，愿得归骸骨葬汉地。天子悯而迎之。公主与孙男女三人俱来。后二岁卒，三孙因留守坟墓。

又曰：楼护字君卿，结交士大夫，无所不倾。甚交士长者，尤见亲敬。母死，送葬者致车二三千两。

《后汉书》曰：永平十二年，诏曰："昔曾闵奉亲，竭欢致养；仲尼葬子，有棺无椁。丧贵致哀，礼存宁俭。今百姓送终之制，竞为奢靡，生者无担石，而财力尽于坟土；伏腊无糟糠，而牲牢兼于一奠。靡破积代之业，以供朝夕之费，岂孝之意哉？有司其申明科禁，宣下郡国。"

范晔《后汉书》曰：孔僖拜临晋令，卒官，遗令即葬。二子长彦并十余岁，蒲坂令许君然劝令反鲁。对曰："今载柩而归，则违父令；舍墓而去，心所不忍。"遂留华阴。

《续汉书》曰：张奂，光和四年卒，遗令曰："吾前后仕进，十腰银艾，不能和光同尘，为谗邪所忌。但地底冥冥，长无晓期，而复缠以纩绵，牢以钉密，为不喜耳。今幸有前穿，朝陨夕下，措尸灵床，幅巾而已。奢非桓文，俭非王孙，推情从意，庶免咎吝。"诸子从之。

又曰：周畅字伯持，性仁慈，为河南尹。永初二年夏，旱，久祷无应。畅因收葬洛城旁客死骸骨凡万余人，应时澍雨，岁乃丰稔。位至光禄勋。

《东观汉记》曰：光武发蓟还，士众喜乐，鼓声歌咏，八荒震动。过范阳，命诸将收葬吏士。又东平王苍葬，章帝访，诏有司加赐鸾路、乘马、龙旗、九旒、虎贲百人。

又曰：东海王强薨。追念强雅性恭俭，不欲令厚葬以违其意，诏中常侍杜岑、东海相传曰："王恭谦好礼，以德自终。敕官属遣送，务行约省。茅车瓦器，以成王志。"

又曰：王丹，闾里有丧忧，辄度其资用，教之俭约，因为其制日定葬。其亲丧，不过留殡一月，其下以轻重为差。

又曰：梁鸿病因，与高伯通及会稽士大夫语曰："昔延陵季子葬于嬴博之间，不归其乡，慎勿听妻子持尸柩去。"终后，伯通等为求葬处。有要离冢高燥，众人曰："要离，古烈士。今伯鸾亦清高，令相近。"遂葬要离冢旁。子孙归扶风。

太平御览卷第五百五十四 礼仪部三十三

葬送二

《东观汉记》曰：邓弘薨，有司复请加谥曰昭成君。发五校轻车骑士为陈，至葬所。所施皆如霍光故事。皇太后皆曰门生，挽送。

谢承《后汉书》曰：邓晨尚世祖姊新野公主。主为王莽兵所害。及薨，诏备主官属法驾，招迎主魂，与晨合葬于北邙。

谢承《后汉书》曰：马援卒，后有人上书谮之者。援妻孥惶怖，不敢以丧还旧茔，裁买城西数亩地，槀葬而已。宾客故人莫敢吊会。援妻子草索相连，诣阙请罪。帝乃出讼书以示之，方知所坐。上书诉冤，前后六上，辞甚哀切，然后得葬。

谢承《后汉书》曰：崔瑗为济北相。光禄大夫杜乔为八使，徇行郡国，以赃奏瑗，征诣廷尉。瑗上书自讼，得理出。会病卒。临终，顾命子实曰："人禀天地之气以生。及其终也，归精于天，还骨于地。何地不可藏形骸。勿归乡里。"实奉遗令，遂留葬洛阳。初，崔寔父卒，标卖田宅，起冢茔，立碑颂。葬讫，资产竭尽，因穷困以榷酤鬻为业。时人多以此讥之。实终不改，亦取足而已，不致盈余。

谢承《后汉书》曰：陈宠为广汉太守。先是，洛县城南，每阴雨，尝有哭声闻于府中，积数十年。宠问而疑其故，使吏按行。还言衰乱时，此下多死亡者，而骸骨不得葬，偿侻在。于是宠怆然矜之，即敕县尽收敛葬之。自是哭遂绝。

华峤《后汉书》曰：杨震为太尉，中常侍樊丰等骄恣，震常切谏，由是共构谮震。策罢遣归本郡，遂仰鸩薨。薨日，有大鸟来止树上，须臾下地，安行到柩前，正立低头，旁人共更抚抱，终不惊骇。鸟苍色，颈去地五六尺，舒翅广一丈三尺，莫有能名者。葬毕飞去。

范晔《后汉书》曰：范冉一名丹。临命遗敕其子曰："吾生于昏暗之世，值乎淫侈之俗。生得在世济时，死则何忍自同于世？气绝便敛，敛以时服。衣足蔽形，棺足周身。敛毕便穿，穿毕便埋。其明堂之奠，盂饭寒水饮食之物，勿有所下。坟封高下，令足自隐。知我心者，李子坚、王子炳也，今皆不在。制之在尔，勿令乡人宗亲有所加也。”

范晔《后汉书》曰：赵咨以病自乞，征拜议郎，沉疾京师。将终，告其故吏朱祇、萧建等“薄敛素棺，藉以黄壤，欲令速朽，早归后土。”不听子孙改之。朱祇、萧建送丧到家，子胤不忍父体与土并合，欲更改殡。祇建譬以顾命，于是奉行。世称明哲。

《后汉书》曰：董宣为洛阳令，卒于官。诏遣使者临视，唯见布被覆尸，妻子对哭。有大麦数斛，弊车一乘。帝伤之曰：“董宣廉洁，死乃知之。”以宣绶为二千石，赐艾绶，葬以大夫礼。

《后汉书》曰：樊宏卒，遗敕薄葬，一无所用。以为棺椁一藏，不宜复见。如有腐败，伤孝子之心。使与夫人同坟异藏。帝善其令，以书示百官，因曰：“今不顺寿张侯意，无以彰其德具。吾万岁之后，欲以为式。”

《后汉书》曰：袁安父没，母使安访求葬地。道逢三书生，问安何之。安为言其故。生乃指一处云：“葬此地，当代为上公。”须臾不见。安异之，于是遂葬其所占之地。故累代隆盛焉。

《后汉书》：桓荣每疾病，帝辄遣使者存问，太官太医相望于道。及笃，上疏谢恩，让还爵土。帝亲幸其家问起居。下车，拥经而前，抚荣垂涕，赐以床茵、帷帐、刀剑、衣被，良久乃去。自是诸侯、将、大夫问疾者，不敢复乘车，到问，皆拜床下。荣卒，帝亲自变服临丧送葬，赐冢茔于首山之阳。

《后汉书》曰：李傕重葬董卓于郿，并董氏所焚尸之灰，合敛一棺而葬之。葬日，大风雨，霆震卓墓，流水而藏，漂其棺木。

《后汉书》曰：王忳字少林，忳，音纯。广汉新都人也。忳尝诣京师，于空舍中，一书生疾困，愍而视之。书生谓忳曰：“我当到洛而被病，命在须臾。腰下有金十斤，愿以相赠。死后乞藏骸骨。”未及问姓名而命绝。忳即鬻金一斤，营殡葬，余金悉置棺下，人无知者。后归数年，县署忳大度亭。初到之日，有马驰入亭中而止。其日大风，飘一绣被，复堕忳前。即言之于县。县以归忳。忳后乘马到雒县，马遂奔走，牵忳入他舍。主人见之，喜曰："今禽盗矣。"问忳所由得马，忳具说其状，并及绣被。主人怅然良久，乃曰："被随旋风，与马俱亡。卿何阴德，而致此二物？"忳自念有葬书生事，因说之，并道书生形貌及埋金之处。主人大惊，号曰："是我子也。姓金名彦，前往京师，不知所在。何意卿乃葬之！大恩矣，久不报，以彰卿德耳。"忳悉以被、马还之。彦父不取，又厚遗忳。忳辞让而去。

《后汉书》曰：范式字巨卿！与张元伯为友。元伯穷，疾笃，同郡郅君章、殷子微晨夜省疾视之。元伯临尽叹曰："恨不见吾死友。"寻而卒。式或梦见元伯玄冕垂缨、履屣而呼曰："巨卿！吾以其日死，当以尔时葬，永归黄泉。子未我忘，岂能相及？"式怳然觉寤，悲叹泣下。具告太守，请往奔丧，投其葬日，驰往赴之。式未及到而丧已发引。既至圹，将窆，而柩不肯进。其母抚之曰："元伯岂有望耶？"遂停柩。移时，乃见有素车白马，号哭而来。其母望之曰："是必范巨卿也。"即至叩丧，言曰："行矣元伯！死生路异，永从此辞。"会葬者千人，咸为挥涕。式因执绋而引，柩于是乃前。式遂留止冢次，为修坟树。

《后汉书》曰：缪肜，汝南召陵人也。太守陇西梁湛召为决曹吏。安帝初，湛病，卒官。肜送丧还陇西。始葬，会西羌反叛，湛妻子悉避乱他郡，肜独留不去，为起坟冢。乃潜穿井旁，以为窟室，昼则隐窜，夜则负土。及贼平而坟已立。其妻子意肜已死，还见大惊。关西咸称传之，共给车马衣资，肜不受而归。

《后汉书》曰：张霸，蜀郡成都人也。为会稽太守，后征，四迁为侍中。卒年七十，遗诏诸子曰："昔延州使齐子死嬴博，因坎路则，遂以葬焉。今蜀道阻远，不宜归茔，可止此葬，足藏发齿而已，务遵速朽，副我本心。人生一代，但当畏敬于人。若不善加已，直为受之。"诸子承命，葬于河南梁县，因遂家焉。

《后汉书》曰：士孙瑞理王允等事曰：兴平二年秋，朝廷以九月九日引见公卿近臣饮宴，离席前，说故司徒王允、故司隶黄琬并有功于国，可听允恭等葬。

《魏略》曰：田豫病亡，戒其妻子曰：“葬我必西门豹边。”妻子难之，曰：“西门豹，古之神人。那可葬其所？”豫曰：“豹所履行，正与我等耳。使死而有灵，必与我善。”妻子从之。

《魏略》曰：郝昭字伯通。病亡，遗令戒其子凯曰：“吾为将，知将不可为也。吾数发冢取其木，以为攻战具。又知厚葬无益于死者也。没必欽以时服，死复何在耶？今去本墓远，东西南北，在汝而已矣。”

《魏略》曰：沐德信年六十余，自虑无常，豫作终制，诫其子以俭葬。至嘉平中，病甚，临困，又敕豫掘埳，诫气绝，令二人举尸即埳，绝哭泣之声，止妇送。又诫后亡者不得入藏，不得封树。妻子皆遵之。

《魏志》曰：征东将军王基母卒，诏秘凶问，迎其父豹丧，合葬洛阳，追赐豹北海太守。

《魏志》曰：邴原字根矩，北海人。太祖辟司空掾。原女早亡，时太祖爱子仓舒亦没，太祖欲令合葬。原辞曰：“合葬，非礼也。原之所以自容明公，公之所以待原者，以能守训典而不易也。若听明公之命，则是凡庸也。明公焉以为哉？”太祖乃止。

《魏志》曰：任城王章葬，赐鸾路、龙旗、虎贲百人，如汉东平王故事。

《魏志》曰：徐邈为光禄大夫，数岁，即拜司空。固辞不受，以大夫薨于家，用公礼葬，谥曰穆侯。

《魏志》：裴潜薨，赠太常。子秀翩。遗令葬中唯置一坐，瓦器数枚，其余一无所设也。

王隐《晋书》曰：魏舒字阳元，为冀州刺史。入代山涛为侍中。舒三取妻，皆先亡。是岁，自表乞假还本郡葬妻。上曰：“舒当左右朝政，不宜远还乡里。舒素清贫，不营财产，顿举众丧，必无以自供。其赐葬地一顷，钱伍拾万。”

王隐《晋书》曰：皇甫谧《笃终论》曰："气绝之后，便时服、幅巾，以蘧蒢裹尸，覆卷三重，麻绳约二头，置尸灵床上。择不毛之地，穿坑十尺，长一丈二尺，广六尺。坑讫，去床，下尸。平生之物，皆无自随，唯赍《孝经》一卷，示不忘孝道。"

王隐《晋书》曰：杜预薨，遗令曰："吾往为公使过密县，邢山之上有冢。问耕者，云是郑大夫祭仲或子产之冢也，遂帅从者登而观焉。其造冢居山之顶，四望周达，连山体南北之正而邪东北，向新郑城，意不忘本也。藏无珍宝，不取于重深。君子尚其俭，小人无利可动，历千载无毁，俭之致也。吾去春入朝，因自营洛阳城东首阳之南为将来兆域。而所得地中有小山，上无旧冢，其高显虽未足比邢山，然东奉二陵，西瞻宫阙，南观伊洛，北望夷叔，旷然远览，情之所安也。故遂表树开道，为一定之制，取法郑大夫，欲以俭自完耳。棺器小敛之事，皆当称此。"

王隐《晋书》曰：马隆字孝兴，东平人也。少有智勇，门寒，无仕路。兖州刺史令狐愚坐事死，举州无敢送丧者。唯隆以武吏托称家客，殡送丧葬，种柏，三年礼毕，乃还。举州皆惭。

王隐《晋书》曰：徐苗以永宁三年春亡，遗令濯巾浣衣，榆棺杂砖，露车载柩，苇席瓦器而葬矣。

《晋阳秋》曰：荀粲亡时年二十九。性简实，不能与常人交接。所交者一时俊杰。至葬夕，赴者裁十余人，皆同时知名士也，哭之感动路人。

《汉晋阳秋》曰：司马师葬曹髦于洛阳西北三十里屈涧之滨，下车数乘，不设旐旐。百姓相聚而观之曰："前所杀天子也。"或掩面而泣。

《晋诸公赞》：贾后女宣华公主葬，用羽葆、鼓吹、熊渠、佽飞为卤薄。

《晋书》曰：石苞以泰始八年薨。预为终制曰："延陵薄葬，孔子以为达礼；华元厚葬，《春秋》以为不臣，古之明义也。自今死亡者，皆敛以时服，不得兼重。又不设床帐、明器。窆后复土满坎，不得起坟、种树。"

王隐《晋书》曰：庾峻遗敕子珉曰："朝卒暮殡，幅巾布衣，葬不择日。"珉奉遗命，殓以时服。

《晋中兴书》曰：刘驎之少有信义。去家百余里，有一独妪，病将死，叹息谓人曰："谁当埋我？唯有刘长史耳。何由令知？"驎之先闻有病，故往候之。值其命终，乃身为治棺殡送。其仁爱恻隐若此也。

王隐《晋书》曰：苏韶，安平人也。为中牟令。第九子名节，昼日见韶入，乘马，介黄练衣，曰："吾欲改葬。"乃授节为书曰："吾性好爱京洛，每往来瞻睹芒山上，乐哉乎！此万代之基也。背孟津洋洋之河，南望天邑济济之盛。此志虽未言，铭之于心。不图奄忽，所怀未果。前至十月，可速改葬。买数亩地，便自足矣。"

《晋书》曰：成都王颖死，其后汲桑害东嬴公腾，称为颖报仇。遂出颖棺，载之于军中。每事启灵，以行军令。桑败，弃棺于故井中，颖故臣收之，改葬于洛阳。

《晋中兴书》曰：王导薨。诏给九旒、辒辌车、黄屋、左纛、前后羽葆，鼓吹挽歌两部，虎贲、班剑百人。中兴名臣，莫与为比也。

《晋中兴书》曰：初，温峤葬豫章。朝议以峤首受顾命，功济社稷，宜还陪陵，官为起冢。太尉侃上疏停其移葬。诏从之。至峤后妻何氏卒，便载峤丧还都。诏令葬建平陵北，并赠峤二妻王氏、何氏始安夫人印绶云。

太平御览卷第五百五十五 礼仪部三十四

葬送三

《晋中兴书》曰：东海王越妃裴氏，痛越棺柩被焚，乃招魂，葬越于丹徒。中宗以为非礼，下诏曰："夫冢以藏形，庙以安神。今世招魂葬者，是埋神也。其禁之。"

《后魏书》曰：韩延字显宗，为虎牢镇将。初，延曾往柏谷坞，有鲁宗之墓，有终焉之志。因谓子孙曰："我不劳向北代葬也，即可就此。"子孙从其言。

崔鸿《后燕录》曰：赵秋字武，汲郡朝歌人也。轻财好施。邻人李玄度母死，家贫无以葬。秋谓其兄曰："赴死救不足，仁之本也。"家有二牛，以一牛与之，玄度得以葬。他年，秩夜行，见一老母，遗秋金一饼，曰："子能葬我，是以相报。子五十已后当富贵不可言。勿忘玄度也。"

《宋书》曰：谢方明父冲为孙恩所杀，伯父邈守吴兴，又为孙恩党害之。方明体素羸弱，而勇决过人。结邈门生，讨其党，悉擒，手刃之。时乱后，吉凶礼废。方明合门遇祸，资产无遗，而营举之功尽力数月，葬送并毕。平世备礼，无以加也。

《南史》曰：王思远少无仕心。宋建平王景素辟南徐州主簿，深见礼。素景被诛，左右离散，思远亲视殡葬，手种松柏，与庐江何昌寓上表理之。

《宋书》曰：王徽少好学。弟僧谦亦有才誉，为太子舍人，遇疾，徽躬自处疗。而僧谦服药失度，遂卒。徽深自咎恨，发病，不复自疗，哀痛僧谦不能已。以书告灵。僧谦卒后四旬而徽终，遗令薄葬，不设輀旐、鼓挽之属，施五尺床为灵，二宿便毁。

又曰：范泰卒，初议赠开府。殷景仁曰："泰素望不重，不可拟议。"

台司竟不果。及葬，王弘抚棺哭曰："君生平重殷铁，今以此为报。"

沈约《宋书》曰：吴逵，吴兴乌程人。经荒馑，继以疾病，父母兄弟嫂及郡群从小功之亲男女死者十三人，唯逵妻获全。家徒四壁，立冬无被袴。昼则佣赁，夜则伐木烧砖。妻亦同逵此诚。期年中，成七墓十三棺。

《南史》曰：顾宪之仕齐，为衡阳内史。先是，郡境连岁疾疫，死者大半，棺椁尤贵，悉裹以苇席，弃之路旁。宪之下车，分告属县，求其亲党，悉令殡葬。其家人绝灭者，宪之出公禄，使纲纪营护之。又土山人有病，辄云先亡为祸，皆开冢剖椁，水洗枯骨，名为"除祟"。宪之晓谕，为陈生死之别，事不相由，风俗遂改。

又曰：王俭领中书监，参掌选事。其年疾，上亲视。薨年三十八，诏卫军文武及台所给兵仗，悉停待葬。又诏追赠太尉，加羽葆鼓吹，增班剑为六十人。葬礼依太宰文简公褚彦回故事。

《齐书》曰：初，豫章王嶷葬金牛山，文惠太子葬夹石。竟陵王子良临送，望祖硎山，悲感叹曰："北瞻吾叔，前望吾兄。死而有知，请葬兹地。"及薨，葬焉。

又曰：何点哀乐过人。尝行，逢葬者。叹曰："此哭者之怀，岂可思耶？"于是悲恸不能禁。

《梁书》曰：到溉临终，托子孙薄葬之礼，曰："气绝便敛，敛以法服，敛竟便葬，不须择日。凶事心存约俭，孙侄不得违言。"便屏家人，请僧读经赞呗。及卒，颜色如恒，手屈二指，即佛道所云得果也。

又曰：顾宪之临终，为制敕其子曰："夫出生入死，理兼昼夜。生即不知所从，死亦安识所往？延陵云，精气上归于天，骨肉下归于地，魂气则无不知。良有以也。虽复茫昧难征，要若非妄。百年之期，迅若驰隙。吾今预为终制，瞑目之后，念并遵行，勿违吾志也。庄周、澹台，达生者也；王孙、士安，矫俗者也。吾进不及达，退无所矫。常谓中都之制，允理惬情：衣周于身，示不违礼；棺周于衣，足以蔽臭；入棺之物，一无所须；载以輴车，复以粗布，为使人勿恶也。"

崔鸿《三十国春秋·夏录》曰：赫连昌发二百里内民二万五千人凿嘉平陵，七千人缮清庙于契吴，初，昌父勃北游契吴，升高而叹曰："美哉斯阜！临广泽而带清流。吾行地多矣，未有若斯之美。"昌以勃平昔之意也，故立庙焉。葬勃于城西十五里，起行宫，模写统万宫殿，饰以金银珠玑。葬讫，楚之杀骏马数千匹。

《唐书》曰：贞观十年，葬文德皇后于昭陵，因山为坟，不封不树。大宗惩秦汉已来厚葬以致发掘，因序平生之志，刻于石以诫将来。

又曰：高宗以频年饥俭，召雍州长史李义琛谓曰："庶人之徒，商贾杂类，竞为厚葬，讳越礼度。雍州列郡之首，四方取则。卿为严禁，勿复使然也。"

又曰：初，玄宗因拜桥陵，至金粟山，睹岗峦有龙盘凤翥之势，谓左右曰："吾千秋后，宜葬此地。"群臣乃追先旨，筑陵此山，曰泰陵。

又曰：苏颋葬。上游咸宜宫，将出猎，闻颋丧出，怆然曰："苏颋今日葬，吾宁忍娱游。"遂还宫。

又曰：初，泾原节度使刘昌之领泾州也，平凉盟会所亡殁将士骸骨在焉，乃令聚而坎瘗之。因感梦于昌，有愧谢之意。遂以闻。由是下诏，深自克责。乃遣秘书少监孔述睿及中官，以御厨馔物及内造衣服数百袭，令刘昌收其骸骨以归。大将三十人，将士一百人，皆具棺攒，敛以衣服，葬于浅水原，置二冢。其大将曰"旌义冢"，将士曰"怀忠冢"。诏翰林学士撰二冢志文及祭文。其曰，刘昌盛陈兵于葬所，具牢馔祖祭之礼。昌及大将皆素服临之。焚其尸及纸钱千幅，又立三堠，题以冢名，表于道傍。师人观之，莫不感泣。

《穆天子传》曰：甲辰，天子南葬盛姬于乐池之南。即玄池也。天子乃命盛姬之丧视皇后之葬法。河济之间共事，供给葬事。七萃之事，抗即车，举棺以就车。御日月之旗、七星之文，今旒上画日月及北斗星。《周礼》日月为当旗，亦通名也。鼓钟以葬。

《山海经》曰：秋山，帝尧葬于阳，今尧冢在济阴阳城县也。帝喾葬于阴。爰有熊、文虎，雕虎。文王皆葬其所。文王墓今在毕也。案：帝王冢墓有定处，而《山海经》往往偏见之者，盖以为圣人在于其位，仁化广及，恩沾鸟兽。至于殂亡，四海若丧考妣，无思不哀。故绝域殊类之闻天子崩，各自立庙祭，起土为冢也。

又曰：务隅之山，帝颛顼葬于阳，冢在顿丘城门外广阳里中也。九嫔葬于阴。妇嫔。

又曰：赤水之东，苍梧之野，舜与叔均之所葬也。叔均，商均，墓在九疑山中也。其中有九疑山，舜所葬，在长沙零陵界中。九疑山九溪，其山皆相似。

又曰：邢天与帝争神，帝断其首，葬之常羊山。乃以乳为目，以脐为口。《玄中记》又载。

《晏子》曰：景公成路寝之基。逢于何遭晏子，再拜前曰："于何之母死，兆在路寝之台牖下，愿请合骨。"晏子入白公。公作色曰："自古及今，子亦尝闻请葬人主之宫者乎？"对曰："古之人君，不夺生人之居，不残死人之墓，故未尝闻请葬人主之宫也。婴闻之：生者不安，命之曰畜忧。死者不葬，命之曰畜哀。畜忧者怨，畜哀者危。君不如许之。"公曰："诺。"逢于何遂葬路寝之台牖下。

《墨子》曰：古者，圣人制为葬埋之法曰：棺三寸，足以朽体，衣衾二领，足以覆恶者。昔尧北教八狄，道死卬卬之山，衣衾二领，满坎无封。已葬，牛马乘之。舜西教犬戎，道死南纪之市。既葬，而市人乘之。禹东教于越，葬于会稽之山，桐棺三寸，皆下不及泉，上无通臭。三王者，岂财用不足哉？以为葬埋之法也。

《孟子》曰：滕文公卒，葬有日矣。天大雨雪甚，至牛目，群臣请弛期，太子不许。惠公谏曰："昔王季葬滑山之尾，栾水啮其墓，见棺前和。文王曰：'先君欲见群臣百姓矣。'乃出为张，三日而后葬。今太子亦曰：'先王以留而抚社稷，故使雪弛其期，更为日。'此文王之义也。"太子曰："善。"

《庄子》曰：庄子将死，弟子欲厚葬之。庄子曰："吾以天地为棺椁，日月为连璧，星辰为珠玑，万物为齐送。吾葬具不备耶？何以加此？"弟子曰："吾恐乌鸢之食夫子也。"庄子曰："在上为乌鸢食，在下为蝼蚁食。夺彼与此，何偏耶？”

又曰：庄子送葬，过惠子之墓。顾谓从者曰：“郢人有漫以垩，污其鼻端，若蝇翼。使匠石斫之，运斤成风，垩尽而鼻不伤。自夫子之死，吾无质矣。吾无与言之矣。”

《韩子》曰：墨者之葬也，冬日冬服，夏日夏服，桐棺三寸，执丧二日。世主以为俭而尤之。儒者破家而葬，债子而偿，执丧三年，毁而扶杖。世主以为孝而礼之也。

又曰：齐国好厚葬，布帛尽于衣衾，材木尽于棺椁。桓公患之，以告管仲曰：“布帛尽则无以为币，材木尽则无以为守备，而人厚葬之不休，奈何？”管仲对曰：“凡人之有为也，非名之则利之也。乃下令曰：‘棺椁过度者僇其尸，罪夫当丧者。’夫僇死无名，罪当丧者无利，人何故为之也？”

《尸子》曰：禹之丧法：死于陵者葬于陵，死于泽者葬于泽。桐棺三寸，制丧三日。舜西教乎七戎，道死，葬南巴之中。衣衾三领，款木之棺，葛以缄之。

《吕氏春秋》曰：孝子之重其亲也，慈亲之爱其子也，痛于肌骨，性也。所重所爱，死而弃之沟壑，人之情不忍为，故有葬死之义。葬者，藏也。藏浅则狐狸迫之，深则及于泉。故凡葬必于高陵之上，以避狐狸之患、水泉之湿。此则善矣。

又曰：审知生，圣之要；审知死，圣之极也。知生者不以害生，养生之谓也。知死者不以害死，此葬死之谓也。二者圣人之所独决也。凡生于天地之间，其必有死，所不免也。

《淮南子》曰：禹之时，天下水。禹身执畚插。当此之时，死陵者葬陵，死泽者葬泽。节财薄葬焉。

又曰：马免人于难者，死也葬之，以帷幪为衾；牛有德于人，其葬之大车之箱。牛马有功，犹不可忘，又况人乎？

又曰：禹有洪水之患、陂塘之事，陂，蓄水塘池也。故朝死而暮葬。此皆圣人之所以应时设教、见而施宜者也。

《典略》曰：秦始皇十年，华阳君卒，与孝文王合葬寿陵，襄王母夏太后别葬。杜东临死时曰："东望我子，西望我夫，后百年，旁当有万家邑。"及汉有天下，宣帝果起陵邑焉。

《西京杂记》曰：曹敞在吴章门下，往往好斥人过，以为轻薄，世人皆以为然。章后见杀，全无有敢收葬者。敞乃称吴章弟子，收葬其尸。方知其亮直者，不见容于凡辈矣。平陵人文生为碑于吴章墓侧，在龙首山南幕岭上。

又曰：何武葬北邙，薄龙阪王嘉冢东北一里许。

又曰：杨贵字王孙，京兆人也。生时厚自奉养，死卒裸葬终南山下。其孙掘土凿石，深七尺，而反奢。

又曰：安定嵩真、玄菟、曹元礼并明算术，皆成帝时人。真常以算自克其寿七十三，真曰："绥和元年正月二十五日晡时死矣。"书其壁以志之。至二十四日晡时死。妻曰："真算时见长。下一算，欲以告之，虑脱其旨，故不告，今校一日也。"

又曰："北芒青龙陇上，孤檟之西四尺所，凿之七尺，吾欲选此地也。"真死，依言往掘，得古时空椁，即以葬之。

又曰：汉帝及诸侯王葬，皆珠襦玉匣，形如铠甲，连以金缕，匣上皆镂为蛟龙、鸾凤、龟麟之象，时谓蛟龙玉匣。

又曰：杜子夏葬长安北四里。临终作文曰："魏郡杜邺，立身忠款，犬马未陈，奄先草木。骨肉归于土块，气则无所不知。何必故丘，然后即化。封长安北郭，此焉安息。"及死，命刊石埋墓前。

《陈留风俗传》曰：小黄县者，宋地，故阳武东黄乡也，因黄水以名县。沛公起兵野战，丧皇妃于黄乡。天下平定，使使者以梓宫招魂幽野。于是有丹蛇在水，自洒濯，入于梓宫。其浴处有遗发，谥曰昭灵夫人。

《卢植别传》曰：植，初平三年卒。临困，敕其子俭葬于山足，不用棺，附体单帛而已。

《郑玄别传》曰：玄卒，遗令薄葬。自郡守以下尝受业者，衰绖赴者千余人。

《郭翻别传》曰：翻字道翔，武昌人。遗令俭葬，唯以两卷《老子》，示存道德。

《杜祭酒别传》曰：君年五十二，当其终亡，安措先茔，帛布輀车，丧仪俭约。执引者皆三吴令望及北人贤流。

《虞氏家记》曰：潭母大夫人薨。宜都府君即世五十九载，改殡。修构窀穸，灵柩住而莫前。群从咸以丧事有往无反，不应迁移。潭以昔文王之葬王季既定，而洪水出截冢棺椁，文王乃设张屋，出柩三日，群臣临之，然后葬。此则上圣之遗令，载在篇籍。遂奉迁神柩，权停幕屋，使子孙展哀，晨夕宗族相临，允合张屋之仪也。天子给太夫人徘徊车，谒者送丧，礼仪光备，合葬于旧圹。

《卫玠别传》曰：君卒，丞相王公教曰："卫洗马明当改葬。此君风流名士，海内民望，可修三牲之祭，以敦旧好。"

太平御览卷第五百五十六 礼仪部三十五

葬送四

《吴越春秋》曰：早平门外麋湖西城者，麋王城也。与越王遥战，越王杀麋王，麋王无头，骑马还武里，乃死，因留葬武里城中。以午日死，至今武里午日不举火。

又曰：吴王阖闾有子女怨王，乃自杀。阖闾痛之甚，葬于昌门外。凿地为池，积土为山，文石为椁。金鼎银罇，珠玉之宝，皆以送女。乃舞白鹄于吴市中，令万民随观。还使男女与鹄俱入门，因塞之。

又曰：吴谋伐齐。齐景公使女子为质于吴，吴王因为太子聘齐女。齐女少，思齐，日夜哭泣，发病。阖闾乃起北门，名曰齐门，令女往游其上。女思不止，病日益甚，至且死，女曰："令死有知，必葬海虞山之巅，以望齐国。"阖闾伤之甚，用其言葬于虞山之岭，以瞻望齐国。是时太子亦病而死。

《说苑》曰：盖闻相梁并卫，有罪而走齐。管仲迎而问曰："吾子相梁并卫之时，门下使者几何人？"曰："门下使者三千余人。"管仲曰："今与几何人来？"曰："臣与三人俱。"曰："是何？"对曰："其一人父死，无以葬，我为葬；一人母死，无以葬，亦为葬之；一人兄有狱，我为出之。是以得三人来。"

桓子《新论》曰：扬子云为郎，居长安，素贫。比岁亡其两男，哀痛之，皆持归，葬于蜀。以此困乏。子云达圣道，明于死生，不下季札。然而慕恋死子，不能以义割恩，自令多费，而致困贫。

《论衡》曰：儒书言孔子当泗水而葬，为之却流。此言孔子德使水却，不湍其墓。是故儒者讲论，皆言孔子之后，当封泗水，以却流为证，殆虚言也。

王符《潜夫论》曰：文帝葬于芷阳，明帝葬于洛南，皆不藏珠宝，不起山陵。今京师贵戚、郡县豪家，生不极养，死乃崇丧，造起大冢，广树松柏，庐舍祠堂，务崇侈僭。此无益于终，无益于孝，徒作烦扰，伤害吏民。今案：毕镐之郊，无文武之陵；南城之东，无曾晳之冢，周公非不忠，曾子非不孝也。

崔寔《政论》曰：送终之家，亦大无度。至念亲将终，无以奉遣，乃约其供养衣服，豫修已没之制，竭家尽业，甘之不恨。穷厄既迫，起为盗贼。拘执陷罪，为世大戮。痛乎，此俗之愚民也。

《录异传》曰：袁安葬其母，逢三书生，语其葬处，遂至四世五公。其后公路年十八，骄豪，故常食密饭，诸女以绛为地道，游行其上，此葬地所致也。

谢绰《宋拾遗》曰：桓温葬姑熟之青山，平坟，不为封域。于墓旁开隧立碑，故谬其处，令后代不知所在。

《襄阳耆旧传》曰：岘山南有习家鱼池者，习郁之所作也。郁将亡，敕其儿焕曰："我葬必近鱼池。"焕为起冢于池之北，去池四十步。

山谦之《丹阳记》曰：晋车骑将军王舒令其子曰："甚爱漂阳县，死则我欲葬焉。"故王死之后，徙县治今处，而以昔解为墓。

《续搜神记》曰：干宝字令升，新蔡人。其父有嬖妾，母至妒。宝父葬时，因推着藏中。经十年而母丧，开墓见棺，妾伏棺上，衣服如生。就视犹暖，渐渐有气息。与归，经日乃苏。云父常与之寝接，恩情如生在家中。

范晏《阴德传》曰：陈翼字春卿，庐江舒人也。行到县郭，见道上马旁有卧疾人。呼翼与语曰："吾是长安魏公卿，闻庐江乐土，来下。道病困，不能复前。傥可相救？"翼答云："家有弊庐，可俱归乎？"公卿曰："幸甚！"即扶与俱到家，养视积日。既困，公卿谓翼曰："马上有金千余饼，素二十匹，可卖殓，余以相谢。"言绝而亡。翼卖素买衣衾殡殓之，葬埋高敞之地，以金置棺下，不使人知，乘马去。公卿兄长公见翼乘马，谓必杀公卿，阴告官收翼，具以状对。长公迎丧发棺，下得金如数，叩头谢。以金投其门中，翼送长安还之。

《汝南先贤传》曰：袁闳字夏甫。延熹末，党事将作，闳遂散发，乃筑土室，四周于庭，潜身十八年，终于土室之中。临卒，敕其子曰：“勿设殡棺衣衾之备也。但着裈衫疏布，单衣幅巾，衬尸于板床之上，五百击为藏。”

《会稽典录》曰：赵晔字长君，山阴人也。少为县吏，奉檄迎督邮。晔甚耻之。由是委吏到犍为，诣博士杜抚，受《韩诗》。抚嘉其精力，尽以其道授之。积二十年不还，家人为之发丧制服。至抚卒，晔经营葬之，然后归家。

又曰：张谀字彦承，上虞人也。与同乡丁孝正相亲，葬送过制。谀书难之曰：“吾闻班固善阳孙之省葬，恶始皇之饬终。夫裸以矫世，君子弗为。若乃据周公之定品，依延州而成事，取中庸以建基，获美称于当世，不亦优哉。”

又曰：谢夷吾转下邳令，预自克死日。如期果卒。敕其子曰：“汉末尝乱，有发掘露骸之祸。使县棺下葬，墓不起坟。”

《楚国先贤传》曰：韩壁将终，遗言曰：“夫俗奢，示之以俭。俭则节之以礼。历见前世，送终过制，失之甚也。若曹敬听吾言，敛以时服，葬以土藏，穿毕便葬。送之以瓦器，慎勿有增益。”

《襄阳耆旧记》曰：襄阳城南边大道有诸葛女郎墓者，是诸葛仲茂女冢也。年十三四亡，茂妇怜之，不能自远，故近臣葬之，日日往哭。

又曰：秦颉者，字初起。颉之南阳，过宜城中。一家东向大道，住车视之，曰：“此居处可作冢。”后丧，还至此住处，车不肯前，故吏为市此宅葬之。今宜城城中大冢，前有二碑是也。

又曰：有佷子者，家赀万金，而自少小不从父语。父临亡，意欲葬山上，恐儿不从，到言“葬我着灞下、石碛上。”佷子曰：“我由来不奉教从，今当从此一语。”遂尽散家财作冢，积土绕之，成一洲，长数百步。元康中，始为水所坏。佷子，前汉人也。

谯周《三巴记》曰：巴国有乱，巴国将毕曼子请师于楚。楚人与师。曼子已平巴国，既而楚遣使请城。曼子曰：“吾诚许子之君矣。持头往谢楚王，城不可得。”乃自刎，以头与楚子。楚子叹曰：“吾得臣若巴曼子，何以城为？”乃以上卿礼葬曼子头。巴国葬其身亦然。

《华阳国志》曰：德阳县有青石祠，山源沃美，有泽原之利。士女多贞孝。车骑将军邓芝方之邓林，有终焉之志。没，遂葬其山。

《博物志》曰：澹台子羽渡水而子溺死，人将葬之。灭明曰：“此命也。吾岂与蝼蚁为亲、鱼鳖为仇？”于是，遂以水葬之。

又曰：汉滕公夏侯婴死，公卿送葬。至东郭门外，四马不行，掊地悲鸣。即掘马蹄下，得石椁。其铭曰：“佳城郁郁，三千年见白日。于嗟滕公居此室。”乃葬所地，故谓之马冢焉。

又曰：河内淇园张公，老而无子，赀财累亿，求没入官。死葬园中，于今供祀牺牲。

《永昌郡传》曰：建宁郡葬夷，置之积薪之上，以火燔之，烟气正上，则大杀牛羊，共相劳贺作乐。若遇风烟，气旁邪尔，乃悲哭也。

《豫章记》曰：许子将墓在郡南四里。昔子将以中国大乱，远来渡江，随刘繇而卒，藏于昌门里。于时汉兴平二年也。吴天纪中，太守吴兴沈季白日于厅事上坐，忽然如梦，见一人，着黄单衣、黄巾，称“汝南羊与许子将求改葬”，因忽不见。即求其丧，不知处所。遂招魂葬之，命文学施遐为招魂文。

《越地传》曰：禹井，井者法也。以为禹葬以度，不烦人众。

乐资《九州志》曰：渡之盐官有奉禅山，者始皇过此而美之，死因葬焉。有庙在平地，于今民祠之。

《述征记》曰：荀氏葬在彭城东岸。东岸有一丘，民俗谓之荀氏葬。或云斯则徐偃王葬后仓者也。古徐国宫人娠而生卵，弃之水滨。有犬名后仓，衔而归，伏而成人，遂为徐之嗣君。纯筋无骨，号曰偃王。偃王躬行仁义，众国附之，得朱弓之瑞。周穆王命楚灭之。后仓将死，生角，九尾，实黄龙也。

又曰：鱼山临清河，旧属东阿。东阿王曹植每升此山，有终焉之志。植之所游池沼沟渠悉存，既葬于山西，有二石柱犹存也。地今割并谷城。

邓德明《南康记》曰：阳道士葬岩石室。元嘉中，道士过世，临终语弟子等："可送吾置彼石室，巾褐香炉，此外无所须也。"及其亡日，谨奉遗命。葬经数年，尸犹俨然。葛巾覆之如初，弗朽。后忽不复见。今舟行者过其山渚，尚闻香气，咸异焉。

解道处《齐记》曰：魏黄初三年，文帝弟燮封濮阳王。临终顾命"葬近蘧瑗之墓。吾常想其为人，愿托贤哲之灵。"

《扶南传》曰：顿逊国人死，或鸟葬，或火葬。鸟葬者，病困便歌舞，送郭外。有鸟如鹅，绿色，飞来万计，啄食都尽，敛骨焚之，沉之于海。此上行，必生。天鸟若不食，自悲伤，乃就火葬，取骨埋之。是次行也。

《邺中记》曰：石勒陵在襄国城西南三十里，名高陵。不筑墙，不种树，立堂皇五间，安攒图勒大臣像。又于堂皇东立重楼，虎陵在邺西北角。既葬，邺中便乱。其封域，故未有名域云。寻被掘，凡此二陵皆伪葬。石勒、虎自别于深山。

《风俗通》曰：王乔为叶令，天下一玉棺于厅事前。令臣吏试入，不动摇。乔曰："天帝独欲召我。"沐浴服饰，寝其中，盖便立覆之。宿昔葬于城东，土自成坟。其夕，县中牛皆流汗吐舌，人无知之者。

《皇览》曰：旧汉家之葬：方中百步，穿筑为方域，其中开道，足施六马，发三河、三辅近郡卒徒十万数复土。

姚信《士纬》曰：盖葬于宽平，则恐后世都邑居之；葬于陵野，则恐民人耕稼及之。厚椁大棺，人所为用下。一寡材木，民人率多发掘以缮其居。千坟万圹，无不毁者。其唯瓦棺薄葬，敛以时服，依于高丘，彻于深阱，庶乎不辱耳。

《语林》曰：王太保有二儿。丧，一儿欲还旧茔，一儿欲留葬。太保乃垂涕曰："不忘故乡，仁也；不恋本土，达也。唯仁与达，吾二子有焉。"

又曰：王武子葬夕，孙子荆哭之甚悲，宾客莫不为垂涕。哭毕，向灵曰："卿常好驴鸣，今为卿作驴鸣。"既作，体似真声。宾客莫不大笑。孙闻笑，顾谓曰："诸君不死，令王武子死。"宾客莫不皆怒。须臾之间，或悲，或笑，或怒。

《世说》曰：阮籍葬母，蒸一肥豚，饮酒二斗，然后临诀。直言穷矣，都得一号，因吐血良久。

又，邓粲《晋记》曰：籍母将死，与人围棋如故。局者求止，籍不肯，留与决。既而饮酒一二升，举声一号，吐血数升也。

又曰：庾文康亡，何扬州临葬，云："埋玉树着土中，使人情何能已。"文康，庾亮谥也。何扬州者，何充也。

又曰：晋明帝亦解冢宅，闻郭璞为人葬，后微服往看，因问："君何以葬龙角？此法当灭族。"主人答云："郭景纯云：'此是葬龙耳。不出三年，当致天子'。"明帝复问云："为是出天子耶？"答："非能出，招致天子耳。《相冢书》曰：'凡葬龙耳，富贵出五侯。葬龙头，暴得富贵，人不能见。葬龙口，贼子孙。葬龙齿，三年暴死。葬龙咽，死灭门。葬龙腮，必卒死。天子葬高山，诸侯葬连岗，庶人葬平地。'"

应璩《新诗》曰：野田何纷纷，城郭何落落。埋葬嫁娶家，皆是商旅客。丧侧食不饱，酒肉纷狼籍。

晋武帝《赐刘廙葬钱诏》曰：故侍中刘廙，以清识明鉴，有声前代，昔宣皇帝接以师友之恩。廙墓为盗贼所发，甚用恻然。其子阜素甚清贫，今当殡葬，其给輀车铭旌，赐钱给作藏人功。至时，遣使者祭之。

晋《赐王沉葬钱并地诏》曰：故骠骑将军王沉，忠允笃诚，执德弘毅。外清方夏，内熙衮职。历位著称，厥功茂焉。不幸薨殒，志业未究。今当葬，其赐钱三十万，葬田一顷。

晋《赐傅嘏夫人鲍葬钱诏》曰：故太常傅嘏，昔以令德贤才，为先帝所接。登龙之际，有翼赞尽忠之勋。早代殡没，不终功业。每念其遗绩，常存于心。今嘏夫人鲍当葬，赐钱十万，给作藏人功。嘏墓开，祭以少牢。

太平御览卷第五百五十七　礼仪部三十六

冢墓一

《说文》曰：冢，高坟也。垄，丘也。墓，兆域也。

《释名》曰：冢，肿也。像山顶之高者肿起也。墓，孝子思慕之处也。丘陵像其形也。

《书》曰：武王克商，封比干之墓。

《周礼》曰：大司徒以本俗六安万民。一曰媺音美宫室，二曰族坟墓。

又曰：冢人掌公墓之地，辨其兆域而为之图。先王之葬居中，以昭穆为左右。公，君也。图谓画其地形及丘垄所处而藏之。先王造茔者，昭居左，穆居右，夹处东西。凡诸侯居左右以前，卿、大夫、士居后，各以其族。子孙各就其所出，王以尊卑处其前后，而亦并昭穆。凡死于兵者，不入兆域。战败无勇，投诸茔外以罚之。凡有功者居前，居王墓之前，处昭穆之中央。以爵等为丘封之度，与其树数。别尊卑也。王公曰丘，诸臣曰封。《汉律》曰：列侯坟高四尺，关内侯以下至庶人各有差。《大丧记》有曰请度甫竁，遂为之尸。竁，尸绢切，又士汭切。葬穿圹也。又音毳。及竁，以度为丘遂，共丧之窆器。及葬，言鸾车象人。鸾车，巾车所饰遣车也。亦设鸾旗。象人谓以刍为人，言言问其不如法度者。及窆，执斧以位。临下棺也。遂入藏凶器。正墓位，跸墓域，守墓禁。位谓丘封所居前后也。禁，所为茔限。凡祭墓为尸。凡诸侯及诸臣葬于墓者，授之兆，为之跸，均其禁。

又曰：墓大夫掌凡邦墓之域，为之图。凡邦中之墓地，万民所葬地。令国民族葬，而掌其禁令。族葬各从其亲。凡争墓地者，听其狱讼。帅其属而巡墓厉，居其中之室以守之。厉，营限遮列处。

《礼》曰：适墓不登垄，为甘不敬。垄，冢也。墓，茔域。助葬必执绋。葬，丧之大事。绋，引车索。

又曰：孔子既得合葬于防，言既得者，少孤不知其墓。曰："吾闻之，古者墓而不坟。墓谓兆域。土之高者曰坟也。今丘也，东西南北之人，不可以不识也。”于是封之，崇四尺。四尺盖周之制。孔子先反，当修虞事。门人后。雨甚至，后待封也。孔子问焉，曰：“尔来何迟也？”曰：“防墓崩。”孔子不应，三。三言之，以孔子弗闻。孔子泫然流涕曰：“吾闻之也，古不修墓。”修犹治也。又曰：“易墓，非古也。”易谓墓治草木。不易者，丘陵也。

又曰：曾子曰：“朋友之墓有宿草而不哭焉。”宿草谓陈根也。为师心丧三年，于朋友期可。

又曰：子路去鲁，谓颜渊曰：“何以赠我？”赠，送。曰：“吾闻之也，去国，则哭于墓而后行。反其国不哭，展墓而入。”无君事主于孝。哭，哀去也。展，省视之。谓子利曰：“何以处我？”处犹安也。子路曰：“吾闻之也，过墓则式，过祀则下。”居者主于敬。

又曰：晋赵文子曰：“与叔誉观于九原。”叔誉，叔向也。文子曰：“死者如可作也，吾谁与归？”叔誉曰：“其阳处父乎？”文子曰：“行并植于晋国，不没其身，其智不足称也。并犹专也。谓刚而专也，已为狐射姑所杀。没，终也。其咎犯乎？”文子曰：“见利不顾其君，仁不足称也。谓久与文子避难，至将反国，无安君之心，及河授璧，要君以利也。我则随武子乎？利其君，不忘其身；谋其身，不遗其友。”武子，士会也。晋人谓文子知人。

《传》曰：誉叔曰：“晋人御师必于淆。殽有二陵焉，其南陵，夏后皋之墓也。”

又曰：郑子展、子产帅车七百乘伐陈。陈侯扶其太子偃师奔墓。欲逃冢间也。

又曰：吴将伐齐，越子率其众以朝。吴将皆喜，唯子胥惧，曰：“是豢吴也夫！”阖闾闻之，赐之属镂以死。属镂，剑名。将死，曰：“树吾墓槚，槚可材也，吴其亡乎！”

《史记》曰：黄帝崩，葬桥山。武帝巡朔方还，祭黄帝冢曰：“吾闻黄帝不死，今有冢何也？”左右曰：“黄帝已上天，群臣藏其衣冠，故有冢。”帝曰：“吾诚得如黄帝，视去妻子如脱屣也。”

又曰：樗里子卒，葬渭南章台之东。曰：“后百岁，当有天子之宫夹我墓。”至汉兴，长乐宫在其东，未央宫在其西，武库正直其墓。

《汉书》曰：朱买臣独行歌道中，负薪墓间。故妻与夫家俱上冢，见买臣饥寒，呼饭饮之。

又曰：骠骑将军霍去病卒，天子悼之。发属国玄甲军陈，自长安至茂陵，为冢像祁连山。

又曰：严延年，东海下邳人。为河南太守，母来见执，因大惊，谓延年曰：“天道神明，人不可独杀。我不意当老见壮子被刑戮也。行矣，为汝东归扫除墓地耳。”遂去，归郡，见昆弟宗人，复为言之。后岁余，果败。东海莫不贤其母。

又曰：哀帝令将作为董贤起冢茔义陵傍，内便房，刚柏题凑，外为徼道，周垣数里，门阙罘罳甚盛。罘音浮，罳音思。

又曰：莽奏贬傅太后号为定陶王母丁姬。莽复言，恭王母、丁姬不臣妾。至葬渭陵，冢高与元帝山齐。诸发恭王母及丁姬冢，取其玺绶消灭，徙恭王母归定陶，葬恭王冢次，而葬丁姬复其故。太后以为既已之事，不须复发。莽固争之，后诏曰：“因改故棺为致椁，作冢，祠以太牢。谒者护。”既发傅太后冢，崩压杀数百人。开丁姬椁，火出四五丈，吏卒以水沃灭，乃得入。烧燔椁中器物。开傅后棺，臭闻数里。公卿在位皆阿莽旨，入钱帛，遣子弟及诸生四夷凡十余万人操持作具，助将作掘平恭王母、丁姬冢。二旬间皆平。莽又周棘其处，以为世戒云。时有群燕数千，衔土投丁姬穿中。

又曰：张贺为掖庭令。及宣帝即位，贺已死，子又早亡。上追思贺恩封其家恩德，置守冢二百家。

又曰：夏侯胜字公长。迁太傅，卒官。赐冢茔，葬平陵。太后为素服五日，报师傅之恩。儒者以为荣。

又曰：原涉自以先人坟墓俭约，非孝也。乃大治冢舍，周阁重门。初，武帝时，京兆曹氏葬茂陵，伐其道，为京兆阡。涉慕之西，买地开道，立署曰“南阳阡”。人不肯从，谓之“原氏阡”。

《东观汉记》曰：帝感李通首创大谋，每幸南阳，常遣使者以太牢祠通父冢。

又曰：建武三年，以皇祖皇考墓为昌陵，后改为章陵。因以春陵为章陵县。二十六年春正月，初作寿陵。将作大匠窦融上言：“园陵广袤，无虑所用。”帝曰：“古帝王之葬，皆陶人瓦器，木车茅马，使后世之人，不知其处。太宗识终始之义，景帝能遵孝道。遭天下反覆，而独完其福，岂不美哉！今所制地，不过二三顷，无为陵地，裁令流水而已。”

又曰：祭肜字次孙。早孤，以至孝称。值天下乱，野无烟火。而祭肜独在冢侧，每贼过，见其尚幼而有志节，奇而哀之。

《后汉书》曰：杨震字伯起。改葬华阴，远近毕至。先葬日，有鸟高丈余，丧前悲鸣。葬毕，乃去。于是立石鸟象于其墓所。

又曰：郭伋征太中大夫，卒时年八十六。帝亲临，赐冢茔地。

又曰：种暠上音冲，下音果。为辽东郡，薨，并、凉边民，咸为发哀。匈奴闻暠卒，举国伤惜。单于每入朝贺，见坟墓，辄哭祭。

又曰：帝祠章陵，过湖阳，祠樊重墓。追爵谥为寿张敬侯，立庙于湖阳。车驾每南巡，常幸其墓，赏赐大会。

又曰：韩棱迁南阳太守，特听得过家上冢，乡里以为荣。

又曰：蔡顺母平生畏雷。自亡后，每有雷震，顺辄圜冢泣曰：“顺在此。”后太守鲍众举孝廉，顺不能远离坟墓，遂不就。

又曰：温序拜谒者，迁护羌校尉。序行部至襄武，为隗嚣别将苟宇所拘劫，仗剑而死。序主簿韩遵、从事王忠，持尸归殓。光武闻而怜之，命忠送丧到洛阳，城旁为冢地，赐谷千斛，缣五百匹。除三子为郎中，长子寿服竟为邸平侯。相梦序告之曰：“久客思乡里。”寿即弃官，上书乞骸骨，归葬。帝许之。乃反旧茔焉。

《魏略》曰：曹操微时，人莫知之，唯桥玄见而异焉。谓曰：“今天下将乱，安生民者，其在君乎！”操感其知己。及后经过玄墓，辄凄怆致祭。

《魏志》曰：管辂过毌丘俭墓下，倚树哀吟曰：“玄武藏头，仓龙无足；白虎衔尸，朱雀悲哭。四危以备，法当灭族。”卒如其言。

又曰：幽州牧刘虞署田畴为从事。奉使未至，虞已为公孙瓒所害。及至，谒祭虞墓，陈章表，哭泣而去。

《吴书》曰：孙坚冢于富春，葬于城东。冢上数有光怪云气五色。

王隐《晋书》曰：初，太康元年，汲县民盗发魏安厘王冢，得竹书漆字。

又曰：《交广记》：吴将吕岱为广州，遣掘尉他冢，费损无获。他虽僭侈，然慎终其身，乃令后不知其处。鉴于牧，悭所残也。

又曰：愍帝建兴中，曹嶷发景公及管仲冢，尸并不朽，缯帛可服，珍宝巨万。

又曰：金乡县北凿石为冢，云得白蛇、白兔及得金，故曰“金人”。

又曰：王褒字伟元，少立操尚。父为晋文王所害，绝世不仕。立屋墓侧，以教授为务。旦夕常至墓前朝拜，辄悲号断绝。墓前一柏树，褒常所攀，涕所著，树色与凡树不同。

《晋书》曰：滕修，南阳人也，为广州牧。修在海南积年，为边夷所附。卒，请葬京师。帝嘉其意，赐墓田一顷。

又曰：东海王越屯许，路经荥阳，过嵇绍墓，哭之悲恸，刊石立文，表赠官爵。帝乃遣使策赠侍中、光禄大夫，加金章印绶，进爵为侯，赐墓田一顷，客一户，祠以少牢。

又曰：卢志言于成都王颖曰：“黄桥战，亡者有八千余人。既经夏暑，露骨中野，可为伤恻。昔周王葬枯骨，况此等致死王事乎？”颖乃造棺八千余枚，以成都国秩为衣服殓，祭葬于黄桥北，树枳篱为之茔城。又立都祭堂，刊石立碑，纪其赴义之功。使亡者家四时祭祀有所。

《晋书·载记》曰：西胡梁国儿于平凉作寿冢，每将妻妾入冢饮宴。酒酣，升灵床而歌。时人或讥之，国儿不以为意。前后征伐，屡有功，姚兴以为镇北将军。年八十余乃死。

《宋书》曰：宋文帝元嘉二十五年，行幸江宁，经司徒刘穆之墓，遣使致祭焉。

《后魏书》曰：李冲字思顺，高祖时为尚书仆射。卒葬覆舟山，近杜预冢，高祖之意也。后车驾自邺还洛，经冲墓，左右以闻。高祖卧疾，望坟掩泪。

又曰：傅永字修。常登北邙，于平坦处奋矛跃马，盘旋瞻望，有终焉之志。远慕杜预，近好李冲、王肃，欲附葬于墓。遂买左右地数亩，遗敕子叔伟曰："此吾之永宅也。"

《礼系》曰：天子坟高三雉，诸侯半之，卿大夫八尺，士四尺。天子树松，诸侯树柏，卿大夫树杨，士树榆。尊卑差也。

《楚汉春秋》曰：惠帝崩，吕太后欲为高坟，使从未央宫坐而见之。诸侯谏，不许。东阳侯垂泣曰："日夜见惠帝冢，悲哀流涕，无以死伤生也。臣窃哀之。"于是太后乃止。

萧方等《三十国春秋》曰：晋义熙九年，盗发故骠骑将军卞壶墓，剖棺掠之。壶尸面如生，两手悉拳，爪生达背。

《战国策》曰：齐宣王见颜触，曰："触前。"触亦曰："王前。"王作色曰："士贵乎？"触曰："士贵。昔秦攻齐，令曰：'有敢去柳下季垄五十步而樵采者，罪死不赦。'令曰：'有能得齐王头，封万户。'由是观之，生王之头不如死士之垄。"

崔鸿《前赵录》曰：张嵩，陇西人也。事母至孝。母丧，既葬，于墓侧哀感幽显岁余，而墓地自裂，棺亦自破，母还苏活。

《方言》曰：冢，秦晋之间谓之坟，取名于大防也。或谓之培音部，或谓之愉，音臾或谓之采，古者卿大夫有采地葬之，因名之也。或谓之埌，或谓之垄。有界王采以耕垄，因名之也。自关以东谓之丘，小者谓之堘，培堘亦土高之即名之也。大者谓之丘。凡葬而无坟谓之墓。言所不封也。墓犹墓之。所以安墓谓之抚。抚谓规度墓地。《汉书》曰"初陵抚"是也。

太平御览卷第五百五十八 礼仪部三十七

冢墓二

《宋书》曰：王玄谟从弟玄象，位下邳太守。好发冢，地无完椁。时人间垣内有小冢，坟上殆平。每朝日初升，见一女子立冢上，近视则亡。或以告玄象，便命发之。有一棺尚全，有金蚕铜人以百数。剖棺，见一女子，可二十，姿质若生，卧而言曰："我东海王家女，应生。资财相奉，幸勿见害。"女臂有玉钏，斩臂取之，于是女复死。

又曰：大明三年，孝武幸籍田，经袁湛墓，使致祭。增守墓五户。

又曰：何承天博见古今，为一时所重。张永尝开玄武湖，遇古冢。冢上得一铜斗，有柄，文帝以访于朝士。承天曰："此亡新威斗。王莽时三公亡，皆赐之。一在冢内，一在冢内。时三公居江左者唯甄邯为大司徒，必邯之墓。"俄而又启冢内，更得一斗。复有一石，铭云："大司徒甄邯之墓。"

又曰：张裕曾祖澄当葬父，郭璞为占墓地。葬某处，年过百岁，位至三司，而子孙不蕃。某处年几减半，裁卿校，而后累世贵显。澄乃葬其劣处。位至光禄，年六十四而亡。其子孙遂昌。

又曰：周山图为淮南太守。时盗发桓温冢，大获宝物。客窃取以遗山图，山图不受，簿而还官。

《齐书》曰：柳世隆晓数术，于倪塘创墓，与宾客践履，十往，五往常坐处。及卒，墓工图墓，取其坐处焉。

又曰：王伦之为豫章太守，下车，祭徐孺子，许子将墓。

又曰：初，荀伯玉微时，有善相墓者，谓其父曰："君墓当出暴贵者，但不得久耳；又出失行女子。"伯玉闻之曰："朝闻道，夕死可矣。"顷之，伯玉姑当嫁，明日应行，今夕逃随人去，寻求不能得。后出家为尼。伯玉卒败亡。

又曰：富阳人唐寓之侨居桐庐，父祖相传，图墓为业。寓之自云其冢墓有王气，山中得金，转相诳惑。永明二年，冬，寓之聚党，遂陷富阳，至钱塘。

又曰：始兴王鉴镇蜀，于州园地得古冢，无复棺，但有石椁，铜器十余种，并古形玉璧三枚，珍宝甚多，不可皆识。金银为蚕形者数斗，又以朱砂为阜，水银为池。左右咸劝取之。鉴曰："皇太子昔在雍，有发古冢者，得玉镜、玉屏风、玉匣之属，皆将还都。吾意常不同。"乃遣功曹何伫之为起坟，诸宝物一不得犯。

又曰：宜都王鉴镇姑熟。于时，人发桓温女冢，得金巾箱，织金篾为严器。又有金蚕银茧等物甚多，条以启闻。郁林敕以赐之。鉴曰："今取往物，后取今物，如此循环，岂可熟念？"使长史蔡约自往修复，纤毫不犯。

又曰：文惠太子镇雍州，有盗发古冢者，相传云是楚王冢。大获宝物，玉履、玉屏风，竹书青丝纶简广数分，长二丈，皮节如新。有得十余简以示王僧虔，云是科斗书，《考工记》、《周官》所阙文也。

《南史》曰：齐前将军陈天福坐讨唐寓之于钱塘，掠夺百姓财物，弃市。先是，天福将行，令家人预作寿冢。未至东，又信催速就。冢成而得罪，因以葬焉。

《梁书》曰：丁贵嫔薨，昭明太子遣人求得善墓地。将斩草，有卖地者因阉人俞三副求市，若得钱三百万与之。三副密启武帝言："太子所得地不如今所得地于帝吉。"帝末年多忌，便命市之。葬毕，有道士善图墓，云地不利长子，若厌伏，或可申延。乃为蜡鹅及诸物埋墓侧。长子位有宫监鲍邈之、魏雅者，二人初并为太子所爱，邈之晚见疏于雅。密启武帝云："雅为太子厌祷。"帝密遣检点，果得鹅等物。大惊，将穷其事，徐勉固谏，得止。唯诛道士。

又曰：萧敎太清初为梁州长史。梁州有古墓，名曰尖冢，或云张骞坟。欲有发者，辄闻鼓角与外相拒，推埋者惧而退。敎谓："无此理。"求自监督。及开，唯有银镂铜镜方尺。

《唐书》曰：代宗时号州刺史王奇光上言："阌乡县女娲墓，去天宝末失所在。今一夜，河上侧近忽闻风雷声，晓见其墓踊出，上有双柳树，下有巨石。其柳各高丈余。"

又曰：天后西幸京师，路经杨玄感墓。上诵李百药《过玄感墓诗》云："剑有万人敌，文为一代英。除昏志不遂，僭乱道难平。"叹曰："百药唯解缀文，不识大义。"

又曰：韩思复，则天朝为太常博士，定《南郊仪注》云："太妃鼓吹，排群邪，守大体，国家赖之。"睿宗朝为给事，活严善思于雷霆之下，拒武三思于陷附之中。玄宗御笔题碑云："有唐忠孝韩长公之墓。"

又曰：伊慎，兖州人，善骑。始为果毅，丧母，将营合附，不识其父之墓。昼夜号哭，未浃日，梦寐，有指导焉。遂发垅，果得旧记验。

又曰：卢坦为侍御史，会李锜反，有司请毁锜祖父庙墓。坦尝为锜从事，乃上言曰："淮安王神通，有功于草昧。且古之父子兄弟，罪不相及。况以锜故，可累五代祖乎？"乃不毁。因赐神通墓五户，以备洒扫。

《白虎通》曰：春秋之义：王者坟高三仞，树以松；诸侯半之，树以柏；大夫八尺，树以栾；士四尺，树以槐；庶人无坟，树以杨柳。

《晏子》曰：梁丘据死，景公召晏子，告之曰："据忠臣，爱我。欲厚葬之，高大其垄。"晏子对曰："不可。"公遂止。

《列子》曰：燕人长于楚，老而还，过晋国。同行者绐之，指城曰："此燕国之城。"其人愀然变容。指社曰："此若里之社。"若犹汝也。乃喟然而叹。指舍曰："此君先人之庐。"乃泫然而泣。指垅曰："若先人之冢。"其哭不自禁。同行者哑然大笑曰："余等绐君，乃晋国耳。"其人惭。及至燕国之城社，真见先人之庐冢，悲心更微。

《傅子》曰：太原民发冢破棺，中有妇人，将出，与语，生人也。视其冢上木，三十岁。不知此妇人三十岁常生地中也，将一朝欻然生，偶与发冢者会也？

《抱朴子》曰：吴景帝时，于江陵掘冢，取板治城。后发一大冢，内有重阁，石扉皆枢转开闭。四周徼道通事，其高可乘马。又铸铜为人数十枚，长五尺，皆大冠衣，执剑列侍。灵坐皆刻铜人，背后石壁言殿中将军，或言侍郎，似王公冢也。破其棺，棺中有人，鬓已班白，鲜明面体如生人。棺中有白玉璧三十枚藉尸。兵人举出死人以倚冢壁，一玉长一尺，形似冬瓜，从死人怀中出堕地，两耳中及鼻中有黄金如枣。此则骨骸有假物而不朽之效也。

《吕氏春秋》曰：世之为丘垄也，其大若山，其树若林。以此观世示富则可矣，以此为死则不可。自古及今，未有不亡之国者，则是无不掘之墓也。是故大墓无不掘者，而世争为之，岂不悲哉？尧葬于谷，林通树枝；舜葬于纪市，不变其肆；禹葬于会稽，不变人徒。是故先王以俭葬也，非爱其费，非恶其劳，以为死者虚也。

《越绝书》曰：宋大夫华元冢在华原陈留小黄县城北。

《吴越春秋》曰：虎丘者，吴王阖闾墓也。下池广六十步，深一丈五。赤铜椁三重。中池广六尺，金雁、玉凫、诸肠、鱼肠之剑以送焉。取土临海潮，千万人筑治之。以葬后金精上地为白虎据坟，故以为虎丘。

《越传》曰：禹到大越，上苗山，更名山曰会稽，因死葬焉。穿圹深七尺，上无写泄，下无流水。坛高三尺，土阶三等，周方一亩。

《华阳国志》曰：周失纲纪，蜀先称王。有名蚕丛，其目纵死，作石阶石棺，国人化之，故俗以石棺椁为纵目人冢。

又曰：蜀有五丁，能移山举万钧。其王薨，辄立大石长三丈，重千钧，为墓志。

又曰：蜀遣使朝秦。秦惠王许嫁五女于蜀，蜀遣五丁力士奉迎。蛇山崩，同时压杀五丁及秦五女。蜀王痛伤，命曰五妇冢。今其人或名五丁冢。

又曰：武都有一丈夫化为女子，美而艳，盖山精也。蜀王纳为妃。不习水土，欲去。王必留之，乃作《东平之歌》以乐之。无几，殁。故王哀之，乃遣五丁之武都，担土为妃作冢。

《三辅决录》曰：窦后父名猗，遭秦乱，隐身钓鱼，坠渊而卒。后登尊号，遣使者于父坠所筑起大坟。

《世说》曰：戴公见林法师墓曰："德音未远，而拱木已积。冀神理绵绵，不与气运俱尽耳。"

曰：黄初末，吴人发长沙王吴芮冢，以其材于临湘为孙坚立庙。容貌如生，衣服不朽。后预发者见纲曰："君何类长沙王芮，但微短耳。"纲瞿然曰："是先祖也。"自芮之卒至冢发四百余年。纲，芮之十六世孙也。

又曰：有人相羊祜应出受命，君忌其言，遂使掘断墓后以坏之。相者云："墓势相让，犹有折臂三公。"俄而祜坠马折臂，后至三公。

又曰：郭景纯过江居于暨阳。母亡，安墓不盈百步。时人以为近水。景纯曰："将当为陵。"今沙涨去数十里，皆为人居家桑田。

《博物志》曰：汉末发范明友冢，奴犹活。明友是霍光女婿，奴记言光家事，废立之际，多与《汉书》相应。

又曰：汉末有发前汉时宫人冢者，宫人独活。既出，平如复旧。

《列士传》曰：羊角哀葬友人在柏桃，与荆将军冢比。他日，角哀梦伯桃语己曰："蒙子之恩而获原厚葬。荆将军自以豪，欲役伏吾。吾不听，与连战不胜。期十五日大合战，以决胜负。得子则胜，不得则负矣。"角哀至期日，陈兵诣其冢上。

《三辅决录》曰：赵嘉年三十余，有重疾，七年不乐。乃为命敕儿曰："丈夫生一世，处无箕山二公之操，仕无伊挚、吕尚之勋。天不我与，复何言哉！聊立一圆石，树吾墓前，刻之曰：'汉有逸民，姓赵名嘉。有志无时，命也奈何。'"后病愈。

《楚国先贤传》曰：李善字次孙，南阳人也。本同县李元苍头。建武中，元家死没，唯孤儿续始生，善亲自哺养。世祖拜善及续并为太子舍人。善显宗时辟公府，以能治剧，再迁日南太守。从京师之官道，经南阳李元冢。未至一里，乃脱服，持剑去草，及拜墓，哭泣甚悲。身炊爨，自执俎鼎以修祭。

《扬雄家牒》曰：子云，天凤五年卒，葬安陵阪上。所厚沛郡桓君山、平陵如子礼、弟子钜鹿侯子芭共为治丧。诸公遣世子朝郎更行事者，会送桓君山。为敛赙，起祠茔，侯芭负土作坟，号曰玄冢。

《七略》曰：扬雄死，弟子共为起冢，号曰扬冢。

《赵岐别传》曰：岐字台卿，年九十余，建安六年卒。先自为寿藏图，季札、子产、晏婴、叔向四像居宾位，又自像其像居主位，皆为赞颂。敕其子曰："我死之日，墓中聚沙为床，布簟白衣，散发其上，覆以单被。即日便下，下讫便掩。"

王子年《拾遗记》曰：舜葬苍梧之野，有鸟如丹雀，自丹州而来，吐五色之气，气如云。白日凭霄，雀能群飞衔土以成坟。

太平御览卷第五百五十九 礼仪部三十八

冢墓三

《三秦记》曰：昭帝母钩弋夫人居甘泉宫，三年不反，遂死。即葬之，以千人营葬，故有千人葬，名曰"思合墓"。

徐广《晋记》曰：关中发汉杜霸二陵、薄太后棺，面如生矣。

《吴录》曰：范慎字子敬，在武昌自造冢，名作"长室"。时与宾客作乐鼓吹，入中宴饮。

《汉赵记》曰：上洛男子张卢死二十七日，人有盗发其冢，卢得苏，起，具问盗人姓名。郡县以虽元意奸轨，卢复由之而生，不能决。豫州牧呼延谟以闻，诏曰："以其意恶功善，论笞三百，不齿终身。"

王智深《宋纪》曰：齐宣帝坟茔在武进县，常有云气氛氲入天。元嘉中，望气者称此地有天子。

《三齐略记》曰：田开强、公孙接、古冶子三壮士冢，在齐城东南三百步阳阴里中。

王子年《拾遗记》曰：南寻之国，其死者葬之中野。百鸟衔土为坟，群兽为之掘穴，不封不树。

《西京杂记》曰：青龙观前有三梧树，树下石麒麟二枚。始皇葬墓中物也。

又曰：广川王去疾好聚无赖少年，游猎无度。国内冢藏，一切发掘。其奇异者，魏襄王冢以文石为椁，高八尺许，广狭容四十人。以手扪棺，滑液如新。中有石床石屏风，婉然周正，不觉棺柩盥器纵迹。但床上玉唾盂一枚，铜剑二枚，金杂具皆如新玉，自取服之。襄王冢以铁灌其上，穿凿三日乃开，黄气如雾，触人鼻目，痹辛不可入。以兵守之，经日乃歇。初至一户，无扉龠，石床方四尺，床上有石几，左右各三石人立侍，皆武冠带剑。复入一户，石扉有关龠，叩见棺椁，黑光照人，刀斫不入；烧锯截之，乃漆杂兕革为棺椁，厚数寸，累积十余重，力不能开，乃止。复入一户，亦石扇关钥，得一石床，方七尺，屏风、铜帐钩或在床上，或在地下，似是帐糜朽而铜钩堕落。床上石枕一枚，床上尘埃朏朏音斐甚高，似是衣服。床左右妇女二十，悉皆立侍，或有执巾栉镜镊之象，或有执盥捧食之形，无余异物，俱见铁镜数百所。魏王子且渠冢甚浅狭，无柩，但有石床，广六尺，长一丈，石屏风下悉是云母。床上两尸，一男一女，年皆二十许，俱东首，裸形卧，无衣裳，肌肤颜色发齿如生人。畏惧不敢侵，拥闭如故。袁盎冢以瓦为棺，器物都无，唯铜镜一枚。晋灵公冢甚瑰壮，四角皆以石为玃，犬奉烛。石人男女四十余，皆立侍。棺器无复形兆，尸犹不坏。穴窍中皆有金玉，其余器物皆朽烂不别。唯玉蟾一枚，大如拳，腹空，容五合水，光润如新玉，取以成水。书譿幽公冢甚高壮，羡门既开，皆是石恶。拨除深丈余，乃得云母；深尺所，乃得百余尸，纵横相枕，皆不朽。唯一男子，余悉女子，或卧，亦有立者，衣服形色，不异生人。栾书冢棺柩明器朽烂无余。有白狐见人惊走，左右逐戟之，不能得，伤其左脚。夕，王梦一丈夫，鬓眉尽白，来谓王曰："何故伤吾左脚？"仍以杖叩王左脚。王觉，左脚肿痛生疮，至死不差。

《述征记》曰：梁孝王冢渐山徒户，以石为藏。行一里到藏中，有数尺水，有大鲤鱼。人皆洁而进，不齐，辄有兽噬其足。兽似豹也。

《幽明录》曰：汉末大乱，颍川有人将避地他郡。有女年七八岁，不能涉远，势不两全。道边有古冢穿败，以绳系女下之。经年余，还于冢寻觅，欲更殡葬。忽见女尚生，父大惊，问女得活意。女云：冢巾有一物，于晨暮际辄伸头翕气，为试效之，果觉不复饥渴。家人于冢寻索此物，乃是大龟。

又曰：孙锺，吴郡富春人，坚之祖也。与母居，至孝笃信，种瓜为业。忽有三年少诣乞瓜，锺为设食，临去曰："我司命也。感君不知何以相报。此山下善，可作冢。"复言"欲连世封侯，而数代天子耶？"锺跪曰："数代天子，故当所乐。"便为定墓，曰："君可山下百步后顾，见我去处，便是坟所也。”下山百步，便顾见，悉化成白鹤也。

《述异记》曰：南康郡邓德明，常在豫章就雷次宗学。雷家世东郊之外，去史豫章墓半里许。元嘉十四年，德明与诸生步月逍遥，忽闻音乐、讽诵之声，即夜白雷，出听，曰：“此间去人尚远，必鬼神也。”乃相与寻之。遥至史墓，但闻坟下有管绾女歌讲吟咏之声，咸叹异焉。

郦善长注《水经》曰：智水东径七女冢，冢夹水罗布如七星，高十余丈，周回数亩。元嘉六年，大水破坟，崩出铜不可称计。北有七女池，池东有明月池，状如偃月，皆相通。《注》谓之张良渠，盖良所开也。

又曰：粉水有文将军冢。前有石虎、石柱，甚修丽。闾丘羡为南阳，葬妇墓侧，将平其域。夕梦文谏止之，而羡不从。后羡乃为人所害。

又曰：淄水出太山莱芜县，原山东过利县东。水西有桓公冢，冢东有女水。或云桓公女冢在其上，故以名水，甚有神焉。化隆则水生，政薄则津竭。

又曰：潜水县有车骑将军冯绲、桂阳太守季温冢。二子之灵，常以日还乡，潜水暴长，郡县吏莫不水上祭之。

《搜神记》曰：宋大夫韩冯取妻而美，康王夺之。冯怨，王囚之，论为城旦。妻密遗冯书，谬其辞曰：“其雨淫淫，河大水深，日出当心。”王以问苏贺，对曰：“其雨淫淫，言愁且思也；河大水深，不得往来也。日出当心，有死志也。”俄而，冯自杀，妻乃阴腐其衣。王与之登台，遂自台投下。左右揽之，衣不中手。遗书于带，曰：“愿以骨与冯而合葬。”王怒，弗听，使人埋之，冢相望也。王曰：“尔夫妇相爱不已，能使冢合则弗禁也。”一宿，有文梓木生于二冢之端，旬日，其大合抱，屈体以相就，根交于下。又有鸳鸯，雌雄各一，恒栖树上，晨夕交颈悲鸣，音声感人。宋人哀之，遂号其木曰相思树。

又曰：汉冯贵人死将百岁，盗贼发冢，贵人颜色如故。但微令群盗共奸之，致妒忌争斗，然后事觉。

《续搜神记》曰：王伯阳家东有一冢，传云鲁肃墓。伯阳妇丧，乃平其坟以葬。后数年，伯阳白日在厅事，忽见一贵人乘平肩舆，将从数百人，马皆浴铁，径来坐，谓伯阳曰："吾是鲁子敬，安冢在此二百许年，君何敢坏吾冢？"目顾左右，掌伯阳下床，以刀环筑之数百而去。登时绝，良久乃苏。筑破处皆发疽溃，寻便死。

又曰：承俭者，东莞音管人。病亡，葬本县界。后十年，忽与其县令梦云："故民承俭今见劫，明府急见救。"令便敕内外装乘作百人仗，便令驰马往冢上。日向已出，天忽大雾，对面不相见，但闻冢中恟恟破棺声；有二人坟上望雾，冥不见人。百人同声大叫，收得冢中三人，坟上二人得逸走。其夜令梦云："二人虽得走，民已志之。一人面上有青志如藿叶，一人斫其两齿折。明府但案此寻觅也。"追捕，并擒获。

《异苑》曰：苍梧王士燮，汉末死于交趾，遂葬南境。而墓常蒙雾，灵异不恒。屡经离乱，不复发掘。晋兴宁中，太原温放之为刺史，躬乘骑往开之。还，即坠马而卒。

又曰：颍川诸阖字道明，墓在杨州蒋山之西。每至阴雨，冢中辄有弦管之音。

又曰：魏武北征蹹顿，升岭眺瞩，见一岗不生百草。王粲曰："必是古冢。此人在世，服特生礜石死。而石生热蒸出外，致大木燋灭。"即令凿，果得大墓，有礜石满茔。

《志怪集》曰：陶侃微时遭大丧葬，家贫，亲自营砖。有班特牛专以载致，忽然失去，便自寻觅。道中逢一老公，便举手指云："向于岗上见一牛，眠山洿中，必是君牛。眠处便好，可作墓安坟，则致极贵，小下当位极人臣，世为方岳。"侃指一山，云："此好，但不如下，当世有刺史。"言讫便不复见。太尉之葬如其言。侃指别山与周访家，则并世刺史矣。

潘岳《关中记》曰：秦始皇陵上骊山之北，高数十丈，周回六七里，今在阴盘界。此陵虽高大，不足以销六十万人积年之功也。其用功力，或隐而不见者。骊山泉本北流者，皆陂障使西流。又此无大石，运取于渭北诸山。故其歌曰："运石甘泉口，渭水为不流。千人一唱，万人相钩。"

又曰：汉诸陵皆高十二丈，方百二十步。唯茂陵高十四丈，方百四十步。徙民置诸县者凡七陵，长陵、茂陵各万户，其余五陵皆各五千。县属太常，不领郡也。守卫陵扫除凡五千户，陵令一人，食官令一人，寝庙令一人，园长一人，园门史令三十二人，侯四人。元帝时，三辅七十万户始不复徙民陪陵。渭陵、延陵、义陵皆不立县也。

雷次宗《豫章记》曰：郡东南二十里有一大冢，号丹阳。郭长老云，是郡人丹阳太守聂友冢也。外形甚高大，内一大冢居中，两边各有四小冢横首。大冢外作徼道周匝，皆通冢里，高二丈余，小者半之，徼道又半之。此冢相通一埏，似是殉葬者。不闻聂友奢僭以人从死也，且今新淦音绀县南十里，见聂友墓。

《荆州图记》曰：郦县北三十里，有一墓甚崇伟，前有石楼，高一丈五尺，上作石凤将九子。相传云是姚家墓，不详其人。

又曰：江陵县东南七十里有楚昭王墓，高四丈余。王粲《登楼赋》所谓“西接昭丘”是也。

盛弘之《荆州记》曰：霄城东南有单龙村，村外有单龙冢，甚高大。旧传单龙能仰观俯察，少公之俦也。数称刘氏当王，圣公应其符。圣公潜嘉之，因此起兵。后称号于宛而龙卒，故厚为其葬。

又曰：郑乡即郑城地也。岗南有刘长沙墓，益州牧焉之父。其南语裥汉魏郡太守黄香冢。

邓德明《南康记》曰：白水有高岩，临水顶有柴侯墓。遥望松树，卒岁不凋。说者云墓处极峻，及累石为冢，又别有金钱藏，不可得开。若欲上山，必遇雷晦之异。夜时见光色如雷之烂音艳，所谓宝精也。

又曰：平固水口下数里有螺亭，昔一少女曾江畔乘小船采螺，停沙边共宿。夜闻骚骚如军马行，须臾见群螺张口无数，突来破舍，啖此女子。同侣悉走上岸，至晓方还，但见骨耳。收埋林际，报其家。经四五日间，所埋处翻见古冢，高十余丈，穹隆顶可受二十人坐。其旁多螺，新故相传谓之螺亭。

又曰：南野山、献山大塘下流三十里，有汉太傅陈蕃冢墓。昔值军乱，闻墓有宝，三军争掘。忽有大蛇围绕坟前，崩雷晦雨，当时竟不得发。

郑缉之《东阳记》曰：孝子许孜，父墓去虎山十里，在山之麓。曲隧三里，鹿尝食其松栽，孜心念之。即日鹿自死于所犯栽之下，孜埋死鹿，有小坟，至今犹存。

又曰：独公山有古冢临溪，其砖文曰："筮言吉，龟言凶。三百年，堕水中。"义熙中，冢犹半存，自后稍以崩尽。

《会稽郡十城地志》曰：上虞县东南有古冢二十余坟。宋元嘉之初，潮水坏其大冢。初坏一冢，砖题文曰："居在本土，厥姓黄，卜葬于此。大富强，《易》卦吉，龟卦凶，四百年后堕江中。"当坠，值王颙县令皮熙祖取。数砖置县楼下池中，录之，怅然而已。

《舆地志》曰：瑟琶折有古冢，半在水中，甓有隐起字云："瑟琶筮云吉，龟云凶，八百年，堕水中。"谢灵运取甓至京师，诸贵传观之。

《神怪志》曰：王果经三峡，见石壁有物悬之如棺，使取之，乃一棺也。发之，骸骨存焉。有铭曰："三百年后，水漂我至长江垂。欲堕欲落，不落逢王果。"果凄然曰："数百年前已知有我。"乃改葬，祭之而去。

《苏州冢墓记》曰：宋青州刺史郁泰玄，性多仁恕，德感禽兽。初葬之日，群燕数千衔土于冢上。今冢犹高大，与他坟有异。村乡岁时祭祀，至今不绝。

太平御览卷第五百六十　礼仪部三十九

冢墓四

《礼论》曰：问："君将临墓，主人先以除身无服。将若不哭，主人当哭否？"贺循答之云："凡君臣民，皆须先君哭，礼也。此祭君宜哭，则主人不敢以哭烦君耳。"

又曰：问："墓中有何面为上？"荀纳以为缘生奉终，宜依礼坐。蔡谟难，据周公明堂位东西，以此为上，与纳反。纳又引庙位以答。王濮阳北墓向南，以西为上。

《上党郡记》曰：令狐征君隐城东山中，令狐终即云葬焉。诸生遵师法，而陪葬者三百余家。松三千树，大皆数十围，高四五十丈。今俗名其山曰令狐墓，汉史所称壶关三老令狐茂者是也。

伏琛《齐地记》曰：临淄小城北门东二百余步有晏婴冢。

又曰：齐桓公冢，齐城之南东十五里，在牛山。桓公冢西南八里，有仲父冢，葬于牛山之阿。

又曰：朱虎城东二十里有柴阜，其西南隅有魏独行君子管宁墓，石碑犹存。城东北三十里柴阜东头有魏征士邴原墓，石碑犹存。

又曰：牛山西南二里有孙宾墓，石碑犹存。

《吴地记》曰：昌门外女坟者，吴王阖闾女墓也。乃以文石为椁，藏金玉珍玩，以人从死。高坟深池，池水成湖，故名曰女坟。亦与虎丘俱见发掘，皆无所得也。

又曰：昌门南有要离墓。吴王阖闾既杀王僚而代之，僚子庆忌亡奔卫。庆忌勇捷过人。恐结诸侯，还为国难。伍子胥与要离为行人，要离弱而谋于王曰："杀臣妻子，刑臣左手。"要离因亡奔卫。庆忌闻吴王暴虐如此，甚信之，遂与俱还，图共袭吴王。行及大江，要离刺杀庆忌，因亦自杀，阖闾葬之于昌门南大城内。齐门外，有庆忌墓。

丘渊之《齐道记》曰：先是，嬴博二县共界，汉武帝封禅，合作此县以供祀，故曰奉高。东南三十里有延陵儿冢，本云其高可隐，今乃二丈余，似是后人陪之。

伍辑之《从征记》曰：齐襄王墓在汝水西。墓西有僖公墓，东有四田墓，传云，倨、荣、广、布也。墓皆方墓圆坟。

戴延之《西征记》曰：彭城南有亚父范曾冢。冢高四十余丈，东北有隧道。其城北三里有刘向墓。泗水东三里，汉大夫龚胜冢，石碣犹存。耻登王莽之朝，不食而死。

又曰：金乡焦氏山北数里，有汉司隶校尉鲁俊冢。前有古石祠堂，堂壁皆有青石隐起，自书契以来，忠臣、孝子、贞妇、孔子及弟子七十二人形像，皆刻石记之。

伏滔《北征记》曰：姑孰九井山北十里，有吴大将诸葛瑾墓，墓墙犹存。西北十八里直渎前墓，是吴将甘宁墓也。相者云："此墓有王气。"孙皓凿其后，计里名为直渎。

《续述征记》曰：太公冢在尧山北五里。平地为坟，高十丈。曾有发之者，冢深数十仞，得一铜椁，金玉甚多。尚父五世葬周，斯实田和冢也。和迁齐，居于海上，而别为诸侯，亦称太公也。

又曰：宿预州县水南大徐城，古之徐国。城北徐君墓，季子解剑坟树，则斯地也。

又曰：城阳县城二里，小城二里。小城南九里有尧阳，自汉迄于晋，二千石及丞尉刊名。尧即位至永嘉三年二千七百有二十一载，记于尧碑。城东南六里，尧母庆都墓，称曰灵台。尧陵北二里，仲山甫墓，墓前祠堂石室俨然若新。

《皇览·冢墓记》曰：颛顼冢在东都濮阳县顿丘城外广阳里中。王莽时，使使者祠颛顼冢。

又曰：秦始皇冢在骊山，古之骊戎国，今之所丰也。晋献公伐骊戎，获二女。其山阴多黄金，其阳多美玉，谓蓝田是也。故贪而葬焉。并天下徒七十余万穿入地，洞三泉而致椁。宫观奇器、珍怪诸物藏之。令一匠人作机弩，人有近穴辄射之。以水银为百川江河大海，金银为凫鹤。机关转相干，终而复始。上具画天文，以人鱼膏为灯，度久不灭。后宫无子者皆殉，从死者甚众。恐工匠知之，杀工匠于藏中，因闭羡门。复土树草木，以像山，坟高五十余丈，周回五里余。后项籍烧其宫观，关东贼发之，后牧羊儿亡羊，羊入藏中，持火照羊，燔其椁。后贼遂取其铜。

又曰：太上皇葬万年，高帝父也。高帝葬长陵，孝惠帝霸陵。诸陵皆用瓦器，不为坟。王莽之乱，天下无道，独无灾害。孝景帝葬阳陵，孝武皇帝葬茂陵，孝昭皇帝葬平陵，孝宣皇帝葬杜陵，孝元帝葬渭陵。元帝下诏曰："无置从民，令天下无骚动之忧。"自是陵园不置邑。孝成帝葬延陵，孝哀帝葬义陵，孝平帝葬原陵。孝文皇帝弟、淮南厉王长坐谋反，后置园如诸王。长好道，事八公。世之愚者云：长仙。医巫讫曰："淮南好道，百官皆得仙。狗吠云中，鸡鸣天上。"东平思王冢在东平，松皆西靡。

又曰：苍颉冢在冯翊衙县利阳亭南道旁，坟高六尺，学书者皆往上姓名、投刺，祀之不绝。

又曰：蚩尤冢在东郡寿张县阚乡城中，高七尺。民常十月祀之。有赤气出，如一匹绛帛，民名为蚩尤旗。又肩髀冢在山阴郡巨野。传言蚩尤与黄帝战于涿鹿之野，黄帝克之，身体异处，皆葬之。

又曰：奚仲冢在鲁国县东去县二十五里山上，因名奚仲山。下亭名奚仲亭。

又曰：汤冢在济阳薄县北郭。冢四方，方八十步，高七尺，上平。

又曰：吴太伯冢在会稽吴县北，去城十里。

又曰：周文王、武王、周公冢在京兆长安聚。

又曰：王子黾冢在南阳鄂县西。

又曰：夏育冢在济南历山上。

又曰：秦穆公冢在甘泉宫祈年观下。

又曰：虢公冢在河内温县东、济水南，大冢是也。其城南有虢公台。

又曰：叶公诸梁子高冢在南郡叶县西北，去城三里所。近县民皆祠之。

又曰：鲁大夫叔梁纥冢在鲁国东阳聚安泉东北八十四步，名曰防冢。民传言防坟于坟地微高。

又曰：孔子冢在鲁城北便门外，南去城一里。冢茔方百亩，冢南北广十步，东西十步，高丈二尺。冢为祠坛，方六尺，与地方平，无祠堂。冢茔中树以百数，皆异种。鲁人世世皆无能名其树者。民云孔子弟子异国人，各持其国树来种之。孔子茔中不生荆棘及刺人草。伯鱼墓在孔子冢东，与孔子并，大小相望。子思冢在孔子冢南，大小相望。

又曰：师旷冢左右扶风，名曰师旷山，人民不敢上其上。

又曰：伯乐冢在济阴定陶东南一里，冢高五丈。

又曰：楚武王冢在南郡鲷阳县葛陂乡城东北，民谓之楚王岑。

又曰：郑相子产冢在河南郡新郑城外，大冢是也。

又曰：靖郭君冢在鲁国薛城中东聚。孟常冢在鲁薛城中。

又曰：文信君吕不韦冢在河南洛阳城北，邙山道西，大冢是也。民传言吕母冢不韦先墓，故其冢名吕母。不韦死，获过于始皇矣。民传云：不韦好经书，皆以葬。汉明帝朝，公卿、大夫、诸儒八十余人论五经误失。符节令宋元上言："臣闻秦昭王与不韦好书，皆以书葬。王至尊，不韦久贵，冢皆以黄旸题凑，处地高燥，未坏。臣愿发昭王、不韦冢，视未烧诗书。"

又曰：亚父冢在庐江居巢县郭东居巢亭中。

又曰：齐桓公冢在临淄城二十里淄水南。孟尝君与齐桓公冢同处。

《唐书新语》曰：开元中，集贤学士徐坚葬妻，问兆域之制于张说。曰："长安神龙之祭，有黄州僧泓者，能通鬼神之意，而以人事参之。仆尝闻其言，犹记其要。墓欲深而狭。深者，取其幽；狭者，取其固。平地之下一丈二尺为土界，又一丈二尺为水界，各有龙守之。土龙六年而一暴，水龙十二年而一暴。当其隧者，神道不安。故深二丈四尺之下，可以设窀穸。墓之四维，谓之折壁。欲下阔而上敛，其中顶谓之中樵，中樵欲俯嵌而旁煞。墓中末粉为饰，以代石垩，不置瓴甋瓷瓦，以其近于火。不置黄金，以其久而为怪。不置朱丹、雄黄、礜石，以其气燥而烈，使坟上草木枯而不润。不置羽毛，以其近于尸也。铸铁为牛豕之象，可以御二龙。玉润而洁，能和百神，置之墓内，以助神道。僧泓之说如此。”

又曰：大理卿徐有功持法不滥。及其葬也，将穿墓，筮者曰：“必有异应，以旌善人。”果获石堂，其大如仓，中空外坚，四门八牖。占曰：“此天所以祚有德也。置之墓中，其后终吉。”后优诏褒赠，宠及其子。

《图墓书》曰：大墓天刚，严父之门。八将之首，位处乾尊。欲得连冈隐轸，状如乱云，望之翩翩，绝而复连。小顿大起，千里相牵。寿过期颐，世世登仙。

又曰：望之如飞雷，即之如鸟惊。法出勇士，伏节御兵。

又曰：夫欲依山葬者，其山连延，百里不绝。一高一下，小顿则大起，出公卿。若三重之山，望之似城郭，多诸支别者，亦出公卿。如新月形在腹中，葬冢之所，若至日没见日光者，出封侯。

又曰：凡相山陵之法：山望如龟状，葬之出公卿、封侯，代代不绝。山望如龙状，有头尾蝼蛇者，葬之出二千石。凡依山作冢者，皆当立在山东为利，得山之形力也。山如龟形，又巍巍直上如阙状，出二千石。

又曰：欲知贫富，冈陵肥薄。状如肥马，草木茂盛，色黄紫，皆富也。冈陵多伤缺，土色赤白，地瘠，草木黄赤不茂，或多细石，皆贫。

《相冢书》曰：冢欲得见郡县城郭，欲得连属，长长无极。冢，青气郁郁，出二千石；赤气，出公卿；白气，出刑戮；黄气，出封侯。欲得雌龙地，多子孙。不用雄龙冈、武子冈。

又曰：凡葬于龙耳，贵出侯。青乌子称“山三重相连名伞山，葬之出二千石。”

张载《七哀诗》曰：北邙何累累，高陵有四五。借问谁家冢，皆云汉世主。

魏武帝《遗令》曰：汝等时时登铜雀台，望吾西陵墓田。

魏文帝《为汉帝置守冢诏》曰：朕承符运，受终革命。其敬事山阳公，如舜之宗尧。有始有卒，传之无穷。前群司奏处正朔，欲使一皆从魏制，意所不安。其令山阳公于其国中，正朔、服色、祭祀、礼乐自如汉。又为武、昭、宣、明帝置守冢各三百家。

宋孝武《置自古帝王守冢户诏》曰：先代帝王，因时创业。君人建国，礼尊南面。而历运推移，年代久远，丘垅残毁，樵牧相趋。茔兆堙芜，封树莫辨。自古以来，帝王陵墓，可随近十户，蠲其役，以供守视。

宋高祖《修楚元王墓诏》曰：夫褒贤崇德，千载弥尊；敦本敬始，义隆自远。楚元王积仁基德，启藩斯境，素风道隆，作范后昆。本支之祚实隆，鄙宗遗芳余烈奋于百代。而丘封依然，坟茔莫翦，感远存往，慨焉永怀。夫爱人怀树，甘棠且犹勿翦；追甄墟墓，信陵尚或不绝。况瓜瓞所兴，开源自本者乎！可蠲复近墓五家，长给洒扫。

太平御览卷第五百六十一 礼仪部四十

吊

《周礼·丧祝》曰：王吊，则与巫前。郑司农注云：丧祝与巫以桃茢执戈在王前。

又《司巫》曰：男巫，王吊则与祝前。女巫，后吊则与祝前。女巫与祝前，后如王之礼。

又《太仆》曰：太仆掌三公孤卿之吊劳，王使往也。小臣掌士大夫之吊劳。

《礼》曰：知生者吊，知死者伤。知生而不知死，吊而不伤；知死而不知生，伤而不吊。吊丧不能赙，弗问其所费。

又曰：将军文子之丧，既除丧而后越人来吊。主人深衣练冠，待于庙，垂涕洟。子游观之曰："将军文氏之子，其庶几乎！亡于礼者之礼也，其动也中。"中礼之变也。

又曰：死而不吊者三：谓轻身亡孝也。畏，人或时以非罪攻已，不能有以说之死之者，孔子畏于匡是也。厌，行止危险之下。溺。不乘桥船。

又曰：曾子吊于负夏。负夏，卫地。主人既祖填池，祖谓移柩车去载处，为行始也。填池当为奠彻，声之误也。奠彻，遣奠设祖奠。推柩而反之，反于载处，荣曾子吊，欲更始。降妇人而后行礼。礼，既祖而妇人降。今及柩，妇人辟之，复升堂矣。柩无反而反之，又降妇人，盖欲矜宾于此妇人。皆非也。从者曰："礼与？"怪之。曾子曰："夫祖者，且也。且，未定之辞。且胡为其不可以反宿也？"曾子袭裘而吊，子游裼裘而吊。曾子指子游而示人曰："夫夫也，为习于礼者，如之何其裼裘而吊也？"

又曰：哀公使人吊蒉尚，遇诸道。辟于路，画宫而受吊焉。哀公，鲁君也。画地为宫象。曾子曰："蒉尚不如杞梁之妻知礼也。齐庄公袭莒于夺，杞梁死焉。其妻迎其柩于路，而哭之哀。庄公使人吊之。对曰：

‘君之臣不免于罪，则将肆诸市朝，而妻妾执。肆，陈尸也。大夫以上于朝，士以下于市。执，拘也。君之臣免于罪，则有先人之敝庐在，君无所辱命。’”无所辱命，辞不受也。《春秋传》曰：齐侯吊诸其室。

又曰：季孙之母死，哀公吊焉。曾子与子贡吊焉。阍人为君在，弗内也。阍人，守门者。曾子与子贡入于其厩而修容焉。更鼎饰。子贡先入，阍人曰：“乡者已告矣。”既不敢止，以言下之。曾子后入，阍人辟之，见两贤相随，弥益恭也。涉内溜。卿大夫皆辟位，公降一等而揖之。

又曰：殷既封而吊，周反哭而吊。封当为空，窆下棺也。

孔子曰：“殷已悫，吾从周。”

又曰：曾子与客立于门侧，其徒趋而出。徒谓客之旅。曾子曰：“尔将何之？”曰：“吾父死，将出哭于巷。”以为不可发凶于人馆。曰：“反哭于尔次。”次，舍也。礼，馆人使专之，若其自有然。曾子北面而吊焉。

又曰：五十无车者，不越疆而吊人。气力始衰。

又曰：妇人不越疆而吊人。不通于外。行吊之日，不饮酒食肉焉。以全哀也。吊于葬者，必执引；若从柩及圹，皆执绋。示助之以力。车曰引，棺曰绋。丧，公吊之必有拜者，往谢之。虽朋友州里舍人可也。谓无主后。吊曰：“寡君承事。”示亦为执事来。主人曰：“临”。君辱临其臣之丧。君遇柩于路，必使人吊之。君之于臣有父母之恩。大夫之丧，庶子不受吊。不以贱者为有爵者主。

又曰：子张死，曾子有母之丧，齐衰而往哭之。或曰：“齐衰不以吊。”以其无服，非之。曾子曰：“我吊也与哉？”于朋友哀，痛甚而往哭之，非若凡吊。

又曰：晋献公之丧，秦穆公使人吊公子重耳，献公杀其子申生，重耳避难出奔，是时在翟，就吊之。且曰：“寡人闻之：亡国恒于斯，得国恒于斯。言在丧代之际。虽吾子俨然在忧服之中，丧亦不可久也，时亦不可失也。孺子其图之。”劝其反国，意欲纳之，丧谓亡失位。孺，稚也。以告舅犯。舅犯是重耳之舅狐偃也，字子犯。舅犯曰：“孺子其辞焉。丧人无宝，仁亲以为宝。宝谓善道可守者。仁亲，亲行仁义。父死之谓何？又因以为利，欲反国求为后，是利父死。而天下其孰能说之？孺子其辞焉。”说犹解也。

又曰：羔裘玄冠，夫子不以吊。不以吉服吊丧也。

又曰：卫司徒敬子死，子夏吊焉。主人未小敛，绖而往。子游吊焉。主人既小敛，出绖，反哭。子夏曰：“闻之也与？”曰：“闻诸夫子，主人未改服则不绖。”

又曰：曾子问曰：“三年之丧，吊乎？”孔子曰“三年之丧，练，不群立，不旅行。君子礼以饰情。三年之丧而吊，哭不亦虚乎？”为彼哀不专于其亲也。为亲哀则是妄吊。

又曰：诸侯非问疾吊丧而入诸臣之家，是谓君臣为谑。

又曰：吊者即位于门西，东面；其介在其东南，北面；西上，于西门。宾立门外不当门。主孤西面。立于阼阶下。相者受命，曰：“孤某使某请事。”客曰：“寡君使某如何不淑！”受命，受主人命以出也。不言殡者，丧无接宾。淑，善也。为何不善，言君痛之甚，使某吊。相者入告，出曰：“孤某须矣。”称其君名者，君薨，称子某，使人知通嗣也。须矣，不出逆也。吊者入，主人升堂，西面。吊者升自西阶，东面，致命曰：“寡君闻君之丧，寡君使某。如何不淑！”子拜稽颡。吊者降反位。子，孤子也。降反位者，出反门外位。

又曰：妇人非三年之丧，不逾封而吊。逾封，越竟也。或为越疆。

又曰：诸侯吊于异国之臣，则其君为主；君为之主，吊臣恩为己也。子不敢主当，中庭，北面哭，不拜。诸侯吊，必皮弁锡衰。所吊虽已葬，主人必免。主人未丧服，则君亦不锡衰。必免者，尊人君为之变也。未丧服，未成服也。既殡成服。

又曰：殷人吊于圹，周人吊于家，示民不偝也。既葬，哀而哭踊，于是吊之。

《传》曰：宋大水，公使吊焉。曰：“天作淫雨，害于粢盛。若之何不吊？”对曰：“孤实不敬，天降之灾，又以为君忧。拜命之辱。”臧文仲曰：“宋其兴乎？禹汤罪己，其兴也勃焉。桀纣罪人，其亡也忽焉。”

又曰：齐侯归，遇杞梁之妻于郊。梁战死，妻行逆丧。使吊之。辞曰：“殖之有罪，何辱命焉？言若有罪，不足吊。若免于罪，则有先人之敝庐在，下妾不得与郊吊。”妇人无外事，故不犹贱也。齐侯吊诸其室。传善妇人有礼。

又曰：游吉相郑伯以如晋，亦贺虒祁也。史赵见见太叔曰：“甚哉，其相蒙也！蒙，欺也。可吊也，而又贺之。”子太叔曰：“若何吊也？岂特唯我贺，将天下实贺。”

又曰：琴张闻宗鲁死，琴张，孔子弟子，字子开，名牢。将往吊之。仲尼曰：“齐豹之盗，而孟絷之贼，女何吊焉？”言齐豹所以为盗，孟絷所以见贼，皆由宗鲁。

又曰：晋顷公卒，秋八月，葬。郑游吉吊，且送葬。魏献子使士景伯诘之曰：“悼公之丧，子西吊，子蟜送葬。在家十五年。今吾子无二，何故？”

《汉书》曰：龚胜死，有老父来吊，其哭甚哀。既而曰：“吁！薰以香自烧，膏以明自消。龚生竟夭天年，非吾徒也。”

又曰：蒋许字元卿遭父忧，有吊者盈门。后母疾之，不与席，不得止旧庐，于侧作小菴，往如旧也。

《续汉书》曰：郭太字林宗，退身隐居教授，徒众甚盛。丧母，友人或千里来吊之。

《东观汉记》曰：祭遵病薨，丧至河南，诏遣百官皆诣丧所。上车驾素服往吊，望城门，举音遂哭，而至哀恸。复幸城门，遇丧车，瞻望涕泣。上亲临，祠以太牢，仪如孝宣帝临霍将军故事。

谢承《后汉书》曰：徐孺子不就诸公之辟，及有丧者，万里赴吊。常于家预炙鸡一只，以一两绵絮浸酒中，暴干，以裹鸡。径到所赴冢，遂以水渍绵，使有酒气，以鸡置前，祭毕便去。

王隐《晋书》曰：何劭为司徒，薨，养子岐为嗣。袁粲吊岐，岐辞以疾。粲独笑而出曰：“今年决下岐品。”王诠谓之曰：“知死吊死，何必见生？岐前多罪，尔时不下，今何公新亡便下？岐品，人谓中正畏强侮弱。”粲乃止也。

邓粲《晋记》曰：阮籍能为青白眼，礼俗之士，辄以白眼对之。宗正嵇喜，康之兄也。闻籍丧，吊焉。籍以不哭，见其白眼。喜不怿而退也。

《晋中兴书》曰：周嵩兄顗既被害，王敦便人吊嵩。嵩曰：“亡兄天下之罪人，为天下所杀，复何吊？”敦甚衔之。

《家语》曰：季桓子死，鲁大夫朝服而吊。子游问孔子曰：“礼乎？”孔子不答。他日，又问。孔子曰：“始死则羔裘玄冠者，易之而已，又何疑焉？”

又曰：孔子有母之丧，既练，阳虎吊焉。私于孔子曰：“今季氏将大飨境内之士，闻诸乎？”曰：“丘弗闻之。虽在衰绖，亦欲与往。”阳虎曰：“子谓不然乎？季氏飨士不及子。”

《礼统》曰：吊生曰唁，吊死曰吊。生谓之唁何？非有丧之位，哭之事，但嗟叹以言，故谓之嗟。吊死谓之吊何？吊者，毒也。致有恩厚，礼无服属，但致伤哀痛毒，故谓之吊。

《白虎通》曰：《檀弓》记曰：“天子哭诸侯，爵弁纯衣。”

又曰：遣大夫吊，辞曰：“皇天降灾，子独遭离之，呜呼哀哉！”

《庄子》曰：孔子围于陈蔡之间，七日不火食。太公任吊之曰：“几死乎？”曰：“然。”“子恶乎？”曰：“然”。任曰：“直木先伐，甘井先竭。子其意者，饰智以惊愚，修身以明污，昭昭乎若揭日月而行，故不免。”

又曰：庄子妻死，惠子吊之，则方箕踞，鼓盆而歌，曰：“察其始，本无生。非徒无生也，本无形。非徒无形也，本无气。变而有生，今变而之死，人且寝于巨室，我嗷嗷随而哭之，自以为不通乎命，故止之。”

又曰：老聃死，秦失吊之，三号而出。弟子曰：“非夫子之友耶？”曰：“然。”“然则吊焉若此，可乎？”曰：“然。始也吾以为其人也，而今非也。向吾入而吊焉，有老者哭之如哭其子，少者哭之如哭其母。彼其所以会之，必有不蕲言而言、不蕲哭而哭者。是遁天倍情，忘其所受。”

《淮南子》曰：北塞上之人有喜游者，其马无故亡入胡中。人皆吊之。其父曰：“此何知乃不为福？”居数月，其马将胡骏马而归。人皆贺之。其父曰：“此何知乃不为祸？”家富良马，其子好骑，堕马而折髀。人皆吊之。其父曰：“此何知乃不为福？”居一年，胡夷大出，丁壮者控弦而战，塞上之人死者十九。此独以跛之故，子父相保。

《符子》曰：陶之富者朱公丧其中子，邻人往吊之。朱公方拥膝蹲踞，捧头而笑。邻人曰："闻有丧，将唁子之哀。"朱公曰："生不致哀，死而唁，何邻人之不通也！"

《说苑》曰：孙叔敖为楚令尹，一国吏民皆来贺。有老父衣粗衣、冠白冠，后来吊曰："身已贵而骄人者，民去之；位已高而擅权者，君恶之；禄已尊厚而不知足者，患处之。"叔敖再拜："敬受命！愿闻余教。"父曰："位已高而意益下；官益高而心益小；禄已厚而慎不敢取。君谨守此三者，足以治楚矣。"

《世说》曰：顾彦先性好琴，及丧，家人常以琴置灵床上。张季鹰往哭顾，不胜其恸，径上床鼓琴，作数曲竟，抚琴曰："彦先颇复赏此不？"因又恸哭，下，执孝子手而去。

贺循《丧服要记》曰：始吊，朝玄端之服也。皮弁绖，素弁而加环绖也。始死而往朝服者，主人未变，宾未可以变也。

又曰：古之吊者，皆因朝夕哭而入吊。宾至，主人出，即中门外，西面，北上，拜。宾入门，即位于堂下，当阼阶，西面。宾入，即位，皆哭。哭止，主人拜之。

又曰：大夫吊于大夫，始死而往，朝服裼裘，如吉时也。当敛之时而至，则弁绖，服皮弁之服，以袭裘也。主人成服而往，则皮弁绖而加锡衰也。大夫于士有朋友之恩，乃得弁绖。

谢兹《丧服图》曰：天王吊三公及三孤，弁绖锡衰。吊六卿，弁绖锡衰。吊大夫，弁绖疑衰。吊士，弁绖缌衰。吊畿内诸侯，弁绖缌衰。

《郭太别传》曰：贾淑字子厚，林亭乡人。虽世有冠冕，而性险害，邑里患之。林宗遭母忧，淑来吊之，而钜鹿孙咸直亦至。咸直以林宗贤而受恶人吊，心怪之，不进而去。林宗遽追而谢曰："贾子厚诚凶德，然洗心同善。仲尼不逆互乡，故许其进也。"淑闻之，改过自厉，终成善士。又林宗有母丧，徐稚往吊，置生刍一束于庐前而去。林宗曰："此必南州徐孺子也。《诗》不云乎：'生刍一束，其人如玉。'吾无德以堪之。"

《裴楷别传》曰：裴楷少知名，而风情朗悟。初，陈留阮籍遭母丧，楷弱冠往吊，籍乃离丧位，神志晏然。至乃纵情啸咏，傍若无人。楷不为改容，行止自若，遂便率情独哭；哭毕而退，威容举动无异。

《陶侃传》曰：侃丁母艰，在墓下，忽有二客来吊，不哭而退，仪服鳞异。知非常人，遣随而看之，但见双鹤孤而冲天也。

《列女传》曰：鲁黔娄先生之死，曾子与门人往吊焉。隐门而入，立于堂下。其妻出，衣褐袍。曾子吊之，上堂，见先生尸在牖下，枕墼席藁，缊袍无表。覆以布被，首足不尽敛，覆头则足见，覆足则头见。

《皇览·逸礼》曰：君使大夫吊于国君，礼锡衰裳弁绖，有下大夫为介，亦如之。士介者，将命者缌衰裳弁绖，异姓葛，同姓麻。

《语林》曰：陈元方遭父丧，形体骨立，其母哀之，以锦蒙其上。郭林宗往吊，见锦被而责之，宾客绝百许日。

太平御览卷第五百六十二 礼仪部四十一

谥

《释名》曰：古者诸侯薨时，天子论行以赐谥。唯王者无上，故于南郊称天以谥之。当春秋时，周室卑微，臣谥其父，故诸侯之谥多不以实也。

《周礼》曰：太师，凡大丧，帅其瞽而廞，作柩谥。郑玄注曰：廞，兴也。兴言王之行。陈其生时行迹为作谥。

又曰：太史掌卿大夫之丧，赐谥读诔。其读谥诔，亦以太史赐谥。

《礼》曰：已孤暴贵，不为父作谥。郑玄注曰：子事父母，无贵贱等也。

又曰：公叔文子卒，其子戍请谥于其君曰："日月有时，将葬矣。请所以易其名者。"谥者行之迹也。君曰："昔者卫国凶饥，夫子为粥与国之饿者，是不亦惠乎？君，灵公也。昔者卫国有难，夫子以其死卫寡人，不亦贞乎？夫子听卫国之政，修其班制，以与四邻交，卫国社稷不辱，不亦文乎？故谓夫子贞惠文子。"

又曰：幼名，冠字，五十以伯仲，死谥，周道也。

又曰：死而谥，今也。昔者生无爵，死无谥。古谓殷以前也。大夫以上乃谓之爵，无有谥也。

又曰：子曰："先王谥以尊名节，以壹惠耻，名之浮于行也。"名谓声誉也。先王论行为谥以尊名者，使声誉可得而尊言也。惠犹善也。言声誉虽众，节以其行一大善者为谥也。

《传》曰：无骇卒，无骇始为卿，未赐族也。羽父请陲楼族。公问于众仲。对曰："天子建德，因生以赐姓，祚之土而命之氏。诸侯以字为谥，因以为族。官有世功，则有官族。"

又曰：郑人讨幽公之乱，斫子家之棺而逐其族，改葬幽公，谥之曰灵。

又曰：楚恭王卒，子囊谋谥。大夫曰："君有命矣。"子囊曰："君命以为‘恭’，若之何毁之？赫赫楚国而君临之，抚有蛮夷，奄征南海，以属诸夏，而知其过，可不得谓之恭乎？请谥之‘恭’。”大夫从之。

又曰：卫侯赐北宫喜谥曰“贞子”，赐析朱锄诸曰“成子”。

《论语》曰：子贡问曰：“孔文子何以谓之文也？”子曰：“敏而好学，不耻下问，是以谓之文也。”

《汉书》曰：景令诸侯薨、列侯初封及之国，大鸿胪奏诔策。列侯薨及诸侯太傅初除之官大行，谥奏诔策。

又曰：贾山奏事曰：“圣王作谥，三四十世耳。虽尧、舜、禹、汤、文、武，累世广德，以为子孙基业，无过三四十世也。”

秦始皇帝曰：“死而以谥法，是父子名号有时相袭者。以一至万，则世世不相复也。”故死而号曰“始皇帝”，其次曰“二世皇帝”，欲以一至万也。

张璠《汉书》曰：范丹卒，三府各遣令史奔吊，累行论谥，曰：“宜为‘贞节先生’。”

又曰：蔡雍尝至朱穆家写其书，及穆卒，雍及门人共谥穆曰“忠文”。璠论曰：夫谥者，上之所赠，非丁之所造。故颜冉至德，不闻有谥。蔡朱二子各以衰代臧否不立，故私议也。

范晔《后汉书》曰：夏侯恭善为文章，诸儒共谥曰“宣明”。子牙少习家业，著赋颂赞凡四十篇。举孝廉，早卒。乡入号曰“文德先生”。

《魏书》曰：有司议谥，以为锺繇昔为廷尉，辨理刑狱，决嫌明疑，民无怨者，犹于张之在汉也。诏曰：“太傅功高德茂，位为师傅。论行赐谥，当先依此。廉叙廷尉，于张之德耳，乃策谥曰‘成侯’。”

干宝《晋记》曰：何曾卒，下礼官谥。博士秦秀议曰：“曾资性骄奢，不修轨则。弈世以来，宰臣辅相未有受诟辱之声、被有司之劾、父子尘累而蒙恩贷若曾者也。谨按《谥法》：名与实爽曰‘缪’，怙威肆行曰‘丑’。曾宜谥为‘缪丑’。”

又曰：太尉鲁公贾充薨。初，充用韩谧为贾氏嗣，上特许之。及议谥，博士秦秀曰：“充位冠群俊，唯民之望。而悖礼溺情，以乱大伦。案

《谥法》：昏乱纪度曰荒。充宜谥曰荒。”上弗从，赐谥曰武。

《晋书》曰：太康八年，太常上谥。故太常、平阳男郭弈为景侯，有司奏云：“晋受命以来，祖宗号谥群下，未有同者。故郭弈与景皇同，不可听。宜谥曰穆。”

《晋中兴书》曰：中宗即尊号也，时赐谥多由封爵，不考德行。王遵上疏曰：“臣闻大行受大名，小行受小名。名则实称，不诬而已。近代以来，唯爵得谥，武官牙门有爵必谥，卿校常伯无爵，悉不赐谥，甚失制谥之本。今中兴肇建，勋德兼被，宜深体前训，使行以谥彰，岂可限以有爵？”中宗纳焉。自后公卿无爵而谥，自遵始也。

沈约《宋书》曰：江智渊出于北中郎长史。初，上宠姬宣贵妃殷氏卒，使群臣议谥。智渊上谥曰“怀”。上以不尽嘉号，甚衔之。后车驾幸南山，乘马至殷氏墓，群臣皆骑从，上以马鞭指石柱，谓智渊曰：“此柱上不容有‘怀’字。”智渊益惧。

《宋书》曰：刘康祖出军至寿阳数十里，会魏永昌王以长安之众八万骑与康祖相及于尉武。康祖有八千人，乃结车营而进。魏军四面来攻，众分为三，且休且战。康祖率厉士将，无不一当百。魏军死者大半，流血没踝。矢中头而死，于是大败，举军沦覆，免者才数十人。魏人传康祖首示彭城百姓。王赠益州刺史，谥曰壮。

又南史曰：萧𬙋音铄素为诸暨令，到县十余日，挂衣冠于县门而去。独居屏事，非亲戚不得至其篱门。妻齐太尉王俭女，久与别居，遂无子。卒，亲故迹其事行，谥曰“贞文先生”。

又曰：昙首卒，文帝临，恸叹曰：“王詹事所疾不救，国之衰也。”中书舍人周赴侍侧，曰：“王家欲衰，贤者先殡。”上曰：“直是我家衰耳。”以预诛羡之等谋，追封预宁县侯，谥曰文。

又曰：王晏为吏部尚书令。王俭虽贵而疏晏，既领选权，行台阁，与俭颇不平。俭卒，礼官欲依王遵谥为文献。晏启上曰：“遵乃得此谥，但宋来不加素族。”出谓人曰：“平头宪事已行矣。”

《后魏书》曰：孝文太和十六年，改谥宣尼曰“大圣尼父”，告谥孔庙。

《齐书》曰：长沙威王晃。武帝尝幸钟山，晃从驾，以马矟刺道边枯蘗。上令左右数人引之，银缠皆卷聚而矟不出，乃令晃复驰马拔之，应手便去。每远州献骏马，上辄令晃于华林中调试之。高帝尝曰："此我家任城也。"武帝缘此意，故谥曰威。任城即魏任城王彰也。

《梁书》曰：萧子显卒，请谥。手敕曰："恃才傲物，宜谥曰骄。"

又曰：徐勉卒，武帝闻而流涕，即车驾临殡。皇太后亦举哀朝堂。有司奏谥："居敬行简曰简，执心决断曰肃。"因谥简肃公。

又曰：萧机字智通，位湘州刺史，美姿容，善吐纳。家既多书，博学强记。然而好弄尚力，远士子，近小人。为州专意聚敛，无政绩，频被案劾。将葬，有司请谥。诏曰："王好内怠政，宜谥曰炀。"

又曰：萧晔为晋陵太守。晔初至，郡属旱。躬自祈祷，果获甘润。郡多猛兽为害，晔在遂息。卒于郡。初，晔寝疾历年，官曹拥滞。有司案谥法："言行相违曰僭。"乃谥曰僭侯。

《陈书》曰：袁泌为司徒左长史，卒于官。临终，戒其子芳华曰："吾于朝廷素无功绩。瞑目之后，敛手足，旋葬，无得受赐谥。"其子述泌遗意，朝廷不许，谥曰质。

《唐书》曰：开元中，赠左丞相程行谌谥曰贞岐，王府长史裴子余谥曰孝。同时列上。中书令张说省之，曰："程裴二谥，可谓谥之无愧也。"

又曰：贞元中，太常奏马燧谥景武，上改为庄武，以避太祖谥。

又曰：元和中，赐太子宾客于頔谥曰思。初，有司谥曰厉，至是特易之。右丞张正甫封其敕，请还本谥。补阙高钺上疏曰："夫谥者，所以惩恶劝善，激浊扬清，使忠臣义士知劝，乱臣贼子畏罪。孔乎修《春秋》，乱臣贼子惧，盖为此也。垂范如此，尚不能救，况又隳其典法乎？"

《大戴礼》曰：周公旦为太师，相嗣王，作谥法者，行之迹也；号者，功之状也；服者，位之章也。是以大行受大名，细行受小名。行出于己，名出于人。溢，慎也。以人行之始终，悉慎录之以为名也。

《礼记外传》曰：古者生无爵，死无谥。古谓殷夏之前。谥法，周公所为也。尧、舜、禹汤皆后追议其功耳。谥者，行之迹也。累积平生所行事善恶而定其名也。有大行，受大名，谓之景行；景，大也。有大善若禹、汤、文武者。小善受小名。若宣若成，其德狭也。文经天地，其德博也；武定祸乱，其功大也。

《五经通义》曰：谥者，死后之称，累生时之行而谥之。生有善行，死有善谥，所以劝善戒恶也。谥之言列其所行。身虽死，名常存，故谥也。

《白虎通》曰：谥者何谓也？谥之为言引也，引列行之迹也。所以进劝威德，使上务礼节，死乃谥之。《诗》云："靡不有初，鲜克有终。"始终不能若一，故据其终后可知也。今世所以临葬而谥之何？因众会，欲显扬之也。谥或一言，或两言何？文者一言为谥，质者两言为谥。故汤死后称成汤，是明二言为谥也。谥七十二品。

《礼·法谥》曰：翼善传圣曰尧，仁圣盛明曰舜，慈惠爱民曰文，刚德理直曰武。天子崩，大臣至郊谥之者何？以为臣子之义，莫不欲褒称其君，掩恶扬美者，故之郊，明不得欺天也。

又曰：卿大夫老归，死有谥何？谥者，别尊卑，彰有德。卿大夫归，无过，犹有禄位，故有谥也。夫人无谥者何？无爵，故无谥。或曰：夫人有谥。夫人，国之母，修闺门之内，即下亦化之，故设谥以彰其善恶。

《春秋传》曰："葬宋恭姬。"《传》曰："其称谥何？贤也。"

《传》曰："哀者何？庄公大夫也。卿大夫妻无谥者何？贱也。八妾所以无谥何？卑贱无所能豫，犹士卑小，不得有谥。太子夫人无谥何？本妇人，随夫，太子无谥，则夫人不得有谥。天子太子，元士也，士无谥，知太子亦无谥也。附庸所以无谥何？卑小无爵也。"

《王制》曰：古者之制爵禄凡五等，附庸不在其中，明附庸无爵也。号谥何法？生称火，死称灰也。

《抱朴子》曰：上古无谥，始于周家耳。黄帝谥，盖后人追为之。谥取其治世时行迹而已，非黄帝群臣之作也。俗人通自不信仙，宁肯追以仙谥黄帝乎?

《穆天子传》曰:为盛姬谥曰哀俶人。

《荀氏家传》曰:荀爽对象策曰:“臣闻火生于木,故其德孝。汉之谥帝称孝者,其义取此。故汉制使天下皆诵《孝经》,选吏则举孝廉,以孝为务也。

《列女传》曰:鲁黔娄先生死,曾子与门人往吊焉,曰:“何以为谥?”其妻曰:“以康为谥。昔先君尝赐之粟三十钟,先生辞而不受,是其余富也;君尝欲授之以国相,先生辞而弗为,是其余贵也。彼先生者,甘天下之淡味,安天下之卑位,不戚戚于贫贱,不汲汲于富贵,求仁而得仁,求义而得义,其谥为康,不亦宜乎?”

崔骃《章帝谥议》曰:“臣闻号者,功之表;谥者,行之迹。据德录功,各当其实。《孝经》曰:‘天地明察,神明章矣。’”

《唐书》数尧之德曰:平章百姓,言天之常德也。《诗》曰:“追琢其章,金玉其相。亹亹文王,纲纪四方。”

又曰:“倬彼云汉,为章于天。”喻文王圣德,有金玉之质,犹云汉之在天也。举表折义,四方德附矣。《易》曰:“先天而天弗违,后天而奉天时。”臣愚以宜上尊号曰章。唐独孤及谥吕諲曰“肃”严郢驳曰:国家故事,宰臣之谥有二字,以彰善旌德焉。夫以吕公文能无害,武能禁暴,贞则干事,忠则利人,盛烈宏规,不可备举传叙。八元之德曰忠肃恭懿。若以美谥,拟于形容,请曰忠肃。“及重议曰:“谥法在惩恶劝善,不在字多,必称其大而略其细。故言文不言武,言武不言文。三代以下,朴散礼坏,乃有二字之谥,非古也。其源生于衰周。汉兴,萧何、张良、霍去病、霍光俱以文武大略,佐汉致太平。其事业不一,谓一文不足以纪其善,于是有文、成、景、桓、成之谥。虽黩礼甚矣,然犹褒不失人。唐兴,参用周秦之制,以魏征为文贞,萧瑀为贞褊。其杜如晦封彝,陈叔达、温彦博、岑文本、唐休璟、魏知古、崔日用,并当时赫赫以功名居宰相者,谥不过一字,不闻子孙佐吏有以字少称屈。由此言之,二字不必为褒,一字不必为贬。若褒贬果在乎字数，则是尧、舜、禹、汤、文、武、成、康不如周威烈、慎靖也，齐桓、晋文不如赵武灵、魏安里也。杜如晦、王珪以下或成、或明、或懿、或宪，不如萧瑀之贞褊也。然肃者，威德克就之名，以諲之从政，威能闲邪，德可济众，故以肃易名，而忠在其中矣。亦犹随会宁俞之不称文，岂必因而重之然后为美？魏晋以来，贾许之筹算，贾逵之忠庄，张既之政能，程普之智勇，顾雍之密重，王浑之器量，刘恢之鉴裁，庾翼之志略，彼八君子者，方之东平，宜无惭德，死之日，并谥曰肃。当代不以为贬，何当征一字二字以为之升降乎？”

讳

《周礼》曰：小史掌邦国之志，奠系世，辨昭穆。若有事，则诏王之忌讳。志谓记也。先生死为忌，名为讳。

《礼》曰：礼不讳嫌名，二名不偏讳。逮事父母，则讳王父母。不逮事父母，则不讳王父母。远不及也。谓幼孤不及识父母，不至于祖名也。孝子闻名心惧，讳之由心也。谓庶人也。适士以庙事祖，虽不逮父母，犹讳祖也。大夫之所有公讳。避君讳也。《诗》《书》不讳，临文不讳，庙中不讳。谓有事于高祖则不讳。曾祖以下尊无二也。《大》夫人之讳，虽质，君之前，臣不讳也。臣于夫人之家恩远也。质，独对也。妇讳不出门。妇亲近于宫中，言避之耳。大功小功不讳。入境而问禁，入国而问俗，入门而问讳。

又曰：二名不偏讳。夫子之母名征在，言在不称征，言征不称在。称，举也。

又曰：过而举君之讳则起，举犹言也。起立者，失言而变自新。与君之讳同则称字。谓诸臣之名也。

又曰：卒哭而讳。自此而鬼神事之，尊而讳其名。王父母、兄弟、世父、叔父、姑、姊、妹，子与父同讳。父为其亲讳，则子不敢不从讳也。诸王父母以不之亲讳，是谓士也。天子诸侯讳群祖。母之讳，宫中讳。妻之讳，不举诸其侧。与从祖昆弟同名，则讳之。

《传》曰：周人以讳事神，名终将讳之。君父之臣，固非臣子所斥。然礼妈卒哭，以大译徇曰舍，故而讳新曰舍。亲尽之祖而讳新死者，故言以大讳事神名丝将讳之。自父至高祖皆不敢斥言。

萧子显《齐书》曰：始安贞王道生字孝伯，太祖次兄也。子凤字景慈，卒于宋。明帝赠始安靖王，改华林凤庄门，为望贤门，太极东堂画凤鸟，题为神鸟，而鸾鸟为神雀。

《南史》曰：王琨避讳过甚，父名怿，母名恭，心不得犯焉。时咸谓矫枉过正。

又曰：王亮，王攸之子，为晋陵太守。在职清公，有美政。时有晋陵令沈瓒之，性粗疏，好犯亮讳。亮不堪，遂启代之。瓒之怏怏，乃造坐，云："下官以犯讳被代，未知明府讳。若为攸字，当作尊旁，旁为犬旁安酋猷。若有心悠、无心攸，乞告示。"亮不及履，下床跣而走。瓒之拊掌大笑而去。

《唐书》曰：贾曾除中书舍人，固辞，以父忠同音。识者以为中书是曹司名，又与曾父音同字异，于礼无嫌，曾乃就职。

《颜氏家训》曰：近世谢举甚有声誉，闻讳必哭，为世所讥。

《世说》曰：桓玄呼人温酒，自道其父名，既而曰："英雄正自粗疏。"

《语林》曰：王蓝田作会稽令，人问讳，答曰："唯祖唯考，四海所知，过无复讳。徐邈表不讳太子名，议兴太守褚爽上表称皇太子名，尚书下之礼官，以时议其可否？礼官议疑，无适准王，聊率所见，以论之曰：《礼记》曰：夫人之讳虽质，君之前，臣不讳也。案：夫人，国之小君，君之一体，太子之母也，而尚不讳，则太子何嫌乎？又《礼》：君前臣名，又周公告文王皆称武王名，可益明矣。"

忌日

《礼》曰：君子有终身之丧，忌日之谓也。忌日不用，非不祥也。言夫忌日，志有所至，而不敢尽私。忌日，亲亡之日。忌日者不用举他事，为有时日之禁也。祥，善也。志有所至，至于亲，以此日忘其哀心如丧时。

《续汉书》曰：申徒与屠字同。蟠字子龙，父母卒，蟠思慕，不饮酒食肉十余年。忌日哀戚，辄三日不食。

《晋书》曰：穆帝纳后，欲用九月九日，是忌月。范汪问王彪之，答云：“《礼》无忌月，不敢以所不见便谓无之。”博士曹耽、荀纳等并谓无忌月之文，不应有妨。王洽曰：“若有忌月，当复有忌岁。”

《唐书》曰：万岁通天中，建安王攸宜平契丹，凯旋，欲诣阙献俘。内史王及善以为将军将入城，例有军乐，今属孝明高皇帝忌月，请备而不奏。鸾台侍郎王方庆奏：“案礼经但有忌日，而无忌月。晋穆帝纳后用九月九日，是康帝忌月。”于疑不定，下太常，礼官荀纳议，称：“《礼》只有忌日，无忌月语。若有忌月，即有忌时、忌岁。军乐是军容，与常不同。请振作，于事无嫌。”

《孔丛子》曰：季节见于子顺，子顺赐之酒，辞，问其故，对曰：“今家之忌日也。”故子顺曰：“饮也。礼，虽衰麻见于君、先生，君及先生与之粱肉，无辞。所以敬尊长而不敢遂其私也。忌日方于有服轻矣。”

萧广济《孝子传》：王修字叔治，北海人。年十岁，丧母。母以社日亡。来年社日，修哀感悲号，邻人为之罢社

《世说》曰：前辈人忌日，唯不饮酒作乐。王世将以忌日送客，至新亭，主人须臾欲作音声，王便去，时单往卫洗马墓下弹马。

《语林》曰：桓玄不立忌日，政有忌时。每至日，弦觞无废。

太平御览卷第五百六十三 乐部一

雅乐上

《易》曰：雷出地奋，豫。先王以作乐崇德，殷荐之上帝，以配祖考。

《书》曰：夔，命汝典乐，教胄子。胄子，国子也。古者司乐以教国子。诗言志，歌永言，声依永，律和声，八音克谐，无相夺伦，神人以和。

《周礼》曰：大合乐，以致鬼神，以和邦国，以谐万民，以安宾客，以悦远人，以作动物。

又曰：天子宫悬，四面如宫。诸侯轩悬，去南面，余三面形如轩，亦曰典轩。大夫判悬，又去其北面。士特悬。凡乐，钟磬之半为堵，全为肆。

又曰：大司乐掌成均之法，以治建国之学政，而合国之子弟焉。郑玄注曰：均，调也。乐师主调其音，大司乐主受此成事已调之乐。以乐德教国子：中、和、祗、庸、孝、友。中犹忠也。和，刚柔适也。祗，敬也。庸，有常也。以里䅂教国子：兴、道、讽、诵、言、语，兴谓以善物喻善事也。道读曰遵也者，言古以喻今。以乐舞教国子：《云门大卷》、《大咸》、《大韶》、《大夏》、《大护》、《大武》。

又曰：大司乐分乐而序之，以祭、以享、以祀，乃奏黄钟，歌大吕，舞《云门》，以祀天神；乃奏太簇，歌应钟，舞《咸池》，以祭地祇；乃奏姑洗，歌南吕，舞《大卷》，以祀四望；乃奏蕤宾，歌黄钟，舞《大夏》，以祭山川；乃奏夷则，歌小吕，舞《大护》，以享先妣；乃奏无射，歌夹钟，舞《大武》，以享先祖。凡六乐者，文之以五声，播之以八音。

又曰：凡六乐者，一变而致羽物及川泽之祇，再变而致臝物及山林之祇，三变而致鳞物及丘陵之祇，四变而致毛物及坟衍之祇，五变而致介物及土祇，六变而致象物及天神。

又曰：凡乐，圜钟为宫，夹钟为角，太簇为徵，姑洗为羽。雷鼓雷鼗，孤竹之管，云和之琴瑟，《云门》之舞；冬日至，于地上之圆丘奏之。若乐六变，则天神皆降，可得而礼矣。凡乐，函钟为宫，大簇为角，姑洗为征，南吕为羽，灵鼗，孙竹之管，空桑之琴瑟，《咸池》之舞；夏日至，于泽中之方丘奏之。若乐八变，则地祇皆出，可得而礼矣。凡乐，黄钟为宫，大吕为角，大簇为征，应钟为羽。路鼓，路鼗，阴竹之管，龙门之琴瑟，《九德》之歌，《九磬》之舞，于宗庙之中奏之。若乐九变，则人鬼可得而礼矣。

又曰：凡乐事，以钟鼓奏《九夏》：《肆夏》、《王夏》、《昭夏》、《纳夏》、《章夏》、《齐夏》、《簇夏》、《祴夏》、《骜夏》。以钟鼓者，先击钟，次击鼓。九夏，夏，大也，乐之大歌有九。祴读为陔鼓之陔。王出入奏王夏，尸出入奏肆夏，牲出入奏昭夏，四方宾来奏纳夏，臣有功奏章夏，夫人出祭奏齐夏，族人侍奏族夏，客醉而出奏陔夏，公出入奏骜夏。

《礼》曰：凡音之起，由人心生也。人心之动，物使之然也。感于物而动，故形于声。声成方，谓之音；方犹文章。比音而乐之，及干戚羽毛，谓之乐。干，楯也；戚，斧也；武舞所执也。羽，翟也，旄牛尾也。文舞所执也。乐者，音之所由生也。其本在人心之感于物也。是故其哀心感者，其声噍以杀；其乐心感者，其声啴以缓；其喜心感者，其声发以散；其怒心感者，其声粗以厉；其敬心感者，其声直以廉；其爱心感者，其声和以柔。是故先王慎所以感之者。宫为君，商为臣，角为民，征为事，羽为物，五者不乱则无怗懘之音矣。凡音浊者尊，清者卑。怗懘，弊败不和貌也。宫乱则荒，其君骄；商乱则卑，其君坏；角乱则忧，其民怨；征乱则衰，其事勤；羽乱则危，其财匮。五者皆乱，迭相陵，谓之慢。郑、卫之音，乱世之音也，比于慢矣。桑间、濮上之音，亡国之音也，其政散，其民流，诬上行私而不可正也。是故知声而不知音者，禽兽是也；知音而不知乐者，众庶是也。唯君子为能知乐。是故不知声者，不可与言音；不知音者，不可与言乐。知乐，则几于礼矣。礼乐皆得，谓之有德。德者，得也。乐者为同，礼者为异。同则相亲，异则相敬。同谓齐好恶，异谓别贵贱。乐胜则流，礼胜则离，流谓合行不敬也。离谓析居不和也。乐由中出，和在心也。礼自外作。敬在貌也。乐由中出，故静；礼自外作，故文。大乐必易，大礼必简。乐至则无怨，礼至则不争。揖让而天下治者，礼乐之谓也。大乐与天地同和，大礼与天地同节。和，故百物不失；节，故祀天祭地。明则有礼乐，幽则有鬼神，如此则四海之内合敬同爱矣。故知礼乐之情者能作，识礼乐之文者能述。述谓训其义也。作者谓之圣，述者谓之明。乐者，天地之和也；礼者，天地之序也。和，故百物皆化，序，故群物皆别。化犹生也。谓犹形体异也。王者功成作乐，治定制礼。其功大者其乐备，其治辩者其礼具。五帝殊时，不相沿乐；三王异世，不相袭礼。乐极则忧，礼粗则偏矣。及夫敦乐而无忧、礼备而不偏者，其唯大圣乎？春作夏长，仁也；秋敛冬藏，义也。仁近于乐，义近于礼，故圣人作乐以应天，制礼以配地，礼乐明备，天地官矣。夫礼乐之极乎天而蟠乎地，行乎阴阳而通乎鬼神，穷高极远而测深厚。是故志微、噍杀之音作，而民居思忧；啴谐、慢易、繁文、简节之音作，而民康乐；粗厉、猛起、奋末、广偾之音作，而民刚毅；廉直、劲正、庄诚之音作，而民肃敬；宽裕、内好、顺成、和动之音作，而民慈爱；流僻、邪散、简成、涤滥之音作，而民淫乱。故乐行而伦清，耳目聪明，血气和平，移风易俗，天下皆宁。故曰：乐者，乐也。君子乐得其道，小人乐得其欲。以道制欲，则乐而不乱；以欲忘道，则惑而不乐。道谓仁义也。欲谓邪淫也。是故君子反情以和其志，广乐以成其教，乐行而民向方，可以观德矣。方犹道也。德者，性之端也；乐者，德之华也。金、石、丝、竹，乐之器也。诗，言其志也；歌咏其声也；舞，动其容也。三者本于心，然后乐气从之。

又曰：魏文侯问子夏曰："吾端冕而听古乐，唯恐卧，听郑、卫之音，则不知倦。敢问古乐之如彼，何也？新乐之如此，何也？"子夏对曰："今夫古乐，进旅退旅，和正以广。弦匏笙簧，会守拊鼓。始奏以文，复乱以武。治乱以相，讯疾以雅。君子于是语，于是道古。修身及家，平均天下，此古乐之发也。今夫新乐，进俯退俯，奸声以滥，溺而不止。及犹侏儒，犹杂子女，不知父子，乐终不可以语，不可以道古。此新乐之发也。"文侯曰："敢问溺音，何从而出也？"子夏对曰："郑音好滥淫志，宋音燕女溺志，卫音趋数烦志，齐音傲僻骄志。四者，淫于色而害于德，是以祭祀弗用也。《诗云》：'肃雍和鸣，先祖是听。'夫肃，肃敬也。雍，雍和也。夫敬以和，何事不行。为人君者，谨其所好恶而已矣。君好之，则臣为之；上行之，则民从之。《诗云》：'诱民孔易'，此之谓也。然后圣人作为鞉、鼓、椌、楬、壎埙、篪。此六者，德音之音也。然后钟、磬、竽、瑟以和之，干、戚、旄、狄以舞之，此所以祭先王之庙也，所以献酬酳酢也，所以官序贵贱、各得其宜也，所以示后世有尊卑长幼之序也。钟声鉴，鉴以立号，号以立横，横以立武，君子听钟声，则思武臣。石声磬，磬以立办，办以致死，君子听磬声，则思死封疆之臣。丝声哀，哀以立廉，廉以立志，君子听琴瑟之声，则思志义之臣。竹声滥，滥以立会，会以聚众，君子听竽、笙、箫、管之声，则思畜聚之臣。鼓鼙之声欢，欢以立动，动以进众，君子听鼓鼙之声，则思将帅之臣。君子之听音，非听其铿锵而已也，彼亦有所合之也。君子曰：礼乐不可斯须去身，致乐以治心，则易直子谅之心，油然生矣。易直子谅之心生则乐，乐则安，安则久，久则天，天则神。天则不言而信，神则不怒而威。致乐所以治心者也。致犹深审也。子读如不子之子。油然，新生好貌也。善心生则寡于利欲，寡于利欲则乐矣。志明行成，不言而见信如天也，不怒而见畏如神。致礼以治躬则庄敬，庄敬则严。心中斯须不和不乐，而鄙诈之心入之矣；鄙诈入之谓利欲生。外貌斯须不庄不敬，而易慢之心入之矣。故乐也者，动于内者也；礼也者，动于外者也。乐极和，礼极顺。内和而外顺，则民瞻其颜色而弗与争也，望其容貌而不生易慢焉。极，至也。故德辉动于内，而民莫不承听；理发诸外，而民莫不承顺。故曰：致礼乐之道，举而措之天下无难矣。乐也者，动于内者也；礼也者，动于外者也。故礼主其减，乐主其盈。减犹倦也。盈犹溢也。礼减而进，以进为文；乐盈而反，以反为文。乐以统情，礼以理行，情溢而行倦，则进之，溢之则使反。进谓自负强，反谓自损神也。文犹美也。礼减而不进则销，乐盈而不反则放。故礼有报，而乐有反，放，淫于声乐不能止也。报读曰褒，犹进也。礼得其报则乐，乐得其反则安。得谓晓其义，知其归。礼之报，乐之反，其义一也。夫乐者，先王之所以饰喜也；军旅鈇钺者，先王之所以饰怒也。故先王之喜怒，皆得其侪焉。”

又曰：孔子闲居，子夏曰：“敢问何谓三无？”孔子曰：“无声之乐，无体之礼，无服之丧。”子夏曰：“三无既得而闻之矣，敢问何诗近之？”孔子曰：“‘夙夜基命宥密’，无声之乐也；‘威仪棣棣，不可选也’，无体之礼也；‘凡民有丧，匍匐救之’，无服之丧也。”子夏曰：“言尽于此而已乎？”孔子曰：“何为其然也？君子之服，犹有五起焉。无声之乐，气志不违；无体之礼，威仪迟迟；无服之丧，内恕孔悲。无声之乐，气志既得；无体之礼，威仪翼翼；无服之丧，施于四国。无声之乐，气志既从；无体之礼，上下和同；无服之丧，以畜万邦。无声之乐，日闻四方；无体之礼，日就月将；无服之丧，纯德孔明。无声之乐，气志既定；无体之礼，施及四海；无服之丧，施于孙子。”

又曰：入门而金作，示情也。升歌《清庙》，示德也。下管象武，示事也。是故古之君子，不必亲相与言也，以礼乐相示而已。

又曰：故天子之为乐也，以赏诸侯之有德者也。德威而教尊，五谷时熟，然后赏之以乐也。

又曰：《郊特牲》曰：宾入大门而作《肆夏》，示易以敬。宾，朝聘者。易，和悦也。卒爵而乐阕，孔子屡叹之。美此礼也。乐由阳来者，礼由阴作者，阴阳和而万物得也。

《传》曰：曹太子来朝，享曹太子。初，献乐奏而叹。酒始献也。施父曰：“曹太子其有忧乎！非叹所也。”施父鲁大夫也。

又曰：晋郤至如楚聘，且莅盟。楚子享之，子反相，为地室而悬焉。郤至将登，金奏作于下，击钟而奏乐也。惊而走出。

太平御览卷第五百六十四 乐部二

雅乐中

《传》曰：吴季札来聘，请观于周乐。使工为之歌《周南》、《召南》，曰："美哉！始基之也，犹未也，犹有商纣，未尽善也。然勤而不怨矣。"为之歌《邶》、《墉》、《卫》，曰："美哉！渊哉！忧而不困者也。吾闻卫康叔、武公之德如是，是其卫风乎！"为之歌《王》，曰："美哉！思而不惧，其周之东乎！"为之歌《郑》，曰："美哉！其细已甚，民弗堪也。是其先亡乎！"为之歌《齐》，曰："美哉！泱泱乎大风也。表东海者，其大公乎！"为之歌《豳》，曰："美哉！荡荡乎！乐而不淫，其周公之东乎！"为之歌《秦》，曰："美哉！此之谓夏声。夫能夏则大，大之至也。其周之旧乎！"为之歌《魏》，曰："美哉！沨沨乎！大而险，俭而易行，以德辅此，则明主也。"为之歌《唐》，曰："思深哉！其有陶唐氏之遗风乎！不然，其何忧之远也？非令德 之后，谁能若是？"为之歌《陈》，曰："国无主，其能久乎！自郐以下无讥焉。"为之歌《小雅》，曰："美哉！思而不贰，怨而不言，其周德之衰乎？犹有先王之遗民焉。"为之歌《大雅》，曰："广哉！熙熙乎！熙熙，和乐声也。曲而有直体，其文王之德乎！"为之歌《颂》，曰："至矣哉！盛德之所同也。"见舞《象箾》《南籥》者，曰："美哉！犹有所憾。"见舞《大武》者，曰："美哉！周之盛也，其若此乎！"见舞诗《韶护》者，殷汤乐也。曰："圣人之弘也，而犹有惭德。圣人之难也。"见舞《大夏》者，禹之乐也。"美哉！勤而不德，非禹其谁能及之？"见舞《韶箾》者，舜之乐也。曰："至矣哉，大矣！如天之无不覆也，如地之无不载也。虽甚盛德，其蔑以加此矣。若有他乐，吾不敢请已。"

又曰：宋公享晋侯于楚丘，请以《桑林》。《桑林》，殷天子乐名也。荀莹辞。荀偃、士丐曰："诸侯宋、鲁，于是观礼。宋，王者后；鲁以周公故，皆用天子礼乐，故可观也。鲁有禘乐，宾祭用之。禘，三年大祭，则作四代之乐也。别祭群公，则用诸乐也。宋以《桑林》享君，不亦可乎？”言俱天子乐也。舞师题以旌夏，旌夏，大旌也。题，识也。以大旌表识其行列也。晋侯惧而退，入于房。旌夏非常，卒见之，人心偶有所畏。卜，桑林见。祟见于卜兆也。荀偃、士丐欲奔奔，走还宋。祷，谢。请祷焉，荀莹不可，曰：“我辞礼矣，彼则以之，犹有鬼神，于彼加之。”言自当加罪于宋。晋侯有间。

又曰：晋与诸侯伐郑，郑人赂晋侯以师悝、师触、师蠲；皆乐师名。歌钟二肆，肆，列也。悬十六为一肆，三十二枚也。及其镈、磬；女乐二八。晋侯以乐之半赐魏绛，曰：“子教寡人和诸戎狄以正诸华，八年之中，九合诸侯，如乐之和，无所不谐，请与子乐之。”魏绛于是乎始有金石之乐，礼也。大夫有功则赐乐也。

《论语》曰：师挚之始，《关雎》之乱，洋洋乎盈耳哉！鲁太师挚识《关雎》之声而首理其乱者，洋洋乎盈耳。德而美之。

又曰：乐云乐云，钟鼓云乎哉！言乐不但崇此钟鼓而已，所贵者，贵其移风易俗也。

又曰：子语鲁太师乐曰：“乐其可知也。始作，翕如也；始作谓金奏时。闻金作，人皆翕如，变动之貌。从之，纯如也，从读曰纵纵之，谓八音皆作。纯如，感动之貌。皦如也，绎如也，以成。”皦如，使清别之貌也。绎如，志意条达。

又曰：子谓《韶》，“尽美矣，又尽善也。”韶，舜乐也。美舜自以德禅于尧，又尽善美，谓太平也。谓《武》，“尽美矣，未尽善也。”谓周武王乐美，武王以此功定天下，未尽善致太平。

《孝经》曰：移风易俗，莫善于乐。

《尔雅》曰：宫谓之重，商谓之敏，角谓之经，征谓之迭，羽谓之柳。郭璞注：皆五音之列名，其义未详。

《史记》曰：赵简子疾，五日不知人。扁鹊曰：“昔秦缪公尝如此，五日不知人，七日乃寤，语大夫曰：“我之帝所，甚乐，与百神游于钧天，广乐九奏万舞，不类三代之乐，其声动人心。”

又曰：乐所以上事宗庙，下以变化黎庶。

又曰：凡乐者，使万民感荡涤雅秽，斟酌以饬厥性。

又曰：太史公曰："音乐者，所以动荡血脉，通流精神而和正心也。"

又曰：凡音，由于人心。天之与人相通，如影之象形，响之应声也。故为善者，天报之以福；为恶者，天报之以殃，其自然者也。故舜作五弦之琴，歌南风之诗，而天下治。纣为朝歌、北鄙之音，身死国亡。舜之道何弘也，纣之行何隘也。夫南风之诗，生长之音也，舜乐好之，天下同意，得万国之欢心，故得天下也。夫朝歌者，不时也。北者，败也；鄙者，陋也。纣乐好之，万国殊心，诸侯不附，百姓不亲，天下叛之，故身死国亡。

《汉书》曰：声者，荡涤人之邪意，全其正性也。商，章也，物成熟可章度也。角，触也，物触地而出戴芒角也。宫，中也，居中央畅四方，唱始施生，为四声纳也。征，祉也，物盛大而蕃祉也。羽，宇也，物聚藏，宇覆之也。协之五行，则角为木，五常为仁，五事为貌。商为金、为义、为言，征为火、为礼、为视，羽为水、为智、为听，宫为土、为信、为思。以君臣民事物言之，则宫为君，商为臣，角为民，征为事，羽为物。

又曰：乐者，四畅交于中而发作于外，此先王立乐之方也。

又曰：乐者，歌九德，诵六诗。是以荐之郊庙，则鬼神享之也。

又曰：夫乐，通神明，安民庶，故听者无不虚己竦神，悦而成流。是以海内遍知上德，被服其风，光辉日新，化上而迁善，而不知所以然。至于万物不夭，天地顺而嘉应举，故诗曰："磬管锵锵，降福穰穰。"

《魏志》曰：太祖以杜夔为军谋祭酒，参太乐事，因令创制雅乐。夔善钟律，聪思过人，丝竹八音，靡所不能，唯歌舞非所长。散骑侍郎邓静、尹商善咏雅乐，歌师尹胡能歌宗庙郊祀之曲，舞师冯肃时知先代诸舞。总究研精，远考经诰，近采故事，教习讲律，备作乐器，复先代之乐，皆自夔始也。

《吴录》曰：吴中呼周瑜为"周郎"。瑜精意音乐，三爵之后，其有阙误，瑜必知之而顾。时吴人谣曰："曲复误，周郎顾。"

《宋书·臧熹传》曰：武帝入京城，进至建业，桓玄走。武帝使熹入宫，收图书器物，封府库，有金饰乐器。武帝问熹："卿欲此乎？"熹正色曰："主上幽逼，播越非所，将军首建大义，劬劳王室，虽复不肖，实无情于乐。"帝笑曰："聊以戏耳。"

《齐书·萧惠基传》曰：自宋大明已来，声伎所尚多郑、卫，而雅乐正声鲜有好者。惠基解音律，尤好三祖曲，及相和歌，每奏辄赏悦。

崔鸿《十六国春秋》曰：《后秦录·姚兴传》曰：济南公邕字子和，兴之弟也。尤喜音乐，皆能度其盈虚，增改曲调，世咸传之，号"济南新调"。

《后魏书》曰：元孚封万年乡男。永安末，乐器残缺，庄帝命孚修之。上表曰："昔太和中，故中书监高闾、太乐令公孙崇修造金石，数十年间，乃奏成功。时大集儒生，考其得失。太常卿刘芳请别营造，久而方就。复召公卿，量校合否。论者沸腾，莫有适从。登被旨敕，并见施用。往岁，大军入洛，戎马交驰，所有乐器，亡失垂尽。臣至太乐署，问太乐令张乾龟等，云：丞前已来。置宫悬四箱，簨虡十六架，编黄钟之磬十四。虽器名黄钟，而声实夷则，考之音制，不甚谐韵。姑洗悬于东北，太簇编于西北，蕤宾列于西南，并皆器象。差位，调律不和，又有仪钟十四虡悬架首，和不叩击，今便删废以从正则。臣今据《周礼凫氏》修广之规，《馨氏》居句之法，吹律求声，叩钟求响，损除繁重，讨论实录。依十二月为十二吕，各准辰次，当位悬设。月声既备，随用击奏，则会还相为宫之义，又得律吕相生之体。令量钟磬之数，各以十二架为定。"奏可。于时缙绅之士咸往观听，靡不咨嗟，叹服而反。太傅录尚书长孙承业妙解声律，时复称善。

《隋书》曰：文帝性恭俭，不好声妓。尝遣牛弘定乐，帝曰："非正声雅乐清商九部四舞，皆令罢之。"

又曰：万宝常，不知何许人也。父大通从梁将王琳归于齐。后复谋还江南，事泄，伏诛。由是宝常被配为乐户，因而妙达钟律，遍工八音。造玉磬以献于齐。又尝于人方食，论及声调，时无乐器，宝常因取前食器及杂物，以箸扣之，品其高下，宫商毕备，谐于丝竹，大为时人所赏。然历周洎隋，俱不得调。开皇初，沛国公郑译等定乐，初为黄钟调。宝常虽为伶人，译等每召与议，然言多不用。后译乐成，奏之，上召宝常问其可否。宝常曰："此亡国之音，岂陛下之所宜闻。"上不悦。宝常因极言乐声哀怨淫放，非雅正之音，请以水尺为律，以调器。上从之。宝常奉诏，遂造诸乐器，其声率下郑译调二律，并撰《乐谱》六十四，具论八音旋相为宫之法，改弦移柱之规。为八十四卷，调一百四十四律，变化终于一千八百声。时人以《周礼》有旋宫之义，自汉魏以来，知音者皆不能通，见宝常特创其事，皆哂之。至是试令为之，应手成曲，无所疑滞，见者莫不嗟异。于是损益乐器，不可胜纪，其声雅淡，不为时人所好，太常善声者多排毁之。又太子洗马苏夔以钟律自命，尤忌宝常。夔父威，方用事，凡言乐者皆附之而短宝常。数诣公卿怨望，苏威因诘宝常，所为何所传受。初有一沙门谓宝常曰："上雅好符瑞，有言征祥者，上皆悦。先生当言从胡僧授学，云是佛像菩萨所传音律，然则上必悦，先生所为可以行矣。"宝常然之，遂如其言以答。威怒曰："胡僧所传。仍是四夷之乐，非中国所宜行也。"其事竟寝。宝常听太常所奏乐，泫然而泣。人问其故，宝常曰："乐声淫厉而哀，天下不久相杀尽。"时四海全盛，闻其言者皆谓为不然。大业之末，其言卒验。宝常贫，无子，其妻因其卧疾，遂窃其资物逃。宝常饥喂，无人赡，竟饿而死。及将死也，取其所著书焚之，曰："何用此为？"见者于火中采得数卷，见行于世。时论哀之。开皇之世有郑译、何妥、卢贲、苏夔、萧吉，并讨论文籍，撰著乐书，皆当世所用。至于天然识乐，不及宝常远矣。安马驹、曹妙达、王长通、郭金乐等能造曲，为一时之妙，又习郑声，而宝常所为，皆归于雅。此辈虽公议不附宝常，然皆心服，谓以为神。

又曰：文帝开皇六年，尚因周乐，命工人齐树提检校乐府，改换声律，益不能通。俄而沛公郑译奏上，请更修正。于是诏太常卿牛弘、国子祭酒辛彦之、国子博士何妥等议正乐。然沦缪既久，积年议不定。帝怒曰："我受天命七年，乐府犹歌前代功德！"命治书侍御史李谔，引弘等下，将罪之。奏曰："武王克殷，至周公相成王，始制礼乐。所事体大，不可速成。”帝意乃解。

又曰：开皇中，亡齐伎曹妙达、安马驹等以艺游三公之家，新声变曲，倾动当世，天子不能禁也。帝令妙达理郊庙乐，咸写《倾杯》、《行天》之声。万宝常观于乐署部伎乐中，唯百济乐清，有歌人间讴谣之曲，为耳目之娱者，不可胜载。

《唐书》曰：郑从谠在汴时，以兄处诲尝为镇帅，殁于是郡，讫一政受代，不于公署举乐。

又曰：王涯为太常卿，文宗以乐府之音郑、卫太甚，欲闻古乐，命涯询于旧工，取开元时雅乐，选乐童按之，名曰云韶乐。乐曲成，涯与太常丞李廓、少府监庾丞虑押乐工献于梨园亭，帝按之于会昌殿，上悦，赐涯等锦采。

又曰：乾元初，上谓于休烈曰：“古圣人作乐，以应天地之和，以合阴阳之序，则人不夭札，物不疵疠。且金石丝竹之器也，人比亲享郊庙，每听悬乐，宫商不伦，或钟声失度。集乐工考磬来，朕当于内自定。”太常集乐考试数日，审知差错，然后令别铸造磨刻。及事毕，上临三殿，亲试考击，皆合五音，群臣称庆。

又曰：祖孝系随毛爽授律，皆得爽之法。一律而生五音，十二律而为六十音，因而六之，故有三百六十音，以当一岁之日。又祖述沉重，依《淮南》本数，用京房旧术求之，得三百六十律，各因其月律而为一部，以律数为母，以气候为子，以一中气所有，以日为子，以母命子，随所多少，分直岁以配七音。起于冬至，以黄钟为宫，太簇为商，林钟为征，南吕为羽，姑洗为角，其余月建皆依运行，每月各以本律为宫旋，宫之义由斯著矣。武德之乐，汉克暴秦之从所作也，言以武德除乱，使天下乐行也。四时之乐，文帝之作也，言以已节俭泽施于四海，天下和平也。

又曰：正月，享西京太庙，大乐令裴知古谓万年令元行冲曰：“金石谐和，当有吉庆之事，其在唐室子孙乎？”其月，中宗即位，复国为唐。

《国史补》曰：宋沉善音律，太常久亡征调，沉考钟律得之。

太平御览卷第五百六十五 乐部三

雅乐下

《国语》曰：夫琴瑟尚宫，锺尚羽，石尚角。大不逾宫，细不过羽，故乐器重者从细，轻者从大。尾丝尚商，匏竹尚征，革木一声。吕以和乐，律以平声。金石以动之，丝竹以行之，歌以咏之，匏以宣之，土以赞之，革木以节之。物得其常曰乐，清浊相应曰声，声相保曰和，细大不逾曰平。如是，金磨之，石击之，丝、木越之，匏、竹节之，以节八风。

《春秋感精符》曰：冬至日，人主与群臣左右纵乐五日，天下人众亦家纵乐五日，以迎日冬至。人主备八能之士，撞黄钟之钟，击黄钟之鼓。公卿大夫列士乃使八能之士，击黄钟之鼓，用马革，鼓员径八尺一寸；鼓黄钟之瑟，瑟用槐木，瑟长八尺一寸。吹黄钟之律，间音以竽补，竽长四尺二寸。天地以和应，黄钟之音。得蕤宾之律应，则公卿大夫列士以德贺于人主，因请政所行，请五官之符，各受其赏。声之调者时气和，则人主以礼赐公卿列士。五日仪定，天地之气和人主公卿大夫列士之德，则阴阳之晷如度数。夏日至之礼，如冬日至之礼，舞八乐皆以肃敬为戒。八音者，《云门》《五英》《大筮》《大卷》《大韶》《大夏》《大护》《大武》也。黄钟之音调，诸气和；人主之音顺，则蕤宾之律应，磬声和；公卿大夫列士诚信，林钟之律应。此谓冬日至成天文，夏日至成地理。

颍容《春秋释例》曰：周用六代之礼乐，故有《云门》《咸池》《大韶》《大夏》《大护》《大武》也。鲁受四代之礼乐，故不舞《云门》《咸池》示有降杀也。

《五经通义》曰：受命而王者，六乐焉。以太一乐天，以《咸池》乐地，以《肆夏》乐人，以《大夏》乐四时，以《大护》乐五行神明，以《大武》乐六律，各象其性而为之制，以乐其先祖。

又曰：歌舞同处耶？异耶？歌者象德，舞者象功。君子尚德下功，故歌在堂，舞在庭。歌以养形，歌者有声，舞者有形。何言歌在堂也？以《燕礼》曰："升歌《鹿鸣》"，以是知之。何以言舞在庭也？《援神契》曰"合忻之乐舞于堂，西夷之乐陈于户"，以是明之。

《韩诗外传》曰：古者天子左右五钟，将出，则撞黄钟，而右五钟应之。马鸣中规，律驾者有文。御者有数，立则磬折，拱则抱鼓，出入中规，折旋中矩。然后太师奏升车之乐，告出也。入则撞蕤宾以治容貌，容貌治则得颜色齐，颜色齐则肌肤安。蕤宾有声，鹄震马鸣，及倮介之虫，无不延颈以听。蕤宾在内者，皆玉色；在外者，皆金声。然后少师奏升堂即席，告入也。此言物类相感声相应之义也。

又曰：汤作《护》，闻其宫声，使人温良而宽大；闻其商声，使人方廉而好义；闻其角声，使人恻隐而仁爱；闻其征声，使人乐养而好施；闻其羽声，使人恭俭而好礼。

《白虎通》曰：乐也，君子乐得其道，小人乐得其欲。声音何？声，鸣也，闻其声即知所生。声音者，谓宫、商、角、征、羽也。音，饮也，刚弱清浊和而相饮也。音有八，谓金、石、丝、竹、土、木、匏、革。太平乃作乐，乐所以防淫奢。民饥寒，何乐之防？

《子思子》曰：繁于乐者重于忧，厚于味者薄于行。君子同则有乐，异则有礼。

《孟子》曰：庄暴见孟子，曰："暴见于王，王语暴以好乐，暴未有以对也。"孟子曰："王之好乐甚，则齐国其庶几乎！"他日，见于王，曰："王尝语庄子以好乐，有诸？"王变乎色，曰："寡人非能好先王之乐也，直好民俗之乐耳。"曰："今之乐犹古之乐也。臣请为王言之。今王鼓乐于此，百姓闻王钟鼓之声，管龠之音，举疾首蹙额而相告曰：'吾王之好鼓乐，夫何使我至于此极也？父子不相见，兄弟妻子离散。'此无他，不与民同乐也。今王鼓乐于此，百姓闻王钟鼓之声，管龠之音，举欣欣然有喜色而相告曰：'吾王庶几无疾病与，何以能鼓乐也？'此无他，与百姓同乐也。今王与百姓同乐，则王矣。"

《墨子》曰：程繁问于子墨子曰："圣王不为乐。昔诸侯倦于听治，息于钟鼓之乐；士大夫倦于听治，息于竽瑟之乐；农夫春耕夏耘秋敛冬藏，息于吟缶之乐。今夫子曰'圣王不为乐'，此譬之犹马驾而不脱，弓张而不弛。"墨子曰："昔者尧舜有茅茨者，且以为礼，且以为乐。汤放桀，环天下立，因先王之乐，又自作乐，命曰《濩》，又循九韶。武王胜殷杀纣，环天下而自立，因先王之乐，又自作乐，命曰《象》。周成王因先王之乐，命曰《驺》。吾闻周成王之治天下也，不若武王；武王之治天下也，不若成汤；成汤之治天下也，不若尧舜。故里疋繁者，治逾寡。自此观之，非所以治天下也。"

又曰：齐康公有乐万人，食必粱肉，衣必文绣。

《庄子》曰：北门成闻黄帝张《咸池》之乐于洞庭之野，始闻之惧，后闻之怠，卒闻之而惑，荡荡默默乃不自得。帝曰："汝殆其然哉！吾奏之以人，征之以天，行之以礼义，建之太清，奏之以阴阳之和，烛之以日月之明，或谓之死，或谓之生，行流散徒，不主常声，此之谓天乐也。"

《淮南子》曰：奏雅乐者如于阳阿采菱。许慎注曰：楚乐之名也。邯郸有鬻曲者，托之李奇，诸人皆争学之，后知其非，皆弃其曲。此未始知音也。李奇，赵之善乐者也。

《穆天子传》曰：天子西征，至于玄池之上，乃奏广三日而终，是曰《乐池》。

《山海经》曰：祝融生子长琴，是处摇山始，始作乐。

《世说》曰：荀公曾善解音声，时论谓之暗解。遂调律吕，正雅乐。每至正会殿庭作四指，自谓宫商无不谐韵。阮咸妙赏，时论谓之神解。每至公会作乐，荀心识阮意必谓之不调，而阮口初无言，直意忌之，遂出阮为始平太守。后有田父耕于野地中，得周时玉尺，便是天下正尺。荀试以校已所治钟鼓金石丝竹，皆短校一米，于此伏阮之妙解，征阮南还。

《说苑》曰：孔子至齐郭门之外，遇一婴儿击一壶，相与俱行，其视精，其心端。孔子谓御曰："趣驱之，韶乐方作。"故乐不独自乐也，又以乐人；非独以自正也，又以正人。

《乐说》曰：圣人作乐，不以为娱乐，以观得失之节，故不取备于一人，必须八能之士。故八士或调阴阳，或调五行，或调盛人，或调律历，或调五音。与天地神明合德者，则七始八终，各得其宜也。七始谓四方天地人也。

又曰：上元者，天气也，居中，调礼乐教化流行，总五行气为一。下元者，地气也，为万物始质也，为万物之容范。中元者，人气也，其气以定万物，通于四时，承天心，理礼乐，通上下四时之气，和合人之情，以慎天地者也。时元者，受气于天，布之于地，以时出入万物者也。风元者，礼乐之本，万物之首，物莫不以风成熟也。圣王知物极盛则衰，暑极则寒，乐极则哀，是以日中则昃，月盈则蚀，天地盈虚，与时消息。制礼作乐者，所以改世俗，致祥风，和雨露，为万姓获福于皇天者也。圣人作乐，绳以五元，度以五星，碌贞以道德，弹形以绳墨，贤者进，佞人伏。绳，正也。碌，靡也。贞，正也。弹，割也。

《要览》曰：桓君山曰："余兄弟颇好音，尝至洛听音，终日而心足。"由是察之，夫深其旨，则欲罢不能，不入其意，故过已。

《风俗通》曰：案刘歆《钟律书》曰："春宫秋律，百卉必凋；秋宫春律，万物必荣；夏宫冬律，雨雹必降；冬宫夏律，雷必发声。夫音乐至重，所感者大。故曰："知礼乐之情者能作，知礼乐之文者能述。"

华谭论曰：夫无声者五音之祖；无形者，万物之君。本其祖，然后情商征之妙；理其君，然后正研朴之容；推精朴以捡得失，稽清浊以接在亡。夫宿瘤、嫫母经日，而人不视者何？一尺之面丑也。西施、毛嫱靡服，而人左顾者何？一尺之面好也。夏姬以容美而陈亡，濮水以声好而国灭，夫何淫哇之有乎？是以圣王知物之感人无穷，而情之好恶无节；无穷则人不能防其行，无节则中材不能制其欲。是以为制可行之礼，立中庸之法，使贤者俯就，不肖者企及，明乐之妙以为教也。

阮籍《乐论》曰：圣人之作乐，将以顺天地之体，成万物之性也。

故定天地四方之音，以迎阴阳八风之声，均黄钟中和之律，开群生万物之气。奏之圆丘而天神下，奏之方丘而地祇上。吴楚之风好勇，故其俗轻死；郑卫之风好淫，故其俗轻荡。轻死，故有蹈水赴火之歌；轻荡，故有桑间、濮上之曲。怀永日之娱，抱长夜之忻，云终身之乐淫纵之俗，故江淮以南其民好杀，漳汝之间其民好奔。吴有双剑之节，赵有挟琴之客，气发于中，声入于耳，手足飞扬，不觉其骇也。

桓谭《新论》曰：扬子云大才而不晓音。余颇离雅操而更为新，弄子云曰："事浅易喜，深者难识。卿不好雅颂而悦郑声，宜也。"

律吕

《周礼》曰：大师掌六律、六同，以合阴阳之声。黄钟、大簇、姑洗、蕤宾、夷则、无射。阴声：大吕、应钟、南吕、函钟、小吕、夹钟。皆文之以五声：宫、商、角、征、羽。皆播之以八音：金、石、土、革、丝、木、匏、竹。注云：以合阴阳之声者，声之阴阳各有合也。黄钟，子之气也，十一月建焉，而辰在星纪。太吕，丑之气也，十二月建焉，而辰在玄枵。太簇，寅之气也，正月建焉，辰在娵訾。应钟，亥之气也，十月建焉，辰在析木之津。姑洗，辰之气也，三月建焉，而辰在大梁。南吕，酉之气也，八月建焉，而辰在寿星。蕤宾，午之气也，五月建焉，而辰在鹑首。林钟，未之气也，六月建焉，而辰在鹑火。夷则，申之气也，七月建焉，而辰在鹑尾。中吕，巳之气也，四月建焉，而辰在实沈。无射，戌之气也，九月建焉，而辰在大火。夹钟，卯之气也，二月建焉，而辰在降娄。辰与建交错互处如表里然，是其合也。其相生，则以阴阳六体为之。黄钟初九下生林钟之初六也，林钟又上生太簇之九二，太簇又下生南吕之六二，南吕又上生姑洗之九三，姑洗又下生应钟之六三，应钟又上生蕤宾之九四，蕤宾又下生大吕之六四，大吕又上生夷则之九五，夷则又上生夹钟之六五，夹钟又下生无射之上九，无射又上生中吕之上六。同位者象夫妇，异位者象母子，所谓律娶妻而吕生子者也。

又曰：典同掌六律、六同之和，以辨天地四方阴阳之声，以为乐器。注云：阳声属天，阴声属地。天地之声，布于四方。故书“同”或作“铜”。郑司农云：阳律以竹为管，阴律以铜为管。竹，阳也；铜，阴也，各顺其性。

《吕氏春秋》曰：黄帝诏伶伦作为音律，伶伦自大夏之西，乃之昆仑之阴，取竹于嶰谷，以生窍厚薄均者，断两节间，其长九寸，而吹之，以为黄钟之宫，日含少，次制十二管。以昆仑之下，听凤之鸣，以别十二律。其雄鸣为六，雌鸣亦六，比黄钟之宫，适合，皆可生之，而律之本也。故曰黄钟征而均鲜，全而不伤，其为宫独尊，象大圣之德，可以明至贤之功。故奉而荐之于宗庙，以歆迎功德，世世不忘。是故黄钟生林钟，林钟生大吕，大吕生夷则，夷则生太簇，太簇生南吕，南吕生夹钟，夹钟生无射，无射生姑洗，姑洗生应钟，应钟生蕤宾三分所生，益之一分以上生；三分所生，去其一分以下生。黄钟、太吕、太簇、夹钟、姑洗、中吕、蕤宾为上生，林钟、夷则、南吕、无射、应钟为下生。大圣至理之世，天地之气，合以生风，日至则曰行其风，以生十二律。故仲冬日短至，则生黄钟，季冬生大吕，孟春生太簇，仲春生夹钟，季春生姑洗，孟夏生仲吕，仲夏生蕤宾，季夏生林钟，孟秋生夷则，仲秋生南吕，季秋生无射，孟冬生应钟。天地之风正十二律也。

《乐书》曰：雅乐部器，随律定声，合德其所也。黄钟之均则用黄钟之器合，太簇之均则用太簇之器，是故旋宫法北。声律克谐，则无借器。度音咸取中声协律，是以三倍黄钟而大至于雷霆，谓黄钟之律度三分。九寸而倍，成一尺八寸，则合雷霆之浊声也；九寸而减，余四寸五分，则应中宫之清声也。唯当九寸是谓正声，而可协和神人，感通天地，流而不息，合同而化。是故地气上跻，天气下降，阴阳相摩，天地相荡，鼓之以雷霆，奋之以风雨，动之以四时，暖之以日月，而百化兴焉，如此则乐者天地之和也。故《书》曰：声依永，律和声，则五音不失其常，六律不差其度。谓孤竹之管，律应夹钟，声与气谐，故感天神而降。孤竹之管，律应林钟，声与器谐，故感地祇而出。阴竹之管，律应黄钟，声与器谐，故感人鬼而至。

《乐纂》云：昔晋人有铜藻盘，无故自鸣。问之于张茂先，答曰："此器与洛阳宫钟声相谐，宫中撞钟，故鸣也。若以鑢之，音殊，其鸣可止。"后果如其言也。是故乐之制器，法度均声，得之毫厘，失之千里。故大乐之道与政通矣。

《古今乐录》曰：北齐神武霸府田曹参军信都芳代号知音，能以管候气，观云色。尝与人对语，即指天曰："孟春之气至矣。"人往验管，而飞灰已应。每月所候，言皆无爽。又为轮扇二十四。埋地中，以测二十四气。每一气感则一扇住，并与管灰相应，若合符契焉。

又曰：隋文帝遣毛爽及蔡子元、于普明等以候节气。依古，于三重密屋之内，以木为案，十有二具。每取律吕之。管随十二辰置于案上，而以土埋之，上平于地，中实葭莩之灰，以轻缇素覆律吕。每地气至，与律冥符，则灰飞冲素，散出于外。而气应有早晚，灰飞有多少，或初入月其气即应，或至中下旬开气始应者；或灰飞出，三五夜而尽，或终一月，才飞少许者。帝异之，问牛弘，对曰："灰飞半出为和气，灰全出为猛气，吹灰不。能出为衰气。和气应者，其政平；猛气应者，其臣纵；衰气应者，其君暴。"帝驳之曰："臣纵君暴，其政不和，非月别暴也。今十二月律于一岁内，应并不同。安得暴君纵臣，若斯之甚也？"弘不得对。

太平御览卷第五百六十六 乐部四

历代乐

《吕氏春秋》曰：昔葛天氏之乐，三人操牛尾，投足以歌八阕：投犹蹀也。一曰《载民》，二曰《玄鸟》，三曰《遂草木》，四曰《奋五谷》，五曰《敬天常》，六曰《达帝功》，七曰《依地德》，八曰《总禽兽之极》。

又曰：黄帝命伶伦与营援铸十二钟和五音，以诏英韶，以仲春之月，乙卯之日，日在奎，始奏之，命之曰《咸池》。帝颛顼生自若水。实处空桑，空桑，邑名。乃登为帝。唯天之合，正风乃行，德与天合，其音若熙熙凄凄锵锵。帝颛顼好其音，乃令飞龙作效八风之音，命之曰《承云》，以祭上帝。乃命鱓先为乐倡，倡始。鱓乃偃寝，以其尾鼓其腹，其音英英。和盛之貌。帝喾命咸墨作为《唐歌》《九招》《六列》《六英》，倕有作为击鼓、钟磬、吹竽、展管篪、鼗推衡。帝喾乃令人弁，两手相击曰弁。或击鼙，击钟磬，吹竽，展管篪、因令凤、天翟舞之。帝喾大喜，乃以康帝德。康，乐也，安也。帝尧立，乃命质为乐。质乃效山溪谷之音以歌，质当为夔。乃以麋辂冥缶而鼓之，乃拊石击石，以象上帝玉磬之音，以舞百兽，瞽叟乃拌五经之瑟，拌，分。作以为十五弦之瑟，命之曰《大章》，以祭上帝。舜立，卯延乃拌瞽叟之所为琴，益之八弦以为二十三弦之瑟。帝舜乃令质修《九招》、《六列》、《六英》，以明帝德。禹之勤劳天下，日夜不角，通大川，决壅塞，凿龙门，降通漻水以道河，疏三江五湖，注之东海，以利黔首。于是命皋陶作为《夏籥》、《九成》，以昭其功。殷汤即位，夏为无道，暴害万民，侵削诸侯，不用度轨，天下患之。汤于是率六州以诛桀之罪，功名大成，黔首安宁。汤乃命伊尹作为《大护》，歌晨露，修《六招》、《六列》、《六英》，以见其善。周文王处岐，诸侯去殷三淫而翼文王。三淫：剖心，断胫，刳孕。散宜生曰："殷可伐也。"文王弗许。周公旦乃作诗曰："文王在上，于昭于天。周虽旧邦，其命惟新。”以绳文王之德。武王即位，以六师伐殷。六师未至，以兑以兵，克之于牧野。乃荐俘馘于京大室，乃令周公作《大武》。成王立，殷民反，王命周公伐之。商服象兽名为虐于东夷，周公遂以师逐于江南。乃为《三象》，以嘉其德。故乐之所由来者尚矣。生于度量，本于太一。太一出两仪，两仪出阴阳，阴阳变化，一上一下，合而成章。浑浑纯纯，离而复合，合而复离，是谓天常。天地车轮，终则复始，极则复反，莫不盛当。日月星辰，或疾或徐，宿日不同，以尽其行。四时代兴，或寒或暑，或短或长，或柔或刚。万物所出造，本于太一，化于阴阳；萌芽始厥，厥动。凝寒以刑，形体有处，莫不有声；声出于和，和出适先王定，乐由此生。天下太平，万民安宁，皆化其上，乐乃可成。夫音亦有适，大钜则志荡，以荡听钜，则耳不容；不容则横塞，横塞则振大，振，动。小则志嫌；听小则耳不充，不充则不詹，詹，詹音也。不詹则窕。大清则志危，以危听清，则耳溪极；溪灵极病。溪极则不监，不监则竭。监，察。太浊则志下，以下听浊，则耳不收；不收则不搏，不搏则怒。不搏，入不专一人。故大钜、大小、大清、大浊皆非适也。桀纣作为侈乐，大鼓钟磬管箫之音，以巨为美，以众为观；俶诡殊瑰，耳所未尝闻，目所未尝见，务以相过，不用度量。宋之衰也，作为千秩。钟律之名。齐之衰也，作为大吕。楚之衰也，作为巫音。侈则移矣，自有道者观之，则失乐之情。其乐不乐，其民怨，其生伤。其生与乐也，若水之于炭，反以自外，此生乎？不知乐之情，而以侈为务故也。

又曰：帝颛顼好音，乃令飞龙作八风之音，命之曰承云。帝喾命咸池黑作《唐歌》、《九招》、《六列》。禹疏三江五湖，命皋繇为《夏籥》、《九成》。汤率六州以诛桀之罪，命伊尹为《大护》、歌《晨露》。武王以六师伐殷，乃命周公作为《大武》。商人服象为虐于东夷，周公以师逐之，至于江南，乃为《三象》，以嘉其德。

《乐书》曰：谨案《礼记》疏云：“伏羲乐曰《立基》，言伏羲之代五运成立，甲历始基，画八卦以定阴阳，造琴瑟以谐律吕，继德之乐，故曰《立基》也。神农乐曰《下谋》，言神农播种百谷，济育群生，造五弦之琴，演六十四卦，承基立化，设降神谋，故乐曰《下谋》，以明功也。黄帝乐曰《云门》，言黄帝之道成名百物，明民共财，德如云出其门，民可有于族类，故乐曰《云门》。”

《帝系谱》曰：女娲命娥陵氏制都良管，以一天下之音。又命圣氏为班管，合日月星辰，名曰《充乐》。乐既成，天下幽微无不得理。

《乐纬》曰：黄帝之乐曰《咸池》，池者，施也。造施于民，故曰咸池。颛顼之乐曰《六茎》，道有根茎，故曰六茎。帝喾之乐曰《五英》，道有英华，故曰五英。尧曰《大章》，尧时仁义大行，法度彰明，故曰大章。舜曰《箫韶》，韶，绍也。舜绍尧之后，修行其道，故曰箫韶。禹曰《大夏》禹承二帝之后，道重太平，故曰大夏。殷曰《大护》，汤承衰而起，护先王之道，故曰大护。周曰《勺》，又曰《大武》。周承衰而起，斟酌文武之道，故曰勺。

《春秋元命包》曰：王者不空作乐。乐者，和盈于内，动发于外。应其发时，制礼作乐以成之，是故作乐者必反天下之始乐于已为本。舜之时，民乐其绍尧业，故韶者，绍也。禹之时，民大乐其骈三圣相继，故夏者，大也。骈读曰频。频犹凡也。汤之时，民大乐其救于患害，故护者，救也。文王之时，民乐其兴师征伐，故武者，伐也。四者，天下所同乐一也，其所同乐之端，不可一也。各乐其君所为，故不可合四家以为一也。

《乐苑》曰：文王乐名《巨业》，武王乐名《象武》。

《汉书》曰：乐家有能制雅乐声律，世世在大乐官，但能记其铿锵钟鼓而已，不能言其义。高祖时，叔孙通因秦雅人制高庙乐，太祝迎神于庙门奏《嘉至》，李奇曰：嘉，善也。善神之至。犹古降神之乐也。皇帝太庙奏《永至》，以为行步之节，犹古《采荠》《肆夏》也。乾豆上奏登歌，不以管弦乱人声，欲在位者遍闻之，犹古《清庙》之歌也。登歌再终，下奏《休成》之乐，服虔曰：叔孙通所奏乐也。美神明既飨也。皇帝献酒，东厢坐定，奏《永安》之乐，美礼已成也。又有《房中祠》乐，高祖唐山夫人所作也。韦昭曰：唐山，姓也。曰：周有《房中乐》。至秦，名曰《寿人》。孝惠二年，使乐府令夏侯宽备其箫管，更名曰《安世乐》。高祖奏《武德》《文始》《五行》之舞。孝文庙奏《昭德》《文始》《四时》《五行》之舞。《武德》者，高祖四年作，以象天下乐已行，武以除乱也。《文始》武者，曰本《韶舞》也。高祖六年，更名曰《文始》，以示不相袭也。《五行》舞者，本周舞也。秦始皇二十六年，更名曰《五行》也。四时舞者，孝文所作，以明宗天下之安和也。盖乐已所自作。明者，制也。乐先王之乐，明有法也。孝景采《武德》舞，以为《昭德》，以尊大宗庙。至孝宣采《昭德》舞，以为《采德》，以尊世宗庙。世宗庙、诸帝庙皆常奏《文始》《四时》《五行》舞云。高祖六年，又作《昭容》乐。《昭容》乐者，犹古之《韶夏》也，主出武德舞。礼容乐者，出《文始》《五行》舞。舞入无乐者，将至至尊之前，不敢以乐也。出用乐者，言武不失节，能以礼乐终也。皆因秦旧事焉。初，高祖既定天下，过沛，与故父老相乐，醉酒，作风起之诗，令沛中儿童百二十人习而歌之。至武帝定郊祀之礼，祠太一于甘泉，就位也，祭后土于汾阴、泽中方丘也，乃立乐府，采诗，依诵有赵代秦楚之讴。以李延年为协律都尉，举司马相如等数十人，善为诗赋，略论律吕，以合八音之调，作十九章之歌；以正月上辛用是甘泉圆丘，使童男女七十人俱，欲昏祠。至明夜，常有神光如流星，上集于祠坛，天子自竹宫而望拜。韦昭曰：以竹为宫，天子居之。

《后汉书》东平王苍议，以为汉制旧典，宗庙各奏其乐，皆不相袭，以明功德。光武帝受命中兴，拨乱反正，修建三雍，肃祇禋祀，德化巍巍，比隆前代。歌所以咏德，舞所以象功。世祖庙乐舞名宜曰《大武》之舞。谨采百官颂可登者，歌一章四句以为曲。上从其议。

《魏志》曰：明帝时，有奏武皇帝拨乱反正为魏太祖，乐用《武始》之舞；文皇帝应天受命为魏高祖，乐用《咸熙》之舞；明帝制作兴治为魏列祖，乐用《章斌》之舞。

沈约《宋书》曰：周存六代之乐。至秦唯余《韶舞》而已。始周舞曰《五行》，汉高改《韶舞》曰《文始》，以示不相袭也。高祖又作《昭容乐》。《昭容》生于《武德》，礼容生于《文始》、《五行》也。汉又有《云翘》、《育命》之舞，虽莫知其所从来，然旧以祀天地也。至明帝初，东平宪王苍总定公卿之议，曰："宗庙亦各奏乐，不应相袭，所以明功德也。"采《文始》《五行》《武德》《真修》为文武之舞。又制舞歌一章，荐之始祖之庙。皇初二年，改汉《巴渝》舞曰《昭武》舞，改宗庙《安世乐》曰《正世乐》，《加至乐》曰《迎灵乐》，《琥德乐》曰《武颂乐》，《昭容乐》曰《昭业乐》，《云翘舞》曰《凤翔舞》，《育命》舞曰《灵应舞》，《武德舞》曰《武颂舞》，《文始舞》曰《大韶舞》，《五行舞》曰《大武舞》。其众歌诗多即前代之辞，唯魏国初建，使王粲改作《登歌》、《安世》及《巴渝》诗而已。

又曰：晋武帝太始二年，改郊庙新歌，其乐舞亦仍旧。文改魏《昭武》、《羽龠》舞曰《宣文舞》。咸宁元年，诏定祖宗之号，而庙乐同用《正德》、《大豫》之舞。至江左初立宗庙，尚书下太常祭祀宜周乐名。太常贺修答云："旧京荒废，今既散亡，音韵曲折，又无识者，则于今者难以音言。"于时以无雅乐器及伶人，省太乐并鼓吹令。是后颇得登歌，食举之乐犹有未备。故太宁末，又访防孚等增益之。咸和中，乃复置太乐宫，鸠习遗逸，又未有金石也。初，荀勖既以新律造一舞，次更修正钟磬。勖薨，事犹不竟。元康三年，诏其子黄门郎蕃修定金石，以施郊庙。寻值丧乱，莫有记者。

又曰：魏公卿奏曰："烈祖未制乐舞，非所以昭德著功。夫歌以咏德，舞以象事。于文武为斌，兼秉文武，圣德所以彰明也。臣等谨制乐名曰《章斌》、《文武》之舞。"

又曰：武帝永初元年，有司奏皇朝肇建庙祀，应设雅乐，乃晋乐也。太常郑鲜之等各撰立新歌，黄门侍郎王韶之撰歌七首，并令施用。十二月，又奏依旧正朝设乐，改大乐诸歌诗。王韶之撰二十二章。又改《正德》舞曰《前舞》，《文悦》舞曰《后舞》。文帝元嘉九年，大乐令钟宗之更调金石。至十四年，治书令史奚纵又改之。二十二年，南郊始设登歌，诏颜延之造歌诗，庙舞犹阙。孝武建元元年，有司奏前殿中曹郎荀万秋议郊庙宜设备乐。于是使内外博议，竟陵王诞等并同万秋议。建平王宏议，以《凯容》为《韶舞》，《宣烈》为《武舞》，祖宗庙乐总以德为君章，皇太后《永乐》《永至》等乐仍旧，皇帝祠南郊及庙迎神、送神并奏《肆夏》，皇帝入庙门奏《永至》皇帝南郊初登及庙中诸东壁奏登歌。其初献、奏《凯容》、《宣烈》之舞，终献、奏《永安》之乐，郊庙同。孝武又使谢庄造郊庙、明堂诸乐歌辞。二年，有司又奏先郊庙舞乐，皇帝亲奉，初登坛及入庙诣东壁，并奏登歌，不及三公行事。左仆射建平王宏重议，公卿行事，亦宜奏登歌。有司又奏元会及二庙斋祠歌伎旧，并于殿设作庙祠，依新仪主登歌，人上殿弦管住下。今元会登歌亦上殿，弦管住下。

《梁书》：武帝思弘古乐，天监元年，下诏求学术通明者皆陈所见。时对乐者七十八家，咸言乐之宜改，不言改乐之法。帝素善音律，遂自制四器，名之为通，以定雅乐，莫不和韵。初，齐永明中，舞人冠帻并簪。武帝曰："笔笏盖以记事受言，舞不受言，何事簪笔？岂有身服朝衣，而足綦宴履？"于是去笔。乃定郊禋宗庙及三朝之乐，以武舞为《大壮舞》，取《易》云"大者，壮也"，正大而天地之情可见也。以文舞为《大观舞》，取"大观在上"观天之神道而四时不忒也。国乐以雅为称，取《诗·序》云"言天下之事，形四方之风，谓之雅。雅者，正也。"止乎十二，则天数也。乃去阶步之乐，增撤食之雅。皇帝出入，宋孝建二年，奏《永至》齐及梁初亦同，至是改为"《皇雅》，取《诗·皇矣》上帝，临下有赫"也，二郊、太庙同用。皇太子出入奏《胤雅》，取《诗》"君子万年，永锡尔胤"。王公出入奏《寅雅》，取《尚书》"周公贰公，弘化寅亮天地"也。上寿酒，奏《介雅》，取《诗》"君子万年，介尔景福"也。食举奏《需雅》，取《易》云"上于天，需君子以饮食宴乐"也。撤馔，奏《雍雅》，取《礼记》"大飨客以《雍撤》"也，并三朝用之。牲出入，宋废帝元徽二年《仪注》奏《引牲》齐，及梁初亦同，至是改为《雅》，取《礼记》"帝牛必在涤，三月荐毛血。"宋元徽三年《仪注》奏《嘉荐》，至是改为《牲雅》，取《左氏传》"牷牲肥腯"，北郊、明堂，大庙并同用。降神及迎送，宋元徽三年《仪注》奏《昭夏》，齐及梁初亦同。至是改为諴雅，取《尚书》"至諴感神，皇帝饮福酒。”宋元徽三年《仪注》奏《嘉胙》，至齐不改，梁初，为永胙。至是改为《献雅》，取《礼记·祭统》“尸饮五洗玉爵献卿”。即今之福酒，亦古之献义也。北郊、明堂、太庙同就燎位，宋元徽三年《仪注》奏《昭远》，及齐不改，就埋位，齐永明六年《仪注》奏《隶幽》。至是燎埋具奏《禋雅》，取《周礼·太宗伯》“以禋祀昊天上帝”也。众官出入，宋元徽三年，《仪注》奏《肃咸乐》，齐及梁初亦同。至是改为俊雅，取《礼记》“司徒选士之秀者而升之于学，曰俊士也。”二郊、太庙、明堂三朝，同用焉。其辞并沈约所制。是时礼乐制度粲然有序。鼓吹，宋、齐并用汉曲，又充庭用十六曲。武帝乃去其四，留其十二，合四时也。更制新歌，以述功德。天监七年，将有事太庙，诏曰：“《礼》云：‘斋日不乐。’今亲奉始出宫，振作鼓吹外可详议。”八座承郎参议，请舆驾出鼓吹从而不作，还宫如常仪。帝从之，遂为定制。初，武帝之在雍镇，有童谣云：“襄阳白铜蹄，反缚扬州儿。”识者言：“白铜谓金，蹄谓马也，白，金色。”及义师之兴，实以铁骑，扬州之士皆面缚，果如谣言。故即位之后，更造新声，帝自为之词三曲，又令沈约为三曲，以被管弦。帝既笃敬佛法，又制《善哉》、《天乐》、《大欢》、《天道》、《仙道》、《神王》、《龙王》、《灭过恶》、《除爱》、《水》、断《苦转》等十篇，名为正乐，皆述佛法。又有法乐童子伎，童子倚歌梵呗，设无遮大会则为之。其后台城沦没，侯景以简文女溧汤公主为妃，请帝及主母范淑妃宴于西州，奏梁所常用乐。景仪同索超世亦在宴筵。帝潸然屑涕，景曰：“陛下何不乐也？”帝强笑曰：“丞相亦索超世闻此以为何声？”景曰：“臣且不知，何独超世？”自此乐府不修风雅咸尽。及破侯景，诸乐并在荆州，经乱，工器颇阙，元帝诏有司补缀才备。荆州陷没，周人初不知采用，工人有知音者并入关中，随例多没为奴婢。

又曰：陈武帝欲设乐，有司议以武帝议为非。时硕学名儒、朝端在位者，咸希上旨，唯祠部侍郎姚察乃转引经籍，独违群议，据梁乐为是。当时惊骇，莫不惭伏。

又曰：周乐曰《武》，曰《勺》。《武》象武王能以武禁暴也，《勺》象周公制礼斟文武之道也。又有房中之歌，后妃之德。周备六代之乐，唯阙《六茎》与《五英》。至秦，余《韶》《武》《房中》而已。始皇改《武》曰《五行》，《房中》曰《寿人》，衣服用五行之色。

又曰：汉高帝改《韶乐》曰《文始》。高帝好《寿人》之声。惠帝使太乐令夏侯宽合之弦管，改名曰《安世》。魏复《文始》曰《大韶》，《五行》曰《大武》，改《安世》曰《正世》。晋改《大韶》曰《宣文》，《正世》曰《房中》。晋乱，后亡。文舞秉羽龠，皆宣文之遗法。

又曰：汉乐曰《武德》《昭容》《巴渝》《四时》《昭德》《盛德》《大武》《云翘》《育命》《武德》《昭容》《巴渝》，并高祖所造也。《武德》，舞人执干戚，以象天下行武除乱也。《四时》，文帝所作，以象天下太平。《昭德》，景帝作之，以享太宗庙。《盛德》，宣帝作之，以享世祖庙。诸帝之庙，常奏《文始》《四时》《五行》之舞，武帝加《武德》而去《四时》。酎祭，高祖歌《海泰》《龟龙》，又有《青阳》《朱明》《西皓》《玄冥》等歌，以迎四气，春夏舞《云翘》，秋冬舞《育命》，季夏则歌《朱明》而兼舞二舞。光武平陇蜀，尊郊祀，高祖配享南祀，兼用五郊歌舞，他时常亦如之。魏武改《武德》曰《武颂》，《昭容》曰《昭业》，《巴渝》曰《昭武》，《云翘》曰《凤翔》，《育命》曰《灵应》。晋改《昭武》曰《宣武》。遭晋乱，唯《巴渝》存，隋隶清乐部。

又曰：宋乐曰《凯容》《宣烈》，并文帝所造，至梁亡。梁乐曰《大壮》、《大观》，并武帝所造，至陈亡。隋乐以《夏》为名，舞曰《大武》，文帝所造。自东晋至隋，易服变名为异，其实不全殊也。

又曰：晋乐曰《正德》《大豫》，并武帝所造，武帝因汉魏旧礼定会仪正。且夜漏未尽七刻，设庭燎；漏尽，皇帝出，钟磬作；公卿奉贽币讫，太乐令跪请奏雅乐，皇帝乃入，谓之晨贺。昼漏上三刻，皇帝又出，百官上寿酒，太乐令跪奏请进乐，鼓吹合作；鼓吹令又奏请进伎，别置女乐三十人于黄帐外，奏房中之歌。江左始废此礼。宋改《正德》为《前舞》，《大豫》为《后舞》，至齐亡。

《唐会要》曰：太宗七年正月七日，制破《阵乐舞》，左圆右方，先偏后五，鱼丽鹅贯，箕张翼舒，交错屈伸，首尾回牙，以像战阵之形。起居郎吕才依图教乐工一百二十人，被甲执戟而习之。凡舞三变，每变为四陈，有来往疾徐击刺之象，以应歌节。数日而就。其后令魏征、虞世南、褚亮、李百药改制歌词，更名《七德》之舞。十五日，奏之于庭，观者睹其抑扬蹈厉，莫不扼腕踊跃，悚然震悚。武臣列将咸上寿云："此舞皆陛下百战百胜之形容。"于是咸称万岁。

又曰：贞观元年正月，三殿宴群臣，奏《秦王破阵乐》之曲。太宗谓侍臣曰："朕昔在藩邸，屡有征伐，世间遂有此歌，岂意今日登于雅乐然？其发扬蹈厉虽异文容，功业由之，致有今日！所以被于乐章，示不忘本也。"尚书右仆射封德彝进曰："陛下以圣武戡难，立极安人，功成化定，陈乐象德，实弘济之盛烈，为将来之观，文容习仪岂得为比！"太宗曰："朕虽以武功定天下，终当以文德绥海内。文武之道，各随其时。公谓文容不如蹈厉，斯为过矣。"

又曰：贞观中，太宗幸庆善宫，宫在武功县，即高祖旧宅。宴从臣于渭滨。其宫即上降诞之所，上乃赋诗十韵，寿丘唯旧迹，丰邑乃前基。奥余承累圣，悬弧亦在兹。弱龄逢运改，提剑郁匡时。指麾八荒宝，怀柔万国夷。梯山盛入款，驾海亦来思。单于陪武帐，曰逐卫文仪。端扆朝四岳，无为任百司。霜节明秋景，轻冰结水湄。芸黄遍原隰，禾颖积成坻。兵乐还谯宴，欢此大风诗。赏赐闾里，有同汉之宛沛焉。于是起居郎吕才播于乐府，被之管弦，名曰《功成庆善乐》之曲。令儿童八佾皆冠进德冠紫裤褶，为《九功》之舞。每冬享燕及国有大庆，与《七德》之舞皆奏于庭。先是，神功破阵乐、功成庆善乐二舞每奏，上皆立对。高宗时，太常博士裴守真奏议曰："窃唯二舞肇讴吟属，赞九成之茂烈，叶万国之欢心，义均韶夏，用兼宾祭，皆祖宗盛德，而子孙享之。详览博记，未有皇王正观之礼。"并谓守真议是也。

又曰：咸享中，高宗自制乐章十二首，有《上元》《二仪》《三才》《四时》《五行》《六律》《七政》《八风》《九宫》《十洲》《得一》、《庆云》之曲，诏有司诸大祠享并奏之。

太平御览卷第五百六十七　乐部五

鼓吹乐

《乐志》曰：何承天云：鼓吹盖短箫饶歌，军乐也。黄帝使岐伯所作，以扬德建武。汉曲有：《朱鹭》《思悲》《艾如张》《上之回》《拥离》《战城南》《巫嵩》《上陵》《将进酒》《君马黄》《芳树》《有所思》《雉子班》《圣人出》《上耶》《临高台》《远如期》《石留》《务成玄》《云黄鹤》《钓竿》。魏改十二曲，为之《平战荥阳》《获吕布》《克官渡》《旧拜定功》《平南荆》《平关中》《应帝期》《邕熙太和》。晋武改为《灵芝祥》《宣受命》《征辽东》《景龙飞》《平玉衡》《因时运》《唯庸蜀》《天序》《金灵运》《夏苗畋》《狄弥田》《顺天道》。至梁、周、隋，各述本朝功业，随而改之，以自扬其勋烈。

又曰：横吹有双角，即胡乐，以从军也。张博望入西凉，传其法于西京。初得摩诃兜勒一曲，李延年因胡曲更造新声二十八解。晋以来有《黄鹄》《陇头》《出关》《入关》《出塞》《入塞》《折杨柳》《落梅花》、《黄潭子》《赤枝杨》《望行人》十曲。

崔豹《古今注》曰：汉乐有黄门鼓吹，天子所以宴乐群臣。短箫饶歌鼓吹之常，亦以赐有功诸侯也。

《唐会要》曰：大和中，太常礼院奏，谨按：凯乐，鼓吹之歌曲也。《周官·大司乐》："王师大献捷，奏凯乐。"注云："献功之乐也。"又"司马之职，师有功，则凯乐献于社。"注云："兵乐曰凯，《司马法》曰得意则凯乐，所以示喜也。"《左氏传》载：晋文公胜楚，振旅凯以入。魏晋以来，鼓吹曲章多述当时战功。是则历代献捷，必有凯歌。太宗平东都，破宋金刚，其后苏定方执贺鲁，李勣平高丽，皆备军容，凯歌入京都。谨捡贞观、显庆、开元礼书，并无仪注。今参酌古今，备其陈设，及奏歌曲之仪如后。凡命将征讨，有大功献俘馘首，其名曰备。

神策兵卫于东门外，如献俘常仪，其凯乐用铙吹二部，笛毕，箫笳铙鼓每色二人，歌工二十四人。乐工等乘马执乐器，次第陈列，如卤簿之式。鼓吹令丞前导，分行于兵马俘馘之前。将入都门，鼓吹振作，迭奏《破阵乐》、《应圣期》、《贺朝欢》、《君臣同庆乐》等四曲。《破阵乐》词曰：受律辞元首，相将讨叛臣。咸歌破敌乐，共享太平人。《应圣期》词曰：圣德期昌运，雍熙方寓清。乾坤资化育，海岳共休明。开士欣耕稼，销戈遂偃兵。殊方歌帝泽，执贽贺升平。《贺朝欢》词曰：四海皇风被，千年德永清。戎衣更不着，今日告功成。《君臣同庆乐》词曰：主圣开昌历，臣忠奉大猷。君看偃草后，便是太平秋。俟行至太社及太庙门，工人下马，陈列于门外，据《周礼·大司乐》注云：献于祖。大司马云：先凯乐于社。谨详礼仪，则社庙之中似合奏乐，伏以尊严之地。铙吹欢哗既无明文，或乘肃敬。今请并于门外陈设，不奏歌曲。俟告献礼毕，复导引奏曲如仪。至皇帝所御楼前，兵伏旌门外二十步，乐工皆下马，徐行前进。兵部尚书介胄执钺于旌门内中路前导，《周礼》"师有功，则大司马左执律，右秉钺，以先凯乐。"注曰：律所以听军声，钺所以示将威。吹律听声，其术久废，请以秉钺，以存礼文。次协律郎二人公服执麾，亦于门外分导，鼓吹令丞引乐工等至位立定，太常卿于乐工之前跪具官臣某奏事诸奏凯乐，协律郎举麾，鼓吹大振作，遍奏破阵乐等四曲。乐阕，协律郎偃麾，太常卿又跪奏。乐毕，兵部尚书、太常卿退，乐工等并于门外立。讫，然后引俘馘入献，及称贺如别仪。

《晋书》曰：卫瓘领太子少傅，加千兵百骑，鼓吹之府。

又曰：汝南王亮母伏太妃常有小疾，祓于洛水。亮兄弟三人侍从，并持节鼓吹，震耀洛滨。武帝登凌云台望见，曰："伏妃可谓富贵矣。"

又曰：刘毅字仲雄。转司隶校尉。皇太子朝，鼓吹将入东掖门，毅以为不敬，止于门外。奏劾保傅以下。诏赦之，然后得入。

又曰：谢尚累位江夏、义阳、随三郡太守，往咨事安西将军庾翼于武昌。翼呼共射，曰："君若破的，当以鼓吹相赏。"尚应声中之，翼即以副鼓吹给之。

王隐《晋书》曰：陶侃平苏峻，除侍中太尉，加羽葆鼓吹。

《晋中兴书》曰：汉武时，南平百越，始置交址、九真、日南、合浦、南海、郁林、苍梧，凡七郡。立交址刺史。以州边远，山越不宾，宜加威重，故刺史辄假节，七郡皆加鼓吹。

《齐书》曰：武帝时，寿昌画殿南阁置白鹭鼓吹二部，乾光殿东西头置钟磬两箱，皆宴乐处也。

又曰：王敬则，临淮射阳人也。侨居晋陵南沙县，母为女巫，常谓人云："敬则生时，胞衣紫色，后应得鸣鼓角。"人笑之曰："汝子得为人吹角可矣。"

又曰：张敬儿将拜三司，谓其妻嫂曰："我拜后应开黄阁。"因口自为鼓吹声。初得鼓吹，羞便奏之。

《南史》：綦母珍之贵幸，珍之母随弟钦之作暨杨令。钦之罢县还，珍之迎母至湖孰，辄将青鹭百人自随鼓角横吹，都下富人追从者百数。

又曰：垣崇祖初于淮阴见高帝，便自比韩、白，唯上独许之。后为豫州刺史。建元二年，魏攻寿春，崇祖破之。启至，上谓朝臣曰："崇祖恒自拟韩、白，今真人也。"进为都督。崇祖闻陈显达、李安人皆增给军仪，乃启求鼓吹。上敕曰："韩、白何可不与众异？给鼓吹一部。"

又曰：张兴世致位给事中。兴世父尝谓兴世曰："我虽田舍老翁，乐闻鼓角，汝可送一部竹，田时欲吹之。"兴世素恭谨畏法，譬之曰："此是天子鼓角，非田舍公所吹。"

《梁典》曰：高祖衍，生秣陵三楼桥宅，生日，有异光，顶有五岳骨。当还宅，范云闻鼓吹之声，云蒙被出视，乃高祖也。云乃深自结托。

《梁书》：侯景即位，乃以广柳车载鼓吹，橐驼马负牺牲，辇上置筌蹄，垂脚坐焉。

又曰：胡僧祐字显果。为天水、天门二郡太守。性好葺缀文词，又多鄙拙，多被戏谑，自矜尤甚。后随伐侯景，回拜领将军，常以所加鼓部置斋中对之。从或献言此乃羽仪，公望隆重不当如此。答曰："我爱之。"人莫不笑之。

《陈书》: 刘仲举字德言。为长安令, 政号廉平。陈文帝居乡里, 尝诣仲举。时天降雨, 仲举独坐斋内, 闻外有箫鼓声, 俄而帝至。仲举异之, 乃深自结托。

《北史》: 尔朱荣少时, 父新兴曾与荣游池上, 忽闻箫鼓音, 谓荣曰: "古老相传, 闻此声皆至公辅。吾年老, 当为汝耳。"

《隋书》曰: 鼓吹车上施层楼, 四角金龙衔苏、羽葆。凡鼓吹, 陆则楼车, 水则楼船, 在殿庭则画筍虡为楼, 上有翔鹭栖乌, 或为鹄形。

又曰: 蔡征拜吏部尚书, 启后主借鼓吹。后主谓所司曰: "鼓吹军乐, 有功乃授。蔡征不自量揆, 紊我朝章。然其父景历既有缔构之功, 宜且如启。"

《唐书》: 平阳公主葬, 特给鼓吹。太常议: 妇人无鼓吹。高祖曰: "往者公主于司竹园举兵应义, 亲执金鼓, 有克定之功, 宜特加之。"

又曰: 中宗时, 皇后上言: 自妃主及五品以上母妻, 请从婚葬之日, 特进鼓吹, 宫官亦准此。左台御史唐绍上疏谏曰: "窃闻鼓吹之作, 本为军容。昔黄帝涿鹿有功, 以为警卫, 故钲鼓有灵夔、孔雀、雕鹗争、石坠崖、壮士怒之类。自昔功臣备礼, 适得用之。假如郊祀天地, 唯有宫悬而无案架, 故知军乐之用, 尚不给于神祀, 岂容接于闺阃哉? "

邓德明《南康记》曰: 雩都县君山, 绝峰高崿, 远望似舟船, 上有玉台, 方广数丈, 周回尽是白石柱, 上自然石覆, 如屋形。风雨 之后, 景气明净, 颇闻山上有鼓吹之声。

《吴质别传》曰: 质为北中郎将, 朝京师, 喜迟其到, 诏列卤簿作鼓吹, 至阙而止。

《江表传》曰: 孙策赐周瑜鼓吹, 为治馆舍。策令曰: "周公瑾英俊异才, 与孤有总角之好, 骨肉之分。前在丹阳发众及船粮以济大事, 论德酬功, 此未足报也。"

《邺中记》曰: 石虎正会, 置三十步鼓吹, 三十步辄置一部, 十二人皆在平阁上。去地丈余, 又有女鼓吹。

挚虞《新礼仪志》曰：汉魏故事，将葬，设吉凶卤簿、皆鼓吹。新礼以礼吉事无凶事无乐，宜除吉卤簿凶服鼓吹。虞按：礼葬有客车郎，吉驾之明文也。

徐广《东车服注》曰：中朝公主有鼓吹。

《幽明录》曰：晋临川太守谢摛夜中闻鼓吹声，兄澡曰："夜者，阴间。不及存，将在身后。"及死，赠长水校尉，加鼓吹。

《世说》曰：《三都》、《二京》，五经鼓吹。

《俗说》曰：桓公作诗，思不来，辄作鼓吹。既而得思，云：鸣鹄响长阜，欢曰："鼓吹固自来人思。"

《语林》曰：陆士衡为河北督日，已被间构，内怀忧懑，闻众军警角鼓吹，曰："我今闻此，不如华亭鹄唳。"

魏武帝令曰：孤所以能常以少兵敌众者，常念增战士忽余事。是以往者有鼓吹而使步行，为战士爱马也；不乐多署吏，为战士爱粮也。

王浑表曰：吴国临战，牙门将张秦、黄辰，骑督綦母倪，勇健效武，破贼制胜，以三人之所致也。秦、辰巳亡，今倪独在。昔伐蜀有小战功，牙门数人便加鼓吹，至于灭吴一国而未得鼓吹者。臣愚昧，谓圣诏赐倪鼓吹，存录猛将，以尽武人之力也。

陆机《鼓吹赋》曰：原鼓吹之所始，盖禀命于黄轩。

四夷乐

《毛诗·谷风·鼓钟》曰：以雅以南，以籥不僭。为雅为南，舞四夷之乐。大德德广所及也。东夷之乐曰昧，北夷之乐曰禁，西夷之乐曰离，南夷之乐曰任。以为籥舞，若是和而不僭矣。

《周礼·春官·鞮鞻氏》曰：鞮鞻氏掌四夷之乐与其歌声。

又曰：旄人掌散乐、舞夷乐。夷乐，四夷之乐；散乐，野人为之善者。

又曰：《春官·韎师》曰：韎师掌教韎乐，祭祀则帅其属而舞之。舞，东夷之舞也。

《周礼·春官》：鞮鞻氏掌四夷之乐。郑玄注曰：东方曰昧，南方曰任，西方曰朱离，北方曰禁。

《礼记·明堂位》曰：《昧》，东夷之乐也；《任》，南蛮之乐也。纳蛮夷之乐于太庙，言广鲁于天下也。

《后汉书》曰：永宁初年，西南夷禅国王献乐及幻人。明年，元会作之于庭，安帝与群臣共大奇之。

又曰：陈禅字纪山，为谏议大夫。西南禅国王献乐及幻人，能吐火，自支解，易牛马头。大会作之庭，禅离席举手曰："帝王之庭，不宜作夷狄之乐。"

《五经通义》曰：东夷之乐，持矛舞，助时之生；南夷之乐，持羽舞，助时之养。

又：舞四夷之乐，明泽广被四表也。东夷之乐曰《侏离》，南夷之乐曰《任》，西夷之乐曰《禁》，北夷之乐曰《昧》。东方所谓《侏离》者何？阳始通，万物之属，离地而生，故谓之《侏离》。南方所以谓之《任》者何？阳气盛用事，万物怀任，故谓之《任》。西方所以谓之《禁》者何？西方阴气用事，禁止万物不得长大，故谓之《禁》。北方所以谓之《昧》者何？北方阴气盛用，万物暗昧不见，故谓之《昧》。四夷之乐，何以作之于庙？陈于户。

王子年《拾遗记》曰：成王之时，南垂之南有扶娄夷国，或于掌中备百兽之乐，婉转屈曲于指间，人形或长数分，神怪歘忽。乐府传此，末代犹在焉。

《风土记》曰：越俗饮燕，即鼓拌以为乐，取大素圜，柈以广尺五六者，抱以着腹，以右手五指更弹之，以为节，舞者蹀地击掌，以应柈节而舞。

《乐部·乐志》曰：《龟兹》起自吕光灭龟兹，因得其声乐，记有竖箜篌、琵琶、五弦、笙、笛、萧、觱篥、毛圆鼓、都答腊鼓、腰鼓、羯鼓、溪娄鼓、铜拔、贝等十五种，为一部，工二十人。歌曲有《善善摩尼》，解曲《娑伽儿》舞曲《小天》《疏勒监》。《天竺》起自张重华据凉州，重四译来贡乐器凤首、箜篌、琵琶、五弦、笛、铜鼓、毛圆、都昙、铜拔、贝等九种，为一部，工十二人。歌曲有《沙石疆》，舞曲有《文曲》。《康国》起自周闵帝娉北狄为后，得其所获西戎狄伏，因得其声集，器有笛、正鼓、加鼓、铜枝等四种，为一部。工七人。歌曲有《三殿农和去》，舞曲有《贺兰》《钵》《鼻始》、末奚波地。《疏勒》《安国》《高丽》并起，后魏平冯氏通西域，因得其伎，繁会其声。《疏勒》乐器有竖箜篌、琵琶、五弦、笛、萧、觱篥、篥、答腊鼓、腰鼓、羯鼓、溪娄鼓十种，为一部，工十二人。歌曲有《元利死让乐》，舞曲有《远解曲》、《有盐曲》。《安国》乐器箜篌、琵琶、五弦、笛、萧、小觱篥、正鼓和铜枝等，《高丽》，乐器有，弹筝、卧箜篌、竖箜篌、琵琶、五弦、笛、笙、萧、小觱篥、桃皮觱篥、腰鼓、齐鼓、檐鼓、贝等十四种，为一部。工十八人。歌曲有《歌芝栖》，舞曲有《舞芝栖》。北狄乐皆马上乐也，鼓吹本军旅之音，马上奏之。故自汉以来，北狄乐总归鼓吹署。后魏乐府始有北歌，即魏史所谓真人歌是也。代都时，命掖庭宫女晨夕歌之。周、隋代兴，西凉乐、杂奏，今存者五十三章，其名因可解者六章：《慕容可汗》《吐谷浑》《部落稽》《钜鹿公主》《白净王太子》《企俞》也。其余不可解。或可汗之词，按今大角，即后魏代簸逻向是也。其曲亦多可汗之词，北虏之俗皆呼主为可汗。吐谷浑又慕容别种，知此歌是燕魏之际鲜卑歌词，虏音不可晓。梁有《钜鹿公主》歌，似是姚苌时歌词，华音与此歌不同。梁乐府鼓吹又有《大白净皇太子》、《小白净皇太子》、《企俞》等曲。隋鼓吹有《白净王太子曲》，与北歌校之，其音皆异。

《唐书·乐志》曰：《安乐》，后周武帝平齐所作也。行列多方正，象城郭，周代谓之城舞者。八十人刻木为面，狗喙兽耳，以金饰之，垂线为发，画襖皮帽，舞蹈姿制，犹作羌胡状。

《唐会要》曰：骠国乐，贞元十八年正月骠国王来献，凡一十二曲，以乐工三十五人来朝。乐曲皆演释氏经纶之词。骠国在云南西南，以天竺国相近，故乐多演释氏之词。每为曲，皆齐声唱，各以两手十指齐敛为赴节之状。一低一仰，未尝不相对，有类中国柘枝舞。骠，一作僄。其西别有弥臣国，乐舞亦与骠国同。子习此伎以乐后制。使袁滋郄士美至南诏，并皆见此乐。

《唐会要》曰：《南诏乐》，贞元十六年正月南诏异牟等作《奉圣乐》舞，因西川押云南八国使韦皋以进，时御麟德殿以阅之。

又曰：《高昌乐》，西魏与高昌通，始有此乐。至隋开皇六年，来献圣明乐曲。至太宗朝，伐其国，尽得其乐。事见七部伎门也。

又曰：扶南、天竺二国乐，隋代全用《天竺》列于乐部，不用《扶南》。因炀帝平林邑国，获扶南工人及其匏琴，朴陋不可用，但以天竺乐转写其声。

又曰：《龟兹乐》，自吕光破龟兹，得其声，吕氏云，其乐分散。至后魏有中原，复获之。至隋有《西国龟兹》之号，凡三部。开元中，大盛于时。曹婆罗门者，累代相承传其业，至孙妙达，尤为北齐文宣爱之，每弹常自击胡鼓和之。及周武帝聘突厥女为后，西域诸国皆来媵，遂荐有《龟兹》、《疏勒》、《康国》、《安国》之乐。

又曰：《百济》，贞观中灭二国，尽得其乐。至天后时，《高丽》乐犹二十五曲。贞元末，唯能习一曲，衣服亦渐变其土风矣。其百济至中宗时，工人死散。开元中，岐王範为太常卿，复奏置焉。

又曰：《疏勒》乐，工人皂丝布头巾，白丝布袍锦衿襟，白丝布裤，舞二人，白襖锦袖，赤皮靴、赤皮带。乐用竖箜篌、琵琶、五弦琵琶、横笛、箫、觱篥、答腊鼓、腰鼓、鸡楼鼓。《康国》乐，工人皂丝布头巾，绯布袍锦，领舞二人，绯襖锦袖，绿绫凌浑裆裤，赤皮韡，白裤帑，舞急转如风，俗谓之《胡旋》。《乞寒》者，本西国外蕃之乐也。神龙二年三月，并州清源县尉吕无泰上疏曰："臣谨按《洪范·八政》曰'谋时寒'，若能谋事，则时寒顺之，何必裸露形体浇灌衢路，鼓舞跳跃而索寒也。《礼》曰：'立秋之月行夏令，寒暑不节，阴阳不调，政令之失也。'休咎之应，君臣之感也，理均影响，可不戒哉！"至景云二年，左拾遗朝曰："《宗谏传》曰：'辛有适伊川，见被发于野祭者，曰不及百年，此其戎乎！其礼先亡矣。'后秦晋迁陆浑之戎于伊川，以其中国之人习戎狄之事。一言以贯百代，可知今之乞寒滥觞胡俗。伏愿三思，筹其所。”至先天二年十月，中书令张说谏曰：“韩宣适鲁，见周礼而叹；孔子会齐，数倡优之罪。列国如此，况天朝乎？今外国请和，选使朝谒，所望接以礼乐，示以兵威。虽曰戎狄不可轻易，焉知无驹支之辩，由余之贤哉？且乞寒泼胡，未闻典故；裸体跳足，盛德何观？挥水投泥，失容斯甚；法殊鲁礼，亵比齐优；恐非干羽柔远之义，樽俎折冲之道。愿择刍言，特罢此戏。”至开元元年十二月，敕腊月乞塞外蕃所出，渐浸成俗，因循已久，自今已后，无问蕃汉，即宜禁断。

《乐府杂录》曰：舞有《骨鹿》舞、《胡旋》，俱于一小圆毯子上舞，纵横腾掷，两足终不离于毯上，其妙若皆夷舞也。

太平御览卷第五百六十八　乐部六

宴乐

《乐志》曰：《寿阳》乐，宋南平穆王为豫州刺史所作也。杨叛儿，齐隆昌时，有杨旻母为师巫，旻小随母入宫，及长后所幸。童谣曰：“杨婆儿，共戏来。”语讹为“叛儿”。《西乌飞》，宋州刺史沈攸之举兵思归，所作词云：“白日落西山还去来”。《上震》乐，梁武帝所作，有七曲：《凤其至》《桐柏》《方寸》《诸玉龟》《金丹》等。《筑地》乐，梁孝王筑睢阳城，方七十里，唱声相杵以鼓声也。

又曰：梁武笃敬佛法，作《善哉》《天乐》《大欢》《天道》《仙道》《神王》《龙王》《灭过恶》《除爱水》《断苦转》十篇，名为正乐。陈后主尤重乐声，遣宫女于清乐中造《黄鹤留》、《玉树后庭花》、《金钗两臂垂》，歌词绮艳，极于轻薄。又造无愁曲，音韵窈窕，极于哀思。隋炀帝不解音律，大制艳曲，令乐正白明达造新声《纳刑乐》《万岁乐》《藏钩乐》《七夕相逢乐》《投壶乐》《玉女行觞》《神仙客》《斗百草》《泛龙舟》《还旧宫》《长乐花》等曲，皆掩抑摧藏，哀音断绝。后高声献望明乐曲，炀帝令知音者于馆所听之，归而肆习。及客方献，先于前奏之，胡夷皆惊焉。又隋开皇初，定令置七部乐曲：一曰《国伎》、二曰《清商伎》、三曰《高丽伎》、四曰《天竺伎》、五曰《安国伎》、六曰《龟兹伎》、七曰《文康伎》。其后牛弘请存《鞞铎》《巾拂》等四舞，因称四舞。又炀帝更定清乐为九部，歌曲有《杨叛儿》《永代乐》，舞曲有《明君》《于阗》，佛曲有《万代丰》等。凡乐以声徐者为本，声疾者为解。

《唐会要》曰：《清乐者》，凡代之遗声，其始即《清商三调》是也，并汉氏已来旧曲。乐器制度，并诸歌章古调，与魏三祖作者，皆被史籍。自晋氏播迁，其音分散，不复存于内地。符坚灭梁，得之于前后二秦。及宋武定关中，收之入江南。及隋平陈后获之，隋文听之，善其节奏，曰："此华夏正声也。"因更损益，去其哀怨，考而补之，乃置清商署，总谓之《清乐》《西傢》等，为九部。隋室丧乱，日益沦缺矣。后朝犹有六十三曲，今其词存者有《白云》、《公莫》、《巴渝》、《明君之君》、《铎舞》、《白鸠》、《子夜》、《吴声》、《四时歌》、《前溪》、《阿子》、《欢闻》、《团扇》、《懊恼》、《白纻》、《玉树后庭花》、《春江花》、春江《月夜》、《长史变》、《丁督护》、《读曲》、《乌夜啼》、《石城》、《莫愁》、《襄阳栖》、《乌夜飞》、《估客》、《杨叛儿》、《雅歌》、《龙舟》等三十二曲。《明君》《雅歌》各二首，《四时》四首，合三十七首。又七曲有声无词，《上林》《凤雏》《平调》《清调》《瑟调》《平折命》《啸通》。前四十四篇在焉。见《通典》。当江南之时，巾舞、白纻、巴渝等衣服各异，至梁武改省之。宋以江左诸曲哇淫，然而从容雅缓，犹有士君子之风焉。自长安年以后，朝廷不重古曲，工伎渐缺，能合于管弦者唯《明君》、《杨叛儿》、《骁壶》、《春歌》、《白云》、《堂堂》、《春江花》、《月夜》八曲。旧乐多或数百言，《明君》尚能四十言，今所传二十六言，渐讹失，与吴音转远，宜取于吴人使之传习。开元中，有歌工李郎子，北人也。调声已失，云学于前才生。郎子亡后，清乐唯歌一曲词典。词典而音雅。自周、隋以来，多用西凉乐鼓，舞曲多用龟兹乐，其曲度皆时俗所知也。唯琴家独传楚汉声及清调瑟调。蔡邕五弄谓之九算，雅乐尚存，非朝廷郊庙所用，故不载。自唐虞迄三代，舞用国子，里衩瞽师。汉魏以后，皆以贱隶为之，唯雅乐尚。

又曰：高丽、百济乐，宋朝初得之，至后魏太武灭北燕以得之而未具。周武灭齐，威振海外，二国各献其乐，周人列于乐部，谓之国伎。隋文平陈得《清乐》及《文康》、礼《毕》曲。

又曰：贞观十四年，景云见，河水清。协律郎张文收采古朱雁、天马之义，制《景云》、《河清》歌，名曰燕乐，奏之管弦，为诸乐之首。今元会第一奏者是也。

又曰：武德初，未暇改作，每宴享，因隋制奏九部乐。一燕乐，二清商，三西凉，四扶南，五高俪，六龟兹，七安国，八疏勒，九康国。贞观十六年十一月，宴百僚，奏十部。先是伐高昌，收其乐十部伎。今《通典》所载十部之乐，无扶南乐，只有天竺乐。事见《南蛮乐》。其后分为立、坐二部。立部伎有八部：一、安乐，后用平齐所作；二、太平乐，亦谓之五方师子舞；三、破阵乐；四、庆善乐；五、大定乐，亦谓之八纮同轨乐，大宗平辽时作也；六、上元乐，高宗所作；七、贤寿乐，武太后所作，舞时行列成字，有“圣超千古，道冠百王，皇帝万年，宝祚弥昌”；八、光圣乐，玄宗所作。自安乐以下，每奏皆雷大鼓，同用龟兹乐，并立奏之。其大定乐加以金钲，唯庆善乐独用西凉乐，最为闲雅。其破阵、上元、庆善三舞皆易其衣冠，合其钟磬，以享郊庙。自天后临朝，此礼遂废。神龙三年八月，敕立部伎舞人以后更不得改补入诸色役。坐部伎有六部：一、燕乐，张文收所作也。又分为四部，有景云、庆善、破阵、承天等乐；二、长寿乐，武太后长寿年所作；三、天授乐，武太后天寿年所作；四、鸟歌万岁，故为乐以像之；五、龙池乐，玄宗所作也。帝在藩邸时，居崇庆坊宅中经两地，忽为池。及即位，以宅为宫，故为乐以歌其祥；六、小破阵乐，玄宗所在，生于舞，用四人被之金甲。自长寿以下皆用龟兹乐，人皆着靴，唯龙池用雅乐而无钟磬，舞人尽蹑履而行。其乐章又有阵乐词七首，中和乐词五首，五方师子词五首，南诏奉圣乐词五首，圣寿荷皇恩词四首，圣寿乐词四首，大定乐词六首，上元乐词一十五首，文武圣乐词九首。贞观末，有裴神符有妙解琵琶，唯作圣蛮双、大凤倾杯乐，三曲声度清美，太宗深爱之。高宗末，真伎遂盛于时。洎天后至神龙之际，大增加立坐部伎，诸舞寻亦废之而已。

又曰：高宗御含元殿东翔鸾阁，大酺。当时京城四县及太宗音乐分为东西朋，雍王贤为东朋，周王显为西朋，务以角胜为乐。礼毕曲者，本自晋太尉庾亮家卒其容，取其谥以号之，谓文康乐。每奏九部，乐终则陈之，故以《礼毕》为名，其曲有《散花乐》等。隋平陈得之，入九部，器有笙、笛、箫、篪、铃、盘、鞞腰鼓等七种，三悬为一部，工二十人，今亡。《太平乐》亦谓之五分师子舞，师子，鸷兽，出于西南夷天竺、师子等国。缀毛为之，象其俯仰驯狎之容，二人持绳拂为习弄之状，五师子各位其方色，百四十人歌太平乐，舞抃以从之，服饰皆作昆仑象。《上元乐》，高宗所造。舞者百八十一人，起云衣，备五色，以象元气，故曰《上元》。《鸟歌万岁乐》，武太后所造。时宫中养鸟能人言，又常称万岁，为乐以象之。舞三人，绯大袖，并画鸜鹆，冠作鸟象，今岭南有鸟似鸜鹆，养之，久则能言，名吉了。了音料。《光圣乐》，玄宗所造也。舞八十人，鸟冠，五彩画衣，兼似上元圣寿之容，以歌王业所兴。自安乐以后，皆雷大鼓，杂以龟兹乐，声震百里，并立奏之，其《大定》乐加金钲，唯《庆善乐》独用西凉乐，最为闲雅。旧《破阵》《上元》《庆善》三舞皆易其衣冠，合之钟磬，以享郊庙。自武太后革命，此礼遂废。自安乐部谓之立部伎也。大唐平高昌，尽收其乐，又造宴乐而去《礼毕》曲，令著令者唯十部。龟兹、疏勒、安国、康国、高丽、西凉、高昌、燕清、乐伎、天竺，凡十部。南蛮北狄国俗，皆随发际断其发，今舞者咸用绳围首，反约发抄内于绳下。又有新声自河西至者，号《胡音》声，与《龟兹乐》《散乐》俱为时重，诸乐咸之小寝。《大定乐》，高宗所造，出自《破阵乐》。舞者四十人，被五采文甲，持槊歌和云、《八纮同轨乐》，以象平辽东而边隅大定也。

《唐会要》曰：贞元三年四月，河东节度使马燧定难曲，御麟德殿阅试之。

又曰：汴州节度使韩弘进《圣朝万岁乐》曲谱，凡三百首。

又曰：延载元年正月二十三日，制《越古长年乐》一曲。

又曰：十二年十二月，昭义节度使王虔休献《继天诞圣乐》。表曰：臣伏见开元中天长节度日，四海欢娱，万年献寿。窃以陛下降诞之日，有唯新之曲，适过之音。臣遣成继天诞圣乐一曲，天抵宫为调，表五音之奉君也。以上为德知五运之居中也。凡二十四遍，法二十四气，而成一岁之功也。不闻沾滞之音，以作中和之乐，其曲谱同进上。先太常人刘玠流落至潞州，虔休因令造此曲以进，今中和乐起于此中。

又曰：显庆二年，上以琴中雅曲古人歌之，近代已来，此声顿绝，令所司修习旧典。至三年十月八日，太常丞吕才奏：按张华《博物志》，《白雪》是天帝使素女鼓五弦曲名，以其调高，人和遂寡，自宋玉已来，迄今千祀，未有能歌《白雪》曲者。臣令准敕，依琴中旧曲定为宫商，然后教习，并合于歌，辄以御制雪诗为《白雪》歌词。又乐府奏正典之后，皆有送声，君唱臣和，事彰前史，观取侍中许敬宗等奉和雪诗十六首，以为送声，各十六节。上善之，仍付太常，编于乐府。

《乐府杂录》曰：《雨淋铃》者，因唐明皇驾回，至骆谷，闻雨淋銮铃，因令张野狐撰为曲名。

又曰：《夜半乐》者，因唐玄宗自潞州入定内难，进军斩长乐门关。时正当夜半，平韦庶人后，乃命乐人撰此曲。

又曰：《黄骢叠者》，唐太宗初定中原时所策黄骢马。后因征辽北，马忽毙，上叹惜久之，因命乐人制此曲。

又曰：《得宝子》者，唐明皇初纳太真妃，喜甚，谓诸嫔御云："朕得杨氏，如获至宝也。"因撰此曲。

又曰：《文溆子》者，唐长庆初，有俗讲僧文溆善吟经，兼念四声观世音菩萨，其音谐畅，感动时人。乐工黄米饭依其念菩萨四声，乃撰成曲也。

又曰：《杨柳枝》曲者，白傅典杭州时所撰，寻进入教坊也。

又曰：《还京乐》者，唐明皇自蜀返，正乐官张野狐撰此曲。

又曰：《道调子曲》者，因唐懿皇后乐工史敬约吹觱篥，初吹道调，懿皇后谓是曲子误拍，敬约乃随拍便撰此曲也。

又曰：《新倾杯乐》，唐宣宗善吹芦管，自撰此曲。内有数拍不均，上初捻管，命乐工辛骨咄拍不中，上瞋目视之，骨咄忧惧，一夕而殒。

又曰：《望江南》者，因朱崖李太尉镇浙西日，为亡姬谢秋娘所撰。后进入教坊，遂改名，一名梦江南曲也。

又曰：《康老子》者，本长安富室家子，酷好声乐，落托不事生计，常与国乐游处。一旦家产荡尽，因诣西鄽，遇一媪持旧锦茵货鬻次，康乃酬半千获得之。寻有波斯见，大惊，谓康老曰："何处得此至宝？此是冰蚕所织。若暑月陈于榻上，可致一室清凉。"因酬价千万鬻之。康老获此厚价，复与国乐追欢，不三数年间，费用又尽，康老寻殁。乐嗟叹之，乃撰此曲也。

又曰：《大郎神》者，天后朝有一士人陷冤狱，仍籍没家族，其妻配入掖庭，本初善吹觱篥，因撰此曲，寄其哀情。始名《大郎神》，盖取其良人行第也。畏人知，遂三易其名：《悲切子》，《离别难》，终名《怨回鹘》。

《羯鼓录》曰：宋开府孙沇有音律之学。贞元中，进乐书三卷，德宗览而嘉之。知是开府之孙，遂召对命，坐与论音乐，甚喜。数日，又召至宣徽，张乐使观焉，曰："有舛误乖滥，悉可言。"沇曰："容臣与乐官商榷讲论，具状条奏。"上宣教坊使与乐官参议数日，二使奏乐多言沇曾不解声调，不审节拍，又聩疾，不可议乐。上颇异之，又召沇对。沇曰："臣年老多病，耳实失聪，若迫于声律，不至无业。"上又使作乐，曲罢，问其得失要务舒迟，众工多笑之。忽忿然作色，奏曰："曲虽妙，其间有不可者。"上惊问之，即指一琵琶云："此人逆而忍，兼即抵法，不宜在至尊前。"又指一笙云："此人神魂已游墟墓，不可更令供奉。"上令主者潜伺察之，旋而，琵琶者为同侪告讦，称六七年前其父自缢不得端由，即令按鞫，遂伏其罪。笙者忧恐不食，旬日而卒。上益加知遇，面赐章绶，累累召对，每令察乐。乐工见之，悉喘恐胁，不敢正视。沇惧祸，辞病而退。

女乐

《左传·襄二》曰：郑人赂晋侯以女乐，晋侯以乐之半赐魏绛。

《史记》曰：孔子为政，齐人惧，梨锄乃选齐国中女乐好音八十人，皆衣文而舞康乐，文马三十驷遗鲁君，陈女乐文马鲁城南皋门外。季桓子微服往观再三，将受，乃语鲁君往观，终日怠于政事。子路曰："夫子可以行矣。"桓子卒受齐女乐，三日不听政，孔子遂行。《论语》曰：齐人归女乐，季桓子受之，三日不朝，孔子遂行。

《后汉书》曰：马融字季长，违生任性，不拘儒者之节。尝坐高堂施绛帐，前授生徒，后列女乐，弟子以次相传，鲜有入其室者。卢植字子干，侍讲数年未尝转眄，融以是嘉之也。

《魏志》曰：夏侯惇从太祖征孙权，还，使惇都督二十六军留居巢，赐伎乐名倡，令曰："魏绛以和戎之功犹受金石之乐，况将军乎？"

又曰：曹爽饮食车服拟于乘舆，又私取先帝才人七人，将吏师工鼓吹良家子女三十三人，皆以为妓。诈作诏书，发才人五十七送邺台，使先帝婕妤教习为技。擅取太乐乐器、武库禁兵，作窟室，绮疏四周，数与何晏等会其中，纵酒作乐。

又曰：杨阜为武都太守，会马超来寇，曹洪置酒大会，女倡着罗縠衣踏鼓，一座皆笑。杨阜厉声责洪曰："男女有别。"遂奋衣出。洪立罢女乐，请阜还座，肃然惮之。

《陈书》曰：章昭达每饮会，必盛设女伎杂乐，备羌胡之声，音律姿容，并一时之妙。虽临敌，弗之废也。

《隋书·房晖远传》：高祖尝谓群臣曰："自古天子有女乐乎？"杨素以莫知所出，遂言无女乐。晖远进曰："臣闻'窈窕淑女，钟鼓乐之'，此即王者房中之乐，著于雅颂，不得言无。"高祖大说。

又曰：牛弘修皇后房内之乐。文帝龙潜时颇好音乐，尝倚琵琶作歌二首，名曰《地厚》、《天高》，托言夫妻之义，因即取之为房内曲。命妇人并登歌，上寿并用之，职在宫内女人教习之，

《唐书》曰：先天元年正月，皇太子令宫臣就率更寺阅女乐，太子舍人贾曾谏曰："臣闻作乐崇德以感神人，《韶》《夏》有容，《威》《英》有节，妇人媟黩，无厕其间。昔鲁用孔子，几致于霸。齐人惧之，馈以女乐。鲁君既受，孔子遂行。戎有由余，兵强国富，秦人反间，遗之女妓。戎王耽悦，由余乃奔。斯则大圣名贤疾之已久矣。良以妇人为乐，必务冶容，哇咬动心，蛊惑丧志。上行下效，淫俗将成，败国乱人，实由兹起。殿下监抚余闲，宴私多适，后庭妓乐，古或有之。至于所司教习，彰示群僚，慢妓淫声，实亏睿化，伏愿并令禁断。"

《墨子》曰：秦缪公之时，戎强大，缪公遗之女乐二八与良宰，戎王大喜。以其故，数饮食日夜不休，左右有言秦寇之至者，因捍弓而射

之。捍，引。秦寇果至，戎王醉而卧于尊下，卒生缚之。未禽则不知。登山而视牛若羊，视羊若豚。牛之性不若羊，羊之性不若豚，所自视之势逆也。而因怒于牛羊之性也，此狂者也。狂而以行赏罚，此戴氏之所以绝。

《韩子》曰：晋文公欲伐虞虢，乃遗之屈产之乘，垂棘之璧，女乐二八，以荧其心，乱其政。

《郭子》曰：谢公在东山，畜妓。简文曰："安石必出，与人同乐，不与人同忧。"注曰：谢公，安石也。

石虎《邺中记》曰：虎大会，礼乐既陈，虎缴两阁上窗幌，宫人数千陪列看坐，悉服饰金银熠熠；又于阁上作女妓数百，衣皆络珠玑，鼓舞连倒，琴瑟细伎毕备。

《汉晋阳秋》曰：晋文王与刘禅宴，为之作蜀伎乐，傍人皆代禅感，而禅语笑自若。谓贾充曰："人之无情，乃至是乎？虽使葛亮在，不能辅之久全，况姜维耶？"充曰："不如是，何由并之哉？"

《夏仲御别传》曰：仲御从父家女巫章丹、陈珠二女，妍姿冶媚，清歌妙舞，状若飞仙。

又曰：仲御当正会，宗弟承问御曰："黄帐之里，西施之孙，郑袖之子，肤如凝脂，颜如桃李，徘徊容与，载进载止。弹琴而奏清角，翔风至而玄云起。若乃携手交舞，流眄颉颃，足逾鞞鼓，口衔笙簧；丹裙赫以四序，素耀焕以扬光，赴急弦而折倒，应缓节以相佯；远望而云，近视而雪，舒红颜而微笑，启朱唇而扬声。"

《世说》曰：魏武有一伎，声最清高而酷恶性情，欲杀则爱其才，欲置则不堪。于是选百人，一时俱教，少时，百人中果有一人声及之，便杀向恶性者。

《俗说》曰：宋袆是石崇伎绿珠弟子，有国色，善吹笛，后在晋明帝。闻帝疾患危笃，群臣进谏，请出宋袆。时朝贤悉见，帝曰："卿诸人谁欲得之者？"众人无言。阮遥集时为吏部尚书，对曰："愿以赐臣。"即与之。

《盐铁论》曰：贵人之家中山，素女抚流征于堂上鸣鼓，巴俞交作于堂下，妇人被罗纨，婢妾曳絺纻。贤良曰：古者弹筝鼓缶而已，无妙要之音。今富者鸣筝调琴，郑舞赵讴。

《续搜神记》曰：袁真在豫州，遣女伎纪陵阿薛、阿郭、阿马三妓与桓宣武。既至经时，三人共出庭前观，忽有一流星直坠盆池，冏然明净。薛郭二人更以瓢酌取，皆不得。阿马最后取，正入瓢中，便饮之，即觉有娠，遂生桓温。

《世说》曰：王导作女伎，蔡谟在坐，不悦而去。导知亦不止之。

《笑林》曰：某甲者为霸府佐，为人都不解，每至集会有声乐之事，己辄豫焉，而耻不解。妓人奏，赞之，己亦学人仰赞和同。时人士令己作主人，并使唤妓客。妓客未集，召妓具问曲吹，一一疏着手巾。箱下先有药方。客既集，因问命曲，先取所疏者，误得药方，便言是疏方，有附子三分，当归四分。已云且作附子、当归以送客舍，满座绝倒。

太平御览卷第五百六十九 乐部七

优倡

《春秋元命包》曰：翼星主南宫之羽仪，文物声明之所丰茂，为乐库，为天倡，先王以宾于四门而列天庭之卫，主俳倡，近太微而尊。

《家语》曰：鲁定公与齐侯会于夹谷，孔子摄相事。齐奏宫中之乐，优倡侏儒戏于前。孔子趋进，曰："匹夫而荧侮诸侯，有罪应诛。"于是斩侏儒，手足异处。齐侯惧，有惭色。

《史记》曰：优旃者，秦侏儒也。善为笑言，然合于道。秦始皇时，置酒而天雨，陛楯者沾寒。优旃见而哀之，谓之曰："汝欲休乎？"陛楯者曰："幸甚。"优旃曰："我即呼汝，汝疾应曰诺。"居殿上，上寿呼万岁，旃大呼曰："陛楯郎！"郎曰："诺。"优旃曰："汝虽长，何益，故雨中立。我虽短也，故休居。"于是乎使得半相代。

《史记》曰：秦昭王临朝叹息，应侯进曰："臣闻主忧臣辱，主辱臣死。今王中朝而忧，臣敢请其罪？"王曰："吾闻楚之铁剑利而倡优拙。夫铁剑利则士勇，倡优拙则思虑远。夫以远思虑而御勇士，恐楚国之图秦也。"

《汉书》曰：枚皋善为赋，不如相如。又言为赋多怪诞，虚无不经，有类倡者也。

又曰：孝惠帝葬安陵，徙关东倡优乐人五千户以为陵邑。潘安仁《关中记》曰：善为啁戏，故语称安陵啁也。

又曰：张禹成就弟子，为人恭俭尤著。淮阳彭宣至大司空，沛郡戴崇至少府。宣为人恭俭有法度，而崇恺悌多智，二人异行。禹尝置酒设乐与弟子娱，禹将崇入后堂饮食，妇人相对作优，管弦铿锵，极乐昏夜乃罢。而宣之来，禹见之，于便坐讲论经义。日晏，赐食不过一肉卮酒相对，宣未尝得至后堂。

晋成帝咸康七年，散骑常侍郎顾臻表曰：“宋代之乐，设礼外之观，逆行连倒。四海朝觐，言观帝庭，而足以蹈天道，以履地纪，反天地之顺，伤彝伦之大。”乃命太常悉罢之。其后复高絙紫鹿，又有天台山伎。齐武帝遣主书董仲民，按孙兴公赋造作莓苔石、石桥道士扪翠屏之状，寻省焉。

《后魏书》：太武既平河西，得西凉乐。至魏、周之际，遂谓之国伎。魏代至隋，咸重之。其曲项琵琶、竖箜篌之徒，并出自西域，非华夏旧器。杨泽新声、神白马之类，生于故歌，非汉魏遗曲。故其乐声调，悉与书史不同。其歌曲有《永代乐》，国讳改焉。解曲有《万代丰曲》，有《于阗佛曲》。工人平上帻绯褶，白舞一人，方舞四人。白舞令阙，方舞四人，假髻，玉支钗，紫丝布褶，白大口袴，五彩接袖，乌皮靴。后魏道武帝天兴六年冬，诏大乐总章鼓吹，增修杂戏，造五兵角抵、麒麟、凤凰、仙人、长蛇、白象武及诸畏兽、鱼龙、辟邪、鹿马、仙车，高絙百尺长，趫橦跳丸，以备百戏。大飨，设之于殿前。明元帝初，又增修之，撰合大曲，更为钟鼓之节。北齐神武平中山，有鱼龙烂漫、俳优、侏儒、山车、巨象、拔井、种瓜、杀马剥驴等奇怪异端，百有余物，名为百戏。

《隋书》曰：文帝开皇初，周、齐百戏并放遣之。炀帝大业二年，突厥染干来朝，帝欲夸之，总追四方散乐，大集东都。初于华林苑积翠池侧，帝帷宫女观之。有舍利、绳柱等，如汉故事。又为夏育扛鼎，取车轮石臼大盆器等，各于掌上而跳弄之。并二人戴竿，其上舞，忽然腾之而换易，千变万化，旷古莫俦。染干大骇之。自是皆于太常教习。每岁正月，万国来朝，留至十五日。于端门外、建国门内，绵亘八里，列为戏场。百官起棚夹路，从昏达曙，以纵观之，至晦而罢。伎人皆衣锦绣缯采，其歌者多为妇人服，鸣环佩，饰以花髦者，殆三万人。初课京兆、河南制此服，而西京缯锦为之中虚。六年，诸夷大献方物。突厥启人以下，皆国主亲来朝。乃贺于天津街，盛陈百戏，自海内凡有伎艺，无不总萃。崇侈器玩，盛饰衣服，皆用珠翠、金银、锦罽、絺绣，其营费钜万。关西以安德王雄总之，东都以齐王暕总之。金石匏革之声闻数十里外，弹弦擫管以上万八千人。大列炬火，光烛天地，百戏之盛，振古无比。自是每年以为常焉。大抵散乐杂戏多幻术，皆出西域，始以善幻人至中国。汉安帝时，天竺献伎，能自断手足，刳剔肠胃。自是历代有之。

《赵书》曰：石勒参军周延为馆陶令，断官绢数百匹，下狱，以八议宥之。后每大会，使俳优着介帻黄绢单衣，优问："汝为何官，在我辈中？"曰："我本为馆陶令，斗数单衣，曰政坐取，是故入汝辈中。"以为笑。

《列女传》曰：夏桀既弃礼义，淫于妇人，求四方美人，积之后宫；于俳优侏儒而为奇伟戏者，取之于房，造烂熳之乐。

《汉官典职》曰：正旦，天子幸德阳殿，作九宾乐。舍利从东来，戏于庭。毕，入殿门，激水化成比目鱼，跳跃漱水，作雾鄣日。毕，化成黄龙，高丈八，出水遨戏于庭，炫耀日光。以二丈丝系两柱中，头间相去数丈，两倡女对舞行于绳上。又蹐局屈身藏形斗中。钟声并倡，乐毕，作鱼龙曼延、黄门鼓吹三通。

贾谊《连语》曰：卫侯喜鹤，鹤有饰以文绣而乘轩者。赋敛繁多，不顾其民，贵优而轻大臣。群臣或谏，则面而叱之。及翟伐卫，寇挟城堞矣，卫君泣而拜其臣民，曰："寇迫矣！士民其逸之。"士民曰："亦使君之贵优，将君之爱鹤，以君守战矣。我侪弃人也，安能战？"乃溃门而出走。翟入，卫君奔死，遂丧其国。

《梁元帝纂要》曰：古艳曲有北里、靡靡、激楚、结风、阳阿之曲。又有百戏，起于秦汉，有鱼龙曼延，假作兽以戏。高絙凤皇，安息五案、并石季龙所作，见《邺中记》者。都卢寻橦、今之缘竿，见《西京赋》。九剑、九一名铃，见《西京赋》。戏车、山车、兴云、动雷、见李尤平《乐观赋》。跟挂、腹旋、并缘竿所作，见傅玄《西都赋》。吞刀、吐火、并见《西京赋》。激水、转石、漱雾、扛鼎、并见李尤平《乐观赋》，傅玄《西都赋》。象人、见《汉书》，韦昭曰：今之假面。怪兽、含利之戏。并见《西京赋》。

《列子》曰：宋有孙子者，以妓干宋元君。以双枝长倍其身，属其胻，并趣并驰；弄七剑，迭而跃之，五剑常在空中。元君大惊，立赐金帛。又有兰子能燕戏者，复以干元君。元君大怒，曰："昔以异伎干寡人，伎无用，遇寡人欢心，彼必闻此而进。"乃拘而戮之。燕戏，若绝倒投也。

石虎《邺中记》曰：虎正会殿前作乐，高絚、龙鱼、凤凰、安息五案之属，莫不毕备。有额上缘橦，至上，鸟飞左回右转，又以橦着口齿，上亦如之。设马车，立木橦其车上，长二丈，橦头安橦木，两伎儿各坐木一头，或鸟飞，或倒挂。又衣伎儿，作猕猴之形，走马上，或在肋，或在马头，或在马尾，马走如故，名为猨骑。

《乐府杂录》曰：弄参军，始因后汉馆陶令石耽有赃犯，和帝惜其才，免罪。每宴乐，即令衣白夹衫，命优伶戏弄辱之，经年乃放。后为参军误也。开元中，有李仙鹤善此戏，明皇特授韶州同正参军，以食其禄。是以陆鸿渐撰词云韶州，盖由此。

《大周正乐》曰：汉武帝通西域，始以善幻人至中国。安帝时，天竺献伎，能自断手足，刳腹胃。自是历世有之。唐高宗恶其惊俗，敕西域关津不令入中国。

《唐书·乐志》曰：睿宗时，婆罗门乐人倒行而足舞，极銛刀锋。植于地，低因就刃以历脸。中又植于背下，吹筚篥立其腹上，终曲而无伤。又伏伸其手足，蹑之，旋身绕手，百转无已。汉世有橦末伎，又有盘舞。晋世如之，以杯盘舞。《乐府诗》云："妍妯凌七盘"，言舞用盘七枚也。梁谓之盘舞伎。梁又有长蹻伎、跳铃伎、掷倒、跳剑伎、吞剑伎，今并存。又有舞轮伎，盖今之戏车轮者；透三峡伎，盖今之透飞梯之类；高絚伎，盖今之戏绳者是也。梁有猕猴幢戏，今有缘竿伎，又猕猴缘竿，未审何者为是。今又有弄椀珠伎，弄丹珠伎。歌舞戏，有大面、拨头、蹋摇娘、窟儡子等戏。置教坊，于禁中以处之。

又曰：散乐，非部伍之声，俳优歌舞杂奏。汉天子临轩设乐，舍利兽从西方来，戏于殿前，激水成比目鱼，跳跃漱水，作雾翳日，此成黄龙，修丈八，出水游戏，辉熠日光。绳系两柱，相去数丈，二倡女对舞绳上，切肩而不倾。如是杂变，总名百戏。江东犹有高絙紫鹿、跂行鳖食、齐王卷衣、笮鼠、夏育扛鼎、巨象行乳、神龟抃足、背负灵岳、桂树白雪、画地成川之伎。

《明皇杂录》曰：上御勤政楼，大张声乐，罗列百伎。时教坊有王大娘，善战百尺竿，竿上施木山，状瀛洲、方丈，仍令小儿持锋节出入其间，而舞不辍。时刘晏为秘书省正字，年方小，形状狞劣而惠悟过人。上召于楼上帘下，贵妃置于膝，为施粉黛，与之巾栉。上令咏王大娘戴竿，晏应声曰："楼前百戏竞争新，唯有长竿妙入神。谁谓绮罗翻有力。犹自嫌轻更着人。"因命牙笏及黄纹袍以赐晏。时有公孙大娘者，善剑舞，能为邻里曲及裴将军，士谓之春秋设。大张伎乐，虽小大优劣不同，而剧其华侈。遐方僻郡，欢纵亦然。

《乐府杂录》曰：大面出于北齐。齐兰陵王长恭，才武而貌美，尝着假面以对敌。常击周师金墉下，勇冠三军。齐人壮之，为此声，以效其指挥击刺之容。俗为之兰陵王入阵曲。

淫乐

《左传》曰：烦手淫声，慆堙心耳，乃忘和平，谓之郑声。许慎《五经异义》曰：郑国有溱洧之水，男女聚会，讴歌相感。今《郑诗》二十一篇，妇人者十九，故郑声也。又云：郑重之音，使人过也。

又曰：惠王三年，边伯、石遬、蒍国出王，立王颓。王处于郑三年。子颓饮三大夫酒，子国为客，子国，蒍国。客，上客。乐及偏声。偏舞，六代之乐。一曰诸大夫偏舞。郑厉公见虢叔厉公，郑庄公之子厉公突也。虢叔，王卿士，虢公林父也。曰："吾闻之，司寇行戮，君为之不举，不举乐也。而况敢乐祸乎？今吾闻子颓歌舞不思忧。夫出王而代其位，祸孰大焉？临祸忘忧，是谓乐祸，祸必及之。盍纳王乎？"虢叔许诺。郑伯将王自圉门入，虢叔自北门入，二门，王城门。杀子颓及五大夫，王乃入。

《礼记》曰：奸声乱色，不留聪明；淫乐慝礼，不接心术。

又曰：奸声感人而逆气应之，逆气成象而淫乐兴焉。

又曰：作奇伎淫巧以荡上心者，杀无赦。

又曰：郑音好滥淫志，宋音燕女溺志，卫音趋数烦志，齐音傲僻骄志。此四者，淫于色而害于德。

《论语》曰：恶紫之夺朱，恶郑声之乱雅乐。包曰："郑声淫，声之哀者。"

《汉书》曰：王莽初献新乐于明堂太庙，群臣始冠麟韦之弁。或闻其乐声，曰："厉而哀，非兴国之声也。"

《宋书》曰：废帝元徽五年，太乐雅郑共千有余人，后堂杂伎不在其数。

裴子野《宋略》曰："先王作乐，崇德以格神人，通天下之至和，节群生之流放，故天子达于士庶，未曾去其乐而无非僻之心。及周道衰微，日失其序。乱俗先之以怨怒，国士从之以哀思，扰杂子女，荡悦淫志。充庭广奏，则以鱼龙靡漫为瑰玮；会同享觐，则以吴趋楚舞为妖妍。纤罗雾縠侈其衣；疏金镂玉，砥其器。在上班扬宠臣，群下亦从风而靡。王侯将相歌妓填室，鸿商富贾舞女成群，竞相夸大，玄有争夺，如恐不及。莫为禁令，伤物败俗，莫不在此。

《隋书》曰：裴蕴，炀帝征为太常少卿。初，高祖不好声妓，遣牛弘定乐，非正声清商及孔部四舞之色皆罢遣。从臣至是揣知帝意，奏括天下周、齐、梁、陈乐家子弟皆为乐户。其六品已下至于民庶，有善音乐及倡优百戏者，皆直太常。是后异伎淫声咸萃，乐府皆置博士弟子递相教传，增益乐人至三万余。

《国语》曰：平公既作新声，新声，师涓新听者也。师旷曰："公室其将卑乎？君之萌兆衰矣。乐以开山川之风，辉德于广远也。风德以广之，风德者，德各有风类也。作乐各象其德，韶夏、护武之谓也。风山川以远之，所乐以通山川之风类也，远其德也。风物以听之，修诗以咏之，修礼以节之。夫德广远而有节，是以远服而迩不迁。"迩，近。

《说苑》曰：子路鼓瑟，有北都之声。孔子闻之，曰："信矣！由之不才也。”冉有侍，孔子曰：“求来尔，奚不谓由？夫先王之制音也，奏中声为中节。彼小人则不然，执末以论本，务刚以为基。故其音湫厉而微末，以象杀伐之气。夫杀者，乃乱亡之风也。”冉有以告子路，子路曰：“由之罪也。”后果不得其死焉。

《淮南子》曰：扬郑卫之浩乐，结激楚之遗风，此齐人之所以淫泳流湎。

《列女传》曰：夏桀既弃礼义，淫于妇人，求四方美人，积之后宫，造烂漫之乐。

《吕氏春秋》曰：音乐之所由来远矣，故唯得道之人其可与言乐乎！亡国戮民非无乐也，其乐不乐；溺者非不笑也，溺人必笑，虽笑不乐。罪人非不歌也，当死强歌，歌不乐也。乱世之乐有似于此。夫乐有适心，亦有适人之情，欲寿而恶夭，欲安而恶危，欲荣而恶辱，欲逸而恶劳。四欲得，四恶除，则心适矣。

又曰：楚之衰也，作为巫音。高诱注曰：男曰鴅，女曰巫华。

桓谭《新论》曰：夫不剪之室不如阿房之宫，不琢之椽不如磨砻之桷，玄酒不如苍梧之醇，控揭不如流郑之乐。

《乐说》曰：声放散则政荒。崔氏云：由君上骄逸则万物荒散。商声欹散，邪官不理政坏，刑罚不法而威令不行。角声忧愁，为政虐民，民怨故也。民不安业，犹君失政。征声哀苦，事烦民劳，君淫佚。崔氏云：由君邪、民苦于役，羽声倾危则国不安。崔氏云：赋徭重，其民困财物匮。

《梁元帝纂要》云：古艳曲有《北里》、《靡靡》、《激楚》、《流风》、《阳阿》之曲，皆非正声之乐也。流风亦曰结风也。

《唐会要》曰：调露元年，太子使乐工于东宫新作《宝庆》之曲。成，命工者奏于太清观。始平县令李嗣真谓道士刘概、辅俨曰：“此乐商宫不和，群臣相阻之征也；角征失位，父子不协之兆也。杀声既多，哀调又苦。若国家无事，太子受其咎矣。”数月，太子废。

又曰：咸通中，伶官李可久善音律，尤能转喉为新声，音辞曲折，听者忘倦。京师屠沽少年效之，谓之拍弹。时同昌公主除丧，懿宗与郭淑妃悼念不已，可久为《叹百年》舞曲。舞人皆盛饰珠翠，仍画鱼龙地衣以列之。曲终乐阕，珠翠覆地，词语凄恻，闻者流涕。又常于安乐寺作《菩萨蛮》舞，上益怜之。可久常为子娶妇，帝赐酒二银樽，启之，乃金翠也。时宰相曹确、中尉西门季玄屡论之，懿宗不纳。至僖宗即位，宰相崔彦昭奏，遂死于岭表。

《开元传信记》曰：唐开元末年，凉州进新曲。上命诸王于便殿观之。曲终，诸王皆称万岁，独宁王不贺。玄宗征其故，宪曰："此曲虽佳，臣有闻焉。夫曲者，始于宫，散于商，武于角，征羽莫不根柢囊括在于宫商也。臣见此曲宫离而少征，商乱而加暴。夫宫者，君也；商者，臣也。宫不胜则君体卑，商有余则臣事僭。臣恐异日臣下有悖乱之事，陛下有播越之祸，莫不兆于斯曲也。"洎禄山南犯，玄宗西幸，方明宁王审音之妙也。

《大业记》曰：《安公子》是隋炀帝将幸江都宫中所撰。时乐工笛中吹此曲，其父疾发，于卧内闻，泫然流涕。问其子何得此曲，对曰："宫中新翻也。"谓其子曰："宫者，君也。此曲虽在羽调，后有一宫声，往而不返。大驾东巡必不回耳。可托疾勿去。"其精如此。

太平御览卷第五百七十 乐部八

歌一

《释名》曰：人声曰歌。歌，柯也。以声吟咏有上下，如草木有柯叶。充言歌声如柯也。

《尔雅》曰：曰：徒歌谓之谣。

《尚书》曰：帝庸作歌曰："敕天之命，唯时唯几。"用庶尹公谐，故作歌以戒之，安不忘危也。敕，正也。奉天命以临人，唯在顺时，唯在慎微也。乃歌曰："股肱喜哉，元首起哉，百工熙哉。"元首，君也。服肱之臣喜乐，尽忠君之理功，乃起百王之业。乃赓载歌曰："元首明哉，股肱良哉，庶事康哉。"赓，续；载，成也。帝歌归美，股肱乃安，以成其美。又歌曰："元首丛脞哉，股肱惰哉，万事隳哉。"丛脞，细碎无大略。曰君如此，则臣懈，万事隳废，其功不成。歌以申成也。脞音仓果反。

又曰：九功唯序，九序唯歌。六府三事之功，次序皆可歌乐，乃德政之致也。劝之以九歌，俾勿坏。六府三事之功，决序坏，在此三者而已。

又曰：禹曰："于！帝念哉！德唯善政，政在养民。水、火、金、木、土、谷，唯修正德，利用厚生，唯和。九功唯叙。九叙唯歌。"

又曰：诗言志，歌永言，声依永，律和声。

又《五子之歌》曰：太康尸位以逸豫，畋于有洛之表，十旬不反。厥弟五人，御其母于洛之汭。五子咸怨，述大禹之戒，以作歌。其一曰："怨岂在明？不见是图。为人上者，奈何不敬？"其二曰："内作色荒，外作禽荒。甘酒嗜音，峻宇雕墙。有一于此，未或不亡。"其三曰："唯彼陶唐，有此冀方。今失厥道，乱其纪纲，乃砥灭亡。"其四曰："明明我祖，万邦之君。有典有则，贻厥子孙。荒坠厥绪，覆宗绝祀。"其五曰："呜呼曷归，予怀之悲。万姓仇予，予将畴依。郁陶乎予心，颜厚有忸怩，弗慎厥德，虽悔可追。"

《毛诗》曰：情动于中，而形于言；言之不足，故嗟叹之；嗟叹之不足，故永歌之；永歌之不足，故不知手之舞之，足之蹈之也。

又《葛屦·园有桃》曰："心之忧矣，我歌且谣。"

又《谷风·四月》曰："君子作歌，唯以告哀。"

《礼记》曰：子贡问师乙曰："赐也闻声歌各有宜也。如赐者，宜何歌也？"师乙曰："乙，贱工也，何足以问其所宜？请诵其所闻，而吾子自执焉。宽而静，柔而正者，宜歌《颂》。广大而静、疏达而信者，宜歌《大雅》。恭俭而好礼者，宜歌《小雅》。正直而静，廉而谦者，宜歌《风》。肆直而慈爱者，宜歌《商》。温良而能断者，宜歌《齐》。夫歌者，直己而陈德也，动己而天地应焉，四时和焉，星辰理焉，万物育焉。《商》者，五帝之遗声也，商人识之，故谓之《商》。《齐》者，三代之遗声也，齐人识之，故谓之《齐》。明乎《商》之音者，临事而屡断。明乎《齐》之音者，见利而能让。临事而屡断，勇也；见利而能让，义也。有勇有义，非歌孰能保此？故歌者，上如抗，下如队，曲如折，止如槁木，倨中矩，句中钩，累累乎端如贯珠。故歌之为言也，长言之也。说之故言之，言之不足，故长言之；长言之不足，故嗟叹之；嗟叹之不足，故不知手之舞之，足之蹈之也。

又《檀弓》曰：原壤之母死，登木歌曰："狸首之班然，执女手之卷然。"

又《乐记》曰：昔者，舜作五弦之琴，以歌《南风》。

又《檀弓上》曰：孔子蚤作，负手曳杖，逍遥于门。歌曰："太山其颓乎，梁木其坏乎，哲人其萎乎。"

又曰：鲁人有朝祥而暮歌者，子路笑之。

又曰：歌者在上，匏竹在下，贵人声也。

又曰：奠酬而工升，歌发德音也。歌者在上，匏竹在下，贵人声也。

《周礼》：春秋太师大祭祀，师瞽登歌，小师掌教弦歌。教谓教瞽蒙出音弦，谓琴瑟歌依咏诗也。

《左传》：哀二十一年八月，公及齐侯、邾子盟。齐人责稽首，因歌之曰："鲁人之皋，数年不觉，使我高蹈。言鲁人皋绥，数年不知答齐稽首，故使我高蹈来为此会。唯其儒书，以为二国忧。”

又曰：昭十二年，南蒯将适费，饮乡人酒。乡人或歌之曰：“我有圃，生之杞乎！从我者子乎，去我者鄙乎，倍其邻者耻乎！已乎已乎！非吾党之士乎！”已乎已乎，言自遂不改。

又曰：哀五年秋，齐景公卒。冬十月，公子嘉、公子驹、公子黔奔卫，公子鉏、公子阳生来奔。皆景公子在莱者。莱人歌之：“景公死乎不与埋，三军之事乎不与谋，师乎师乎，何党之乎？”

又曰：襄二十五年，崔子称疾不视事。公问，崔子遂从姜氏。姜入于室，公拊楹而歌。歌以命姜氏。

《论语》曰：夫子与人歌而善，必使反之，而后和之。

又曰：楚狂接舆歌而过孔子，曰：“凤兮凤兮，何德之衰？往者不可谏，来者犹可追。已而，已而！今之从政者殆而！”

又曰：子于是日哭，则不歌。

《史记》曰：古《诗》三千余篇。孔子曰：其重，句施于礼义。上采契、后稷，中述殷、周之盛，至幽、厉之缺，始于衽席，故曰：“《关雎》以为《风》始，《鹿鸣》为《小雅》始，《文王》为《大雅》始，《清庙》为《颂》始。”三百五篇孔子皆弦歌之，以求合《韶》、《武》、《雅》、《颂》之音。礼乐自此可得而述。

又曰：汉家常以正月上辛祠太一甘泉，夜到明，忽有流星至于祠坛上，使童男女七十人俱歌。又得神马渥洼水中，为《太一歌》曰：“太一贶兮天马下，治沾赤汗兮沫流赭，今安匹龙为友。”后伐大宛，得千里马、蒲桃，为歌曰：“天马来兮从西极，经万里兮归有德；承灵威兮降外国，涉流沙兮四夷服。”

又曰：箕子朝周，过故殷墟，咸生禾黍。箕子伤之，欲哭则不可，欲泣为近妇人，乃作《麦秀之诗》，以歌咏之，曰：“麦秀渐渐兮，禾黍油油。彼狡童兮，不我好仇所！”狡童者，纣也。民为流涕。

又曰：淳于髡见梁惠王，王屏左右见之，终无言。王让之，髡曰：“王志在音，吾是以默也。”王曰：“会有献歌者，未及言之也。”

又曰：赵武灵王梦见处女鼓琴而歌曰："美人荧兮，颜若舜，华若苕。之荣命兮，曾无我嬴。"旦日，王饮酒乐，言所梦，想见其状。吴广闻之，内其女姓嬴孟姚也。甚有宠，立为后。

又曰：文王克殷，伯夷、叔齐耻之，不食周粟，隐首阳山。作歌曰："登彼西山兮，言采其薇矣。以乱易暴兮，不知其非矣，神农、虞、夏，忽焉没兮，我安适归矣？"

又曰：项羽军壁垓下，兵少食尽。军四面皆楚歌，应劭曰：楚歌者，鸡鸣时歌也。项王乃大惊曰："汉皆已得楚乎？是何楚人之多？"项王乃悲歌忼忾，曰："力拔山兮气盖世，时不利兮骓不逝；骓不逝兮可奈何，虞兮虞兮奈若何！"

《汉书》曰：李延年善歌，武帝幸之。时人语曰："一雌复一雄，双飞入紫宫。"

又曰：孝惠帝所教歌儿百二十人，有缺辄补。

又曰：田横，齐王建之亲族也。秦灭六国，田氏悉为庶人。高祖遣韩信破齐，后定天下，田横乃与五百人深居海岛。高祖即位，遣使者征之。横与将士俱至尸乡亭顿止，横乃奋跃自刎而死，从者不敢哭，遂歌以寄之。今之挽歌，起于此矣。

又曰：张释之为中郎将，从行至霸陵。是时，慎夫人从，上指视慎夫人新丰道曰："此是邯郸道也。"使慎夫人鼓瑟，上自倚瑟而歌。

又班固《颂论功歌诗·灵芝歌》曰：因露寝兮产灵芝，象三德兮瑞应图，延寿命兮光此都。缘上帝兮象太微，参日月兮扬光辉。

又曰：武帝幸雍祠五畤，获白麟，作白麟之歌。

又曰：上幸行河东，祠后土，顾视帝京，忻然中流，歌曰："秋风起兮白云飞，草木黄落兮雁南归。兰有秀才兮菊有芳，怀佳人兮不能忘。泛楼舡兮济汾河，横中流兮扬素波，箫鼓鸣兮发擢歌。忻乐极兮哀情多，少壮几时兮奈老何。"

又曰：孝武帝巡狩，至于盛唐寻阳，浮江亲射蛟江中，获之。舳舻千里，薄枞阳而出。作《盛唐枞阳之歌》。

又曰：高帝崩，皇太后乃令戚夫人髡钳，衣赭舂，舂且歌曰：“子为王，母为虏，终日舂薄暮，常与死为伍。相离三千里，当使谁告汝？”太后闻之，大怒，曰：“乃欲倚汝子耶？”遂鸩杀赵王，断戚夫人手足，去眼，薰耳，名曰“人彘”。

又曰：汉以江都王女昭君妻乌孙，悲愁自作歌曰：“吾家嫁我兮天一方，远托绝国兮乌孙王。穹庐为室兮毡为墙，以肉为食兮酪为浆。居常悲思兮内感伤，愿为黄鹄兮归故乡。”

又曰：燕王旦谋反，事败，王忧懑，置酒万载宫会宾客，群臣妃妾坐饮，王自歌曰：“归空城兮狗不吠，鸡不鸣，横术何广兮，固知国中之无人。”华容夫人起舞，歌曰：“发纷纷兮不暇梳，骨藉藉兮亡居。母求子兮妻求夫，俳徊两渠间兮君子独安居！”

又广陵王胥祝诅事发觉，有司按验有实，使者反。及置酒显阳殿，召太子霸及子女董訾、胡生等夜饮，使所幸八子、郭昭君、家人子赵左君等，王自歌曰：“空久生兮无终，长不乐兮安穷！奉天期兮不得须臾，千里马兮驻待路。黄泉下兮幽深，人生要死兮何为苦心，可用为乐心所喜，出入无悰为乐亟。蒿里召兮郭门阅，死不得取代庸，身自逝。”

又曰：元帝自度曲被歌。注云：声终更授其次曰度曲。“度曲未终，云起雪飞”是也。

谢承《后汉书》曰：祭遵为将，取士皆用儒术，对酒设乐，必雅歌投壶。

《东观汉记》曰：朱酺，明帝时为益州刺史。移书属郡，喻以圣德。白狼王等百余国重译来庭，歌诗三章，酺献之。

《后魏书》曰：郑道昭字僖伯。兼中书侍郎。从征河北，高祖飨侍臣于悬瓠，于大竹堂道。昭与兄懿俱侍坐。乐作酒酣，高祖乃歌曰：“日月光天兮无不曜，江左一隅兮独未照。”彭城王勰续歌曰：“愿从圣主兮登衡会，万国驰诚兮混日外。”郑懿歌曰：“云雷大振兮天地辟，率土来宾一正历。”邢峦歌曰：“舜舞干戚兮天下归，文德远被兮莫不思。”道昭歌曰：“皇风一鼓兮九地匝，戴日依天兮请六合。”高祖又歌曰：

"遵彼汝坟兮昔化贞，未若今日兮道风明。"宋弁歌曰："文王政教兮晖江沼，宁如大化兮光四表。"

《吴书》曰：留赞初为将，临敌必先被发叫天，因抗音而歌，左右应之，乃进战。

《晋书》曰：三月上巳日，会稽夏统，字仲御，入洛阳市药。太尉贾充问曰："卿能土地曲乎？"统曰："百姓怀君恩作《慕歌》，为孝女曹娥作《河女之章》，为伍子胥作《小海唱》，今欲之。"充曰："善。"乃以足扣舷船，引声喏喉，清激慷慨，大风应至，含水激天，云雨响集。充曰："听《慕歌》之声，便仿佛见大禹之容。闻《河女》之音，不觉涕泣交下。即谓伯姬高行在目前，聆《小海》之唱，谓子胥、屈平立吾之左右矣。"

又曰：袁山松善音乐。旧歌有《行路难》曲，词颇疏质。山松乃文其辞句，婉其节制，因酣歌之。闻者流涕。

又曰：应詹督南平、天门、武陵三郡事。时政令不一，诸蛮怨望，并谋背叛。詹召蛮酋，破铜券与盟，由是怀詹，数郡无虞。其后天下大乱，詹境独全。百姓歌之曰："乱离既普，殆为灰朽；侥幸之运，赖兹应后。岁寒不凋，孤境独守。拯我涂炭，惠隆丘阜；润同江海，恩犹父母。"

又曰：山简傲诞好酒，尝止襄阳习公池。日晚醉归，自歌曰："山公时一醉，遥造高阳池。日暮倒载归，酩酊无所知。时复能骑马，倒着白接篱。举头问葛强，何如并州儿？"

《晋阳秋》曰：高祖伐公孙渊，过本县，赐牛酒谷帛，郡守典农会。墓次，父老故旧燕饮。高祖作歌曰："天地开辟，日月重光。今遭际会，奉辞遐方，将扫逋秽，还过故乡。肃清万里，总齐八荒。告成归老，待罪舞阳。"

邓粲《晋纪》曰：太子洗马郭讷字敬言，尝入洛，观伎人歌言佳，石崇问其曲，讷不知。崇笑："卿不识曲，那得言佳？"讷答："譬如见西施，何必识其姓名然后知美？"崇无以难。

崔鸿《十六国春秋》曰：初，苻坚二十五年灭慕容，冲姊清河公主年十四，有姝色，坚纳之，宠冠后庭。冲时年十二，亦有龙阳之美，坚又幸之。

姊弟专宠，宫人莫进。长安中歌之曰："一雌与一雄，双飞入紫宫。"咸惧为乱，王猛切谏，乃出冲。冲卒为坚贼。

又《前燕录》曰：慕容廆父涉归分户以封长庶子，吐谷浑分马以给之。及廆嗣位，而二部马斗。廆怒，遣使让浑曰："先公分建有别，奈何不相远离而令马有斗伤？"浑曰："马饮食水草，门其常性，何故怒及于人？兄弟至亲而斗起于马，当去汝万里。"于是遂西移八千里。廆后悔之，遣乙那楼追浑谢之，乃拥回浑马。马东行数百步，辄悲鸣西奔，冲突山谷，如是者十余曰。此非人事，遂附阴山面黄河。晋永嘉之乱，南迁陇右，廆以孔怀之思作《吐谷浑阿干歌》，岁暮穷思，常歌之。及儁垂僭号，以为辇后大曲。

《孟嘉别传》：桓温问嘉曰："听伎，丝不如竹，竹不如肉，何谓也？"答曰："渐近自然。"一坐咨嗟。

《晋书》曰：孝武太元中，琅琊王轲之家有鬼歌《子夜》。殷允为章郡，侨人庾僧度家亦有鬼歌《子夜》。殷允为章郡亦是太元中，则子夜是此时以前人也。

《齐书》曰：萧惠基解音律，尤好魏三祖曲。及《相和歌》，每奏，辄赏悦不能已也。

《梁书》曰：羊侃有妓孙荆玉，能反腰怗地，衔得席上玉簪。初赉歌人王娥儿，东宫亦赉歌者屈偶之，并妙尽奇曲，一时无对。

《唐书》曰：刘禹锡贬朗州司马，蛮俗好巫，每淫祠鼓舞，必歌俚辞。禹锡或从事于其间，乃依骚人之作为新辞，以教巫祝。故武陵溪洞间夷歌，率多禹锡之辞也。

又曰：开元中，歌工长孙元忠，元忠之祖受于侯将军贵昌，并州人也，亦代习北歌。贞观中，有诏令贵昌以其声教乐府。元忠之家代相传习如此，虽译者亦不能通知其辞。盖年岁久远，失其真矣。丝桐唯琴曲有胡笳声。

太平御览卷第五百七十一　乐部九

歌二

《家语》曰：孔子厄于匡，谓子路曰："汝歌，予和汝。"子路弹剑，孔子和之。曲终，匡人解甲。

又曰：孔子相鲁，齐人患其将霸，欲败其政，乃选好女子八十人，衣以文锦而舞容玑，及文马四十。季桓子受女乐，君臣淫荒，三日不听国政，郊至又不致膰祭肉名也俎于大夫。孔子遂行，作歌曰："彼妇人之口，可以出走；彼妇人之请可以死败。优哉游哉，聊以卒岁。"

《吕氏春秋》曰：管子得于鲁，鲁束缚而槛之，使役人载而送之。齐皆讴歌而引。管子恐鲁之止而杀己也，欲速至齐，因谓役人曰："我为汝歌，汝为我和。"其和适宜走，役人不倦而取道甚远。管子可谓能因矣，役人得其所欲，己亦得其所欲。以此术也，是用万乘之国，其霸犹少。

又曰：周申喜亡其母，闻乞人歌于门下而悲之，动于颜色，自见而问焉何故。而乞与之语，乃是其母也。故父母之于子也，子之于父母也，一体而分，得同血气与而异息。若莽草之华实，树木之有根心，离处而通，忧思相感也。

又曰：禹年三十未娶。有行涂山，恐时日暮。吾娶必有应也。乃有白狐九尾而造禹，禹曰："白者，吾服也；九尾，其证也。"涂山人歌曰："绥绥白狐，九尾庞庞；成家成室，我都彼昌。"禹因娶涂山女。

《吴越春秋》曰：《采葛》，越之妇人伤越王用心，乃作《若何之歌》，辞曰："尝胆不苦味如饴，今我采葛以作丝。"

又曰：越王入吴，与诸大夫别于浙江，遂登船径去，终不反顾。越王夫人乃据船而哭，复见啄江涯之虾，飞去者复来。哭讫，即承之以歌，其辞曰："两飞乌兮戴作载，何居食兮江湖。水中虫子曰虾，去复反兮呜呼。始事君兮去家，终我命兮君都。中年过兮何辜？离我国兮入吴，妻为婢兮夫为奴。岁昭昭兮难极，冤痛悲兮心恻，呜呼哀兮忘食。”

《越绝书》曰：伍子胥走，至吴江上，见渔者，曰：“来渡我。”渔者知其非恒人也，欲往渡之，恐众人知之，即歌而往过之曰：“炤炤侵已，施于子期。”甫芦之子胥从复歌曰：“心中悲，曰已施，子可渡河不出为。”船到即载，入船即伏。

《战国策》曰：齐人冯谖属孟尝君，愿寄食门下，孟尝君笑而受之。有顷，倚柱弹其剑铗，歌曰：“长铗归来乎，食无鱼。”左右以告，孟尝君曰：“食之，比门下之客。”复弹其剑铗，歌曰：“长铗归来乎，出无车。”又弹其剑铗，歌曰：“长铗归来乎，无以为家。”

《魏氏春秋》曰：阮籍少时游苏门山，有隐者，籍对之长啸，苏门生莞尔而笑。籍既降，苏门生亦啸，若鸾凤之音。籍乃假苏门生之论，以寄所怀。歌曰：“日没不周西，月出丹渊中。阳精蔽不见，阴光代为雄。富贵俯仰间，贫贱何必终。”又歌：“天地解兮六合开，星辰霣兮日月颓，我腾而上将何怀。”

《帝王世纪》曰：舜恭已无为，歌《南风之诗》，诗曰：“南风之时兮，可以阜吾人之财兮。南风之薰兮，可以解吾人之愠兮。”

《尚书大传》曰：维五祀奏钟石，论人声，始欲改尧乐。及乃鸟兽咸变于前。百兽率舞之属。秋养耆老而春食孤子，乃浡然《招》乐，兴于大麓之野。报事还归二年，谈然乃作《大唐之歌》。谈犹灼也。大唐之歌，美尧之禅也。歌者三年，昭然乃知乎王世，明有不世之义。《招》为宾客而《雍》为主人。招、雍皆乐音名也。宾人奏招，主人入奏雍也。始奏《肆夏》，纳以《孝成》。始谓尺入时也。纳谓荐贤时也。肆夏、考成皆乐章名也。舜为宾客而禹为主人，舜既使禹摄天子之事，于祭祀避之，居宾客之位。献之以酒则为亚贤也矣。乐正道赞曰：“尚考大室之义，唐为虞宾，尚考犹言古考，谓往时也。太室，明堂之中央室也。义当为仪。仪，礼也。谓祭大室礼，先为舜，宾之也。至今衍于四海。衍犹溢也。言舜之禅天下至于今，其德义溢满四海也。成禹之变，垂于万世之后。”帝乃唱之曰：“卿云烂兮，和气之明者也。礼缦缦兮，教化广远。日月光华，旦咸旦兮。”言明明相代。八佾咸进稽首曰：“明明上天，烂然星陈；日月光华，弘于一人。”帝乃再歌曰：“日月有常，星辰有行。四时从经，万姓允诚。施于论乐，配天之灵。迁于贤圣，莫不咸听，长乎歌之，轩乎侃之，精华已竭，褰裳去之。”于时八风循涌，卿云丛丛。蟠龙偾信于其藏，蛟鱼跃踊于其渊。龟鱼咸出于其穴，迁虞而事夏也。

《孔丛子》曰：叔孙氏之车子、鉏商，樵于野而获麟焉，众莫之识，以为之不祥，弃之五父之衢。冉有告曰：“麇而肉角，岂天之妖乎？”夫子曰：“今何在？吾将观焉。”遂泣曰：“予之于人犹麟，仁兽出而死，吾道穷矣。”歌曰：“唐虞世兮麟凤游，今非其时来何求，麟兮麟兮我心忧。”

又曰：哀公使以币如卫迎夫子，而卒不能官，故夫子而作《丘陵之歌》，曰：“登彼丘陵，山施其阪。仁道在迩，求之若远。迷而不复，自婴屯蹇！”

又曰：楚王使奉金帛聘夫子。宰予、冉有曰：“夫子之道于是行矣。”遂请见，问夫子曰：“太公勤身苦志，七十而遇文王，孰与许由之贤？”夫子曰：“许由，独善身者也；太公、兼天下者也。然今世无文王之君，虽有太公，孰识之哉？”乃歌曰：“大道隐兮礼有基，贤人窜兮将待时，天下如一兮欲何之？”

《说苑》曰：曾子耘瓜而误斩其根，曾皙怒，援大杖击之。曾子仆地，有顷乃苏，蹶然而起，进曰：“曩者参得罪于大人，大人得无疾乎？”退屏鼓琴而歌，令曾皙听其歌声而和。

《庄子》曰：孔子穷于陈、蔡之间。七日不火食羹不糁，颜色甚惫，歌于室不辍。

又曰：子桑户、孟子反、禽张三人相与友。有间而子桑户死，相和而歌。子贡曰：“敢问临尸而歌，礼乎？”二子相视而笑：“是恶知乎礼意也。”

又曰：庄子妻死，惠子吊之，箕踞鼓盆而歌。惠子曰：“不哭亦足矣，歌不亦甚乎？”庄子曰：“人且偃然寝乎巨室，而我哭之，是不通乎命，故止也。”

又曰：曾子居卫，捉衿而肘见，纳履而踵决，曳履而歌《商颂》，声满天地，若出金石。

夏侯玄《辨乐论》曰：昔伏羲氏因时兴利，教民田渔，天下归之，时则有《网罟之歌》。神农继之，教民食谷，时则《丰年之咏》。黄帝备物，始垂衣裳，时则有《龙衮之颂》。

《古今乐录》曰：周文王时，凤凰衔书而至，文王乃作歌。

又曰：尧郊天地祭神在座上有响，诲尧曰：“水方至为宫，命子救之。”尧乃作歌。又黄帝、尧之世，民乐无事，击壤之欢，庆云之瑞，因以作歌。

又曰：《白日落西山歌》者，沈攸之发荆州，未败之前，思归京师所作歌也。

又曰：《莫愁乐》者，亦因《石城乐》而有此歌。石城西有女子名莫愁，善歌谣，且石城乐和，中有忘愁声，因有此歌。

又曰：秦始皇祠水群，有黑头公从河中出，呼始皇曰：“来受天宝。”乃与群臣作歌。

又曰：昔炎帝时，有娀之覆以玉筐，少选视之，燕遗二卵五色，北飞，逐之不及。二女作歌，始作北音。夏孔甲田于东阳，迷入民室。主人方乳，曰：“后来大吉。”或曰：“不胜之子必有殃。”孔甲取其子归，曰：“为余子，谁敢殃之？”及成人，幕动折斧，被斩足，孔甲为作《斧斤之歌》，始为东音。周昭王征荆，辛余靡长且多力，为王右。涉汉梁败，王及祭公殒于汉中。辛余靡振王北济，又反振祭公。周公候之于西翟，实为长公。殷整甲从宅西河，追思故处，始作西音，长公继是音以处西山。此盖四方之歌也。

又曰：许由者，古之贞固之士也。尧时，为布衣，徒步，不与远方交通，衣食财得自足。夏则巢居，冬则穴处。无杯杅，每以手捧水而饮之。人有见其饮无杯，以瓢遗之，许由受以操，饮毕则挂于树枝。风吹树，瓢摇动，历历有声。许由尚以为繁扰，取而弃之。以清节约闻于尧。尧大其志，乃遣使以符玺禅为天子。于是许由喟然叹曰：“匹夫结志，固如盘石。采山饮河，所以养性，非以求禄位也。放发一优游，所以安已不惧，非以贪天下也。”使者有愧，还以状报尧。尧知许由不可动，亦已矣夫。于是许由以使者言为不善，乃临河洗耳。樊坚见由方且洗耳，问之：“耳有垢乎？”由曰：“无垢，闻恶语耳。”坚曰：“何等语者？”由曰：“尧聘吾为天子。”坚曰：“尊位何为恶之？”由曰：“吾志在青云，何乃劣劣当作九州伍长乎？”于是樊坚方且饮牛，闻其言而去，耻饮子之下流，于是许由名布四海。尧既殂落，乃作《箕山之歌》曰：“登彼箕山兮瞻望天下，山川丽崎，万物还普。日月运照，靡不记睹。游放其间，何所却虑。叹彼唐尧，独自愁苦，劳心九州，忧勤后土。谓余钦明，传禅易祖，我乐如何，盖不盼顾。河水流兮缘高山，甘瓜施兮弃绵蛮，高林肃兮相错连，居此之处傲尧君。”其后许由死，遂葬于箕山。

又曰：周太伯者，周太王古公之长子也。古公有子三人，长者太伯，次者虞仲，少者季历。季历之子名昌，昌即文王也。古公寝疾将死，国当有传，心欲以传季历，乃呼三子谓曰：“我不起此病，继体兴者，其在昌乎？”太伯见太王传季历，于是太伯与虞仲俱去。被发文身以变形，托为王采药。后闻古公卒，乃还奔丧，哭于门外，示夷狄之人不得入王庭。于是季历谓：“太伯长子也，伯当立，何不就？”太伯曰：“吾生不供养，死不饭含，哭不临棺。不孝之子，焉得继父乎？断发文身，刑余之人也，戎狄之民也。三者除焉，何可为君矣？”季历垂涕而留之，终不肯止。遂委而去，到江海之涯，吟咏优游，仰览俯观，求膏腴之处，遂适于吴。率以仁义，化以道德。荆越之人，移风易俗，成集韶夏，取象中国，乃太伯之化也。是后，季历作哀慕之歌章曰：“先王即徂，长賔异都。哀丧腹心，未写中怀。追念伯仲，季我何如？栝桐萋萋，生于道周。宫馆徘徊，台阁既除。何为远去，使此空虚。支骨离别，垂思南隅，瞻望荆越，涕泪交流。伯兮仲兮，逝肯来游，自非二人，谁诉此忧？”

又曰：拘羑里者，谓纣拘文王于羑里也。文王未能政，候时修道德，百姓亲附。文王有子，其二子皆圣。是时崇侯虎与文王列为诸侯，德不及文王，常疾之。乃谮文王于纣曰：“西伯昌，圣人也。长子发，仲子旦，皆圣。三圣合谋，将不利于君。君宜虑之。”纣曰：“冠虽敝，宜加于上；屦虽新，宜处于下。文王虽圣，安可克我？”崇侯谮文王至十，纣用其言，乃徙文王于羑里，欲杀之。于是文王四臣太颠、宏夭、散宜生、南宫适之属，往见文王。文王为矉，反目者，纣之好色也；拊桴其腹者，言欲得奇宝也；蹀躞其足者，使疾迅也。于是乃周流海内，经历丰土，得美女二人，水中太宝，白马朱鬣，以献于纣，陈其中庭。纣见之，仰天而叹曰：“嘻哉！此谁宝？”散宜生趋而进曰：“是西伯之宝，以赎刑罪。”纣曰：“于寡人何其厚也。”立出西伯。纣谓宜生“谮岐侯者，长鼻决耳也。”宜生还，以状告文王，乃知崇侯虎谮之。文王在羑里时，演八卦以为六十四，作郁尼之辞。据于石，困于蒺藜，乃申愤以作歌章曰：“殷道溷溷，浸浊烦兮。丹紫相合，不分别兮。迷乱声色，信谀言兮。阘阘之虎，使我蹇兮。幽闲牢狱，谁其言兮？无辜桎梏，谁所宣兮？遘我四人，皆忧勤兮。得此珍玩，且解大患兮。仓皇迄命，遗后昆兮。作此象变，兆在昌兮。钦承祖命，天不丧兮。遂临下土，在圣明兮。讨暴除乱，诛逆王兮。”

又曰：庄周者，齐人也。明笃学术，多所博达。进准见，方来却睹未发。是时齐湣王好为兵事，习用干戈。庄周儒士，不合于时。自以不用，行欲避乱，自隐于山岳。后有达庄周于湣王，遣使赍金百镒以聘相位，周不就。使者曰：“金，至宝；相，尊官，何辞之为？”周曰：“君不见夫郊祀之牛，衣之以朱采，食之以禾粟，非不乐也。及其用时，鼎镬在前，刀俎列后，当此之时，虽欲还就孤犊，宁可得乎？周所以饥不求食，渴不求饮者，便欲全身远害耳。”于是重谢，使者不得已而去。后引声歌曰：“天地之道，近在胸臆；呼噏精神，以养九德。渴不求饮，饥不索食；避世俟道，志洁如玉。卿相之位，难可宜当。岩岩之石，幽而清凉，枕块寝处，乐在其央，寒凉回固，可以久长。”

杨泉《物理论》曰：始皇起骊山之冢，使蒙恬筑长城，死者相属。民歌曰：“生男慎勿举，生女哺用脯。不见长城下，尸骸相支柱。”

《世说》曰：晋武帝问孙皓：“闻吴人好作《汝歌》颇能不？”皓正饮酒，因举觞劝帝而言曰：“昔与汝为邻，今与汝为臣；上汝一杯酒，令汝寿万春。”帝悔之。

《琴操》曰：王昭君，齐国王襄汉元帝时献入后宫。帝以妻单于，昭君心念乡土，乃作怨旷之歌曰：“秋木萋萋，其叶萎黄。有鸟爰止，集于苞桑。既得升云，游倚唯房。志念幽沉，不得颉颃。我独伊何，改往变常。翩翩之燕，远集西羌。高山峨峨，河水泱泱。呜呼哀哉，忧心恻伤。”

太平御览卷第五百七十二 乐部十

歌三

《山海经》曰：夏后开上三嫔于天，得《九辨》与《九歌》以下焉。开始歌《九招》，招于天穆之野。上美人于天帝，得天乐下也。帝俊八子，是始为歌。帝俊即帝舜也。

《太元真经·茅盈内记》曰：秦始皇三十年九月庚子，盈曾祖于华山之中，乘云驾龙，白日升天。是时，其邑谣歌曰："神仙得者茅初成，驾龙上升入泰清，时下玄洲戏赤城，继世而往在我盈，帝若学之腊嘉平。"始皇闻谣歌，乃有寻仙之志，因改腊曰嘉平。

《楚词》曰：《九歌》者，屈平之所作。昔楚南郢之邑，沅湘之间，其俗敬鬼神。于夜必作乐鼓舞，以乐诸神。屈原放逐，窜伏其域，见俗人祭祀之礼，其辞鄙陋，为作《九歌》之曲。

《风俗通》曰：张仲春，武帝时人也。善雅歌，与李延年并侍。每奏新歌，莫不称善。然不知休息，终至于败亡。以论人之进退，当有节奏。

又曰：百里奚为秦相，堂上作乐。所赁浣妇自言知音，呼之援琴，抚弦而歌曰："百里奚，初娶我时五羊皮，临当别行烹乳鸡，今适富贵忘我为？"因寻问之，乃其妻。

《世说》曰：王昙孙年十四五便歌，诸妓向谢公称叹王郎能歌，谢公甚欲闻之。而王既名家年少，无由得闻。诸妓又具向王说谢公意。后出东府土山上作伎。王时作两丸髻，着袴褶，骑马住土山下庾家墓林中，作一曲歌。于时秋月，王因举头看北林，卒曲便去。土山上，妓白谢公曰："此是王郎歌也。"

《说苑》曰：襄成君始封之日，衣翠衣，带玉彘剑，履蹻舄，立乎流水上。楚大夫庄辛过而说之曰："臣愿把君之手，其可乎？"襄成君忿然作色而不言。庄辛迁延而称曰："君独不闻夫鄂君方乘青翰之舟，张翠盖，会钟鼓之音，越人拥楫而歌曰：'今夕兮搴洲中流，何日兮得与王子同舟。山有树木兮木有枝，心说君兮君不知。'于是鄂君乃举绣被而覆之。"

《三辅决录》曰：梁鸿东出关，过京师，作五噫之歌曰："陟彼北邙兮，噫！顾瞻帝京兮，噫！宫阙崔嵬兮，噫！民之劬劳兮，噫！辽辽未央兮，噫！"肃宗闻而悲之，求鸿不得。

刘向《别录》曰：汉兴已来善歌者，鲁人虞公，发声清哀，盖动梁尘。受学者莫能及也。

石崇《楚妃歌辞序》曰：《楚妃叹》莫知所由。楚之贤妃能立德著勋垂名于后世者，唯楚姬焉。故为歌辞。

《襄阳耆旧传》曰：宋玉识音而善文，襄王好乐而爱赋，既美其才而憎其似屈原也。乃谓之曰："子盍从楚之俗，使楚人贵子之德乎？"对曰："昔楚有善歌者，王其闻欤？始而曰《下俚巴人》，国中唱而和之者数万人。中而曰《阳阿》、《采菱》，国中唱而和之者数百人。既而曰《阳春白雪》、朝日《鱼丽》，含商吐角，绝节赴曲，国中唱而和之者，不过数人。盖其曲弥高，其和弥寡。"

《穆天子传》曰：宴西王母于瑶池之上，西王母为天子歌曰："白云在天，山陵自出。道里悠远，山川间之。将子无死，尚能复来？"天子答曰："子归东土，和治诸夏。万民平均，吾顾见汝。比及三年，将复而野。"

又曰：天子东游于黄泽，宿于曲洛，洛水曲也。使宫乐谣曰："黄之池，其马喷沙；音普闷反。黄之泽，其马喷玉。"

《汉武内传》曰：西王母降，命侍女安法婴歌《玄云曲》曰："大象虽云寥，我把天地户。披云泛灵舆，倏忽适下土。泰真灵中唱，始知风尘苦。颐神三田中，约精六阙下。"上元夫人自弹云林之璈，鸣弦骇洞，清音零朗。乃奏《步玄曲》，其辞曰："黄陟真道腾，步玄登天霞。负笈造天关，借问太上家。忽遇紫微圃，真人列如麻。流星清飚起，云盖映朱葩，兰房辟林阙，碧室启琼沙，丹台结空构，晔晔生露华。谁言终有终，扶桑不为查。”王母命侍女田四非答歌，其辞曰：“晨登太霞宫，挹此玉水兰。夕入玄圃阙，采蕊掇琅玕。濯足瓠瓜河，织女立津盘。吐纳抱景云，味之当一餐。朝发漫汗府，暮宿钩陈垣。莫与世人说，行尸言此难。”

《列女传》曰：赵简子南击楚，津吏醉卧，不能渡。召欲杀之，津吏女娟持楫而前曰：“昔父闻君东渡不测之水，恐风波之起，故祷九江三淮之神，不胜巫祝杯酒饮，沉醉至于此矣。妾愿鄙躯易父之死。”简子将渡，用楫少一人，娟愿备员用楫，遂与渡。中流，奏《河激之歌》，歌曰：“升彼阿兮西观，清水扬波兮杳冥，祷求福兮醉不醒，诛将加兮妾心惊。蛟龙助兮主将归，呼来掉兮行勿疑。”简子大悦，立为夫人。

《文士传》曰：太祖雅闻阮瑀，辟之不应。连见逼，乃逃入山中。使人焚山得瑀，送至，召入。太祖时征长安，大延宾客，怒瑀，不与言，使就伎入列。瑀善解音，能鼓琴，抚弦而歌曰：“弈奕天门开，大魏应期运。青盖巡九州，在东西人怨。士为知已死，女为悦者玩。恩义苟潜畅，他人焉能乱。”为曲既捷，音声殊妙，太祖大悦。

《淮南子》曰：歌《采菱》，发《阳阿》，鄙人听之，不若《延露》、《陵阳》。非歌拙也，听各异也。

又曰：宁戚欲干齐桓公，困穷无以自达。为商旅，将任车任，载也。毛诗曰：我任我辇也。以商于齐，暮宿于郭门之外。桓公郊迎客，夜开门。宁戚饭牛车下，望见桓公而悲击牛角，而疾商歌，歌曰：“南山粲，白石烂，短褐单衣长止骭。生不逢尧与舜禅，终日饲牛至夜半，长夜漫漫何时旦。”桓公闻之，抚其仆之手，曰：“异哉？歌者非常人也。”命后车载之。

又曰：易道良马使人欲驰，饮酒而乐使人欲歌。

《燕丹子》曰：荆轲入秦，不择日而发。太子与知谋者，皆素衣冠，送之于易水之上。荆轲起为寿，歌曰：“风萧萧兮易水寒，壮士一去兮不复还。”高渐离击筑，宋意和之。

《孟子》曰：有孺子歌曰："沧浪之水清兮，可以濯我缨；沧浪之水浊兮，可以濯我足。"孔子曰："小子听之哉！"

《韩子》曰：宋王筑武宫讴倡，行者心欢，筑者不倦。王召赐之，对曰："臣师射瞀之讴贤于臣。"召使之讴，行者不止，筑者甚倦。王怪问，对曰："王试度其功。"美四板，射瞀八板甚坚；美五寸，射瞀二寸。

《列子》曰：林类年且百岁，拾遗穗于故畦，并歌并进。孔子适卫，望之于野，顾谓弟子曰："彼可与言者，试往讯之。"子贡请行，逆之垅端，面而叹曰："先生曾不悔乎？行歌拾穗。"林类行不留，歌不辍。

《逸士传》曰：尧时有八九十老人，击壤而歌曰："日出而作，日入而息。凿井而饮，耕田而食。帝何力于我哉？"

《列女传》曰：鲁陶婴妻者，夫死守志不二。作歌诗曰："悲夫，黄鹄之早寡，七年不双。宛劲独宿，不与众同。夜半悲鸣，想其故雄。天命早寡，独宿何伤？寡妇念此，泣下数行。呜呼悲哉，死者不可忘，飞鸣尚然，况于贞良。虽有贤雄，终不可重行。"

韦昭《洞历记》曰：纣无道，比干知极谏必死，作《秣马金阙》之歌。

《西京杂记》曰：高帝令戚夫人歌《出塞望归》之曲，侍婢数百皆为之，后宫齐唱，声入云霄。

又曰：贾佩兰说在宫中时，常以弦管歌舞相娱，竞为妖服以趋良时，十月十五共入灵女庙，吹笛击筑，歌《上云》之曲，而相连臂踏地为节，歌赤凤来也。

《洞冥记》曰：汉武帝使董谒乘浪霞之辇以升坛，侯王母。王母至，与宴，歌奏《春归》之乐。谒乃闻王母歌声，而不见其形。歌声绕梁三匝乃上，旁梁草树枝叶皆动，歌之感也。

张华《博物志》曰：薛谈学讴于秦青，未穷青之技而辞归。青饯于郊，乃抚节悲歌，声振林木，响遏行云。谈乃谢，求返归。

辛氏《三秦记》曰：陇右西开，其阪九回，不知高几里。欲上者七日越，高处可容百余家，下处数十万户，上有清水四注流下。俗歌曰："陇头流水，鸣声幽噎。遥望秦川，心肝断绝。"

黄閔《武陵记》曰：有绿罗山，侧岩垂水悬萝，百里许，得明月池，碧潭镜澈，百尺见底。素岸若雪，松如插翠。流风叩阿，有丝桐之韵。土人为之歌曰："仰兹山兮迢迢，层石构兮，峨峨。朝日丽兮阳岩，落景梁兮阴阿。彰鳌兮生音，吟籁兮相和。敷芳兮绿林，恬淡兮润波。乐兹潭兮安流，缓尔櫂兮咏歌。"

《宜都山川记》曰：峡中猿鸣清，山谷传其响，泠泠不绝。行者歌之曰："巴东三峡猿鸣悲，猿鸣三声泪沾衣。"

郑缉之《东阳记》曰：歌山在吴宁县，故老相传云：昔有乘船从下过，见一女子，汲乃登此山，负水行歌甚妍，而莫之所由，故名歌山。

刘欣期《交州记》曰：俗好鼓琴，牧竖于野泽乘牛唱辽辽之歌，歌曲说牛力强弱，耕具轻重也。僮隶于月下抚掌发烈谣。

魏太山《秦州记》曰：陇西郡陇山，其上悬吐溜于中岭泉亭，因名万石泉。泉溢漫散而下，涓浍皆注。有人升此而歌。

纪义《宣城记》曰：临城县南三十里有盖山。登百许步，有舒姑泉。俗传云有舒氏女，未适人，与其父析薪于此。女坐泉处，牵挽不动，遽告家。比还，唯见清泉湛然。母云：女好音乐。乃作弦歌，泉涌回流，双鲤赴节。

盛弘之《荆州记》曰：临贺冯乘县有歌父山。传云有老人不娶室而善歌，闻者莫不洒泣。年八十余而声逾妙，及病将困，命乡里六七人与上山穴中。邻人辞归，老人歌而送之。声振林木，响遏行云，余音传林，数日不绝。

太平御览卷第五百七十三　乐部十一

歌四

司马相如《琴歌》曰：凤兮凤兮归故乡，遨游四海索我皇。时来通遇无所将，何悟今夕升斯堂。有艳淑女在此房，室迩人遐毒我肠，何缘交接为鸳鸯？

崔琦《四皓颂》曰：昔南山四皓者，盖角里先生、绮里季、夏黄公、东园公是也。秦之博士，遭世暗昧，道灭德消，坑黜儒术，《诗》《书》是焚。于是四公退而作歌曰："莫莫高山，深谷灭哉。晔晔紫芝，可以疗饥。唐虞世远，吾将何归？驷马高盖，其忧甚大。富贵畏人兮，不如贫贱之肆志。"

《乐志》：曹植尝为琴调歌曰："于嗟此转达，夙夜无休闲。东西经七陌，南北越七阡。愿为中林草，秋随野火燔。靡灭岂不痛，愿与株叶连。"

司马相如《美人赋》曰：有女独处，婉然在床。奇葩逸丽，素姿艳光。睹臣微笑而言曰："上客何国之君子，无乃远乎？"遂设旨酒，进鸣琴，玉钗挂臣冠，罗袖拂臣衣，抚弦而为幽兰之曲。女乃歌曰："独处室兮郎无依，思佳人兮情伤悲。彼君子兮来何迟？日将暮兮华发衰。"

魏文帝《答繁钦书》曰：守宫王孙世有女曰璅，姑年九岁，梦与神通，寤而悲吟，哀声激切，体若飞仙，于今十五。是日戊午，祖于北园，博延众宾，迭奏名倡。世女须臾而至，厥状甚美。于是振袂徐进，扬蛾微眺，众倡腾逝，群宾失席。然后修容饰妆，改曲变度，激清角扬。白雪接孤，声赴危节。于是商风振条，飞雾成霜。可谓声协钟石，气应风律，网罗《韶护》，囊括《郑》《卫》者也。

繁钦笺与魏文帝曰：都尉薛访车子年始十四，能喉啭引声，与葭同音。自上呈见，果如其言。即日故共观试，乃知天壤之所，诚有自然之物也。潜气内啭，哀音外激，大不抗越，细不幽散，声悲旧美，曲常均。

《国史补》曰：李衮善歌于江外而名动京师。崔昭入朝，密载而至。乃邀致宾客，请弟一部乐及京师之名倡，以为盛会。给言表弟，请登末座。令衮披衣而出，满座皆笑。少顷，命酒昭曰："请表弟歌。"座中又笑。及喉啭一发，乐人皆大惊，曰："是李八郎也。"乃罗拜之。

《乐府杂录》曰：踏摇娘者，生于隋末。河内有人丑貌而好酒，常自号郎中，醉归必殴其妻。妻色美善歌，乃自歌为怨苦之词。河朔演其曲而被之管弦，因写其夫妻之容。妻悲诉每摇其身，故号踏摇娘。近代优人颇改其制度，非旧旨也。

又曰：开元中，有人许和子者，本吉州永新县乐家女也。开元末，进入宫，因以永新名之，籍于宜春院。既美且惠，善歌，能变新声。韩娥、李延年殁后，千载旷其人，至永新始继其能。遇高秋朗月，台殿清虚，喉啭一声，响传九陌。明皇尝独召李谟吹笛，逐其歌，曲终管裂，其妙如此。一日，赐大酺于勤政楼，观者数十万众，喧哗聚语，莫得闻鱼龙百戏之音。上怒，欲罢宴。中官力士奏请命永新出楼，歌一曲必可止喧，上从之。永新乃撩鬓举袂，直奏慢声。至是，广场寂寂，若无一人。义者闻之血涌，愁者闻之肠绝。洎渔阳之乱，六宫星散，永新为一士人所得。韦青避地广陵，因月夜凭栏于小河上。忽闻舟中唱《水调》者，曰："此永新故歌也。"乃登舟省之，因与永新对泣久之。青始晦其事，后士人卒与其母之京师，终于狭斜间。

又曰：古之能者，即有韩娥、李延年、莫愁。莫愁者，女子也。《乐府诗》云："莫愁在何处，莫愁石城西。艇子打两桨，催送莫愁来。"善歌者，必先调其气，氤氲自脐间发至喉，乃忆其词，即分抗坠之音。既得其术，即可致遏云响谷之妙也。

又曰：大历初，有才人张红者，本与父唱歌丐于衢路，因过将军韦青所居。在昭国坊南门也。青于看街窗中闻其歌喉寥亮，仍有美色，即纳为姬。其父亦舍于后户，优给之。乃自传其艺，颖悟绝伦。常有乐工自撰一曲，即古曲《长命西河女》也。加减其节奏，颇有新声。未进间，先印可于青。青潜令红于屏风后听之，红乃以小豆数合以记其节拍。

乐工歌罢，青因入问红何如。红曰："已唱得矣。"青出给云："某有女弟子久曾唱，非新曲也。"即令隔屏唱之，一声不失。乐工大惊异，遂请相见，叹伏不已。兼云："此曲先有一声不稳，今已正矣。"寻达上听。翌日，召入宜春院，宠泽隆异。宫中号为记曲娘子。寻为才人。一日，内史奏韦青卒。上告红，红乃于上前呜咽，奏云："妾本风尘丐者，一旦老父死有所归，致身入内，皆自韦青，妾不忍忘其恩。"因一恸而绝。上嘉叹久之，即赠昭仪。

又曰：韦青，本士人也。尝自为诗云："三代掌纶诰，一身能唱歌。"青官至金吾将军。

《明皇杂录》曰：唐玄宗自巴蜀回，因夜阑登勤政楼，凭栏南望，烟月满目。上因自歌曰："庭前琪树已堪攀，塞外征人殊未还。"盖卢思道之词也。歌歇，上问："有旧人乎？逮明为我访来。"翌日，力士潜求于里中，因召与同至，则果梨园子弟也。其夜上复与乘月登楼，左右唯力士及贵妃侍者红桃在焉。遂命歌《凉州词》，贵妃所制。上亲御玉笛为之倚曲，曲罢相睹，无不掩泣。上因广其曲。今《凉州》传于人间者，益加怨切焉。

又曰：乐工李龟年恃恩，寓于东都，大起第宅，僭侈之制，逾于公侯。宅在东都通远里，中堂制度甲于都下。今裴晋公移于定鼎门南别墅，号绿野堂。其后龟年流落江南，每遇良辰胜景，常为人歌数阕。座客闻之，莫不掩泣而罢。

刘叔敬《异苑》曰：临川聂包死数年，忽诣南丰相沈道袭共饮，其歌笑甚有伦次。每歌云："花盈盈，正闻行当归，不闻死复生。"

祖台《志怪》曰：建康小吏曹著见庐山夫人，夫人命女婉出与著相见。婉见著欣悦，命婢琼林令取琴出，婉抚琴歌曰："登庐山兮郁嵯峨，晞阳风兮拂紫霞。招若人兮濯灵波，欣良运兮畅云柯。弹鸣琴兮乐莫过，云龙会兮乐太和。"歌毕，婉便还去。

《搜神记》曰：淮南王安设厨宰，以俟宾客。正月上午，有八老公诣门求见，王曰："郡蛾子复来也。"公知不见，乃更形为八童子。王惊，见之，盛礼设乐以享八公，援琴而弦歌曰：“明明上天照四海兮，知我好之公来下兮；公将与余生羽毛兮，升腾青云蹈梁甫兮；观见三光过北斗兮，驱乘风云使玉女兮。”今所谓《淮南操》是也。

《幽明录》曰：勾章人至东野还，暮不至门，见路旁有小屋灯火，因投寄宿止。宿有一小女，不欲与丈夫共宿。呼邻家女自伴，夜共弹琴箜篌。至晓，此人谢去，问其姓字，女不答，弹弦而歌曰：“连绵葛上藤，一援复一緪。欲知我姓名，姓陈名阿登。”

又曰：吴县费升为九里亭吏，向暮见一女从郭中来，素衣哭入埭，向一新冢哭。曰暮不得入门，便寄亭宿。升作酒食，至夜，升弹琵琶令歌，女云：“有丧仪，勿笑人也。”歌音甚媚。云：“精气感冥昧，所降若有缘。嗟我遘良契，寄忻宵梦间。”中曲云：“成公从义起，兰香降张硕。苟云冥分结，缠绵在今夕。”下曲云：“伫我风云会，正俟今夕游。神交虽未久，中心已绸缪。”寝处向明，升去，顾谓曰：“且至御亭。”女便惊怖。猎人至，群狗入屋，于床咬死，成大狸。

《搜神记》曰：吴王夫差小女名玉，悦童子韩重。韩重乃学于齐鲁之间。临去，属其父求婚。王怒不与，女玉结气亡，葬阊门之外。重三年归，闻其死，哀恸。至玉墓所，玉忽见，重与言，乃左顾宛颈而歌曰：“南山有鸟，北山张罗。志欲从君，谗言孔多。悲结生疾，殁命黄垆。命之不造，冤如之何？羽族之长，名为凤凰。一日失雄，三年感伤。故见鄙姿，逢君辉光。身远心近，何尝暂忘。”

又曰：太康末，京洛始为《折杨柳》之歌，有兵车辛苦之辞。后杨骏被诛，太后幽死，折杨柳之应也。

《续搜神记》曰：庐江杜谦为诸暨令，县西山下有一鬼，长三丈，着赭布裤布褶，在草中相张。又脱褶掷草上，作《懊恼歌》，百姓皆看之。

《古乐志》曰：齐歌曰讴，吴歌曰歈，楚歌曰艳，淫歌曰哇。歌又有清歌、高歌、安歌、缓歌、长歌、浩歌、雅歌、酣歌、怨歌、劳歌。《韩诗》曰：饥者歌食，劳者歌事。振旅而歌曰凯歌，堂上奏乐而歌曰登歌，亦曰升歌。古之善歌者，有咸黑、帝唐时善歌者，见《吕氏春秋》。秦青、响遏行云，声振林木。薛谈、秦青弟子。韩娥、齐人余响，绕梁三日以上。三人见《列子》。王豹、处于淇而河西善讴。绵驹、处高堂而齐右，善歌。瓠梁、见《淮南子》。鲁人虞公、见刘向《别录》。李延年。见《汉书》。古歌曲有《阳陵》、《白霞》、《朝日》、《鱼丽》、《白水》、《白云》、《江南》、《阳春》、《淮南》、《驾辩》、《绿水》、《阳阿》、《采菱》、《下俚巴人》、并见《襄阳耆旧传》及梁元帝《纂要》。《八阕》、葛天氏之歌，见《吕氏春秋》也。《唐歌》、帝喾之歌。《南风》、《乡云》、并虞舜歌。《晨露》。汤歌。并见《吕氏春秋》。汉歌曲有《大风》、高祖所作。《芝房》、《白麟》、《朱雁》、《交门》、《天马》、《房中》、已上并郊庙歌，见《汉书》也。《盛唐》、《枞阳》、武帝歌，见《汉书》。《瓠子》、武帝观决河所作歌。《玄云》、《步云》。西王母歌，见《汉武内传》。古乐府有歌行，《艳歌行》、《长歌行》、《短歌行》、魏武帝作。《朝歌行》、《怨歌行》、《前缓声歌行》、《后缓声歌行》、《櫂歌行》、《鞠歌行》、《放歌行》、《蔡歌行》、《陈歌行》。

又《古今乐录》：晋宋已后，歌曲有《淫豫歌》、《杨叛儿歌》、南齐有杨旻母为师入官，童谣呼为杨婆儿。婆转为叛。《扶风歌》、晋刘琨作。《百年歌》、晋王道冲陆机并作。《白日歌》、宋沈攸之所作，亦曰“日落歌”。其歌曰：“白日落西山。”《九曲歌》、宋何承天作。《采葛妇歌》、古越人作。《桃叶歌》、晋王献之所作。《同声歌》、汉张衡作。《碧玉歌》、晋孙绰作。《四时歌》、出于子夜。《子夜歌》、古有女名子夜，造此歌。《上声歌》、亦名捉，哀悲之古曲。《白纻歌》、起于吴孙皓时作。《襄阳白铜鞮歌》、《前溪歌》、晋车骑将军沈玩所作。《叹闻歌》、晋穆帝初歌毕，辄呼欢闻，因以为名。《团扇歌》。晋中书令王珉与嫂婢芳姿有私爱，甚笃。苦捶挞之。婢素善歌而珉之好捉白团扇，因见珉之歌曰：“白团扇，憔悴非昔容。羞与郎相见，愿得随郎手，因风从方便。”后人因歌之。《丁督护歌》，彭城内史徐逵之为鲁轨所杀，府内都护丁旿收殡敛之。逵之妻晋公主呼问事，每问辄叹息曰：“丁督护。”其声哀切，后人因为曲焉。《懊恼歌》，崇安初，人间讹谣之曲。又云石崇为绿珠作。古有《丝布涩难》缝一曲而已，宋太祖谓之《中朝曲》也。

太平御览卷第五百七十四 乐部十二

舞

《毛诗·甫田·宾之初筵》曰：舍其坐迁，屡舞仙仙。侧弁之俄，屡舞傞傞。

又《宛丘·东门之枌》：刺幽公也。风化之所行，男女弃其旧业，歌舞于市井尔。

《尚书》曰：苗民逆命，帝乃诞敷文德，舞干羽于两阶。干，楯；羽翳也。皆舞者之所执也。

又《顾命》曰：胤之舞衣在西房。孔安国曰：胤国所为，舞者衣中法制。

《尚书大传》曰：唯丙午，王建师，及鼓噪，前歌后舞。

《礼记》曰：治民劳者，其舞行缀远。治民逸者，其舞行缀短。故观其舞，知其德。民劳则德薄，酇相去远，舞人少也。民逸则德盛，酇相去近，舞人多也。

又曰：天子宫悬四面，舞行八佾。诸侯轩悬三面，舞行六佾。大夫判悬二面，舞行四佾。士特悬一面，舞行二佾。

又曰：季夏六月，以禘礼祀周公于太庙，朱干玉戚，冕而舞大武，皮弁素，积裼而舞大夏。

又曰：夫乐者，象成者也。象成功而为乐者也。总干而山立，总持干楯，山立不动也。武王之事也。发扬蹈厉，太公之志也。志在鹰扬。武乱皆坐，周召之治也。武乱，武之理也。皆坐，以象其人舞事。且夫武始而北出，象观兵盟津时也。再成而灭商，成犹奏也。再奏象克殷时。三成而南，诛纣已而南也。四成而南国是疆，有南国疆界也。五成而分周公左、召公右，分陕东西而理。六成而复缀以崇。六奏象兵还振旅也。复缀，反位止也。崇，充也。凡六奏以充武乐。天子夹振之而四伐，盛威于中国也。夹振之者，王将夹舞者，振木铎以为节也。武舞，战也。象四伐者，伐四方也。每奏四伐，一击一刺为一伐。

《周礼》曰：《地官》舞师，掌教兵舞，帅而舞山川之祭祀。教枝舞，枝者拂。帅而舞社稷之祭祀。教皇舞，帅而舞旱暵之事。四方祭祀谓四望也。旱之事谓雩也。暵，炎热气也。

《春官》：乐师，掌教国子小舞。谓以幼少时教之舞。《内则》曰："十三舞籥，成童舞象大夏也。"凡舞，有帗舞，有皇舞，有旄舞，有干舞，有人舞。郑众云：帗舞者，全羽，舞者折羽也。皇舞者，以羽帽覆头上，衣饰翡翠之羽。旄舞者，旄牛之尾。干舞者，兵舞也。人舞也。社稷以帗，宗庙以羽，四方以皇，辟雍以旄，兵事以干，星辰以人舞，子持之是也。皇杂五彩杂羽，如凤皇色，持以舞也。人舞所执，以手袖为威仪也。凡四方之舞，仕者属焉。凡祭祀，宾客舞其燕乐。籥师，掌教国子舞羽吹籥，文舞有筹耩吹籥舞者，所谓籥舞。《文王世子》曰：冬学羽籥。《诗》曰：左手执籥，右手秉翟也。祭祀则鼓羽籥之舞，鼓之者，拍拍为之节。宾飨则亦如之。

又《地官》曰：旄人，掌教舞散乐，舞夷乐。散乐，野人为乐之善者也。夷乐，四夷之乐也。

《左传·隐公》曰：舞所以节八音而行八风也。

又《庄公》曰：王子颓乐及遍舞。

又《昭三》曰：晋侯与诸侯宴于温，使大夫舞，曰："歌诗必类。"齐高厚之诗不类。大夫盟高厚，高厚逃归。

又《隐公》曰：考仲子之宫将万焉，公问羽舞数于众仲，对曰："天子用八，诸侯用六，大夫四，士二。夫舞，所以节八音而行八风也，故自八已下。"公从之。

又《庄公》曰：楚令尹子元欲蛊文夫人，为馆于宫侧，而振万焉。夫人闻，泣曰："先君以是舞也，习戎备也。今令尹不寻诸仇雠而于未亡人之侧，不亦异乎？"

《论语·八佾》曰：季氏八佾舞于庭，是可忍也，孰不可忍也？

《家语》曰：子路戎服见孔子，拔剑而舞，曰："古之君子固以剑自卫乎？"孔子曰："古之君子忠以为质，仁以为卫。"

《史记》曰：沛公见羽鸿门。项庄入曰："军中无以为乐，请以剑舞。”拔剑起舞，项伯亦起舞，以身蔽沛公。

又曰：长沙定王发，以其母微无宠，故王卑湿贫国。景帝后三年，诸王来日，有诏更前称寿歌舞。定王但张袖，小举手，左右笑其拙。上怪问之，对曰：“臣国小地狭，不足回旋。”帝以武陵、桂阳属焉。

又曰：师经抚琴，魏文侯耽之，起舞。经怒，以琴撞文侯。文侯大怒，经曰：“臣撞桀纣之主，不撞尧舜之君。”文侯悦，挂琴于室为戒。

又曰：孝景皇帝元年，制诏御史：盖闻歌者所以发德，舞者所以明德。高庙始奏文始、五行之舞。

《汉书》曰：李陵在匈奴，置酒与苏武别，曰：“异域之人，一别长绝。”陵起舞属之。

又曰：高祖庙奏《武德》《文始》《五行》之舞。《武德》《舞》者，象天下乐已行武以除乱也。《文始舞》者，本舜《韶舞》也，高祖更名曰《文始》，示不相袭也。

又曰：孝武李夫人本以倡进，兄延年知音，善歌舞。延年侍上，起舞曰：“北方有佳人，绝世而独立。一顾倾人城，再顾倾人国，宁不知倾城倾国佳人难再得。”上叹息曰：“世岂有此人乎？”平阳公主因言延年女弟。上召见，实妙丽善舞。由是幸，生昌邑哀王。

又曰：赵飞燕体轻，能掌上舞。

又曰：平恩侯许伯入第，丞相已下皆贺。酒酣乐作，少府檀长卿起舞，为沐猴与狗斗，一坐皆笑。盖宽饶劾之：“长卿为列卿而为沐猴舞，失礼。”许伯为谢，乃解。

《后汉书》曰：光武平陇蜀，增广郊祀，高皇帝配食，乐奏《清阳》《朱明》《西皓》《玄冥》《云翘》《育命》舞。北郊及祀明堂并奏乐，如南郊，迎时气。五郊，春歌《青阳》，夏歌《朱明》，并舞《云翘》之舞；秋歌《西皓》，冬歌《玄冥》，并舞《育命》之舞；季夏歌《朱明》，兼舞二舞。

又曰：蔡邕坐上章事徙，及归，将就还路，五原太守智饯之。酒酣，智起舞属邕，邕不为报。智者，中常侍王甫之弟。智衔之，密告邕怨于囚放，谤讪朝廷。邕虑卒不免祸，乃亡命江海，远迹吴会。

《魏志》曰：舞师冯肃晓知先代舞名。

《吴书》曰：凌统怨甘宁杀其父操。宁常避统，不与相见。权亦命统不得仇之。尝于吕蒙舍会，酒酣，乃以刃舞。宁起曰：“宁能双戟舞。”蒙曰：“宁虽能，未若蒙上之也。”因操刃持盾，以身蔽之。后权知统意，因令宁将兵徙屯中洲。

又曰：陆逊破曹休。上与群僚大会，酒酣，命逊舞，解所著白鼲子裘赐之。

又曰：陶谦为舒令，郡守张磐谦耻为之屈，磐舞属谦，谦不为起；强之，乃舞，舞不转。磐曰：“不当转耶？”曰：“转则胜人。”

《宋书·乐志》曰：鞞舞之由来，未详所起，汉代已于燕享用之矣。故曹植鞞歌。汉灵帝时，有李坚者，善鞞舞，遭乱播迁。帝闻其旧伎，召之。坚既中废，兼古曲多谬，故知异代之文未必相袭也。

《后魏书》曰：嵇康生性气粗，武元又惮之。康生知之，亦惧不安。肃宗朝灵太后于西林园，文武坐，酒酣，迭舞。次至康生，乃为力士舞。及于折旋，每顾视太后，举手蹈足，瞋目颔首，为杀缚之势。太后解其意而不敢言。

《唐书》：冯定为太常少卿。文宗每听乐，鄙郑、卫声。诏奉常习开元中《霓裳羽衣舞》，以《云韶乐》和之。舞曲成，定总乐工阅于庭。定立于其间，文宗以端凝若植，问其姓氏。翰林学士李珏对曰：“此冯定也。”太宗喜问曰：“岂非能为古章句者耶？”乃召升阶，文宗自吟定《送客西江诗》，吟罢益喜，因赐禁中瑞锦，仍令大录所著古体诗以献。

《晋中兴书》曰：殷融弘远为司徒左西属，饮酒喜舞，终日啸咏，未尝以事务为怀。

《齐书》永明中，舞人冠帻并簪笔。武帝曰：“笔笏盖以记事受言，舞不受言，何事簪笔？岂有服朝衣而足綦燕履？”于是去笔。

《江表传》曰：孙权请顾雍父子及孙谭，时为选曹尚书，见任贵重。是日，孙权极忻，谭醉酒三起舞，舞又不知止，雍内怒之。明日，召谭诃责之：“君王以含垢为德，臣下以恭谨为节，何有舞不复知止？虽为酒后，亦为恃恩。谦虚不足，损吾家者必汝也。”

何承天《三代乐序》云：正德大悦舞，盖出于三容乐，然则其声节，有古之遗音也。

《魏名臣奏·王朗表》曰：凡音乐以舞为主。自黄帝《云门》至周《大武》，皆太庙舞。乐，所以乐君之德；舞，所以象君之功。

《淮南子》曰：令鼓舞者，绕身若环，曾绕摩以宣地，扶于阿那，动容转面，转，更也。回竟更为也。便娟拟神，若秋药被风，药，白芷，香草也。被风言其弱。发若结旌，卷而复舒。骋驰若惊。

《周穆王传》曰：有偃师者，缚草作人，以五采衣之使舞。王与美人观之，草人以手招美人，王怒。

《国史补》曰：于司空因韦太尉奉圣乐，亦撰顺圣乐以进。每宴必使奏之。其曲将半，行缀皆伏，而一人舞于中央幕中。韦绶笑曰：“何用穷兵独舞。”虽诙谐必有为也。

《山海经》曰：形天与帝争神，帝断其首，葬之常羊之山。乃以乳为目，以齐为口，操干戚以舞。

又曰：帝俊八子始为舞。

《五经通义》曰：王者之乐，有先后者，各尚其德也。以文得之，先文乐，持羽毛而舞。以武得之，先武乐，持朱干玉戚，所以增威武也。戚，斧；干，楯也；玉取其仁，明当尚德行仁，以断斩也。

又曰：东夷之乐持矛舞，助时生也。南夷之乐持羽舞，助时养也。西夷之乐持钺舞，助时杀也。北夷之乐持干舞，助时藏也。

蔡邕《月令章句》曰：天子省风以作乐舞，所以节八音而行八风。天子八佾，诸侯六佾，大夫四佾。佾，列也。每佾八人，每服冕而执戚，有俯仰张翕之容，行缀长短。佾八人之制，所以受命而歌王者之功也。人之动而有节者，莫若舞肆，所以因阳气而达物也。

《续搜神记》曰：荥阳人姓何，忘其名，有名闻士也。荆州辟为别驾，不就，隐遁养志。尝至田舍收获在场上，忽有一人长一丈，黄疏单衣角巾来诣之。翩翻举其两手并舞而来，语何云："君尝见韶舞不？此是韶舞。"且舞且去，寻逐径向山。山有穴裁容人，即入穴，何亦随之。见有良田数十顷，何遂垦作以为世业，子孙于今赖之。

《搜神记》曰：太康中，天下为"晋世宁"之舞。其舞抑手以执杯盘而反覆之。反覆，至危也。杯盘，酒食器也。而名"晋世宁"者，言时人苟且酒食之间，而其智不及远，如器在手也。

《英雄记》曰：建安中，曹操于南皮攻袁谭，斩之。操作鼓吹，自称万岁，于马上舞。十二年，攻乌桓蹹顿，一战斩蹹顿首，系马鞍，于马上抃舞。

《三巴记》曰：关中有渝水賨民，锐气喜舞，高祖乐其猛锐，数观其舞，使乐人习之。故名巴渝解。

《韩子曰》：长袖善舞，多钱善贾。

王子年《拾遗录》曰：燕昭王即位二年，广延国来献善舞者二人，一名旋波，一名提汉，并玉质凝肤，体轻气馥，绰婉妙绝，旷古无伦。或行无迹影，或经年不饥。昭王处以单绡华幄，饮以瑞珉之膏，饴以丹泉之粟。王登崇霞之台，乃召二人在侧。时香风欻起，二人徘徊翔转，殆不自支。王以缨绥属拂之，二人皆舞，容冶妖丽，靡若鸾翔，而歌声轻下。乃使伶人代唱其曲，清响流韵，虽遶梁动木未足加焉。其舞曲一名"萦尘"，言体轻与尘雾相乱也。次曰"集羽"，言婉转若羽毛之从风也。末曲"游怀"，言支体缅曼若入怀袖也。

《晏子春秋》曰：晋欲攻齐，使范昭往观。景公觞之，范昭请公之弃酌，公曰："诺。"告侍者酌樽进之。《晏子》曰："撤樽更之。"范昭起舞，太师曰："我不习昭。"曰："调成周之乐，吾为之舞。"太师曰："瞑臣不习。"范昭趋而出。公问晏子，晏子曰："昭非不知礼也，欲惭吾君臣。"公问太师，太师曰："成周之乐，天子乐。范昭人臣而舞之，臣故不为。"昭归报晋平公曰："齐未可伐也。吾欲惭其君，欲犯其礼，而太师识之。"

《吕氏春秋》曰：陶唐氏阳多滞伏，民气壅阏，故为舞以宣导之。

《乐苑》曰：羽调有《柘枝曲》，商调有《掘柘枝》，此舞因曲为名。用二女童，鲜衣帽，帽施金铃，抃转有声。其来也，于二莲花之中藏之，花坼而后见。对舞中之雅妙者也。

《明皇杂录》曰：开元二年，上于梨园自教法曲，必尽其妙，谓之皇帝梨园弟子。明皇在位，尝令教舞马四百匹，分为左右部，目为某家宠，某家娇。时塞外亦以善马来贡者，上俾之教习，无不曲尽其妙。因命衣以文绣，络以金铃，饰其鬣间，杂以珠玉。其曲谓之倾杯乐者，数十曲。奋首鼓尾，纵横应节。又施三层板床，乘马而上，抃转如飞。或命壮士举一榻，马舞于榻上，乐工数十人立于左右前后，皆衣以淡黄衫文玉带，必求少年而姿貌美秀者。每千秋节，常命舞于勤政楼下。其后明皇既幸蜀，舞马亦散在人间。禄山尝睹其舞而心爱之，自是因以数十匹置于范阳。其后转为田承嗣所得，而承嗣不知，杂于战马，置之外栈。忽一日，军中大享士，乐作，马舞不能自止。厮养辈谓其为妖，拥帚以击之。马谓其舞不中节，抑扬顿挫尚存故态。厩吏遂以为怪，白承嗣，承嗣命棰之，甚酷，马舞益整而鞭挞愈加，终毙于枥下。时人亦有知其舞马者，惧曰暴逆而终不敢言。

又曰：至德中，明皇复幸华清宫，父老奉迎，壶浆塞路。时上春秋已高，常乘步辇。父老进曰："前时上皇过此，常驰逐从禽，今何不为？"上曰："吾老矣，岂复堪此？"父老士女闻之，莫不悲泣。新丰市有女伶曰谢阿蛮，善舞《凌波曲》，常出入宫中。杨贵妃遇之甚厚，亦游于国忠及诸姨宅。上至华清宫，复令召焉。舞罢，阿蛮因出金粟装臂环，云："此贵妃所与。"上持之，凄怨出涕，左右莫不呜咽。

又曰：舞者，乐之容也。有大垂手，小垂手。或象惊鸿，或如飞燕。燕婆娑，舞态也。蔓延，舞缀也。古之能者，不可胜记。开元中，有公孙大娘善舞剑，僧怀素见之，草书遂长。盖壮其顿挫势也。

又曰：开成末，有乐人崇胡子能软舞，其腰支不异女郎也。

《古今乐录》曰：白纻舞，案：辞有巾袍之言。纻本吴地所出，宜是吴舞也。晋徘徊歌曰:“交交白绪,节节为双。”吴音呼绪为纻。疑白绪即白纻也。

释智匠《古今乐录》曰:大壮之舞曰武舞,大观之舞曰文舞。

《通礼义纂》曰:汉仪,拜陵食举,《奏文始》、《五行》之舞。唐制,皇帝亲行奠献,及荐服玩,礼毕再拜,辞退而已。拜陵奏舞,汉代礼也。

又曰:古者臣于其君有拜手、稽首之礼。自后魏已来,臣受恩,皆以手舞足蹈以为欢喜之极也。

《唐会要》:韦万石曰:武舞,贞观礼。及今礼,但郊庙祭享奏武舞之乐,即用之。凡有六变,一变象龙兴参野,二变象克静开中,三变象冬夏宾伏,四变象江淮宁谧,五变象猃狁詟伏,六变象位崇还振旅。

又曰:龙朔元年三月一日,上召李勣、任雅、许国师、张延师、苏定方、阿史那忠、于阗王伏阇雄、上官仪等宴于城门,观屯营新教之舞,名之“一戎大定乐”,皆亲征辽东,以象用武之势也。

又曰:调露二年正月二十一日,上御洛城南楼,赐宴。太常奏六合还淳之舞。

又曰:上元三年十一月三日,敕新造上元之舞,先令太祠享皆将陈设。自今已后,圆丘、方泽、太庙祠享然后用此舞,余祭并停。

又曰:大定元年,天后幸京师。同州刺史苏瑰进圣主还京乐舞,上御行宫楼观之,赐以束帛,令编于乐府。

《沈志》曰:江左初有拂舞。旧云拂舞,吴舞。检其歌,非吴辞也。皆陈于殿庭。赐泓拂舞序曰:“自江南见曰符舞。或言白亮鸠。”沈曰:“有此来数十年,察其辞旨,乃是吴人患孙皓虐政也。”

又曰:公莫舞,今布舞也。相传云项庄舞剑,项伯以袖隔之。古人相呼曰:公伯语庄云公莫害汉王。今之用巾,盖像项伯衣袖之遗也。

曹植《鞞舞歌序》曰:汉灵帝西园鼓吹有李坚者,能鞞舞,遭乱,西随段鞞。先帝闻其旧伎,召之。坚既中废,兼古曲多谬误,异代之文未必相袭,故依前曲改作新歌五篇,不敢充之黄门,近以成下国之陋乐焉。晋鞞舞歌亦五篇,人铎舞歌一篇,幡舞歌一篇,鼓舞伎六曲,兼陈于元会。今幡鼓舞歌辞犹存，舞并阙。鞞舞即今鞞扇舞也。今谓巴渝是地名，鞞扇是器名也。

曹植《鞞舞歌序》曰：晋初，有杯槃舞、公莫舞。史臣案：杯槃舞，今之齐世宁也。

张衡《舞赋》云：历七槃而纵蹑。

王粲《七释》云：七槃陈于广庭。

宋世文士颜延之云：递间関于槃扇。鲍昭云：七槃舞，长袖，皆以七槃为舞也。

太平御览卷第五百七十五 乐部十三

钟

《释名》曰：钟，空也。空内，受气多，故声大。

《说文》曰：钟，秋分之音，物钟成也。

《易通卦验》曰：人主冬至日，纵八能之士，击黄钟之宫，则人主敬善，公卿大夫诚信。

《礼记》曰：知悼子卒，未葬。平公饮酒，师旷、李调侍，鼓钟。杜蒉自外来，闻钟声曰："安在？"曰："在寝。"杜蒉入寝，历阶而升，酌曰："旷饮斯。"又酌曰："调饮斯。"又酌，堂上北面坐饮之。

又《乐记》曰：钟声铿铿以立，号号以立，横横以立。武君听钟声则思武臣。

《周礼·冬官·凫氏》曰：凫氏为钟镈，薄厚之所震动，清浊之所由出，侈弇之所由兴。有说，说犹意。钟已厚则石，太厚则声不发。已薄则播，大薄则声散。侈则柞，柞读为咋咋然之咋，声大外也。弇则郁，声不舒扬。长甬则震。钟掉则声不正。钟大而短，则声疾而短闻；浅则躁，躁易竭也。钟小而长，则其声舒而远闻。深则安，安难息。

又曰：凫氏为钟，两栾谓之铣。

又曰：磬师掌教击编钟。

又《春官》曰：钟师掌教金奏。击金以为奏节。金谓钟鎛也。

《左传·襄二》曰：莒人伐我东鄙，围台。季武子救台，遂入郓，取其钟以为公盘。

又襄六年曰：吴公子札自卫如晋，将宿于戚，戚，孙文子之邑。闻钟声曰："异哉！吾闻之辨而不德，必加于戮。夫子获罪于其君，以在此也，惧犹不足而又何乐？夫子之在此也，犹燕之巢于幕上也。君又在殡，而可以乐乎？"献公卒，未葬也。

又曰：郑伯有嗜酒，为窟室而夜饮酒，击钟焉，朝至而未已。

又曰：郑人赂晋侯歌钟二肆。注曰：肆，列也。悬钟十六为一肆，二肆，三十二枚。

又《昭五》曰：天王将铸无射，周景王无射，钟名，律中无射。冷州鸠曰："乐，天子之职。夫音，乐之舆也，而钟，音之器也。天子省风以作乐，器以钟之，钟，聚也，以器聚音。舆以行之。小者不窕，大者不槬。窕则不咸，不充满人心也。槬则不容。心不堪容也。心是以感，感实生疾。今钟槬矣，王心不堪，其能久乎？

又曰：宋左师每食击钟。

又曰：郑伯始朝于楚，楚子赐之金。既而悔，与之盟曰："无以铸兵。"故以铸三钟。

《尔雅》大钟曰镛，其中谓之剽音瓢，其小者谓之栈音盏。郭璞：盏曰镛，一曰鎛。

《国语》曰：晋克潞之役，魏颗以身却退秦。于辅氏亲止杜回，其勋铭于景钟。

又曰：周景王二十三年，铸无射而为之大林。钟成，伶人告和。王谓伶州鸠曰："钟果和矣。"对曰："上作器，民乐之，则为和。今民莫不怨恨。谚曰：'众心成城，众口铄金。'臣不知其和。"贾逵曰：大林，无射副也。

《汉书》曰：高祖庙有十钟，受千石。撞之，声闻百里。

《后汉书》郑司农曰：于钟唇之上祛也，鼓所击处也。舞县谓之旋，旋虫谓之斡。旋属钟柄，所以悬之。

《魏志》曰：初，汉铸钟，铜工柴玉巧意多所造作。杜夔令工铸钟，其声清浊多不法，故毁改作。玉甚厌之，白太祖。太祖取所铸钟杂错更试，然后知夔为精而玉之妄也。

《晋书》裴頠令荀藩终父勖之志，铸钟凿磬，以备郊庙。

《宋书》曰：汉中城固县汉水崖际有声如雷，俄顷崖崩，有铜钟十二。

《赵书》曰：将军张珍领郡县民丁万人徙洛阳六钟：猛虡、九龙、翁仲、铜驼、飞廉，钟一没盟津中。

萧子显《齐书》曰：张瓌字祖逸，吴郡吴人。父永右光禄大夫，晓音律。宋孝武问永以太极殿前钟声嘶。永答曰："钟其处，凿而去之。"声遂清越。

《十六国春秋》曰：石勒耕，辄闻钟铎之音或在前后。惧以问翼伽，伽曰："作劳耳鸣，无不祥也。"勒至平原，常在平人师驩家为奴，有老父谓勒曰："君鱼龙发际，际四道已成。当贵为人主。甲戌之岁，王彭祖可图。"勒曰："若如公言，不敢忘德。"忽然不见。每耕又闻鼓角之声，勒又告诸奴。又闻之，因曰："吾初在家，恒闻如是。"诸奴白驩，驩奇而免之。至是众归焉。

《庄子》曰："梓庆削木为鐻，见者惊犹鬼神。鲁侯问其术，对曰："臣将为鐻，未尝敢以耗气。齐七日，忘吾四支，然后入山林，观天性区别，见成鐻，然后加手。"鐻似夹钟也。

《管子》曰：黄帝作五声以正五钟，一曰青钟大音，二曰赤钟心，三曰黄钟洒光，四曰景钟昧其明，五曰黑钟隐其常。五声既调，然后作五行。

《尸子》曰：郑公谓子产曰："饮酒之不乐，钟鼓不鸣，寡人之性也。国家之不乂，朝廷之不理，与诸侯交之不得志也，子之任也。子无入寡人之乐，寡人无入子之朝。"自是以来，子产理郑，城门不闭，国无盗贼，道无饿人。孔子曰："若郑公之好乐也，虽抱钟而朝可也。"

戴延之《西征记》曰：陕县城西北二面带河。河中对城西北角，水涌起铜钟，翁仲头发常出水上，涨减恒与水齐。晋军当至，发不复出，唯见水异，嗟嗟有声，声闻数里。翁仲本在城内大司马门外，为贼所徙，当西入关，至此而没。

《吕氏春秋》曰：晋平公铸为钟，使工听之，皆以为调矣。师旷曰："不调。请更铸之。"公曰："吾皆以为调矣。"师旷曰："后世有知音者，知钟不调也，臣窃耻之。"至于师涓而果知钟之不调也。

《慎子》曰：鲁庄公铸大钟，曹翙入见，曰："今国褊小而钟大，君何不图之。"

《鬻子》曰：大禹治天下也，以五声听之政。曰："教寡人以义者，击之钟。"

《韩子》曰：叔孙相鲁，有子曰孟丙，竖牛妒之。叔孙为丙铸钟。钟成，丙不敢击，使竖牛请之叔孙。竖牛不为之请，又欺之曰："吾已为尔请之矣。使尔击之。"叔孙闻之曰："丙不请而擅击钟。"遂怒之，丙出奔齐。

《尸子》曰：钟鼓之声，怒而击之则武，忧而击之则悲，喜而击之则乐。其意变，其声亦变。意诚感之达于金石，而况人乎？

《晏子》曰：景公为大钟，将悬之。仲尼、伯常骞、晏子三人俱朝，曰："钟将毁之。"撞之，果毁。公见三子问之，晏子对曰："钟大不以礼，故曰将毁。"仲尼曰："钟大悬，下气上薄，故曰将毁。"伯常骞曰："今日庚申，雷日也。阴莫胜于雷，故曰将毁。"

《韩子》曰：智伯欲伐仇由而道难不通，铸大钟遗之，方车二轨。仇由大悦，除涂将内之。赤草曼支谏曰："此小所以事大也，今以大事小，兵必随之。"仇由君不听，曼支因断毂而驰至齐。十月，仇由亡。

《淮南子》曰：阖闾伐楚，破九龙之钟。许慎注曰：刻虡为九龙悬钟也。贾子云：毁十龙之钟。

又曰：齐景公族铸大钟，撞之于庭下，郊雉皆雊。许慎注曰：族，聚也。钟声如雷震，雉皆应之。"

又曰：孟秋之日，西馆御好白色，白彩撞白钟，故处西宫。

又曰：钟之与磬也，近之则钟音亮，远之则磬音彰。磬，石也。音清明，远闻而彰著。物固有近不若远，远不若近者。

《山海经》云：丰山者有钟，霜降则鸣。

又曰：炎帝之孙伯峻。伯崚生鼓延，是为钟。

《吕氏春秋》曰：黄帝又命伶伦铸十二钟，和五音。始奏之，曰咸池。

《东方朔传》曰：汉武帝未央宫殿前钟无故自鸣，三日三夜不止。

大怪之，召待诏王朔问之，朔对曰："有兵气。"上更问东方朔，朔对曰："王知其一，不知其二。臣昔闻：铜，土之子。以阴阳气类言之，子母相感，山恐有崩弛者，故钟先鸣。《易》曰：'鸣鹤在阴，其子和之。'"上曰："应在几日？"朔曰："在五日内。"居三日，南郡太守言有山崩，延袤二十余里。上大笑，赐帛三十匹。

郭缘生《述征记》曰：洛阳太极殿前大钟六枚。父老云：曾有欲移此钟者，聚百数长絙挽之，钟声震地，咸惧，不敢复犯。

陆翙《邺中记》：大面广外一丈二尺，小面广七尺。或作蛟龙，或作鸟兽，绕其上。

何法盛《晋中兴书》曰：义熙十一年，霍山崩毁，出铜钟六枚，上有文古科斗书，人莫能识。

晋潘岳《关中记》曰：汉昭帝平陵、宣帝杜陵，二陵钟在长安。夏侯征西，欲徙诣洛阳，重不能致，悬在清明门门里道南。其西者，平陵钟；东者，杜陵钟也。

王子年《拾遗记》曰：帝颛顼居位，文德者则锡以钟磬，武德者锡以干戈。

戴延之《西征记》曰：钟大者三十二，博山头形瑰纽作狮子头。钟大者三十二，博山头二丈，厚八尺，大面广一丈二尺，小面七尺。或作蛟龙，或作鸟兽，周绕其外。

《唐杂制》曰：凡私家不设钟磬。三品已上，女乐五人。五品已上，不过三人也。

虞喜《志林》曰：吴时于江水中得钟，有百余字，募求读者，并无人晓。

《乐什图征》曰：君子铄金为钟，四时九乳，是以撞钟以知君，钟调则君道得。宋均注曰："九乳法九州。"

又曰：圣王往承天定爵禄，人者不过其能，尊卑有位，位有物，物有宜，功成者赏，功败者罚，故乐用钟。宋均注曰："不过能，谓量能授爵也。有罪鸣，钟以攻之也。

《白虎通》曰：钟之为言动也。阴气用事，万物动成。钟为气，用金声也。鎛者，时之声也，节度之所生也。有节度则万物昌，无节度则万物亡。

《异苑》曰：魏时，殿前钟忽鸣。张华曰："蜀铜山崩。"

《说苑》曰：鼓法天，钟法地。秦始皇建千石之钟，立万石之虡。

傅玄《歌辞》曰：雷师鸣钟鼓，风伯吹笙簧。西母出穴听，王父吟东厢。

《三礼图》曰：凡钟十六枚，同为一笋，簴为编钟。特悬者谓之镈。又曰：镈，钟之大者也。形如钟，但大耳。其在簴，亦一枚而已。

《三辅黄图》曰：如皇虡高三丈，钟小者千石。

《通礼义纂》曰：钟磬半为堵，全为肆。轩悬三面，歌钟三肆判。凭悬两面，歌钟二肆。特悬一面，唯磬而已。

又曰：圆钟，夹钟也。于位在卯，气生于房心、为宫，天帝之明堂。故奏乐先奏圆钟，为宫。

又曰：驾入，撞蕤宾之钟。左五钟皆应者。案：蕤宾位居午，午主阳，阳主动，象王自外动而入，方居之始，故先作之。而东厢应者，东为阳，阳主动，明以静主动，使之相应也。驾出，撞黄钟，右五钟皆应。黄钟位居子，子为阳，阳主动，象王自内动而出，方行之始，故先作之。而西厢应者，西为阴，阴主静，明以动告静，使之相和也。

《广古今五行记》曰：会稽人陈清于井中得小钟，长七寸二分，上有古文十八字，其四字可识，云：会稽岳命。郭璞云：愍怀丧覆，元帝中兴之应，自宣帝至恭帝数十八。

又曰：陕州黄河有铜钟在水，大小恒自浮出。每晦朔阴雨之日，辄鸣，声响悲亮。行客闻之，莫不怆然。

又曰：晋中朝，有人悬铜为盘，晨夕恒鸣，如人扣打。以白张华，华曰："此盘与洛钟宫商相谐，故声相应。可错令轻，则韵乖自止。"

《古今乐录》曰：高庙中四钟皆秦。时庙钟也，重千二百斤。明帝徙二钟在南宫。

张衡《东京赋》曰：发鲸鱼，铿华钟。薛综注曰：天子出则鸣蒲牢。海中大鱼名鲸，海岛中又有大兽名蒲牢，畏鲸鱼。鲸鱼一击，蒲牢辄大鸣呼。凡钟欲令大鸣，故作蒲牢于上，所以击之者鲸鱼。有篆刻文，故曰华钟也。

戴延之《西征记》曰：洛阳太极殿前左右各三铜钟相对。钟大者三十二围，小者二十五围。

《唐书》曰：唐太宗召张文收于太常，令与少卿祖孝孙参定雅乐。有古钟十二，近代唯用其七。余有五钟，俗号哑钟，莫能通者。文收吹律调之，声皆响彻。时人咸服其妙。

錞于

《周礼》曰：以金錞和鼓。

《宋史》云：广汉什邡人段祖以錞于献始兴王鉴。其器高三尺六寸，围二尺四寸，圆如筒，色黑如漆，甚薄，上有铜马，以绳悬马，令去地尺余，灌之以水。又以器盛水于下，以芒当心跪注錞于，以手振芒，则其声如雷，清响良久乃绝。

《后周书》：斛斯徵迁太常卿。乐有錞于者，近代绝无此器。或有自蜀得之，皆莫之识。徵见之曰："此錞于也。"众弗之信。徵遂引干宝《周礼注》，以芒筒捋之，其声极振，众乃叹服。徵乃取以合乐焉。

《乐书》曰：錞于者，以铜为之。其铜像钟，顶大，腹搮口弇，上以伏兽为鼻，内悬子铃铜舌。凡作乐，振而鸣之，与鼓相和。

又曰：凡金为乐器有六，皆钟之类也。曰钟，曰镈，曰錞，曰镯音浊，曰铙奴交切，曰铎大各切。镈如钟而大。錞于也，圆如椎头，上大下小，所谓"金錞和鼓"。镯，钲也，形如小钟，军行为鼓节。铙，铃而无舌，有柄而执之。铎如大铃。

太平御览卷第五百七十六 乐部十四

磬

《说文》曰：磬，乐石也。古者毋句氏作磬。

《尔雅》曰：大磬谓之毊，徒鼓磬谓之蹇。郭璞曰："毊音嚣，以玉饰之。"

《礼记·明堂位》曰：垂之和钟，叔之离磬。

又曰：诸侯之宫悬，祭以白牡，击玉磬，诸侯之僭礼也。

《周礼·春官》眡瞭，掌击颂磬、笙磬。磬在东方曰笙，生也。在西方曰颂，或作庸功也。磬师，掌教击磬。

又曰：皀氏为磬也。

《毛诗·商颂》曰：既和且平，依我磬声。

《左传》曰：晋师从齐师入，自丘舆击马陉。齐侯使宾媚人，赂以纪甗玉磬。

《尚书》曰：徐州泗滨浮磬。孔安国注曰：泗水涯水中见石，可以为磬。

《论语》曰：击磬襄入于海。

又曰：子击磬于卫，有荷蒉而过孔氏之门者，曰："有心哉，击磬乎。"子击磬者乐也。蒉，草器也。荷此器，贤人避世也。有心哉，善其音有所病于世。

《国语》曰：鲁饿，臧文仲以玉磬如齐以籴。

《东观汉记》曰：王阜为重泉令。鸾集学宫，阜击磬，鸾应磬而舞焉。

《魏志》曰：武帝至汉中，得杜夔说旧法，始复设击轩悬磬。于今用之，受之于杜夔也。

《陈书》曰：吴明彻自寿阳入朝，舆驾幸其第，赐钟磬一部。

《三礼图》曰：胶广长三寸，长尺三寸半，十六枚同一笋虡，谓之编磬。在东方曰笙磬，在西方曰颂磬。

《山海经》曰：鸟危之山，其阳多磬。

又曰：小华之山，其阴多磬石。高山，泾水出焉，其中多磬。

《白虎通》曰：磬者，夷则之气，万物之成，其气磬，故曰磬有贵贱焉，有亲疏焉，有长幼焉。此三者行，然后王道得；王道得，然后万物成，天下乐之，故乐用磬也。

王子年《拾遗记》曰：浮瀛即瀛洲也。上有青石可为磬，长一丈而轻若鸿毛。

《洞冥记》曰：汉武帝起招仙灵阁于甘泉宫西，其上悬浮金轻玉之磬也。

王韶之《始兴记》曰：县下流有石室，内有悬石，扣之，声若磬，响十余里。

《淮南子》曰：孟冬之月，北宫御女黑色，衣黑彩，击磬石。

又曰：禹以五音听政，悬钟鼓磬铎，置鞀，以待四方之士，为号曰："教寡人以道者击鼓，喻寡人以义者击钟，告寡人以事者振铎，语寡人以忧者击磬。"

《五经要义》曰：磬，立秋之乐也。

《吕氏春秋》曰：尧命夔拊石击石，以象上帝玉磬之音，以舞百兽。代本云叔所造，不知何代人。又曰：无句作磬。《左史考》曰：尧时人。

《周礼·冬官·考工记》：磬氏为磬，倨句一矩有半。必先度一矩为句，一矩为股，而求其弦。既而以一矩有半触其弦，则磬之倨句也。磬之制有大小，此假矩以定倨句，非用其度也。其博为一，博谓股博。博，广也。股为二，鼓为三。三分其股，博去一以为鼓，博三分其鼓，博以其一为之厚。郑众云：股磬之上者也。鼓其下小者所当击也。郑玄谓股外面，鼓内面也。假令磬股广四寸半者，股长九寸，股广三寸，长尺三寸半，厚一寸。已上则摩其旁，郑玄云：磬声太上则摩鑢其旁也。郑玄谓太上声清也。薄而广则浊也。已下则摩其端。太上，声浊也。短而厚则清。

又曰：磬师，掌教击磬，教，教视了磬，亦编于钟也。教缦乐宴，乐之钟磬。郑玄云：缦谓杂声之和乐者。《学记》曰：不学操缦，不能安弦宴。谓房中之乐。

所谓阴声二乐，皆教其钟磬。

《通礼义纂》曰：晋贺修奏：登歌之虡，采玉造小磬。宗庙殿用玉，郊丘用石，本法堂上乐，以歌为，故名歌钟歌磬。唐制设磬于坛土之西，歌钟于东近南北向，至匏竹立于坛下。

又曰：黄帝使伶伦造磬。

又曰：天地尚质，用石磬。宗庙殿庭尚文，用玉磬。必用之者，声清正者，阴阳之察，主于金石也。

又曰：唐礼：皇后享先蚕，设十二磬于辰位，阴阳之察，主于清浊。是用磬而不用钟也。

瑟

《白虎通》曰：瑟者，闭也。所以惩忿窒欲，正人之德也。故曰瑟有君父之节。臣子法商角，则君父有节，臣子有义，然后四时和，然后万物生，故谓之瑟。大瑟谓之洒，长八尺一寸，广一尺八寸，二十七弦。

《尔雅》曰：徒鼓瑟谓之步。

《三礼图》曰：雅瑟长八尺一寸，广二尺八寸，二十三弦。其常用者十九弦。其余四弦，谓之蕃嬴也。颂瑟七尺二寸，广尺八寸，二十五弦尽用也。

蔡邕《月令章句》曰：瑟前其柱则清，却其柱则浊。

《毛诗·鹿鸣》篇曰：呦呦鹿鸣，食野之苹。我有嘉宾，鼓瑟吹笙。

又《车邻》曰：既见君子，并坐鼓瑟。

《礼记》曰：清庙之瑟，朱弦而疏越，一唱而三叹，有遗音者也。此雅淡之乐也。言至和不在于音，故不须絚弦促柱以慆人心也。

《论语》曰：由之瑟，奚为于丘之门。

《阳货》曰：孺悲欲见孔子，孔子辞之以疾。将命者出户，取瑟而歌，使之闻之。

又曰：仲尼问曾皙曰："点，尔何如？"鼓瑟希，铿尔，舍瑟而作，曰："暮春者，春服既成，冠者五六人，童子六七人，浴乎沂，风乎舞雩，咏而归。”

《周书》曰：师旷见太子；晋师旷束躅其足，曰：“善哉！善哉！”王子曰：“太师乎，何举足骤？”师旷曰：“天寒之躅，是以数举也。”王子曰：“请入坐。”遂敷席注瑟。师旷曰：“歌无射。”曰：“国诚宁矣，远人来观，修义经矣，好乐无荒。”乃注瑟于王子。

《汉书》曰：万石君石奋，其父赵人，姊能鼓瑟。高祖曰：“若能从我乎？”曰：“愿尽力。”于是高祖召其姊为美人。

又杨恽《报孙会宗书》曰：恽本秦人，能为秦声。妇，赵女也，雅善鼓瑟。

又曰：莽何罗及走趋卧内，顾入行，触宝瑟僵仆，金日磾得抱何罗，因呼曰：“何罗反！”

《吕氏春秋》曰：古朱襄氏之治天下，多风，阳气畜积，果实不成，故王建作为五弦之瑟以来阴，以定群。瞽瞍制五弦之瑟，作十五之弦舞，益以八弦为二十三弦。高诱曰：王建，朱襄之臣。

《慎子》曰：公输子巧用材也，不能以檀为瑟。

《韩诗外传》曰：赵王使人于楚，鼓瑟遣之曰：“无失吾言。”使者受命，伏而不起，曰：“大王鼓瑟，未尝若今日之悲也。”王曰：“然。鼓瑟者，固方调也。”使者曰：“调则可记其柱。”王曰：“不可，天有燥湿，丝有缓急，柱有推移，不可记也。”使者曰：“臣请此以谕，楚之去赵千有余里，亦有吉凶之变，凶则吊之，吉则贺之，犹柱之有推移，不可记。

《典略》曰：百里奚，虞大夫。晋君以女为秦穆夫人，用奚为媵。奚亡走宛，楚人执之。秦穆公知其贤，欲厚货以求之，恐楚不与，乃以羖羊皮赎之，号五羖大夫。秦遂以霸。奚相秦，其妻佣浣入宫，见瑟者之自言能鼓瑟，歌曰：“百里奚，母已死，葬南溪，坟已覆以紫。春莫黎，扼伏鸡，西入秦，五羖皮，今日富贵捐我为？”百里奚乃识之。

《尸子》曰：夫瑟二十五弦，其仆人鼓之，则为笑。贤者以其义鼓之，欲乐则乐，欲悲则悲，虽有暴君，为之立变。

《世本》曰：庖羲氏作瑟。瑟，洁也，一使人精洁于心，淳一于行也。

王子年《拾遗录》：白圆山，其形圆也。有木林，疾风震地而林木不动。以其木为瑟，故曰静瑟也。黄帝使素女鼓庖羲氏之瑟，蒲席悲不能已。后破为七尺二寸，二十五弦。

《韩子》曰：齐宣王问巨倩曰："儒者鼓瑟乎？"对曰："不也。瑟者也，以小弦为大声，以大弦为小声，是细大以易序，贵贱易位，儒者为害义，故不能。"宣王曰："善。"

筝

《说文》曰：筝，鼓弦筑身乐也。

《风俗通》曰：谨按《乐记》筝五弦，筑身也。今并、凉州筝形如瑟，不知谁作也。按京房制五音，唯加瑟十三弦，此乃筝也。今雅乐，筝十二弦，他乐皆十三弦。如筝稍小曰云和，乐府不用。

《史记》曰：秦逐客，李斯上书曰："夫击瓮缶弹筝，搏髀而歌，呜呜使快耳者，真秦之声。"

《晋书》曰：谢安婿王国宝，专利无检行。安恶其人，每抑之。武帝末年嗜酒，而会稽王道子昏醟尤甚。于是国宝谗谀之计稍行于王相之间，而好利险陂之徒，以安功名盛极，构之，嫌隙遂成。帝召桓尹饮宴，谢安侍坐。帝令伊吹笛，伊神色无注，即吹为一弄，乃放笛云："臣于筝分乃不及笛，然自以韵合歌管，请筝歌并请吹笛人。"帝善其调达，乃敕御府，对曰："御府于臣必自不合，臣有一奴善相便串。"帝弥赏其放率，乃许召之。奴既吹笛，伊便抚筝而歌曰："为君既不易，为臣良独难。忠信事不显，乃有见疑患。周旦佐文武，金縢功不刊。推心辅王政，二叔反流言。"其声慷慨，俯仰可观。安泣下沾衿，乃越席而就之，捋其须曰："使君于此不凡。"帝甚有愧色。

《梁书》曰：羊侃字祖忻。身长七尺八寸，雅爱文史、及《孙吴兵法》。姬妾列侍，穷极奢靡。有弹筝人陆太喜，著鹿角爪，长七寸。舞人张净琬腰围一尺六寸，时人咸云能掌上舞。

《俗说》曰：谢仁祖为豫州主簿，在桓温阁下，闻其善弹筝，便呼之。既至，取筝与令弹。谢即理弦抚筝，因歌曰："秋风意殊道。"桓大以此知之，取谢引诣府。

《襄沔记》曰：辛居士名宣仲，陇西人。大明末，寓居襄阳县西六里，多植松竹，栖迟其下，静嘿不交尘俗。林中起一草庐，容膝而已。善弹筝。与淮南胡陶、京兆骆惠度同志为友，常共燕集此林。陶能吹笛，惠度工歌，拾林下弦管道韵，时人谓之三公乐。宋邵陵王休若为南雍州刺史，躬往造焉。宣仲正在林中弹筝，了不回顾，逡巡致筝于席，延邵陵与语，才述寒温而已。时邵陵客有述其旨者，授筝令弹，再三固请，答曰："幸非王门伶人，何事见逼？所胜于君者，正举止自由。若闻君鞠躬，复与君何异？"占对详雅，众不能屈。齐文惠临州，吴兴沈约奉教聘引，并不降志，约乃共论文章，宣仲辄言庄老。既各言其志，不能相屈。建武中，遇疾卒，惠度及陶并不知所终。

《英雄记》曰：吕布诣袁绍，绍患之，布不自安。固求还洛阳，绍听之。丞制使领司隶校尉遣壮士送布而阴杀之。布疑其图己，乃使人鼓筝于帐中，潜自遁出。夜中兵起，而布已亡。绍闻，惧为患，募追之，皆莫敢近。遂复归。

《郭煌实录》曰：索丞宗伯夷成善鼓筝，悲歌能使喜者堕泪。改调易讴，能使戚者起舞。时人号曰"雍门周"。

《魏略》曰：游楚好音乐，乃畜琵琶筝，每行，将以自随。

《吴质别传》曰：魏文帝与吴质书曰："斩泗滨之梓以为筝。"

《传子》曰：郝素善弹筝，虽伯牙妙手，吴姬奇声，何以加之！

传玄《筝赋序》曰：以为蒙恬所造。今观其器，上崇似天，下圆似地，中空准六合，弦柱拟十二月。设之则四象在，鼓之则五音发。斯乃智仁之器，岂蒙恬亡国之臣所能关思哉？合清乐筝，并十有二弦也。他乐皆十三弦。轧筝以行竹润其端而轧之。弹筝以骨爪，长寸余，以代指也。

筑

《乐书》曰：筑者，形如颂琴，施十三弦，顶细，肩圆。品声按柱，鼓法以左手扼之，右手以竹尺击之，随调应律。唐代编入雅乐也。

《释名》曰：筑以竹鼓之也。如筝，细项。案，今制身长四尺二寸，项长三寸，围四寸五分，项七寸五分，阔七寸五分，下阔六寸五分。

《史记》曰：高渐离善击筑，与荆轲友。见轲刺秦王不中而死，乃变姓名入秦，欲为轲报仇。市中击筑而乞，人观而美，奏之。秦王闻，召之于前击之。王悦，犹以疑焉。熏其两目，置于帐中。王耽之亲近于渐离。渐离望秦王叹息之声，举筑以击，中王膝，王怒之。

又曰：高祖过沛，大享故人父老，酒酣，高祖击筑而歌曰："大风起兮云飞扬，威加海内兮归故乡。"

又曰：荆轲之燕，与屠狗高渐离饮于燕市。酒酣，高渐离击筑，荆轲和，而于市中相乐也。已而相泣，旁若无人。

准

《京房》曰：准，竹声不可以度调，故作准以定数。准之状如瑟，长一丈而十三弦。隐间九尺，以应黄钟之九寸，中央一弦下有书分寸，以为六十律清浊之节矣。

太平御览卷第五百七十七 乐部十五

琴上

《说文》曰：琴，禁也。神农所作。洞越练朱五弦，周加二弦。

《毛诗·关雎》曰：窈窕淑女，琴瑟友之。注曰：宜以琴瑟友乐之。笺云：贤女乃与琴瑟之志同也。

又《墉·柏舟·定之方中》曰：树之榛栗，椅桐梓漆，爰伐琴瑟。

又《甫田·车辖》曰：四牡騑騑，六辔如琴。笺云：御群臣使之有礼，如御四马騑騑然使之均调缓急和也。

又《缁衣·鸡鸣》曰：琴瑟在御，莫不静好。

《礼记·曲礼》曰：先生之书箧，琴瑟在前，坐而迁之，戒勿越也。

又《曲礼下》曰：士无故不去琴瑟。

又《明堂位》曰：拊搏玉磬，揩击大琴、中琴，四代之乐器也。

又《檀弓上》曰：子夏既除丧而见于孔子。与之琴，和之而不和，弹之而不成声，里衵人心。作而曰："哀未忘也。"子张既除丧而见，与之琴，和之而和，弹之而成声，作而曰："先王制礼，不敢不至也。"

又《檀弓上》曰：颜渊之丧，馈祥肉，孔子出受之，入弹琴而后食之。弹琴以彻哀也。

又曰：丝声哀，哀以立廉，廉以立志，君子听琴瑟之声，则思志义之臣。

又《杂记》曰：下大功至辟琴瑟。

《周礼》曰：云和之琴，冬至日，于地上圆丘奏之。空桑之琴，夏日至，于泽中方丘奏之。龙门之琴，于宗庙奏之。

《左传》曰：初，穆姜使择美槚，自以为榇与颂琴。

又曰：晋侯观于军府，见钟仪，问其族，曰："伶人也。"与之琴，操南音。公曰："君子也。言称先职，不背本也；乐操土风，不忘旧也。"

又曰：初，卫侯有嬖妾，使师曹诲之琴。师曹鞭之，公怒，鞭师曹三百。

《尔雅》云：大琴曰离，二十弦，或传此是伏羲所制。

《周书》曰：邹忌以鼓琴见齐威王，威王悦之，舍之右室。须臾，王自鼓琴，邹忌推户，久曰："善哉！鼓琴也。"王勃然不悦，去琴按剑，曰："夫子见之未察，何以知其善？"忌曰："大弦浊以温，小弦廉折以清，推之深而释之舒，均谐以鸣，大小相盖，回邪而不相害，是知其善。"忌复曰："不独语音。夫治国家，弭人民，皆在其中。"王又勃然不悦，曰："若语五音，纪信未有如夫子者也。若治国家、弭人民皆在其中，又何为丝桐之间？"忌曰："大弦急以温者，君也。小弦廉折以清者，相也。推之深释之舒者，刑罚审也。均谐以鸣者，政令一也。大小相盖、回邪不相害者，上下和鸣，吏民相亲也。夫复而不乱者，所以治昌。连而径者，所以存亡。故曰琴音调而天下治。治国家，弭人民，无若乎五音者矣。"王曰："善。"忌见三月而受相印。淳于髡谓忌曰："髡有愚志，愿陈诸前。"忌曰："谨受教。"髡曰："得人者昌，失人者亡。"忌曰："谨受命，请无观。"髡曰："狢膏棘轴，所以为猾，然而不能运方穿。"忌曰："谨受命，请事左右。"髡曰："弓胶腊干，所以为势，然而不能传合疏远。"忌曰："谨受命。请谨自抚附万民。"髡曰："狐裘虽弊，不可补以黄犬之皮。"忌曰："谨受命，谨请择君子无亲小人。"髡曰："大车无毂不能载常，任琴瑟无轸不能成五音。"忌曰："谨受命，请谨修法律而督奸吏。"髡说毕，趋出。至门而眄其仆，曰："是人者，吾语之微言，其应我如响之应声，是人封不久矣。"居期年，封于下邳，号曰成侯。

《史记》曰：箕子谏纣不听，而被发佯狂为奴，隐而鼓琴以自悲。

又曰：司马相如素与临邛令王吉相善。临邛富人卓王孙有女文君新寡，好音。相如谬与令相重而以琴心挑之。相如始之临邛，车骑雍容，闲雅甚都。及饮卓氏弄琴，文君窃从户窥之，心悦，恐不得当也。

又曰：荆轲左把秦王，右揕其胸，王乞听琴而死。召姬人鼓琴，声曰："罗縠单衣可裂而绝，八尺屏风可超而越，鹿卢之剑可负而拔。"王奋而去。

又曰：黄帝使素女鼓五十弦琴，帝悲不能自禁，破为二十五弦。

又曰：万石君奋，年十五，为小吏。侍高祖，与语，爱其恭敬，问曰："若何有？"对曰："独有母，不幸失明。姊能鼓琴。"高祖乃召其姊为美人，以奋为中涓，徙其家长安中戚里。

《东观汉记》曰：上尝问宋弘道通之士，弘荐桓谭。谭善鼓琴，喜郑声。上数听，悦之。弘闻，坐府上，遣吏召谭，责问之。谭叩头良久，乃遣。后上令谭鼓琴，谭为之失次。上召之，弘言其故，故不复令谭给事。

《后汉书》曰：初，蔡邕在陈留，邻人有以酒食召邕者，比往而酒已酣。客有弹琴于屏，邕在门潜听之，曰："以乐召我而有杀心，何也？"遂返。将命者告主人曰："蔡君至门而去。"邕素为邦乡所宗，主人遂自追问其故，邕具以告，莫不怃然。弹琴者曰："我向见螂螳方向鸣蝉，蝉将去而未飞，螳螂为之一前一却，吾心耸然，唯恐螳螂之失蝉也。此岂为杀心而形于声乎？"邕叹曰："此足以当之矣。"

又曰：蔡邕字伯喈，陈留人。性沉审，志好琴道，以嘉平元年入清溪访鬼谷先生所居。山五曲，曲有幽居灵迹。每一曲制一弄，三年曲成。出呈马融，王元、董卓等异之。

《晋书》曰：王敬伯，会稽馀姚人。洲渚中，升亭而宿。是夜，月华露轻。敬伯鼓琴，感刘惠明亡女之灵，告敬伯，就体如平生，从婢二人。敬伯抚琴而歌曰："低露下深幕，垂月照孤琴。空弦益宵泪，谁怜此夜心。"女乃和之曰："歌宛转，情复哀，愿为烟与雾，氛氲同共怀。"

《晋书》曰：阮瞻善弹琴，人闻其能，多往求听。不问贵贱长幼，皆为弹之。神气冲和，不知向人所在。内兄潘岳每令鼓琴，终日达夜，无忤色。

《晋中兴书》曰：戴逵字安道。少有文艺，善鼓琴。太宰武陵王晞闻其能琴，使人召焉。逵对使者破琴，曰："戴安道不为王门伶人。"晞怒，乃更引其兄述。述亦能乐，闻命忻然操琴而往。逵不乐。当世以琴书为娱，不远千里。

《宋书》曰：萧思话领左卫将军。尝从太祖登钟山北岭，中道有盘石清泉。上使于石上弹琴，因赐以银钟酒，谓曰："相赏有松石间意。"

又曰：衡阳王义季镇京口。长史张邵与戴颙姻通迎来，止黄鹄山，林涧甚美，颙憩于涧。义季亟从之游，颙衣野服，为义季鼓琴，并新声变曲，皆与世异也。

又曰：衡阳王义季镇京口，戴颙为义季鼓琴，并新声变曲。其三调《游弦》、广陵《止息》之流皆与世异。太祖每欲见之。常谓黄门侍郎张敷曰："当燕戴公山也。"以其好音，长给正声伎一部。颙合《何尝》、《白鹄》二声以为一调，号为"清旷"。

又曰：陶潜不解声音而畜素琴一张，每有酒适，辄抚弄以寄其意。

萧子显《齐书》曰：王仲雄善弹琴，当时妙绝。江左有蔡邕焦尾琴，在王衣库，上敕五日一给仲雄。

又曰：尚书令柳世隆少立功名，晚专以谈义自业，善弹琴，世称柳公双璅，为士品第一。常自云："马矟第一，清谈第二，弹琴第三。"在朝不干世务，垂帘鼓琴，风韵清远，甚获世誉。

《家语》曰：孔子学琴于师襄子，襄子曰："吾虽以击磬为官，然能于琴。子琴已习，可以益矣。"孔子曰："丘未得其为志也。"又问，曰："已习其志，可以益矣。"孔子曰："丘未得其为人也。"又问，曰子有所缪然深思焉，缪然，深思貌也。有所皇然，高望而远眺。眺，见。曰："丘殆得其为人矣，始近黮然黑，黮，黑貌也。颀然长，颀，长貌也。旷然如望羊，旷然，用志旷远也。望，远也。望羊，视远。奄有四方，奄同也。文王时，三分天下有其二，后周有四方，文王之功上也。非文王，其孰能为此？"师襄子避席，摄拱而对曰：摄拱，两手薄心。"君圣人也。"其传曰：《文王操》。

又曰：子路鼓瑟，孔子闻之，谓冉有曰："甚矣！由之不才也。夫先王之制音也，奏中声以为节，流入于南，不归北。夫南者，生育之乡；北者，杀伐之域也。故君子之音，温和居中，以养生育之气，忧愁之感不加乎心，暴厉之动不存乎礼。夫然者，乃所以为治安之风也。小人之音则不然，亢厉微末以象杀伐之义，中和之感不载乎心，温和之动不存于体。夫然者，乃所以为乱亡之风。”

《家语》曰：伯牙鼓琴，钟子期听之。方鼓而志在太山，钟子期曰：“善哉乎鼓琴！巍巍乎若太山。”少选之期而志在流水，钟子期曰：“善哉乎鼓琴！荡荡乎若流水。”钟子期死，伯牙破琴，绝弦，终身不复鼓琴，以为世无足为鼓琴者。

《庄子》曰：孔子穷于陈蔡，七日不食，弦歌鼓琴。

又曰：孔子游于缁帷之林，休坐杏坛之上，弟子读书，孔子弦歌鼓琴。奏曲未半，有父者下船而来，孔子推琴而起曰：“其圣欤？”

《列子》曰：瓠巴鼓琴，鸟舞鱼跃。郑师文闻之，从师襄，三年不成。无几，见师襄曰：“久得之矣。”于是当春而叩商弦，以召南吕，凉风总至，草木成实。秋而叩角，温风徐回，草木发荣。夏而叩羽，霜雪交下，川池暴涸。冬而叩徵，阳光炽烈，坚冰立散。将终而四景风翔，庆云浮，甘露降，醴泉涌。

《前秦录》曰：苻坚末年好色，宠幸鲜卑。有赵整者援琴歌曰：“昔闻盟津河，千里作一曲。此水本清白，是谁乱使浊。”

又曰：“北园有枣树，布叶垂重阴。外虽多棘刺，内实有赤心。”

《世说》曰：王子猷病笃而子敬先亡，猷问左右曰：“何以都不闻消息，此以丧矣。”语时了不悲，便索舆临殡。子敬好琴，故以置棺中，因大恸曰：“所谓人琴俱亡。”于是乃绝。

《风俗通》曰：今琴长四尺五寸者，法四时五行。七弦者，法七星。大弦为君，小弦为臣。文王、武王加二弦，以合君臣之恩。

刘向《列仙传》曰：子主者，不知何许人也。言宁先生雇我一百余年，不还，直诣江都王，陈辞：先生居龙首弹琴，是我邻家九代孙。

《琴操》曰：伏羲作琴长三尺六寸六分，象三百六十日也。广六寸，象六合也。文上曰池，下曰岩，池水平也。前广后狭，象尊卑也。上圆下方，法天地。五弦，官也，大弦，君也，宽和而温；小弦，臣也，清廉不乱。文王加二弦，合君臣恩也。宫为君，商为臣，角为民，徵为事，羽为物。

傅玄《琴赋叙》曰：齐桓有鸣琴曰号钟，楚庄王有琴曰绕梁，司马相如有绿绮，蔡邕有焦尾，皆名器也。蔡邕焦尾有相如政取古名曰琴耳，无其事也，不异号钟。

《世说》曰：顾彦先平生好琴，死后置琴床上。张翰直上床弹琴，不与孝子语而去。

《语林》曰：嵇中散夜灯下弹琴，忽有一人，面甚小，斯须转大，遂长丈余，单衣革带。嵇见之既熟，乃吹灯灭之，曰："耻与魑魅争光。"

阮籍《乐论》曰：汉桓帝闻楚琴，凄怆伤心，倚户而悲，慷慨长息，曰："善哉！为琴若此而足矣。"

《说苑》曰：应侯与贾子坐闻鼓琴声，应侯曰："今日琴一何悲也？"贾子曰："夫张急调下，故使之悲耳。因张者，良材也；调下者，官卑也。取夫良材而卑之官，安能无悲乎？"应侯曰："善。"

扬雄《琴清英》曰：晋王谓孙息曰："子鼓琴能令寡人悲乎？"息曰："今处高台邃宇，连屋重户，藿肉浆酒，倡乐在前，难可使悲者。"乃谓："少失父母，长无兄嫂，当道独坐，暮无所止，如此者乃可悲耳。"乃援琴而鼓之，晋王酸心哀涕，曰："何子来迟也。"

蔡邕《女训》曰：舅姑若命之鼓琴，必正坐操琴而奏曲。若问曲名，则舍琴兴对曰某曲。坐若近，则琴声必闻；若远，左右必有赞其言者。凡鼓小曲，五终则止；大曲，三终则止。无数变曲无多少，尊者之听未厌不敢早止。若顾望视也，则曲终而后止，亦无中曲而息也。琴必常调。尊者之前，不更调张。私室若近舅姑，则不敢鼓。独若绝远，声音不闻，鼓之可也。鼓琴之夜，有姊妹之宴则可也。

《通礼纂》曰：尧使无勾作琴五弦。

《江表传》曰：顾雍少从蔡伯喈学鼓琴，伯喈贵异之，谓曰："卿成必早，故以名与卿。"雍、伯喈同名由此。

蔡邕《月令章句》曰：凡弦急则清，慢则浊。

《白虎通》曰：琴，禁也，以禁止淫邪，正人心也。

《韩诗外传》曰：孔子南游适楚，至于阿谷之隧。有处女佩瑱而浣，孔子曰："彼妇人可与言矣。"抽琴去其轸以授子贡，曰："善为之辞，以观其语。"子贡曰："于此有琴而无轸，愿借子以调其音。"妇人曰："吾野鄙之人也，僻陋而无心，五音不知，安能调琴？"子贡致其辞，孔子曰："丘知之矣。"

《山海经》曰：帝俊生晏龙，始为琴瑟。

又曰：东海之外大壑，少昊、孺帝、颛顼于此弃其琴瑟。郭璞曰：孺义未详也。

《蔡琰别传》曰：琰字文姬，陈留人，汉左中郎将蔡邕之女。少聪惠秀异，年六岁，邕夜鼓琴弦绝，琰曰："第二弦。"邕故断一弦而问之。琰曰："第四弦。"邕曰："偶得之耳。"琰曰："吴札观风，知兴亡之国；师旷吹律，识南风之不竞。由此言之，何不足知也。"

《马明生别传》曰：明生随神女入石室，金床玉几，时自弹琴，有弦五音，普奏闻于数里。

《幽明录》曰：刘琮善琴，忽得困病，许逊曰："近蒋家女鬼相录在山石间，专使弹琴作乐，恐欲致灾也。"琮曰："吾常梦见女子将吾宴戏，恐必不免。"逊笑曰："蒋姑相爱重，恐不能相放耳。以为诔之，今去当无患也。"琮渐差。

《文士传》曰：嵇康临死，颜色不变，谓其兄曰："向以琴来不？"兄曰："已至。"康取调之，为《太平引》，曲成，叹息曰："《太平引》绝于今日耶！"

《搜神记》曰：吴人有烧桐以爨者，蔡邕闻其爆声，曰："此良桐也。"因请之，削以为琴，而烧不尽，因名焦尾琴，有声也。

扬雄《琴清英》曰：昔者，神农造琴，以定神齐淫僻去邪，欲反其天真者也。舜弹五弦之琴，而天下治；尧加二弦，以合君臣之恩也。

太平御览卷第五百七十八　乐部十六

琴中

《乐府解题》曰:《水仙操》,伯牙学琴于成连先生,三年不成,至于精神寂寞,情之专一,尚未能也。成连云:"吾师方子春,今在东海中,能移人情。"乃与伯牙俱往。至蓬莱山,留宿伯牙曰:"子居习之,吾将迎师。"刺船而去,旬时不返。伯牙近望无人,但闻海水洞滑崩澌之声,山林窅寞,群鸟悲号,怆然而叹曰:"先生将移我情。"乃援琴而歌,曲终成,连回刺船迎之而还。伯牙遂为天下妙矣。

又曰:《雉朝飞操》者,齐宣王时处士犊沐子所作也。年七十无妻,出薪于野,见雉雌雄相随则心悲。乃仰天叹曰:"圣王在上,恩及草木鸟兽,而我独不获。"援琴而歌以自伤。

又曰:《思归引》,卫有贤女,邵王闻其贤,请娉之。未至,王薨,太子曰:"吾闻齐桓得卫姬霸。今卫女贤者,欲留之。"大夫曰:"不可。若贤,必不我听。听亦不贤,不足取。"太子不听,遂留拘深宫。思归不得归,援琴而歌,曲终自缢而死。

扬雄《琴清英》曰:尹吉甫子伯奇至孝,后母谮之,自投江中,衣苔带藻。忽梦见水仙赐其美乐,唯念养亲,扬声悲歌。船人闻而学之。吉甫闻船人之声,疑似伯奇,援琴作《子安之操》。

《琴操》曰:商陵牧子娶妻无子,父母将改娶,牧子援琴鼓之,痛恩爱乖离,故曰《别鹤操》。

扬雄《琴清英》曰:《雉朝飞操》者,卫女之作也。卫侯女嫁于齐太子,至中道,闻太子死,问傅母:"何如?"傅母曰:"且往。"当丧毕,不肯归,终之以死焉。傅母好琴,取女自操琴,于冢上鼓之。忽二雉俱出墓中,傅母抚雌雉曰:"女果为雉耶?"言未卒,俱飞而起,忽而不见。傅母悲痛,援琴作操,曰《雉朝飞》。

《琴操》曰：古琴曲有歌诗五曲：一曰《鹿鸣》，二曰《伐檀》，三曰《驺虞》，四曰《鹊巢》，五曰《白驹》。又有十二操：一曰《将归操》，孔子所作。孔子之赵，闻杀鸣犊而归作此曲也。二曰《倚兰操》，孔子所作，伤不逢时。三曰《龟山操》，孔子作。季桓子受齐女乐，孔子欲谏不得，退而望鲁龟山，作曲喻季氏若龟之蔽鲁也。四曰《越裳操》，周公所作。五曰《拘幽操》，文王作。文王拘于羑里，作此曲。六曰《岐山操》，周人为太王所作。七曰《履霜操》，尹吉甫子伯奇无罪见逐，自伤，作此曲。八曰《雉朝飞操》，沐犊子所作。沐犊子七十无妻，见雉双飞，感之作此曲也。九曰《别鹤操》，商陵牧子所作。取妻五年无子，父母欲改娶，其妻闻之，中夜悲，牧子因之作此曲。十曰《残形操》，曾子梦见一狸，不见其足，而作曲。十一曰《水仙操》，伯牙所作。十二曰《坏陵操》，伯牙所作。又有九引：一曰《列女引》，楚樊姬所作。二曰《伯姬引》，鲁伯姬所作。三曰《贞女引》，鲁漆室女所作。四曰《思归引》，卫女所作。五曰《霹雳引》，楚商梁出游九皋之泽，遇风雷霹雳，畏惧而归，作此引。六曰《走马引》，樗里牧恭所作。牧恭为父报冤，杀人而亡藏于山林之下。有天马引之，感作此引。七曰《箜篌引》，霍里子高所作，即《公无渡河曲》。八曰《琴引》，秦时屠门高所作。九曰《楚引》，楚龙丘子高所作。又有河间杂歌二十一章。

《琴历》曰：琴曲有《蔡氏五弄》《双凤离鸾》《归风送远》《幽兰白雪》《长清》《短清》《长侧清调》《瑟调》《大游》《小游》《昭君》《胡茄》《广陵散》《白鱼叹》《楚妃叹》《风入松》《乌夜啼》《楚明光》《石上流泉》《临汝侯》《子安之》《流渐洄》《双燕离》《阳春弄》《悦弄》、《连弄》《悦人弄》《连珠弄》《中挥清》《畅志清》《看客清》《僻清》《婉转清》。

《大周正乐》曰：师襄子，夫子琴师也。方子春教成连生鼓琴，能化人情者也。成连先生，教伯牙鼓琴者也。锺子期，善听知音者。子期死，伯牙终身不鼓琴者也。颜渊听夫子琴，知周衰者也。涓子操琴，心玉篇者也。禽高以琴养性，求仙于罗浮山中，鼓琴于郢中，奏《阳春白雪》者也。雍门周以琴感孟尝君，悲者也。邹忌与齐王言琴事，以方正定德者也。荣启期对夫子弹琴，言三乐之事者也。禽孟临峦户死，而琴歌者也。应侯鼓，贾子对，以取牛妇人者也。子桑饥寒欲死，鼓琴而歌者也。师旷为晋平公探微，感玄鹤二七下舞者也。师滑写濮上琴声者也。子夏除丧，曰琴乐，曰不敢不至者也。闵子骞除丧，曰弹琴不成声者也。宓子贱治单父不下堂，弹琴而邑自理者也。踞转鼓琴，春秋晋大夫张骼辅轹者也。卫师曹，卫献公令师曹教公嬖妾，师曹鞭之。公怒之，鞭师曹三百者。

又曰：寇先生，宋人也。以钓鱼为业。宋景公问道，不告，杀之。后十五年，在宋城门下弹琴者也。已上自尧神人畅至始皇，九十三弄，好士二十七人，并为上石。

又曰：《杞梁妻》者，齐邑杞梁殖妻之所作也。庄公袭莒，殖战而死，庄公还遇其妻于路，使使者道吊之。妻曰："今殖有罪，君何辱命焉？若殖免于罪，贱妾有先人之弊庐，妾不敢受郊吊也。"公乃吊诸室，成礼而去。妻叹曰："上则无父，中则无夫，下则无子。外无所依，内无所倚，将何以立？吾节岂能更二哉？死而已矣。"于是乃援琴而鼓之。

又曰：《伐檀操》者，魏国女之所作也。伤贤者隐弊，素餐在位，闵伤怨旷，失其嘉会。夫圣主之制，能治人者食于人，不能治人者食于田。今贤者隐退伐木，小人在位食禄，悬珍琦，积百谷，并包有土，德泽不加。百姓伤痛，上之不知，王道之不施。仰天长叹，援琴而鼓之。

又曰：《将归操》者，孔子之所作也。赵简子循执玉帛以聘孔子。孔子将往，未至，渡狄水，闻赵杀其贤大夫窦鸣犊，喟然而叹曰："夫赵之所以治者，鸣犊之力也。杀鸣犊而聘余，胡丘之往也？夫燔林而田，则麒麟不至，覆巢破卵，则凤凰不翔，鸟兽尚恶伤类，而况君子哉？"于是援琴而鼓之。

又曰：《岐山操》者，周大臣之所作也。大王居幽，狄人攻之。仁恩恻隐，不忍流血，选练珍宝、犬马、皮币、束帛与之。狄侵不止，问其所欲，欲得土地。大王曰："土地者，所以养万民也。吾将委国而去矣。二三子亦何患无君焉？"遂杖策而出，喻乎梁而邑乎岐山。自伤劣不能化夷狄，为其所侵，喟然叹息，援琴而鼓之。

又曰：《三士穷操》者，其思革子之所作也。其思革子城、石文子、叔愆子三人相与为友，闻楚成王贤而好士，三子相与俱往见之。至于磩硗嵚岩之间，卒逢飘风暴雨，相与俱伏空柳之下。衣寒乏粮，自度不得活，三人相视而叹曰："与其饥寒俱死也，岂若并衣粮于一人哉？"二人俱以其思革子为贤，推衣粮与之。革子曰："死则共之。今二子以贤愚相辞，乃以死让，孰贤哉？"辞而不受。二子曰："吾自以相与，犹左右手也。左伤则右救之，右伤则左救之。子不我受，俱死无名于世，不亦痛乎？"于是思革子乃受之，二子遂冻饿而死。其思革子抱二子尸而埋之，号天哭泣，竭哀而去，往见于楚王。楚王知其贤者，于是旨酒嘉肴，设钟鼓乐之。其思革子怆然有忧悲之意，楚王心动，怪而不悦，乃推樽罢乐，引琴而进。其思革子援琴而鼓之，作相与别散之意。王闻曰："子琴音何苦哀也？"革子推琴离席，长跪涕流而下，对："臣友三人石文子、叔愆子，窃慕大王高义，欲俱来谒。至于磩硗嵚岩之间，逢飘风暴雨，食寒粮乏，度不能俱活，二子俱不以臣为不肖，推粮与臣。二子逢冻饿死。大王虽陈酒肴设乐，诚不敢酣乐也。"楚王曰："嗟乎，乃如是耶！"于是赐其思革子黄金百斤，命左右棺敛收二子而葬之。以其思革子为相，故曰《三士穷》。

又曰：《鹿鸣操》者，周大臣之所作也。王道衰，君志倾，留心声色，内顾妃后，设旨酒嘉肴，不能厚养贤者，尽礼极欢，形见于色。大臣昭然独见，必知贤士幽隐，小人在位，周道陵迟。自以是始，故弹琴瑟以风谏，歌以感之，庶几可复。歌："呦呦鹿鸣，食野之苹。我有嘉宾，鼓瑟吹笙。吹笙鼓簧承筐，是将人之好我，示我周行。"此言禽兽得美甘之餐，尚知相呼，伤时在位之人不能。乃援琴以刺之，故曰《鹿鸣》也。

又曰：《驺虞操》者，邵国女之所作也。古有圣王在上，君子在位，役不逾时，不失嘉会，内无怨女，外无旷夫。及周道衰微，礼义废弛，强凌弱，众暴寡，万民骚动，百姓愁苦，男怨于外，女伤于内，内外无主。内迫情性，外迫礼义，叹伤所说而不逢时，于是援琴而歌。

又曰：《猗兰操》者，孔子之所作也。孔子周流天下应聘，诸侯莫能任用。自卫反鲁，过隐之中见芗兰之独茂也，喟然而叹曰：“夫兰，当为王者香。今乃独茂与众草为伍，譬犹贤者不逢时，与鄙夫为伦也。”凭车抚轼，援琴而鼓之。自伤不逢时也。

又曰：《龟山操》者，孔子之所作也。齐人馈女乐，季桓子受之，鲁君闭门不听朝。当此之时，季氏专政，上僭天子，下畔大夫，贤圣斥逐，谗邪满朝。孔子欲谏而不听，复退而望鲁。鲁有龟山蔽之，譬季子于龟山，托势位于斧柯，季氏专政道，犹龟山之蔽鲁也。伤政道之不用，闵百姓不得其所，欲诛季氏而力不能，于是援琴而歌。

又曰：《白驹操》者，失朋友之所作也。其友贤，俱仕乎衰乱之世。君无道，不可匡辅，依违微风，谅不见受，国士咏而思之，援琴而长歌。

又曰：《越尝操》者，周公之所作也。周公辅相成王，成就文王之道。天下太平，万国和会，江黄纳贡，越尝重九译而来献白雉，执贽曰：“吾君在外国也。顷无迅风暴雨，意者，中国有圣人乎？故遣臣来。”周公于是仰天而叹之，援琴而歌。

又曰：《拘幽操》者，文王之所作也。纣为无道，上逆天文，下变地理，刑无罪，杀不辜，斮朝涉，刳孕妇。百姓怨悲，海内同心苦之。文王为西伯，种德修仁，布其恩惠，天下三分有其二。纣大怒其有仁心也，召而朝之，拘于羑里。文王忧愁，援琴而鼓之，故曰《拘幽操》也。

又曰：《聂政刺韩王》者，聂政之所作也。聂政父为韩王治剑，过时不成，韩王杀之，时政未生。及壮，问其母曰：“父何在？”母告之。政欲杀韩王，乃学涂入王宫，拔剑刺韩王，不得，走。政逾城而出，去，入太山，遇仙人学鼓琴，漆身为厉，吞炭变其音。七年而琴成，欲入韩国，道逢其妻，妻对之泣下，对曰：“夫人何故泣？”妻曰：“聂出游七年不归，吾常梦相思。见君对妾笑，齿似政齿，故我心悲而泣也。”政曰：“天下人齿尽相似耳，胡为泣乎？”即别去，复入山中，仰天而叹曰：“嗟乎，变容易身，欲为父报仇而为妻所识，父仇当何时复报？”援石击落其齿，留山中三年，习琴持入韩国，人莫知政。政鼓琴阙下，观者成行，马牛止听，以闻韩王。王召政而见之，使之弹琴。政即援琴而鼓之，内刀在琴中，政于是左手持衣，右手出刀，以刺韩王，杀之，曰：“乌有使生者不见其父，可得死乎？”政杀国君，罪当及母，即自犁剥面皮，断其形体，人莫能识知。乃枭磔政形体市，悬金其侧，有知此人者赐金千斤。遂有一妇人往而哭之，曰：“嗟乎，为父报仇耶！”顾谓市人曰：“此所谓聂政也。为父报仇，知当及母，乃自屠剥面。何爱一女之身而不扬吾子之名哉？”乃抱政尸而哭，冤结陷塞，遂绝行脉而死。故曰《聂政刺韩王》也。

又曰：《曾子归耕》者，曾子之所作也。曾子事孔子十有余年，眷然念二亲年衰，养之不备，欲归而重叹之，于是援琴而鼓之。

又曰：《崔子渡河》者，闵子骞之所作也。崔子早无母，其后母常以其死母名呼之，不应者，后母辄笞之。崔子恶与其母同名，欲自杀，恐扬父恶，又死母名应则逆，非义也。则以能游渡河为辞，系石于腹，入水自沉而死。众人但以为不能游耳，莫知其故自沉。是以父过不扬，闵子骞大其能为父隐，伤痛之，故援琴而鼓之，以美其意，故曰《崔子渡河》。

又曰：《屈原自沉》者，屈原之所作也。屈原，楚同姓也。为怀王佐，博闻强识，疏通政事。入则与王议国计策，以施号令；出则接遇宾客，应对诸侯。上官大夫与之争宠，害其器能，谮之于王，曰：“使屈原每一出，矜伐功，以其非己莫能为。”怀王怒而斥之。屈原自伤怀忠而见疑，忧愁，面目黎黑，临河而哀思，著《离骚》、《九歌》、《九叹》、《七谏》之辞，仰天而叹，援琴而鼓之。

又曰：《孔子厄》者，孔子之所作也。孔子应聘于楚，待礼于陈。在陈绝粮，从者病，莫能兴，喟然而叹曰：“归邪，吾党之小子狂简，斐然成章，不知所以裁之。”于是援琴而鼓之，以自叙其志，故曰《孔子厄》。

又曰：《霍将军歌》者，霍去病之所作也。去病为讨寇校尉，为人少言，勇而有气，使击匈奴，斩首二千。后六出，斩首十余万级，益封万五千户，秩禄与大将军等。于是志得意欢，乃援琴而鼓之。

又曰：《凤凰来仪》者，周成王之所作也。成王即位，用周召、毕、荣之属，天下大治，殊方绝域，莫不蒙化。是以越常献雉，重译来贡，太平之瑞，同时而应，麒麟游苑圃，凤凰翔舞于庭，颂声并作，佥然大同。于是成王乃援琴而鼓之。

又曰：《子安口》者，其门离须之作也。其门离须兄弟三人，长兄从军，二年不归。离须坐事被刑，天下昏乱，兵革骚动，宗族离散。离须当远往输，持其小弟往寄所知，分别相去，垂涕而决。其弟觑欷谓离须曰：“吾生不睹母，长不识父。遭颠沛扰攘之世，兄从军不归，子复远输，未知反期，一旦是非，使吾无所依。吾闻兄在林梨，欲往从之。”离须止之曰：“兵革交错，道路不通，子为我无往，往必不还。令吾兄弟分别死别，不亦痛乎？”喟然不应，啼泣而别。离须属其主人曰：“子欲往，慎为我勿遣也。”去数日，卒夜亡，不知其处。离须来还，分布求之，卒不得。忧思不乐，仰天而叹，于是援琴而鼓之。

又曰：《力拔山》者，项羽之所作也。项王为汉所围于垓下，诸侯兵悉到，围数重。项王夜觉，闻汉军四面楚歌，惊起，坐仰天而叹曰：“汉得吾众，是何楚歌之多？”于是心悲，援琴而鼓之。

又曰：《禹上会稽》者，禹之所作也。尧时洪水滔天，百姓巢居不安，尧乃征禹而使治之。乃决江河，上会稽山，顾曰：“呜乎！洪水滔天，下人愁悲，上帝俞咨。三过吾门不入，父子道衰。非欲伐功也，伤君莫知，不欲烦下民。嗟呼！天非欲数烦下，嗟嗟不欲烦下民。”自是之后，百姓降丘，黎庶乂安，弹琴以自叹，故曰《禹上会稽》。

又曰：《箕子吟》者，箕子之所作也。箕子，纣之诸父也。纣为无道，杀比干，醢梅伯，斮朝涉，刳孕妇，奢淫骄恣，不修道德。箕子不可谏，乃被发佯狂，痛宗庙之丘墟，喟然援琴而鼓之。

又曰：《文王思士》者，文王之所作也。文王思得贤士与为治，出田乃援蓍而卜之，卦得所获，非龙、非麟、非虎、非熊，乃帝王之师也。至渭之阳，果遇吕尚。与语，大悦之，曰："吾先人太公有言，当有圣人适周，子其是耶？"遂载与之俱归，立以为师，号曰太公望。文王悦喜，乃援琴而鼓之，自叙思士之意，故曰《文王思士》。

又曰：《武王伐纣》者，武王之所作也。武王兴师伐纣，伯夷、叔齐拔剑扣马，曰："父死不葬而争天下，非孝也。执贽而事之，举兵而伐之，非义也。"武王以告太公望，太公曰："循大行者不顾细礼，立大功者不恤后諐。"遂克殷，诛纣于牧野。于是天下晏然，万民欢忻，武王援琴而鼓之。

太平御览卷第五百七十九　乐部十七

琴下

《三礼图》曰：琴第一弦为宫，次为商，次为角，次为徵，次为羽，次为少宫，次为少商。

《广雅》曰：伏羲氏琴长七尺二寸，上有五弦。

《孙登别传》曰：孙登字公和，汲郡人。清静无为，好读《易》、弹琴，颓然自得。观其风神，若游六合之外者。当魏末，居北山中，石窟为宇，编草自覆。阮嗣宗见登被发端坐岩下，逍遥然鼓琴。嗣宗自下趋进，冀得与言。嗣宗乃长啸与琴音谐，会登因啸和之，妙响动林壑。

《洞冥记》曰：帝恒夕望东边有青云，俄见双白鹄集于台上，倏忽变为二神女，舞于楼下。握凤管之箫，舞落霞之琴，歌《清吴春波》之曲也。

刘向《别录》曰：雅琴之意，事皆出龙德诸琴杂事中。赵氏者，渤海赵定人也。宣帝时，元康神爵间，丞相奏能鼓琴者，渤海赵定、梁国龙德皆召入，见温室，使鼓琴。时闲燕为散操，多为之涕泣者。

《乐府解题》曰：魏武帝宫人有卢女者，故将军阴叔之姨也。七岁入汉宫，学鼓琴，琴特鸣异，善为新声。

阮籍《乐论》曰：汉帝闻楚琴，倚扆而悲，慷慨长息，曰："善哉！为声若此而足矣。"昔季流向风而鼓琴，听之者泪下。

《列仙传》曰：稷丘公，华山道士。汉武帝封禅，公乃冠章甫，拥琴来迎。

《灵异志》曰：嵇中散神情高迈，任心游憩。尝行西南，出去洛数十里，有亭名华阳，投宿，夜了无人，独在亭中。此亭由来杀人，宿者多凶。至一更中，操琴先作诸弄，而闻空中称善声。中散抚琴而呼之，曰："君何以不来？"此人便云："身是古人，幽没于此数千年矣。闻君弹琴音曲清和，故来听耳。而就终残毁，不宜以接侍君子。”向夜仿佛渐见，以手持其头，遂与中散共论声音，其辞清辩。谓中散君试过琴，于是中散以琴授之。既弹，悉作众曲，亦不出常，唯《广陵散》绝伦。中散才从受之，半夕悉得，与中散誓，不得教他人，又不得言其姓也。

《琴书》曰：昔者，至人伏羲氏王天下也，仰观象于天，俯察法于地，远取诸物，近取诸身，始画八卦，削桐为琴。

又曰：自尧相传，善琴者八十余人，有八十余样。虽少有差，大体相似，皆长三尺六寸，法期之数也。上圆而敛，象天也；下方相平，法地。十三徽配十二律，余一象闰也。本五弦，宫、商、角、徵、羽也；加二弦，文、武也。至后汉蔡邕又加二弦，象九星，在人法九窍，其样有异。传于代四所象，凤首、翅、足、尾。南方朱雀，为乐之主也。五分其身，以三为上，以二为下，三天两地之义也。上广下狭，尊卑之象也。中翅八寸，象八风。腰广四寸，象四时。轸圆，象阳转而不穷也。临乐承露，用枣唇，用梓，未达先贤深意也。

又曰：琴高以琴养性，初学于罗浮山，后游四海。或传禽高，非也。

又曰：舜弹五弦之琴，以歌南风之诗。岂唯道在思亲，志兼忧民，养万物，故感之。

又曰：颍阳西北界李氏处女，年十五六。天宝八年二月，遘疾，七月不食，魂飞冥冥，如升上景在云雾中，女仙人芦藕苗间，受琴《清风弄》等五十曲。至天宝十五载五月，留守悲迴，御史中丞蒋列，驲骑上闻，玄宗度为女道士，赐琴三面，留内供奉。琴德弦妙，旁行不流，所感无恒也。

又曰：师涓，纣之乐官也。善鼓琴，感四马嘘天仰秣。或曰师旷。传虽二，疑即是一。

《风俗通》曰：琴者，乐之统也。君子所常御，不离于身。非若钟鼓陈于宗庙，列于虡悬也。以其大小得中而声音和。大声不喧哗而流漫，小声不湮灭而不闻，适足以和人意气，感发善心也。

《琴书》曰：尧大德。尧弹，感天神降听俨然，言和之至也，故尧制《神人畅》。

《瑞应图》曰：师旷鼓琴，通于神明，而白鹄翔。

《竹林七贤传》曰：嵇康临死，顾视日影，索琴弹之，曰："袁孝尼尝从吾学《广陵散》，吾无惜固不与，《广陵散》于是绝矣。"

司马相如《美人赋》曰："上客何国之公子？所从来无乃远乎？"遂设旨酒，进鸣琴，抚弦为《幽闲》之曲。

张茂枢《响泉记》曰：余家世所宝琴书图画，广明之乱，散失荡尽。其中二琴，一名响泉，一名韶磬，皆希代之宝也。

宋玉赋曰：臣尝行，仆饥马疲，正值主人门开。主人翁出，独有主人女在。欲置臣堂上太高，堂下太卑。乃便为兰房奥室，止臣其中。其中有鸣琴焉，臣援琴而鼓之，为《秋竹积雪》之曲。

吴均《续齐谐记》曰：王彦伯，会稽馀姚人。善鼓琴，仕为东宫。扶侍赴告还都，行至吴邮亭，维舟中渚，秉烛理琴，见一女子披帏而进，二女从焉，先施锦席于东床，乃就坐；女取琴调之，似琴而声甚哀雅，有类今之登歌。女子曰："子识此声否？"彦伯曰："所未曾闻。"女曰："此曲所谓《楚明光》者也。唯嵇叔夜能为此声，自此以外，传习数人而已。"彦伯欲受之，女曰："此非艳俗所宜，唯岩栖谷隐可以自娱耳。当更为子弹之，幸复听之。"乃鼓琴且歌，歌毕，止于东榻。迟明将别，各深怨慕。女取四端锦卧具、绣臂囊一赠彦伯为别，彦伯以大笼并玉琴答之而去。

《说苑》曰：雍门周以琴见孟尝君。孟尝君曰："先生鼓琴，亦能令我悲乎？"周曰：臣乌能令足下悲哉？所能令悲者，先贵而后贱，先富而后贫，不若身才高妙适遭暴乱，不若处之隐绝不及四邻，屈折摈压无所告诉，臣一为之徽，操琴则涕零矣。令足下千乘之君，广厦邃房，下罗帷，来清风，斗象棋，舞郑妾，丽色淫目，流声娱耳。水游则连方舟载旗，野游则驰弋猎，平原广囿，入则撞钟击鼓乎深宫之中。虽有善琴者，固未能使足下悲也。然臣所为足下悲者一也，千秋万岁之后，宗庙必不血食。高台既已坏，曲池既已壍，坟墓既已平，婴儿竖子采樵者，踯躅其足而歌其上，曰：“夫以孟尝君尊贵，乃若是乎？”于是孟尝君泣焉垂脸，周引琴而鼓之，徐动宫徵，拂羽角，孟尝君涕泣增哀，下而就之，曰：“闻先生鼓琴，立若破国亡邑之人也。”

郑缉之《东阳记》曰：晋中朝时有王质者，常入山伐木，至石室，见童子四人弹琴而歌。质因留，趺斧柯而听之。童子以一物与质，状如枣核。质取而含之，便不复饥。遂复少留，亦谓俄顷，童子曰：“汝来已久，何不速去？”质承而起，所坐斧柯烂尽。既归，计离家已数十年矣，旧宅迁移，室宇靡存，遂号恸而绝。

《韩子》曰：昔卫灵公之晋，于濮水之上宿。夜闻有鼓琴声者，悦之，问左右，尽不闻。乃召师涓而告，谓之曰：“有鼓新声者，子为我听而写之。”师涓静坐抚琴写之，明日报曰：“臣得之矣。”公遂之晋。晋平觞之虒祈之台，灵公召师涓令坐师旷之傍，援琴鼓之，未终，师旷曰：“此师延之作。纣为靡靡之乐，及武王伐纣，延东走，至于濮水而自投。闻此声者，必于濮水之上。先闻者其国削，不可遂此。”平公曰：“此何声也？”曰：“此所谓《清商》也。”公曰：“《清商》固宜悲乎？”师旷曰：“不如《清徵》。”公曰：“《清徵》可得闻乎？”师旷曰：“不可。古之听《清徵》者，皆有德义之君。今主君德薄，不足以听之。”平公曰：愿试听之。师旷不得已，援琴一奏之，有玄鹤二八南方来，集于郎门之邑；再奏之列；三奏之，延颈而鸣，舒翼而舞。平公大悦，提觞而起，为师旷寿曰：“音莫悲于《清徵》乎？”师旷曰：“不如《清角》。”平公曰：“《清角》可得闻乎？”师旷曰：“不可。昔者，黄帝合鬼神于西山之上，驾象车六蛟龙，毕方并辖，蚩尤居前，风伯进扫，雨师洒道，虎狼前在，虫蛇伏地，凤皇覆上，大合鬼神，作为《清角》。今主君德薄，不足以听之。”平公曰：“愿试听之。”师旷不得已而鼓之。一奏之，有云从西北方起；再奏之，大风至，大雨随之，裂帷幕破，俎豆堕廊，凡坐者散走。平公恐惧，伏于廊室，晋国大旱赤地。

《西京杂记》曰：赵后有宝琴曰凤皇，皆以金玉隐起为龙凤螭鸾，古贤列女之象，亦为《归风送远》之操。

《淮南子》曰：孟春，东宫御女青色采衣鼓琴瑟。

桓谭《新论》曰：神农氏为琴七弦，足以通万物而考理乱也。

又曰：八音之中，唯丝最为密，而琴为之首。

应劭《风俗通》曰：琴者，乐之与八音并行，君臣以相御也。

《孔丛子》曰：孔子昼息于室而鼓琴，闵子自外闻之，以告曾子曰："向子之音清微而和，沦入至道。今也，更为幽沉之声，幽则欲上所为发也，沉则贪德之所为施也。夫子何所感一若斯乎？吾从子入而问焉。"曾子曰："诺。"二子入问孔子，孔子曰："然如是也，吾有之。向见狸方取鼠，欲其得之，故为音。汝二人者，孰识诸？"曾子对以闵子，夫子曰："可以听音矣。"

《家语》曰：孔子游于泰山，见荣启期行郕之野，鹿裘带索，抱琴而舞。孔子问曰："先生为乐何也？"对曰："天生万物，唯人为贵，吾既为人，一乐也；男尊女卑，吾既为男，二乐也；人生有不见日月，不免襁褓，吾行年九十五岁矣，三乐也。贫者，士之常；死者，人之终。处常得终，又何忧乎？"孔子曰："善。"

《吕氏春秋》曰：伯牙鼓琴，锺子期听之。方鼓琴志在泰山，锺子期曰："善哉乎鼓琴！巍巍乎如泰山。"志在流水，锺子期曰："善哉鼓琴！茫茫乎若流水。"锺子期死，伯牙破琴绝弦，终身不复鼓琴，以为世无足以鼓琴也。

《列仙传》曰：华山毛女猎即见，常居岩弹琴。

桓谭《新论》曰：神农氏继宓羲而王天下，亦上观法于天，下取法于地，近取诸身，远取诸物。于是始削桐为琴，绳丝为弦，以通神明之德，合天人之和焉。

《琴书》曰：师旷，晋之乐官也。上于琴，能易寒暑，召风雨。为晋平公鼓之，感玄鹤六下舞。

《西京杂记》曰：张安世十五，为成帝侍中，善鼓琴，能为《双凤离鸾》之曲。

《世说》：顾彦先平生好琴，及丧，家人常以琴置灵床上。张季鹰往哭，顾不胜恸，遂径上床，鼓琴作数曲而去。

又曰：会稽贺思令善弹琴，常夜在月中坐，临风鸣弦。忽有一人，形貌甚伟，著械有惨色，在中庭称善，便与共语，自云是嵇中散，谓贺云："卿手下极快，但于古法未备。"因授以《广陵散》，遂传之，于今不绝。

《大周正乐》曰：胜之，逸人也，常挟琴牧羊巨泽。汉王知其贤，将聘焉，委以国政。胜之曰："王废牧羊之任，而委四海之务，是错乱天地，颠倒人伦。"竟逃于阴山之中。

又曰：琴所以修身理性，反其天真也。君子所以常御不离于身，非若钟鼓陈于宗庙，列于虡悬也。以其大小得中而声音和。大声不喧哗而流漫，小声不湮灭而不闻，适足以和人意气，感发善心也。

又曰：瓠巴，六国时人也。工琴好古，因夏日俯于池亭鼓之，感鱼跃潜藻而听焉。

又曰：嵇康，字叔夜。有迈俗之志，为中散大夫。或传晋人，非也。常宿王伯通馆，忽有八人云：吾有兄弟为乐人，不胜羁旅，今授君《广陵散》。甚妙，今代莫测。

又曰：凡琴曲和乐而作，命之曰畅。畅者，言其道之美畅从不敢自安也。忧愁而作，命之曰操。操者，言困厄危迫犹不失其操也。

又曰：清角，黄帝之琴，鸣廉修况蓝胁，自鸣空中。号钟，齐桓公琴。绕梁，庄王琴。绿绮，司马相如琴。焦尾，蔡邕琴。凤凰，赵飞燕琴。

又曰：贺韬，吴人也。常夜弹琴，感鬼神见舞数曲，斯亦妙之至也。

《十二国史》曰：周师经仕魏文侯，善鼓琴，文侯耽之，起舞。经怒，以琴撞文侯。文侯怒，使人曳下殿，将杀之。经曰："乞申一言而死。"文侯曰："何？"经曰："臣撞桀纣之君，不撞尧舜之主。"文侯曰："寡人过矣。"乃舍之，悬琴于壁以为戒。

《晋纪》曰：孙登字公和，不知何许人。散发宛地，行吟乐天，居白鹿、苏门二山。弹一弦琴，善啸，每感风雷。嵇康师事之，三年不言。

《乐纂》曰：赵耶利居士，唐初天水人也。以琴道见重于海内，帝王贤贵，靡不钦风。旧错谬十五余弄皆削，凡归雅无一徵玷不合于古。述《执法象》及《胡笳五弄》谱两卷。弟子达者三人，并当代翘楚。贞观十年，终于曹，寿七十六。弟子宋孝臻、公孙常，数百年内常传于马氏。

《国史补》曰：张弘静少时会名客，观郑宥弹琴。宥调二琴至切，各置一榻，动宫则宫应，动角则角应。稍不切，乃不应。宥师董庭兰，尤善泛声。

又曰：李汧公勉雅好琴。常斫桐，又取漆筩为之，多至数百张，求者与之。有绝代者，一名响泉，一名韵磬，自宝于家。京师又以樊氏、路氏为第一。路氏有房太尉石枕，损之不理。蜀氏斫琴，尝自品第一。上者以玉，次者以琴瑟，又次以金徽、螺蚌。

《唐书·乐志》曰：赵师字耶利，天水人也。在隋为知音，至唐贞观初，独步上京，遽入琴苑。畴之嵇氏，累代居曹。遂令曹郡琴者，所修五弄，具列于曹，妙传濮州司马氏，琴道不坠于地也。师云：吴声清宛，若长江广流，绵绵徐逝，有国士之风。蜀声躁急，若击浪奔雷，亦一时俊决也。

《世说》曰：晋戴颙字仲若。父逵高尚不仕。颙年十六遭忧，不忍传父之琴与兄勃，各造新弄。勃五部，颙十五部。又制长弄一部，并传于世。

太平御览卷第五百八十 乐部十八

笛

《释名》曰：笛，涤涤然也。

《史记》曰：黄帝使伶伦伐竹于昆溪，斩而作笛，吹之作凤鸣。

《风俗通》曰：笛，汉武帝时工人丘仲所造也。本出羌中。笛，涤也，所以涤邪秽，纳之雅正也。长尺四寸，七孔。

《乐书》曰：笛者，涤也，丘仲所作。可以涤荡邪气，出扬正声。是故列和善吹，裁十二之音应律。荀勖枢问，依三尺二调成均，剪云梦之霜筠，法龙吟之异韵。三孔为龠，文舞执之，郃人吹也。五孔为笛，裓里衩，周师掌之。六孔为笛，羌人吹之。七孔下调，汉部用也。今之七星，古之长笛。一定为调，合钟磬之均，各有短长，应律吕之度，雅乐部内咸用之。

马融《自叙》曰：融性好音，能鼓琴吹笛。为督邮，独卧郿平阳坞中，有洛客舍逆旅，吹笛相和。融去京师逾年，暂闻甚悲而乐之。逆慕箫琴皆有颂，而笛独无，乃作《笛赋》。

《晋书》曰：桓伊字叔夏，善音乐，有蔡邕柯亭笛，尝吹之。王徽之越京，泊舟青溪侧。伊素不相识，于岸上过，徽之便使人谓之曰："闻君善吹笛，试为我一奏。"伊时已贵显，素闻徽之名，便下车，踞胡床，为作三调之弄，便上车去。客主不交一言。

《晋书》向秀作《思旧赋》曰：邻家有吹笛，发声寥亮，追想畴昔游宴之好。

《晋中兴书》曰：帝舅王恺尝置酒，王遵、王敦俱往。女妓吹笛小失声，恺意便令黄门殴杀之，一座改容，敦神色自若。

沈约《宋书》曰：晋太始十年，中书监荀勖、中书令张华令郝生鼓琴，宋同吹笛，以为新引相和。

《唐书》曰：文宗时，云朝霞以善吹笛进，上为新声雅乐，朝霞能承意变声，颇符上旨，犹是有宠。

《世说》曰：谢仁祖妾阿纪有国色，善吹笛。仁祖死，阿纪誓死不嫁。郗昙时为北中郎，设权计，遂得阿纪为妾。阿纪终身不与昙言。

《幽明记》曰：永嘉中，泰山巢氏先为相县令，居在晋陵。家婢采薪，忽有一人随追，寻随婢还家，不使人见，见形者唯婢而已。每与婢饮宴，辄吹笛而歌，歌曰："闲夜寂以清，长笛亮且鸣。若欲知我者，姓郭名长生。"

又曰：代郡界有一亭，常有怪，不可诣止。有诸生壮勇，行歌正宿。鬼吹五孔笛，有一手，都不能得擫笛。诸生不耐，忽便笑，谓："汝止有一手，那得遍笛？我为汝吹来。"鬼云："为我少指耶？"乃数十指出。诸生知其可击，拔剑斫之，得一老雄鸡，从者并鸡雏。

《文士传》曰：蔡邕告吴人，曰："吾昔常经会稽高迁亭，见屋椽竹东间第十六可为笛。取用，果有异声。"

《古歌辞》曰：长笛续矩笛，长愿陛下保寿无极。

《傅子传》曰：列和善吹笛，吴姬之声，无以加也。

《西京杂记》曰：高祖初入咸阳宫，周行府库，金玉珍宝不可称言。其尤惊异者，玉笛，长二尺三寸，六孔，铭曰"昭华之管"。

《乐纂》曰：唐玄宗时，乐人孙处秀善吹笛，好作犯声。当时皆以为新意流美，乐人皆效之。其声变态日增，因有犯调。犯调，即今之所尚也。

又曰：太和十年，中书监荀勖、中书令张华出御府铜竹律二十五具，命太乐郎刘秀等校试其三具，与杜夔及左延年法律同其二十二具。视其铭题尺寸，是笛律也。问协律中郎将列和，辞："昔魏明帝时，令和永受笛声，以作此律。欲使学者别居一坊，歌咏讲习，依此律调。但识其尺寸之名，则竹丝歌咏皆得均含。歌声浊者，用长笛长律；歌声清者，用短笛短律。凡弦歌调张清浊之制，不依笛尺寸之名，则不可知也。"

又曰：黄钟笛，晋时三尺八寸。元嘉九年，太乐令钟宗之减为三尺七寸。十四年，治书令史奚纵又减五分，为三尺六寸五分。刘和之东箱长笛四尺二寸。

又曰：蕤宾箱笛，晋时二尺九寸，宗之减为二尺六寸，纵又减二分，为二尺五寸八分。

又曰：姑洗箱笛，晋时三尺五寸，宗之减为二尺九寸七分，纵又减五分，为二尺九寸二分。

又曰：《司马法》军中之乐，鼓笛为上，使闻之者壮勇而乐和。细丝高竹不可用也，虑悲声感人，士卒思归之故也。

又曰：横笛，小篪也。汉灵帝好胡笛，有胡笛篪出于胡吹，即此也。梁胡歌云："快马不须鞭，拗折杨柳枝，下马吹横笛，愁杀路傍儿。"此歌辞元出北国，知横笛是北国名。今横笛皆去义觜，其有觜者，谓之义觜笛。

《国史补》曰：李舟好事，尝得村舍烟竹，截以为笛，坚如铁石，以遗李牟。牟吹笛天下第一，月夜泛江，与舟吹之，溜亮逸发。俄有客立于岸，呼船请载。既至，请笛而吹，其为精壮，山石可裂，牟平生未尝见。及入破呼吸盘辟，应指粉碎，客散不知所之。舟著记疑其蛟龙也。

又曰：李牟秋夜吹笛于瓜州，舟楫甚隘，初发调，群动皆息，及数奏，微风然而至。俄顷，舟人贾客有怨嗟悲泣之声。

篪

《释名》曰：篪，啼也。声从孔出，如婴儿啼声也。

《毛诗》曰：彼何人斯，伯氏吹埙，仲氏吹篪。

《周官》曰：笙师，掌教吹篪。

《尔雅》曰：大篪谓之沂。郭璞曰：篪以竹为之，长一尺四寸，围三寸，一孔上出，寸三分，名翘模，吹之。小者尺二。犍为舍人曰：大篪其声悲沂锵然也。《诗》云："仲氏吹篪"也。

《广雅》曰：篪，以竹为之，长大四寸，有八孔，前有一孔，后有四孔，头有一孔。

《月令》：仲夏之月，命乐师调篪。

《诗·节南山》云：伯氏吹埙，仲氏吹篪。土曰埙，竹曰篪。笺云：伯仲喻兄弟也。我为汝思，如兄如弟；其相应和，如埙如篪。言俱为王臣，宜相亲爱之。

《史记》曰：伍子胥至于江上，无以湖其口。行蒲伏，肉袒吹篪，乞食于吴市。

《东观汉记》曰：明帝幸南阳旧宅，召校官子弟作雅乐，奏《鹿鸣》，上御埙篪和之，以娱嘉宾。

《齐书》曰：世祖于南康郡内作伎，有丝无管，空中闻有篪声，调节相应。

《世本》曰：苏成公造篪，吹孔有觜，如酸枣。苏成公，平王时诸侯也。

《古史考》曰：古有篪尚矣，苏成公善篪，而记者因以为作，谬也。

又曰：暴新公所造。旧志曰：一曰管史臣。案：非也。虽不知暴新公何代人，而非舜前人明矣。舜时，西王母献管，则是已有器，新公安得造篪？

《洞冥记》曰：建元二年，帝幸腾充台，以望四远于台上。撞磬玉钟，悬黎之磬，吹霜条之篪，唱《来云依日》之曲。

《洛阳伽蓝记》曰：后魏河间王琛有婢朝云，善吹篪，能为《团扇歌》、《陇上声》。琛为秦州刺史，羌叛，屡讨不胜。琛令朝云假为贫女，吹篪而乞。羌闻之，皆流涕，相谓曰："何故舍坟井，在山谷为寇耶？"即相率而降。秦民语曰："快马健儿，不如老妪吹篪。"

管

蔡邕《章句》曰：管者，形长一尺，围寸，有孔无底，其器今亡。

《风俗通》曰：管，漆竹，长一尺，六孔，十二月之音，象物贯地而牙，故谓之管。

《尔雅》曰：大管谓之簥，其中谓之篞，小者谓之篎。郭璞注曰：管长尺，围寸，并漆之，有底。贾氏谓之，如篪，六孔。犍为舍人曰：大管者声高大，故曰簥者高也。中者声精密，故曰稍篞，篞密也。小者声音清妙也。

《广雅》曰：管象篪，长尺，围寸，有六孔，无底。

班固曰：黄帝作律，以玉为管，长尺，六孔，为十二月音。至舜时，西王母献白玉管。汉章十二年，零陵营道舜祠下得笙一、白玉管，则古者又以玉为管矣。班氏用铜之言外然之义，未为得也。求律所生，大极之数。起于一在子，以三乘之得三，在丑。以次至酉，得一万九千六百八十三篇。黄钟之母以为法，周十二辰，得十七万七千一百四十七。黄钟之子以为实，实始法而一得则九寸，则诸律也。

《大戴礼记》曰：舜时，西王母献白玉管。《说文》：管如篪，六孔，十二月之音，物关地而牙，故谓之管。从竹，管声。管者，古者有玉管焉。

《乐法图》曰：次主东律，东律主黄钟，圣人承天乐，用管。宋均注曰：管，黄钟寸管也。吹管者以知律，管音调则律历正。

《周礼·春官·小师》曰：小师掌教箫、管。郑司农曰：管如篪，六孔。玄谓管如篴而小，并两而吹之。

又曰：孤竹之管于圆丘奏之，孙竹之管于方丘奏之，阴竹之管于宗庙奏之。郑玄云：孤竹，竹特生者也。孙竹，竹枝根末生者也。阴竹生山北。

龠

《释名》曰：龠，跃也。气跃出也。

《尔雅》曰：大龠谓之产，中者曰仲，小者曰箹。郭璞曰：龠也，笛三孔而短。犍为舍人曰：仲，其声适仲吕也。小者形声细小，曰箹也。

《礼记》曰：苇龠，伊祁氏之乐也。龠，春分之音，万物振跃而出也。

《周官》：笙师掌教吹龠，龠师教国子舞羽、吹龠。龠章掌幽龠。郑玄曰：卯地之竹也。

又曰：龠师掌教国子，秋冬吹笛龠，历代文舞之乐，所执羽龠。

《毛诗》曰：左手执龠，右手秉翟。

太平御览卷第五百八十一　乐部十九

萧

《释名》曰：箫，肃也。其声肃肃清也。

《尔雅》曰：大箫谓之管，小者谓之筊。郭璞注曰：管二十二管，长尺四寸。筊十六管，长尺二寸。箫，一名籁也。

《博雅》曰：箫，大者二十三管，无底；小者，十六管，有底。

《通礼义纂》曰：伏羲作箫，十六管。

蔡邕曰：箫，编竹有底，大者二十三管，小者十六管，长则浊，短则清。以蜜蜡实其底，而增减之则和。然则邕时无洞声者矣。

《易说》曰：夏至之乐，补以箫。箫长四寸。

郑玄曰：箫亦管，形似鸟翼。鸟，火禽也。火数七。夏时火用事，二七十四，箫之长由此也。

《三礼图》曰：雅箫长尺四寸，二寸四彄。颂箫二寸，十六彄。仲夏之月，令乐师均管箫。箫长则浊，短则清。以密蜡实其底而增减之，则和。管成而音定，无所复调，当与琴瑟相参。

《风俗通》曰：舜作箫，其形参差，像凤翼。十管，长尺二寸。

《白虎通》曰：箫者，中吕之气也。

《尚书·益稷》曰：箫《韶》九成，凤凰来仪。

《毛诗·臣工·有瞽》曰：既备乃奏，箫管备举。

《春秋说》曰：夏至作乐，闻以箫笙。

《周礼·春官·小笙师》曰：小笙师掌吹箫。

《史记》曰：伍子胥鼓腹吹箫，乞食于吴市也。

又曰：周勃吹箫给丧事。

谢承《后汉书》曰：灵帝善鼓琴、吹洞箫。

《丹阳记》曰：江宁县南三十里有慈姥山。积石临江，生箫管竹。

王褒《洞箫赋》所称，即此也。其竹圆致，异于众处。自伶伦采竹嶰谷，其后唯此簳见珍，故历代掌给乐府，而俗呼曰鼓吹。

《凉州记》曰：吕纂咸宁二年，有盗发张骏墓，得白玉樽、玉笛、紫玉箫。

《列仙传》曰：箫史者，秦缪公时人。善吹箫，能致孔雀白鹤。缪公女弄玉好之，以妻焉。其后随凤去。故秦人作凤女祠于雍宫，代有箫声。

《江表传》曰：孔权攻合肥不下，而还休，兵皆上道。权与吕蒙等在后，魏将张辽奄至，鼓吹惊怖，不能复鸣箫唱。甘宁援刀欲斫之，于是始作之。

《庄子》曰：南郭子綦谓颜成子游曰："汝闻人籁曰而未闻地籁，汝闻天籁。"郭象曰："天籁，箫也。"

《秦子》曰：一人执规，十手自负；一人吹箫，长短皆应。

《傅子》曰：马先生能使木人吹箫，比妙般输、墨翟，不劣古矣。

笳

杜挚《笳赋序》曰：昔伯阳避乱入戎，戎越之思有怀土风，遂建斯乐，美其出于戎貉之俗，有《大韶》，夏之音。

曹嘉之《晋书》曰：刘畴曾避乱坞壁，贾胡百数欲害之。畴无惧色，援笳而吹之，为《出塞》、《入塞》之声，动其游客之思，于是群胡皆泣而去。

《蔡琰别传》曰：琰字文姬。先适河东卫仲道。夫亡无子，归宁于家。汉末大乱，为胡骑所获，在左贤王部伍中。春月登胡殿，感笳之音。

晋《先蚕仪注》曰：车驾住，吹小菰，发大菰，即笳也。

又曰：胡笳，汉旧录有其曲，不记所出本末。笳者，胡人卷芦叶吹之以作乐也，故谓曰胡笳。

《夏仲御别传》曰：激南楚，吹胡笳，风云为之摇动，星辰为之变度。

《世说》曰：刘越石为胡骑所围数重，城中窘迫无计。越石始乘月登楼清啸，胡贼闻之，皆凄然长叹。中夜奏胡笳，贼皆流涕。人有怀土之切，向晓又吹之，贼并弃围奔走。

笙

《释名》曰：笙，生也。象物管地而生。以匏为之，其中空以受簧。

《尔雅》曰：大笙谓之巢，小者谓之和。郭璞曰：大笙列管，匏中施簧也。管端大者十九簧，小者十三簧。犍为舍人曰：大笙音声众而高也。小者音相和也。

《白虎通》曰：笙之言施也，牙也。万物始施而牙。笙者，太簇之气也，象万物之生也。故曰笙有七正之节焉，有六合之和焉。天下乐之，故谓之笙。古之善吹笙者，有王子晋，见《列仙传》，周灵王之太子也。

《毛诗·鹿鸣》曰：我有嘉宾，鼓瑟吹笙。吹笙鼓簧，承筐是将。

《尚书·益稷》曰：笙镛以间，鸟兽跄跄。孔安国曰：间，迭也。吹笙击钟，鸟兽仰德，相率而舞跄跄然也。

《礼记·檀弓上》曰：孔子既祥，五日弹琴而不成声，十日而成笙歌。五日弹，十日笙歌，除曲外也。琴以手，笙歌以气也。

又曰：女娲之笙簧。

《周礼·春官》曰：笙师掌教吹笙。

《乡饮酒》曰：笙入奏《南陔》、《白华》。

邯郸绰《五经折疑》曰：夫笙者，法万物始生，导达阴阳之气，故有长短。黄钟为始，象法凤凰。

蔡邕《月令章句》曰：季秋之月上丁入学，习吹笙，所以通气也。管、箫、笙、竽、埙、篪，皆以吹鸣者也。

《穆天子传》曰：西王母吟月，吹笙鼓簧，簧在笙中。衷心翔翔。民之子，唯天之望。

《吕氏春秋》曰：墨子见荆王，衣锦吹笙。

竽

《易通卦验》曰：冬至吹黄钟之律，间音以竽。竽长四尺二寸。郑玄曰：管类也，竹为之，形参差像鸟羽也。

《周礼》曰：笙师掌教吹竽。竽三十六簧也。

《礼记·月令》曰：仲夏之月，命乐师调笙竽。

《风俗通》曰：谨案《礼记》竽竹簧长四尺二寸。今二十三管。

《世本》曰：随作竽。

《楚辞》曰：代奏郑卫鸣竽，张伏献驾，辩楚劳商。伏羲作琴造驾辩之曲。楚人自作劳商之歌，皆妙曲也。

《通礼义纂》曰：汉武帝时，丘仲作竽笙三十六管。

《乐府杂录》曰：将竽形类小钟，以手捋之即鸣。

《乐府图》曰：吹竽有以知法度。竽音调则度数得见。

《列仙传》曰：商丘子胥者，高邑人也。好牧豕吹竽，年七十不取妇而不老。邑人乃奇怪之，从受道。问其要，言但食术菖蒲根饮水，不饥，不老如此。传世见之，三百余年。贵戚富室闻之，取而服之，不能终岁，辄止堕慢矣。谓将复有匿术也。

《文心雕龙》曰：林籁结响，讽如竽琴。

《淮南子》曰：孟夏，南宫御女衣赤采，吹笙竽，煦也，立春之气，煦生万物也。管三十六宫，管在左右，和十三宫，管在中。今之竽，并以木代瓠而漆之，无复八音矣。荆梁之南尚仍古制。

桓谭《新论》曰：成少伯工吹竽，见安昌侯张子夏鼓琴，谓曰："音不通千曲以上，不足以为知音。"

《韩子》曰：齐宣王使人吹竽，有三百人。南郭处士请为王吹，粟食与三百人等。宣王死，湣王即位，一一听之，处士走。或云：韩昭侯田岩使一一听之，乃知其滥吹也。

《新序》曰：楚王使谒者徐光迎方与盲人能吹竽者，龚遂乃止。

簧

《毛诗》曰：巧言如簧。

又曰：君子阳阳，左执簧，右招我由房。阳阳，无所用其心也。

《汉武内传》曰：西王母命侍女许飞琼鼓震虞之簧。

《世本》曰：女娲作簧。宋均曰：女娲，黄帝臣也。

《三礼图》曰：雅簧上下各六。

《神仙传》曰：王遥有竹箧，未尝开。后将茅子担箧入石室，室中有二人，遥自取一枚以二枚与室中人对，共鼓之。

《潜夫论》曰：簧削锐其头，有伤害之象，塞蜡密有口舌之类，皆非吉祥善应也。

埙

《世本》曰：埙，暴新公所造，亦不知何人。周畿内有暴国，岂其时人乎？本作埙音许袁切。围五寸半，长三寸半，凡六孔。宋均注云：暴公国，平王诸侯也。

《乐书》曰：埙者，喧也。周平王时，暴辛公烧土为之。

《说文》曰：埙为乐器，亦作埙也。埙谓声浊而喧喧然。今雅乐部用也。

《尔雅·释乐》曰：大埙谓之嘂，即埙也。锐上平底，形象秤钟。大者如鹅子，声合黄钟大吕也；小者如鸡子，声合太簇夹钟也。皆六孔，与篪声相谐。故曰：埙篪相应。

《风俗通》曰：埙，烧土为也。围五寸半，长三寸半，有四孔，其二通，凡六孔也。埙，一作埙字也。

太平御览卷第五百八十二　乐部十二

鼓

《风俗通》曰：鼓，不知谁所造。鼓者，郭也。春分之音，万物皆郭皮甲而出，故谓之鼓。

《尔雅》曰：大鼓谓之鼖，小者谓之应。大鼗谓之麻，小者谓之料。徒击鼓谓之咢。郭璞注曰：《诗》云："或歌或咢"。鼖长八尺。应，在大鼓侧也。

《周易通卦验》曰：冬至，鼓用马革，圆径八尺一寸。夏至，鼓用牛皮，围径五尺七寸。

《尚书》曰：周成王崩，鼖鼓在西方，长八尺。

《尚书·益稷》曰：下管鞀鼓。

《礼记》曰：庙堂之上，罍樽在阼，牺樽在西。庙堂之下，悬鼓在西，应鼓在东。

又曰：悬鼓，周鼓也。其小者曰朄，先击小鼓为大鼓导引，故曰朄。一名鞞。

又曰：《春官》小师掌教鼓。朦播鞀，眡瞭播鞀。

又曰：王执路，侯执鼖，将军执晋鼓，师帅执提，旅帅执鼛。

又曰：夏后足鼓，殷人置鼓，置，植也。亦作树。周人悬鼓。

又曰：籥章氏掌出土鼓。杜子春曰：以瓦为匡，以革为两面，可击也。

又曰：除水虫以炮土之鼓，鼓之以焚石，投之狐蜮之属也。

又曰：《地官》：鼓人掌教六鼓、四金之音声，以节声乐，以和军旅，以正田役。音声，五声合和者也。教为鼓，而辩其声用，教为鼓，教击鼓者大小之数，又别其声所用之事。以雷鼓鼓神祀，雷鼓，八面鼓。神祀，祀天神。以灵鼓鼓社祭，灵鼓，六面鼓，社祭祭地祇也。以路鼓鼓鬼享，路鼓，四面鼓。鬼享，享宗庙。以鼖鼓鼓军事，大鼓谓之鼖，长八尺。鼖音扶云切。以鼛鼓鼓役事，鼛鼓长丈二尺。鼛音古刀切。以晋鼓鼓金奏。晋鼓长六尺六寸者是也。

金奏谓乐作，击编钟。

又《冬官·考工记》：韗人为皋陶。郑司农曰：皋陶，鼓木也。玄谓者，以皋陶名官也。鞠则陶字从革。韗音况万切，又音运。鞠音陶，徒刀切。长六尺有六寸，左右端广六寸，中尺厚三寸，板中广头狭为穹隆也。郑众云：鼓木一判者，其两端广六寸而中央广尺，如此乃得有腹矣。穹者三之一，郑众云：穹读为志无空邪之空。谓鼓木腹穹隆者，居鼓面三之一。玄读如穹苍之穹。穹隆者，居鼓面三之一，则其鼓四尺者板穹一尺三寸三分，寸之一也。倍之为二尺六寸三分寸之二，加鼓四尺，穹之径六尺六寸三分寸之二也。此鼓合二十板。上三正。郑众云：谓两头一平，中央一平。郑玄读三当为参。正言直也。参直者。穹上一直，两端又直，各居二尺二寸，不弧曲也。此鼓两面，以六鼓差之，贾侍中云：晋鼓大而短，近晋鼓也。以晋鼓鼓金奏也。鼓长八尺，鼓四尺。中围加三之一，谓之鼖鼓。中围加三之一者，加于面之围以三分之一也。面四尺，其围十二尺，加以三凤裲四尺，则中围十六尺，径五尺三寸三分寸之一也。今鼓亦合二十板，则板穹六寸三分寸之二。《尔雅》云：大鼓谓之鼖。以鼖鼓鼓军事。郑众云：鼓四尺谓革所蒙者广四尺也。为皋鼓，长寻有四尺，鼓四尺，倨勾磬折。以皋鼓鼓役事。磬折，中曲之，不参正也。中围与鼖鼓同，以磬折为异也。凡冒鼓，必以启蛰之日。启蛰，孟春之中也。蛰曰始闻雷声而动，鼓所以取象也。冒蒙鼓以革。良鼓瑕如积环。革谓急也。鼓大而短，则其声疾而短闻；音问。下同。鼓小而长，则其声舒而远闻。

《礼记·明堂位》曰：土鼓、蒉桴、苇籥，伊耆氏之乐也。蒉当为士。伊耆氏，古天子有天下之号也。令有伊耆氏者。

《左传·成上》曰：师之耳目，在吾旗鼓。

又《僖中》曰：三军以利用也，金鼓以声气也。

又《昭三》曰：分唐叔以密须之鼓。注：密须，国名也。

《毛诗邶风》曰：击鼓其镗，踊跃用兵。

又《采芑》曰：方叔率止，钲人伐鼓，陈师鞠旅。显允方叔，伐鼓渊渊，振旅阗阗。

又《灵台》曰：鼍鼓蓬蓬，蒙瞍奏公。

又《执竞》曰：钟鼓喤喤，磬管将将。

又《山有枢》曰：子有钟鼓，不击不考。宛其死矣，他人是保。

又《有瞽》曰：有瞽有瞽，在周之廷，设业设虡，崇牙树羽，应田悬鼓。

又《那》曰：猗欤那欤，置我鞉鼓。奏鼓简简，衎我烈祖。

又《甫田》曰：琴瑟击鼓，以御田祖。

又《有駜》曰：振振鹭，鹭于飞。鼓咽咽，醉言归。

又《宛丘》曰：坎其击鼓，宛丘之下。

《论语》曰：季氏富于周公，而求也为之聚敛而附益之。子曰："非吾徒也，小子鸣鼓而攻之可也。"

《汉书》曰：李陵击匈奴，夜击鼓起，士鼓不鸣。陵曰："吾士气少衰，而鼓不起，何耶？军中岂有女子乎？"搜军中，得卒妻，皆斩之。

又曰：元帝疾，不亲政事，留好音乐。或置鼙殿下，天子自轩槛上隤铜丸以擿鼓，声中严鼓之节。后宫及左右习知音者，莫能为之。

《后汉书》曰：王乔为叶令，每当朝，郵门下鼓不击自鸣，闻于京。昭帝取置其都亭，无复有声。

又曰：祢衡字正平。孔融雅爱其才，数称赏于曹操。操欲见之，衡不肯往。操怀忿，而以其才，不欲杀之。闻衡善鼓，召为鼓吏。因会宾客，阅试音节，诸吏过者，皆令脱其故衣，更着岑牟单绞之服。次至衡，方操挝，踊跃而前，吏呵之曰："鼓吏何不改服而轻进？"衡于是先解褒衣，次释余服，裸身而立，徐取岑牟单绞而着之，复操挝，颜色不怍。操笑曰："本欲辱衡，衡反辱孤。"衡对曰："不敢以先王之法服为伶伦之衣。"

沈约《宋书》曰：萧思话年十许岁，好骑屋栋打细腰鼓也。

《南史》曰：孙楬为延陵县令。国子助教高爽诣之，楬了无故人怀。爽出，从阁下过，取笔书鼓面云："徒有此大腹，了自无肝肠。面皮如许厚，被打未遽央。"

《唐书张玄素传》曰：太子承乾又尝于宫中击鼓，声闻于外。玄素叩閤请见，极言切谏。承乾乃出宫内鼓，对玄素毁之。

《唐书》曰：郑馀庆兼判太常卿事。初，德宗自山南还宫，关辅有怀光、吐蕃之虞，都下惊忧。遂诏太常习乐，去大鼓。至是，徐庆始奏复用大鼓。

《世本》曰：王大将军年少时，旧有田舍之名，语音亦楚。武帝唤时贤共言伎艺之事，人人皆有所能，唯王都无所关，意色殊恶，自言解打鼓。帝即令取鼓，令击之。于坐振袖而起，扬槌奋击，音节谐捷，傍若无人，举坐叹其雄爽。

《春秋孔演图》曰：有人金丰，击玉鼓，驾六龙。鼓喻所行清严，人服其威势也。

《古今注》曰：汉有黄门鼓吹，一名楼车。

《帝王世纪》曰：黄帝杀夔，以其皮为鼓，声闻五百。

《后秦记》曰：姚泓，永和元年，天水冀石鼓鸣，闻数百里，野雉皆雊。

《神异经》曰：八方之荒有石鼓焉，蒙之以皮，其音如雷。

《韩子》曰：楚厉王有惊鼓，与百姓为戒。饮酒过之而击，民大惊，使人止之，曰："君醉戏而击之。"民皆罢。居数月，警而击鼓，民不起也。

《穆天子传》曰：天子读书于梨丘，奏广乐，遗其灵鼓。

虞喜《志林》曰：建武二十四年，南郡男子献铜鼓，有铭。

《五经要义》曰：鼓所以检乐，为群音之长也。

《异苑》曰：晋武帝时，吴郡临平岸崩，出一石鼓，打之无声。问张华，华曰："可取蜀人桐材，刻作鱼形，扣之则鸣矣。"于是如其言，声闻数十里。

刘道民诗云：亦有远而合，蜀桐鸣吴石。

郭缘《述征记》曰：逢山在广固南三十里，有祠并石人、石鼓。齐世将乱，石人辄打鼓，闻数十里。

《罗浮山记》曰：浮山东石楼下，有两石鼓，扣之清越，所谓神钲也。

盛弘之《荆州记》曰：始兴郡阳山县有豫章木，本径可二丈，名为圣木。秦时，伐此木为鼓颡，颡成，忽自奔逸，北至桂阳。

又王韶之《始兴记》云：息于临武，遂之洛阳，因名圣鼓城。今在临武。

《临海记》曰：郡西有白鹄山，山上有石鼓。元嘉中，居人忘祭祀山神，乃推此鼓，数十里闻，如金石之响。相传云此山有鹄，飞入会稽郡雷门鼓中。打鼓声，洛阳闻之。后逆贼孙恩斫破此鼓，见一白鹄飞出去。

《通礼义纂》曰：建鼓，大鼓也。少昊氏作焉，为众乐之节。夏加四足，谓之节鼓；商人挂而贯之，谓之盈鼓；周人悬而击之，谓之悬鼓。近代相承，植而建之，谓之建鼓。本出于商制也，唐礼设于四隅。

刘瓛定《军礼》曰：鼓吹，未知其始也。汉以雄朔野而有之矣。鸣笳以和箫声，非八音也。骚人曰：鸣篪笳竽鼓吹，楼车也。昔箫史吹箫于秦，秦人为之筑凤台。故鼓吹，陆则楼车，水则楼船。其在庭也，则以虡为楼。或曰：鹭，鼓精也。昔吴夫差启蛇门以厌越，越人雷为门以禳之，击大鼓于雷门之下，而蛇门闻焉。其后移鼓建康宫之端门，有双鹭咒鼓而飞乎云末。或曰皆非也。诗曰："振振鹭，鹭于飞。鼓咽咽，醉言归。"古之君子仕于伶官，悲周道之为榛，伤颂之樱音，故饰鼓以鹭，欲其流风好焉。今有龙头大抗，中鼓独揭，小鼓随品秩焉。短箫铙歌，军乐也。帝歧伯所作，以建武扬德风，韶劝土地。

《古今乐录》曰：鏄师掌金奏之鼓。谓主击晋鼓以奏春钟镈。又卒长执铙奴交切，两司马执铎，公司马执镯音蜀。又金铙止鼓，以金铎通鼓，以金镯节鼓。以钟鼓者，前击钟次击鼓也。

《大周正乐》曰：刘贶曰：鼓，动也。冬至之音，万物合阳气而动。雷鼓八面，以祀天。灵鼓六面，以祀地。路鼓四面，以祀鬼神。夏后加之以足，谓之足鼓；殷人贯之以柱，谓之柱鼓；周之悬之，谓之悬鼓。后世复殷制建之，谓之建鼓；高六尺六寸，金奏则鼓之。傍有小鼓，谓之应鼓，以和大鼓。小鼓有柄曰鞉，摇以和鼓，大曰鼙也。腰鼓大者瓦；小者，木。皆广首而纤腹。齐鼓如漆桶，大一头，设齐于鼓面，如麝齐，故曰齐鼓。

又曰：马上之鼓曰提鼓，有木可提执。施于朝，则登闻之鼓、敢谏之鼓是也。施于府寺曰朝鼓，在村墅曰枹鼓。枹，一作桴，调击鼓物也。在边徼曰警鼓。

又曰：铜鼓，铸铜为之，虚其一面，覆而击其上。南蛮扶南、天竺类皆如此。岭南豪家则有之，大者广尺余。

又曰：节鼓如博局，中开圆孔，适容其鼓，击之以节乐也。

又曰：毛员鼓似都昙而稍大。

又曰：有鼍鼓、节鼓，不知谁所造。

又曰：檐鼓如小瓮，先冒以革而漆之。

又曰：羯鼓正如漆桶，两手俱击。以其出羯中，故号羯鼓。亦谓两杖鼓板。

又曰：正鼓、和鼓，一以正而一以和，皆腰鼓也。

又曰：都昙鼓，似腰鼓而小，以小槌击之。

又曰：答腊鼓，制广于羯鼓，而鼓以指揩之，其声甚震，俗谓之揩鼓。

又曰：鸡娄鼓，正而员，首尾可击之处平可数寸。

又曰：方鼓，大历元年司马滔进广平乐，兼此鼓，以应黄钟一均声。

《乐书》曰：雷鞉者，《周礼》“瞽蒙掌播鞉”。鞉如鼓而小，以木贯之作柄，柄各四枚，为八面也。旁以结皮为耳，摇之还自击。礼书云：“掌之人左手播鞉，右手击鼓”之是也。

柷敔

《释名》曰：柷，如物始见柷柷然也。敔，止也，所以止乐。

《尚书》夔曰：戛击鸣球，下管鼗鼓，合止柷敔。孔安国曰：戛击，柷敔也。下管，堂下乐也。上下合心，乐名有柷敔也。

《礼记》：德音之音控揭。天子赐诸侯乐，则以柷将之。

《乐记》曰：圣人作控揭，埙篪则所起矣。柷，众也。立夏之音，万物众形皆成也。方面各二尺，傍开员孔，内手于孔击之，以举众乐也。

《尔雅》曰：所以鼓柷谓之止，所以鼓敔谓之甄。郭璞注曰：柷如漆筒，方二尺四寸，深尺八寸，中有椎柄连底桐之，令左右击。止者，其椎名。敔如伏虎，背上有二十七锄铻刻，以木长尺。甄者，其名也。

《乐汁图》曰：乾主立冬，阴阳终始，故圣人承天以制柷、刑法，使死者不恨，生者不怨。宋均曰：柷圉从中发声，人情死恨亦从中起。

《尔雅》曰：敔谓之甄。注云：敔如伏虎，背上有二十七锄铻刻以木长尺栎之。甄者，其名也。

笋簴

《尔雅》曰：木谓之簴。郭璞注曰：悬磬之木曰簴。

《方言》：几其高者，谓之簴。郭璞注曰：笋簴也。

《释名》曰：所以悬钟鼓者，横曰簨。簨，峻也，在上高峻也。纵曰簴。簴，举也，在旁举簨者也。

《毛诗》曰：设业设簴，崇牙树羽。

《周礼·冬官》：梓人为笋簴，羸者、羽者、鳞者以为笋虡。外骨、内骨、却行、仄行、纡行、连行，以脰鸣、以翼鸣，以为雕琢。厚唇、弇口、出目、短耳、大胸、燿后者，以为钟簴锐喙、决吻、小体、骞腹者，以为磬簴。小首而长、抟身而鸿者，以为笋。注曰：为钟簴者，有力而不走，宜于任重也。为磬簴者，其声清扬，宜远闻也。外骨龟，内骨鳖，却行蚓，仄行蟹，纡行蛇，连行鱼，脰鸣蛙黾，翼鸣发皇也。蚓蚰蜒皆以刻画彝器，抟庶物，贵野声。

《礼·明堂位》曰：夏后氏之龙簨簴，殷之崇牙，周之壁翣。注云：龙上刻画为重才又尽缯为翣，载之以壁，重五羽于其下也。

贾谊《真簴赋》曰：樱孪拳以蟉虬，负大钟而欲飞。楚词曰：萧鼓兮瑶虡。

《说苑》曰：秦始皇建千石之钟，立万石之虡。

《三辅旧事》曰：秦始皇敛天下铜铁，皆著咸阳，铸作铜虡、高庙虡二枚。魏明帝徙诣洛阳，尚在。

太平御览卷第五百八十三　乐部二十一

《释名》曰：琵琶，本胡中马上所鼓。推手前曰琵，引手却曰琶，因以为名。

《晋书》曰：石季伦善弹琵琶。

《宋书》曰：庾仲文为吏部尚书，好货，先与刘德愿殊恶。德愿自持琵琶甚精丽，遗之，便复款然。

《南史》曰：宋范晔善弹琵琶，能为新声。上欲闻之，屡讽以微旨，晔伪若不肯为。上尝宴饮欢适，谓晔曰："我欲歌，卿可弹。"晔乃奉旨，上歌既毕，晔乃罢弦。

萧子显《齐书》曰：太祖曲江宴群臣数人，各使效伎艺。褚渊弹琵琶，王僧虔弹琴，沈文季歌，张敬儿舞，王敬则柏王俭，曰："臣无所解，唯知诵书。"因跪上前，诵相如《封禅书》。上笑曰："此盛德之事，吾何以堪之？"遽止。使陆澄诵《孝经》，自"仲尼居"而起。俭曰："澄所谓博而寡要，臣请诵之。"乃诵《君子之事上章》。上曰："善。"张子布更觉非奇。

隋秘书监牛弘修皇后房内之乐，文帝龙潜时颇好音乐，尝倚琵琶作歌二首，名曰《地厚》、《天高》，托言夫妻之义。因即取之为房内曲，命妇人并登歌，上寿并用之。职在宫内之女，人教习之。

《乐府杂录》曰：贞元中有王芬，曹保，其子善才、其孙曹纲及裴兴奴善弹琵琶。其曹纲善运拨，声若风雨，不事但弦。其裴兴奴善于拢捻，不拨稍软。时人云：曹纲有右手，裴兴奴有左手。武宗朝，朱崖李太尉有乐吏廉郊者，师于曹纲，精妙入神。尝谓侪流曰："教授人亦多矣，未曾有此性灵弟子也。"尝因清夜，携乐器于平泉别墅，临池弹蕤宾调，芰荷闻有声，意其鱼跃也。及弹别调，即寂然。因复弹蕤宾，久之，池中掷物跳上岸，观之，乃一片方响蕤宾铁。盖以声律谐和相应故也。其妙如此。

又曰：贞元中，有康昆仑，弹琵琶第一手。因长安大旱，诏移两市以祈雨。及至天门街，市人广较胜负及斗声乐。即街东有康昆仑，琵琶最上，必谓街西无以敌也，遂请昆仑登彩楼弹一曲新翻调《录要》。即绿腰是也。本因乐上进曲，上令录出要者，因以为名。自后来误言绿腰也。其街西亦建一楼，东市大诮之。及昆仑度曲，西市楼上出一女郎抱乐器，先云："我亦弹此曲。"兼移在枫香调，及下拨声如雷，其妙绝入神。昆仑即惊骇，乃拜请为师。女郎乃更衣而出，及见，即僧也。盖西市内豪族厚赂庄严寺僧善本，善本名，俗姓段也。以定东鄽之胜也。翌日，德宗召入，令陈本艺，异常佳奖，因令教授昆仑。奏曰："且请昆仑弹一调子。"乃弹之，师曰："本领何杂也？兼带雅声。"昆仑惊曰："段师神人也。臣小年初学琵琶，偏于邻舍女巫处授一品弦调子，后乃易数师。"段精鉴玄妙如此。段师奏曰："遣昆仑不近器十余年，使忘其本领，然后可教。"诏许之。后尽段师之艺也。

又曰：开元中，有贺怀智善琵琶，以石为槽，鹍鸡肋作弦，用铁拨弹之。

又曰：琵琶始自乌孙公主造，马上弹之。直项曲项者，曲项盖使于急关也。古曲有《陌上叶》。范晔、石苞、谢弈皆善此乐也。

《风俗通》曰：琵琶，近代乐家所作，不知所起。长三尺五寸，法天、地、人与五行也。四弦象四时也。以手琵琶之，因以为名。

《语林》曰：谢镇西着紫罗襦，据胡床，在大市佛图门楼上弹琵琶，作《大道曲》。

《异苑》曰：南平国兵在姑熟，有鬼附之，每占凶，辄先索琵琶，随弹而言事，事有验，云是老鼠所作，名曰灵侯。

王謇期《绛幕祠仪》曰：琵琶出于弦鞉，笙簧基于丝竹。

《竹林七贤传》曰：阮咸善琵琶，荀勖雅解音律，自以远不及也。

《文士传》曰：孔辉善弹琵琶，吴归命恒使为乐。

《孙放别传》曰：君性好音，能操琴及琵琶以自散。

傅玄《琵琶序》曰：闻之故老云：汉遣乌孙公主，念其行道思慕，使工知音者，战琴筝筑箜篌之属，作马上之乐。观其器，盘圆柄直，阴阳序也。四弦，法四时也。以方语目之，故枇杷也。取《易》传于外国也。杜挚以为兴秦之末，盖若长城之役，百姓弦鼗而鼓之。二者各有所据，以意断之，乌孙近焉。石崇《琵琶引》曰：王明君本为昭君，以触文帝讳，改。匈奴请婚，元帝以明君配焉。昔公主嫁乌孙，令琵琶马上作乐，以慰其思。其送明君亦故然，序之云耳。

《傅子》曰：朱生善弹琵琶，虽伯牙之妙无加也。

《文士传》曰：孔炜字正忠，解音律，弹琵琶。

《异苑》曰：永嘉中，李谦素善琵琶。元嘉初，往广州，夜集坐倦，悉寝，唯谦独挥弹，未辍，便闻窗外有唱佳声，每至契会，无不击节。谦怪，语曰："何不进耶？"对曰："遗生以久，无宜干突。"始悟是鬼。

《幽明录》曰：晋司空桓豁在荆州，有参军五月五日剪鸜鹆舌，教令学语，遂无不鸣，与人相问顾。参军善弹琵琶，鸜鹆每立听移时。

《录异传》曰：吴赤乌三年，句章氏杨度至馀姚。夜行，有一年少持琵琶求寄载，度许之。鼓琵琶作数十曲毕，乃吐舌擘目以怖度而去。复行二十里许，又见一老父寄载，自云姓王名戒，因复载之，谓曰："鬼工鼓琵琶，甚哀。"戒曰："我亦能鼓。"即是向鬼，复擘眼吐舌。度怖几死。

《语林》曰：桓宣武外甥恒在坐鼓琵琶，宣武醉，后指琵琶曰："名士固亦操斯器。"

《三辅决录》曰：游楚上表乞宿卫，拜驸马都尉。楚无学问，好游遨音乐，乃畜歌琵琶筝笛，每行将以自随。

《乐府杂录》曰：唐文宗朝女弟子郑中丞善于胡琴。中丞即宫人之官也。内库有两面琵琶，号大忽雷。郑常弹小忽雷。因匙头脱，送于崇仁坊南赵家修理，大约造乐器多在此坊中，南北二赵家最妙。大和中，有权相旧吏梁厚本，庄在渭南县之西北，临渭水。一日，因垂钓忽见一物流过，长五尺许，悉以锦缠其上。令家僮接得就岸，乃秘器也。及发棺视之，乃一女郎也，妆色俨然。久伺之，口鼻间余息未绝，遂移于曲室中，将养经旬，渐能言。询之，云是郑中丞也。昨以误圣旨，命内官缢杀，投于渭河，锦即诸弟子相赠耳。及如故，因垂涕感谢，厚本即纳为妻，言其琵琶今尚在南赵家。值郑注之乱，莫有知者。梁乃潜赂乐匠，赎得之。每至夜深，方敢轻弹。后遇良辰美景，饮于花下，酒酣不觉，即弹数曲。洎有黄门放鹞子过其门，私于墙外听之，曰："此是郑中丞琵琶声也。"不日召入内，乃舍厚本之罪，仍加锡赐也。

《明皇杂录》曰：天宝中，上命宫女子数百人为梨园弟子，皆居宜春北院。上素晓音律，时有马仙期、李龟年、贺怀智洞知律度。安禄山自范阳入觐，亦献白玉箫管数百事，皆陈于梨园。自是音响殆不类人间。有中官白秀贞自蜀使回，得琵琶以献。其槽以逻逤檀为之，清润如玉，光辉可鉴。有金缕红文，蹙成双凤。贵妃每抱是琵琶，奏于梨园，音韵凄清，飘如云外。而诸王贵主洎虢国已下，竞为贵妃琵琶弟子。每授曲毕，皆广有进献。其后龟年流落江南，每遇良晨胜景，常为人歌数阕。坐客闻之，莫不掩泣罢酒。

羯鼓

《羯鼓录》曰：羯鼓出外夷，以戎羯之鼓，故曰羯鼓。其音主太蔟一均。龟兹、高昌、疏勒、天竺诸部皆用之，次在都昙答猎鼓之下，都昙似腰鼓而小。答猎即楷鼓也。鸡鼓之上。䡾如漆桶，山桑为之。下以小牙床承之，击用两杖。其音焦杀鸣烈，尤宜急曲促破，作战杖连碎之声。又宜高楼晓影，明月清风，破空透远，特异众乐。杖用黄檀、狗骨、花楸等木。须至乾紧，绝湿气而复柔腻。乾取发越响亮，腻取战袅健举。卷用钢铁，铁当精炼，卷须至匀。若不以钢，则应條高下，纽捩不停。不匀，则鼓面缓急，若琴徽之㲀病。玄宗洞晓音律，由之天纵。凡是管弦，悉造其妙；若制作曲调，随意即成，如不立章度，取适长短，应指发声，皆中点拍。至于清浊变转，律吕呼召，君臣事物相制使，虽古之夔、旷，无以过也。尤爱羯鼓、横笛，云："八音之领袖也，诸乐不可为此。"尝值二月诘旦，巾栉方毕，时宿雨初晴，景色明丽，小殿庭内，柳杏将吐，睹而叹曰："对此景物，岂可不与他判断之？"左右相目，将令备酒。唯高力士遣取羯鼓，上旋命临轩纵击一曲，名《春光好》，上自制。神思自得。及顾柳杏，皆已发拆，指而笑曰："此事不唤我作天公可乎？"左右皆称万岁。又制《秋风高》，每至秋空迥彻，纤尘不起，即奏之。必远风徐来，庭叶坠落，其妙绝入神也如此。

又曰：汝阳王琎，宁王长子也。姿容妍美，秀出藩邸。上特钟爱焉，自传授之。又以其聪悟敏惠，妙达其旨，每随游幸，顷刻不舍。琎尝戴砑绡帽打曲，上自摘槿花一朵，置于帽上，着处二物皆极滑，久之方安。遂奏舞山花一曲，花不坠。本色所谓定头项，难在不动摇。上大喜笑，赐金器一厨。因夸花奴琎小名也姿质明莹，肌肤光细，非人间人，必神仙谪坠也。宁王谦让，随而短之。上笑曰："大哥不在过虑，阿瞒自是相师。上于诸亲自称此号。夫帝王之相，且须英特越逸之气，不然则有深沉包育之候。若花奴但端秀过人，悉无此犬，固无猜也。而又举止淹雅，更得公卿间令誉耳。"宁王又谢之曰："如此，则臣乃输之。"上曰："若此，则阿瞒亦输大哥矣。"宁王又谦谢，上曰："阿瞒赢处亦多，大哥大用伪揖？"众皆欢笑也。上性俊迈，酷不好琴。尝听弹正弄，未及毕，叱琴者曰："待诏出去。"谓宦者曰："速召花奴将羯鼓来，为我解秽。"黄幡绰亦知音者，上尝使人召之，不时至，上怒，络驿使寻捕之。既至，及殿侧，闻上理鼓，固止谒者，不令报。俄顷，上又问侍官奴来未，曲罢改奏，才三数十声，绰即入。上谓曰："赖稍迟，我向来怒意至必挞焉。适方思之，长入供奉已五十余日，暂一日出外，不可不许他东西过往。"绰拜谢毕，内官有偶而笑者，上诘之，具言绰寻至听鼓而候其时入。上问之，绰语其方及解怒之际，皆无差悟。上奇之，复厉声谓之曰："我心骨下事，安有侍官奴闻鼓声能料之耶？今且谓我何如？"绰遂走下阶，面北鞠躬大声曰："有敕竖金鸡。"上大笑而止。

又曰：宋开府虽耿介不伦，亦深好声乐，尤善羯鼓。南山起云，北山起雨，即开府所为。始承恩顾，与上论鼓事，曰："不是青州石，即是鲁山花。欧然少年碧掌下，虽有朋肯声，据此乃汉震第二鼓也。且鼗用石花瓷，固是腰鼓。掌下朋肯声，是以手拍，非羯鼓鸣矣。”又谓上曰：“头如青山峰，手似白雨点。按此即羯鼓之能事”。山峰欲不动，雨点取急碎。即上与开府兼善两鼓也，而羯鼓偏好，以其比汉震稍雅细焉。开府之家悉传之。东都留守郑叔祖母即开府之女，今尊贤里郑氏第小楼，即是夫人习鼓之所也。

又曰：嗣曹王皋有巧思，精于器用。为荆南节度使，有羁客怀二卷欲求通谒，先启于宝府。府中观者讶之，曰：“岂足尚邪？”客曰：“但启于尚书当解耳。”及见皋，捧而叹曰：“不意今日获逢至宝。”因指其钢匀之状，宾但唯唯，或复非之，皋曰：“诸公或似未信乎。”命取食柈，自选其极平者，遂重二卷于柈心，以油注之盘中，卷满而油不浸漏，盖相契无际也。皋曰：“此必开元中供御卷也，不然无以至此。”问其客，曰：“某先人在黔中得于高力士。”众方深伏佐。潜问其价宜偿几何，客曰：“不过三百缗。”及皋遗之财帛器皿，其直果称焉。

又曰：广德中，蜀客双流县丞李琬者，亦能之。调集至长安，税居务本里。夜闻羯鼓声曲颇妙，于月下步寻，至一小宅，门户极卑隘，叩门请谒鼓工，曰：“君所击者，岂非《耶婆色鸡》乎？一本作耶婆娑鸡也。虽至精能，然而无尾，何也？”工大异之，曰：“君固知音者，此事无人知。某，太常工人也。祖父传此艺，尤能此曲进。因张通儒而入长安，某家流散，父没西河，此曲遂绝。今但按旧谱数本寻之，竟无结尾声，故夜夜求之。”琬曰：“曲不意尽乎？”工曰：“尽。”琬曰：“意尽则曲尽，又何索乎？”工曰：“奈何声不尽也？”琬曰：“可言矣。夫曲有如此，当以他曲解之，方可尽其声矣。夫《耶婆色鸡》当用《掘拓急偏》解之。”工如其所教，果得谐叶，声意皆尽。如柘枝用浑脱解，甘州用绝了头解之类是也。工泣言而谢之。即言于寺卿，奏为主簿，累官至太常少卿，为宗正卿。

又曰：永泰中，杜鸿渐为三川副元帅，兼西川节度使，亦能之。成都有削杖者，以二枚献于鸿渐。鸿渐得之，示于众曰：“此尤物也。常衣襟下收贮积时矣。”匠曰：“某于脊沟中养之二十年。”及鸿渐出蜀，至利州西界望嘉驿，入汉川矣。自西南来始至嘉陵江，颇有山景致。至夜，月色又佳，乃与从事杨崖州、杜亚辈登驿楼，望月行觞，宴话曰：“今日出艰危，脱猜逼，外则不辱命于朝廷，内则不中祸于微质，皆诸贤之力也。既保此安步，又瞰于此殊境，安得不自贺乎？”遂命家童取羯鼓、笛，以所得杖酣奏数曲。四山猿鸟，悉皆飞鸣。从事颇异之，曰：“昔夔之击拊，百兽舞庭，此岂远耶？”渐曰：“若渐于此，稍当致功，犹未臻妙，尚能及是，况圣主御天，贤臣考乐，飞走之类，又何不感？”因言：“某有别墅近花严阁，每值风清月朗，时或登阁奏此，初见群羊于川下，数举头踯躅不已。某谓以鼓然也，及鼓止亦止。某复鼓之，亦复然。遂以疾徐高下而节之，无不相应。旋有二犬自其家走而吠之，及羊侧，遂渐止声，仰首若有所听，少选即复宛颈摇尾，亦从而变态。是知率舞固无难矣。某后不敢为之。近者士林闲无习之者，唯仆射韩皋善，不甚露焉，鄂州节度使时闻黄鹤一两集而已。”

太平御览卷第五百八十四 乐部二十二

觱篥

《乐部》曰：觱篥者，笳管也。卷芦为头，截竹为管，出于胡地。制法角音，九孔漏声，五音咸备。唐以编入卤部，名为笳管，用之雅乐，以为雅管。六窍之制，则为凤管，旋宫转器，以应律管者也。

《通典》曰：筚篥本名悲篥，出于胡中，其声悲。或云儒者得传，胡人吹以惊中国马，后乃以笳为首，竹为管也。

《通典》曰：桃皮，东夷有卷桃皮以为筚篥也。二具大蠡也，容可数升，并吹之，以节乐。亦出南蛮。

《乐府杂录》曰：筚篥者，本龟兹国乐也。亦名悲篥，有类于笳也。德宗朝有尉迟青，官至将军。大历中，有幽州王麻奴者，解吹觱篥，河北推为第一手，颇踞傲自负，除戎师外，莫有敢轻易请者。时有从事，姓卢，不记名台，拜将入京，临歧把酒，请麻奴吹一曲《子相送》，麻奴偃蹇，大以为不可，卢乃怒曰："汝艺亦未足称者，殊不知上国有尉迟将军冠绝今古！"麻奴大怒曰："某之此艺，海内岂有及者耶？今即往彼，定其优劣。"不数月，到京，访尉迟所居，即常乐里也。乃于侧近僦居，日夕加意吹之。尉迟每经其门过，如不闻。麻奴尚未分，因赂其阍者，方得通见。即设席于地，令坐，乃于高般涉调中吹一曲《勒部低》，曲终，流汗浃背。尉迟颔颐谓曰："此曲何必于高般涉，徒费许多气力也。"因自出银字管，于平般涉调中吹之。麻奴惊愤，垂泣拜之，曰："某生于偏远之方，偶有寡艺，实为无人。今日幸闻天乐，方悟前非。"遂将乐器碎之而归，终身不复言觱篥。

《明皇杂录》曰：明皇既幸蜀，西南行，初入斜谷，属霖雨涉旬。于栈道雨中闻铃声与山相应，上既悼念贵妃，采其声为《雨霖铃》曲，以寄恨焉。时梨园弟子善吹觱篥者张野狐，唯此人从至蜀。上因以其曲授野狐。洎至德中，车驾复幸华清宫，从官嫔御多非旧人。上于望京楼下命野狐奏《雨霖铃》曲，未半，上四顾凄凉，不觉流涕。左右感动，与之歔欷。其曲今传于法部。

五弦

《国史补》曰：赵壁弹五弦，人问其术，壁曰："吾之于五弦也，始则心驱之，中则神遇之，终则天随之。方吾浩然，眼如耳，耳如鼻，不知五弦之为壁，壁之为五弦也。"

《音律图》曰：五弦，不知谁所造也。今世有之，比琵琶稍小，盖北国所出也。

又曰：二弦，未详所起，形如琵琶。二弦四隔，孤柱一合，散声二，隔声八，柱声一，总一十声，随调应律。

又曰：秦汉未详所起，与琵琶同，以不开目为异。四弦四隔，合，散声四，隔声十六，总二十声，随调应律。

六弦

又曰：六弦，史盛作：天宝中进，形如琵琶，而身长：六弦四隔，孤柱一合，散声六，隔声二十四，柱声一，总三十一声，隔调应律

七弦

又曰：七弦，郑善子作，开元中进：形同阮咸而大，近身旁有少缺，取其近身便也，弦十三隔，孤柱一合，散声七，隔声九十一，柱声一，总九十九声，随调应律

太一

又曰：太一，司马滔作。开元中进。十二弦六隔，合散声十二，隔声七十二弦，散声应律吕，以隔声旋相为宫，合八十四调。今入雅乐，宫悬内用之矣。

又曰：天宝乐任历作，天宝中进。类石幢，十四弦设柱，黄钟一均足倍七声，后柱作调应律，每舞者执之。

方响

《三礼图》：方响，梁有铜磬，盖今方响也。方响以铁为之。修九寸，广二寸，圆上方下，架磬而不设，倚架上以代钟磬。人间所用者，才三四寸。

《乐府杂录》曰：唐咸通中，有调音律官吴缤为鼓吹署丞，善打方响，其妙超群。本朱崖李太尉家乐人也。

缶

《易》曰：日昃之离，不鼓缶而歌，则大耋之嗟，凶。

《毛诗·宛丘》曰：坎其击缶，宛丘之道。缶者瓦器，所以盛酒浆。秦人鼓之以节歌也。

《尔雅》曰：盎谓之缶。注云：盆也。

《史记》曰：秦王与赵王会渑池，蔺相如从。秦王曰："寡人闻赵王好音，请奏琴。"赵王鼓琴，秦御史书曰："某年某月，秦王命赵王鼓琴。"相如亦奉缶秦王，秦王不肯。相如曰："五步之内，请以颈血溅太王。"秦王不怿，为一击之。相如亦命赵御史书曰："某年某月，赵王使秦王击缶。"

《淮南子》曰：夫穷乡之社，扣瓮拊瓶相和而歌，自以为乐。常试为之击建鼓，撞巨钟，乃始知夫瓮瓶之足差也。

徐干《中论》曰：听黄钟之音，知击缶之细；涉庠序之教，知不学之困。

《吕氏春秋》曰：尧使质以麋�置缶而鼓之也。

《墨子》曰：农夫春耕、夏耘、秋敛、冬藏，息于吟缶。

《大周正乐》曰：今缶八。永泰初，司马滔进献广平乐，兼此八缶，具黄钟一均声。

《乐府杂录》曰：唐大中初，有调音律官天兴县丞郭道源，善击瓯。用越瓯、邢瓯共一十二旋，加减水，以箸击之，其音妙于方响也。

铎

《周礼》曰：二十五人为两，置司马一人，因以名焉。木舌金铃曰铎，军中执之以通鼓也。

《后周书》曰：长孙绍远为太常，广召工创造乐器。土、木、丝、竹，各得其宜，唯黄钟不调，绍远每以为意。尝因退朝，经韩使君佛寺过，浮图三层之上有鸣铎焉。忽闻其音雅合宫调，取而配奏，方始克谐。绍远乃启世宗行取。

《通礼义纂》曰：铎，大铃，振之以通鼓也。

《大周正乐》曰：铎如铙，以木为舌，摇之以和鼓也。

《乐书》曰：木铎者，铃也。主铜为之，以木作舌。故天将以夫子为木铎，言施政教。时天将命以号令天下，文舞所执而鸣之，以振文教。

《乐书》曰：金铎者，形同木铎，以为金舌。号令为度，鸣而惊众，武舞所执，以振武教者也。

郑注《司马职》云：掩上振之为摝。摝者，止行息气也。六军三三而居，其间相远，故振铎以通之，使军众知可进可止之节也。

《司马法》曰：鼓声不过阊，鼙声不过阘，铎声不过其琅也。

《广古今五行记》曰：晋愍帝建兴四年，晋陵人陈宠在田得铜铎五枚，皆有龙虎形。

《大周正乐》曰：唐朝承周、隋离乱之后，乐悬散失，独无徵音，国姓所阙，知者不敢闻达其事。天后末，御史大夫李嗣真常密求之，不得。一旦秋爽，闻砧声有应之者，在今弩营，是当时英公宅。又数年，无由得之。其后敬业举兵，败走，后潴其宫，嗣真乃求得丧车一铎，入而振之，于东南隅果有应也。遂掘之，得石一段，裁为四具，补乐悬之散阙。今享宗庙郊天挂簨虡者，乃嗣真所得也。

铙

《释名》曰：铙，铙也，宫悬用之，饰以流苏。

《礼记》曰：始奏以文，文击鼓以惊众也；复乱以武，武击铙而退也。

《周礼》曰：金铙止鼓。铙，如铃无舌者，秉执而鸣之，以止鼓也。

《乐书》曰：金铙，小者似铃，执而鸣之，以止鼓也。武舞工人所执，谓振而退武也。大者，悬而击之，像钟形。鎛旁有二十四铙，应律音而和乐也。

《说文》曰：钲，铙也。铃柄中上下通，钲也。铣，小铙也。军法：卒长执铣。汉有鼓吹曲，有铙歌。

镯

《周礼》曰：鼓人以金为镯，节鼓。形如小钟，行鸣之，以为鼓节也。近代有大铜叠，悬而击之。

又曰：卒长执铙，两司马执镯。言镯、铙之用，谓钲、铎之属，以金铙止鼓，而金镯节鼓。然是四金之数。故镯者，非雅乐器也。

角

《通礼义纂》曰：长鸣，角也。按：蚩尤师魍魉与黄帝战于涿鹿。帝命吹角为龙鸣以御之。魏武帝征乌桓，军士思归，乃减角为中鸣，其声尤悲，以应胡笳。晋、宋以降，沿袭用之，有长鸣。唐礼大驾陈一百二十具，是承晋、魏之制也。

《宋乐志》曰：西戎有吹金者，铜角长可二尺，形如牛角。书记所不载。或云出羌胡，以惊中国马。

又曰：角长五尺，形如竹筒。本细，末稍大，未详所起。今卤部及军中用之。或以竹木，或以皮为之，无定制。按古军法有吹角也。此器俗名拔逻回，盖胡虏惊军之音，所以书传无之。海内乱离，至侯景围台城，方用之也。

铜钵

又曰：铜钵是西凉乐也：以皮纽相击应节，令法乐用之。

《通典》曰：铜钵亦谓之铜盘，出西戎及南蛮。其围数寸，隐起如浮沤，贯之以韦，相击以和乐也。南蛮国大者围数尺，或谓齐穆士素所造也。

壤

《风土记》曰：壤者，以木作，前广后锐，长尺三四寸。其形如覆节，僮少以为戏也。尧时有八九十老人，击而歌曰："日出而作，日入而息，凿井而饮，耕田而食，帝何力于我哉？"

《风俗通》曰：相，拊也。所以辅相于乐。奏乐之时，先击相。

又曰：雅形如漆筒，有椎，诗云"讯疾以雅"是也。

抚相

《大周正乐》曰：抚相，以韦为之，实以糠，抚之以节也。

舂牍

《周礼·笙师》曰：云掌舂牍、应、雅。郑司农云：状如漆筒，而弇口大，长五尺六寸，以革鞔之，有两组疏画。虚无底，举以顿地，如舂杵。亦谓之顿相。相，助也，以节乐也。或谓梁孝王筑睢阳城，方十二里，造时唱声，以小鼓为节，筑者下筑和之。后世谓此声为睢阳乐。

拍板

《乐府杂录》曰：玄宗令黄幡绰撰柏板谱。幡绰乃于纸上画一耳进之，问其故，对曰："但有耳道，则无失其节奏也。"韩文公因为乐句。

太平御览卷第五百八十五 文部一

叙文

《易·贲卦·象》曰：观乎天文以察时变，观乎人文以化成天下。

《春秋》襄二十五年《传》曰：郑子产献捷于晋，献入陈之功。士庄伯不能诘。仲尼曰："《志》有之，'言以足志，文以足言。'不言，谁知其志？言之无文，行而不远。"

《论语》曰：孔子曰："周监于二代，郁郁乎文哉！吾从周。"

又曰：子贡曰："夫子之文章可得而闻也。夫子之言性与天道，不可得而闻也。"

又曰：大哉！尧之为君也。巍巍乎，唯天为大，唯尧则之。荡荡乎，民无能名焉。巍巍乎，其有成功。焕乎其有文章。

扬子《法言》曰：或曰："良玉不雕，美言不文。何谓也？"曰："玉不雕，玙璠不作器；言不文，典谟不作经。"

桓宽《盐铁论》曰：内无其实而外学其文，若画脂镂冰，费日损功。

王充《论衡》：学问习熟，则能推类兴文。文由外而滋未必实，才与文相副也。

魏文帝《典论》曰：夫文本同而末异。盖奏议宜雅，书论宜理，铭诔尚实，诗赋欲丽。文以气为主，气之清浊有体，不可力强而致。古之作者，寄身于翰墨，见意于篇籍，不假良史之辞，不托飞驰之势，而声名自传于后。故西伯幽而演《易》，周旦显而制《礼》，不以隐约而弗务，不以康乐而加恩。夫然则古人贱尺璧而重寸阴，惧乎时之过已。而人多不强力，贫贱则慑于饥寒，富贵则流于逸乐；遂营目前之务，而遗千载之功。日月逝于上，体貌衰于下，忽然与万物迁化，斯志士之所大痛也。

晋挚虞《文章流别论》曰：文章者，所以宣上下之象，明人伦之叙，穷理尽性以究万物之宜者也。王泽流而诗作，成功臻而颂兴，德勋立而铭著，嘉美终而诔集。祝史陈辞，官箴王阙。《周礼》太师掌教六诗：曰风、曰赋、曰比、曰兴、曰雅、曰颂。言一国之事，系一人之本，谓之风。言天下之事，形四方之风，谓之雅。颂者，美盛德之形容。赋者，敷陈之称也。比者，喻类之言也。兴者，有感之辞也。后世之为诗者多矣，其功德者谓之颂，其余则总谓之诗。颂，诗之美者也。古者圣帝明王功成治定而颂声兴，于是奏于宗庙，告于鬼神，故颂之所美者，圣王之德也。古之作诗也，发于情，止乎礼义。情之发，因辞以形之，礼义之指，须事以明之，故有赋焉。所以假象尽辞，敷陈其志。古诗之赋，以情义为主，以事类为佐。今之赋，以事形为本，以义正为助。情义为主，则言省而文有例矣；事形为本，则言富而辞无常矣。文之烦省，辞之险易，盖由于此。夫假象过大，则与类相远；免辞过壮，则与事相违；辩言过理，则与义相失；丽靡过美，则与情相悖。此四过者，所以背大体而害政教。示以司马迁割相如之浮说，扬雄疾辞人之赋丽以淫也。

沈约《宋书·论》曰：民禀天地之灵，含五常之德。刚柔迭用，喜愠分情。然则歌咏所兴，宜自生民始也。周室既衰，风流弥著。屈平、宋玉导清源于前，贾谊、相如振芳尘于后。英辞润金玉，高义薄云天。自兹以降，情志逾广，王褒、刘向、扬、班、崔、蔡之徒，异轨同奔，递相师祖。虽清辞丽曲时发于篇，而芜音累气固亦多矣。若夫平子艳发，文以情变，绝唱高踪，久无嗣响。至于建安，曹氏基命，二祖、陈王，咸蓄盛藻。自汉至魏，四百余年，辞人才子，文体三变。相如巧为形似之言，二班长于情理之说，子建、仲宣以气质为体，源其飚流所始，莫不同祖风、骚。降及元康，潘、陆特秀，律异班、贾，体变曹、王。缛采星稠，繁文绮合，缀平台之逸响，采南皮之高韵，遗风余烈，事极江右。爰逮宋氏，颜、谢腾声。灵运之兴会标举，延年之体裁明密，并方轨前秀，垂范后昆。

李充《翰林论》曰：或问曰："何如斯，可谓之文？"答曰："孔文举之书，陆士衡之议，斯可谓成文也。”

陆景《典语》曰：所谓文者，非徒执卷于儒生之门，摅笔于翰墨之采。乃贵其造化之渊，礼乐之盛也。

《文心雕龙》曰：人文之元，肇自泰极，幽赞神明，易象唯先。庖牺画其始，仲尼翼其终。而乾坤两位，独制《文言》。言之文也，天地之心哉！若乃《河图》孕乎八卦，《洛书》韫乎九畴，玉版金镂之宝，丹文绿牒之华，谁其尸之？亦神理而已。自鸟迹代绳，文字始炳。炎皞遗事，纪在《三坟》，而年世眇邈，声采靡追。唐虞文章，则焕乎为盛。元首载歌，既以吟咏之志；稷益陈谟，亦垂敷奏之风。夏后氏兴，业峻鸿绩，九序咏歌，勋德弥缛。逮及商周，文胜其质，雅颂所被，英华日新。文王忧患，繇辞炳耀，符采复隐，精义坚深。重以公旦多才，振其徽烈，制诗缉颂，斧藻群言。至若夫子继圣，独秀前哲，镕钧六经，必金声而玉振；雕琢性情，组织辞令，木铎启而千里应，席珍流而万世响，写天地之辉光，晓生民之耳目矣。故爰自风姓，暨于孔氏，玄圣创典，素王述训，莫不原道心以敷章，研神理以设教。著象乎《河》《洛》，间数乎蓍龟，观天文以极变，察人文以成化，然后能缠纬区宇，弥纶彝宪，发挥事业，彪炳辞义。故道沿圣以垂文，圣因文以明道，旁通而无涯，日用而不匮。《易》曰：“鼓天下之动者存乎辞。”辞之所以能鼓天下者，道之文也。

又曰：方其搦翰，气倍辞前，暨乎篇成，半折心始。何则？意翻空而易奇，言征实而难巧也。是以临篇缀翰，必有二患：理郁者始贫，辞溺者伤乱。然则博见为馈贫之粮，贯一为拯辞之药，博而能一，亦有助乎心力矣。

又曰：翚翟备色而翱翥百步，肌丰而力沉也；鹰隼无采而翰飞戾天，骨劲而荒猛也。文章才力有似于此，若风骨乏采则鸷集翰林，采乏风骨则雉窜文囿。若藻曜而高翔，固文章之鸣凤也。

又曰：括囊杂体，功在铨别，宫商朱紫，随势各配。章表奏议则准的乎典雅，赋颂歌诗则羽仪乎清丽，符檄书移则楷式于明断，史论序注则轨范于核要，箴铭碑诔则体制于弘深，连珠七辞则从事于巧艳，此修体而成势，随变而立功者也。虽复契会相参，节文牙杂，譬五色之锦，各以本采为地矣。

又曰：夫姜桂因地，辛在本性；文章沿学，能在天才。故才自内发，学以外成。有学饱而才馁，有才富而学贫。学贫者迍邅于事义，才馁者劬劳于辞情，此内外之殊分也。是以属意于文，心与笔谋，才为盟主，学为辅佐。合德文采必霸，才学褊狭，虽美少功。才童学文，宜正体制，必以情志为神明，事义为骨骾，辞采为肌肤，宫商为声气，然后品藻玄黄，摛振金玉，献可替否，以裁厥中，斯缀思之恒数也。夫文变无方，意见浮杂，约则义孤，博则辞叛，变故多尤，而为事贼。且才分不同，思绪各异，或制首以通尾，或尺接以寸附，然通制者盖寡，接附者甚众。若统绪失宗，辞味必乱；义脉不流，则偏枯文体。夫能悬识凑理，然后节文自会，如胶之粘木，石之合玉矣。是以四牡异力而六辔如琴，驭文之法有似于此。昔张汤疑奏而再却，虞松草表而屡谴，并事理之不明而辞旨之失调也。及倪宽更草，锺会易字，而汉武叹奇，晋景称善者，乃理得而事明，心敏而辞当也。

宋范晔《狱中与诸生侄书》以自序，其略曰：吾少懒学问，年三十许始有尚耳。自尔以来，转为心化，至于所通处，皆自得之胸怀。常为情志所托，故当以意为主，以文传意。以意为主则其旨必见，以文传意则其辞不流，然后抽其芬芳，振其金石耳。

《金楼子》曰：王仲任言：夫说一经者为儒生也，传古今者为通人也，上书奏事者为文人也，能精思著文连篇章为鸿儒也，若刘子政、扬子云之列是也。盖儒生转通人，通人为文人，文人转为鸿儒也。

又曰：古之学者有二，今之学者四焉。夫子门徒转相师授，通圣人之经者，谓之儒。屈原、宋玉、枚乘、长卿之徒止于辞赋，则谓文。今之儒，博穷子史，但能识其事不能通其理者，谓之学。至如不便为诗如阎纂，善为章奏如柏松，若此之流，谓之笔。吟咏风谣，流连哀思者，谓之文。唯须绮縠纷披，宫徵靡曼，唇吻适会，情灵摇荡，潘安仁清绮若是，而评者止称情切，故知为文之难也。曹子建、陆士衡皆文士，观其辞致侧密，事语坚明，虽不以儒者命家，此亦悉通其义也。若夫今之俗也，缙绅稚齿，闾巷小生，苟取成章，贵在悦目，龙首豕足，随时之宜，牛头马髀，强相附会。夫挹酌道德，宪章前言者，君子所以行之也。原宪云：“无财谓之贫，学道不行谓之病。”末俗学徒颇或异此，或假兹以为伎术，或狎之以为戏笑，未闻强学自立，和乐慎礼者也。

《齐书》曰：陆厥字韩卿。少有风概，好属文。时盛为文章，吴兴沈约、陈郡谢朓、琅琊王融，以气类相推毂。汝南周颙善识声韵，约等文皆用宫商，将平上去入四声，以此制韵，有平头、上尾、蜂腰、鹤膝，五字之中音韵悉异，两句之内角徵不同，不可增减，世为“永明体”。厥与约书曰：“范詹事自序‘性别宫商，识清浊，特能适轻重，济艰难。古今文多不全了斯处，纵有会此者，此必不从根本中来。’沈尚书亦云‘自灵均已来，此秘未睹。或暗与理合，匪由思至。张、蔡、曹、王，曾无先觉，潘、陆、颜、谢，去之弥远。’大旨欲‘宫羽相变，低昂舛节。若前有浮声，则后须切响。一简之内，音韵尽殊，两句之中，轻重悉异。’辞既美矣。理又善焉。但观历代众贤，似不都暗此处，而云此秘未睹，近于诬乎？案范云‘不从根本中来。’尚书云‘匪由思至’。斯则揣情谬于玄黄，摘句差其音律也。范又云‘时有会此者’，尚书云‘或暗与理合’。夫思有合离，前哲同所不免，文有开塞，即事不得无之，子建所以欲人讥弹，士衡所以遗恨终篇。自魏文属论，深以清浊为言；刘祯奏书，大明体势之致，龃龉安帖之谈，操末续颠之说，兴玄黄于律吕，比五色之相宣。苟此秘未睹，兹论不何所指耶？至于掩瑕藏疾，合少谬多，则临淄所云‘人之著述，不能无病’者也。《长门》《上林》，殆非一家之赋，《洛神》《池雁》，便成二体之作。王粲《初征》，他文未能称是；杨修敏捷，《暑赋》弥日不献。率意寡尤，则事促乎一；日翳翳愈伏，而理赊于七步。一人之思，迟速天悬；一家之文，工拙壤隔。何独宫商律吕，必责其如一耶？”

《三国典略》曰：徐摛字士秀，东海郯人也，员外散骑常侍起之子。文好新率，不拘旧体。梁武谓周舍曰："为我求一人，文学俱长兼有德行者，欲令与晋安游处。"舍曰："侄外弟徐摛形质陋小，若不胜衣，而堪此选。"梁武曰："必有仲宣之才，亦不简其貌也。"乃以摛为侍读。王为太子转家，令文体既别，春坊尽学之，谓之宫体。宫体之号，自斯而起。

又曰：齐主尝问于魏收曰："卿才何如徐陵？"收对曰："臣大国之才，典以雅；徐陵亡国之才，丽以艳。"

《后周书》：庾信父肩吾，为梁太子中庶子，掌管记。东海徐摛为左卫率，摛子陵及信并为抄撰学士，父子在东宫，出入禁闼，恩礼莫与比隆。既有盛才，文并绮艳，故世号为"徐庾体"焉。

太平御览卷第五百八十六 文部二

诗

《文心雕龙》曰：诗者，持也，持人情性；三百之蔽，义归无邪，持之为训，有符焉尔。人禀七情，应物斯感，感物吟志，莫非自然。尧有《大唐之歌》，虞造《南风之诗》，观其二文，词达而已。及大禹成功，九序唯歌；少康败德，五子咸讽：顺美匡恶，其来久矣。自商暨周，《雅》《颂》圆备，四时彪炳，六义环深。子夏鉴《绚素》之章，子贡悟《琢磨》之句，故商、赐二子，可以言诗。自王泽弥竭，风人辍采；春秋观志，以讽诵旧章，酬酢以为宾荣，吐纳而成声文。逮楚国讽怨，则《离骚》为刺。秦王灭典，亦造《仙诗》。汉初四言，韦孟首唱，匡谏之义，继轨周人。孝武爱文，《柏梁》列韵，严马、之徒，属词无方。至成帝品录，三百余篇，朝章国采，亦云周备。而词人遗翰，莫见五言，所以李陵、班婕见拟于后代。按《邵南·行露》，始肇半章；孺子《沧浪》，亦有全曲；《暇豫》优歌，远见春秋；邪淫童谣，近在成世：阅时取征，则五言久矣。又古诗佳丽，或称枚叔，其《孤竹》一篇，则傅毅之词，比采而推，固两汉之作乎？观其结体散文，直而不野，宛转附物，惆怅切情，实五言之冠冕也。至于张衡《怨篇》，清典可味；仙诗缓歌，雅有新声。暨建安之初，五言腾踊，文帝、陈思，纵辔以骋节，王、徐、应、刘，望路而争驱；并邻风月，狎池苑，述恩荣，序酣宴，慷慨以任气，磊落以使才；造怀指事，不求纤密之巧，驱词逐貌，唯取昭晰之能：此其所同也。及正始明道，诗杂仙心，何晏之徒，率多浮浅，唯嵇志清峻，阮旨遥深。若乃应璩百一，独立不惧，词谲义具，魏之遗直也。晋世群才，稍入轻绮，张、左、潘、陆，比肩诗衢，采缛于正始，力柔于建安；或折文以为武，或流靡以自妍，此其大略也。江左篇制，溺于玄风，羞笑徇务之志，崇盛忘机之谈；袁、孙已下，虽各有雕采，而词趣一揆，莫与争雄，所以景纯《仙篇》，挺拔而为俊也。宋初文咏，体有因革，严、老告退，而山水方滋；俪采百家之偶，争价一句之奇，情必极貌以写物，必穷力而追新：此近代之所竞也。故铺观列代，而情变之数可鉴；撮举同异，而纲领之要可明矣。若夫四言正体，则雅润为本；五言流调，则清丽居宗；华实异用，唯才所安。故平子得其雅，叔夜含其润，茂先拟其清，景阳振其丽；若兼善则子建、仲宣，遍美则太冲，公干。然诗有恒裁，思无定位，随性适分，鲜能圆通。若妙识所难，其易也将至；忽以为易，其难也方来矣。至于三六杂言，则出自篇什；离合之发，则萌于图谶；回文所兴，则道原为始；联句共韵，则《柏梁》余制：巨细或殊，情理同致，总归诗囿，故不繁云。

《列子》曰：尧微服游于康衢，闻儿童谣曰："立我烝民，莫匪尔极。不识不知，顺帝之则。"尧问曰："孰教尔为此言？"童儿曰："我闻之大夫。"问大夫。大夫曰："古诗也。"

《文章流别论》曰：诗言志，歌永言。古者采诗之官，王者以知得失。古诗之四言者，"振鹭于飞"是也，汉郊庙歌多用之。五言者，"谁谓雀无角，何以穿我屋"是也，乐府亦用之。六言者，"我姑酌彼金罍"是也，乐府亦用之。七言者，"交交黄鸟止于桑"是也，于俳谐倡乐世用之。古诗之九言者，"泂酌彼行潦挹彼注兹"是也，不入歌谣之章，故世希为之。夫诗虽以情志为本，而以声成为节。

颜延之《庭诰》曰：荀爽云："诗者，古之歌章，然则雅诵之乐篇全矣。是以后之诗者，率以歌为名。及秦勒望岳，汉祀郊宫，辞著前史者，文变之高制也。虽雅声未至，弘丽难追矣。逮李陵众作，总杂不类，是假托，非尽陵制。至其善篇，有足悲者，挚虞文论足称优洽。《柏梁》以来，继作非一，纂所至七言而已。九言不见者，将由声度阐诞，不协金石。至于五言流靡，则刘桢、张华；四言侧密，则张衡、王粲。若夫陈思王，可谓兼之矣。

锺嵘《诗评》曰：古诗，李陵、班婕好、曹植、刘桢、王粲、阮籍、陆机、潘岳、张协、左思、谢灵运等十二人，诗皆上品。曹植诗其原出于《国风》，其骨气高奇，辞彩华茂，情兼雅怨，体备文质，粲然逸古，卓尔不群。嗟乎陈思之文章也，譬人伦之有周、孔，鳞羽之有龙凤，音乐之有笙竽，女工之有黼黻。若孔子之门用文，则公干升堂，思王入室，王阳潘陆自可坐于廊庑之间。刘桢文体出于古诗，伏气爱奇，动多震绝。桢骨气凌霜，高风跨俗，但气过其文，雕润恨少。然自陈思已往，桢称独步。张协字景阳。诗其原出于王粲，文章华静，实少病累，又巧构形似之言，雄于潘岳，靡于太冲，风流调远，实旷代之高手。其辞彩葱蒨，音韵铿锵，使人味之亹亹不倦。阮籍诗其原出于《小雅》，虽无雕斫之巧，而咏怀之作可以陶性灵，发幽致，言在耳目之内，情寄八荒之表，洋洋乎会于风雅矣。陶潜诗其原出于应璩，又协左思风力，文体省净，殆无长语；笃意真古，辞兴婉媚；至于"欢言酌春酒，日暮天无云"，风华清靡，岂直田家语邪？古今隐逸诗之宗也。

《汉书》曰：王褒字子渊，蜀人也。宣帝时，修武帝故事，讲论六艺。刘向、张子侨等待诏金马门，褒有俊材，使褒作《中和》、《乐职》、如淳曰：言王政中和，在官者乐其职。《宣布诗》，《艺林》曰：宣帝诗歌之名。选好事者，依《鹿鸣》之声习而歌之。

《魏书》曰：李康字萧远。性介立不和俗，为乡里所嫉，故官不进。尝作《游九嶷》诗，明帝异其文，问左右："斯人安在？吾欲擢之。"因起为隰阳长，卒。

《晋书·载记》曰：李寿奢侈，杀人以立威。其臣龚壮作诗七篇，托言应璩以讽寿。寿报曰："省诗知意，若今人所作，时贤之话言也。古人所作，死鬼之常辞耳。"

又曰：桓玄既篡，欲引用孟昶，问其人于刘迈，迈曰："臣在京口，不闻昶有异能，但父子纷纷更相赠诗尔。"玄笑之而止。

《宋书》曰：颜延之与陈郡谢灵运共以词彩齐名，而迟速悬绝。文帝尝各敕拟《乐府·北上篇》，延之受诏便成，灵运久之乃就。延之尝问鲍昭已与灵运优劣，昭曰："谢五言如初发芙蓉，自然可爱。君诗若铺锦列绣，雕绘满眼。"锺嵘《诗评》云："灵运诗其原出于陈思，雅有景阳之体。”嵘谓若人学多才博，寓目辄书，内无文思，外无遗物，其繁且富宜哉，然名章秀句处处间起，妙曲新声骆驿奔发，类青松拔木，白玉映竹，未足以贬高才也。

又曰：谢惠连，方明之子也。十岁能属文。族兄灵运嘉赏之，云每有篇章对，惠连辄得佳语。尝于永嘉西堂思诗，竟日不就，忽梦惠连，得“池塘生春草”大以为工，常云：“此语有神工，非余语也。”

《赵书》曰：徐光字季武。年十四五，为将军秣马。光但书马柳吾浪反。柱为诗颂，不亲马事。

《梁书》曰：丘迟字希范。辞采丽逸。时有锺嵘《诗评》云：“范云婉转清使，如流风回雪。迟诗点缀映媚，似落花依草，虽义浅文通，而秀于敬子。”其见称如此。

《三国典略》曰：周文州氐酋反制，鄜州刺史高琳讨平之。军还，帝宴群公卿士，命赋诗言志，琳诗云：“寄言窦车骑，为谢霍将军。何以报天子？沙漠静妖氛。”帝大悦，曰：“獯狁陆梁，未时款塞，卿言有验国之福也。”

又曰：齐萧悫字仁祖。为太子洗马。尝于秋夜赋诗，其两句云：“芙蓉露下落，杨柳月中疏。”曰：“萧仁祖之斯文可谓雕章间出。”昔潘陆齐轨，不袭建安之风；颜、谢同声，遂革太乙之气。自汉逮晋，情赏犹自不谐，河北江南，意制本应相诡。颜黄门云：“吾爱其萧散，宛然在目，而卢思道之徒，雅所不惬，箕毕殊好，理固宜然。”

又曰：王晞为常山王司马。晞恬憺寡欲，不以世务为累，时谓之方叔司马。尝游晋祠，赋诗曰：“日落应归去，鱼鸟见留连。”时常山王遣使召晞，晞不时至。明日丞相西阁，祭酒卢思道问晞：“昨已朱颜，得无鱼鸟致怪乎？”晞笑曰：“昨陶然以酒被责，卿辈亦是留连之一物，岂直鱼鸟而已哉！”

又曰：辛德源尝于邢邵座赋诗，其十字曰：“寒威渐离风，春色方依树。”众咸称善。后王昕逢之谓曰：“今日可谓寒威离风，春色依树。”

《隋书》曰：杨素尝以五言诗七百字赠番州刺史薛道衡，词气宏拔，风韵秀出，亦为一时盛作。未几而卒。道衡叹曰：“人之将死，其言也善，岂若是乎！”

《唐书·文苑传》：元万顷，乾封中从英国公李勣征高丽，为辽东道管记。时别帅冯本以水军援裨将郭封，船破失期，封欲作书与绩，恐高丽知其救兵不至，乘危迫之，乃令万顷作离合诗赠绩。勣不达其意，大怒曰：“军机急切，何用诗为？必斩之。”万顷解释之，乃止。

又曰：钱起能五言诗。初从乡荐，家寄江湖，尝于客舍月夜独吟，遽闻人吟于廷曰：“曲终人不见，江上数峰青。”起愕然，慑衣视之，无所见矣，以为鬼怪而志之。及起就试之年，李暐所试《湘灵鼓瑟诗》题中有青字，起即以鬼谣十字为落句。暐深嘉之，称为绝倡，是岁登第。

又曰：元稹聪警绝人，年少有才名。与太原白居易为友，工为诗，善状咏当时风态物色，当时言诗者称“元白”焉。自衣冠士子至闾阎下俚悉传讽之，号为“元和体”。穆宗在东宫，有妃嫔左右尝念及稹篇，咏者宫中呼为“元才子”。至是极承恩遇，尝为长庆宫词数十百篇，闾里竞为传唱。

又曰：刘禹锡晚年与少傅白居易友善。居易诗笔文章时无在其右者，尝与禹锡唱和往来，因集其诗而序之曰：“彭城刘梦得，诗豪者也。其锋森然，少敢当者。予不量力，往往犯之。夫合应者声同，交争者力敌，一往一复，欲罢不能。一二年来，日寻笔砚，同和赠答，不觉滋多。太和三年春，已前纸墨所在者，凡一百三十八首，其余乘兴仗醉率然作者不在此数。尝戏微之云：仆与足下二十年来为文友诗敌，幸也，亦不幸也。吟咏情性，播扬名声，其适遗形，其乐忘老，幸也。然江南士女语才子者多云‘元白’，以子之故，使仆不得独步于吴越间，此亦不幸也；今垂老复遇梦得，非重不幸耶？梦得文之，神妙莫先于诗，若妙与神则吾岂敢如梦得！‘雪里高山头白早，海中仙果子生迟’，‘沉舟侧畔千帆过，病树前头万木春’之句之类，真谓神妙矣。在在处处，应有灵物护持，岂止两家子弟秘藏而已。”

《世说》曰：夏侯孝若作周诗，成示潘岳，曰："此文非徒温雅，乃见孝弟之性。"潘因此遂作《家风诗》。

又曰：孙秀收石崇、潘岳，先送石市，潘后至。石谓潘曰："安仁，卿亦复尔耶？"潘曰："可谓'白首同所归'。"潘《金谷诗》云："投分寄石友，白首同所归。"乃成其谶。

又曰：孙子荆除妇服，作诗以示王武子，曰："未知文生于情，情生于文，览之凄然，增伉俪之重。"

《文士传》曰：张秉自知短命，乃作《千年歌诗》以自伤。

《颜氏家训》曰：王籍《入若邪溪》诗云："蝉噪林逾静，鸟鸣山更幽。"江南以为文章断绝，物无异议。简文吟咏，不能忘之。

《金楼子》云：有何赠智者，常于任昉座赋诗而其诗言不类。任云："卿诗可谓高厚。"其人大怒曰："遂以我诗为狗号。"

《国朝传记》曰：薛道衡聘陈，为《人日诗》云："入春才七日，离家已二年。"南人嗤之曰："是底言语，谁谓此虏解作诗？"及云："人归落雁后，思发在花前。"乃喜曰："名下固无虚士。"

《国朝杂记》曰：沈佺期以工诗著名，燕公张说尝谓之曰："沈三兄诗直须还他第一。"

《国史补》曰：德宗以二月一日为中和节，宴百僚赋诗，群臣奉和，诏写本赐戴叔伦于容州，天下荣之。

又曰：杜佑在淮南，进崔叔清诗百篇，上曰："此恶诗，焉用进？"时人谓之淮敕恶诗。

陆机《文赋》曰：诗缘情而绮靡。

太平御览卷第五百八十七 文部三

赋

《诗序》曰：诗有六义焉，一曰风，二曰赋。

《释名》曰：赋，敷也。敷布其义，谓之赋也。

《汉书》曰：不歌而诵谓之赋，登高能赋可以为大夫。言感物造端，材智深美，可以与图政事，故可以列为大夫也。春秋之后，周道寖坏，聘问歌咏不行于列国，歌咏之士逸在布衣，贤人失志之赋作矣。孙卿及楚臣屈原，离谗忧国，皆作赋以风谕，咸以恻隐古诗之义也。其后宋玉、唐勒，汉兴枚乘、司马相如下及扬子云，竞为侈丽闳广之语，设其风谕之义，是以扬子悔之曰："诗人之赋丽以则，辞人之赋丽以淫。如孔氏之门用赋也，则贾谊登堂，相如入室矣。"

又曰：上令王褒与张子侨等并待诏，数从游猎，所幸宫馆，辄为歌颂，第其高下，以差赐帛。议者多为淫靡不急。上曰："不有博弈者乎？为之犹贤乎已。辞赋大者与古诗同义，小者辨丽可喜，如女工有绮縠，音乐有郑、卫。今世俗犹皆以此娱说耳目，辞赋比之，尚有仁义讽谕，鸟兽草木多闻之观，贤于倡优博弈远矣。"

又曰：武帝以安车征枚乘。孽子皋母为小妻。乘之东归也，皋母不肯随乘，乘怒留皋与母居。年十七，上书自陈枚乘之子。上得大喜，召入，诏使赋平乐馆，善之，拜为郎。皋不通经术，谈笑类俳倡，为赋颂，好慢戏，以故得媟黩贵幸，比东方朔、郭舍人等。武帝春秋三十九乃得皇太子，群臣喜，故皋与东方朔作《皇太子生赋》。皋为文疾，受诏辄成，司马相如善为文，而迟，故所作少。

又曰：上读司马相如《子虚赋》，善之，乃召相如。相如曰："此乃诸侯之事，未足观。请为天子游猎之赋。"上令尚书给笔札，相如以子虚，虚言也，为楚称；乌有先生者，乌有此事为难亡是也；欲明天子之义，故虚籍此三人为辞，以推天子诸侯之苑囿。其卒归于节俭，因以讽谏天子，天子大说。时上好神仙，相如又奏《大人赋》，天子大悦，飘飘有凌云之气，游天地之间意。

又曰：赵昭仪方大幸，每上幸甘泉，常法从，在属车间豹尾中。故扬雄盛言“车骑之众，参丽之驾，非所以感动天地，逆厘三神”。又言“屏玉女，却宓妃”以徭齐肃之事。赋成奏之，天子异焉。先是时，蜀有司马相如，作赋甚弘丽温雅，雄心壮之，每作赋常拟以为式。

《后汉书》曰：王延寿字文考，少游鲁国，作《灵光殿赋》。后蔡邕亦造此赋，未成，及见延寿所为，甚奇之，遂辍翰。

又曰：李充字伯仁，少以文章显名。贾逵荐充，召诣东观，受诏作赋，拜兰台令史。

《魏志》曰：陈思王植，太祖常视其文曰：“汝倩人耳。”植跪曰：“出言为论，下笔成篇，固当面试。”时邺铜雀台新成，太祖悉将诸子登，使各赋。植赋，援笔立成，太祖甚异之。

《吴书》曰：张纮作《栅榴枕赋》，陈琳在北见之，以示人曰：“此吾乡里张子纮所作也。”后纮见琳《武库赋》《应机论》，与琳书，叹美之，琳答曰：“自仆在河北，与天下隔，此间率少于文章，易为雄伯。故使仆受此过差之谈，非其实也。今景兴在此，足下子布在彼，所谓小巫见大巫，神气尽矣。”

《魏略》曰：卞兰献赋赞述太子德美，太子报曰：“作者不虚其辞，受者必当其实。兰此岂吾实哉？昔吾丘寿王一陈宝鼎，何武等徒以歌颂，犹受金帛之赐。兰事虽不谅，义足嘉也。今赐牛一头。”

又曰：邯郸淳作《投壶赋》奏之，文帝以为工，赐帛千匹。

《晋书》曰：孙绰绝重张衡《左思赋》云：“《三都》《二京》，六经之鼓吹也。”尝作《天台山赋》，辞致甚工，初成以示友人范荣期，云：“卿试掷地，当作金石声也。”荣期曰：“恐此金石非中宫商。”然每至佳句辄云：“应是我辈语。”

又曰：桓温欲经纬中国，以河南粗平，将移都洛阳，朝廷畏温不敢为异，而北土萧条，人情危惧。孙绰上疏言不可。温见绰表，不悦曰："致意兴公，何不寻君《遂初赋》，而知人家国事耶？"

又曰：顾恺之字长康，晋陵无锡人也。博学有才气。尝为《筝赋》，成，谓人曰："吾赋之比嵇康琴。不赏者，必当以后出相遗；深识者，亦当以高奇见贵。"

《宋书》曰：谢庄字希逸，仕为太子中庶子。时南平王铄献赤鹦鹉，帝诏群臣为赋。太子左卫率袁淑，文冠当时，作赋毕，示庄。及见庄赋，叹曰："江东无我，卿当独秀；我若无卿，亦一时之杰。"遂隐其赋。

《梁书》曰：张率为《待诏赋》，奏之，甚见称赏，手敕答曰："相如工而不敏，枚皋速而不工，卿可谓兼二子于今之世矣。"

又曰：沈众字仲兴，好学有文词，仕梁为太子舍人。时武帝制千字诗，众因注解，与陈谢景同时召见于文德殿。帝命众竹赋，赋成奏之，手敕答曰："卿文体翩翩，可谓无忝尔祖。"

《北齐书》曰：刘昼举秀才，入京考策不第，乃恨不学属文。方复缉缀辞藻，言甚苦拙，制一首赋，以"六合"为名，自谓绝伦，吟讽不辍。乃叹曰："儒者劳而少工，见于斯矣。我读儒书二十余年而答策不第，始学作文便得如是。"曾以此赋呈魏收，收谓人曰："赋名六合，其愚已甚。及见其赋，又愚于名。"

《唐书》曰：获嘉主簿刘知几著《思慎赋》以刺时，凤阁侍郎苏味道、李峤见文，相顾而叹曰："陆机豪士之所不及也。当今防身要道，尽在此矣！"

又曰：《文苑传》：李华字遐叔，善属文，与兰陵萧策士友善。华应进士时，著《含元殿赋》万余言，策士见而赏之曰："《景福》之上，《灵光》之下。"

《后唐书》曰：李琪少孤贫，苦学，尤精于文赋。昭宗时，李溪父子以文学知名于时。琪年十八，袖赋一轴谒溪。溪览赋惊异，倒履迎门，因出《琪哑钟》《捧日》等赋，指尔谓琪曰："予常患近年文士辞赋皆数句之后未见赋题，吾子入句见题，偶属典丽，吁！可畏也。"琪由是以益知名也。

挚虞《文章流别论》曰：赋者，敷陈之称，古诗之流也。前世为赋者，有孙卿、屈原，尚颇有古之诗义，至宋玉则多淫浮之病矣。楚词之赋，赋之善者也。故扬子称赋莫深于《离骚》，贾谊之作则屈原俦也。

《祢衡传》曰：黄祖时大会宾客，人有献鹦鹉者，祖举卮酒于衡曰："愿先生赋之，以娱佳宾。"衡揽笔而作，文无加点，辞采甚丽。

《文心雕龙》曰：诗有六义，其二曰赋。赋者，铺也，铺采摛文，体物写志也。昔邵公称公卿献诗，师箴瞽赋。传云："登高能赋，可为大夫。"诗序则同义，传说则异体，总其归涂，实相枝干。故刘向明不歌而颂，班固称古诗之流。至如郑庄之赋《大隧》，士蔿之赋《狐裘》，结言短韵，词自已作，虽合赋体，明而未融。及灵均唱《骚》，始广声貌，然则赋也者，受命于诗人，而拓宇于《楚辞》者也。于是荀况《礼》《智》，宋玉《风》《钓》，爰锡名号，与诗画境，六义附庸，蔚成大国。遂客主以首引，极声貌以穷文，斯盖别诗之源始，命赋之厥初也。秦世不文，颇有杂赋。汉初辞人，循流而作，陆贾扣其端，贾谊振其绪，枚、马洞其风，王、扬、骋其势，皋、朔以下，品物毕图。繁积于宣时，校阅于成世，进御之赋，千有余首，讨其源流，信兴楚而盛汉矣。若夫京殿苑猎，述行叙志，并体国经野，义尚光大，既履端于唱序，亦归余于总词。序以建言，首引情本；词以理篇，写送文势。观夫荀结隐语，事义自怀；宋发夸谈，实始淫丽；枚乘《兔园》，举要以会新；相如《上林》，繁类以成艳；贾谊《鵩鸟》，致辨于情理；子渊《洞箫》，穷变于声貌；孟坚《两都》，明绚以赡雅；张衡《二京》，迅拔宏富；子云《甘泉》，构深伟之风；延寿《灵光》，含飞动之势。凡此十家，并辞赋之英杰也。及仲宣靡密，发篇必遒；伟长通博，时逢壮采；太冲、安仁，策勋于鸿规；士衡、子安，底绩于流制；景纯绮巧，缛理有余；彦伯梗概，情韵不匮，亦魏晋之赋首也。原夫登高之旨，盖睹物兴情。情以物兴，故义必明雅；物以情睹，故词必巧丽。丽辞雅义，符采相胜，如组织之品朱紫，画绘之差玄黄，文虽杂而有实，色虽糅而有仪，此立赋之大体也。然逐末之俦，蔑弃其本，虽读千首，逾惑体要；遂使繁花析枝，膏腴害骨，无贯风轨，莫益劝戒。此扬子所以追悔于雕虫，贻诮于雾縠者也。

宋玉《大言赋序》曰：楚襄王既登云阳之台，命诸大夫景差、唐勒、宋玉等并造《大言赋》，赋卒而玉受赏。语裥能为《小言赋》者，赋之云梦之田而赋卒，乃赐玉田。

扬子《法言》曰：或问曰："吾子少而好赋？"曰："然。童子雕虫篆刻，壮夫不为。诗人之赋丽以则，辞人之赋丽以淫。若孔氏之门而用赋，则贾谊升堂，相如入室。"

崔鸿《十六国春秋·南凉录》曰：秃发傉檀子归，年始十三，命为《高殿赋》，下笔即成，影不移漏。傉檀览而善之，拟之于曹子建。

又《前秦录》曰：苻坚宴群臣于逍遥园，将军讲武，文官赋诗。有洛阳年少者，长不满四尺而聪博善属文，因朱彤上《逍遥戏马赋》一篇，坚览而奇之，曰："此文绮藻清丽，长卿俦也。"

《西京杂记》曰：长安有度虬亦善为赋。常为《清思赋》，时人不贵，虬乃托以相如作，遂大重于世焉。

又曰：相如将献赋而未知所为，梦一黄衣翁谓之曰："子可为《大人赋》，言神仙之事，以献上。"赐锦四匹。

又曰：司马长卿赋，时人皆称典而丽，虽诗人之作，不能加也。扬子云曰："长卿赋不从人间来，神化所主耳。"子云学相如为赋而不逮，是故雅服焉。

又曰：司马相如为《上林》、《子虚赋》，意思萧散，不复与外相关，控引天地，错综古今，忽然而睡，焕然而兴，几百日而后成。其友人盛览字长通，牂牁名士，尝问以作赋，相如曰："合纂组以成文，列锦绣而为质，一经一纬，一宫一商，此作赋之迹也。赋家之心，苞括宇宙，总览人物，斯乃得之于内，不可得其传也。"乃作《合组歌》《列锦赋》而退，终身不复敢言作赋之心矣。

《博物志》曰：王延寿，逸之子也。鲁作灵光殿初成，逸语其子曰：

“汝写状归，吾欲为赋。”文考遂以韵写简，其父曰：“此即好赋，吾固不及矣。”

《三国典略》曰：齐魏收以温子升、邢邵不作赋，乃云：“会须作赋，始成大才。唯以章表自许，此同儿戏。”

《文士传》曰：何桢字元干。青龙元年，天子特诏曰：“扬州别驾何桢有文章才，试使作《许都赋》，成，封上，不得令人见。”桢遂造赋，上甚异之。

又曰：棘嵩见陆云作《逸民赋》，嵩以为丈夫出身不为孝子则为忠臣，必欲建功立策为国宰辅，遂作《官人赋》以反云之赋。

桓子《新论》曰：予少时见扬子云丽文高论，不量年少，猥欲逮及，业作小赋，用思太剧，而立感动发病。子云亦言：成帝上甘泉，诏使作赋。为之卒，暴倦。卧梦其五脏出地，以手收之。觉，大少气，病一岁余。少好文，见子云工为赋，欲从学。子云曰：“能读千赋，则善之矣。”

魏文《典论》曰：今之文人鲁国孔融、广陵陈琳、山阳王粲、北海徐干、陈留阮瑀、汝南应璩、东平刘桢，此七子者，于学无所遗，于辞无所假。如粲之《初征》《登楼》《槐赋》，干之《玄猿》《漏卮》《团扇》《枕赋》，虽张、蔡不过也。陈琳、阮瑀之章表书记，今之儁也。应璩和而不壮，刘桢壮而不密，孔融体气高妙，有过人者。

魏文《临涡赋序》曰：余从上拜坟，乘马过水。相徉高树之下，驻马书鞭，为《临涡赋》。

《世说》曰：左思字太冲，齐国临淄人也。作《三都赋》，十年乃成。门庭户席，皆置笔砚，遇得一句，即便疏之。赋成，时人皆有讥訾，思意甚不惬。后示张华，华曰：“此二京可三，然君文未重于世，宜以示高名之士。”思乃请序皇甫谧。谧见之嗟叹，遂为作序。于是先相訾者，莫不敛衽赞述焉。陆机入洛，欲为此赋，闻思作之，抚掌而笑，与弟云书：此间有伧父欲作《三都赋》，须其成，当以覆酒瓮耳。及思赋出，机绝叹服，以为不能加也。

又曰：袁宏作《东征赋》，列称过江诸名德而独不载桓彝。温甚恨之，尝以问宏，宏曰："尊君称位，非下官敢专。既未遑启，故不敢显之。"温曰："君欲何为词？"宏即答云："风鉴散朗，或搜或引，身虽可亡，道不可殒。"温乃喜。又不道陶侃，侃子胡奴抽刃于曲室问袁："君赋云何忽？"袁急而答曰："大道尊公何言无？"因曰："精金百炼，在割能断。功以治民，职思静乱。长沙之勋，为史所赞。"胡奴乃止。

《金楼子》云：刘休玄好学有文才，为《水仙赋》，时人以为不减《洛神赋》；《拟古诗》，时人谓陆士衡之流也。余谓《水仙》不及《洛神》，《拟古》胜乎士衡矣。

《闽川名士传》曰：贞元中，杜黄裳知贡举试《珠还合浦赋》。进士林藻赋成，凭几假寐，梦人谓之曰："君赋甚佳，但恨未叙珠来去之意尔。"藻悟，视其草，乃足四句。其年擢第，谢杜黄裳，谓曰："唯林生叙珠来去之意若有神助。"

太平御览卷第五百八十八　文部四

颂

《诗序》曰：颂者，美盛德之形容，以其成功告于神明者也。

又曰：《烝民》，尹吉甫美宣王也。其诗曰："吉甫作颂，穆如清风。"

陆机《文赋》曰：颂则优游以彬郁。

《文章流别论》曰：颂，诗之美者也。古者圣帝明王成功治定而颂声兴，于是史录其篇，工歌其章，以奏于宗庙，告于神明。故颂之所美，则以为名。或以颂形，或以颂声，其细已甚，非古颂之意。昔班固为《安丰戴侯颂》，史岑为《出师颂》、《和熹邓后颂》与《鲁颂》，体意相类而文辞之异，古今之变也。扬雄《赵充国颂》，颂而似《雅》。傅毅《显宗颂》，文与《周颂》相似，而杂以《风》《雅》之意。若马融《广成》、《上林》之属，纯为今赋之体，而谓之颂，失之远矣。

《文心雕龙》曰：四始之至，颂居其极。颂者，容也，所以美盛德而述形容也。昔帝喾之世，咸累为颂，以歌《九招》。自《商颂》已下，文理允备。夫化偃一国谓之风，风正四方谓之雅，容告神明谓之颂。风雅序人，故事资变正；颂主告神，故义必纯美。鲁以公旦次编，商以前王追录。斯乃宗庙之正歌，非飨燕之恒咏也。《时迈》一篇，周公所制；哲人之颂，规式存焉。夫三闾《橘颂》，情采芬芳，比类属兴，又覃及细矣。至于秦政刻文，爰颂其德；汉之惠、景，亦有述容；沿世并作，相继于时矣。若夫子云之表充国，孟坚之序戴侯，武仲之美显宗，史岑之述僖后，或拟《清庙》，或范《駉》《那》，虽深浅不同，详略有异，其褒德显容，典章一也。原夫颂唯典懿，词必清铄，敷写似赋，而不入华侈之区；敬慎如铭，而异于规式之域；揄杨以发藻，汪洋以树仪，虽纤巧曲致，与情而变。其大体所弘，如斯而已。

《汉书》曰：宣帝征王褒为《圣主得贤臣颂》，褒对曰："夫荷旃被毳者，难与道纯绵之丽密；羹藜唅糗者，不足与论大牢之滋味。今臣僻在西蜀，生于穷巷之中，长于蓬茨之下，无有游观广览之知，不足以塞厚望，应明旨。虽然，敢不略陈愚而抒情素。”

又曰：成帝时，西羌尝有警，上思将帅之臣，追美充国，乃召黄门郎扬雄即充国图画而颂之。

《后汉书》曰：帝召贾逵，因敕兰台，给笔札使作《神雀颂》

范晔《后汉书》曰：肃宗修治古礼，巡狩方岳。崔骃上《四巡颂》称汉德。帝雅好文章，自见骃颂后，常嗟叹之，问侍中窦宪曰：“宁知崔骃乎？”对曰：“班固数为臣说之，然未见。”帝曰：“公爱班固而忽崔骃，此叶公之好龙也。可试见之。”骃由此候宪，宪屣履迎门，笑谓骃曰：“亭伯，吾受诏交公，何得薄我哉？”遂揖入以为上客。

又曰：傅毅与班固、贾逵共典校书。毅追美孝明帝功德最盛而庙颂未立，乃依《清庙》作《显宗颂》十篇奏之。

又曰：平望侯刘毅以和熹邓太后有德教，请令史官著《长乐宫圣德颂》以敷宣景耀，勒勋金石，悬之日月，摅之罔极，以崇陛下蒸蒸之孝。帝从之。

《魏志》曰：黄初三年，黄龙见邺西漳水。中山王褒上颂，赐黄金十斤。

《晋春秋》曰：怀帝陷于平阳，刘聪加帝开府仪同三司、会稽郡公，引帝入宴，谓帝曰：“卿为豫章王时，朕与王武子俱造卿，武子称朕于卿，卿言闻名久矣。卿以所作乐府文示朕，曰：‘刘君，闻君善词赋，试为看也。’朕与武子俱为《盛德颂》，卿称善者久之。又引朕射于皇堂，朕得十二筹，卿与武子俱得九筹，卿又赠朕柘弓、银砚。卿颇忆否？”帝曰：“安敢忘之，恨尔日不得早识龙颜。”聪曰：“卿家骨肉何相残之甚邪？”帝曰：“此殆非人事，皇天意也。大汉将兴，应乾受历，故为陛下自相驱耳。且臣家若能奉武皇帝之业，九族敦睦，陛下何由得之？”聪甚有喜色。

《晋书》曰：刘臻妻陈氏，聪敏能属文。尝正旦献《椒花颂》，其词曰：“旋穹周回，正朝肇建。青阳散晖，澄景载焕。”

臧荣绪《晋书》曰：刘伶字伯伦，沛国人也。志气旷放，以宇宙为狭，著《酒德颂》，为建威参军，以寿终。

崔鸿《春秋·前燕录》曰：慕容儁观兵近郊，见甘棠于道周，从者不识，儁曰：“唏，此诗所谓‘甘棠于道’。甘者，味之主也。木者，春之行也。五德属仁，五行主土，春以施生，味以养物，色又赤者，言将有赫赫之庆于中土。吾谓国家之盛，此其征也。《传》曰：‘升高能赋，可以为大夫。’群司亦各书其志，吾将览焉。”于是内外臣僚并上《甘棠颂》。

《南史》曰：梁大同中，尝骤雨殿前，往往有杂色宝珠。梁武观之，甚有喜色。虞寄因上《瑞雨颂》，帝谓寄兄荔曰：“此颂典裁清拔，卿之士龙也，将加擢用。”寄闻之，叹曰：“美盛德之形容，以申击壤之情耳。吾岂买名求仁者乎？”

《后周书》曰：颜之仪幼颖悟，三岁能读《孝经》。及长，博涉群书，好为词赋。尝献《神州颂》，辞以雅赡。梁元帝手敕报曰：“枚乘二叶，俱得游梁，应贞两世，并称文学。我求才子，鲠慰良深。”江陵平，之仪随例迁长安，世宗以为麟趾学士。

《隋书·志》曰：北齐中书侍郎杜台卿上《世祖武成皇帝颂》。齐主以为未能尽善，令和士开以颂示李德林，宣旨云：“台卿此文，未当朕意，以卿有大才，须叙盛德，即宜速作，急进本也。”德林乃上颂十六章，并序。武成览颂善之，赐名马一匹。

《郑玄别传》曰：民有嘉瓜者，异本同实。县欲表附，文辞鄙略，君为改作。又著颂二篇，侯相高其才。

王充《论衡》曰：古之帝王建鸿德者，须鸿笔之臣褒颂纪德也。

又曰：永平中，神雀群集，孝明诏上《神雀颂》。百官上颂，文比瓦石，唯班固、贾逵、傅毅、杨终、侯讽五颂文比金玉。

崔骃《四巡颂表》曰：臣闻阳气发而鸧庚鸣，秋风厉而蟋蟀吟，气之动也。唐虞之世，樵夫牧监，击辕中《韶》，感于和也。臣不知手足之动音声，敢献颂云。

《零陵先贤传》曰：周不疑字文直。曹公时，有白雀瑞，儒林并已作颂。不疑见操，授纸笔立令复作，操奇之。

赞

《释名》曰：称人之美曰赞。赞，纂也，纂集其美而叙之也。

《文心雕龙》曰：赞者，明也，助也。昔虞舜之祀，乐正重赞，盖唱发之词也。及益赞于禹，伊陟赞于巫咸，并飏言以明事，嗟叹以助词者也。故汉置鸿胪，以唱拜为赞，即古之遗语也。至如相如属词，如赞荆轲；及史、班书记，以赞褒贬，约文以总录，颂体而论词；又纪传后评，亦同其名，而仲治流别，谬称为述，失之远矣。及景纯任雅，动植必赞，赞兼美恶，亦犹颂之有变耳。然本其为义，事生奖叹，所以古来篇体，促而不广，必结言于四字之句，盘桓于数韵之词，约举以尽情，昭灼以送文。比其体也，发言虽远，而致用盖寡，大抵所归，其颂家之细条也。

李充《翰林论》曰：容象图而赞立，宜使辞简而义正。孔融之赞杨公，亦其美也。

《晋书》曰：稽含，绍之孙也。弘农王粹以贵公子尚主，馆宇甚盛，图庄周于室，广集朝士，使含为之赞。含援笔为之，文不加点。其略曰："嗟乎先生，高迹何局！生处岩岫之居，死寄雕楹之屋，既非其所，没有余辱。"粹有愧色。

又曰：卫恒字巨山，为黄门郎，善草隶。太康元年，汲县人盗发魏襄王冢，得策书十余万言，其一卷论楚者最为工妙。恒悦之，故竭思，以赞其美。

《世说》曰：羊孚作《雪赞》曰："资清以化，乘气以霏，遇象能鲜，即洁成辉。"桓尹遂以书扇。

箴

《文心雕龙》曰：箴，所以攻疾除患，喻针石垣。

又曰：斯文之兴，盛于三代，夏、商二箴，余句颇存。及周之辛甲，《百官箴》阙，唯《虞箴》一篇，体义备焉。迄至春秋，微而未绝。故魏绛讽君于后羿，楚子训人于在勤。战伐以来，弃德务功，铭辞代兴，箴文萎绝。至扬雄稽古，始范《虞箴》，作卿尹州牧二十五篇。及崔胡补缀，总称百官，指事配位，鞶鉴有征，可谓追清风于前古，攀辛甲于后代者也。至于潘勖《符节》，要而失浅；温峤《侍臣》，博而患繁；王济《国子》，引多事寡；潘君《乘舆》，义正体芜。凡斯继作，鲜有克衷。至于王朗《杂箴》，乃置巾履，得其戒慎，而失其所施。观其约文举要，宪章武铭，而水火井灶，繁辞不已，志有偏也。夫箴诵于经，铭题于器，名用虽异而警戒实同。箴全御过，故文资确切；铭兼褒赞，故理贵弘润；取其要也。然矢言之道盖阙，庸器之制久沦，所以箴铭寡用，罕施后代。唯秉文君子，宜酌其远大矣。

陆士衡《文赋》曰：箴顿挫而清壮。

《周书》曰：《夏箴》曰：小人无兼年之食，遇天饥，妻子非其妻子也。大夫无兼年之食，遇天饥，臣妾非其臣妾也。卿大夫无兼年之食，遇天饥，臣妾舆马非其有也。国无兼年之食，遇天饥，百姓非其有也。

《左传·襄四》曰：昔周辛甲之为太史，命百官，官箴王阙。辛甲，周武王太史也。阙，过也。百官各以箴以诫王过也。于《虞人之箴》曰：虞人，掌田猎者。"芒芒禹迹，画为九州，芒芒，远貌也。画，分也。经启九道。九道，九州之道也。启，开也。民有寝、庙，兽有茂草，各有攸处，德用不扰。人神各有归，故德不乱也。在帝夷羿，冒于原兽，冒，贪。忘其国恤，而思其麀牡，言但念猎。武不可重，重犹数也。用不恢于夏家。羿以好武，虽有夏家而不能恢大也。兽臣司原，敢告仆夫。"兽臣，虞人也。告仆夫，不敢斥尊也。

范晔《后汉书》曰：崔琦字子玮。梁冀闻其才，请与交。冀行多不轨，琦数引古今成败以诫之，冀不能受，作《外戚箴》。

《晋书》曰：张华惧后族之盛，作《女史箴》以为讽。贾后虽凶妒，而知敬重华。

又曰：文帝子齐王攸，武帝时为太子太傅，献箴于太子，其略曰：

“无曰父子之间，昔有江充；无曰至亲靡二，或客潘崇。谀言乱真，譖润离亲，骊姬之谗，晋侯疑申。固亲以道，勿固以恩，修身以敬，勿托以尊。”世以为工。

《后周书》曰：齐王宪友刘休征献《王箴》一首，宪美之。休征后又以此箴上高祖，高祖方剪削诸弟，甚悦其文。

《唐书》曰：元和中，吏部郎中柳公绰献《太医箴》，曰：“寒暑满天地之间，浃肌肤于外；好爱溢耳目之前，诱心知于内。端洁为堤，奔射犹败，气行无间，隙不在大。睿圣之姿，清明绝俗，心正无斜，志高寡欲。谓天高矣，气蒙晦之；谓地厚矣，横流渍之。圣情超遥，万方赖之。饮食所以资身也，过则生患；衣服所以称德也，侈则生慢。唯过与侈，心必随之，气与心流，疾亦伺之。”上深嘉叹，降中使劳问。

又曰：敬宗游幸无度，李德裕献《丹扆箴》六首。《宵衣箴》曰：“先王听政，昧爽以俟，鸡鸣既盈，日出而视。伯禹大圣，寸阴为贵；光武至仁，反支不忌。无俾姜后，独去簪珥。彤管记言，克念前志。”语裥《正服》、《罢献》、《纳诲》、《辨邪》、《防微》等箴，文多不载。帝甚嘉之。

胡广《百官箴·叙》曰：箴谏之兴，所由尚矣。圣君求之于下，忠臣纳之于上。故《虞书》曰：“予违汝弼，汝无面从，退有后言。”墨子著书，称《夏箴》之辞。

崔瑗《叙箴》曰：昔杨子云读《春秋传·虞人箴》而善之，于是作为九州及二十五管箴规匡救，言君德之所宜，斯乃体国之宗也。

太平御览卷第五百八十九 文部五

碑

《释名》曰：碑，被也。此本葬时所设也，于是鹿卢以绳被其上，引以下棺，追述君父之功美，以书其上。后人因为焉，故建道陌之头，名其文谓之碑也。

《文心雕龙》曰：碑者，裨也。上古帝皇，纪号、封禅，树石裨岳，故曰碑也。周穆纪迹于弇山之石，亦古碑之意也。又宗庙有碑，树之两楹，事止丽牲，未勒勋绩。而庸器渐阙，故后代用碑，以石代金，同乎不朽，自庙徂坟，犹封墓也。自后汉已来，碑碣云起。才锋所断，莫高蔡邕。观《杨赐之碑》，骨鲠训典；陈、郭二文，词无择言；周、胡众碑，莫不精允。其序事也该而要，其缀采已雅而泽；清辞转而不穷，巧义出而卓立。察其为才，自然至矣。孔融所创，有慕伯喈，张、陈两文，辞洽之来，亦其亚也。及孙绰为文，志在于碑；温、王、郗庾，词多枝离；桓彝一篇，最为辨裁矣。此碑之致也。属碑之体，资乎史才，其序则传，其文则铭；标序盛德，必见清风之华；昭纪鸿懿，必见峻伟之烈。此碑之致也。夫碑实铭器，铭实碑文，因器立名，事光于诔。是以勒器赞勋者，入铭之域；树碑述亡者，同诔之区焉。

《礼记·丧大记》曰：君葬用輴，四綍二碑，御柩用羽葆。大夫葬用輴，二綍二碑，御柩用茅。士丧用国车，二綍无碑。

又《祭义》曰：祭之日，尸牵牲，入庙门，丽于碑。丽犹击也。

《东观汉记》曰：窦章女，顺帝初入掖庭为贵人，早卒。帝追思之，诏史官树碑颂德，帝自为之辞。

范晔《后汉书》曰：郭林宗卒，同志者乃共刻石立碑，蔡邕为其文。既而谓卢植曰："吾为碑多矣，皆有惭德，唯郭有道，无愧色耳。"

又《蔡邕传》曰：邕以经籍去圣已久，文字多谬，俗儒穿凿，疑误后学，乃与五官中郎将堂溪典、光禄大夫杨赐、谏议大夫马日磾、议郎张驯、韩说、太史令单飏等，奏求正定六经文字。灵帝许之。邕乃自丹于碑，使工镌刻太学门外。于是后儒晚学咸取焉。及碑始立，其观视及摹写者，车乘日千余两，填塞街陌。

《魏志》曰：王粲与人共行，读道边碑。人问曰："卿能暗诵乎？"曰："能。"因使背而诵之，不失一文。

又曰：邓艾字士载。年十二，随母至颍川，读陈寔碑文，"言为世范，行为士则"，艾遂更名范，字士则。后宗族有与同者，故改焉。

《晋书隐逸传》曰：戴逵字安道，谯国人也。少博学，好谈论，善属文，能鼓琴，工书画，其余工艺靡不毕综。总角时，以鸡卵汁溲白瓦屑作郑玄碑，又为文而自镌之，词丽器妙，时人莫不惊叹。

又曰：郭璞为庾冰筮曰："墓碑生金。"庾氏大忌。后冰子为广州刺史，碑生金，为桓温所灭。

又曰：杜预好为后世名。常言："高岸为谷，深谷为陵。"刻石为二碑，纪其勋绩，一沉万山之下，一立岘山之上。曰："焉知此后不为陵谷乎？"

又曰：孙绰少以文才垂称，于时文士，绰为其冠。温、王、郗、庾诸公之薨，必须绰为碑文，然后刊石焉。

又曰：扶风武王骏尝都督雍梁，病薨，追赠大司马，加侍中，假黄钺。西土闻其薨也，泣者盈路，百姓为之树碑，长老见碑，无不下拜。其遗爱如此。

又曰：唐彬为幽州，百姓追慕彬功德，生为立碑，作颂。彬初受学于东海阎德，门徒甚多，独目彬有廊庙才。及彬官成，而德已卒，乃为之立碑。

王隐《晋书》曰：《石瑞记》曰：永嘉初，陈国项县贾逵石碑中生金，人盗取，尽复生。此江东之瑞。

《齐书》曰：竟陵王薨，范云是故吏，上表请为立碑。文云："人蓄油素，家怀铅笔；瞻彼景山，徒然望慕。"油素，绢也。笔所以理书也。

《三国典略》曰：梁宗懔少聪敏，好读书，语辄引古事，乡里呼为小学士。梁主使制《龙川庙碑》，一夜便就，诘朝呈上，梁王美之。

又曰：陆云，吴郡吴人。曾制《太伯庙碑》。吴兴太守张缵罢郡经途，读其文，叹美之，曰："今之蔡伯喈也。"至都言于高祖，高祖召兼尚书议郎，顷之即真。

《后魏书》曰：卫操，桓帝以为辅相，任以国事。刘、石之乱，劝桓帝匡助晋氏。东瀛公司马腾闻而善之，表加右将军，封定襄侯。桓帝崩后，操立碑于邗城南，以颂功德，云："魏轩辕之苗裔，桓穆二帝驰名域外，九译宗焉。有德无禄，大命不延，背弃华殿。云中名都，远近齐轨，奔赴梓庐。"时晋光熙元年秋也。皇兴初，雍州别驾、雁门段荣，于大邗掘得此碑。

又曰：尔朱荣字天宝，美容貌，幼而明决，长好射猎。葛荣之叛也，荣列围大猎，有双兔超于马前，荣乃弯弓而誓曰："中之，则擒葛荣。"应弦而殪，三军咸悦。破贼之后，即命立碑于其所，号曰《双兔碑》。

《唐书》曰：贾敦实，宛朐人也。贞观中，累除饶阳令。时制大功已下不得联职，敦实兄敦颐复为瀛州刺史，甚有惠政，百姓共树碑于大市通衢。及敦实去职，复刻石颂其政德，立于兄碑之侧。故时人呼为"棠棣之碑"焉。

又曰：贞观中，议封禅，又议立碑，曰："勒石纪号，垂裕后昆；美盛德之形容，阐后王之休烈。其义远矣。"

又曰：高宗御制慈恩寺碑文，及自书镌刻既毕，戊申，上御安福门楼，观僧玄奘等迎碑向寺。诸寺皆造幢盖，饰以金宝，穷极瑰丽。太常及京城音乐，车数百辆，僧尼执幡两行导从。士女观者，填噎街衢。自魏晋已来，崇事释教，未有如此之盛者也。

又曰：《文苑传》曰：李邕尤长碑颂，虽贬职在外，中朝衣冠及天下寺观，多赍金帛往求其文。前后所制凡数百首，受纳馈遗亦至巨万。时议以为自古鬻文获财，未有如邕者。有文集七十卷，其《张干公行状》、《洪州放生池碑》、《批韦巨源谥议》，文士推重之。后因恩思例，得赠秘书监。

又曰：长平中，源寂使新罗国，见其国人传写讽念冯定所为《黑水碑》、《画鹤记》。韦休符之使西蕃也，见其国人写《定商山记》以代屏障，其文名驰于戎夷如此。

又曰：李华尝为《鲁山令元德季墓碑》，颜真卿书，李阳冰篆额。后人争模写之，号为“三绝碑”。

又曰：裴度平淮西，诏韩愈撰《平淮西碑》，其辞多叙裴度事。时先入蔡州擒吴元济，李愬功第一。愬不平之，愬妻出入禁中，因诉碑辞不实，诏令磨之。宪宗命翰林学士段文昌重撰文勒石。

又曰：萧俛在相位时，穆宗诏撰故成德军节度使王士真神道碑，对曰：“臣器褊狭，比不能强。王承宗先朝阻命，事无可观，如臣秉笔，不能溢美。又撰进之后，例行贶遗，臣若公然阻绝，则违陛下抚纳之宜；僶俛受之，则非微臣平生之志。臣不愿为之秉笔。”帝嘉而从之。

又曰：李绛，宪宗时中官吐突承璀自藩邸承恩宠，既为神策军护军中尉，尝欲于安国佛寺建立圣政碑，大兴功作。绛即上言：“陛下布唯新之政，铲积习之弊，四海延颈，日望德音。今忽立圣政碑以示天下以不广。《易》称：大人者，与天地合德，与日月合明。执契垂拱，励精求理，岂可以文字而尽圣德？又安可以碑表而赞皇猷？若可叙述，是有分限，乃反亏损盛德。岂谓敷扬至道哉？故自尧、舜、禹、汤、文、武，并无建碑之事。至秦始皇，荒逸之君，烦酷之政，然后有之罘、峄山之碑，扬诛伐之功，纪巡幸之迹，适足为百王所笑，万代所讥，至今称为失道亡国之主。岂可拟议于此？陛下嗣高祖、太宗之业，举贞观、开元之政，思理不遑食，从谏如顺流，固可与尧、舜、禹、汤、文、武方驾而行，安得追秦皇暴虐不经之事而自损圣政？近者，阎巨源请立纪圣德碑，严励请立纪圣功碑，陛下详尽事宜，皆不允许。今忽令立此，与前事颇乖。况此碑既在安国寺，不得不叙载游观崇饰之事；述游观且乖理要，叙崇饰又匪政经，固非哲王所宜行也。”上纳之。

《后唐史》曰：魏帅杨师厚于黎阳山采巨石，将纪德政。制度甚大，以铁为车，方任负载，驱牛数百，不由道路，所经之处，或坏人庐舍，或发人丘墓。百姓瞻望曰：“碑来。”碑石才至而卒，魏人以为应“碑来”之兆。

《祢衡别传》曰：黄祖太子射作章陵太守，与衡有所之，见蔡伯喈所作石碑。正平一过视之，叹之言好。后日各归章陵，自恨不令吏写之。正平曰：“吾虽一过，皆识，其中央第四行中，石书磨灭两字不分明，当是某字，恐不谛耳。”因援笔书之，初无所遗，唯两字不着耳。章陵虽知其才明，犹嫌有所脱失，故遣往写之；还以校正平所书，尺寸皆得，初无脱误，所疑两字，故如正平所遗字也。于是章陵敬服。

《世说》曰：魏武尝过《曹娥碑》下，杨修读碑背上题云：“黄绢幼妇，外孙齑臼。”魏武谓修曰：“卿解不？”答云：“解。”魏武曰：“卿未可言，待我思之。”行三十里，乃曰：“吾已得。”令修别记所知，修曰：“黄绢，色丝也，于字为绝。幼妇，少女也，于字为妙。外孙，女子也，于字为好。齑臼，受辛也，于字为辞。所谓绝妙好辞。”魏武亦记之，与修同，乃叹曰：“我才不如卿，乃觉三十里。”

王肃答诏问为瑞表曰：“太和六年，上将幸许昌，过繁昌，诏问受禅碑生黄金白玉应瑞不？肃奏以始改之元年，嘉瑞见乎，于践祚之坛宜矣。”

《晋令》曰：诸葬者皆不得立祠堂、石碑、石表、石兽。

《语林》曰：孙兴公作永嘉郡，郡人甚轻之。桓公后遣传教令作《敬夫人碑》，郡人云：“故当有才，不尔，桓公那得令作碑？”于此重之。

《荆州图记》曰：羊叔子与邹润甫尝登岘山，泣曰：“自有宇宙，便有此山，由来贤达登此望如我与卿者多矣，皆湮灭无闻，念此使人悲伤。”润甫曰：“公德冠四海，道嗣前哲，令问令望，当与此山俱传。若润甫辈，乃当如公语耳。”后参佐为立碑，着故望处，百姓每行望碑，莫不悲感。杜预名为“堕泪碑”。

盛弘之《荆州记》曰：冠军县有张詹墓，七世孝廉，刻其碑背曰：“白楸之棺，易朽之衣，铜铁不入，瓦器不藏。嗟矣，后人幸勿见伤。”

及胡石之乱，旧墓莫不夷毁，而此墓俨然。至元嘉六年，民饥始发。说者云："初开，金银铜锡之器，朱装雕刻之饰，烂然毕备。

《齐道记》曰：琅琊城，始皇东游至此，立碑铭纪秦功德，云是李斯所刻。

《西征记》曰：国子堂前有列碑，南北行三十五枚。刻之表里，书《春秋经》、《尚书》二部，大篆、隶、科斗三种字，碑长八尺。今有十八枚存，余皆崩。太学堂前石碑四十枚，亦表里隶书《尚书》、《周易》、《公羊传》、《礼记》四部，本石搋相连，多崩败。又太学赞碑一所，汉建武中立，时草创未备。永建六年，诏下三府缮治。有魏文《典论》立碑。今四存二败。

《述征记》曰：下相城西北汉太尉陈球墓有三碑，近墓一碑记弟子卢植、郑玄、管宁、华歆等六十人。其一碑陈登碑文并蔡邕所作。

郦善长《水经注》曰：昔大禹导河积石，疏决梁山，所谓龙门矣。孟津河口，广十八步，岩际镌迹，遗功尚存。岸上并有庙祠，祠前有石碑三所，碑字紊灭，不可识也。一碑是太和中立。

《述异记》曰：崆峒山中有尧碑、禹碣，皆籀文焉。伏滔《述帝功德铭》曰："尧碑禹碣，磨古不昧。"

虞喜《志林》曰：赣榆县有始皇碑，潮水至，则加其上三丈，去则见三尺，行有十二字。

《异苑》曰：吴郡岑渊碑在江乘湖西太元村，人见龟从田中出，还其元处，萍藻犹着腹下。

《金楼子》曰：铭颂所称，兴公而已。夫披文相质，博约温润，吾闻斯语，未见其人。班固硕学，尚云赞颂相似；陆机钩沉，犹称碑赋如一。

《国朝传记》曰：魏文贞之薨也，太宗自制其碑文并自书，后为人所间，诏令掊之。及征高丽不如意，深悔为是行，乃叹曰："若魏征在，不使我有此举也。"既渡辽水，令驰驿祀以少牢，复立碑焉。

又曰：率更令欧阳询行见古碑，索靖所书，驻马观之，良久而去。数百步复还，下马伫立，疲则布毯坐观，因宿其傍，三日而后去。

李绰《尚书故实》曰：东晋谢太傅墓碑树贞石，初无文字，盖重难制述之意。

《国史补》曰：韦贯之为尚书右丞，长安中争为碑志，若市贾然。大官卒，其门如市，至有喧竞构致，不由丧家。是时，裴均之子图不朽于贯之，缣帛万匹。贯之举手曰："宁饿不苟。"

太平御览卷第五百九十 文部六

铭

《释名》曰：铭者，述其功美可称名也。

《礼记·祭统》曰：铭者，论撰其先祖之有德善、功烈、勋劳、庆赏、声名，列于天下，而酌之祭器，自成其名焉，以祀其先祖者也。显扬先祖，所以崇孝也。身比焉，顺也。明示后世，教也。夫铭者，一称而上下皆得焉耳矣。是故君子之观于铭也，既美其所称，又美其所为。为之者，明足以见之，仁足以与之，智足与利之，可谓贤矣。贤而勿伐，可谓恭矣。故卫孔悝之鼎铭曰："六月丁亥，公假于太庙。公曰：'叔舅，乃祖庄叔，左右成公。成公乃命庄叔，随难于汉阳，即宫于宗周，奔走无射。启右献公，献公乃命成叔，纂乃祖服。乃考文叔，兴旧嗜欲，作率庆士，躬恤卫国，其勤公家，夙夜不解。民咸曰休哉。'公曰：'叔舅，予汝铭，若纂乃考服。'悝拜稽首曰：'对扬以辟之。勤大命，施于烝彝鼎。'"此卫孔悝之鼎铭也。古之君子，论撰其先祖之美，而明著之后世者也。以比其身，以重其国家如此。子孙之守宗庙社稷者，其先祖无美而称之，是诬也；有善而弗知，不明也；知而弗传，不仁也。此三者，君子之所耻也。

《周礼·夏官上·司勋职》曰：司勋掌六卿赏地之法，以等其功。尝地，尝田也。在远郊之内，属六卿焉。等犹差也，以功大小为差。王功曰勋，辅成王业，若周公者也。国功曰功，保全国家，若伊尹也。民功曰庸，法施于民，若后稷也。事功曰劳，以劳定国，若禹者也。治功曰力，制法成治，若咎繇也。战功曰多。克敌出奇，若韩信、陈平者也。《司马法》曰：上多前虏也。凡有功者，铭书于王之太常，祭于大烝，司勋诏之。铭之言名也。生则书于王旌以识其人与其功也，死则于烝先王祭之。诏谓告其神以辞也。盘庚告其卿大夫曰：兹予大享于先王，尔祖其从与享之是也。今汉祭功臣于庙庭。

《周礼·冬官·考工记》曰：鬴铭曰：“时文思索，允臻其极；铭刻之也。时，是也。允，信也。臻，至也。极，中也。言是文德之君，思求可以为民立法者，而作此量信，至于道之中。嘉量既成，以观四国；以观示四方，使放象之。永启厥后，兹器维则。”永，长也。厥，其也。兹，此也。又长启道其子孙，使法则此器长用之。

王隐《晋书》曰：张载字孟阳。随父牧在蜀作《剑阁铭》，刺史张敏表之天子，命刻石于剑阁。

崔鸿《十六国春秋·后赵录》曰：勒徙洛阳晷影于襄国，铭佐命功臣三十九人于函，置于建德前殿。

刘璠《梁典》曰：天监六年，帝以旧国漏刻乖舛，乃敕员外郎祖暅治漏；成，命太子舍人陆倕为文，其序曰：“乃诏臣为铭。”按倕集曰：“铭一字，至尊所改也。”

《唐书》太宗幸河北，观砥柱，因勒铭于其上，以陈盛德。

《穆天子传》曰：天子观舂山之上，乃为铭，疏于玄圃之上，以贻后世。谓勒石铭功德。

《大戴礼》曰：武王践祚，三日，召士大夫而问焉，曰：“恶有藏之约，行之万世，可以为子孙者乎？”师尚父曰：“在丹书。王欲闻之，则斋矣。”三日端冕，师尚父端冕奉书而入，则负屏而立，王下堂南面而立。父曰：“先王之道不北面。”王行西折而东面而立，师尚父西面，道书之言曰：“敬胜怠者吉，怠胜敬者灭，义胜欲者从，欲胜义者凶。以仁得之，以仁守之，其量百世；以不仁得之，以仁守之，其量十世；以不仁得之，以不仁守之，必及其世。”王闻书之言，惕然若恐惧，而为诫，书于席之四端为铭焉。

《太公金匮》曰：武王曰：“吾随师尚父之言，因为慎书铭，随身自诫。”其冠铭曰：“宠以着首，将身不正，遗为德咎。”书履曰：“行必虑正，无怀侥幸。”书剑曰：“常以服兵，而行道德，行则福，废则覆。”书镜曰：“以镜自照，则知吉凶。”书车曰：“自致者急，载人者缓，取欲无度，自致而反。”

《皇览记阴谋》：黄帝金人器铭曰：武王问尚父曰："五帝之诫，可得闻乎？"尚父曰："黄帝之戒曰：吾之居民上也，摇摇恐夕不至朝。故为金人，三封其口，曰：古之慎言。尧之居民上也，振振如临深渊。舜之居民上也，慄慄恐夕不见旦。"武王曰："吾并殷民，居其上也，翼翼惧不敢息。"尚父曰："德盛者守之以谦，威强者守之以恭。"武王曰："欲如尚父言，吾因是为诫，随之身。"

《孔子家语》曰：孔子观周，遂入太祖后稷之庙。庙当右阶之前，有金人焉，三缄其口而铭其背曰："古之慎言人也，诫之哉。无多言，无多事。多言多败，多事多害。安乐必诫，无所行悔。勿谓何伤，其祸将长；勿谓何害，其祸将大；勿谓不闻，神将伺人。焰焰弗灭，炎炎若何；涓涓不壅，终为江河；绵绵不绝，或成网罗；绵绵微细若不绝，则有成网罗者也。豪末不札，如毫之末，言微者。札，拔也。将寻斧柯。诚能慎之，福之根也。口是何伤？祸之门也。强梁者不得其死，好胜者必遇其敌。盗憎主人，民怨其上。君子知天下之不可上也，故下之；知众人之不可先也，故后之。温恭慎德，使人慕之；执雌持下，人莫逾之。人皆趋彼，我独守此；人皆惑之，我独不徙。内藏乃智，不示人技，我虽尊高，人弗我害，唯能如此也。江海虽左，长于百川，以其卑也。天道无亲，尝与善人。诫之哉！戒之哉！"孔子既读斯文也，顾谓弟子曰："小子志之。此言实而中，情而信。诗云：'战战兢兢，战战，恐也。兢兢，戒也。如临深渊，恐堕。如履薄冰。'恐陷。行身如此，岂曰过患哉？"孙卿子《说苑》又载也。

又孙楚反金人铭曰：昔太庙左阶之前有石人焉，大张其口而书其胸曰："我古之多言人也。无少言，无少事。少言少事，后生何述焉？我颂《三坟》、《五典》、《八索》、《九丘》，赜罔深而不探，理无奥而不钩，故言满天下，而无口尤。夫唯言立，乃可长久，胡不愧然，生鍼其口，自拘文庭，终身义手。"

《孔子家语》曰：孔子观于鲁桓公之庙，见欹器焉。欹，倾。孔子问于守庙者，曰："此何器也？"对曰："宥坐之器。"子曰："吾闻宥坐之器，虚则攲，中则正，满则覆，明君以为至诫，常置于座侧也。”子路进曰：“敢问持满有道乎？”子曰：“聪明睿智，守之以愚；功被天下，守之以让；勇力振世，守之以怯；富有四海，守之以谦。”后之君子，感诫之至，追而作铭。

扬子《法言》曰：或问铭，曰：“铭哉，铭哉，有意于慎也。”

《文心雕龙》曰：昔轩辕帝刻舆以弼违，大禹勒笋虡以招谏；成汤盘盂，著日新之规；武王户席，题必诫之训；周公慎言于金人，仲尼革容于攲器。列圣鉴诫，其来久矣。故铭者，名也，观器必也正名，审用贵乎慎德。盖臧武仲之论铭也，曰：“天子令德，诸侯计功，大夫称伐。”夏铸九牧之金，周勒肃慎之楛，令德之事也；吕望铭功于昆吾，仲山镂绩于庸器，计功之义也；魏颗纪勋于景钟，孔悝表勤于卫鼎，称伐之类也。若乃飞廉有石椁之锡，灵公有夺里之谥，铭发幽石，噫可怪也。赵灵勒迹于番吾，秦昭刻传于华山，夸诞示后，吁可笑也。详观众列，铭义见矣。至于始皇勒岳，政暴而文泽，亦有疏通之美焉。若乃班固燕然之勒，张旭华阴之碣，序亦成矣。蔡邕之铭思烛古，全橘公之鉞则吐纳典谟，朱穆之鼎，全成碑文，溺所长也。至如敬通新器，貜准武铭，而事非其物，繁略违中。崔骃品物，赞多诫少。李尤积篇，义俭辞碎。蓍龟神物，而居博弈之下；衡斛嘉量，而在杵臼之末。曾名品之未暇，何事理之能闲哉！魏文九宝，器利辞钝。唯张载剑阁，其才清彩，迅足骎骎，后发前至，铭勒岷汉，得其宜矣。

《文章流别传》曰：夫古之铭至约，今之铭至烦，亦有由也。质文时异则既论之矣，且上古之铭，铭于宗庙之碑。蔡邕为扬公作碑，其文典正，末世之美者也。后世以来，器铭之佳者，有王莽鼎铭，崔瑗机铭，朱公叔鼎铭，王粲研铭，咸以表显功德。天子铭嘉量，诸侯大夫铭太常，勒钟鼎之义，所言虽殊，而令德一也。李尤为铭，自山河都邑至于刀笔符契，无不有铭，而文多秽病，讨而润色，言可采录。

《三辅决录》曰：何敞字文高。为汝南太守。帝南巡过郡，郡有刻镂屏风，帝命侍中黄香铭之，曰：“古典务农，雕镂伤民，忠在竭节，

义在修身。”事见《黄香集》

铭志附

《西京杂记》：杜子夏葬长安北四里，临终作文曰：“魏郡杜邺，立志忠款，犬马未陈，奄先朝露，骨肉归于后土，魂气无所不之。何必故丘，然后即化，封于北郭山焉。”晏然处死，乃命刊名，埋于墓前，种松柏五株，至今茂盛。

《西京杂记》：滕公驾至陈都门，马鸣局不肯前，以足跑地，久之。滕公惧，使卒掘其所跪之地，深二尺，得石椁。滕公以烛照之，有铭，乃以水洗之，其文字古异，左右莫能知。问叔孙通，曰：“科斗书也。”以今文写之曰：“佳城郁郁，三千年见白日，吁嗟滕公居此室。”滕公曰：“嗟乎，天也！吾死其葬此乎？”于是终葬此焉。

《博物志》曰：鲁阉里蔡伯公死，求葬。庭中有二人行。顷还葬，二人复出。掘土得石椁，有铭曰：“四体不勤孰为作，生不遭遇长附托，赖得二人发吾宅。”闾里祠之。

又曰：卫灵公葬，得石椁，铭云：“不逢箕子，灵公夺之我里。”

七辞

傅玄《七谟序》曰：昔枚乘作《七发》，而属文之士若傅毅、刘广、崔骃、李尤、桓麟、崔琦、刘梁、桓彬之徒，承其流而作之者纷焉。《七激》、《七依》、《七说》、《七触》、《七举》、《七误》之篇，于通儒大才马季长、张平子亦引其源而广之。马作《七广》，张造《七辨》，或以恢大道而导幽滞，或以点瑰奓而托调咏，扬晖播烈，垂于后世者，凡十有余篇。自大魏英贤迭作，有陈王《七启》、王氏《七释》、杨氏《七训》、刘氏《七华》、从父侍中《七诲》，并陵前而邈后，扬清风于儒林，亦数篇焉。世之贤明多称《七激》工，余以为未尽善也。《七辨》似也，非张氏至思，比之《七激》未为劣也。《七释》佥曰妙焉，吾无间矣。若《七依》之卓轹一致，《七辨》之缠绵精巧，《七启》之奔逸壮丽,《七释》之精密闲理,亦近代之所希也。

挚虞《文章流别论》曰:《七发》造于枚乘,借吴楚以为客主,先言出舆入辇蹷痿之损,深宫洞房寒暑之疾,靡漫美色宴安之毒,厚味暖服淫曜之害,宜听世之君子要言妙道,以疏神导体蠲淹滞之累,既设此辞,以显明去就之路,而后说以声色逸游之乐。其说不入,乃陈圣人辨士讲论之娱而霍然疾瘳。此因膏粱之常疾以为匡劝,虽有甚泰之辞而不没其讽谕之义也。其流遂广,其义遂变,率辞人淫丽之尤矣。崔骃既作《七依》,而假非有先生之言。呜呼,扬雄有言“童子雕虫篆刻”,俄而曰“壮夫不为”也。孔子疾小言破道,斯文之族,岂不谓义不足而辨有余者乎?赋者将以讽,吾恐其不免于劝也。傅子集古今七篇而论品之,署曰《七林》。

《文心雕龙》曰:枚乘摛艳,首制《七发》,腴辞云构,夸丽风骇。盖七覆所发,发乎嗜欲,始邪末正,所以戒膏粱之子也。自《七发》以下,作者继踵,观枚氏首唱,信独拔而伟丽矣。及傅毅《七激》,会清要之工;崔骃《七依》,入博雅之巧;张衡《七辨》,结采绵靡,崔瑗《七厉》,植义纯正;陈思《七启》,取美于宏壮;仲宣《七释》,致辨于事理。观其大抵所归,莫不高谈宫馆,壮语田猎;穷瑰奇之服馔,极蛊媚之声色,甘意摇骨髓,艳辞洞魂识。虽始之以淫侈,终之以居正;然讽一劝百势不自反。子云:所谓聘郑声曲终而奏雅乐者也。《七厉》叙贤,归以儒道,虽文非拔群,而意实卓尔矣。

连珠

傅玄《文叙》曰:《连珠》者,兴于汉章帝之世,班固、贾逵、傅毅三才子受诏作之,而蔡邕、张华之徒又广焉。其文体,辞丽而言约,不指说事情,必假喻,以达其旨,而贤者微悟,合于古诗讽兴之义。欲使历历如贯珠,易睹而可悦,故谓之连珠也。班固喻美辞壮文,体裁弘丽,最得其体。蔡邕言质辞碎,然其旨笃矣。贾逵儒而不艳,傅毅文而不典。

《文心雕龙》曰：扬雄虽小而明润矣，此文章之枝流，暇预之末造也。自此以后，拟者间出，杜笃、贾逵之曹，刘珍、潘勖之辈，欲穿明珠，多贯鱼目，可谓寿陵匍匐，非复邯郸之步，里丑捧心，不关西子之颦矣。唯士衡运思，理新文敏，而裁章致句，广于旧篇。岂慕朱仲四寸之珰乎？夫文小易周，思闲可赡，足使义明而辞净，事圆而音泽，磊磊自转，可称珠耳。

《宋书》：刘祥著连珠十五首，以寄其怀。其讥议云："希世之宝，违时必贱；伟俗之器，无圣则沦。是以明王黜于楚岫，章甫穷于越人。"有以祥连珠启上，上令御史中丞任遐奏其过恶，付廷尉。上别遣敕祥曰："我当原卿性命，令卿万里思愆。卿若能改革，当令卿得还。"乃徙广州。不意终日纵酒，少时卒。

《三国典略》曰：梁简文为侯景所幽，作《连珠》曰："吾闻言可覆也，人能育物，是以欲轻其礼。有德必昌，兵贱于义，无思不服。"

又曰：吾闻道行则五福俱凑，运闭则六极所钟。是以麟出而悲，岂唯孔子？途穷则恸，宁止嗣宗？"

太平御览卷第五百九十一 文部七

御制上

《尚书·皋陶》曰：帝庸，作歌曰：“敕天之命，唯时唯几。”乃歌曰：“股肱喜哉，元首起哉，百工熙哉。”皋陶拜手稽首，飏言曰：“念哉！率作兴事，慎乃宪。钦哉！屡省乃成。钦哉！”乃赓载歌曰：“元首明哉，股肱良哉，庶事康哉。”又歌曰：“元首丛脞哉，股肱惰哉，万事隳哉。”

《汉书》曰：高祖还归过沛，置酒沛宫，悉召故人父老子弟佐酒，发沛中儿得百二十人，教之歌。酒酣，高祖击筑自为歌曰：“大风起兮云飞扬，威加海内兮归故乡，安得猛士兮守四方！”

又曰：武帝求贤诏曰：“盖有非常之功，必待非常之人，故马或奔踶而致千里，士或有负俗之累而立功名。夫泛驾之马，弛斥之士，亦在御之而已。泛，覆也。方肿反。弛，废也。斥，逐也。其令州县察吏民有茂才异等可为将相及使绝国者。”

又曰：武帝幸河东，祠后土，顾帝京，欣然中流，与群臣宴饮。上欢甚，乃自作《秋风辞》云：“秋风起兮白云飞，草木黄落兮雁南归。兰有秀兮菊有芳，携佳人兮不能忘。泛楼船兮济汾河，横中流兮扬素波，箫鼓鸣兮发棹歌，欢乐极兮哀情多，少壮几时兮柰老何！”

《后汉书·东平宪王苍传》曰：显宗以所自作《光武本纪》示苍，苍因上《世祖受命中兴颂》。上甚善之，令校书郎贾逵为之训解。

又曰：显宗自制《五家要说章句》，令桓郁定于宣明殿。华峤书曰：帝自制《五行章句》，此言“五家”，即谓五行之家也。

《魏志》曰：武帝御军三十余年，手不舍书，昼讲军策，夜则思经传，登高必赋，遇物必诗。及造诗被之管弦，皆成乐章。

《魏志》曰：文帝行幸广陵故城，临江观兵，戎卒十余万，旌旗数百里，帝马上为诗曰：“观兵临江水，水流何汤汤。戈矛成山林，玄甲曜日光。猛将怀暴怒，胆气正纵横。谁云江水广，一苇可以航。不战能屈敌，戢兵称贤良。古公宅岐邑，实始剪殷商。孟子营虎牢，郑人惧稽颡。充国务耕植，先零自破亡。兴农淮甸间，筑室都徐方。量运宜权略，六军咸悦康。岂如东山诗，悠悠多悲伤。”

《魏文帝纪》曰：帝好文学，以著述为务，自所勒成垂百篇。又使诸儒撰集经传，随类相从，凡百篇，号曰《皇览》。

《晋书》曰：殷仲堪为黄门郎，孝武尝示仲堪诗，曰：“勿以己才而笑不才。”

《宋书》曰：高祖过彭城，置酒命纸笔，为诗曰：“先荡临淄秽，却清河洛尘。华阳省逸骥，桃林无伏轮。”于是群才并作也。

《后魏书》曰：孝文帝雅好读书，手不释卷。五经之义，览之便讲，学不师授，探其精奥。史传百家，无不该涉。才藻富赡，好为文章诗赋铭颂，有兴而作。有大手笔，马上口授，及其成也。不改一字。自太和已后，诏策皆帝文也。自余文章百有余篇。

《三国典略》曰：周明帝幼而好学，词彩温丽。捃摭众书，自羲农已来讫于魏末，叙为《世谱》，凡百卷，所著文章十卷，行于世。

《后周书》曰：明帝三年秋九月，幸同州，过故宅，赋诗曰：“玉烛调秋气，金舆历旧宫。还如过白水，更似入新丰。霜潭渍晚菊，寒井落疏桐。举杯延故老，今闻歌《大风》。”

《梁书》曰：武帝赐张率诗曰：“东南有才子，故能服官政。余虽惭夙昔，得人斯为盛。”率承诏往复六首。

又曰：高祖制春《景明志诗》五百字，敕在朝辞人沈约已下同作，高祖以王僧孺诗为工。

《隋书》曰：陈祯明初，后主作新歌，词甚哀思，令后宫美人习而歌之。其辞曰：“玉树后庭花，花开不复久。”时人以歌谶，此其不久兆。

又曰：大业三年，幸榆林。启民可汗奉觞上寿，拜伏甚恭，帝大悦，赋诗曰：“鹿塞鸿旗驻，龙庭翠辇回。毡帷望风举，穹庐向日开。呼韩稽颡至，休屠继踵来。索办擎膻肉，韦鞲献酒杯。何如汉天子，空上单于台。”

《国朝传记》曰：炀帝善属文，而不欲人出其右，司隶薛道衡由是得罪，后因事诛之，曰：“更能作‘空梁落燕泥’否？”炀帝为《燕歌行》，文士皆和，著作郎王胄独不下帝。帝每衔之，胄竟坐此见害，而诵其警句曰：“‘庭草无人随意绿’，复能作此语耶？”

又曰：牛弘，炀帝之在东宫也，数有诗书遗弘，弘亦有答。及嗣位之后，尝赐弘诗曰：“晋家山吏部，魏世卢尚书。莫言先哲异，奇才亦佐余。学行敦时俗，道素乃冲虚。纳言云阁上，礼仪皇运初。彝伦欣有叙，垂拱事端居。”

《唐书》曰：太宗以武功定海内，栉风沐雨，不暇于诗书。洎于嗣业，进引忠良，锐精思政朝，多孜孜求之，若不及。数年之后，天下晏如，遂于听览之暇，留精文史，叙事言怀，时有制作，天才宏丽，兴记玄远。著作邓隆请编次之，诏不许。

又曰：太宗著《金镜述》以示群臣，其辞曰：朕以万机暇日，游心前文，仰六代之高风，观百王之遗迹，兴亡之运，可得言焉。每至轩、昊之无为，唐、虞之至治，未尝不留连赞咏，不能已矣。及于夏、殷末世，秦、汉暴君，使人凛然竞惧，如履朽薄。然人君皆欲其永享万乘之尊，以垂百王 之后，而得失异迹，兴灭不同，何也？盖短于自见，不闻逆耳之言，至于灭亡，终身不悟，岂不惧哉？观理乱之本，原足为明镜之鉴戒。乱未尝不任不肖，理未尝不任忠贤。任忠贤则享天下之福，用不肖则受天下之祸。社稷临危之主，各师其臣，若使觉悟，安有危亡之祸？特由不留心于任，使翻属意于遨游，岂不哀哉！古人言舜禹不爱于声，不贪于色，予谓不然，将为爱也。人云桀纣耽于声色，予将为不好也。何以然，桀、纣命不终于天年，乐不终于一世？以此知为不好也。舜、禹命寿于终，乐毕于世，予谓之爱也。且夫人有宽躁强柔之志，愁乐贪欲之心，性有善不善者也。由是观之，尧、舜、禹、汤躬行仁义，治致隆平，此禀其善性也；幽、厉、桀、纣乃为炮烙之刑，刳孕妇，割人心，斮朝涉，脯鬼侯，造酒池糟丘为长夜之饮，此其受于不善之性也。夫立身之道在于折衷，不在于偏耽。吴起曰：“昔桑氏之君修德废武，以灭其国，有扈之君恃众好勇，以丧社稷。”仲尼曰：“宽济猛，猛济宽。”仁义之道犹不得偏，何况于左道乎？况于不仁乎？为君之道，处至极之尊，以亿兆为心，以万邦为意。安民必以文德，防边必以武功。孔子曰：“夫文之所加者深，武之所服者大，德之所施者博，则威之所制者广。”不可以武威安民，不可以文德备塞。大鲸出水，必废游波之功，鸿鹄沉泥，定无凌空之效。若各令遂志，并不失其能。古人云：构大厦者，先择木然后简材。治国者，先择佐然后定民。大匠构屋，必以大材为栋梁，小材为榱撩，苟有所中，尺寸之木无弃，此善理木者也。非独屋有栋梁，国家亦然。大德为宰相，亦国之栋梁也。予思三代以来，君有所好，民必从之。在上留心台榭，奇巧之人必至；致情游猎，驰骋之人远臻；存意管弦，郑、卫多进；降怀脂粉，燕、赵斯来。塞切直之路，为忠者必少；开谄谀之道，为佞者必多。古人云：“君犹器也，民犹水也。”方圆在于器，不在于水。以此而言，足为永戒。夫玉不琢，不成器；人不学，不知道。仲尼好于郯子，文王学于虢叔，圣人且犹如此，何况于凡人乎？治主思贤，如农夫之望岁；哲后求人，若旱苗之思雨。乱君嫉胜己如仇，视不肖如子，怀之中心，何日暂忘。王莽伪行仁义之道，有始无终；孙皓权施恩惠之风，有初无末。二子犹船之泛巨浪，毁在不遥，若驽马之奔千里，困其将至。古人云：“升量不以盛硕，小智不可谋大，巧诈不如拙诚。”信无谬矣。有明主，有暗主。汉祖摄衣于郦生，比干剖心于辛纣；殷汤留情于伊尹，龙逢被戮于夏桀；楚庄暇隙而怀忧，武侯罢朝而含喜。暗主护短而永愚，明主思短而长善。睹汉祖、殷汤，仰其有德行，譬若阴阳调，四时会，法令均，万民乐，则骐麟呈其祥。汉祖、殷汤岂非骐麟之类乎？观夏癸、商辛，嗟其悖恶之甚，犹政令不行，寒暄失序，则猛兽肆毒，螽螟为害，夏癸、商辛岂非猛兽之俦乎？予以此观之，岂非天道也！虽曰天时，抑亦人事。成汤之世有七年之旱，剪发为牺，千里雨降。太戊之时桑谷生朝，惧而修德，遂使十六国重译而来。此岂非人事者也？或云：为君难，为臣不易。君处尊高之位，执赏罚之权，录人之材，因人之力，何为不成？何求不得？此言似易，论之实难。何者？轻凌天地，众精显其妖；忽慢神灵，风雨应其暴。是以帝乙有雷震之祸，殷纣致分砂之灾，多营池观，远求异宝，民不得耕，女不得蚕，田荒业废，兆庶凋残。见其饥寒不为之哀，睹其劳苦不为之戚，苦民之君也，非治民之主也。薄赋轻徭，百姓家给，上无急命之征，下有讴歌之咏，屈一身之欲，乐四海之民，忧国之主也，乐民之君也。此其所以为难也。且用人之道，又为未易，己之所贤未必尽贤，众之所毁未必全恶；知能不举即为失材，知恶不黜则为祸胎。又人才互有长短，不必兼通，是以公绰优于大国之卿，子产善为小邦之相；绛侯木讷，卒安刘氏之宗；啬夫利口，不任上林之令。舍短从长，然后为美。夫人刚柔之情各异，曲直之性不同，不可不察也。逆王耳而履道，戮孔怀以安国，周公是也。顺上心以安身，随君情而杀之，易牙是也。弃己之命，存君之身，纪信是也。挟国谋事，以报私仇，袁盎是也。捐身而执节，孤立而自毁，屈原是也。外显和穆之端，内怀汤火之意，宰嚭是也。忠谄之道，以此观之，足以永镜。白起为秦平赵，乃被昭王所杀；亚夫定七国之乱，卒为景帝所诛；文种设策灭吴，翻遭越王之戮；伍员竭诚为国，终罹赐剑之祸，乃君之过也，非臣之罪焉。至如赵高、韩信、黥布、陈豨之俦，此自贻厥衅，非君之滥刑之也。高祖失于存功之能，光武获于置将之妙。臣安君社稷之国，君处臣危亡之地，岂是相酬之道也？为天下之君，处万民之上，安可易乎？背道违礼，非唯损己，乃为贤人之所笑；卑身厉行，实为君子，又为凡夫之所讥；越品进官，其类必为深怨；偏与人语，众以为曲私；任使贤良，则为偶；委仗凡才则言愚暗；数言则谓大繁，辞寡则谓道薄；恣情忿怒，则朝野战慄，留心宽恕，则法令不行；民乐则官苦，官乐则民劳。四海之内，莫非王土，要荒为枝叶，畿内为根本。古人云："皮之不存，毛将安傅？"深根固本之内相，而伊尹、傅说世所希逢，至如镇积冰之塞、守飞雪之边，而魏尚、李牧当今罕遇。遣人远抚，则眷恋而不忍，慭而不遣，则枝叶而不存，二者之间，致心何所？是以晨兴夕惕，无忘斯事。为上犹然，何况臣下？《易》云："书不尽言，言不尽意。"今略陈梗概，以示心之所存耳。古语云：劳者必歌其事。朕非故烦翰墨以见天藻，但学以为己，聊书所怀，想达见群贤，不以为嗤也。

又曰：太宗思隋氏失道，皇运开基，因而序之以明诫慎，神笔书石，命工刻之，以赐皇太子。其词曰："昔隋季崩离，天纲弛紊，波涛沸四海，气雾塞三光，鬼哭石言，人怨神怒，丁壮疲于兵甲，老弱毙于饥寒，爨骨百城，流血千里，宫阙变为禾黍，中原化为寇场。余以弱龄，属当厄运，思静大难，以济苍生，秣马挥戈，风驱电扫，克平八表，临抚万方。聊因暇景，载怀兴乱。历想前代暗君庸王，莫不恃其智力则轻侮圣贤，骋其文才则不遵道德，纵其口辩以饰非，肆其奸言以拒谏；昏迷酒色，习近谗邪，暴疾黎元，穷其辙迹，倾危莫悟，以至灭亡。明镜不远，于焉自鉴。"

又曰：魏徵葬日，太宗登苑西楼临路哭祭。太宗复为制碑文并御书，公卿士庶竞来模写，车马填噎，日有数千。时人号其碑为"二绝"，文与书也。

又曰：太宗幸积翠池，宴五品以上。太宗曰："今兹年谷大登，水潦不能为害，天下既安，边方静息，因此农隙与公等举酒。酒既酣，各宜赋一事。"太宗赋《尚书》，其词曰："日昃玩百篇，临登被五典。夏康既逸预，商辛亦流湎；恣情昏主多，克己明君鲜。灭身资累恶，成名由积善。"

又曰：太宗征高丽回，次营州，诏辽东战死骸骨并集柳城东南，有司设太牢以祭之。太宗临哭尽哀，从臣无不流泪。帝亲为文祭之，曰："忠烈盖世，往贤明轨，忘身徇国，先哲良规。唯尔等怀忠立节，重义轻生，奋剑提戈，摧城陷阵，冒锋刃而不顾，赴汤火以如归，殒命战场，残形寇垒，膏原润钺，身丧名存。摇落寒关遂非生入，苍茫雷野无复余踪。山川宛其不殊，存亡飒焉非昔。然则身者今之所重，名者后之所贵。身乃常有而愚夫怯焉，功则难立唯烈士成焉。去一生之短期，收千载之令誉，此圣贤之操也，岂直忠勇者乎？所以按辔停舆，抚膺一恸，嘉乃诚节，痛尔遗灵。酒俎既陈，魂其斯享。”

又曰：贞观十一年，太宗幸洛阳，遣使祭汉太师杨震墓。太宗自为文曰：“唯君资华岩之奇气，禀金方之秀质，艳忠笃以成性，应时运而挺生。弹冠赞务，弼谐帝道；正色立朝，周行以肃。坐槐燮理，鼎饪载调。值安德不升，政由近习，气舛玉衡，日微黄道。君慨然忠愤，乃心王室。昌言正议，屡犯于逆。鳞霜简且绳，志袪于时蠹。而运属陵夷，道消贤哲；不纳嘉猷，遂婴严网；方弘至治，遽夭天年；英杰云亡，邦国弥瘁。斯乃缅想高踪，可为长叹。朕省方班瑞，言事东巡，瞻坟隧于道周，想风徽于前代。若使九原可作，吾将与归。千载如存，依然何远。行潦致属，君其飨之。”

又曰：高宗制《元首》、《前星》、《维成》、《股肱》等诫以示侍臣，礼部尚书弘文馆学士许敬宗又上表请总名为《天训》，并请注解，许之。及注毕，敬宗为之序。

又曰：咸亨中，上自制乐章，有《上元》、《二仪》、《三才》、《四时》、《五行》、《六律》、《七政》、《八风》、《九宫》、《十洲》、《得一》、《庆云》之曲。以示群臣，令太常行用之。

又曰：咸亨中，御书飞白书赞以赐中书门下三品户部尚书戴至德，词曰：“泛洪源俟舟楫”，中书侍郎郝处俊曰“飞九霄假六翮”，吏部侍郎李敬玄曰“资启沃罄丹诚”，中书侍郎崔知悌曰“竭忠节赞皇猷”。议者以戴、郝宽厚，而李、崔忠勤，故上以此言褒美之。

又曰：显庆中，上以琴中雅曲古人歌之，近代已来此声顿绝，令所司简乐工解琴笙者修习旧曲。冬十月辛亥，太常上书：“谨案《礼记》及《家语》云：‘舜弹五弦之琴，歌南风之诗。’是知琴操曲弄，皆合于歌。”

又张华《博物志》曰：“《白雪》是大帝使素女鼓五十弦瑟曲名。”

又楚太夫宋玉对襄王云：“有客于郢中歌《阳春白雪》，国中合者数十人。是知《白雪》琴曲本宜合歌，以其调高，人和遂寡。自宋玉已来迄今千祀，未有能歌《白雪》曲，臣今准敕，依于琴中旧曲定其宫商，然后教习，并合于歌，辄以御制雪诗为《白雪》歌词。又按古今乐府奏正曲之后皆别有声，君唱臣和，事彰前史，辄取侍中许敬宗等奉和雪诗以为送声，各十六节，令悉教讫，并皆谐韵。”上善之，乃付太常，编于乐府。

又曰：玄宗制《令长新诫》一篇颁赐天下县令，其词曰：“我求令长，保乂下人。人之所为，必有所因。侵渔浸广，赋役不均，使夫离散，莫保其身。征诸善理，寄尔良臣，与之革故，政在维新。调风变俗，背伪归真。教先为富，惠恤于贫。无大无小，以躬以亲。青旌劝农，其唯在勤。墨绶行令，孰不攸遵；曷云被之，我泽如春。”

又曰：玄宗亲制《春台望》一章，二十八句，起居舍人蔡孚奏曰：“伏见所制，气雄词美，德音相属。鄙炎汉之奢侈，徇有唐之俭陋，知作劳而居逸，念中人之家产。用心如此，天下斯安。臣职在司，言请宣示百僚，及编国史。”

又曰：端午日，玄宗自赋诗曰：“端午临中夏，时清日复良。盐梅已佐鼎，麹糵且传觞。事古人留迹，年深缕续长。当轩知槿茂，向水觉芦香。亿兆同归寿，群公共保昌。忠贞如不替，贻厥后昆芳。”

又曰：玄宗幸宁王宪宅，与诸王宴，探韵赋诗。上诗曰：“鲁卫情先重，亲贤爱转多。冕旒丰暇日，乘景暂经过。戚里申高宴，平台奏雅歌。复寻为善乐，方验保山河。”

又曰：天宝八载九月甲午，是日皇太子生日，上制《仁孝诗》六章，亲札于步障，以赐太子，令中官高力士以示朝臣。

太平御览卷第五百九十二　文部八

御制下

《唐书》曰：德宗制中书麟德殿，会百僚观新乐诗。仍令皇太子书以示百僚，其序曰："朕闻天地之德，莫大于和，万物以生，九功乃叙。是以中春之首纪为令节，布阳和之政，畅亭育之功，式宴且欢，顺时而举，盖取象于交泰之义也。今岁华载阳，嘉雪呈庆，君臣同乐，实获我心。近以听政之余，参比音律，播于丝竹，韵于歌诗，象中和之容，作中和之乐，教习甫就，毕陈于兹。于是辟广廷，临内殿，张大会，示群臣，千载成文，威仪有序，礼洽欢浃，中心是嘉。上下之志通，乾坤之理得，善固未尽，和莫甚焉。聊复成篇，以言其志。诗曰：芳岁肇佳节，物华当仲春；乾坤既昭泰，烟景含絪缊。德浅荷玄贶，乐成思治人；前庭列钟鼎，广殿延群臣。八卦随意舞，五音传曲新；顾非《咸池》奏，庶叶《南风》薰。式宴礼所重，浃欢情必均；同和谅在兹，万国希可亲。"

又曰：贞元六年二月戊辰朔，中和节宴百僚于曲江亭，上赋诗赐之，曰："东春变梅柳，万寓生春光。中和纪月令，方与天地长。耽乐岂予尚，懿兹时景良。庶遂亭育恩，同致寰海康。君臣永终始，交泰符阴阳。曲沼水新碧，华林桃稍芳。胜赏信多欢，戒之在无荒。"

又曰：贞元六年春三月庚子，百僚宴于曲江亭，上赋诗以赐之，曰："岁闰节华晚，众芳繁暮春。霁日天地晴，元巳风景新。禊饮传旧俗，古今欢此辰。至乐在同和，丝竹奚所陈。薰琴是赏心，姑射可凝神。何必尚耽湎，浮觞曲水滨。"

又曰：贞元七年秋七月癸酉，上幸章敬寺，赋诗序。皇太子在侍，进和兼题于壁，百僚毕和，以班列焉。其后京兆尹薛珏，请皇太子书上诗序，刻石而填之以金。

又曰：贞元九年春正月庚辰朔，上御含元殿受朝贺，礼毕，上赋

《退朝观军仗归营》诗以示宰臣，曰："献岁视元朔，万邦咸在庭。端旒揖群后，回辇阅师贞。分行左右出，转旆风云生。眷此戎旅节，载嘉良士诚。顺时颁宴赏，亦以助文经。"

又曰：贞元十年秋九月戊子，以重阳日宴饯赐百僚，追赏初九日以雨罢宴，及是方会宴。上赋诗以赐百官曰："雨霁霜气肃，天高云日明。繁林已坠叶，寒菊仍舒荣。懿此秋节晚，更延遐赏情。池台列广宴，丝竹传新声。至乐非外奖，浃欢同中诚。庶敦朝野意，永使风化清。"

又曰：德宗至自兴元，御宣政殿，册拜李晟为司徒。上思晟勋力，为制纪功碑，俾皇太子勒于石，立于渭桥，与天地悠久，方多不载。

又曰：德宗以马燧平河中，诏赐上所撰《宸扆》、《台衡》二铭并序，曰："朕每读上古之书，及唐、虞之际，君臣相得，圣贤同时，日夕孜孜，讲论至道，或陈其鉴戒，或讽以咏歌，焕乎典谟，百代之式，有以见启沃之道，理化之端，意甚慕之，而未能逮也。顷灵盐节度杜希全著文上献，多所规陈，聊为《君臣箴》用答其意。河东等道副元帅司徒燧固请勒，贻厥后人。朕以文既非工，义又未备，垂诸来裔，良所恧焉。起予者，商因之有作，庶乎朝夕自儆，且俾后代知我有文武殿邦之臣也。"其《宸扆铭》曰："天生烝人，性本元淳。嗜欲交驰，利害纠纷。无主乃乱，树之以君。九域茫茫，万情云云。目不备睹，耳难遍闻。睹之闻之，矧又非真。事失其源，道远莫亲，理得其要，化行如神。失源唯何？不正其身。得要唯何？在能任人。正身之方，先诚其意。罔从尔欲，罔载尔伪，体道崇德，本仁率义。必信若寒暑，无私象天地，感而遂之，通百虑一致。任人之术，各当其器，舍短从长，理难求备，多士总集，众材咸遂，知而必任，任而勿贰。以天下之目为我鉴，我鉴斯明；以天下之心为我谋，我谋则智。求贤唯广，辨理唯精，逆耳咈心，必嘉乃诚。顺旨苟容，亦察其情，斥去奸谀，全固忠贞。先人立言，为代作程，谔谔者昌，唯唯者倾，系以兴亡，曷云其轻。承天子人，夫岂不贵？伊昔哲王，夙夜祇畏，驭朽为戒，纳隍在志，神将害盈，天匪假易。四海为家，夫岂不富？伊昔哲王，勤俭固陋。土阶罔饰，露台罘构，远奇技淫巧，放珍禽怪兽。敬之慎之，天命必祐。欲令必行，顺人之情，欲诚必著，清己之虑；心无亿诈，事必忠恕。凡将有为，靡不三思，喜怒以节，动静以时，毫厘或差，祸害亦随，慢易于初，悔其曷追。刑不可长，武不可恃，作威逞力，厉阶斯起。垂旒蔽聪，黈纩塞耳，含弘光大，是以为美。覆之如天，爱之如子，仁心感人，率土自理。嗟余寡昧，嗣守不图，寇戎荐兴，德化未孚。业业兢兢，其敢以愉？俯察物情，上稽典谟。作斯式言，置于座隅。”

其《台衡铭》曰：“天列台星，垂象于人；圣人则天，亦立辅臣。以翼以佐，为衡为钧，如耳目应心，如股肱运身。是则同体，孰云非亲？阴阳相推，四序成岁，君臣相得，万邦作乂。感同风云，应若符契，以道匡救，尽规献替，木必从绳，金其用砺。帝者之盛，时唯陶唐，乃闻畴咨，仄陋明扬。洎乎有虞，二八腾芳。爰逮伊尹，相于成汤。载生姜牙，谅彼武王。道无不行，谋无不臧。君圣臣贤，运泰时康。汉高既兴，萧、曹亦彰。昭烈我祖，膺期而昌，铲灭群凶，砥平四方。唯卫及英，启辟封疆；曰房曰杜，振理维纲，亦有魏征，忠謇昂昂。伟兹众才，为国栋梁，荡荡巍巍，邦家有光。是知道之废兴，系于时主，主之得失，资乎台辅。经之以文，纬之以武，出为方、邵，入作申、甫。绝维载张，阙衮斯补，唯德是倚，唯才是求。才不易知，德亦难周，傅说板筑，夷吾射钩，任之不疑，千载垂休。体于至公，何鄙何仇？其唯哲王，必赖良弼。矧予不德，暗于理术，师旅繁起，政刑多失，遘兹艰屯，夙夜祇栗。翊我戴我，实唯勋贤，内熙庶绩，外总十连，威武载扬，谋猷日宣。长城压境，巨舰济川，同心同德，扶危持颠。予嘉尔诚，尔相予理，唯后失道，亦臣之耻。自昔格言，慎终如始，功载鼎彝，道冠图史。无俾伊傅，克专厥美。作鉴勒铭，永代是纪。”寻有诏，命勒石于起义堂西偏，上为题额。

又曰：贞元十二年，上以听政之余，深思理本，乃著《刑政箴》并序。序曰：“朕以南面，励精理道，虽及和平之际，未臻玄古之风。夙夜孜孜，勤求不怠。夫安人以政，辅政以刑，盖为之立中，非使人从欲也。是以务兼听以酌群情，择庶官以咨共理，恒勉不足而遏其过。我欲仁矣，尚逮夫意哉！然万务是殷，必戒其失，听政之暇，常志所存，聊缀斯文，庶乎自儆。尔大朴既散，利欲是生，唯辟御时，建极作程。导以仁政，齐以典刑，惠此下人，致之和平。立政伊何？必循道德。详刑伊何？必去烦刻。不以人从欲，不以枉伤直，故百度唯贞，万物作式。匪阳不生，匪阴不成，宽则致慢，猛亦取怨，酌于大猷，戒厥偏见，罔咈人志，罔兴人患。迩言必察，刍荛必询，奉无私之心，以诚其意；广无情之听，思得其真。喜怒有节，措置有伦，是以令肃如秋，化行如春。无迩憸人，无信侧言，憸人则败政，侧言乃惑听。罔攻异端，慎乃出令，知人不易，在观其行。事实求理，法乃因时。法非生弊，圣哲不为。导物类之情，以通其变；相天地之道，咸尽其宜。教必明于顺，动必虑于违，是以天覆之德，日用不知。六马并驰，在钧衔策；五音并奏，在理金石。苟去回邪，可行蛮貊，因人而理，自古不易。唐尧赭服，夏禹泣辜，以弼于理，冀迁其愚。宁漏吞舟，岂求噬肤？陷之于过，是曰毒痡。天监孔明，无臭无声，罔载尔伪，必先尔诚。蚁壤不防，太山可倾，患生所急，祸起所轻。故作事谋始，而戒于未形。予临兆人，道存化育，祇荷玄贶，幸清九服，一夫不获，若履深谷。思正其源，庶登于朴。监于往躅，书以自勖。”

又曰：杜希全将赴灵州，献《体要》八章，多所规谏。德宗深纳之，乃著《君臣箴》以赐之。其词曰：“唯天惠人，唯辟奉天。从谏则圣，共理唯贤。皇立有极，骏命不易。总万机以成务，齐六合之殊致。一心不能独鉴，一目不能周视，敷求哲人，式序在位。于戏！君之任臣，必求一德；臣之事君，咸思正直。何启沃之所宜，亘古今而未得？良以谠言者逆耳，谗谀者伺侧，故下情未通而上听已惑，俾夫忠贤败于凶慝。譬彼泾舟，蒸徒楫之；亦有和羹，宰夫膳之。孰云理国，不自得师？覆车之轨，予其惩而。高自下升，和由甘受。唯君无良，亦臣之咎；闻诸辛毗，牵裾魏后；则有禽息，竭忠碎首。勉思献替，以平可否；勿谓何伤，自微而彰；勿谓何害，积小成大；事有隐而必见，令既出而焉悔？鼓钟在宫，声闻于外，浩然涉水，朕未有艾。将贞扆以虚心，期尽忠而纳诲。在昔稷、契，实匡舜、禹；近兹魏征，佑我文祖。君臣叶德，混一区宇。肆予寡昧，获缵丕绪。臣哉邻哉，尔翼尔辅。高秋始肃，我武唯扬，辍此禁卫，殿于大邦。恋闻方甚，嘉言乃昌，是规是谏，金玉其相。词高理要，入德知方，总彼千虑，备于八章。宣父有言，起予者商。殷有盘铭，周有欹器，或诫以词，或警以事。披图演义，发于尔志，与全镜而高悬，将座右而同置。人皆有初，鲜慎厥终。汝其夙夜，明保朕躬。无曰尔身在外，而尔诚不通，一言之应，千里攸同。导彼遐俗，达余四聪，华夷仰德，时乃之功。既往既来，怀贤忡忡，唱予和汝，式示深衷。”

又曰：贞元中，上赐群臣会宴于曲江。上令中使刘希昂宣慰，上赐诗曰：“令节晓澄霁，四郊烟霭空。天清白露洁，菊散黄金丛。寡德荷玄贶，顺时休百工。岂怀歌钟乐，思与君臣同。至化在亭育，相成资始终。未知康衢咏，所仰唯年丰。”

又曰：张封建来朝觐，还镇，德宗赐诗曰：“牧守寄所重，才贤生为时。宣风自淮甸，授钺膺藩维。入觐展遐恋，临轩慰来思。忠诚在方寸，感激陈情词。报国尔所尚，恤人予是资。欢宴不尽怀，车马当还期。谷雨将应候，行春犹未迟。勿以千里遥，而云无已知。”

又曰：贞元十八年九月，赐宰臣及中书、门下两省官，宴于故马璘池亭，御制《丰年多庆九日示怀》诗以赐群臣，曰：“爽气肃时令，早衣闻朔鸿。重阳有佳节，具物欣年丰。皎洁暮潭色，芬敷新菊丛。芳樽满衢室，繁吹凝烟空。惠给信吾道，保和唯尔同。推诚致玄化，天下期为公。”

又曰：宪宗以天下无事，留意《典》、《坟》，每览前代兴亡得失之事，皆三复其言。又读贞观、开元实录，见太宗撰《金镜书》及《帝范》上下篇，玄宗撰《开元训诫》，思继前躅，遂采《尚书》、《春秋后传》、《史记》、班范《汉书》、《三国志》、《晋书》、《晏子春秋》、《吴越春秋》、《新序》、《说苑》等书君臣行事可为龟镜者，集成十四篇：一曰《君臣道可合》，二曰《辨邪正》，三曰《戒权幸》，四曰《戒微行》，五曰《任贤臣》，六曰《纳忠谏》，七曰《慎征伐》，八曰《慎刑法》，九曰《去奢泰》，十曰《崇节俭》，十一曰《奖忠直》，十二曰《修德政》，十三曰《谏畋猎》，十四曰《录勋贤》。分为上、下卷，上自制其目，曰：《前代君臣事迹》。至是以其书写于屏风，列之御座之右。复遣中使程文干以书屏六扇至中书宣示宰臣李藩、裴垍，曰："朕近撰此屏风，常所观览，故令蹔将示卿。"藩等上表称贺。

又曰：文宗尝夏日与学士联句，帝曰："人皆苦炎热，我爱夏日长。"柳公权续之曰："薰风自南来，殿阁生微凉。"帝嘉之。

又曰：裴度卧疾，文宗遣中使赐度诗曰："注想待元老，识君恨不早。我家柱石衰，忧来学丘祷。"

又曰：文宗开成中驾幸龙首池，观内人赛雨。自春不雨，上孜孜忧勤，遍礼群望。至是甘泽屡降，中外感悦。上赋《喜雨》诗云："风云喜际会，雷雨遂流滋。荐弊虚陈礼，动天实精思。渐侵九夏节，复在三春时。霡深垂朱阙，飘飖入绿墀。郊坰既沾足，黍稷有丰期。百辟同忧乐，万方伫雍熙。"宰臣洎文武百官咸有属和。

《家语》曰：昔者舜弹五弦之琴，造《南风》之诗，其语曰："南风之薰兮，可以解吾民之愠兮；薰，风至之貌也。南风之时兮，可以阜吾民之财兮。"时，得其时。阜，盛。

《穆天子传》曰：丙辰，天子南游于黄室之丘，天子乃休，日中，天子北风雨雪，有冻人，天子作诗三章以哀民：哀，悯也。"我徂黄竹，员閟寒，帝收九行。九行，九道也。传曰：经启九道。嗟我公侯，百辟冢卿，皇我万民，皇，正也。旦夕忽忘。恒念也。我徂黄竹，员閟寒，帝收九行。嗟我公侯，百辟冢卿，皇我万民，旦夕勿穷。有皎者鵅，鵅，鸟名。音路。翩翩其飞。嗟我公侯，勿则迁居。乐其寡，言守一居少乐。不如迁土，居无求安也。礼乐其民。言当以礼乐化其民。天子曰：余一人则淫，淫于游乐。不皇万民。"

《汉武帝集》曰：奉车子侯暴病，一日死，上甚悼之，乃自为歌诗。

《西京杂记》曰：始元元年，黄鹤下太液池，上为歌曰："黄鹤飞兮下建章，羽肃肃兮行跄跄，金为衣兮菊为裳。唼喋荷荇，出入蒹葭；

自顾菲薄，丑尔嘉祥。”

汉武帝《柏梁诗》曰：“日月星辰和四时。”梁王曰：“骖驾驷马从梁来。”于是群臣各赋一句。

魏文帝《典论·自叙》曰：初平之元，董卓弑主鸩后，荡覆王室。是时，家家思乱，人人自危。名豪大侠，富室强族，飘扬云会，万里相赴。兖、豫之师，战于荥阳，河内之甲，军于孟津。卓遂迁大驾，西都长安，而山东大者连郡国，中者婴城邑，小者聚阡陌，百姓死亡，暴骨如莽时。余年五岁，上以世方扰乱，教余学射，六岁而知射；又教余骑马，八岁而能骑射矣。是以少好弓马，于今不衰。建安十年，始定冀州，貊獩贡良弓，燕代献名马。时岁之暮春，弓燥手柔，草浅兽肥，与族兄子丹猎于邺西终日，手获獐鹿九，雉兔三年十余，又学击剑。桓灵时，有虎贲王越善斯术，河南史阿得其法于越，余从何学之甚精。尝与平虏将军刘勋、奋威邓展共饮，展有手臂，晓五兵法，其能空手入白刃。时酒后耳热，方食蔗，以蔗为杖，下殿数交，三中其臂，左右大笑。展意不平，更求为之，复正截其颡，坐中惊视，余还坐，笑曰：“昔阳庆使淳于意去其故方授以秘术，余亦愿邓将军捐弃故伎，更受要道也。”一坐尽欢。余于它戏弄之事少所喜，唯于弹棋略尽其巧。少为之赋。上雅好书籍，虽在军旅，手不释卷。每定省从容，常言人少好学则思专，长则善忘，长大而能勤学者，唯吾与袁伯业耳。余是以习《诗》《论》，及长而备历五经、四部、《史》、《汉》、诸子百家之言，靡不毕览。

魏文帝《芙蓉池诗》曰：乘辇夜行游，逍遥步西园。双渠相灌溉，佳木绕通川。卑枝拂羽盖，修条摩苍天。惊风扶轮毂，飞鸟翔我前。丹霞夹明月，华星出云间。上天垂光采，五色一何鲜。寿命非松乔，谁能得神仙？遨游快心意，保已终百年。

魏文帝《游宴诗》曰：置酒坐飞阁，逍遥临华池。神飚自远至，左右芙蓉披。绿竹映清水，秋兰被幽崖。月出照园中，冠佩相追随。客从南方来，为我吹参差。潜鱼犹伏浦，听者未云疲。高文一何绮，小儒安足为？肃肃广殿阴，雀声愁北林。众宾还城邑，何以慰吾心？

太平御览卷第五百九十三　文部九

诏

《释名》曰：诏，照也。人暗不见事，则有所犯，以此照示，使照然知所由也。

蔡邕《独断》曰：制诏，制者，王者之言必为法制也；诏犹告也，告教也。三代无其文，秦汉有也。

《文心雕龙》曰：皇帝驭寓，其言也神。渊嘿负扆，而响盈四表，其唯诏策乎？昔轩辕唐、虞，同称为命。命之为义，制性之本也。其在三王，事兼诰、誓。誓以训诫，诰以敷政。降及七国，并称曰：命。命者，使也。秦并天下，改命曰“制”。汉初定仪，则有四品：一曰策书，二曰制书，三曰诏书，四曰戒敕。敕戒州郡，诏告百官，制施赦令，策封王侯。策者，简也。制者，裁也。诏者，告也。敕者，正也。观文、景以前，诏体浮杂。武帝崇儒，选言弘奥。策封三王，文同典、训，劝戒渊雅，垂范后代。及光武拨乱，留意词采，而造次喜怒。时或偏滥。暨明、章崇学，雅诏间出。和安政弛，礼阁鲜才，每为诏敕，假手外请。建安之末，文理代兴，潘勖九锡，典雅逸群；卫觊禅诏，符采炳耀，不可加也。自魏、晋策诰，职在中书。刘放、张华，管于斯任，施令发号，洋洋盈耳。魏文以下，词义多伟，至于作威作福，其万虑之一弊乎？晋氏中兴，唯明帝崇才，以温峤文清，故引入中书。自斯已后，体宪风流矣。夫王言崇秘，大观在上，所以百辟其刑，万邦作孚。故授官选贤，则义炳重离之晖；优文封策，则气含云雨之润；敕戒恒诰，则笔吐星汉之华；启戎变伐，则声存洊雷之威，眚灾肆赦，则文有春露之滋；明诏敕法，则词有秋霜之烈：此诏策之大略也。

《汉制度》曰：帝之下书有四：一曰策书；二曰制书；三曰诏书；四曰诫敕。策书者，编简也。其制：长二尺，短者半之，篆书起年月，称皇帝，以命诸侯王。三公以罪免，亦赐策，而以隶书，用尺一木，两行，唯此为异也。制书者，帝者制度之命，其文曰制；诏三公皆玺封，尚书令即重封。露布州郡者，诏书也；其文曰："告某官云如故事。"诫敕者，谓敕某官。他皆类此。

《汉书》曰：诫敕刺史、太守及三边营官，被敕文曰"有诏敕某官"，是为诫敕。世皆名此为策书，失之甚也。

又曰：《淮南王安传》曰：武帝方好艺文，以安属于诸父，辨博善为文辞，甚尊重之。每为报书及赐，师古曰：书赐之也。常召司马相如等视草乃遣。

《东观汉记》曰：第五伦每见光武诏书，常叹曰："此圣主也，当何由一得见，决矣！"等辈笑之曰："汝三皇时人也，说将尚不能动万乘主耶？"伦曰："未遇知己，道不同故耳。"

范晔《后汉书》曰：隗嚣宾客掾吏多文才士。每所有事，当世才士大夫皆讽诵之。故帝有所答，尤加意焉。

《魏志》曰：明帝疾，欲以燕王宇为大将军。帝引见刘放、孙资入卧内问之。放、资对曰："燕实自不堪大任。"帝曰："曹爽可代宇不？"放因赞成之，又深陈宜速召太尉司马宣王以网维。帝室纳其言，即以黄纸授放作诏。放、资既出，帝意复变，诏止宣王。

又曰：蒋济上《万机论》，帝嘉之，入为散骑常侍。时有诏诏征南将军夏侯尚曰："卿腹心重将，当使恩施足死，惠爱可怀，作威作福，杀人活人。"尚以示济。济既至，帝问曰："卿所闻见天下风教何如？"济对曰："未有它善，但见亡国之语耳。"帝忿然作色而问其故。济具以答，因曰："夫'作威作福'《书》之明戒，天子无戏，古人所慎，唯察之。"于是帝意解，追取前诏。

王隐《晋书》曰：武帝泰始四年班五条诏书于郡国：一曰正身；二曰勤民；三曰抚孤寡；四曰敦本息华；五曰去人事。

又曰：楚王玮既诛汝南王亮，寻又诏云："玮矫诏。"行斩刑。临死，出其怀中青纸以示监刑尚书刘颂，流涕而言："此诏书也，受此而行，谓为社稷。今更为罪，托体先帝，枉受如此，幸见申列。”

《晋书·杨骏传》曰：武帝疾笃，未有顾命，佐命功臣皆已没矣。朝臣惶惑，计无所从。而骏尽斥群公，亲侍左右，因辄改易公卿，树其心腹。会帝少间，见所用者，乃正色谓骏曰：“何得便尔？”乃诏中书以汝南王亮与骏夹辅王室。骏恐失权宠，从中书借诏观之，得便藏匿。中书监华廙恐惧，自往索之，终不肯与。信宿之间，上疾遂笃。

又曰：齐王冏入宫，称诏废贾后。后曰：“诏当从我出，何诏也？”

《晋中兴书》曰：初，显宗幼冲，见王导恒拜。又帝与导手诏，则“敬白”；中书作诏，则曰“敬问”。于是以为永制。

又曰：桓玄左右称玄为“桓诏”。桓胤谏曰：“诏者施于辞令，不以为称谓也。汉魏之主皆无此言，愿陛下稽古帝则，令万世可法。”玄曰：“此诏以行，今宜敕罢之。”

《后周书》曰：冀俊善隶书，特工摸写。魏文昌初，为贺拔岳墨曹参军。及岳被害，太祖引为记室。时侯莫陈悦阻兵陇右，太祖志在平之，乃令俊伪作魏帝敕书与费也头，令将兵助太祖讨悦。俊依旧敕摸写，及代舍人主书等署，与真无异。太祖说。费也头已曾得魏帝敕书，及见此敕，不以为疑，遂遣步骑一千受太祖节度。

《隋书》：后齐正日侍中宣诏，慰劳州郡国使。诏牍长一尺三寸，广一尺，雌黄涂饰，上写“诏书”三。计会日，侍中依仪劳郡国计吏，问刺史大守安不，及谷价麦苗善恶，人间疾苦。又班五条诏书于诸州郡国，使人写以诏牍一枚，长二尺五寸，广一尺三寸，亦以雌黄涂饰，上写“诏书”。正会日，依仪宣示使人。使人归以告刺史二千石：一曰政在正身，在爱人，去残贼，择良吏，正决狱，平傜赋；二曰人生坐勤，勤则不匮，其劝率田桑，无或烦扰；三曰六极之人，务加宽养，必使生有以自救，没有以自给；四曰长吏华浮奉客，以求小誉，逐末舍本，政之所疾，宜谨察之；五曰人事意气，干乱奉公，内外溷淆，纲纪不设，所宜纠劾。

又曰：陈梁制，诸用官式，吏部先为白牒，录数十名，吏部与参掌人共署奏敕，或可或不。其不用者，更铨量，奏请随才补用。以黄纸录名，八座通署，奏可，即出付典名。而典以名书召帖鹤头板，整威仪，送往得官之家。其有特发诏授官者，即宣付诏诰局，作诏章草奏闻。敕可，黄纸写出门下，门下答诏，请付外施行。

又曰：周武平齐，得李德林，尝谓群臣云："我常曰唯闻李德林名及见其与齐朝作诏书移檄，我正谓其是天上人，岂言今日得其驱使，复为我作文书，极为大异。"神武公纥豆毅答曰："臣闻明王圣主，得骐麟凤凰为瑞，是圣德所感，非力能致之。瑞物虽来，不堪使用。如李德林来受驱策，亦陛下圣德所感致。有大才用无所不堪，胜于骐麟凤凰远矣。"武帝大笑曰："诚如公言。"

《唐书·文苑传》曰：徐安贞开元中为中书舍人集贤学士，每上属文作手诏，多令安贞视草。

《风俗通》曰：光武中兴以来，五曹诏书题乡亭壁，岁辅正多有阙谬。永建中，兖州刺史过翔笺撰卷，别改着板上，一劳而九逸。

崔元始《正论》曰：俚语曰："州郡记如霹雳，得诏书但挂壁。"永平中，诏禁吏卒不得系马宫外树，为伤害其枝叶。又诏令雒阳帻工作帻皆二尺五寸围。人头各有大小，不可同度，此诏不可从也。

蔡质《汉仪》曰：延熹中，京师游侠有盗发顺帝陵者，卖御物于市，市长追捕不得。周景以尺一诏召司隶校尉左雄诣台，与三日期擒贼。

曹植《说灌均上事令》曰：孤前令写灌均所上孤章三台九府所奏事及诏书一通，置之座隅，孤欲朝夕讽咏以自警诫也。

《语林》曰：明帝函封诏与庾公，信误致与王公。王公开诏，末云"勿使冶城公知"。导既视表，答曰："伏读明诏，似不在臣。臣开臣闭，无有见者。"明帝甚愧，数月不能见王公。

《邺中记》曰：石虎诏书，以五色纸着凤雏口中。

策

蔡邕《独断》曰：策者，简也。《礼》曰："不备百文，不书于策。"

其制长二尺，短者半之。其次，一长一短，两编。下篆书起年月，以命诸侯。三公薨及以免罪，悉以策书。

《隋书》曰：诸王、三公、仪同、尚书令、五等开国、太妃、公主拜册，轴一枚，长二尺，以白练衣之。用竹简十二枚，六枚与轴等，六枚长尺二寸。文出集书，皆篆字。哀册、赠册亦同。

《唐书》曰：刘迺字冰夷，为司门员外。崔祐甫秉政，素与迺友善。会加郭子仪"尚父"，以册礼久废，至是复行之。祐甫令两省官撰册文，未称旨。召迺至阁，草之立就，词义典雅。祐甫叹仰久之。

《后唐书》曰：同光三年，太常奏吴越王钱镠册礼。案礼文用竹册，上优其礼，敕以玉为之。议者以玉册帝王受命之重数，不可假之，非礼之宜也。

殷洪《小说》曰：魏国初建，潘勖，字元茂，为策命文。自汉武以来，未有此制。勖乃依商、周宪章，唐、虞辞义，温雅与典、诰同风，于时朝士皆莫能措一字。勖亡后，王仲宣擅名于当时。时人见此策美，或疑是仲宣所为。论者纷纭。及晋王为太傅，腊日大会宾客，勖子蒲时亦在焉。宣王谓之曰："尊君作封魏君策，高妙信不可及。吾曾问仲宣，亦以为不如。"朝廷之士乃知勖作也。

诰

《尚书·商书》曰：汤既黜夏命，复归于亳，作《汤诰》。

又《周书》曰：武王崩，三监及淮夷叛。周公相成王，将黜殷，作《大诰》。

又曰：成王既伐管叔、蔡叔，以殷余民封康叔，作《康诰》。

又曰：康王既尸天子，尸，主也。主天子正号。遂诰诸侯，作《康王之诰》。

李充《翰林论》曰：诫诰施于弼违。

《后周书》曰：苏绰。自有晋之季，文章竞为浮华，遂成风俗。太祖欲革其飏，因魏帝祭庙，群臣毕至，乃命绰为《大诰》，奏行之。其词曰："唯中兴十有一年仲夏，庶邦百辟咸会于王庭，柱国洎群公列将罔不来朝。时乃大稽百宪，敷乎庶邦，用绥我王。”度词不多载。自是之后，文笔依此体。

《三国典略》曰：周太祖大飨群臣，史官柳虬执简书告于庙曰：“废帝文皇帝之嗣子年七岁，文皇帝托于安定公，曰：‘是子也，才由公，不孝、不才亦由公，勉之。’公既受兹重寄，居元辅之任，又纳女为皇后，遂不能训诲有成，致令废黜，负文皇帝付嘱之意。此咎非安定公而谁？”太祖乃令太常卢辨作诰喻公卿曰：“呜呼！我群后暨众士，维文皇帝以襁褓之嗣托于予，训之诲之，庶厥有成，而予罔能弗变厥心，庸暨乎废坠我文皇帝之志。呜呼，兹咎予其焉避？予实知之，矧尔众人心哉！唯予之颜，岂唯今厚？将恐后世以予为口实。”

《唐书》曰：孙逖掌诰八年，制敕所出，为时流叹服。议者以为，自开元已来，苏颋、齐澣、苏晋、贾曾、韩休、许景先及逖为王言之最。逖尤苦思，文理精练。

《晋史》曰：高祖令制诰之辞不得虚饰冗长，必须陈其实行，以正王言。

教

《尚书·舜典》曰：帝曰：“契，汝作司徒，敬敷五教，在宽。”

《春秋元命苞》曰：天垂文象，人行其事，谓之教。教，效也，言上为而下效也。

《文心雕龙》曰：教者，效也，言出而民效也。故王侯称教。昔郑弘之守南阳，条教为后所述，乃事绪明也。孔融之守北海，文教丽而罕施，乃治体乖也。若诸葛孔明之详酌，庾稚恭之明断，并理得而词中，教之善也。

《汉书》曰：京兆尹王遵出教令。

诫

《文心雕龙》曰：戒敕为文，实诏之切者。魏武称作敕戒，当指事而语，勿得依违，晓治要矣。及晋武敕戒，备告百官，敕都督以兵要，戒州牧以董司，警郡守以恤隐，勒牙门以御卫，有训典焉。戒者，慎也。禹称戒之用休君父至尊，在三同极。汉高之敕太子，东方朔之戒子，亦顾命之作也。及马援以下，各贻家戒。班姬《女戒》，足称母师矣。

《太公金匮》曰：武王曰："五帝之诫，可得闻乎？"太公曰："黄帝曰：'余君民，上摇摇，恐夕不至朝。'故为金人三，缄其口。慎言语也。"

《东方生传》曰：朔戒其子以上容首阳为拙，应劭曰：容身避容也。柱下为工，饱食安步以仕易农，依隐玩世，诡时不逢。

《后汉书》曰：马援兄子严、敦并喜讥议，而通轻侠客，援在交址，还书诫之曰："闻人之过失如闻亲名耳，可得闻而口不得言也。好论人长短，妄有善恶者，宁死不愿闻子孙有此行也。龙伯高敦厚周慎，谦约节俭，吾爱之重之，愿汝曹效之。杜季良豪侠好义，忧人之忧，乐人之乐，有丧致客，数郡毕至，吾爱之重之，不愿汝曹效之。效伯高不得，犹为谨敕士，所谓刻鹄不成尚类鹜者也；效季良不得，陷为天下轻薄子，所谓画虎不似反类狗也。"裴松之以为援此诫可谓切至之至，不刊之训矣。

杜恕《家事戒》曰：张子台，视之似鄙朴人，然其心中不知天地间何者为恶，毅然如与阴阳合德。作人如此，富贵祸害何由而生？

陶渊明《道诫》曰：夫天地赋命，有生必有终。自古贤圣谁能独免？汝辈既稚小不同，生当思四海皆为兄弟之义。鲍叔、管仲分财无猜，归生、伍举班荆道旧，遂能以此为成，因丧立功。它人尚尔，况共父之人哉？颍川韩元长，汉末名士，身处卿佐，八十而终，兄弟同居，至于没齿；济北氾雉春，晋时操行人也，七世同家，人无怨色。《诗》云："高山仰止，景行行止。"汝其慎哉！

颜延年《廷诰》曰：喜怒者，有性所不能无，常起于褊量而止于弘识。然喜过则不重，怒过则不威。能以恬漠为体，宽愉为器，则为美矣。大喜荡心，微抑则定，甚怒烦性，稍忍即歇，故动无堡容，举无失度，则为善也。欲求子孝，必先为慈；将责弟悌，务念为友。虽孝不待慈，而慈能植孝；悌非期友，而友亦立悌。夫和之不备，或应以不和，犹信不足焉，必有不信。傥知恩意相生，情理相出，可使家有参差，人皆由损。枚叔有言：欲人勿闻，莫若勿为。御寒莫若重裘，止谤莫若自修。《论语》云："内省不疚，何忧何惧？"

太平御览卷第五百九十四　文部十

章表

《释名》曰：下言上曰表，思之于内，施之于外也。

李充《翰林论》曰：表宜远大为本，不以华藻为先。若曹子建之表可谓成文矣。诸葛亮之表刘主，裴公之辞侍中，羊公之让开府，可谓德音矣。

《文心雕龙》曰：尧咨四岳，舜命八元，并陈词帝庭，匪假书翰。然则敷奏以言，即章表之义也。至太甲既立，伊尹书戒，思庸归亳，又作书以赞，文翰事斯见矣。降及七国，未变古式。言事于主，皆称上书。秦初定制，改书曰奏。汉初定制，则有四品：一曰章，二曰奏，三曰表，四曰驳议。章以谢恩，奏以案劾，表以陈请，议以执异。章者，明也。《诗》云“为章于天”，谓文明也。其在文物，青赤曰章。表者，标也。礼有表记，谓德见于仪。其在器式，揆景曰表。表章之目，盖取诸此也。案《七略》、《艺文》，谣咏必录。章表奏议，经国枢要，然阙而不纂者，乃各有故事，布在职司也。前汉表谢，遗篇寡存。及后汉察举，必试章奏。左雄表议，台阁为式；胡广章奏，天下第一。并当时之杰笔也。观伯始谒陵之章，足见其典文美焉。昔晋文受策，三辞从命。是以汉末让表，以三为断。曹公称表，表不止三让，又勿得浮华。所以魏初表章，指事造实，求其靡丽，则未足矣。如文举之荐祢衡，气扬采飞；孔明之辞后主，志尽文壮。虽华实异旨，并表之英也。琳、瑀章表，有誉当时。孔璋称健，则其标也。陈思之表，独冠群才。观其体赡而律调，辞清而志显，应物制巧，随变生趣，执辔有余，故能缓急应节矣。迨晋初笔札，则张华为俊。其三让公封，理同辞要；引义比事，必得其偶。及羊公之辞开府，有誉于前谈；庾公之让中书，信美于往载。序志联类，有文雅焉。刘琨劝进，张骏自叙，文致耿介，并陈事之美表也。原夫章表之为用，所以对扬王庭，照明心曲。既其身文，且亦国华。章以造阙，风矩应明；表以致策，骨采宜耀。循名课实，以文为本者也。是以章式炳贲，志在典谟。使典而非略，明而不浅，表体多苞，情位屡迁，必雅义以扇其风，清文以驱其丽。然恳恻者，辞为心使；浮侈者，情为文屈。必使繁约得正，华实相胜，唇吻不滞，则中律矣。子贡云："心以制之，言以结之。"盖一辞意也。

《东观汉记》曰：马援征寻阳山贼，上书除其竹林，譬如婴儿头多虮虱而剔之。书奏，上大悦，出尚玺书。数日，黄门取头虱章持入。

张璠《汉记》曰：周举上书言得失。尚书郭度见之，叹息上疏，愿退位避举。常置其章于坐。

《吴志》曰：东莱太史慈，字子义。为郡奏曹史。会郡与州有隙，先闻者为善。时州章已出，郡守选慈以行。至洛诣公车，见州吏欲始通章。慈曰："章题署得无误耶？取视之。"先怀书刀，截败其章。因共亡去。遁还通章，州遂受短。由是知名。

《晋书》曰：乐广善清言而不长于笔，将让尹，请潘岳为表。岳曰："当得君意。"广乃作二百句语述己之志。岳因取次比之，便成名笔。时人咸云：若广不假岳之笔，岳不取广之旨，无以成斯美也。

《后魏书·董绍传》曰：孝武崩，周文与百官推奉文帝，上表劝进。令吕思礼、薛憕作表。前后再奏，帝尚执谦冲，不许。周文曰："为文能动至尊，唯董公耳。"乃命绍为第三表，操笔便成。表奏，周文曰："开进人意，亦当如此也。"

又曰：胡方回为北镇司马，为镇修表，有所称庆。世祖览而嗟美，问谁所作。既知方回，召为中书博士，赐爵临泾子。

又曰：邢劭善属文，每一文初出，京师为之纸贵，读诵俄遍远近。于时袁翻与范阳祖莹位望通显，文笔之美见称先达。以劭藻思华赡，深共嫉之。每洛中贵人拜职，多凭劭为谢章表。尝有一贵胜初授官，大事宾食。翻与劭俱在坐。翻意主人托其为让表，遂命劭作之，翻甚不悦，每告人曰："邢家小儿，常客作章表，自买黄纸写而送之。"劭恐为翻所害,乃辞以疾。

《北齐书》曰:卢询祖有术学,文章华美,为后生之俊。举秀才至邺。赵郡李祖勋尝宴诸文士,齐文宣使小黄门敕祖勋曰:“蠕蠕既破,何无贺表?”使者伫立待之。诸宾皆为表。询祖俄顷便成,其词云:“昔十万横行,樊将军请而受屈;五千深入,李都尉去以不归。”时重其工。

《三国典略》曰:周武帝下令:上书者并为表,于皇太子以下称启。

《后周书》曰:柳庆领记室时,北雍州献白鹿。群臣欲草表陈贺。尚书苏绰谓庆曰:“近代已来,文章华靡。逮于江左,弥复轻薄。洛阳后进,祖述不已。相公柄民轨物,君职典文房,宜制此表,以革前弊。”庆操笔立成,辞兼文质。绰读而笑曰:“枳橘犹自可移,况才子也!”

《隋书》曰:魏杨遵彦命李德林制让尚书令表,援笔立成,不加治点。因大相赏异,以示吏部郎中陆卬,云:“已见其文笔,浩浩如河之东注,比来所见后生制作,乃涓浍之流耳。”卬仍命其子乂与德林周旋,戒乂:“汝每事宜师此人以为模楷。”

《唐书》曰:令狐楚为太原掌记。郑儋在镇暴卒,不及指㧑后事。军中喧哗,将欲有变。中夜,忽数十骑持刃迫楚至军门。诸将逼之,令草遗表。楚在白刃之中,搦管立成。读示三军,无不感泣。由是名声益重。

《典论》曰:陈琳、阮瑀之章、表、书、记,今之俊也。

魏文帝《与吴质书》曰:孔璋章表殊健,微为繁富。

《世说》曰:司马景王令中书令虞松作表,再呈辄不可意。令松更定,松思竭不能改,心存之,形于颜色。锺会察其忧,问松。松以实答。会取为定五字,松悦服。以示景王,景王曰:“不当尔耶!谁所定也?”曰:“锺会。向亦欲启之,会公见问,不敢饕其能。”王曰:“如此可大用。可令来会。”平旦入见,至二鼓乃出。出后,王独拊手叹息曰:“此真王佐材也。”

《博物志》曰:汉承秦法,群臣上书皆云“昧死”。王莽慕古法,改曰“稽首”。光武因而不改。朝臣曰:“稽首轻,宜稽首再拜。”

奏

陆士衡《文赋》曰：奏，平彻以闲雅。

《汉书杂事》曰：秦初之制，改书为奏。

又曰：群臣奏事上书，皆为两通：一诣后，二诣帝。凡群臣之书通于天子者四品：一曰章，二曰奏，三曰表，四曰驳议。

《文心雕龙》曰：昔陶唐之臣，敷奏以言。秦汉附之，上书称奏。陈政事，献典仪，上急变，劾愆谬，总谓之奏。奏者，进也，敷于下情进乎上也。秦始皇立奏而法家少文。观王绾之奏德，辞质而义近；李斯之奏骊山，事略而意诬。故无膏润形于篇章矣。自汉以来，奏事或称上疏。儒雅继踵，殊采可观：若夫贾谊之务农，晁错之兵术，匡衡之定郊，王吉之劝礼，温舒之缓狱，谷永之陈仙，理既切至，辞亦通辨，可谓识大体矣。后汉群臣，嘉言罔伏：杨秉耿介于灾异，陈蕃愤懑于尺一，骨鲠得焉；张衡指摘于史谶，蔡邕铨列于朝仪，博雅明焉。魏代名臣，文理迭兴：若高堂天文，黄观教学，王朗节省，甄毅考课，亦尽节而知治矣。晋氏多难，世交屯夷：刘颂殷勤于时务，温峤恳恻于费役，并体国之忠规矣。夫奏之为笔，固以明允笃诚为本，辩析疏通为首，强志足以成务，博见足以穷理，酌古御今，治繁总要。此其体也。

《典略》曰：王粲才既高辩，锺繇、王朗等虽名为魏相，至于朝廷奏议，皆阁笔不敢措手。

《唐书》曰：文宗尝谓侍臣曰："近日诸侯章奏，语太浮华，有乖典实，宜罚掌书记，以诫其流。"李石曰："古人因事为文，今人以文害事。惩弊抑末，实在其地之盛时。"

《论衡》曰：谷子云、唐子高，章奏百上，笔有余力。

劾奏

《文心雕龙》曰：案劾之奏，所以明宪清国。昔周之太仆，绳愆纠谬；秦有御史，职主文法；汉置中丞，总司案劾。故位在鸷击，砥砺其气，必使笔端振风，简上凝霜者也。观孔光之奏董贤，则实其奸回；路粹之奏孔融，则诬其衅恶。名儒之与险士，固殊心焉。若夫傅咸果劲而辞案坚深，刘隗切正而劾文阔略，各有志也。后之弹事，迭相斟酌，唯新日用而旧准不差。然甲人欲全，矢人欲伤；术在纠恶，势入刚峭。《诗》刺谗人，投畀豹虎；《礼》疾无礼，方之鹦猩；墨翟非儒，目以羊彘；孟轲讥墨，比诸禽兽：《诗》、《礼》、儒、墨，既其如此，奏劾严文，孰云能免？是以近世为文，竞于诋诃；吹毛取瑕，刺骨为戾；覆似善詈，多失折衷。若能辟礼门以悬规，标义路以植矩，然后逾墙者折肱，捷径者灭迹，何必躁言丑句，诟病为巧哉！是以立范运衡，宜明体恶，必使理有典刑，辞有风轨。总法家之裁，秉儒家之文，不畏强御，气留墨中，无纵诡随，声动简外。乃称绝席之雄，直方之举也。

《晋书》曰：何曾嘉平中为司隶校尉，抚军校事尹模凭宠作威，奸利盈积，满朝畏惮，莫敢言者。曾奏劾之，朝廷称焉。

又曰：敬思王恬字元愉。少拜散骑侍郎，累迁散骑常侍、黄门郎、御史中丞。值海西废，简文帝登祚，未解严。大司马桓温屯中堂吹警角。恬奏劾温大不敬，请科罪。温视奏叹曰："此儿乃敢弹我也。"

又曰：刘毅以孝廉辟司隶都官从事，京邑肃然。毅将弹河南尹，司隶不许，曰："攫兽之犬，鼷蹈其背。"毅曰："既能攫兽，不能杀鼠，何损于犬！"投传其背而去。

《南史》曰：徐陵为御史中丞时，安成王顼为司空，以帝弟之尊，权倾朝野。直兵鲍僧睿假王威风，抑塞辞讼，大臣莫敢言。陵乃奏弹之。文帝见陵服章严肃，若不可犯，为敛容正坐。陵进读奏状，时安成王殿上侍立，仰视文帝，流汗失色。陵遣殿中侍史引王下殿。自是，朝廷肃然。

《隋书》曰：郎茂为尚书左丞，时工部尚书宇文恺、右翊卫大将军于仲文竞河东银窟。茂奏劾之，曰："臣闻贵贱殊礼，仕农异业，所以人知局分，家识廉耻。宇文恺位望已隆，禄锡优厚，拔葵去织，寂尔无闻，求利下交，曾无愧色。仲文大将，宿卫近臣，趋侍阶庭，朝夕闻道。虞、芮之风，抑而不慕，分铢之利，知而必争。何以贻范庶僚，示民轨物！若不纠绳，将亏政教。”恺与仲文竟坐得罪。

《唐书》曰：显庆中，中书侍郎李义府恃宠用事。闻妇人淳于氏有美色，坐事系大理，乃讯大理寺丞毕正义枉法出之，将纳为妾。或有密言其状者，上令给事中刘仁轨、侍御史张伦鞫义府。义府恐泄其谋，遂逼正义自缢于狱中。上知而特原义府之罪。侍御史王义方对仗叱义府令退，义府顾望，不肯退。义方三叱，上既无言，义府始趋出。义方乃读弹文曰：“府义请托公行，交游群小，贪冶容之美好，原有罪之淳于。恐漏泄其谋，殒无辜之正义。虽挟山超海之力，望此犹轻；回天转日之威，方斯更劣。此而可恕，孰不可容！金风戒节，玉露启途，霜简与刑典共清，忠臣将鹰鹯并击。请除君侧，少答鸿私，碎首玉阶，庶明臣节。伏请付法推断，以申典宪。”上以义府有定策之功，特释而不问；义方以毁辱大臣，贬为莱州司户参军。初，义方谓其母曰：“奸臣当路，怀禄而旷官，不忠；老母在堂，犯难以危身，不孝。进退惶惑，所以未能决也。”母曰：“吾闻王陵母自杀以成子之义，汝若事君尽忠，立名千载，吾死不恨也。”及义方将赴莱州，义府谓之曰：“王学士得御史是义府所举，今日之事，岂无愧乎？”对曰：“义方为公不为私。昔孔子为鲁司寇七日，诛少正卯于两观之下。今义方任御史旬有六日，不能除奸臣于双阙之前，实以为愧。”

又曰：元和十二年，御史台奏请知弹御史被弹即向下承次，监奏或有故不到，即殿中侍御史于侍御史下立，以备其阙。臣伏以朝官入阁失仪，知弹侍御史先合弹奏，若弹奏失错，向上侍御史及中丞大夫递相弹奏，奏毕复入本班，候监奏出阁，然后待罪。此乃殿庭旧制，于事为宜。今若移一殿中于知弹侍御史下，防向上数人失错，如或殿中自错，则又更立何人？只合知弹御史便了，不必更差殿中。况乖故实，终虑驳杂。伏请自今已后，依阁内故事，纵知弹御史自有错失，不被弹奏，候班退，监奏毕，然后出待罪。翼从易，永得遵行。从之。

驳奏

李充《翰林论》曰：驳不以华藻为先，世以傅长虞美奏驳事，为邦之司直矣。

《晋书·嵇绍传》曰：陈准薨，太常奏谥。绍驳曰："谥号所以垂之不朽。大行受大名，细行受细名，文武显于功德，灵厉表其暗蔽。自顷礼官协情，谥不依本，准谥为过，宜谥曰缪。"事下太常，时虽不从，朝廷惮焉。

《唐书》曰：许孟容迁给事中，论驳无所惮。贞元末，方镇殂殁，其主留务判官虽不得代位，亦例皆超擢，寖以为常。十八年，浙东判官武试，大理评事齐总，由是拜衢州刺史。孟容以总无出人才，一旦超为郡守，非旧制也。封还诏书。时久绝论驳，及孟容举职，班行为之惴恐。德宗开悟，召对慰勉，遂寝其事。

又曰：李藩为给事中，制敕有不可，遂于黄敕后批之。吏曰："宜别连白纸。"藩曰："别以白纸是文状，岂曰批敕也。"

太平御览卷第五百九十五 文部十一

论

李充《翰林论》曰：研核名理而论难生焉。论贵于允理，不求支离。若嵇康之论，成文美矣。

《文心雕龙》曰：论者，伦理无爽，则圣意不坠。昔仲尼微言，门人追记，故仰其经目，称为《论语》；盖群论立名，始于兹矣。论者，弥纶群言而研精一理也。是以庄周齐物，以论为名；不韦《春秋》，六论昭别。至如石渠论艺，白虎讲聚，述圣通经，论家之政体也。及班彪《王命》，严左《三将》，敷述昭情，善入史体。魏之初霸，术兼名法，傅嘏、王粲，校练名理。迄至正始，务欲守文，而何晏之徒，始盛玄论。于是聃、周当路，与尼父争涂矣。详观兰石之《才性》，仲宣之《去伐》，叔夜之《辨声》，太初之《本玄》，辅嗣之《两例》，平叔之《二论》，并师心独见，锋颖精密，盖论之英也。至乃李康《运命》，同《论衡》而过之；陆机辨亡，效《过秦》而不及：然亦其美矣！原夫论之为体，所以辨正然否，穷于有数，追于无形，钻坚求通，钩深取极，乃百虑之筌蹄，万事之权衡也。故其义贵圆通，词忌枝碎也。必使心与理合，弥缝莫见其隙；词共心密，敌人不知所乘：斯其要也。是以论譬析薪，贵能破理，斤利者，越理而横断，词辨者，反义而取通：览文虽巧，而检迹知妄。唯君子能通天下之志，安可以曲论哉？

《汉书》曰：班彪遭王莽乱，避地陇右。时隗嚣据陇右。嚣问彪曰："往者周亡，战国并争，天下分裂。意者纵横之事，复起于今乎？将承运迭兴，在一人也？愿先生论之。"彪既感嚣言，又愍狂狡之不息，乃著《王命论》以救其时难。

《后汉书》曰：王符耿介，不同于俗，困而愤恚著书，以讥当时。不欲彰名，号曰《潜夫论》。

又曰：仲长统字公理。每论古今世俗行事，恒发愤叹息。因著论，名曰《昌言》。

《晋书·裴頠传》曰：頠深患时俗放荡，不尊儒术。何晏、阮籍素有重名于世，口谈浮虚，不遵礼法，尸禄耽宠，仕不事事；至王衍之徒，声誉大盛，位高势重，不以物务自婴，遂相放效，风教陵迟。乃著《崇有之论》，以释其蔽。

又《范乔传》：光禄大夫李铨，尝论扬雄才学优于刘向。乔以为立一代之书，正群籍之篇，使雄当之，故非所长。遂著《扬刘优劣论》。

又曰：董养字仲道，陈留浚仪人也。泰始初，到洛下，不干荣禄。及杨后废，养因游太学，升堂叹曰："建斯堂也，将何为乎？每见国家赦书，谋反逆者赦，至于祖父母不赦，以为王法所不容也。奈何公卿处议，文饰礼典，以至此乎！天人之理既灭，大乱作矣。"因著《无化论》以非之。

又曰：鲁褒字元道。元康之后，纲纪大坏。褒伤时贪鄙，乃隐姓名，著《钱神论》。其略曰："市井便易，不患耗折；亲之如兄，字曰孔方；失之则贫弱，得之则富昌；无翼而飞，无足而走，解严毅之颜，开难发之口。钱多者处前，钱少者居后。京邑衣冠，疲劳讲肆，厌闻清谈，对之睡寐。见我家兄，莫不惊视。"又成公绥亦著《钱神论》。

《梁书》曰：范缜字子真，南阳舞阴人也。齐竟陵王子良盛招宾客，缜预焉。子良精信释教，而缜不信因果，著《神灭论》以明之。子良集僧难之而不能屈。王琇难缜曰："呜呼！范子，曾不知其先祖神灵所在。"缜答曰："呜呼！王子，知其先祖神灵所在，而不能杀身以从之。"

又曰：刘峻见任昉诸子西华等兄弟流离不能自振，平生旧交，莫有收恤。西华冬月葛帔练衣，路逢峻。峻泫然矜之，乃广朱公叔《绝交论》。到溉见其书抵凡于地，终身为恨。

《后周书》曰：柳虬时人论文体者，时有今古非文有今古，乃为《文质论》。

《隋书》曰：开皇之末，国家殷盛，朝野皆以辽东为意。刘炫以为辽东不可伐，作《抚夷论》以讽焉。当时莫有悟者。及大业之年，三征不克，炫言方验。

《典论》曰：余观贾谊《过秦论》，发周秦之得失，通古今之滞义，洽以三代之风，润以圣人之化，斯可谓作者矣。

《抱朴子》曰：洪造《穹天论》云：天形穹隆，如笠冒地，若谓天北方远者，视北方星宜细于三方矣。

《语林》曰：宋岱为青州刺史，著《无鬼论》，甚精，莫能屈。后有书生诣岱，谈论次及《无鬼论》，书生乃拂衣而去，曰："君绝我辈血食二十余年，以君有青牛髯奴，所以未得相困。今奴已死，可得相制矣。"言终而去。明日岱亡。

又《幽明录》曰：阮瞻亦著《无鬼论》。俄而鬼见而瞻死。

议

《说文》曰：议，语也。

又曰：论，难也。

《周易·节卦》曰：君子以制度数，议德行。

《文心雕龙》曰：周爰咨谋，是谓为议。议之言宜，审事宜也。《易》之《节卦》："君子以制度数，议德行。"《周书》曰："议事以制，政乃弗迷。"议贵节制，经典之体也。昔管仲称轩辕有明台之议，则其来远矣。洪水之难，尧咨四岳；百揆之举，舜畴五臣；三代所兴，询及刍荛；春秋释宋，鲁桓预议。及赵灵胡服，而季父争论；商鞅变法，而甘龙交辩：虽宪章无算，而同异足观。迄至有汉，始立驳议。驳者，杂也。议不纯，故曰驳也。自两汉之明，楷式昭备，蔼蔼多士，发言盈庭。若贾谊之遍代诸生，可谓捷于议矣。至如主父之驳挟弓，安国之辨匈奴，贾捐陈于朱崖，刘歆辨于祖宗，虽质文不同，得事要矣。若乃张敏之断轻侮，郭躬之议擅诛，程晓之驳校事，司马芸之议货钱，何曾黜出女之科，秦秀定贾充之谥，事实允当，可谓达议体矣。汉世善驳，则应劭为首；晋代能议，则傅咸为宗。然仲援博古，铨贯以叙；

长虞识治，而属辞枝繁。及陆机断议，亦有锋颖，而腴辞不剪，颇累文骨，亦有其美，风俗存焉。夫动先拟议，明用稽疑，所以敬慎群务，施张治术。故其大体所资，必枢纽经典，顾事实于前代，观变通于当今，理不谬插其枝，字不妄舒其藻。郊祀必洞于礼，戎事宜练于兵，田谷先晓于农，断讼务精于律，然后标以显义，约以正辞。文以辨洁为能，不以繁缛为巧；事以明核为美，不以环隐为奇；此纲领之大要也。若不达政体，而舞笔弄文，支离构辞，穿凿会巧，空骋其华，固为事实所摈；设得其理，亦为浮词所埋矣。昔秦女嫁晋，从文衣之媵，晋之贵媵而贱女；楚鬻珠于郑，为薰桂之椟，郑人买椟而还珠。若文浮于理，末胜于其本，则秦女楚珠，复存于兹矣。

李充《翰林论》曰：在朝辩政而议奏出，宜以远大为本。陆机议晋，断亦各其美矣。

《三国典略》曰：王粲才既高辩，锺繇、王朗等虽名为魏卿相，于朝廷奏议，皆阁笔不敢措手。

又曰：齐主命立三恪，朝士议之。太子少傅魏收为议，众皆同之。吏部侍郎崔瞻以父与收有隙，乃别立议。收读瞻议毕，笑而不答。瞻曰："瞻议若是，须赞所长；瞻议若非，须诰所短。何容读国士议文，直如此冷笑。"收但惭而竟无言。

又曰：齐魏收尝在议曹，与诸博士引据《汉书》论宗庙事，博士笑之。收便忿取《韦玄成传》，抵之而起。博士夜共披寻，迟明乃来谢曰："不谓玄成如此学也。"

《南史》曰：马裴，梁天监初，诏通儒定五礼，有司举裴修嘉礼，除尚书祠部郎。时创定礼乐，裴所建议多见施行。兼中书通事舍人，每吉凶礼，当时名儒明山宾、贺玚等疑不能断者，皆取决也。

《唐书》曰：天宝中，崔昌上封，推五行之运，以国家合承周汉，其周隋不合为二王后，请废。诏下尚书省集公卿议。昌独见之明，群议不屈。会集贤院学士卫包抗表陈议论，之夜四星聚于尾宿，天意昭然，上心遂定。求殷、周、汉后为三恪，废韩介酅等公，以昌为左赞善大夫。

又曰：张平叔判度支。平叔欲以征利中上意，以希大任，请加监榷贵集州郡。时宰不能夺，因下其议。韦处厚奏议，发十难诘之，上然后深知害人，乃止。平叔繇是始疏。

《独断》曰：有疑事，公卿百官会议。若台阁有正处而独执异意者，曰驳议，曰某官某甲议以为如是。下言臣愚戆议异。其非驳议，不得言议异。

《金楼子》曰：余后为江州，副君赐报曰："京师有语云：论议当如湘东王，仕宦当如王克。"克时始为仆射领选也。

笺

《说文》曰：笺，表识书也。

《文心雕龙》曰：笺者，表也，识表其情也。崔寔奏记于公府，则崇让之德音矣；黄香奉笺于江夏，亦肃恭之遗式矣。公干笺记，文丽而规益；子桓不论，故世所共遗。若略名取实，则有美于为诗矣。刘廙谢恩，喻切以至；陆机自叙，情周而巧，笺之善者也。原笺记之为式，既上窥乎表，亦下睨乎书，使敬而不慑，简而无傲，清靡以惠其才，彪蔚以文其响，盖笺、记之分也。

《晋书》曰：刘卞字叔龙，东平须昌人也。本兵家子，质直少言，为县小吏。功曹夜醉，如厕，使卞执烛，不从。功曹衔之，以它事补亭子。有祖秀才者，于亭中作与刺史笺，久不成。卞教之数言，卓荦有大致。秀才谓县令曰："卞公府掾之精者，卿云何以为亭子？"令即召为门下吏。

《异苑》曰：河内荀儒，字君林。乘冰省舅氏，陷河而死。兄伦为文求尸，积日不得。设祭水侧，又投笺与河伯。经一宿，岸侧冰开，尸手执笺浮出。伦又笺谢之。

《博物志》曰：郑玄注《毛诗》曰"笺"，不解此意。或云毛公尝为北海，玄是此郡人，故以为敬。

《世说》曰：郗司空在北府，桓宣武恶其居兵权，于事素暗。遣笺诣桓，方欲共奖王室，修复园陵。世子嘉宾出行道上，闻信至，急遣取笺，视之，竟寸寸毁裂。便回车，解衣帐中卧，更作笺，自陈老病不复堪人间，欲乞闲地自养。宣武大喜，即发诏转为督五部，守会稽。

启

《说文》曰：启，传信也。

服虔《通俗文》曰：官信曰启。

张璠《汉记》曰：董卓呼三台尚书以下自诣卓启事，然后得行。

《文心雕龙》曰：启者，开也。高宗云"启乃心，沃朕心"，盖其义也。孝景讳启，后两汉无称。至魏国笺记，始云启闻，奏事之末，或云谨启。自晋来盛启，用兼表奏：陈政言事，既奏之异条；让爵谢恩，亦表之别干。必辩要轻清，文而不侈，亦启之大略也。

《晋书》曰：山涛为吏部。涛所奏甄拔人物，各为题目，时称"山公启事"。

书记

《文心雕龙》曰：大舜云"书用识哉"，所以记时事也。盖圣贤言辞，总为之书。书之为体，主言者也。扬雄曰："言，心声也；书，心画也。声画形，君子小人见矣。"故书者，舒也。舒布其言，染之简牍，取象乎夬，贵在明决而已。三代政暇，文翰颇疏。春秋聘繁，书令弥盛。绕朝赠士会以策，子家吊赵宣以书，巫臣之责子反，子产之谏范宣，详观四书，辞若对面。又子服敬叔进吊书于滕君，故知行人挈辞多被翰墨。及七国献书，诡丽辐凑；汉来笔札，辞音纷纭。观史迁之报任安，东方之谒公孙，杨恽之酬会宗，子云之答刘歆，志气盘桓，各含珠采，并杼轴乎尺素，抑扬乎寸心。逮后汉书记，则崔瑗尤善。魏之元瑜，号称翩翩；文举属音，半简必录；休琏好事，留意翰辞：抑其次也。嵇康绝交，实志高而文伟矣；赵壹赠离，乃少年之激昂也。至如陈遵占辞，百封各意；祢衡代书，亲疏得宜：斯皆尺牍之文也。详诸书体，本在尽言，所以散郁陶，咏风采，固宜涤荡以任气，优游以怿怀；文明从容，亦心声之献酬也。若夫尊贵差序，则肃以节文，自战国已前，君臣同书，秦汉立仪，始有表奏。王公国内，亦称奏书。张敞奏书于膠后，其辞义美矣。迄至后汉，稍有名品：公府奏记，而郡将奏笺也。

《汉书》曰：苏武与常惠使匈奴，被留。昭帝即位，数使至匈奴。常惠请其守者与俱，得夜见汉使，具自陈过。教使者谓单于，言“天子射上林中，得雁，足有系帛书，言武等在某泽中”，使者大喜，如惠语以让单于。单于视左右而敬谢汉使曰：“武等实在。”于是遣还汉。

又曰：陈遵容貌奇伟，略涉传记，赡于文辞，善书。与人尺牍，皆以为荣。为河南太守，既至官，遣吏西上，召善书吏十人于前，治私书谢京师故人。遵凭机口占，且省官事数百封，亲疏各有意。

又曰：谷永字子云，便于笔札，故时人云：“谷子云之笔札，娄君卿之唇舌。”

《后汉书》曰：邓奉反于南阳。赵熹素与奉善，数遗书切责之。而谗者因言熹与奉合谋。帝以为疑。及奉败，帝得熹书，乃惊曰：“赵熹真长者也。”即征熹引见，赐鞍马，待诏公车。

又曰：窦章字伯向。好学有文。与马融、崔瑗同好，更相推荐。融集与窦书曰：“孟陵奴来赐书，见手迹欢喜，何量见于面也！书虽两纸，纸八行，行七字。”

《吴录》曰：王宏为冀州刺史，不发私书，不交豪族，号曰“王独坐”。

《蜀志》曰：先主辟马良，遂为掾。后遣使吴。良请亮曰：“今衔国命，协穆二家。幸为良介于孙将军。”亮曰：“君试自为文。”良即为草曰：“寡君遣掾马良通聘继好，以绍昆吾、豕韦之勋。其人吉士，荆楚之令，鲜于造次之华，而有克终之美。愿降心存纳，以慰将命。”权大待之。

又曰：王平字子均。生长戎旅，手不能书，所识不过十字，而占授作书皆有意。使人读史汉诸传，听之略知其义，往往论说不失其指。

《晋书》曰：何曾为三公，人以小纸为书者，敕记室勿报。

又曰：何绥字伯蔚，曾之孙也。位至侍中尚书。因以继世名贤，奢侈过度，性既轻物，翰札甚简。城阳王尼见绥书疏，谓人曰："伯蔚居世，而务豪乃尔，岂其免乎！"刘与潘滔谮之于东海王越，越遂诛绥。

又曰：《荀勖传》曰：勖与裴秀、羊祜共管机密。时将发使聘吴，并遣当时文士作书与孙皓，帝用勖所作。皓既报命和亲，帝谓勖曰："君前作书，使吴思顺，胜十万之众也。"

又曰：简文辅政，引高松为抚军司马。桓温擅率众北伐，简文忌之。松曰："宜致书喻以祸福，自当回旆。"便于坐为书，草曰："寇仇宜平，时会宜接，此实为国远图，经略之大莫能加。斯非足下而谁？"

又曰：王恭将举兵讨谯，王尚之以谋告殷仲堪、桓玄。玄等从之，推恭为盟主，克期同赴京师。时内外疑阻，津逻严急。仲堪之信因庾楷达之，以斜绢为书，内箭簳中，合镝漆之。指送于恭，恭发书，绢文角戾，不复可识。谓指为诈。

《晋阳春秋》曰：刘弘为荆州刺史，每有兴发，手书郡国，叮咛款密，故莫不感悦，颠倒恭赴。咸曰："得公一纸书，贤于十部从事也。"

沈约《宋书》曰：刘穆之、朱龄石并便尺牍。尝于高祖坐与龄石共答书，自旦至日中，穆之得百函，龄石得八十函，而穆之应对无废。

又曰：徐湛之善于尺牍，音词流畅。

《南齐书》曰：周颙字彦伦，善尺牍。沈攸之送绝交书，太祖口授，令颙裁答。

《齐春秋》曰：吴都张融字思光，临终及葬，征士何点使汝南风周英为书与融。谢瀹见，叹曰："此书虽漂宕不伦，亦有破的。"

《后周书》曰：梁台性果敢，有志操，不过识百字，口占书，词意可观。

又曰：柳庆，时父僧习为颍川郡。地接都畿，民多豪右。将选官，皆依倚贵势，竞来请托。选用未定。僧习谓子曰："权贵请托，吾并不用，其使欲还，皆须有答。汝等各以意为吾作书也。"庆乃具书，草云：

"下官受委大邦，选吏之日，有能者进，不肖者退，此乃朝廷恒典。"僧习读书，叹曰："此儿有意气，丈夫理当如是。"即依庆所草以报。

《后唐书》曰：李袭吉掌太祖书记。袭吉博学多通，尤谙悉国朝近事。为文精意练实，动拘典故，无所放纵，羽檄军书，辞理尤健。自太祖上源之难，与朱温不叶。乾宁末，刘仁恭负恩，其间论列是非，交相聘答者数百篇，警策之句，播在人口，文士称之。天复中，太祖与朱温修好，遣张特致书，初叙相失之由，毒手尊拳之句，温怡然大笑，谓幕史敬翔曰："李公斗绝一隅，削弱如此，袭吉一函，抵二十万兵势，所谓彼有人可当也。如吾之智算，得袭吉之笔才，虎傅翼矣。"翔赧然而退。

《鲁连子》曰：燕伐齐，取七十余城，唯莒与即墨不下。齐田单以即墨破燕军，杀将军骑劫，复齐城，唯聊城不下。燕将守城数月，鲁仲连乃为书，著之于矢，以射城中，遗燕将书。燕将得书，泣三日，乃自杀。

《韩子》曰：郑人有遗燕相国书者，夜，火不明，因谓持烛者曰："举烛。"误于书中云"举烛"，非书意也。燕相国受书而悦之，曰："举烛高明者，举贤而任之。"因以之治也。

皇甫谧《高士传》曰：光武征严光，至。司徒侯霸使西之曹属侯子道奉书，光不起，于床上箕踞发书，读讫，问子道曰："君房素痴，今为三公，宁小差否？"子道曰："位居台鼎足，不痴也。"光曰："遣卿来，何言？"子道曰："公闻先生至，区区欲即诣，迫于典司，是以不获。愿因日暮自屈语言。"光曰："卿言不痴，是非痴语？天子征我，三辞乃来。人主尚不见，当见人臣乎？"子道求报，光曰："我手不得书。"乃口授之曰："君房足下，位至鼎司，甚善。怀仁辅义天下悦，阿谀顺旨要领绝。"无它言。使者嫌少，可更足。光曰："买菜乎？求益耶！"

《鲁国先贤志》曰：孔翊为洛阳令，置器水于前庭，得私书皆投其中，一无所发。弹治贵戚，无所回避。

《典略》曰：太祖尝使阮瑀作书与韩遂于马上，其具草，书成，呈之，太祖揽笔欲有所定，而竟不能增损。

《语林》曰：殷洪乔作豫章郡，临去，郡人因寄百余函书至石头，悉掷水中，因视祝之，曰："沉者自沉，浮者自浮，殷洪乔不能作达书邮。"

魏文帝《与吴质书》曰：元瑜书记翩翩，致足乐也。

《魏文帝集》曰：上平定汉中，族父都尉还书与余，盛称彼土地形势，观其词，知陈琳所为。

李充《起居诫》曰：床头书疏，亦不足视。或是他私密事，不欲令人见。见之纵不能宣，谁与明之？若有泄露，则伤之者至矣。

稽康《与山涛书》曰：素不便书，不喜作书，而人间事，堆案盈几，不相酬答则犯教伤义，欲自勉强，则不能久堪。

延笃《答张奂书》曰：离别三年，梦想言念。何日有违，伯英来惠之。书盈四纸，读之及覆，喜不可言。

张奂《与阴氏书》曰：笃念既密，文章粲烂，奉读周旋，纸弊墨渝，不离于手。

《金楼子》曰：刘眭能属文，作《春秋旨义终始论》及赋、颂数十。又善史书，当世以为楷则。及寝病，帝驿马令作草书尺牍十首。

古诗曰：客从远方来，遗我一书札，置之怀袖中，三岁字不灭。

又曰：客从远方来，遗我双鲤鱼。呼儿烹鲤鱼，中有尺素书。长跪读素书，书中意何如？上言加餐食，下言长相忆。

太平御览卷第五百九十六 文部十二

诔

《释名》曰：诔，累也。累列其事而称之也。

《说文》曰：诔，谥也。

《周礼·春官下》曰：太史掌建邦之六典。大丧，执法以莅劝防。郑司农云：劝防，引六绋。遣之，曰读诔。累其行而读之，而作谥也。凡丧事考焉。为有得失。小丧，赐谥。小丧，卿大夫也。

《礼记·檀弓》曰：鲁哀公诔孔丘曰："天不慭遗一老，莫相予位焉，呜呼哀哉，尼父！"

《曾子问》曰：贱不诔贵，幼不诔长，礼也。唯天子称天以诔之，诸侯相诔，非礼也。

又《檀弓上》曰：鲁庄公及宋人战于乘丘，县贲父御，卜国为右。马惊败绩，公坠。佐车授绥，公曰："末之卜也。"县贲父曰："它日不败绩，而今败绩，是无勇也。"遂死之。二人赴敌而死。圉人浴马，有流矢在白肉。公曰："非其罪也。"流矢中马，非御与右之罪。遂诔之。士之有诔，自此始也。

《传》曰：诔者，累其行迹而为之谥也。

《汉书》曰：景帝中二年春二月，令诸侯王薨、列侯初封及之国，大鸿胪奏谥策。应劭曰：诸侯王皆属大鸿胪，故其薨奏其行，赐与谥及哀策诔文也。列侯薨及诸侯太傅初除之官，大行谥，奏诔策。师古曰：大鸿胪者本名典客，后改曰大鸿胪。大行令者，本名行人，即典客之属官也，后改曰大行令。如淳曰：三公薨，以策书诔其行。

《东观汉记》曰：杜笃字季雅，客居美阳。与美阳令游，数从之，请托，不谐，颇相恨。令怒，收笃送京师。会大司马吴汉薨，世祖诏诸儒诔之，笃于狱中为诔，辞最高。帝美之，赐帛免刑。

《魏志》：明帝诏曹植曰："吾既薄才，至于赋诔，特不闲。从儿陵上还，哀怀未散，作儿诔，为田家公语耳。"答曰："奉诏，并见圣思所作故平原公主诔，文义相扶，章章殊兴，句句感切，哀动圣明，痛贯天地。楚王臣彪等闻臣为读，莫不挥涕。"

《晋中兴书》：郗超死之日，贵贱操笔为诔者四十余人。其为物所宗如此。

《齐书》曰：谢超宗有名誉，善属文，为新安王子鸾国常侍。王母殷淑仪卒，超宗作诔，奏，帝大嗟赏，谓谢庄曰："超宗殊有凤毛。"

《文章流别传》曰：诗、颂、箴、铭之篇，皆有往古成文，可放依而作，唯诔无定制，故作者多异焉。见于典籍者，《左传》有鲁哀公为孔子诔。

《文心雕龙》曰：周世盛德，有铭诔之文。士大夫之才，临丧能诔。诔者，累其德行，旌之不朽也。夏商以前，其详靡闻。周虽有诔，未被于士。又贱不诔贵，幼而不诔长，其万乘则称天以诔之。读诔定谥，其节文大矣。自鲁庄战乘丘，始及于士。迨尼父之卒，哀公作诔，观其慭遗之辞，呜呼之叹，虽非睿作，古式存焉。至柳妻之诔惠子，则辞哀而韵长矣。暨于汉世，承流而作。扬雄之诔元后，文实烦秽；沙鹿撮其要，而执疑成篇，安有诔德述尊，而阔略四句乎？杜笃之诔德，有誉前代；吴诔虽工，而结篇颇疏。岂以见称光武，而顾眄千金哉！傅毅所制，文体伦序，孝山崔瑗，辨洁相参：观其序事如传，辞靡律调，固诔之才也。潘岳构意，专师孝山，巧于叙悲，易入新丽，所以隔代相望，能征厥声者也。至如崔骃诔赵，刘陶诔黄，并得宪章，贵在简要。陈思功名，而体实繁缓，文皇诔末，百言自陈，其乖甚矣。若夫殷臣诔汤，追褒玄鸟之祚；周史歌文，上阐后稷之烈：诔述祖宗，盖诗之则也。至于序述哀情，触类而长，傅毅之诔北海，云"白日幽光，氛霞杳冥"，始序致惑，遂为后式。影而效者，弥取于切矣。详夫诔之为制，盖選言以录行，传体而颂文，荣始而哀终。论其人也，暧乎若可觌；送其哀也，凄焉如可伤。此其旨也。

《文心雕龙》曰：陈思之文，群才之俊也，而武帝诔云“尊灵永蛰”。明帝颂曰“圣体浮轻”。轻浮有似于蝴蝶，永蛰颇拟于昆虫，施之尊极，不其蚩乎？

《南史》：宋谢庄作宣贵妃诔曰：“赞尧门方之汉钓弋也。”及废帝即位，下庄于狱，曰：“卿作此诔时，知有东宫否？”

《列女传》曰：柳下惠死，门下将诔之，妻曰：“将述夫子德耶？二三子不若妾之知之。”乃为诔曰：“夫子之信，诚与人无害兮。呜呼哀哉，魂神泄兮。夫子之谥，宜为惠兮。”门人从之。

《世说》曰：长孙乐作王长史诔云：“余与夫子，交非势利，心犹淡水，同此玄昧。”孝伯见云：“才士不逊亡祖，何至与此人周旋。”

又曰：谢太傅问主簿陆退：“张凭何以作母诔？”陆答曰：“故当是丈夫之德，表于事行；妇人之美，非诔不显。”

吊文

《文心雕龙》曰：吊者，至也。诗云“神之吊矣”，言神至也。君子令终定谥，事极理哀，故宾之慰主，亦以至到为言也。压溺乖道，所以不吊矣。又宋水郑火，行人奉辞；国灾人亡，故同吊也。及晋筑虎台，齐袭燕城，史赵苏秦，翻贺为吊，害民构怨，亦亡之道。凡斯之例，吊之所设也。或骄贵以殒身，或狷介以乖道，或有志而无时，或行美而兼累，追而慰之，并名为吊。自贾谊浮湘，发愤而吊屈，体周而事核，辞清而理哀，盖首出之作也。又相如之吊二世，全为赋体，桓谭以为其言恻怆，读者叹息；及卒章意要切，断而能悲也。扬雄序屈，思积功寡，意深文略，故辞韵沉膇。班彪、蔡邕，并敏于致诘，然影附贾氏，难为并驱耳。故胡阮之吊夷齐，褒丧而无文，仲宣所制，讥诃实工。然则胡阮嘉其清，王子伤其隘，各其志也。弥衡之吊平子，缛丽而轻清；陆机之吊魏武，词巧而文繁。降斯已下，未有可称者矣。夫吊虽古义，而华辞未造。华过韵缓，则化而为赋。固宜正义以绳理，昭德而塞违，析割褒贬，哀而有正，则无夺伦矣。

《左传·庄十一年》曰：秋，宋大水，公使吊焉。曰："天作淫雨，害于粢盛，若之何不吊？"对曰："孤实不敬，天降之灾，又以为君忧，拜命之辱。"臧文仲曰："宋其兴乎！禹、汤罪己，其兴也勃焉；桀、纣罪人，其亡也忽焉。且列国有凶，称孤，礼也。言惧而名礼，其庶乎！"

《史记》曰：相如从上至长杨，还过宜春宫，奏赋以哀二世行失也。其辞曰："东驰土山兮，北揭石濑；弥节容与兮，历吊二世。持身不谨兮，亡国失势；信谗不寤兮，宗庙灭绝。坟墓芜秽而不修，魂无归而不食。"

《汉书》曰：扬雄怪屈原文过相如，至不容，作《离骚》自投江而死，悲其文，未尝不流涕也。君子遇不遇，命也，何必沉身哉。乃作书，往往抚《离骚》文而反之。自岷山投诸江流，以吊屈原，名曰《反骚》。

《祢衡别传》曰：南阳寇柏松记刘景升当蹔小出，属守长胡政令给视之。柏松父子宿与政不佳。景升不在，柏松子在后罗人盗迹胡政无状，便尔杀之。景升还，惭悼无已，即治杀胡政，为作三牲，醊焉。正平为作板书吊之。时当行在焉，上驻马授笔，倚柱而作之。

弥衡吊张衡，其辞曰："南岳有精，君诞其姿。清和有理，君达其机。故能下笔绣辞，扬手文飞。昔伊尹值汤，吕尚遇旦，嗟矣君生，而独值汉。苍蝇争飞，凤凰已散。元龟可羁，河龙可绊。石坚而朽，星华而灭。唯道兴隆，悠悠永靡滞。君音永浮，河水有竭，君声永流。周旦先没，发梦孔丘。余生虽后，身亦存游。士贵知己，君其勿忧！"

糜元吊比干曰：余既诘纣之后，又感比干亢辞进谏，不顾其身，而受刳屠之戮。杀身之后，纣不悔寤，适足快凶君之心，而无益于世。故复责而吊之。

糜元吊夷、齐曰：少承洪烈从戎子王侧，闻先生饿于首阳，敢不敬吊？寄之山岗，呜呼哀哉。夫五德更运，天秩靡常。如有绝代之主，必有受命之王。故尧终于虞舜，禹殄于成汤。且夏后氏之末祀，亦殷氏之所亡。若周武为有失，则帝乙亦有伤。子不弃殷而饿死，何独背周而深藏？所行谁路？而子涉之！首阳谁山？而子匿之！彼薇谁菜？而子食之！

行周之道，藏周之林，读周之书，弹周之琴，饮周之水，食周之茶，而谤周之主，谓周之淫：是诵圣之文，听圣之音，居圣之世，而异圣之心。

束哲《吊萧孟恩文》曰：东海萧惠孟恩者，父昔为御史，与哲先君同僚。孟恩及哲旦夕同游，分义早著。孟恩夫妇皆亡，门无立胤。时有伯母从兄之忧，未获自往，致文一篇，以吊其魂，并修薄奠。其文曰：旧友人阳平束哲谨请同业生李察奉服修一束，麦糒一器，以致词于处士萧生之墓，曰：呜呼哀哉，精爽遐登，形骸幽匿，有耶亡耶？莫之能测。敬荐薄馈，魂兮来食。孟恩孟恩，岂犹我识。

束哲吊卫巨山曰：元康元年，楚王玮矫诏举兵，害太保卫公及公四子三孙。公世子黄门郎巨山与哲有交好，时自本郡来赴其丧，作吊文一篇，以告其柩，曰：同志旧友，阳平束哲，顷闻飞虎肆暴，窃矫皇制，祸集于子，宗祊几灭。越自冀方，来赴来祭，遥望子弟，铭旌丛立。既窥子庭，其殡盈十。徘徊感恸，载号载泣。敛袂升阶，子不我揖，引袂授袪，子不我执。魂兮魂兮，于焉栖集！

李充吊嵇中散曰：先生挺邈世之风，资高明之质，神萧萧以宏远，志落落以遐逸，忘尊荣于华堂，括卑静于蓬室，宁漆园之逍遥，安柱下之得一。寄欣孤松，取乐竹林；尚想荣庄，聊与抽簪。味孙觞之浊醪，鸣七弦之清琴；慕义人于玄旨，咏千载之徽音；凌晨风而长啸，托归流而咏吟。乃自足于丘壑，孰有愠乎陆沉？马乐厚而翘足，龟悦涂而曳尾。畴庙堂之是荣，岂和铃之足视？久先生之所期，羌玄达于遐旨；尚遗大以出生，何殉小而入死？嗟乎先生，逢时命之不丁！冀后凋于岁寒，遭繁霜而夏零。灭皎皎之玉质，绝琅琅之金声；投明珠以弹雀，捐所重而为轻。谅心不爽，非大雅之所营。

袁宏友李氏吊嵇中散曰：宣尼有言曰："唯仁者能好人，能恶人。"自非贤智之流，不可以褒贬明德，拟议英哲矣。故彼嵇中散之为人，可谓命世之杰矣。观其德奇伟，风韵劭邈，有似明月之映幽夜，清风之过松林也。若夫吕安者，嵇子之良友也；锺会者，天下之恶人也。良友不可以不明，明之而理全；恶人不可以不拒，拒之而道显。然夜光匪与鱼目比暎，三秀难与朝华争荣，故布鼓自嫌于雷门，砾石有忌于琳琅矣。嗟乎，道之丧也，虽智周万物，不能遣绝粮之困；识达去留，不能违颠沛之艰。故存其心者，不以一眚累怀；捡乎迹者，必以纤芥为事。达人之获讥，惧高范之莫全。凌清风以三叹，予抚兹而怅焉。闻先觉之高唱，理极滞其必宣。候千载之大圣，期百王之明贤。聊寄愤于斯章，思慷慨男儿而泫然。

哀辞

《文章流别传》曰：哀辞者，诔之流也。崔瑗、苏顺、马融等为之，率以施于童殇夭折不以寿终者。建安中，文帝、临菑侯各失稚子，命徐幹、刘桢等为之哀辞。哀辞之体，以哀痛为主，缘以叹息之辞。

《文心雕龙》曰：哀者，依也。悲实依心，故曰哀也。以辞遣哀，盖下流之悼。故不在黄发，必施夭昏。昔三良殉秦，百夫莫赎。事均夭枉，《黄鸟》赋哀。抑亦诗人之哀辞乎？汉武封禅，而霍嬗暴亡，哀伤而作诗，亦哀辞之类也。降及后汉，汝阳王亡，崔瑗哀辞，始变前式；然腹突鬼门，怪而不辞，驾龙乘云，仙而不哀。又卒章五言，颇似歌谣，亦仿佛乎汉武也。至于显顺张升，并述哀文，虽发其华，而未极心实。建安哀辞，唯伟长差善，《行女》篇时有恻怛。及潘岳继作，实踵其美。观其虑赡辞变，情洞悲苦，叙事如传，结言摹诗，促节四言，鲜有缓句，故能义直而文婉，体旧而趣新，《金鹿》《泽兰》，莫之或继也。原夫哀辞，大体情主于痛伤，而辞穷乎爱惜。幼未成性，故兴言止于察惠；弱不胜务，故悼惜加乎容色。隐心而结文则事惬，观文而属心则体奢。体奢为辞，则虽丽不哀，必使情往会悲，文来引泣，乃其贵耳。

班固《马仲都哀辞》曰：车骑将军顺文侯马仲都，明帝舅也。从车驾于洛水浮桥，马惊，入水溺死。帝谓侍御史班固为马上三十步哀辞。

《南史》曰：刘孝绰三妹，一适东海徐悱，文尤清壮，所谓刘三娘者也。悱为晋安郡，卒，丧还建业。妻为祭文，词甚凄怆。悱父勉欲为哀辞，见之乃阁笔。

《三国典略》曰：齐文宣崩，杨愔选其挽歌，令乐署歌之。其魏收四首，阳休之、祖珽、刘逖各二首，卢思道八首入用。于是晋阳人谓卢思道为“八采卢郎”。北营刺史李愔戏谓逖曰：“卢八问讶刘二。”逖每衔之。至是，愔上《感思赋》，自陈文宣之世遭遇谗谮。逖为帝奏其文诽谤先帝。齐主怒，令鞭之。逖喜曰：“高捶三十，熟鞭之百，何如唤刘二时？”

哀策

《文章流别传论》曰：今所哀策者，古诔之义。

《世说》曰：王东亭梦人以大笔与之，如椽子大。觉曰：“当有大手笔事。”少日，烈宗崩，哀策谥议皆王所作。

《国朝传记》曰：褚遂良为太宗哀策文，自朝还，马误入人家而不觉也。

又曰：崔融司业作武后哀文，因发疾而卒。时人以为三二百年来无此文。

太平御览卷第五百九十七 文部十三

檄

《说文》曰：檄，二尺书也。

《释名》曰：檄，激也，下官所以激迎其上之书也。

李充《翰林论》曰：盟檄发于师旅，相如《喻蜀老》，可谓德音矣。

《起居诫》曰：军书羽檄，非儒者之事。曰，一家奉道法，言不及杀，语不虚诞，而檄不切厉，则敌心陵；言不夸壮，则军容弱，请姑舍之，以待能者。

《文心雕龙》曰；昔有虞氏始戒于国，夏后初誓于军，殷誓军门之外，周将交刃誓之。故知帝世戒兵，三王誓师，宣训我众，未及敌人也。至周穆西征，祭公谋父称古有威让之令，令有文诰之词，即檄之本源也。及春秋征伐自诸侯出，惧敌不服，故兵出须名，振此威风，暴彼昏乱，刘献公所谓告之以文词，董之以武师者。齐桓征楚，诘菁茅之阙；晋厉伐秦，责箕部之焚；管仲、吕相、奉词先路，详其意义，即今之檄文。暨乎战国，始称为檄。檄者，皦也，宣布于外，皦然明白也。张仪檄楚，书以尺二。明白之文，或称露布。夫兵以定乱，莫敢自专；天子亲戎，称恭行天罚；诸侯御师，则云肃将王诛。故分阃推毂，奉词伐罪，非唯致果为毅，抑亦厉词为武；使声如冲风所击，气似搀抢所扫；奋其武怒，总其罪人；征其恶稔之时，显其贯盈之数；摇奸凶之胆，订信顺之心；使百尺之冲，摧折于咫书；万雉之城，颠坠于一檄者也。观隗嚣之檄亡新，布其三逆，文不雕饰，而意切事明。陇右文士，得檄之体也。陈琳之檄，壮于骨鲠，虽奸阉携养，章实太甚，发丘摸金，诬过其虐，然抗词书衅，皦然暴露。锺会檄蜀，征验甚明；桓温檄胡，观衅尤切，并壮笔也。凡檄之大体，或述休明，或叙否剥，指天时，审人事，验强弱，角权势，标蓍龟于前验，悬鞶鉴于已然。虽本国信，实参兵诈；谲诡以驰旨，炜晔以腾说。凡此众作，莫之或违者也。故其植义飏词，各在刚健；插羽以示迅，不可使词缓；露板以宣众，不可使义隐；必事昭而理辨，气盛而词断：此其要也。若曲趣密巧，无所取才矣。

《史记》曰：张仪，魏人。尝从楚相饮，相亡璧，意仪盗之，掠笞数百。后仪既相秦，为檄告楚相曰："吾从汝饮，不盗汝璧；善守汝国，我且盗汝城。"

《汉书》曰：申屠嘉为丞相，邓通在上旁怠慢。嘉奏事，因言曰："陛下幸爱群臣，则富贵之，至于朝廷之礼，不可以不肃。"上曰："君勿言，吾私之。"罢朝，嘉为檄召通，曰："不来且斩。"通恐，又言于上。上曰："速往，吾令召汝。"通至丞相府，免冠徒跣，顿首谢嘉。嘉不为礼，责曰："朝廷者，高帝之朝廷也。通，小臣戏殿上，大不敬，当斩决。"敕史令行斩之。通顿首血出不解，文帝度嘉已困通，持节召通，而谢嘉曰："此吾弄臣，君释之。"

《东观汉记》曰：光武数召诸将，置酒，赐坐席之间，以要其死力。当此之时，贼檄日以百数，忧不可胜。上犹以余间讲经艺。

又曰：庐江毛义，性恭俭谦约，家贫，以孝行称。南阳张奉闻其名，往候之。坐有顷，府檄到，当守令，义摄檄，持入白母，喜甚。事具孝门。

《后汉书》曰：耿恭为戊已校尉，移檄乌孙，示汉威德。大昆弥已下皆喜，遣使献名马。

又曰：隗嚣，故宰府掾吏，善为文书，每上移檄，士大夫莫不讽诵。

《魏书》曰：陈琳作檄，草成，呈太祖。太祖先苦头风，是日疾发，卧读琳所作，翕然而起，曰："此愈我疾病。"太祖平邺，谓陈琳曰："君昔为本初作檄书，但罪孤而已，何乃上及父祖乎？"琳谢曰："矢在弦上，不得不发。"太祖爱其才，不咎。

又曰：刘放善为书檄，三祖诏命，有所招喻，多放之所为。

《张华别传》曰：驾西征锺会，次长安。华兼中书侍郎，从行，掌军中书、疏、檄文，帝善之。

《晋书》曰：易雄，长沙人也。为舂陵令。刺史谯王承既拒王敦，将谋起兵以赴朝廷。雄承符驰檄远近，列王敦罪。西城陷，为其所虏，意气慷慨，神色无怍。送到武昌，敦遣人持檄示雄，而数之。雄曰："此实有之，惜雄位微力弱，不能救国之难。王室如毁，安用生为？今日即戮，得作恶鬼，乃所愿也。"敦惮其辞正，释之。众人皆贺，雄笑曰："昨夜梦乘车，挂肉其傍。夫肉必有筋，筋者，斤也。车傍有斤，吾其戮乎！"寻而敦遣杀之。当时见者，无不伤惋。

又曰：张轨为凉州刺史时，晋昌张越，凉州大族，谶言"张氏霸凉"，自以才力应之。越初为梁州刺史，而志在凉州。遂托病归河西，而阴谋代轨。乃遣兄镇及曹祛、曲佩移檄废轨。轨遣主簿奉表诣阙，将归老宜阳。长史王融、参军孟畅蹋折镇檄，排阁入谏，轨默然从之。

又曰：元帝遣扬威将军甘卓、建威将军郭逸攻周馥于寿春。安丰太守孙惠卿众应之，使谢擒为檄。擒，馥之故将。馥见檄，流涕曰："必谢擒之辞。"擒闻之，遂毁草。旬日，馥众溃。

《续晋阳春秋》曰：何毋忌母，刘牢之姊也。无忌与高祖谋，夜于屏风里制檄文。母潜于屏风上窥之，既知其谋，大喜，谓曰："汝能如此，吾仇耻雪矣！"

《嵇氏世家》曰：含字君道，为中书郎。书檄云集，含不起草。

《北齐书》曰：高祖西讨，命中外府司马李义深、知相府城局李士略共作檄文。二人皆辞，请以孙搴自代。高祖引搴入帐，自为吹火，催促之。搴援笔立成，其文甚美。高祖大悦，即署相府主簿，专典文笔。

《梁书》曰：元帝擒宋子仙及丁和，送之江陵，并下于狱。子仙檄湘东曰："既瞎且尰，尔勇伊何？"即书记沈炯之文也。有司焚毁，湘东弗知。僧辨购炯，获之，酬钱十万。炯既不敢谒见，遂谄事于僧辨。自此，军书咸出于炯。

又曰：伟玉，洛阳人也。学通《周易》。尝在淮阳，赋诗曰："平明听战鼓，薄暮叙存亡。楚汉方龙斗，秦关阵未央。"既至江陵，系之于狱，以诗赠湘东孌人，曰："赵壹能为赋，邹阳解献书。何惜西江水，不救辙中鱼。"又上五十韵诗，以希不死。湘东爱其词翰，犹欲未诛。左右嫉之，乃曰："伟前作檄文，言词不顺。"湘东所视，其檄云："项羽重瞳，尚有乌江之败；湘东一目，宁为赤县所归。"湘东大怒，钉其舌于柱，剜其脐，抽其肠出，乃斩之。

《陈书》曰：赵知礼涉猎文史，善书翰。武帝之讨元景仲也，或荐之，引为记室。知礼涉文赡速，每召制书，下笔便就，率皆称旨。

又曰：顾野王博识洽闻，侯景之寇，郡将衣君正举兵赴援，文檄皆以委之，口占便就，未尝立草。

《国朝传记》曰：元万顷初为契苾何力征高丽，管记作檄书云："不知守鸭绿之险"，莫离支报云："谨闻命矣。"遂移兵固守。官军不得入，万顷坐流岭南。

《唐书》曰：李巨川为华州掌书记，时李茂贞犯京师，天子驻跸于华。韩建以一州之力供亿万乘，恐其不济，遣巨川传檄天下，请助转饷，同臣王室，完葺京城。西方书檄，酬报辐辏。巨川洒翰陈叙，文理俱惬。昭宗深重之。时巨川之名，闻于天下。

移

《文心雕龙》曰：移者，易也，移风易俗，令往而人随者也。相如之《难蜀老》，文晓而喻博，有檄移之骨焉。词刚而义辨，文移之首也。陆机之《移百官》，言简而事显，武移之要者也。故檄移为用，事兼文武，其在金革，则逆党用檄，顺众资移。所以洗濯民心，坚明符契，意用小异，而体大同也。

《汉书》曰：刘歆字子骏。成帝时与父尚俱领校书，讲六艺、传记。后王莽篡位，为京兆尹。哀帝时，与五经博士讲论，诸儒博士不肯置对。歆因移书太常博士。

《后汉书》曰：韩馥见民情归袁绍，忌方得众，恐将图已，尝遗从事守绍门，不听发兵。桥瑁乃诈为三公移书，传驿州郡，说董卓罪恶，企望义兵以释国难。馥于是方听绍举兵。

《齐书》曰：孔稚珪字德璋，会稽人也。周彦伦隐于北山，后应诏出为盐官令，欲过北山，乃假山灵之意，移文于北山。

《三国典略》曰：卫襄字叔辽，河东人。修行至孝，州郡嘉之。时有白波贼众数万人，官兵诛伐不能平。贼曰："使叔辽要我，愿散。"于是襄为移书，即平定。

王隐《晋书》曰：毛宝据邾，城陷，宝尸沉江不出。戴洋移告河伯，死尸立出。

梁《裴子野传》曰：普通七年，大举北侵，敕子野为移魏文，受诏立成。武帝以其事体大，召尚书仆射徐勉、太子詹事周舍、鸿胪卿刘之遴、中书侍郎朱异集寿光殿以观之。时并叹服。武帝目子野曰："其形虽弱，其文甚壮。"敕为书喻相元义。其夜受旨，子野谓可待旦方奏，未之为也。及五鼓，敕催令遣上。子野徐起，操笔撰之，昧爽便就。人奏，武帝深嘉焉。自是，凡诸符檄皆令具草。子野为文，典而速，不尚靡丽，制多法之，古与今文体异。当时或有诋诃者，及其末，翕然重之。或问其文速者，子野答言曰："云人皆成于手，我独成于心。"

露布

《文心雕龙》曰：露布者，盖露板不封，布诸视听也。

《后汉书》曰：鲍永为司隶校尉，子昱复拜焉。后诏昱诣尚书，使封胡降檄。光武遣小黄门问昱有所怪不，对曰："臣闻故事，通官文书不著姓，又当司徒露布，怪使司隶下书而著姓也。"帝报曰："吾故令天下知忠臣之子复为司隶也。"

《后魏书》曰：邢峦从征汉北，峦后至。高祖曰："至此以来，未擒灭。城隍土崩想在不远，所以缓攻者，正待中书为露布耳。"

又曰：高祖为叹曰："上马能击贼，下马作露板，唯傅修耳。"

《魏书》曰：高祖车驾南伐，以韩显宗统大军，破萧鸾军，斩其将高法援等。显宗至新野，高祖曰："卿破贼斩帅，殊益军势。朕方攻坚，何为不作露布也？”显宗曰：“臣顷闻王肃获贼二三匹驴马，皆为露布。臣布东亲私每哂之。近虽仰凭威灵，得摧丑虏，斩擒不多，脱复高曳长缣，虚张功捷，尤而效之，其罪弥甚。所以敛毫卷帛，解上而已。”

又曰：彭城王勰从征齐军，帝令勰为露布。“露布者，布于四海，露之群臣，以臣小才，岂是大用？”帝曰：“汝亦才达，但可为之。”及就，尤类帝文，人咸谓御笔。帝曰：“非兄即弟，谁能辨之？”勰对曰：“子夏被嗤于先圣，臣又荷责于今来。”

《后周书》曰：宇文神举。幽州人卢昌期、祖英伯等聚众据范阳反，诏神举率兵讨擒之。齐黄门侍郎卢思道亦在反中，贼平见获，解衣将伏法。神举素钦其才名，乃释而礼之，即令草露布。其待士礼贤如此。

又曰：周人吕思礼好学有文才，虽务兼军国，而手不释卷。昼理政事，夜则读书。令苍头执烛，烛烬夜有数升。沙苑之捷，命为露布，食顷使成。周文叹其工而速。

《北齐书》曰：杜弼从高祖破西魏于邙山，命为露布。弼即书绢，曾不起于草。

《世说》曰：桓武北征时，哀虎从，被责免官。会须露布文，唤袁倚马前令作，手不蹔辍，俄顷得七纸，殊可观。王东亭亦在侧，绝叹其才。

《国史补》曰：李晟破朱泚，德宗览收城露布，云：“臣已肃清宫禁，祗谒寝国，钟簴不移，庙貌如故。”上感涕失声，左右六宫皆呜咽。论者以国朝捷书露布，无如此者，于公异之词也。公异后为陆贽所忌，诬以家行不至，赐《孝经》一卷，壈坎而终。

太平御览卷第五百九十八　文部十四

符

《说文》曰：符，信也。汉制以竹，长六寸，分而相合。

《释名》曰：符，付也。书所敕命于上，付使传行之。

《文心雕龙》曰：符者，孚也。征召防伪，事资中孚。三代玉瑞，汉世金竹。末代从省，代以书翰矣。

《史记》曰：秦昭王破赵长平，又进围邯郸。魏昭王之子无忌号信陵君，其姊为赵惠文王弟平原君夫人。平原君数遗公子书，请救于魏。魏王使将军晋鄙将十万众救赵，实持两端以观望。平原君使者相属，谓公子曰："今邯郸旦暮降秦，魏救不至，独不怜公子姊也？"公子患之，过侯嬴问。屏人语曰："嬴闻晋鄙兵符常在王卧内，而如姬最幸，力能窃之。嬴闻如姬父为人所杀，公子使客斩其仇头敬进如姬，姬为公子死无所辞。公子诚一开口，以请如姬，姬必许诺。"公子从其计。如姬果盗晋鄙兵符与公子。遂矫魏王令，夺晋鄙兵进击秦，秦军遂解。

又曰：吕不韦说华阳夫人，请立子楚。夫人然之。承太子间，从容言子楚质于赵者绝贤，来往者皆称誉之。乃涕泣曰："妾幸得充后宫，不幸无子。愿得子楚立以为嫡嗣，以托妾身。"安国君许之。乃与夫人刻玉符，约以为嫡。

《汉书》曰：文帝二年九月初与郡守相为铜虎竹使符。应劭曰：银虎符第一至第五，国家当发兵，遣使者郡合符，符合乃听之。竹使以箭五枚，长五寸，镌刻篆书第一至第五。张晏曰：符以代古之圭璋，从简易。终军从济南尝诣博士，步入关，关吏与军繻，张晏曰：繻音须。繻，符也。书帛裂而分之，若券契矣。臣瓒以为汉出入关用传，犹今之过所。军弃繻而去。后为使，建节出关。关吏识之，曰："此使者，乃前弃繻生也。"

《后汉书》曰：初，禁网尚简，但以玺书发兵，未有虎符之信。杜诗上疏曰："臣闻兵者国之凶器，圣人所慎。旧制发兵以虎符，其余征调，竹使而已。符竹未合会取为大信，所以明著国命，敛持威重也。间者，发兵但用玺书，或以诏令。如有奸人诈伪，无由知觉。愚以为军旅尚兴，贼虏未殄，征兵郡国，宜有重慎。可立虎符，以绝奸端。昔魏之公子，威倾邻国，犹假兵符以解赵围。若无如姬之仇，则其功不显。事有烦而不可省，费而不得已，盖谓此也。"书奏，从之。

《汉记》曰：延熹五年，长沙贼起，攻没苍梧，取铜虎符。太守甘定、刺史侯辅各奔出城。

又曰：郭丹字少卿，初之长安，买符以入函谷关。叹曰："丹不乘使者车，终不出关。"后果如本心。

赤眉欲立宗室，以木札符书曰"上将军"，与两空札置笥中。大集会三老、从事，令刘盆子等三人居中央。一人奉符，以年次探之。盆子最幼，探得将军，三老等即皆称臣。

《隋书》曰：高祖颁青龙符于东方总管、刺史，西方以驺虞，南方以朱雀，北方以玄武。又颁木鱼符于总管、刺史，雌一雄一。又颁木鱼符于外官五品已上。

炀帝顾谓樊子盖曰："朕遣越王留守东都，示以皇枝盘石。社稷大事终以委公，特宜持重甲五百人而后出，此亦勇夫重闭之义也。无赖不轨者，便诛锄之。凡可以施行，无劳形迹。今为公别造玉麟符以代铜兽。"

《列女传》曰：楚昭贞姜者，齐侯之女，楚昭王之夫人也。昭王，平王子，昭王珍也。昭王出游，留夫人渐台而上之去。渐台，水上之台。王闻江水大，遣使者迎夫人，忘持符。使者至，请，夫人曰："王召宫人皆以符令，使者不持符，妾不敢从使者而行。"使者反取符未还，则大水至，台驰坏，夫人流而死。王曰："嗟乎，夫守义死不为苟，处约持信，以成其贞。"乃号曰"贞姜"。

契券

《释名》曰：券，绻也，相约束绻，绻为限以别也；大书中央破别之。契，刻也，刻识其数也。

《说文》曰：券，契也。别之书以刀刻其旁也，故曰契也。

《汉书》曰：高祖微时，好酒及色。从王媪、武负贳酒，时饮醉卧。武负、王媪见其上有怪。高祖每酤留饮，酒雠数倍。及见怪，岁竟，两家常折券弃责。以简牍为契券。既不征索，故折毁之，弃其所负也。

《楚汉春秋》曰：高帝初，侯者皆书券曰："使黄河如带，泰山如砺，汉有宗庙，无绝世也。"

《东观汉记》曰：樊重字君云，南阳人。家素富。外孙何氏兄弟争财，重耻之，以田二顷解其忿。县中称美，推为三老。年八十余终。其所假贷人间数百万，遗令焚削文契。债家闻者皆惭，争往偿之。诸子从敕，竟不肯受。

《晋书》曰：诸王官司徒吏应给职使者，每岁先计，偕文书上道。五十日宣敕，使使各手书书定，见破券。诸送迎者所受，郡别校数写朱券为簿集上。

《宋书》曰：顾绰，觊之子也。有私财甚丰，乡里士庶多负债。觊之禁不能止。及觊之为吴郡太守，出文券一大厨，悉令焚之，宣言远近，皆不须还。绰叹懊弥日。

《唐书》曰：太宗时，东谢渠帅来朝。东谢者，南蛮之别种也。在黔安之东，地方千里，其俗无文书，刻木为约。

又曰：罗让为福建观察使兼御史中丞，甚著仁惠。有以女奴遗让者，让问其所，因者曰：本某处家人，兄姊九人，皆为官所卖，其留者唯老母耳。让惨然焚其券书，以女奴归其母。

《梦书》曰：券契为有信，梦得券契，有信士也。

《文心雕龙》曰：契者，结也。上古纯质，结绳执契。今羌胡征数负贩，其遗风也。

又曰：券者，束也，明白约束。约束以备，情伪自形半分，故周称判书。古有铁券，以坚信誓。王褒髯奴，则券之谐也。

《战国策》曰：孟尝君使冯驩收责于薛，曰："责毕，市吾家所寡者。"冯驩召民，毕集，以责赐民，因烧其券。还见孟尝君曰："君家所寡者，义也。臣窃矫命，舍责以赐民，此为君市义也。"

魏子曰：仲尼无券契于天下，而德著于古今，善恶明也。

王褒《僮约》曰：蜀郡王子渊，以事到湔，寡妇杨惠舍。惠有夫时奴名便了，子渊倩奴行酤酒。便拽大杖上冢颠曰："大夫买便了时，但要守家，不要为它人男子酤酒。"子渊大怒曰："奴宁欲卖邪？"惠曰："奴父讶人，人无欲者。"子渊即决买，券之。奴复曰："欲使皆上券，不上券便不能为也。"子渊曰："诺。"券文曰："神爵三年正月十五日，资中男子王子渊，从成都安志里女子杨惠买亡夫时户下髯奴便了，决贾万五千。奴当从百役使，不得有二言。晨起早扫，食了洗涤，浚渠缚落，锄园斫陌，杜髀埤地，刻大枷，屈竹作杷，削治鹿卢。居当穿臼缚帚，栽芋凿斗，织履作鹿，黏雀张乌，结网捕鱼，种姜养羊，长育豚驹。二月春分，披椶种瓜作音昨瓠别茄，披葱，焚槎发芋。鸡鸣起舂，鱼落三重，调治马驴，涤杯整案，园中拔蒜，斫苏切脯。饮酒裁得染唇渍口，不得倾杯覆斗；用钱，推纺垩，贩椶索，绵亭，买席，往来都落，当为妇女求脂泽；转出旁蹉，牵犬贩鹅；武都买茶，杨氏池中掘荷；入市不得夷蹲旁卧，恶言丑骂；椶栟榈也。皮可为绳作也。音凿。蜀土收芋皆窖藏之，至春乃发。马户，水门也。蜀每落流水养鱼，欲食乃取之。纺垩，白墡地。蹉，市名。武都县出名茶，杨氏池出好。多作刀矛，持入益州，货易牛羊，自教精慧，不得痴愚；持斧入山，断輮裁辕，若有余残，当作俎几、木屐及彘盘；焚薪作炭，石礨薄岸，治舍盖屋，削书伐牍，日暮欲归，当送干薪两三束；四月当披，九月当获，十月拔豆，抡麦窖芋，南安拾栗、采橘，持车载辏，多取蒲茅，盖作绳索；两堕所无，为当编蒋、织薄，植种桃、李、梨、柿、柘、桑，三丈一树，八树为行，果类相从，从横相当；果熟收敛，不得吮尝；犬吠当起，惊告邻里，枨门柱户，上楼击鼓，持盾曳矛，还落三周；勤心疾作，不得遨游；奴老力索，种莞织席，事讫休息，当舂一石；夜半无事，浣衣当白；若有私钱，主给宾客，奴不得有奸私，事当关白，奴不听教，当笞一百。”读券文适讫，辞穷诈索，仡仡叩头，两手自缚，目泪下落，鼻涕长一尺。审如王大夫言，不如早归黄土陌，丘蚓钻额。早知当尔，王大夫酤酒，真不敢作恶也。輮，车辋也。礨石竹笼盛石以薄岸也。豕盘，猪槽也。南安县出摽仑。麦，种麦也。十月民输租载辏有利也。汉时官不禁报怨，民家皆作高楼致其上，有急则上楼，击以告邑里令救助也。

石崇《奴券》曰：余元康之际，至在荥阳东住，闻主人公言声大高。须臾，出趣吾车，曰：“公府当怪吾家哓哓邪？中买得一恶羝奴，名宜勤。身长九尺余，力举五千斤，挽五石力弓，百步射钱孔。言读书，欲使便病。日食三斗米，不能奈何。”吾问公卖不，公喜，便下绢百匹。闻请吾曰：“吾胡王子，性好读书。公府事一不上券，则不为。”公府作券文曰：“取东海巨盐，东齐羝羊，朝歌浦荐，八板䑮床；真之安邑，梨栗之乡，常山细缣，赵国之编，许昌总沙房之绵。作车当取高平荚榆之毂，无尾髑髅之状，太良白槐之辐，茱萸之辋。河东乱栟桑辕，太山桑光长安，双入白乌钉锁，巧手出于上方。见好弓材，可斫千张。山阴青槻，乌皞柘桑。张金好墨，过市数之蠡。并市豪笔备郎写书。皞角愤道，金案玉碗。宜勤供笔，更作多辞。”乃敛吾绢而归。

《邵氏家传》曰：邵仲金好赈施。年八十一，临卒，取其贷钱物书券，自于目前焚之，曰：“吾不能以德教子孙，不欲复以贿利累之。”及贷者还钱，子孙不受，曰：“不能光显先人，岂可伤其义乎？”

铁券

《东观汉记》曰：桓帝延熹八年，妖贼盖登称太皇帝，有璧二十，珪五，铁券十一。后伏诛。

《晋中兴书》曰：初，闵帝在关中，与氐羌破铁券，约不役使。

又曰：应詹督天门等郡。天门、武陵溪蛮并反，詹诛其魁帅，余皆当降。自元康以来，政令不洽，溪蛮怀化，数郡无忧。其后州郡所有败，唯詹独保之一境。

《三国典略》曰：梁任果降同。果字静蛮，南安人也。世为方隅豪族，仕于江左，志在立功。太祖嘉其远来，待以优礼。后除始州刺史，封乐安公，赐以铁券，听世传袭。

又曰：侯景围台城，陈昕说范桃棒，令率所领二千人袭杀王伟、宋子仙，带甲归降，桃捧许之。使昕夜入官城，密启梁主。梁主大悦，使命纳之，并镌银券赐桃捧，曰："事定日当封汝为河南王。即有景众，并给金帛女乐，以报元功。"而太子恐其诡诈，犹豫不决。

《隋书》曰：李穆累以军功进爵为伯。从太祖击齐师于郎山，太祖临阵坠马，穆突围而进，以马策击太祖而詈之，授以从倚，溃围俱出。贼见其轻侮，谓太祖非贵人，遂缓之。以故得免。即而与穆相对泣，顾谓左右曰："成我事者，其此人乎？"即令抚慰关中，所至克定，擢授武卫将军，赐以铁券，恕其十死。

又曰：越王侗立，以段达为纳言、右翊卫大将军，摄礼部尚书，王世充亦纳言、左翊卫大将军、摄吏部尚书，元文都内史令、左骁卫大将军，卢楚亦内史令，皇甫无逸兵部尚书、右武卫大将军，郭文懿内史侍郎，长文黄门侍郎，委以机务，为金书铁券，藏之宫掖。于时洛阳称段达等为七贵。

《唐书》曰：李怀光既解奉天之围，不获朝见，因大怒。德宗遣中使谕旨，加太慰，赐铁券。怀光怒甚，投券于地曰："人臣反则赐铁券，今赐怀光，是使反也。"上遂幸梁州。

过所

《释名》曰：过所，至关津以示之。或曰：传，传也，转移所在，识以为信也。

《史记》曰：宁成为右内史，外戚多毁成之短，抵罪髡钳。是时，九卿罪死即死，少被刑。而成极刑，自以不复收，于是解脱，诈刻传出关归家。

《汉书》曰：文帝十三年，诏除关无用传。张晏注曰："传，信也。若今过所。"李奇曰："传，棨也。"颜师古曰："或用棨，或用缯帛。棨者，刻木为合符。"

《魏略》曰：仓慈为敦煌太守，胡欲诣国家，为封过所。廷尉决事曰："廷尉上广平赵礼诣雒治病。博士弟子张策门人李臧赍过所诣洛。还，责礼冒名渡津。平裴谅议礼一岁半刑，策半岁刑。"

《晋令》曰：诸渡关及乘船筏上下经津者，皆有所写一通，付关吏。

零丁

《齐谐记》曰：国步山有庙，又一亭。吕思与少妇投宿，失妇。思逐觅，见一大城，厅事一人，纱帽冯几。左右竞来击之，思以刀斫，计当杀百余人，余者便乃大走。向人尽成死狸。看向厅事，乃是古始大冢。冢上穿，下甚明，见一群女子在冢里，见其妇如失性人，因抱出冢口，又入抱取于先女子，有数十。中有通身已生毛者，亦有毛脚、面成狸者。须臾天晓，将妇还亭。亭吏问之，具如此答。前后有失儿女者，零丁有数十。吏便敛此零丁，至冢口，迎此群女，随家远近而报之，各迎取。于此后一二年，庙无复灵。

戴良字文让，失父，零丁曰："敬白诸君行路者，敢告重罪自为积恶，致灾交天困我，今月七日失阿爹。念此酷毒可痛伤，当以重币缯用相赏，请为诸君说事状：我父躯体与众异，脊背伛偻卷如胾，唇吻参差不相值。此其庶形何能备？请复重陈其面目：鸱头鹄颈猎狗，眼泪鼻涕相追逐，吻中含纳无牙齿，食不能嚼左右蹉，似西域骆驼。请复重陈其形骸：为人虽长甚细材，面目芒苍如死灰，眼眶臼陷如米䉛杯。"

太平御览卷第五百九十九 文部十五

品量文章

《后周书·薛寘传》曰：前中书监卢柔，学业优深，文藻华赡，而寘与之方驾，故世号曰“卢薛”焉。

《梁书》曰：何逊文章与刘孝绰并见重，时谓之何刘。梁元帝著论云：“诗多而能者，沈约；文少而能者，谢朓、何逊。”

《三国典略》曰：刘逖字子长，少好弋猎骑射，后发愤读书，颇工诗咏。行台尚书席毗尝嘲之曰：“君辈词藻，譬若春荣，须臾之玩，非宏材也。岂比吾徒，千丈松树，常有风霜，不可雕悴。”逖报之曰：“既有寒木，又发春荣，何如也？”毗笑曰：“可矣！”

《唐书》曰：富嘉谟，雍州武功人也。举进士，长安中。累转晋阳尉。与新安吴少微友善，同官。先是，文士撰碑颂皆以徐庾为宗，气调渐劣。嘉谟与少微属词皆以经典为本，时人钦慕之，文体一变，称为“富体”。嘉谟作《双龙泉颂》、《千烛谷颂》，少微撰《崇福寺钟铭》，词最高雅，作者推重。

张鷟字文成，凡八登甲科。员外郎员半千谓人曰：“张子之文如青铜钱，万选万中，未闻退时。”时流重之，目为“青钱学士”。

杨盈川，华州华阴人。少与绛州王勃、范阳卢照邻、东阳骆宾王皆以文词知名，海内称为“王杨卢骆”，亦号为“四杰”。炯闻之，谓人曰：“吾愧在卢前，耻居王后。”当时议者亦以为然。其后崔融、李峤、张说皆为一时宗匠，崔、李尝曰：“王勃文章宏逸，有绝尘之迹，固非常流所及；炯与照邻则可企而致，盈川之言不信矣。”张说谓人曰：“杨盈川之文，如悬河注水，酌之不竭。既优于卢，亦不减王。耻居王后则信然，愧在卢前为误矣。”

李华善属文，与兰陵萧颖士友善。华举进士时，著《含元殿赋》

万余言，颖士见而赏之，曰："《景福》之上，《灵光》之下，华文体温丽，少宏杰之气。"颖士词锋俊发，华自以所业过之，乃为《祭古战场文》，熏污之如故，置于佛书之阁。华与颖士因阅佛书得之，华谓之曰："此文何如？"颖士曰："可矣。"华曰："当代秉笔者，谁及于此？"颖士曰："君稍加精思，便可及此。"华愕然。

又曰：元和词人元稹论杜子美之诗："盖所谓上薄《风》《骚》，下该沈、宋，古夺苏、李，气吞曹、刘，掩颜、谢之孤高，杂徐、庾之流丽，尽得古今之体势，而兼人之所独专矣。则诗人已来，未有如子美者。是时山东人李白亦以文奇取称，时人谓之'李杜'。予观其壮浪纵恣，摆去拘束，模写物象，及乐府歌诗，诚亦差肩于子美矣。至若铺陈终始，排比声韵，大或千言，次犹数百，词气豪迈而风调清深，属对律切而脱弃凡近，则李尚不能历其藩翰，况堂奥乎？"

魏文帝《典论》曰：文人相轻，自古而然。傅毅之于班固，伯仲之间耳，而固小之。与弟超书曰："武仲以能属文为兰台令史，下笔不能自休。"夫人善于此自见，而文非一体，鲜能备善，是以各以所长，相轻所短矣。里谚曰："家有弊帚，享之千金。"斯不自见之患也。今之文人，鲁国孔融文举，广陵陈琳孔璋，山阳王粲仲宣，北海徐翰伟长，陈留阮瑀元瑜，汝南应玚德琏，东平刘桢公干，斯七子者，于学无所遗，于辞无所假，咸自以骋騄骥于千里，仰齐足而并驰。以此相服，亦良难矣。盖君子审己以度人，故能免于斯累而作论文。王粲长于辞赋，徐翰时有逸气，然粲之匹也。如粲之《初征》《登楼》《槐赋》，翰之《玄猿》《漏卮》《员扇》《橘赋》，虽张、蔡不足过也。然于它文，未能称是。琳、瑀之章、表、书、记，今之俊也。应玚和而不壮，刘桢壮而不密。孔融体气高妙有过人者，然不能持论，理不胜辞；至于杂以嘲戏，及其时有所善，杨、班之俦也。常人贵远贱近，向声背实，又患暗于自见，谓己为贤。夫文本同而末异，盖奏议宜雅，书论宜理，铭诔尚实，诗赋欲丽。此四科不同，故能之者偏也。唯通才能备其体。文以气为主，气之清浊有体，不可力强而致。譬诸音乐，曲度虽均，节奏同检，至于引气不齐，巧拙有素，虽在父兄，不能以移子弟。盖文章经国之大业，不朽之盛事，年寿有时而尽，荣乐止乎其身，二者必至之常期，未若文章之无穷。是以古之作者，寄身于翰墨，见意于篇籍，不假良史之辞，不托飞驰之势，而声名自传于后。故西伯幽而演《易》，周旦显而制《礼》，不以隐约而不务，不以康乐而加思。夫然，则古人贱尺璧而重寸阴，惧乎时之过已。而人多不强力，贫贱则惧于饥寒，富贵则流于逸乐，遂营目前之务，而遗千载之功，日月逝于上，体貌衰于下，忽然与万物迁化，斯亦志士大痛也。融等已逝，唯幹著论，成一家之言。

傅子曰：或问刘歆、刘向孰贤，傅子曰："向才学俗而志中，歆才学通而行邪。《诗》之《雅》《颂》，《书》之《典》《谟》，文质足以相副，玩之若近，寻之益远，陈之若肆，研之若隐，浩浩乎其文章之渊府也。"

李充《翰林论》曰：潘安仁为文也，犹翔禽之羽毛，衣被之绡縠。

《抱朴子》曰：世谓王充一代英伟，所著文时有小疵，犹邓林枯枝，沧海流芥，未易贬者。

又曰：欧阳生曰："张茂先、潘正叔、潘安仁文远过二陆。"

又曰：张、潘与二陆为比，不徒骤步之间也。欧阳曰："二陆文词，源流不出俗检。"

又曰：秦时不觉无鼻之丑，阳翟憎无瘿之人。陆君深疾文士放荡流遁，遂往不为虚诞之言，非不能也。陆君之文，犹玄圃之积玉，无非夜光也。吾生之不别陆文，犹侏儒测海，非所长也。

叹赏

《晋书》曰：张载为《蒙汜池赋》，司隶校尉傅玄见而嗟叹，以车迎之，言谭尽日，为之延誉，遂知名。

又曰：张华字茂先。阮籍见华《鹪鹩赋》，许以王佐之才，中书郎成公绥亦推华文义胜己。

陆机弟云尝与机书云："君苗见兄文，辄欲烧其笔砚。"后葛洪著书称机文犹"玄圃之积玉，无非夜光焉；五河之吐流，源如一焉。其弘丽妍赡，英锐源逸，亦一代之绝乎！”

《南史》曰：王筠字元礼。善属文。沈约每见其文，常咨嗟，谓曰：“昔蔡伯喈见王仲宣曰：‘吾家书籍，悉当相与。’仆虽不敏，请附斯言。”筠尝以诗呈约，报书叹咏，以为后进擅美。约又尝谓筠叔志曰：“贤弟子文章之美，可谓后来独秀。”

又曰：谢朓好奖人才。会稽孔闓粗有文笔才，未为时人所知。孔稚珪尝令草让表以示朓，朓嗟吟良久，手自折简写之，谓珪曰：“士子声名未立，应共奖成，无惜齿牙余论。”其好善如此。

吴均《齐春秋》曰：丘灵鞠善属文，宋孝武殷贵妃亡，灵鞠上挽歌诗云：“云横广陌暗，霜深高殿寒。”帝摘句咨嗟赏之，即转为新安王北平中郎中参军。

《唐书》曰：封敖为翰林学士，拜中书舍人。敖构思敏速，语近而理胜，不务奇涩。武宗深重之。尝草《赐阵伤边将诏》警句云：“伤居尔体，痛在朕躬。”帝览而善之，赐之宫锦。李德裕在相位，定策破回鹘，诛刘稹。议兵之际，同列或有不可之言，唯德裕筹计相画，竟立奇功。武宗赏之，封卫国公守太尉。其制语有“遏横议于风波，定奇谋于掌握，逆稹盗兵，壶关昼鏁，造膝嘉话，开怀静思，意皆我同，言不它惑。”制出，敖往庆之。德裕口诵此数句，抚敖曰：“陆生有言，所恨文不迨意。如卿此语，秉笔者不易措言。”坐中解其所赐玉带以遗敖，深礼重之。

又曰：冯定为太常少卿。文宗每临乐鄗郑、卫，诏奉常习开元中《霓裳羽衣舞》，以《云韶》乐和之。定统乐，立于庭。文宗以其端凝若植，问其姓氏。翰林学士李珏奏定之名。文宗喜问曰：“岂非能为古章句者耶？”遂召升阶，文宗自吟《送客西江》诗，吟罢益喜，因锡以禁中瑞锦，仍令大录所著古体诗以献。

《世说》曰：孙兴公作《天台赋》成，以示范荣期，曰：“卿试掷置地，要作金石之声。”范曰：“恐子之金石非宫商中声。”然每至佳句，辄云：“应是我辈语。”

又曰：左思字太冲。作《三都赋》，时人互有讥訾。思意不甚惬。

后示张华，曰："此二京可三，然君文未重于世，宜以示高名之士。"思乃请序于皇甫谧。谧见之嗟叹，遂为作序。于是先相訾者莫不敛衽赞述焉。

又曰：庾仲初作《杨都赋》成，呈庾亮。以亲族之怀，大为其名价，云："可三《二京》，四《三都》。"于是人人竞写，都下纸为之贵。

《颜世家训》：刘孝绰当时既有重名，无所与让，唯服谢咏。置几案，动辄讽吟，味其文。

改易

《语》曰：为命，裨谌草创之，世叔讨论之，行人子羽修饰之，东里子产润色之。

《汉书》曰：皃宽善属文。张汤为廷尉，廷尉府尽用文史法律之吏，而宽以儒生在其间。见谓不习事，不署曹，除为从吏，之北地租畜数年。还至府，上畜簿。会廷尉时有疑奏已再见却矣，掾吏莫知所为。宽言其意，掾吏因使宽为奏。奏成，读之皆服，以白廷尉张汤。汤大惊，召宽与语，乃奇其材，以为掾。上宽所作奏，即时得可。异日汤见，上问曰："前奏非俗吏所及，谁为之者？"汤言皃宽，上曰："吾固闻之久矣。"汤由是向学，以宽为奏谳掾。

《晋书》曰：袁宏从桓温北伐，又作《北征赋》，皆其文之高者。尝与王珣、伏滔读其《北征赋》，至闻"所传于相传，云获麟于此野，但灵物以瑞德，奚受体于虞者？究尼父之恸哭，似实恸而非假，岂一性之足伤，乃致伤于天下"，至此便改韵。珣云："此赋必传千载，无容率尔。今于'天下'之后便移韵结事，然于写送之致，似未为尽。"桓温曰："卿思益之。"宏应声曰："感不绝于予心，愬流风而独写。"珣讽味久之，谓滔曰："当今文章之美，当共推此生。"

《宋书》曰：王诞字茂世，有才藻。晋孝武帝崩，从叔尚书令珣为哀策，出本示诞曰："犹少叙节物一句。"诞便揽笔益之，接其"秋冬代变"云："霜繁广除，风回高殿。"询叹美，因而用之。

《齐书》曰：张融作《海赋》，文词诡激，独与众异。后以示镇军将军徐觊之，觊之曰："卿此赋实超玄虚，但恨不道盐耳。"融即求笔注曰："漉沙构白，熬波出素，积雪中春，飞霜暑路。"

《齐书·刘绘传》曰：鱼复侯子响诛，豫章王嶷欲求葬之，召绘为表，须臾便成。嶷叹曰："祢衡何以过此！"唯足八字文：提携鞠养，俯见成人。

《后魏书》：高祖尝宴侍臣于清徽堂，遂令黄门侍郎崔光读暮春群臣应诏诗，至彭城王勰诗，高祖仍为改一字，曰："昔祁奚举子，天下谓之至公。今见勰诗，始知中令之举非私也。"勰曰："臣露此掘才，见本朝之私。赖蒙神笔赐刊，得有令誉。"高祖曰："虽雕琢一字，犹是王之本体。"勰曰："臣闻诗一言可蔽，今陛下刊以一字，足以价等连城。"

《唐书·文苑传》曰：李商隐能为古文，不喜偶对。从令狐楚幕，楚能章奏，遂以其道授商隐，自是始为今体章奏。

《三国典略》曰：齐王在东山饮酒，投杯怒赫，召魏收于前，立为书曰："朕历数在躬，志清四海，蕞尔秦陇，久阻风化，混一之事，期在今日。必当训旅誓众，天动云临。朕已下木汾流，成船晋地，便当躬先将士入玉壁，径掩长安，枭彼凶首。朕与梁国，旧敦好睦，闻其奸计，乃欲规谋。宜令上党王涣，总勒熊熊，星流风卷。王者之言，明如日月，宜宣内外，咸使闻知。"书成，齐王览之，于"凶首"下足九言曰"虽藏山没水，终不纵赦"。于是遣涣南侵。

曹植与杨修书曰：世人之著述，不能无病。仆常好讥弹其文，有不善者，应时改定。昔丁敬礼常作小文，使仆润饰之。仆自以才不过若人，辞不为也。敬礼谓仆："卿何所疑难？文佳丽吾自得之，后世谁相知定吾文者耶？"尝叹此言达，以为美谭。

《世说》曰：司马景王令中书虞松作表，再呈辄不可意，令松更定。松思竭不能改。心存之，形于颜色。锺会察其忧，问松。松悦，以实答。会取为定五字，悦服之，以呈景王。景王曰："不当尔耶，谁所当也？"曰："锺会。向亦欲启之，会公见问。不敢饕其能。"王曰："如此可大用。"令来日平旦入见。王独抚手叹息曰："此真王佐才也。"

诋诃

曹植与杨修书曰：刘季绪才不能逮于作者，而好诋诃文章，掎摭利病。

《晋书》曰：左思字太冲，齐国临淄人也。作《三都赋》，构思十年。门庭藩溷，皆置笔砚，遇得一句，即便疏之。赋成，思恐时人未之见重，先以示皇甫谧。谧称善，为其赋序。陆机入洛，欲为此赋，闻思作之，抚掌而笑，与弟云书曰："此间有伧助庚切作《三都赋》，须其成，当以覆酒瓮耳。"及思赋出，机绝叹服，以为不能加也。遂成当以辍笔焉。

《三国典略》曰：齐有大儒刘画，恨不学属文，方复缉缀作赋一首，名为《六合》，自谓绝伦。魏收谓人曰："赋名'六合'，其愚已甚；及见其赋，又愚于名。"

又曰：邢邵尝云："江南任昉，文体本疏。魏收非直模拟，亦大偷窃。"收闻之，乃言曰："邵常于《沈休文集》里作赋，何意道我偷任语！"任、沈俱有重名，邢、魏各有所好。颜之推尝以二公之意问于祖珽，珽曰："见邢、魏之臧否，即任、沈之优劣。"

又曰：魏收言及《沈休文集》，毁短之。徐之才怒曰："卿读沈文集，半不能解，何事论其得失？"谓收曰："未有与卿谈。"收去避之。

《隋书》曰：高构以老病解职。河东薛道衡才高当世，每称构有清鉴。所有文笔，必先以草呈构，而后出之。构有所诋诃，道衡未尝不嗟伏。

隋庾自直少好学属文，于五言诗尤善。性恭慎，不妄交游，特为所爱。帝有篇章，必先示自直，令其诋诃。自直所难，帝辄改之，至于再三，俟其称善，然后方出。其见亲礼如此。

《唐书·文苑传》曰：天宝末，诗人杜甫与李白齐名。而白自负文格放达，讥甫龌龊，而有"饭颗山"之嘲诮。

《国朝传记》曰：梁常侍徐陵聘于齐。时魏收文学北朝之秀，收录其文集以遗陵，令传之江左。陵济江而沉之，从者以问，陵曰："吾为魏公藏拙。"

太平御览卷第六百 文部十六

思疾

《汉书》曰：枚皋年十七，上书自陈枚乘之子，上得大喜。武帝春秋二十九，乃得皇太子。皋与东方朔作《皇太子生赋》。皋为文疾，受诏辄成；司马相如善为文而迟，故所作少。亦具赋门中。

又曰：淮南王安作《内篇》，新出，上爱，秘之。使作《离骚传》，旦受诏，日食时上。

《魏志》曰：陈思王植年十余岁，读诵诗论及辞赋数万言，善属文。太祖尝视其文，谓植曰："汝倩人耳。"植跪曰："出言为论，下笔成章，愿当面试，奈何倩人？"时铜雀台新成，太祖悉将诸子登台，使各为诗。植援笔立成。太祖异之。文帝尝欲害植，以其无罪，令植七步为诗，若不成，加军法。植即应声曰："煮豆燃豆萁，豆在釜中泣；本是同根生，相煎何太急！"文帝善之。

又曰：王粲善属文，举笔便成，无所改定。人常以为宿构。

《齐书》曰：萧文琰，兰陵人；丘令揩，吴兴人；江洪，音拱济阳人。竟陵王子良尝夜集学士，刻烛为诗，四韵者刻一寸，以此为率。文琰曰："顿烧一寸烛，成四韵诗，何难之有？"乃与丘令揩、江洪等共打铜钵立韵，响灭则诗成，皆可观览。

又曰：高祖目裴子野曰："其形甚弱，其文甚壮。"俄又敕为书喻，魏相文其夜受旨，子野谓可待旦方奏，未之为也。及五鼓，敕促令送上，子野徐起操笔，昧爽便就。既奏，高祖深嘉焉。自是凡文檄皆令具草。

《南史》曰：朱异迁散骑常侍。异，音怡，又音异。异容貌魁梧，能举止。虽出自诸生，甚闲军国故实。自周舍卒后，异代掌机密。其军旅谋谟，方镇改换，朝仪国典，诏诰敕书，并典掌之。四方表疏，当局簿领，谘详请断，填委于前。异属辞落纸，览事下议，纵横敏赡，不暂停笔，顷刻之间，诸事便了。

又曰：蔡景历，陈武帝镇朱方，素闻其名，以书要之。景历对使人答书，笔不停缀，文无所改。帝得书甚加钦赏，即日板授北府中记室参军。

崔鸿《十六国春秋·南凉录》曰：秃发傉内沃切檀子礼，年十三，命为《高昌殿赋》，援笔即成，影不移漏。傉檀览而异之，拟于曹子建。

《北齐书》曰：魏收，钜鹿人，以文章见知。曾奉诏为封禅文，收对曰："封禅者，帝之盛事。昔司马长卿尚绝笔于此，以臣下材，何敢拟议。臣虽愚浅，敢不竭作？"乃于御前下笔便就，不立藁草，文将千言。黄门侍郎贾思同侍立，深奇之，白帝曰："虽七步之才，无以过此。"自武定二年以后，国家大事，诏命军国文词，皆收所作。每有警急不停，有同宿构。速敏之工，邢、温之所不逮。

《梁书》：范云少机警，其识具，善属文，便尺牍，下笔辄成，未尝定藁，时人疑其宿构。

《萧介传》曰：初，武帝延后进二十余人置酒赋诗，臧盾以诗不成罚酒一斗，盾饮尽，颜色不变，言笑自若。介染翰便成，文无加点。帝两美之，曰："臧盾之饮，萧介之文，即席之美也。"

《三国略》曰：高澄嗣渤海王，闻谢挺、徐陵来聘，遣中书侍郎陆昂于滑台迎劳。于席赋诗，昂必先成，虽未能尽工，亦以敏速见美。

梁庾肩吾少勤学，能鼓琴，善属文。宋子仙破会稽，购得肩吾，谓之曰："吾昔闻汝能作诗，今可作。若能，当贳汝命。"肩吾便操笔立成，诗曰："发与年俱暮，愁将罪共深；聊持转风烛，暂映广陵琴。"子仙乃释之。

又曰：阴鉴字子坚，梁右卫将军子春之子也。徐陵言之于陈主，陈主召使赋新成安乐宫。鉴援笔便就，陈主甚叹赏之。

《北史》曰：隋韦正玄举秀才，杨素志在试退，乃手题，使拟司马相如《上林赋》、王褒《圣方得贤臣颂》、班固《燕然山铭》、张载《剑阁铭》、《白鹦鹉赋》谓曰："我不能为君住宿，可至未时令就。"玄正及时并了，素读数遍，大惊。

《隋书》曰：杨素，周武帝以为车骑大将军，仪同三司，渐见礼遇。帝命素为诏书，下笔立成，词义兼美。帝嘉之，顾谓素曰："善自勉之，勿忧不富贵。"素应声答曰："臣但恐富贵来逼臣，臣无心图富贵。"

《唐书》曰：太宗征辽，岑文本卒于行驿，召许敬宗，令草《驻跸山破贼诏书》。敬宗立于马前，俄顷而就，词甚典丽，深见嗟赏。

唐贺知章晚年尤加纵诞，无复规检，自号"四明狂客"，遨游里巷，醉后属词，动成卷轴，文不加点，咸有可观。

又曰：王勮其御切长寿中累除太子典膳丞，知凤阁舍人事。时寿春王成器、衡阳王成义五王初出阁，同日受册。有司撰仪注，不载册文。及百僚在列，方知阙礼。宰臣相顾失色。勮立召小吏五人，各执笔，口授分授写，一时俱毕，词理俱赡，时人叹服之。寻除凤阁舍人兼弘文馆学士。

又曰：韦承庆迁凤阁舍人兼掌天官选事。承庆属文敏捷，虽军国大事，下笔辄成，未尝起草。

又曰：孙逖幼而英俊，文思敏速。始年十五，谒雍州长史崔日用。日用小之，令为《土火炉赋》。握翰即成，辞理典赡。日用览之骇然，遂为忘年之交。以是价誉益重。

又曰：玄宗度曲，欲造乐府新词，亟召李白。白嗜酒，已卧于肆矣。召入，以水洒面，即令秉笔。顷之，成十余章。帝颇嘉之。

又曰：韦温，绶之子也。以书判拔萃，调补秘书省校书郎。时绶致仕田园，闻温登第，愕然曰："判入高等，在群士之上，得非交结权幸而致耶？"令设席于庭，自出判目，试两节。温命笔即成，绶喜曰："此无愧也。"

李端登进士第，工诗。大历中，与韩翃、钱起、卢纶等文咏唱和，驰名都下，号大历中十才子。时郭尚父少子暧尚代宗升平公主，贤明有才思，尤喜诗人，而端等十人多在暧之门下。每晏集赋诗，公主坐视帘中，诗之美者赏。暧因拜官，会十子曰："诗先成者赏。"时端先献警句，云“薰香荀令偏怜小，傅粉何郎不解愁。”主即以百缣赏之。钱起曰：“李校书诚有才，此篇宿构也。愿赋一韵正之。请以起姓为韵。”端即襞笺而献曰：“方塘似镜草芊芊，初月如钩未上弦；新开金埒教调马，旧赐铜山许铸钱。”暖曰：“此愈工也。”

令狐楚为太原从事，自掌书记，至节度判官，历仗下侍御史。楚才思俊丽，德宗好文，每太原奏至，能辨楚之所为，颇称之。郑儋都含切在镇暴卒，不及处分从事，军中喧哗，将有急变。中夜，忽十数骑持刃迫楚至军门，诸将环之，令草遗表。楚在白刃之中搦管即成，读示三军，无不感泣，军情乃安。自是声名益重。

唐中书舍人陆扆，文思敏速，初无思虑，挥翰如飞，文理俱惬，同舍服其能。天子顾待特异，尝金銮作赋，命学士和。扆先成，帝览而嗟挹之，曰：“朕闻贞元时有陆贽、吴通玄兄弟，能作内廷文书，后来绝不相继。今吾得卿，斯文不坠矣。”

又曰：李巨川登进士第巨川乾符中应进士，属天大下乱，流离奔播，切于禄位。乃以刀笔从诸侯府。王重荣镇河中，辟为掌书记。时车驾在蜀，贼据京师。重荣匡合诸藩，叶力诛寇。军书奏请，堆案盈几。巨川文思敏速，翰动如飞，传之邻藩，无不耸动。重荣收复之功，巨川之助也。及重荣为部下所朝，议罪参佐，贬为汉中掾。时杨守亮帅兴元素知之，闻巨川至，喜谓客曰：“天以李书记遗我也。”即命管记室，累迁幕职。

《金楼子》曰：刘备叛走，曹操使阮瑀为书与备，马上立成。有以此为能者，吾以为儿戏耳。

《文士传》曰：刘桢坐，厨人进瓜，桢为赋立成。

又曰：潘尼曾与同僚饮，主人有流璃盆，使客赋之。尼于坐立成。

《国朝传记》曰：李德林为内史令，与杨素共执朝政。素功臣豪侈，后房妇女，锦衣玉食千人。德林子百药夜入其室，则某宠妾所召也。素拘执于庭，将斩之。百药年未二十，仪神俊秀，素意惜之，曰：“闻汝善为文，所作诗自叙，称吾意者当免汝死。”解缚授以纸笔，立就。素览之，欣然以妾与之，并资从数十万。

杨德祖《答临淄侯笺》曰：又尝亲见执事握牍持笔，有所造作，若成诵在心，借书于手，曾不斯须少留思虑。仲尼日月，无得而逾焉。修之仰望，殆如此矣。且以对鹖鶡而作《暑赋》，弥日而不献，见西施之容，归憎其白者也。曹植曾作《鹖鸟赋》，命修作，修辞不为也。又命作《暑赋》，修虽造，终日不敢献。

思迟

《西京杂记》曰：枚皋文章敏疾，长卿制作淹迟，而尽延誉。然长卿首尾温丽，枚皋时有累句，故知疾行无善迹矣。

扬子云曰：军旅之际，戎马之间，飞书走檄而用枚皋；廊庙之上，朝廷之中，文高典册而用相如。

《后汉书》曰：张衡字平子。少游太学，善属文。太始时，天下自公侯以下莫不逾侈，衡乃拟班固《两都》，遂作《二京赋》，因以讽谏，思十年始成。

《魏志》曰：甘露二年，帝幸辟雍，会命群臣赋诗。侍中和逌音由、尚书陈骞等制作稽留，有司奏免官。诏曰："吾以门昧，爱好文雅，广延诗赋，以知得失。乃尔纷纭，良用恻然。"乃共原逌等。

《晋书》曰：左思字太冲，齐郡临淄人。思少而好学，年四十未仕，潜思为《三都赋》，十年而成。贵势之家，竞传相写。又案：郭伯通、卫瓘为思传曰："思为《三都》，改易，死乃止。"

《宋书》曰：颜延之与陈郡谢灵运俱以词彩齐名，而迟速悬绝。文帝尝各敕拟乐府《北上》篇，延之受诏辄成，灵运久之乃就。

《梁书》曰：武帝宴寿光殿，令刘孺、张率赋诗。时率与孺并未及成，帝取孺手板，戏题之曰："张率东南美，刘孺洛阳才，览笔便应就，何事久迟回。"

《隋书》曰：薛道衡授内史侍郎加上仪同三司。道衡每至构文，必隐空斋，蹋壁而卧，闻户外有人，便怒。其沉思由此。

李翰，天宝中寓居阳翟，为文精密，用思苦涩。常从阳翟令皇甫曾求音乐，每思涸，则奏乐；神逸，则著文。

唐李建字杓直。德宗闻其名，擢充翰林学士。未几，罢为它官。高郢为御史大夫，表授殿中侍御，四迁兵部郎中，知制诰。自以草诏思迟，不愿当其任。

《谈薮》曰：卢思道与庾知礼作诗，知礼诗成，而思道未就。知礼曰："卢诗何太春日？"思道曰："自许编苦疾，如他织锦迟。"

太平御览卷第六百一　文部十七

著书上

张华《博物志》曰：圣人制作曰经，圣贤著述曰传。

《史记·太史公自序》曰：夫《诗》《书》隐约者，欲遂其志之思也。昔西伯拘羑里，演《周易》；孔子厄陈蔡，作《春秋》；屈原放逐，著《离骚》；左丘，失明，厥有《国语》；孙子膑脚，而论兵法；此人皆意有所郁结，其不得通其道也。

《汉书》曰：公孙弘著《公孙子》言刑名，谓字直百金也。

又曰：淮南王安为人好书鼓琴，不喜弋猎狗马驰骋。招致宾客方术之士数千人，作为《内书》二十一篇，《外书》甚众；又有《中篇》八卷，言神仙黄白之术，亦二十余万言。初，安入朝，献所作《内篇》新出，上爱秘之。使为《离骚传》，师古曰：传谓解说之，若《毛诗传》。旦受诏，日食时上。

又曰：陆贾在高祖前时时称说《诗》《书》，帝骂之曰："乃公马上得之。"贾曰："宁可以马上治乎？汤武逆取而顺守之，文武并用，久长之术也。"帝乃令贾著古今成败之书，名曰《新语》，每奏一篇，帝未尝不称善。

又曰：董仲舒作《玉杯》《繁露》《清明》《竹林》之书，《曲台》《后仓》之书，《礼射》之书。

又曰：《王莽传》大司马护军褒奏言，安汉公遭子宇陷于管蔡之辜，爱至深，为帝室故，不敢顾私，唯宇遭罪。喟然愤发作书八篇，诫子宇子孙。宜班郡国，令学官以教授。请令天下吏能诵公诫者，以著官簿，比《孝经》。师古曰：著官者，言用之得选举也。

《后汉书》曰：梁竦以经书自娱，著书数篇，名曰《七序》。班固见而称之曰："昔孔子作《春秋》而贼臣乱子惧，梁竦作《七序》而窃位素餐者惭。”

又曰：王充好论说，始诡异，终有理实。以为俗儒守文，多失其真，乃闭门潜思，绝庆吊之礼，户牖墙壁各置刀笔，著《论衡》八十五篇，二十余万言。

《后汉书列传》曰：荀悦字仲豫，俭之子。悦志在献替，而谋无所用。乃作《申监》五篇，其所论辩，通见政体。既成而奏之，帝览而善焉。帝好典籍，常以班固《汉书》文繁难省，乃命依左氏传体以为《汉纪》，诏尚书给笔札，辞约事详，论辩多美。

《晋书》曰：干宝性好阴阳术数，留思京房、夏侯胜等传。宝父先有所宠侍婢，母甚妒忌。及亡，母乃生埋婢于墓中。宝兄弟年少，不知审也。后十余年，母丧，开墓而婢伏棺如生。载还，经日乃苏。言其父常取饮食与之，恩情如生，家中吉凶辄语之，考校悉验，地中亦不觉为恶；既而嫁之，生子。又宝兄尝病，气绝，积日不冷。后遂悟，见天地间鬼神事，如梦觉，不自知死。宝以此，遂撰集古今神祇灵异人物变化，名为《搜神记》，凡三十卷。以示刘惔，惔曰：“卿可谓鬼之董狐也。”干宝表曰：“臣前聊欲撰记古今怪异非常之事，会聚散逸，使同一贯。博访知之者，片纸残缺，事事各毕。”

又曰：孙盛著《晋阳秋》，词直而理正，咸称良史焉。既而桓温见之，怒谓盛子曰：“枋头诚为失利，何至乃如尊君所说？”其子遽拜谢曰：“请删定之。”时盛年老还家，性方严，有轨宪，虽子孙班白而庭训愈峻。至此诸子乃共号泣稽颡，请为百口计。盛大怒，诸子遂尔改之。盛写定两本，寄于慕容儁。泰元中，孝武帝博求异闻，始于辽东得之，以相考校，多有不同，书遂两存。

又曰：曹志，植之子也。帝尝阅《六代论》，问志曰：“是卿先王所作耶？”志对曰：“先王有手所作自录，请归寻案。”还奏曰：“案录无此。”帝曰：“谁作？”志曰：“以臣所闻，是臣族父囧所作。以先王文高名著，欲令书传于后，是以假托。”帝曰：“古来亦有是。”顾谓公卿曰：“父子证明，足以为审。自今以后，可复无疑。”

又曰：王长文字德叡，广汉郪人也。少以才学知名，而放荡不羁，州府辟命皆不就。州辟别驾，乃微服窃出，举州莫知之。后于成都市中蹲踞啮胡饼，刺史知其不出，屈礼遣之。闭门自守，不交人事。著书四卷，拟《易》，名曰《通玄经》。有文言、卦象，可用卜筮，时人比之扬雄《太玄》。同郡马秀曰："扬雄作《太玄》，唯桓谭以为必传后世。晚遭陆绩，玄道遂明。长文《通玄经》，未遭陆绩、君山耳。"

又曰：王隐字处叔。太兴初，典章稍备，乃召隐及郭璞俱为著作郎，令撰《晋史》。著作郎虞预私撰《晋书》，而生长东南，不知中朝事，数访于隐，并借隐所著书窃写之，所闻渐广。是后更嫉隐，形于言色。预既豪族，交结权贵，共为朋党，以斥隐。竟以谤免，黜归于家，贫无资用，书遂不就。乃依征西将军庾亮，供其纸笔，书乃得成，诣阙上之。隐虽好著述，而文辞鄙拙，芜舛不伦。其书次第可观者，皆其父所撰；文体混杂，义不可解者，隐之作也。

《宋书》曰：王准之，字元鲁，晋尚书仆射彬玄孙也。曾祖彪之位尚书令，博闻多见，练悉朝仪。自是家世并记江左旧事，缄之有青箱，世之："王氏青箱学。"

又曰：高平郗绍作《晋中兴书》，数以示何法盛。法盛有意图之，谓绍曰："卿名位贵达，不复俟此延誉。我寒士，无闻于时，如袁宏、于宝之徒，赖有著述，流声于后，宜以为惠。"绍不与。至书成，在斋内厨中，法盛诣绍，绍不在，直入窃书。绍还，失之，无复兼本，于是遂行何书。

《齐春秋》曰：王俭字仲宝。以四部众书盈溢机阁，自刘歆《七略》以来应更区别，乃著《七志》上之。时人以比相如《封禅》焉。

《梁书》曰：武帝取锺王真迹授周兴嗣，令选不重复者千字，韵而文之。兴嗣一宿即上，鬓发皆白，大被赏遇。后兴嗣目疾，武帝亲为之合药。

又曰：刘勰字彦和。自齐入梁，撰《文心雕龙》五十篇，论古今文体。其序略云："予齿在逾立，尝夜梦执丹漆之礼器，随仲尼而南行，寤而喜曰：'大哉，圣人之难见也！乃小子之垂梦欤？'自生灵已来，未有如夫子者也。敷赞圣旨，莫若注经。而马郑诸儒，弘之已精。唯文章之用，实经典之条枝，五礼资之以成文，六典因之以致用。由是搦笔和墨，乃始论文。其为文用四十九篇而已。"既成，未为时流所称。勰欲取定于沈约，无由自达，乃负书候约于车前，状若欲货鬻者。约取读，大重之，谓深得文理，常陈诸几案。

《后周书》曰：齐王宪尝以古今兵书繁广，难求指要，乃自列定五篇，表陈，高祖览而称善。

《陈书》曰：陆琼字伯玉，吴人。初，琼父云公奉武帝敕撰《嘉瑞记》，琼述其旨而续焉。

《三国典略》曰：齐主如晋阳，尚书右仆射祖珽等上言："昔魏文帝命韦诞诸人撰著《皇览》，包括群言，区分义别。陛下听览余日，眷言缃素，究兰台之籍，穷策府之文，以为观书贵博，博而贵要，省日兼功，期于易简。前者修文殿令臣等讨寻旧典，撰录斯书。谨罄庸短，登即编次，放天地之数，为五十部，象乾坤之策，成三百六十卷。昔汉世诸儒集论经传，奏之白虎阁，因名《白虎通》。窃缘斯义，仍曰《修文殿御览》。今缮写已毕，并目上呈。伏原天鉴，赐垂裁览。"齐主命付史阁。初，齐武成令宋士素录古来帝王言行要事三卷，名为《御览》，置于齐王巾箱；阳休之创意，取《芳林遍略》，加《十六国春秋》、《六经拾遗录》、《魏史》等书，以士素所撰之名称为《玄洲苑御览》，后改为《圣寿堂御览》。至是珽等又改为《修文殿》上之。徐之才谓人曰："此可谓床上之床，屋上之屋也。"

《三国典略》：齐魏收以子侄少年须诫厉，遂著《枕巾篇》以训之。

《隋书》曰：杜台卿尝采《月令》，触类而广之，为书，名《玉烛宝典》，十二卷，奏之。台卿患聋，不堪吏职。请修国史，上许之，拜著作郎。

《国朝传记》曰：虞世南之为秘书也，于省后堂集群书中事可为文用者，号为《北堂书钞》。今北堂犹存而书益行于代。

《唐书》曰：太宗以特进魏征所撰《类礼》，赐皇太子及诸王，并藏本于秘府。初，征以《礼经》遭秦灭学，戴圣所编条流不次，乃删其所记，以类相从，为五十篇，合二十卷。太宗善之，赐物一千段。

又曰：太宗阅陆德明《经典音义》，美其弘益学者，叹曰："德明虽亡，此书可传习。"因赐其家布帛百匹。

又曰：高宗时，太子贤败，太子洗马刘纳言、给事中唐之奇，并坐私附庶人配流岭外。讷言博学有文词，以《汉书》授贤，贤甚重之。尝撰《续排谐集》十五卷，贤览之以为笑乐。及贤废，宫中搜得之，上怒曰："经典诱人，犹恐不能迁善；排谐鄙说，是导之以邪也。"遂徙于震州而死。

又曰：天后圣历中，上以《御览》及《文思博要》等书聚事多未周，令麟台监张昌宗与麟台少监李峤广召文学之士，给事中徐彦伯、水部郎中员半千等二十六人增损《文思博要》，勒成一千三百卷，于旧书外更加佛教、道教及亲属姓氏、方域等部。至是毕功，上亲制名曰《三教珠英》。彦伯已下改官加级赐物。

又曰：天后自咸亨已后，尝召文学之士周思茂、范履冰等入禁中，令撰《玄鉴》百卷，《青宫要纪》、《少阳政范》各三十卷，《孝子传》及《列女传》、《维城典训》、《凤楼新诫》各二十卷，《古今内范》百卷，《乐书要录》十卷，《百僚新诫》五卷，《垂拱格》四卷，《臣轨》二卷，《兆人本业》五卷，又有《文集》一百二十卷，并藏于秘阁。

又曰：刘允济善属文，与绛州王勃齐名。采摭鲁哀公后十二代至于战国遗事，撰《鲁后春秋》一十卷，表上之，迁左右史。

又曰：许叔牙尝撰《毛诗纂义》十卷，以进太子，赐帛二百段，兼令写本付司经局。其后御史大夫高智周谓人曰："凡欲言诗者，必须先读此书始可也。"

又曰：大历中，刑部尚书颜真卿以陆法言《切韵》未弘，乃纂九经子史字义，著《韵海镜原》三百六十卷，献之。诏下秘阁及集贤书院贮之。

又曰：冯伉为醴泉县令，患百姓多猾，为著《论蒙》十四篇，大略指明忠孝仁义，劝学务农，每乡给壹卷，俾其传习。在县七年，韦渠牟荐为给事中，充皇太子及诸王侍读。召见于别殿，赐金紫，著《三传异同》三卷。

又曰：贞元十三年，韩谭进《统载》三十卷，其书采虞夏以来至于周、隋，录其事迹善于始终者六百六十八人，为立传。

又曰：路随为侍讲学士。采三代皇王兴衰，著《六经法言》二十卷，奏之，旋拜谏议大夫。依前侍讲学士将修《宪宗实录》，复命兼充史职。

又曰：贞元十一年，左仆射平章事贾耽进《海内华夷图》及《古今郡国县道》四十卷。图广三丈，以寸折成百里，权德舆作序。

又曰：韦处厚为中书舍人、侍讲学士，时穆宗荒恣不亲政务，既居纳诲之地，宜有以启导情虚。乃铨择经义雅言，以类相从，为二十卷，谓之《六经法言》，献之，赐以缯帛。

又曰：唐次贬开州刺史，在巴峡间十余年不获进用。西川节度使韦皋抗表请为副使。德宗密谕皋令罢之。次滞蛮荒，孤心绎耵，怨谤所积，孰与申明？乃采自古忠臣贤士遭罹谗谤放逐，遂至杀身，而君犹不悟，其书三篇，谓之《辨谤略》，上之。德宗省之，犹怒，谓左右曰：“唐次乃以吾为昏主，何自谕如此？”次卒。章武帝明哲嫉恶，尤恶人朋比倾陷，尝阅书禁中，得次所上书三篇，览而善之，谓学士沈传师曰：“唐次所集辨谤之书，实君人者时宜观之。朕思古书中多有此事，次编录未尽，卿家传史学，以类例广之。”传师奉诏，与令狐楚、杜元颖等分功修续，广为十卷，号《元和辨谤略》。

又曰：郑处诲方雅好古，勤于著述，撰集至多，为校书郎时，撰次《明皇杂录》三篇，行于世。

又曰：裴潾充集贤殿学士，集历代文章，续梁昭明太子《文选》成三十卷，目曰《大和通选》，并音义目一卷，上之。当时文士非素与潾游者，其文章少在其选。时论薄之。

又曰：柳玭尝著书诫其子弟曰：“夫门地高者可畏不可恃：可畏

者，立身行己，一事有坠先训，则罪大于它人；虽生可以苟取名位，何以见祖先于地下？不可恃者，门高则自骄，族盛则人之所嫉。实艺懿行，人未必信。纤瑕微累，十手争指矣。”又数其五条，词多不载。

太平御览卷第六百二　文部十八

著书下

《吕氏春秋》曰：吕不韦为秦相国，集诸儒使著其所闻，为十二记、八览、六论，合十余万言，名为《吕氏春秋》，暴之咸阳市门，悬千金于其上，有能增损一字者，与之金。时人无能增损。说者以为非不能也，盖惮相国，畏其势耳。然其书以道德为准的，以无为为纪纲，以忠义为品式，以公方为检格，与孟轲、孙卿相表里也。

《列仙传》曰：李耳字伯阳，陈人也。生于殷时，为周柱下史。好养精气，贵无名，接而不施。转为守藏吏，积年，乃知其真人也。仲尼师之。去入大秦，过关，令尹喜待迎之，强使著书，作《道德上下经》二卷。鹖冠子，或曰楚人，隐居，衣敝履穿，以鹖为冠，莫测其名，因服成号。著书言道家事，冯煖常师事之。

《西京杂记》曰：淮南王著《鸿烈》二十一篇。鸿，大也；烈，明也，言大明礼教也。号为《淮南子》，一曰《刘安子》。自云字中有风霜之气；扬子云以为一出一入，字直百金。

又曰：董仲舒梦蛟龙入怀，乃作《春秋繁露》。

又曰：葛洪家世有刘子骏《汉言》百卷，首尾无题目，但以甲乙丙丁记其卷数。先父传之。刘歆欲撰书编录汉事类，未得构而亡，故书无宗本，止杂记，而前后无事类。后好事者以意次第之，始甲之癸为十帙，帙十卷，合百卷。洪家有小同异。

又曰：扬雄著《太玄经》，梦吐凤皇集其顶上而灭。

《扬雄传赞》曰：雄好古而乐道。其志欲穷文辞，成名于后世。以为经莫大于《易》，是故作《太玄》；传莫大于《论语》，故作《法言》。

桓谭《新论》曰：扬子云才智闻达，卓绝于众，汉兴已来未有此也。国师子骏曰:“何以言之?”答曰:“通才著书以百数,唯太史公为广大,余皆丛残小论,不能比之。子云所造《法言》、《太玄》也,人贵所闻,贱所见,故轻易之。若遇上好事,必以《太玄》次五经也。”

《抱朴子》曰:王充作《论衡》,北方郡未有得之者。蔡伯喈尝到江东,得之,叹其文高,度越诸子。及还中国,诸儒觉其谈论更远,嫌得异书。或搜求至隐处,果得《论衡》,捉取数卷,将去,伯喈曰:“唯我与尔共之,勿广也。”

又曰:卢生问曰:“蔡伯喈、张平子才足著子书,正恐言远旨深,世人不解,故不著也。”余难云:“若如来言,子云亦不应作《太玄经》也。瓦瓴木杯,比门所饶;金觞玉爵,万家无一也。”

又曰:孔、郑之门,耳听口受者灭绝,而托竹素者为世宝也。

又曰:余家遭火,典籍荡尽,困于无力,不能更得。故抄掇众书,撮其精要,用攻少而所收多,思不烦而所见博。或谓洪曰:“流无源则干,条离株则悴。吾恐玉屑盈车,不如金璧。”余答曰:“咏圆流者采珠而捐蚌,登荆岭者拾玉而弃石,余之抄略,譬犹摘翡翠之藻羽,脱犀象之角牙。”

又曰:稽君道问二陆优劣。抱朴子曰:“朱淮南尝言:二陆重规沓矩无多少也。一手之中,不无钝利;方之它人,若江汉之与潢潦。陆子十篇,诚为快书者。其辞之富者,虽覃思不可损也;其理之约者,虽潜笔腐毫不可益也。陆平原作子书未成,吾门生有在陆君军中,尝在左右,说陆君临亡曰:‘穷通,时也;遭遇,命也。古人贵立言,以为不朽。吾所作子书未成,以此为恨耳。’余谓仲长统作《昌言》,未竟而亡,后董袭撰次之。桓谭《新论》,未备而终,班固谓其成琴道。今才士何不赞成陆公子书?”

颖容《春秋例》曰:著述之事,前有司马迁、扬雄,后有郑众、班固,近即马融、郑玄。其所著作违义正者,略举一两事以言之:迁《史记》不识毕公文王之子,而言与周同姓;扬雄《法言》不识六十四卦,云所从来尚矣。

《论衡》曰：画工好画上世人，不画秦汉士者，尊古卑今。扬子云作《太玄经》、《法言》，张伯松不肯一观，与并肩，故贱其言也。若生周世，则为金匮也。

又曰：《淮南》《吕览》，文不无累害，所以出者，家富官贵也。人有难充书繁重，云“不在多，以为龙少鱼众，少者为神。”充答曰：“文众胜寡，财富愈贫。世无一分，吾有百篇；人无一字，吾有万言。孰为贤也？”充仕数不遇，以章和二年徙家避难扬州丹阳，入为治中，才小任大，职在刺劾，笔札之思，历年寝废。章和三年罢州还，年渐七十，时可悬舆，发白齿落，日月逾迈，贫无供养，志不娱快，乃作养生之书，凡十六篇。《论衡》造于永平末，定于建初之年耳。

《新论》曰：余为《新论》，术辨古今，亦欲兴治也。何异《春秋》褒贬耶？今有疑者，所谓蚌异蛤，二五为非十也。谭见刘向《新序》、陆贾《新语》，乃为《新论》。庄周寓言乃云：“尧问孔子”，《淮南子》云“共工争帝地维绝”，亦皆为妄作。故世人多云短书不可用。然论天间莫明于圣人，庄周等虽虚诞，故当采其善，何云尽弃耶？

《风俗通》应邵撰，序云：风者，天气有寒暖，地形有阴阳，泉水有美恶，草木有刚柔。俗者，含血之类，象而生之。百里不同风，千里不同俗。周、秦尝以月遣輶轩使，采异代方言，载之秘府。及嬴氏之亡，遗弃殆尽。蜀人严君平有千余言，林闾翁儒才有梗概，扬雄注续，二十七年，凡九千字，犹不如《尔雅》之宏丽。张竦以为县诸日月不刊之书。余不才，岂敢比隆于斯人！

《金楼子》曰：王仲宣昔在荆州，著书数十篇。荆州坏，尽焚其书。今在者一篇，知名之士咸重之。见虎一毛，不知其班。

又曰：刘辅性矜严，有盛名，沉深好经书，善说《京氏易》，论集经传及图谶文，作《五经通论》，世号之曰《沛王通》。明帝甚敬重之，赏赐恩宠加异。

又曰：或问余曰：“子何不询之有识，共著此书？曷为区区自勤如此？”予曰：“夫荷旃被毳者，难与道纯绵之致密；羹藜含糗者，不足论大牢之滋味。故服郄絺之凉者，不知盛暑之郁燠；袭貂狐之暖者，不知至寒之凄怆。予之术业，岂宾客之能窥！斯盖以莛撞钟，以蠡测海也。”予常切齿淮南、不韦之书，谓为宾游所制。每至著述之间，不命宾客之窥也。

又曰：桓谭《新论》，华谭语裥《新论》；扬雄有《太玄经》，杨泉有《太元经》。谈此多误动形色。或云：“桓谭有《新论》，何处复有华谭？扬子但有《太玄经》，何处复闻《太元》也？”皆由不学使之然矣。

《隋大业拾遗》曰：大业之初，敕内史舍人窦威、起居舍人崔祖浚及龙川赞治侯伟等三十余人撰《区宇图志》一部，五百余卷，新成，奏之；又著《丹阳郡风俗》，乃见以吴人为东夷，度越礼义，及属辞比事，全失修撰之意。帝不悦，遣内史舍人柳逵宣敕，责威等云：“昔汉末三方鼎立，大吴之国，以称人物。故晋武帝云‘江东之有吴、会，犹江西之有汝、颍，衣冠人物，千载一时’。及永嘉之末，华夏衣缨，尽过江表。此乃天下之名都。自平陈之后，硕学通儒文人才子莫非彼至。尔等著其风俗，乃为东夷之人度越礼义，于尔等可乎？然于著术之体，又无次序。各赐杖一顿。”即日，敕追秘书学士十八人修十郡志，内史侍郎虞世基总捡。于是世基先令学士各序一郡风俗，奏拟请体式。学士著作佐郎虞绰序京兆郡风俗，学士宣惠尉陵敬序河南郡风俗，学士宣德郎杜宝序吴郡风俗，四人先成，以简世基。世基曰：“虞绰序京兆，文理俱赡，优博有余，然非众人之所能继；陵敬论河南，虽文华才富，序事过繁；袁朗、杜宝吴、蜀二序，不略不繁，文理相副，宜具状以四序奏闻，去取听敕。”及奏，帝曰：“学士修书，颇得人意。”各赐物二十段付世基。择善用之。世基乃钞吴郡序付诸头，以为体式。及图志第一副本新成八百卷，奏之。帝以部秩太少，更遣子细重修成一千二百卷，卷头有图，别造新样，纸卷长二尺。叙山川则卷首有山水图，叙郡国则卷首有郭邑图，叙城隍则卷首有公馆图，其图上山水城邑题书字极细，并用欧阳肃书，即率更令询之长子，攻于草隶，为时所重。

幼属文

《东观汉记》曰：班固字孟坚。九岁能作赋、颂，因数入读书禁中。每巡行狩，辄献上赋、颂。

《魏志》曰：陈思王植，年十岁善属文。太祖曰："汝倩人耶？"跪对曰："出言为论，下笔成章。愿当面试。"时铜雀台新成，太祖悉将诸子登台，使各赋之。植援笔立就。亦出思疾门。

又曰：文帝八岁属文。

《魏氏春秋》曰：阮籍幼有奇才异质，八岁能属文。性恬静。兀然弹琴长啸，以此终日。

又曰：庾阐字仲初。少孤。年九岁能属文，乡里重之。

崔鸿《十六国春秋南凉录》曰：秃发傉檀子归，年十三，命为《高昌殿赋》，援笔即成，影不移漏。傉檀览而异之，拟之曹子建。亦出思疾门。

《后魏书》曰：胡叟入长安，观风化，隐匿名行，惧人见知。时京兆韦祖思，少阅典坟，多蔑时彦，知叟至，召而见之。祖思习常，待叟不足，聊与叙温凉，拂衣而出。祖思固留之，曰："当与君论天人之际，何遽而反乎？"叟对曰："论天人者，其亡久矣，与君相知，何夸言若是也。"遂不坐而去。至主人家，赋韦杜二族，一宿而成，时年十有八矣。具述前载，无违旧美，叙中世有协时事，而末及鄙黩。人皆奇其才，思其笔，世犹传诵之，以为笑狎。

《齐书》曰：张率字士简，性宽雅。年十二能属文，常日限为诗一篇，或数日不作，则追补之。稍进，作赋、颂。至年十六，向作二千余首。有虞讷者见而诋之，率乃一旦焚毁，更为诗示焉，托云沈约，讷便向之嗟称无字不善。率曰："此吾作也。"讷惭而退。

《南史》曰：刘孝绰本名冉，幼聪敏，七岁能属文。舅齐中书郎王融深赏异之，与同载以适亲友，号曰"神童。"融每曰："天下文章若无我，当归阿士。"即孝绰小字也。

又曰：谢贞八岁，尝为《春日闲居》诗，从舅王筠奇之，谓所亲曰："至如'风定花犹落'，乃追步惠连矣。"年十三，尤善《左氏春秋》，工草隶虫篆。

《后周书》曰：李旭幼年已解属文，有声洛下。时洛阳创置明堂，旭年十数岁，为《明堂赋》，虽优洽未足，才制可观。见者咸曰：“有家风矣！”

《三国典略》曰：萧大心字仁恕，小名英童。与大临同年，十岁并能属文。尝雪朝入见，梁武帝咏雪，令二童各和，并援笔立成。

《梁书》曰：柳恽早有令名，少工篇什，为诗云：“亭皋木叶下，陇首秋云飞。”琅琊王融见而嗟赏，因书斋壁及所执白兰团扇。

又曰：太祖文帝讳纲，字世讃，六岁能属文。高祖惊其早就，不之信也。及于御前面试，辞彩甚美，高祖叹曰：“此子，吾家之东阿也。”

又曰：丘迟字子希，年八岁便属文。父灵鞠，有才名，常谓：“气骨似我。”征士何点见而异之。

又曰：庾肩吾八岁能赋诗，特为兄于陵所友爱。

又曰：何逊字仲言，八岁能赋诗。弱冠，州举秀才，南乡范云见对策，大相称赏，谓所亲曰：“顷观文人质则过儒，文则伤俗，其能含清浊，守今古，见之何生矣。”沈约亦爱其文。

又曰：陆从典罪祒仪。幼聪敏，年八岁读《沈约集》，见回文妍丽，援笔拟之，便有佳致。十二作《柳赋》，其辞甚美，从父瑜特所赏爱。

《隋书》曰：李德林幼聪敏，年数岁，诵左思《蜀都赋》，十余日便度。高隆之见而嗟叹，遍告朝士云：“若假其年，必为天下伟器。”邺京人士多就宅观之。月余，日中车马不绝。年十五，诵五经及古今文集，日数千言。俄而该博坟、典阴，阳纬候无不通涉。善属文，辞核而理畅。

又曰：于宣敏字仲达。少沉密，有才思。年十一，诣周赵王。王命之赋诗，宣敏为诗甚有幽贞之志，王大奇之，坐客莫不嗟赏。起家右侍上士。

《文选人名录》曰：曹植年十岁，诵读诗论及赋数万言，能属文。

又曰：谢灵运幼而聪慧，善属文，举笔立成。文章之盛，独绝当时。

《幼童传》曰：谢瞻字宣远。幼而聪悟，五岁能属文，通玄理。

又曰：孙士潜字石龙。六岁上书，七岁属文。

《金楼子·自叙》曰：余六岁解为诗，奉敕为诗曰：“池萍生已合，林花发稍稠；风入花枝动，日昭水光浮。”因尔稍学为文也。

太平御览卷第六百三　文部十九

史传上

《文心雕龙》曰：史者，使也，执笔左右，使之谓也。古者，左史记言，右史书事；言经《尚书》，事经《春秋》也。

《说文》曰：史，记事者也。

《释名》曰：传，传也；以传示后人也。

《博物志》曰：贤者著述曰传。

《礼记》曰：五帝宪养气体而不乞，言有善则记之，为敦史。

《诗·序》曰：国史，明乎得失之迹。

《韩诗外传》曰：周舍对赵简子曰："臣操牍秉笔从君之后，司君过而书之。"

《周礼》曰：外史掌四方之志。郑玄注曰：志，记也。谓若鲁之《春秋》，晋之《乘》，楚之《梼杌》。

《左传·昭十五年》曰：荀跞如周，藉谈为介。王谓藉谈曰："昔而高祖孙伯黡司晋之典籍，以为大政，曰籍氏及辛有之二子董之，晋于是乎有董史。汝，司典 之后也，何故忘之？"籍谈不能对。

又《宣二年》传曰：晋赵穿弑灵公，宣子未出境而复，太史书曰："赵盾弑其君。"以示于朝。宣子曰："不然。"对曰："子为正卿，亡不越境，反不讨贼，非子而谁？"宣子曰："呜呼，'我之怀矣，自诒伊戚'，其我之谓矣。"孔子曰："董狐，古之良史也，书法不隐；赵宣子，古之良大夫也，为法受恶。惜也，越境乃免。"

又《襄二十五年》传曰：齐崔杼弑庄公。太史书曰："崔杼弑其君。"崔子杀之。其弟嗣书，而死者二人。其弟又书，乃舍之。南史闻太史尽死，执简以往。闻既书矣，乃还。

又昭十二年传曰：楚王与右尹子革语，左史倚相趋而过。王曰：

"此良史也，能读《三坟》《五典》《八索》《九丘》。"

《史记》曰：秦、赵渑池之会，其君相为鼓瑟扣缶，皆命御史书之。

《汉书》曰：司马喜生谈，为太史公；谈生迁，迁为太史令，掌紬史记。紬，缀集也。

又曰：武帝始置太史，天下计书先上太史，副上丞相，故司马谈父子世居此职，得撰《史记》。

又曰：刘向、扬雄皆称迁有良史之才，服其善序事理，辨而不华，质而不俚，其文直，其事该，不虚美，不隐恶，故谓之"实录"。

《后汉书》曰：班彪续司马迁后，传数十篇，未成而卒。明帝命其子固续之。固以史迁所记，乃以汉氏继百王之末，非其义也，大汉当可独立一史，故上自高祖，下终王莽，为纪、表、传、志九十九篇。

又曰：明德马后能诵《易》，好读《春秋》、《楚辞》，尤善《周官》、董仲舒书。《周官》，《周礼》也。仲舒有《王杯》《繁露》《清明》《竹林》之属。自撰《显宗起居注》，削去兄防参医药事，章帝请曰："黄门舅旦夕供养，且一年，既无褒异，又不录勤劳事，无乃过乎？"太后曰："吾不欲后代闻先帝数亲后宫之家，故不录也。"

《东观汉记》曰：时人有上言班固私改作史记，诏下京兆，收系固。弟超诣阙上书，具陈固不敢妄作，但续父所记述汉事。

《晋书》曰：王沉仕魏，正元中迁散骑常侍、侍中，与荀顗、阮籍共撰《魏书》，多为时讳，未若陈寿之实录也。

又曰：华峤常沉醉，所撰书《十典》，未成而终。秘书监何劭奏峤中子彻为佐著作郎，使踵成之，未竟而卒。后监缪徽又奏峤少子畅为佐著作郎，克成《十典》，并草《魏晋纪传》。与著作郎张载等俱在史官。

又曰：陈寿撰魏、吴、蜀《三国志》，凡六十五篇，时人称其善叙事，有良史之才。夏侯湛时著《魏书》，见寿所作，便坏己书而罢。张华善之，谓寿曰："当以《晋书》相付耳。"其为时重如此。

《宋书》曰：王韶之，琅琊临沂人也。私撰《晋阳秋》，成，时人谓之宜居史职。即除著作郎，使续后事，讫义熙九年。善叙事，辞论可观，为后世佳史。

又曰：裴松之字世期，注陈寿《三国志》。松之鸠集传记，广增异闻，既成，奏之。上览之曰："裴世期为不朽矣。"

又曰：范晔《狱中与诸生侄书》曰："既造后汉，转得统绪。详观古今著述及评论，殆少可意者。班氏最有高名，既任情无例，唯志可推耳。博赡不可及之，整理未必愧也。吾虽传论，皆有精意深旨。至于循吏以下及六夷诸序论，笔势纵放，实天下之奇作，中合者往往不减《过秦》篇，当共比方班氏所作，俱不愧之而已。欲遍作诸志，前汉所有者悉令备。虽事不必多，且使见文得尽，此书行，故应有尝意者。自古体大而思精，未有此也。"

《梁书》曰：吴均欲撰《齐书》，求借《齐起居注》及《群臣行状》，武帝不许。遂私撰，奏之，称帝为"齐明帝佐命"。帝恶其书不实录，以其书不实，使中书舍人刘之遴诘问数十条，竟支离无对。敕付省焚之，坐免职。

又曰：裴子野曾祖松之，宋元嘉中受诏续修何承天《宋史》，未及成而卒。子野常欲继成先业。及齐永明末，沈约所撰《宋书》，称松之已后无闻焉。子野更撰为《宋略》二十卷。其叙事评论多善，而去戮淮南太守沈璞，以其不从义师故也。约惧，徒跣谢之，请两释焉。叹其述作曰："吾弗逮也。"兰陵萧琛言其评论可与《过秦》《王命》分路杨镳。

《后魏书》曰：毛循之位次崔浩之下。浩以其中国旧门，虽学不博洽，而犹涉猎书传，每期重之。与论说，言次遂及陈寿《三国志》，有古良史之风，其所著述，文义典正，皆扬于王庭之言，微而显，婉而成章，班史以来无及寿者。修之曰："昔在蜀中闻长老言，寿曾为诸葛门下书佐，得挞百下，故其论武侯曰'应变将略，非其所长'。"浩乃与论曰："夫亮之相刘备，当九州鼎沸之会，英雄奋发之时，君臣相得，鱼水为喻，而不能与曹氏争天下，委弃荆州，退入巴蜀，诱夺刘璋，伪连孙氏，守穷崎岖之地，僭号边夷之间，此策之下者。可与赵它为偶，而以为萧曹亚匹，不亦过乎？"谓寿之贬亮，非为失实。

《三国典略》曰：齐王以魏收之卒也，命中书监阳休之裁正其所撰《魏书》。休之以收叙其家事稍美，且寡才学，淹延岁时，竟不措手，唯削去“嫡庶”一百余字。

又曰：周萧大圜为滕王逌友，逌问于大圜曰：“吾闻湘东王作《梁史》，有之乎？余传乃可抑扬，帝纪奚？若隐则非实，记则攘羊。”对曰：“言之者妄也。如使有，亦不足怪。昔汉明为《世祖纪》，章帝为《显宗纪》，殷鉴不远，足为成例。且君子之过，如日月之蚀，彰于四海，安得隐之？如有，亦安得而不隐？盖子为父隐，直在其中，讳国之恶，抑又礼也。”逌乃大笑。

又曰：齐主命魏收撰《魏史》，至是未成。常令群臣各言其志，收曰：“臣愿得直笔东观，早出《魏书》。”齐主乃令魏收专在史阁，不知郡事，谓收曰：“当直笔，我终不学魏大武诛史官。”于是广征百官传，总斟酌之。既成，上之，凡十二袟，一百三十卷。尚书陆操谓杨愔曰：“魏收可谓博物宏才，有大功于魏室。”愔曰：“此不刊之书，传之万古。但恨论及诸家，枝叶过为繁碎。”时论收为尔朱荣作传，以荣比韩彭尹霍者，盖由得其子文赂黄金故也。邢劭父兄书事皆优，劭唯笑曰：“《列女传》悉是史官祖母。”尚书左丞卢斐、临漳令李庶、度支郎中王松年、中书舍人卢潜等言曰：“魏收诬罔一代，其罪合诛。”卢思道曰：“东观笔殊不直。”斐、庶等与收面相毁辱，无所不至。齐主大怒，乃亲自诘问。斐曰：“臣父位至仪同，收附于族祖中书郎玄传之下；收之外亲博陵崔绰位止功曹，乃为传首。”齐主问收曰：“崔绰有何事迹，卿为之立传？”收曰：“虽无爵位，而道义可嘉。魏司空高允曾为其赞，称有道德。臣所以知之。”齐王曰：“司空才士，为人作赞，理合称扬，亦如卿为人作文章，道其好者，岂能皆实？”收不能对。以其才名，不欲加罪。高德正其家传甚美，乃言于齐主曰：“国史一定，当流天下，人情何由悉称？谤者当加重罪，不然不止。”齐王于是禁止诸人，各杖二百。斐、庶死于临漳狱中。又《北史》：收所引史官，恐其陵逼，唯取学流先相依附者。房延祐、辛元植、眭仲让虽夙涉朝位，并非史才；刀柔、裴昂之以儒业见知，全不堪编缉；高孝干以左道求进；修史诸人父祖姻戚多被书录，饰以美言。收性颇急，不甚能平，夙有怨者，多没其善，每言“何物小子，敢共魏收作隙？若举之则使上天，按之当使入地！”收在神武时为太常少卿，修国史，得阳休之助，因谓休之曰：“无以谢德，当为卿作佳传。”休之父固，魏世为北平太守，以贪虐为中尉李平所弹，获罪。收书云：“固为北平，甚有惠政，坐公事免官。”又云：“李平深相敬重。”群口沸腾，敕《魏史》且勿施行，号为“秽史”。

《唐书》曰：杜正伦知起居注，太宗尝谓侍臣曰：“朕每日坐朝，欲出一言，即思此言于百姓有所益不，所以不敢多言。”正伦进曰：“君举必书，言存在史。臣职当修《起居注》，不敢不尽愚直。陛下若一言乖于道理，则千载累于圣德。非直当今有损于百姓，愿陛下慎之。”太宗大悦。

又曰：许敬宗。初，虞世基与敬宗父同为宇文化及所害，封德彝时为内史舍人，备见其事，因谓人曰：“世基被戮，世南匍匐而请代；善心之死，敬宗舞蹈以求生。”敬宗闻而衔之。及为德彝立传，盛加其罪恶，在监门，大将军钱九陇，皇家之隶也。敬宗与之结婚，乃为九陇曲叙门阀，妄加功绩。又蛮首庞孝泰率乡兵从征高丽，贼知其怯懦，先击破之。敬宗纳其家宝货，妄称其频破贼徒，斩获数万。汉将骁健者唯苏定方、庞孝泰耳，曹继叔、刘伯英皆出其下。虚美如此。

又曰：太宗谓谏议大夫褚遂良曰：“卿犹知起居皆书何等事？大抵人君得见否？”遂良曰：“今之起居，古之左右史，书人君言事，且记善恶以为鉴诫，庶几人主不为非法。不闻帝王躬自观史。”太宗曰：“朕有不善，卿必记之耶？”遂良曰：“守道不如守官，臣职当载笔，君举必记。”黄门侍郎刘洎曰：“设令遂良不记，天下之人皆记之矣。”帝曰：“然”。

又曰：贞观十年，尚书左仆射房玄龄，侍中魏征，散骑常侍姚思廉，太子右庶子李百药、孔颖达，守礼部侍郎令狐德棻，守中书侍郎岑文本，中书舍人许敬宗等撰成周、隋、梁、陈、齐等五代史，诣阙上之。太宗劳之曰："朕睹前代史书，彰善瘅恶，足为将来之诫。秦始皇奢淫无度，焚书坑儒，用缄谈者之口。隋炀帝虽好文儒，尤疾学者，前世史籍竟无所成。数代之事，殆将泯绝。朕意则不然，将欲览前王之得失，为在身之龟镜。公辈以数年之间，勒成五代之史，副朕深怀，极可嘉尚。"又诏司空房玄龄等修《晋书》，以臧荣绪书为本，采摭诸家传记而益附之，爰及晋代文集，罔不毕举，为十本纪、二十志、七十列传、十三载记。其太宗所著宣、武二帝及陆机、王羲之四论皆称制焉，房玄龄以下为论皆称史臣。后数载而书就，藏之秘府，颁赐加级各有差。以其书赐皇太子及新罗使者各一部焉。

又曰：显庆中，高宗以许敬宗所撰《太宗实录》所记多非实，乃谓刘仁轨曰："朕昨观国史所书，多不周悉。卿等必须穷微索隐，原始要终，盛业鸿勋，咸使详备。至如先圣作《威凤赋》，意属阿舅及士廉，敬宗乃移向尉迟敬德传内。又尝温汤教习，长围四合，万队俱前，忽然云雾昼昏，部伍乱错，先圣既睹斯事，恐其挂法者多，遂潜隐不出；待其整理，然后临观。顾谓朕曰：'振旅训兵，国之大典，此之错失，于法不轻。我若见之，必须行法。今我不出，良为于此。'今乃移向《魏征传》曰，称是征之谏语。此既乖于实，何以垂 之后昆？朕尝从幸木央宫，辟仗已过，忽于草中见一人身带横刀，其人云闻辟，伏，至怕不敢出。仗家搜索不觉，遂伏不敢动。先圣敛辔即还，顾谓朕曰：'此事若发，数人合死，汝可后伺看，早放出之。'史家唯此一事差似不失其真。"郝处俊曰："先圣仁恩，触类皆是。臣弟杰往年宿卫之日，被羌腰舆供奉，见有三卫误拂御衣，此人怕惧，五情无主。先圣谓之曰：'此间无御史，我不为汝作罪过，不须怕惧。'上谓处俊曰：'此亦须入史。'于是处俊等引左史李仁实专掌其事。"

太平御览卷第六百四　文部二十

史传下

《唐书》曰：于休烈修国史。肃宗自凤翔还京，励精听受，尝谓休烈曰："君举必书，良史也。朕有过失，卿书之否？"对曰："禹汤罪已，其兴也勃焉。有德之君，不忘规过。臣不胜大庆。"

又曰：贞元十二年，贾耽、卢迈皆有假故，赵憬独对于延英。上问曰："近日《起居注》所记何事？"憬奏曰："古左史记事，右史记言。人君动止有事言，随即记录，今起居之职也国朝自永徽已后，起居唯得对仗承旨，仗下后，谋议皆不得闻，其记注但出于已行制敕内采录，更无它事。所以长寿中姚璹知政事，以为亲承德音谟训，若不宣自宰相，史官无由得书。遂请仗下，后所言军国政要，宰相专知撰录，号为《时政记》，每月送史馆。无何，此事又废。"上曰："君举必书，义存劝诫。既有《时政记》，宰臣宜依故事为之。"

又曰：李翱以史官记事不实，奏状曰："臣谬得秉笔史馆，以记注为职。夫劝善惩恶，正言直笔，纪圣朝功德，述忠贤事业，载奸臣行，以传无穷者，史官之任也。凡人事迹，非大善大恶，则众人无由得知。旧例皆访于人，又取行状谥议以为一据。今之作行状者，多是其门生故吏，莫不虚加仁义礼智，妄言忠肃惠和，此不唯处其心不实，苟欲虚美于受恩之地耳。盖为文者又非游、夏、迁、雄之列，务于华而忘其实，溺于文而弃其理，故为文则失六经之古风，纪事则非史迁之实录。臣今请作行状者，但指事说实，直载事功。假如作魏征传，但记其谏诤之词，足以为正直；段秀实，但记其倒用司农印以追逆兵，以象笏击朱泚，足以为忠烈。若考功，视行状，不依此者不得受，依此则考功，下太常牒史馆，然后定谥。伏乞以臣此奏下考功。"从之。

又曰：元和中，宰臣以下候到于延英殿。上以《时政记》问于宰臣，修国史李吉甫对曰："是宰相记天子事以授史官之实录也。古者左史记言，今起居舍人是也；右史记事，今起居郎是也。永徽中宰相姚璹监修国史，虑造膝之言或不下闻，因请随奏对而记是也。"上曰："其间或修或不修者，何也？"吉甫对曰："凡面奉德音，未及施行，总为机密，固不可书以送史官；其间谋议有发自臣下者，又不可自书以付史官。及事已行者，制令昭然，天下皆得闻知，即史官之记，不待书以授也。且臣观《时政记》者，姚璹修之于长寿，及璹罢而事废；贾躭、齐杭修之于贞元，躭、杭罢而事废。然则关于政化者，不虚美，不隐恶，谓之良史也。"

又曰：宪宗锐意于为理，遍读列圣实录。见贞观、开元故事，竦慕不能释卷。尝谓宰臣曰："太宗之创业如此，玄宗之致理如此，我读国史，始知万倍不如先圣焉。"

又曰：长庆中，中书门下请修《圣政纪》，云："古之王者必置史官以纪善恶，国朝贞观、永徽以前，宰臣及百官正衙奏事，史官载笔于阶陛之下，所有奏议悉约书之。自永徽以后，许敬宗、李义府作相，事多奸蔽，遂奏史官与僚庶俱退，然后宰臣请事。由是君臣之间咨谋启沃不复知矣。左右史唯写诏、诰、除授以修注记。长寿二年，宰相姚璹以为史官疏远，不得参闻政事；然帝王谟训不可遂无纪述，乃请自今已后，所论军国政要，委宰相一人撰录，号为《时政纪》，事亦寻废。"

又《路随传》曰：初，韩愈撰《顺宗实录》，说禁中事颇切直。内官恶之，往往于上前言其不实。累朝有诏改修。及进《宪宗实录》后，文宗复令改正永贞时事，随奏曰："臣昨面奉圣旨，以《顺宗实录》颇非详实，委臣等重加刊正。伏以史册之作，劝诫所存，事有当书，理宜归实。匹夫美恶尚不可诬，人君得失无容虚载。圣旨以前件实录记贞元末数事，稍非摭实，盖出传闻，审知差舛，更命刊正。顷因坐日，屡形圣言通计前后至于数四。臣等伏以贞观以来，累朝实录有经重撰，不敢固辞，但欲粗删深误，亦固尽存诸说。宗闵、僧孺相与商量，缘此书成于韩愈，今史官李汉、蒋系皆愈之子婿，若遣参撰，或致私嫌，纵臣获修成，必惧终为时累。且韩愈所书，亦非己出，元和之后已是相循。伏望条示旧记最错误者，宣付史官，委之修定。”诏曰：“其《实录》中所书德宗、顺宗朝禁中事，寻访根柢，盖起谬传，谅非信史，宜令史官详正刊去，其它不要更修。”

又曰：文宗尝问：“《顺宗实录》似未详实，史官韩愈不是当时屈人否？”李石曰：“韩愈贞元末为四门博士。”上曰：“司马迁与任安书全是怨望，所以汉武本纪事多不实。”郑覃曰：“汉武中年后大发戎马，拓土开边，生人耗竭，粮饷不给。本纪所述，亦非过言。”石曰：“史笔不直，率多无后。郑覃所陈，志在讥谏，欲陛下究盛德，故言汉武不屈。”上曰：“‘靡不有初，鲜克有终’。此诚可为戒。”覃因曰：“伏知陛下乙夜观书，无不该涉，然经典切切不过一二百言，圣意所存‘靡不有初，鲜克有终’，此两句实可寝食佩服。”

又曰：张次宗有文学，稽古历行，开成中为起居舍人。文宗复故事，每入阁，左右史执笔立于螭头之下，宰相奏事得以备录。宰臣既退，上召左右更质证所奏是非，故开成政事详于史氏。

又曰：文宗朝对，宰臣退，上命起居郎郑朗等：“适所纪录者，将来一观。”郑朗对曰：“臣执笔所纪，便目为史。臣闻自古帝王不合观史。”上曰：“故事何在？”朗曰：“臣不敢远征故实，尝闻太宗皇帝欲观览国史，用知得失。谏议大夫朱子奢上表云：‘史官所述，义归尽善。若至会玄已后，或非上智，中主庸君饰非护短，见极陈善恶致怨，史官何地逃刑？’又问褚遂良，对曰：‘今之起居，古之左右史，以记人君言行，善恶必书，庶几不为非法，不闻帝王躬自观史’”上又谓朗曰：“适之所纪，且是直书，未有否臧，一见无爽。”朗乃进所纪，上略览曰：“卿宜门外重写录进。”其日晚，内出诏示宰臣，曰：“适郑朗奏朝来所纪之事，拟不进本。人君之言，良史善恶必书。或有平生之闲话，不关理道之体要，垂诸将来，实为愧耻。异日临朝，庶几稍改，何妨一见，得戒丑言。”又尝于紫宸殿对百僚遣閤门使就起居舍人魏謩取注记。謩奏曰：“臣以自古置此以为圣王鉴戒，陛下但为善，勿畏臣不书；如陛下所行错误，臣不书之，天下之人皆得书之。臣愿以陛下为太宗文皇陛下，许臣比褚遂良。”上曰：“我前亦尝观之。”謩曰：“是前起居不详故事，臣今岂得陷陛下为非？若陛下一览之后，自此文字须有回避。如此则善恶不直，如何遣后代取信？”上遂止。

《周书》曰：贾纬乾祐中受诏与王伸、窦俨修晋高祖、少帝、汉高祖三朝实录。纬以笔削为己任，然而褒贬任情，记注不实。晋宰相桑维翰执政，尝薄纬之为人，不甚见礼。纬深衔之。及叙维翰传，称维翰身没之后，有白金八千铤，他物称是。翰林学士徐台符，纬邑人也，与纬相善，谓纬曰：“闻吾友书桑魏公白金之数，不亦多乎？”乃改为白金数千铤。

《太史公自序》云：夫《诗》《书》隐约者，欲遂其志之思也。故述往事，思来者。于是乎述陶唐以来，至麟德止，自黄帝始，原始察终，考之行事，著十二本纪、三十世家、十表、八书、七十列传，凡一百三十篇，成一家言是也。

《西京杂记》曰：司马迁发愤作《史记》一百三十篇，先达为良史之才。其以伯夷居列传之首，以为善而无报也；为《项羽本纪》以据高位者，非关有德也；及其叙屈原、贾谊，辞旨抑扬，悲事不避，亦一代之伟才。

又曰：汉承周史官，至武帝，太史公司马谈世为太史，子迁年十三，使乘传行天下，求诸侯史记，读孔氏古文，序世事，作百三十卷五十万字。谈子迁以世官复为太史公，序事如古《春秋》。司马氏本古周佚后也。作《景帝本纪》，极言其短及武帝之过。帝怒而削去。坐举李陵降匈奴，下迁蚕室，有怨言，下狱死。宣帝以其官为太史令，行太史公文书而已，不复用其子孙。

班固《典引》曰：永平十七年诏曰：司马迁著书成一家，扬名后世，至以身陷刑之故，反微文讽刺贬损当代，非谊士也。

又《魏志》曰：明帝问王肃：“司马迁以受刑之故，内怀隐切，著《史记》，非贬孝武，令人切齿。”

又晋张辅尝著论，论班固、司马迁之著述：辞约而事举，叙三千年事唯五十万言；班固叙二百年事乃八十万言，烦省不同，不如迁，一也。良史述事，善足以奖劝，恶足以鉴诫，人道之常、中流小事亦无取焉，而班皆书之，不如二也。毁贬朝错，伤忠臣之道，不如三也。迁既造创，固又因循，难易益不同矣。又迁为苏秦、张仪、范雎、蔡泽作传，逞辞流离，亦足以明其大才，故述辨士则藻辞华靡，叙实录则隐核名检，此所以迁称良史也。

《文心雕龙》曰：昔者夫子悯王道之缺，伤斯文之坠，静居以叹凤，临衢而泣麟。于是就太师以正《雅》《颂》，因鲁史以修《春秋》，举得失以表黜陟，征存亡以标劝戒。然睿旨幽秘，经文婉约，丘明同耻，实得微言。乃原始要终，创为传体。传者，转也。转授经旨以授于后，实圣文之羽翮，记籍之冠冕也。及至纵横之世，史职犹存，秦并七王，而战国有策。盖录而不序，故即简为名也。汉灭嬴、项，武功积年，陆贾稽古，作《楚汉春秋》。爰及史谈，世唯执简。子长经志，甄序帝续，比尧称典，则位杂中贤，法孔题经，则文非元圣，故取式《吕览》，通号曰纪。纪纲之号，亦宏称也。故本纪以述皇王，列传以总侯伯，八书以铺政体，十表以谱年爵。虽殊古式，而得事序焉。尔其实录无隐之旨，博雅弘辩之才，爱奇反经之尤，条例踳落之失，叔皮论之详矣。及班固述汉，因循前业，观史迁之辞，思实过半。其十志该富，赞序弘丽，儒雅彬彬，信有遗味。至于宗经规圣之典，端绪丰赡之功，遗亲攘善之罪，征贿鬻笔之愆，公理辩之究矣。至于后汉纪传，发源《东观》。袁、张所制，偏驳不伦，薛、谢之作，疏谬少信；若司马彪之详实，华峤之准当，则其冠也。及魏代三雄，记传并出。《阳秋》《魏略》之属，《江表》《吴录》之类，或激抗难征，或疏阔寡要；唯陈寿三志，文质辨洽，荀、张比之于迁、固，非妄誉也。至于晋代之书，繁乎著作。陆机肇始而未备，王韶续末而不终；干宝述《纪》以审正明序，孙盛《阳秋》以约举为能。案《春秋》经传，举例发目，《史》、《汉》以下，莫有准的。至邓粲《晋纪》，始立条例，又摆落汉魏，宪章殷周，虽湘川曲学，亦有心放典谟。及安国立例，乃邓氏之规焉。

又曰：传托为式，编年经事，文非泛论，按实而书。岁远则周曲难密，事积则起记易疏，斯固总合之为难也。或有同归一事，数人分功，两记则失于复重，偏举则病于不周，此又铨配之易也。故张衡摘史、班之舛滥，傅玄讥《后汉》之尤烦，皆此类也。若夫追述远代，代远多伪，公羊皋云："传闻异词。"荀悦称："录远略近。"盖文疑则阙，贵信史也。然俗皆爱奇，莫顾理实，传闻而欲伟其事，录远而欲详其迹，于是弃同即异，穿凿傍说，旧史所无，我书则博，此讹滥之本源，而述远之巨蠹也。至于记编同时，时同多诡，虽定、哀徵词，而世情利害。勋荣之家，虽庸夫而尽饰；屯贬之士，虽令德而蚩理；吹霜煦露，寒暑笔端，此又同时之枉论，可为叹息者也。故述远则诬矫如彼，略近则回邪如此，析理居正，唯懿上心乎。

《谈薮》曰：后魏太保清河崔光，乐陵太守旷之孙，长广太守灵延之子。光博学有史才，本名孝伯，字长仁，高祖赐名焉。除著作郎，撰国史，迁黄门侍郎，为高祖所重。帝曰："孝伯之才，浑浑如黄河东注，今之文宗也。"及魏收为史，改"浑浑"为"浩浩"。光有大度，喜愠不形于色，有毁之者必善言以报之，虽见诬谤，终不自申曲直。士君子以此称之。光修国史，弟敬友子鸿复撰《十六国春秋》，一门二史，当代为荣。

太平御览卷第六百五 文部二十一

笔

《说文》曰：楚谓聿，吴谓之不律，燕谓之弗，秦谓之笔。

《释名》：笔，述也；述而书之。

《博物志》曰：蒙恬造笔。

崔豹《古今注》曰：牛亨问曰："古有书契已来便应有笔也，世称蒙恬造笔，何也？"答曰："自蒙恬始作秦笔耳。以柘木为管，以鹿毛为柱，羊毛为皮，所谓鹿毫竹管也，非谓古笔也。"又问曰："笔有彤管，何也？"答曰："彤，赤漆耳。使史官载笔，故是赤管，言以赤心事也。"

《毛诗·柏舟·静女》曰：静女其娈，贻我彤管。古者，后、夫人有女史彤管之法。后妃群妾以礼御于君所，女史书其日月，授之环以进退也。笺云：彤管，赤笔也。彤管有炜，悦怿女美。

《曲礼》曰：史载笔、士载言也。

《汉书》曰：张安世持橐簪笔，橐，挈橐也。近臣负橐簪笔，从备顾问，或有所记。事孝武帝数十年，见谓忠谨。

《东观汉记》曰：班超字仲升，家贫，为官佣写书。尝辍书投笔，叹曰："大丈夫当效傅介子、张骞，立功异域，以取封侯，安能久事笔砚乎？"

《吴志》曰：曹公闻孙权以荆州资刘备，大惧，方作书，不觉落笔于地。

《齐书》曰：江淹尝宿于冶亭，梦一丈夫自称郭璞，谓淹曰："吾有笔，在卿处多年，可以见还。"淹乃探怀中，得五色笔一以授之。尔后为诗，绝无美句，时人谓之才尽。

《梁书》曰：纪少瑜尝梦陆倕以一束青镂管笔授之，云："我以此笔犹可用，卿自择其善者"，其文因此遒进。

又曰：郑灼家贫，好学，抄义疏以日继夜。笔毫尽，每削用之。

《隋书》曰：高祖复郑译官爵，令内史令李德林立作诏书。高颎戏谓曰：“笔干。”译答曰：“出为方岳，杖策言归，不得一钱，何以润笔。”

又曰：刘行本累迁掌朝下大夫。周代故事，天子临轩，掌朝典笔砚，持至御坐，则承御大夫取以进之。及行本为掌朝，将进笔于帝，承御复欲取之，行本抗声谓承御曰：“笔不可得。”帝惊视问之，行本言于帝曰：“臣闻设官分职，各有司存。臣既不得佩承御刀，承御亦焉得取臣笔。”帝曰：“然。”因令二司各行所职。

《国朝传记》曰：虞监草行本师于释智永。智永常楼上学，业成方下，其弃笔头全盈瓮。

《唐书》曰：柳公权为司封员外郎，穆宗政僻，尝问公权：“笔何尽善？”对曰：“用笔在心，心正则笔正。”上改容，知其笔谏也。

《五代史·周史》曰：和凝年十七，举明经，至京师。忽梦人以五色笔一束以与之，谓曰：“子才可以举进士。”自是才思敏赡，十九登进士第。

又曰：马裔孙初为河中从事，因事赴阙，宿于逻店。其地有上逻神祠，夜梦神见召，待以优礼，手授以笔，一大一小。觉而异焉。及为翰林学士，旋知贡举。私自谓曰：“此二笔之应也。”洎入中书，吏奉二笔，熟视大小，如昔时中梦所授者。

《汉官仪》曰：尚书令仆丞郎月给赤管大笔一双，篆题曰：“北宫二作。”

《西京杂记》曰：汉制，天子笔以错宝为跗，毛皆秋兔之毫。官师路扈为之，又以杂宝为匣，厕以玉璧翠羽，皆直百金。

扬子《法言》曰：槌提仁义，绝灭礼学，吾无取焉。五帝者，三王之笔舌。宁有书不用笔，言不由舌耶？刀不利，笔不銛，宜加砥削之。

《论衡》曰：知能之人须三寸之舌，一尺之笔，然后能自通。

《神仙传》曰：李仲甫，颍川人。汉桓帝时，卖笔辽东市，一笔三钱；如无钱，亦与笔。

《魏末传》曰：司马宣王欲诛曹爽，呼何晏作奏，曰："宜上君名。"晏失笔于地。

《世说》曰：王东亭尝梦有人与大笔，其管如椽。既觉，说人云："当有大手笔事。"不日，烈宗晏驾，哀策谥议并王所作也。

《傅子》曰：汉末，一笔之匣，雕以黄金，饰以和璧，缀以隋珠，文以翡翠。此笔非文犀之桢，必象齿之管，丰狐之柱，秋兔之翰。用之者必被珠绣之衣，践雕玉之履矣。

王羲之《笔经》曰：汉时诸郡献兔毫，出鸿都，唯有赵国毫中用。时人咸言：兔毫无优劣，管手有巧拙。

又曰：有人以绿沉漆竹管及镂管见遗，录之多年。斯亦可爱玩。讵以金宝雕琢然为贵也。

又曰：昔人或以琉璃象牙为笔管，丽饰则有之。然笔须轻便，重则踬矣。

《笔墨法》曰：作笔当以铁梳梳兔豪毛及羊青毛，去其秽毛，使不髯茹。羊青为心，名曰"笔柱"，或曰"墨池"。

《东宫旧事》曰：皇太子初拜，给漆笔四枚，铜博山笔床副。

《搜神记》曰：王祐病，有鬼至其家，留赤笔十余枝在荐下，曰："可使人簪之，出入辟恶。"凡举事者皆无恙。

《荆楚岁时记》曰：陆士衡云："魏武帝刘婕妤以七月七日祈璃琉笔。"

《岭表录异》曰：番禺地无狐兔，多用鹿毛、野狸毛为笔。又昭富、春勒等州则择鸡毛为笔，其用也，亦与兔毫无异。

又曰：岭南无兔，尝有郡牧得其皮，使工人削笔者，醉失之，大惧，因剪鬓须为笔，笔甚善。更使为之，工者辞焉。诘其由，以实对。遂下令，使一户输人须，或不能致，辄责其直。

墨

《释名》曰：墨，晦也。言以物晦黑也。

《汉书·王莽传》曰：汉兵起，莽以墨污渭陵、延陵周垣。

《东观汉纪》曰：和熹邓后即位，万国贡献悉禁绝，唯岁供纸墨而已。

范子《计然》曰：墨出三辅，上价石百六十，中三十，下十。

韦仲将《笔墨方》曰：合墨法：好醇烟捣讫，以绢细蓰于缸中，蓰去草芥，若细沙，以细绢蓰尘埃。此物至轻微，不宜露蓰，虑失飞去，不可不慎。墨一斤，以好胶五两浸梣皮汁中。梣，江南樊鸡木皮也。其皮入水绿色，解胶，又益墨色，可下鸡子白去黄五枚，亦以真朱一两、麝香一两，皆别治细蓰，都合调下铁臼中，宁刚不宜泽，捣三万杵，杵多益善。合墨不得过二月、九月，温时败臭，寒则难干，湩溶见风日，碎破。重不得过二两。

蔡质《汉官》曰：尚书令仆丞郎月赐渝糜大墨一枚，小墨一枚。

《东宫旧事》曰：皇太子初拜，给香墨四丸。

《修复山陵故事》曰：玄宫物有墨五丸。

《神仙传》曰：汉桓帝征仙人王远，远乃题宫门四百余字，皆说方来。帝恶之，削之，外字去内字复见，墨入材里。

葛龚《与梁相书》曰：复惠善墨，下士所无，摧骸骨，碎肝胆，不足明报。

曹植《乐府诗》曰：墨出青松烟，笔出狡兔翰，古人感鸟迹，文字有改刊。

葛洪《神仙传》曰：班孟，不知何许人也。舒纸于前，嚼墨一喷，皆成字，竟纸，各有意义。

赵壹《非草书》曰：后世慕崔杜张子，专欲草书为务，十日一笔，月数丸墨，领袖如皂，唇齿常墨，屈指画地，爪折鰓出，亦效颦之增丑也。

陆云《与兄机书》曰：一日上三台，曹公藏石墨数十万斤，云烧此消复可用，然不知兄颇见之不？今送二螺。

郑氏《婚礼谒文赞》曰：九子之墨，藏于松烟。

盛弘之《荆州记》曰：筑阳县有墨山，山石悉如墨。

顾微《广州记》曰：怀化郡掘堑，得石墨甚多，精好可写书。

戴延之《西征记》曰：石墨山北五十里，山多墨，可以书。

《寻阳记》曰：庐山有石墨可书。

《灾祥集》曰：天雨墨，君臣无道，谗人进。

李尤《研墨铭》曰：书契既造，研墨乃陈，烟石相附，笔疏以申。

顾野王《舆地志》曰：汉时，王朗为会稽太守，子肃随在郡。住东斋中，夜有女从地出，称越王女，与肃语。晓别，赠一丸墨，肃方注《周易》，因此便觉，才思开悟。

砚

《释名》曰：砚，研也，研墨使和濡也。

《晋书》怀帝陷于平阳。刘聪引帝入宴，谓帝曰："卿为豫章王时，朕与王武子俱造卿。武子称朕于卿，卿言闻名久矣。卿以所作乐府文示朕，曰：'闻君善词赋，试为看也。'朕与武子俱为《盛德颂》，卿称善者久之。又引朕射于皇堂，朕得十二筹，卿与武子俱得九筹。卿又赠朕柘弓、银砚，卿颇忆否？"帝曰："安敢忘之？恨尔日不得早识龙颜。"

《唐书》曰：柳公权常宝惜墨砚图画，自扃鐍之，常评砚：以青州石末为第一，言墨易冷，绛州黑砚次之。

《太公金匮》曰：研之书曰：石墨相著，邪心谗言，无得污白。

伍缉之《从征记》曰：夫子床前有石砚一枚，作甚古朴，盖孔子平生时物也。

《西京杂记》曰：天子以玉为砚，取其不冻。

《拾遗记》曰：张华撰《博物志》奏武帝，帝赐青铁砚。铁是于阗国所献，铸以为砚。

魏武帝《上杂物疏》曰：御物有纯银参带台砚一枚，钝银参带员砚大小各一枚。

《陈留志》曰：范乔年二岁，祖父馨卒，临终抚其首曰："恨不见汝成人，以吾所用砚与之。"至五岁，祖母以此言告乔，便执砚啼哭。

《东宫旧事》曰：皇太子初拜，给漆石砚一枚。

崔寔《四民月令》曰：正月砚冻释，令童幼入小学学篇章；十一月砚冻，命童幼读《孝经》、《论语》。

《世语》曰：曹爽与明帝少同砚书。

晋傅玄《砚赋》采阴山之潜璞，简众材之修宜，节方员以定形，锻金铁而为池，设上下之剖判，配法象乎二仪，木贵其能软，石美其润坚，加采漆之胶固，含冲德之清玄。

《永嘉中记》曰：砚溪一源中多石砚。

刘澄之《宋永初山川古今记》曰：兴平石穴深二百许，大石青色，堪为砚。

纸

《释名》曰：纸，砥也，平滑如砥石也。

服虔《通俗文》曰：方絮曰纸。

《东观汉记》曰：黄门蔡伦，典作尚方，作纸，所谓蔡侯纸也。

《董巴记》曰：东京有蔡侯纸，即伦也。用故麻名麻纸，木皮名谷纸，用故鱼网作纸名网纸也。

王隐《晋书》曰：魏太和六年，博士河间张揖上《古今字诂》，其巾部："纸，今也，其字从巾。古之素帛依旧，长短随事，截绢枚数重沓，即名幡。纸字从系，此形声也。后和帝元兴中，中常侍蔡伦以故布捣锉作纸，故字从巾。是其声虽同，系、巾为殊，不得言古纸为今纸。"

崔鸿《前燕录》曰：慕容俊三年，广义将军岷山公黄纸上表，儁曰："吾名号未异于前，何宜便尔？自今但可白纸称疏。"

沈约《宋书》曰：张永善隶书，又有巧思，纸及墨皆自营造。上每得永表启，辄执玩咨嗟，自叹供御者不之及也。

《唐书》曰：杜暹为婺州参军，秩满将归，州吏以纸万余张赠之，暹唯受一百。时人叹曰："昔清吏受一大钱，复何异也！"

《语林》曰：王右军为会稽谢公乞笺纸，库中唯有九万枚，悉与之。桓帝云:“逸少不节。”

《拾遗记》曰:张华献《博物志》,赐侧理纸万番,南越所献也。汉人言陟狸与侧理相乱,南人以海苔为纸,其理纵横褒侧,因以为名。

《世说》曰:戴安道就范宣学所为。范宣读书,亦读书;范宣抄纸,亦抄纸。

《桓玄伪事》曰:古无纸,故用简,非主于敬也。今诸用简者,皆以黄纸代之。

又曰:玄令平准作青赤缥绿桃花纸,使总精令速作之。

石虎《邺中记》曰:石虎诏书以五色纸着凤雏口中。

范宁教曰:土纸不可以作文书,皆令用藤角纸。

盛弘之《荆州记》曰:枣阳县一百许步蔡伦宅,其中具存。其傍有池,即名蔡子池。伦,汉顺帝时人,始以鱼网造纸。县人今犹多能作纸,盖伦之遗业也。

《异苑》曰:张仲舒在广陵,晨夕辄见门侧有赤气。后空中忽雨绛罗于其庭,周广七八分,长五六寸,皆笺纸继之,广长亦与罗等,纷纷甚快。经宿,仲舒暴疾死。

孙放《西寺铭》曰:长沙西寺,层构倾颓,谋欲建立。其日有童子持纸花插地,故寺东西相去十余丈,于是建刹正当花处。

傅咸《纸赋》曰:既作契以代绳,又造纸以当策。

刘孝威《谢官纸启》曰:虽复邺殿,凤衔汉朝鱼网。平准桃花,中宫谷树,固以惭兹靡滑,谢此鲜华。

《东宫旧事》曰:皇太子初拜,给赤纸、缥红麻纸、敕纸,法各一百。

太平御览卷第六百六 文部二十二

简

《说文》曰：简，牒也。

《释名》曰：简，书编也，言间也。

《尔雅》曰：简谓之毕。郭璞曰：今简札也。

《毛诗·鹿鸣》曰：，岂不怀归，畏此简书。

张璠《汉记》曰：吴祐父恢为南海太守，欲以杀青写书。祐年十二，谏曰："海滨多珍玩，此书若成，载必盈两。昔马援以薏苡兴谤，王阳以书橐微名，疑惑之戒，先贤所慎。"恢大喜。

范晔《后汉书》曰：大夫司徒邓禹西征定河东，张宗诣禹自归。禹闻宗多权谋，乃表为将军。禹军到栒邑，赤眉大众且至。禹以栒邑不足守，欲引师进就坚城，而众人多畏贼追，惮为后拒。禹乃书诸将名于竹简，署其前后，乱著笥中，令各探之。宗独不肯探，曰："死生有命，宗肯辞难就逸乎？"禹叹息。宗曰："愚闻一卒毕力，百人不当；万夫致死，可以横行。宗今拥兵数千，以承大威，何遽其必败乎！"

《魏略》曰：宣王讨王陵，陵面缚迎，遥谓太傅曰："卿直以折简召我，我当不至耶？而引军来乎！"太傅曰："以卿非肯逐折简者也。"

《濑乡记》曰：老子母碑曰：老子把持仙录，玉简金字，编以白银，纪善缀恶。

《楚国先贤传》曰：孙敬编杨柳简以为经本，晨夜诵习。

《刘向别传》曰：孙子书以杀青，简编以缥丝绳。

《文士苑》曰：人有嵩山下得竹简一版，上有两行科斗之书，中外传示，莫能知。张华以问束皙，皙曰："此明帝显节陵中策文也。"验校果然。

《风俗通》曰：刘向《别录》：杀青者，宜治竹作简书之耳。新竹有汁，善折蠹，凡作简者，皆于火上炙干之，陈楚间谓之“汗”。汗者，去其汁也。

《吴越》曰：杀亦治也。刘向事孝成皇帝典校书籍二十余年，皆先书竹，改易刊定可缮写者以上素也。由是言之，“杀青”者竹斯为明矣。

《神仙传》曰：阴长生裂黄表写丹经，一通封以文石之函，著嵩高山；一通黄栌简染之书，封以青玉之函，著华山；一通黄金之简，刻而书之，封以白银之函，著蜀绥山。

策

《广雅》曰：策谓之简。

《释名》曰：策，书教令于上，所以驱策诸夏也。汉制，约敕封侯曰策。策，赜也，敕使整颐不犯法也。

《史记》曰：百名以上则书于策。

《春秋序》曰：大事书之于策，小事简牍而已。

《后汉书》曰：何敞父比干字少卿，为汝阴县狱吏决曹掾，平活数千人。后为丹阳都尉，狱无冤囚。征和三年三月辛亥，天大阴雨，比干在家，日中梦车骑满门，觉而语妻。语未竟，而门有老妪求寄避雨，雨甚而衣不沾。雨止，送至门，谓比干曰：“公有阴德，天赐君以策，以广公之子孙。”因出怀中符策，状如简，长九寸，凡九百九十枚，以授比干曰：“子孙佩印绶者如此数。”比干年五十八，有六男，又生三子，本始元年自汝阴徙平陵，代为名族。

《吴历》曰：孙皓时，吴郡民掘地得物似银，长一尺三寸，刻画，有年月字，因改年为“天策”。

《唐书》曰：贞观中，房玄龄议封禅仪，玉策四枚，各长一尺三寸，广一寸五分，厚五分，每策五简，俱以金编。其一奠太祖，一奠地祇，一奠高祖。

《穆天子传》曰：癸巳，至于群玉之山，阿平无险，言边无险阻也。四彻中绳，言皆平直。先王之谓策府。言往古帝王以为藏书策之府。

《家语》曰：哀公问政于孔子，孔子曰：“文武之政，布于方策”。

牍

《说文》曰：牍谓书板也。

《释名》曰：牍，睦也。身执之以进见，所以为恭睦也。

《史记》曰：文帝遗单于尺一寸牍，单于以尺二寸牍答。

又曰：东方朔初入长安，至公车上书，凡用三千奏牍。公车令两人共持举其书，仅能胜之。人主使从上方读之，止，辄记其处，读之二月乃尽。诏拜以为郎。

《东观汉记》曰：时天下垦田多不实，诏捡覆核，百姓嗟怨。诸郡遣使，帝见陈留吏牍上有书，视之，云：“颍川、弘农可问，河阳、南阳不可问。”上得之，怒。时东海公年十二，在幄后言曰：“吏受郡敕，欲以垦田相方耳。”帝曰：“即如此，何故言河阳、南阳不可问？”对曰：“河南帝城，多近臣；南阳帝乡，多近亲。田宅逾制，不可为准。”帝令虎贲诘问吏，吏首服。遣谒者栲实，具知奸状。

《梦书》曰：牍札为荐举，梦得牍札，欲荐举也。

《韩诗》曰：赵简子太子名伯鲁，小子名无恤。简子自为二牍，亲自表之，书曰：“节用听聪，敬贤勿慢，使能勿贱。”与二子，使恒诵之。居三年，简子坐青台之上，问二子书所在。伯鲁亡其表，令诵，不能得。无恤出其书于左袂，令诵，习焉。乃黜伯鲁而嘉无恤。

《韩诗外传》曰：赵简子有臣周舍，立于门下三日三夜。简子问其故，对曰：“臣为君谔谔之臣，秉笔操牍从君之后，伺君过而书之。”

札

刘熙《释名》曰：札，栉也，编之如栉齿相比也。

《晋令》曰：郡国诸户口黄籍，籍皆用一尺二寸札，已在官役者载名。

《汉书》曰：司马长卿未死时为一卷书，曰：“有使来求，奏之。”其遗札书，言封禅事。

又曰：谷永字子云，便于笔札。故时人云：“子云之笔札，娄君卿之唇舌。”

《后汉书》曰：樊崇等西攻更始，百万之众而无称号；欲立帝，求军中景王后者，得七十余人，唯盆子与茂及前西安侯为最。崇等议曰：“闻古天子将兵称上将军。”乃书札为符曰“上将军”。又以两空札置笥中，札，简也。笥，箧也。遂于郑北设坛场，祠城阳景王，诸三老从事皆大会陛下，列盆子三人居中立，以年次探札。盆子最幼，后探得符，诸将乃皆称臣。

《续汉书》曰：贾逵字景伯。时有神雀入宫，章帝敕兰台给笔札，使逵作《神雀颂》。

晋张华有文雅之才，晋仪礼厘革制度，敕有司给笔札，多有损益。

《晋阳秋》曰：梁国张恽字义元。为郡吏。入，值太守围棋，投札于地，恽曰：“知府君患风，取以支户。”太守辍棋令坐。

《汉武故事》曰：上崩后，有一人骑马，马异于常马，持一尺札赐将作大匠丞文，曰：“汝绩克成，赐汝金十斤。”因忽不见，札变为金，称之重十斤。

《抱朴子》曰：魏武帝以左慈为妖妄，欲杀之。使人收之。慈故欲见而不去。欲拷之，而狱中有七慈，形状如一，不知何者为真。以白武帝，帝使人尽将杀之。须臾，七慈尽化为札，而一慈径出，走赴群羊。

诗云：有客从南来，贻我一书札；上叙长相思，下言久离别。

牒

《说文》曰：牒，札也。

《文心雕龙》曰：牒者，叶也，如叶在枝也。短简为牒。议事未定，故短牒谘谋。牒之尤密谓之签。

《左传·昭六年》曰：赵简子令诸侯大夫输王粟。宋乐大心曰：“我不输粟，我于王为客。”二王后为宾客。晋士伯曰：“自践土以来，宋何役不会？而何盟不同王室？子焉避之？”右师不敢对，受牒而退。右师，乐大心也。

《汉书》曰：路温舒字长君，钜鹿东野人。父为里监门，使温舒牧羊，取泽中蒲，截为牍编，用写书。

板

《释名》曰：板，昄昄平广也。昄，半旱切。

《春秋演孔图》曰：孔子曰：“丘作《春秋》，天授《演孔图》，中有大玉刻一版曰”斑玑“，一低一昂，是七期验败毁灭之征也。”

《蜀志》曰：谯周劝刘禅降。后元熙二年夏，巴郡文立从洛还，过见周。周语次，因书板示立曰：“典午忽兮，月酉没兮。”典午者，谓司马也；月酉，八月也。至八月，而司马昭果崩。

王隐《晋书》曰：惠帝时谣曰：“二月尽，三月初，桑生裴雷柳叶舒，荆笔杨板行诏书，宫中大司马作几驴。”而杨骏、荆王反。

《幽明录》：王大度镇广陵，忽见二驺持鹄头板来召之。王大惊，问驺：“我作何官？”云：“尊作平北将军，徐、兖二州刺史。”王曰：“吾已作此官，何故复召耶？”鬼云：“此人间耳，且今所作是天上官也。”王大惧，亦寻见迎官玄衣人及鹊衣小吏甚多，王寻疾薨。

《桂阳先贤画赞》曰：胡滕部南阳从事，遇大驾南巡，求索总猥。滕表曰：“天子无外，乘兴所幸，便为京师。臣请荆州刺史比司隶，臣比都官从事。”帝奇其才，悉许。大将军西曹椽亡马，召滕，因作都官鹄头板召百官，敬服。

《相板经》曰：板有芒角，形势上狭下广，右薄左厚。光采流泽，文色调达，木理通直，皆为吉；反是凶。板细理轻蹙，其人性简达；周正，其人宽博。板有横节为病，在面内丧，在背外丧。板有蝎穿及节对过，其人凶。板中字皆令笔迹调利有形势，字欲当右行，空中不用对，对则多牵制。又上官多憎之，官字欲令故官字小新官字大，有波势，墨色分明，板形平通，无绝伤刀迹，是元吉；官字无形势，点染不分明，皆免官或不到官；官字小；它字墨散入材理中，必入狱死。板色欲类其姓，角家板色青为吉，赤不宜子；白不利官属，黑不利父母，黄不利妻财。凡赍板来者，其人姓名善为喜祥，不善则否也。相板时，要以手持板之，若手近板后，则板前低而落，此则左迁板，有病累，皆可治改。治之用庚、申、寅日。庚，更也；申，伸也；寅，引也；言更引吉祥也。

刺

《释名》曰：画姓字于奏上曰画刺。作再拜起居字皆达其体，使书尽边，徐引笔书之如画者也。下官刺，长书中央一行而下也。又有爵里刺，书其官爵及郡县乡里也。

《典略》曰：王符字节信，安定人。感激著书，名曰《潜夫论》。故度辽将军皇甫规去官归安定，或有人前以货买雁门太守者，亦去官归。画刺规，规卧不迎，使人呼入。既坐，问"啖雁美乎"，又以其刺刮髀。有顷，闻王节信在外，规乃惊起，衣不及带，倒履而出，援其手而还，与同席坐，大设宾，日暮别去。人或叹曰："何有二千石之贱，不如诸生之贵乃如此耶！"

《魏名臣奏》曰：黄门侍郎荀俣奏曰：今吏初除，有三通爵里刺，条疏行状。

《夏侯荣传》曰：荣字幼权，渊第五子。幼聪明，经目辄识。文帝闻而请焉。宾客百余人一奏刺，悉书其乡邑、姓名，世所谓爵里刺，示之一过而使之遍谈，不谬一人，帝奇之。

《长沙耆旧传》曰：夏侯叔仁氏族单微，丁母忧，居丧过礼。同郡徐元休弱冠知名，闻而吊焉。旬日之中，积刺盈案。

《吴录》曰：孟宗为豫章太守，谓仓掾曰："君昔负太守一刺，宁识之否？"掾曰："不识。"宗曰："吾昔家贫，亲老为官赁运，以刺诣君，感见发遣，何乃久屈耶？"

《杂事》曰：高彪字义方，吴郡人。志尚甚高，游太学，博览经史，善属文。尝诣大儒马融，辞不见。彪覆刺，背书曰："伏闻高问，为日久矣。冀一见龙光，叙腹心之愿，以启其蔽，不图辞之以疾。昔周公父文王，兄武王，九命作相，以尹华夏，犹握沐吐食，以接白屋之士，天下归德。历载邈矣，今君不能相见，宜哉！”融省大愧，遣人辞谢追请，径去不肯还。

《郭林宗别传》曰：林宗名益显，士争归之，载刺常盈车。

《祢衡别传》曰：衡初游许下，乃怀一刺。既到而无所之适，至于刺字漫灭。

《幽明录》曰：一士人姓王，坐斋中，有一人通刺诣之，题刺云“舒甄仲”。既去，疑非人。寻刺曰：“是予舍西土瓦中人。”令掘，果于瓦器中得一铜人，长尺余。

函

《吴志》曰：张温字惠恕。使蜀，谓先主曰：“谨奉所赍函书封。”

《晋安帝纪》曰：朱龄石伐蜀，太尉与龄石书，署函曰：“至白帝乃发。”书曰：“众悉从外水取成都，臧熹于中水出广汉，使羸弱乘高舰十余，由内水向黄虎。”

《傅子》曰：太祖征刘晔，授以腹心之任，每有疑事，辄以函令问晔，乃一夜数十至。

袠

《说文》曰：袠，书衣也。

《晋中经簿》曰：盛书有缣袠、青缣袠、布袠、绢袠。

《后汉书》曰：杨春卿临命戒子统曰：“吾绨袠中《说文》曰：绨，厚缯也。绨音提。有先祖所传秘记，为汉家用，尔其修之。”统感父遗言，服阕辞家，从捷为周循学习先法，又就同郡郑伯山受《河》《洛》书，及天文推步之术。

《益部耆旧传》曰：广汉王棠妻文拯。其前妻子博学好写书，拯尝为手自作袠，常过其意。

宋谢灵运《书粗铭》曰：怀幽卷赜，戢妙抱密，用舍以道，舒卷不失，亮唯勤玩，无或暇逸。

梁昭明太子《咏书帙》诗曰：擢影免园池，抽茎淇水侧，幸杂缃囊用，聊因班女织。

椠

《说文》曰：椠，牍牒也。

《释名》曰：椠，板长三尺者也。椠，渐也，言渐渐然长也。

《论衡》曰：断木为椠。

扬雄《答刘歆书》曰：以铅擿松椠，二十七年矣。

《西京杂记》曰：扬子云好事，尝怀铅提椠，从诸计吏访殊方绝域四方之语。

搋

《后汉书》杜笃《书搋赋》曰：唯书搋之丽容，象君子之淑德；载方矩而履规，加文藻之修饰；能屈伸以和礼，唯高下而消息；虽转旋而屈挠，时倾邪而返侧；抱六艺而卷舒，敷五经之典式。

封泥书

《春秋说》曰：龙图赤玉匣，封泥如黄珠。

又曰：黄龙五采，负图，黄玉匣，黄金绳缕，黄芝泥。

王子年《拾遗记》曰：元封元年，浮折国贡兰金之泥。此金汤渊，盛夏之时水常沸涌，有若汤火，飞鸟不能过。国人行者见水边有人治此金为器，混混若泥，如紫磨之色；百炼，其色变白如银，名曰“银烛”。尝以此泥封诸函匣，令诸宫门鬼魅不敢干当。汉世上将出征多以泥为印封，卫青、张骞、苏武、傅介子之使，皆受金泥之玺封也。

《续汉书》曰：光武封禅，乃求元封封禅事。奏用玉牒、玉检，以水银和金为泥。

《东观汉记》曰：邓训尝将黎阳营兵屯狐奴，后迁护乌桓校尉。黎阳故吏最贫羸者，举国念训，尝所服药北州少乏，又知训好青泥封书，从黎阳步推鹿车于洛阳市药，还赵国易阳，并载青泥一樸，至上谷遗训。其得人心如是。

《西京杂记》曰：汉以武都紫泥为玺室，加绿涕其上。

水滴器

《西京杂记》云：晋灵公冢甚瑰壮，器物皆朽不可别，唯玉蟾蜍一枚大如拳，腹空容五合，如新玉。取以成水滴砚。

傅玄《水龟铭》曰：铸兹灵龟，体象自然；含源未出，有似清泉；润彼玄墨，染此弱翰；申情写意，经纬群言。

太平御览卷第六百七　学部一

叙学

《易·文言》曰：学以聚之，问以辩之。

《白虎通》曰：学以言觉也，觉悟所不知也。

《论语·为政》云：子曰："学而不思则罔，思而不学则殆。"

又曰：卫灵公曰："君子谋道，不谋食。耕也，馁在其中；学也，禄在其中。"

又曰：生而知之者，上也；学而知之者，次也；困而学之，又其次也；困而不学，民斯为下矣。

《礼记·学记》曰：君子之于学也；藏焉，修焉，息焉，游焉。

又曰：善问者如攻坚木，先其易者，后其节目。

又曰：学，不学操缦，操缦，杂弄。不能安弦；不学博依，不能安诗。博依文譬喻也。

又曰：善学者，师逸而功倍，又从而庸之；不善学者，师勤而功半，又从而怨之。

又曰：凡学之道，严师为难。师严然后道尊，道尊然后民知敬学。

又曰：善待问者如撞钟，叩之以小者则小鸣，叩之以大者则大鸣。

又曰：玉不琢不成器，人不学不知道，是故古之王者，教学为先也。

《国语》曰：文公问元帅于赵衰，曰："郤縠可，行年五十矣，守学弥惇。夫学，先王之法，义之府也。"

又曰：范献子聘于鲁，问具、敖山，鲁人以乡对。献子曰："不为具、敖乎？"对曰："先君献武之讳也。"献子归，遍戒所知曰："人不可以不学。吾适鲁而名其二讳，为笑焉。唯不学也。人之有学，犹木之有枝叶，犹庇荫人，而况君子乎？"

《家语》曰：子路见孔子。孔子问曰："何好？"曰："好长剑。"子曰:“以子之能加之以学,岂可及乎!”子路曰:“学岂有益哉?”子曰:“狂马不释策,御狂马者,不得释棰策也。操弓不反檠。弓不反檠,然后可持。木受绳则正,人受谏则圣。受学重问,孰不顺成?”子路曰:“南山有竹,不揉自直,斩而用之,达于犀革,何学之为?”孔子曰:“括而羽之,镞而砺之,其入不益深乎?”子路拜曰:“敬受命。”

又曰:孔子谓伯鱼曰:“吾闻可以与人而不倦者,其唯学焉。其容体不足观也,其勇力不足惮也,其先祖不足称也,其族姓不足道也,然而以显闻四方,流声后世者,非学之效夫?远而有光者,饰也;近而愈明者,学也。譬之池也,水潦注焉,雚苇生焉,虽观之,孰知其不源乎!”源,众流也。言益者虽从外入,及其用之,谁知其非从已出也。

又曰:孔子兄子孔蔑者,与宓子贱皆仕。孔子问孔蔑曰:“女之仕,何得何亡?”对曰:“所亡者三:王事若聋,若聋,宜为聋相因聋之也。学焉得习,是学不得明也;奉禄少,饘粥不及亲戚,是骨肉益疏也;公事多急,不得吊死问疾,是朋友道阙也。”孔子不悦。往过子贱而问之,对曰:“自来仕,所得者三:始诵之,今得行之,是学益明也;奉禄被亲戚,是骨肉益亲也;虽有公事,兼之以吊死问疾,是朋友信笃也。”孔子曰:“君子哉,若人!鲁无君子,斯焉取斯!”

《大戴礼》曰:学不可以已矣。青,取之于蓝而青于蓝;冰,水为之而寒于水。木直中绳,其曲中规,揉使之然也。是故不登高山,不知天之高,不临深渊,不知地之厚,不闻先王之道,不知学问之大也。孔子曰:“吾终日思之,不如须臾之所学。”吾尝跂而望矣,不如升高之博见也。升高而招,臂非加长而见者远;顺风而呼,声非加疾而闻者速。蓬生麻中,不扶自直;积土成山,风雨兴焉;积水成川,蛟龙生焉。是故不积跬步,无以致千里;不积小流,无以成江海。

《庄子》曰:人而不学谓之视肉,学而不行命之撮囊。撮系者也。

又曰:叔文相莒三年,归,其母自绩,谓母曰:“文相莒三年,有马千驷,今母犹绩,文之所得事皆将弃之已。”母曰:“吾闻君子不学诗书射御,必有博塞之心;小人不好田作,必有窃盗之心;妇人不好纺绩织纴，必有淫泆之行。好学为福也，犹飞鸟之有羽翼也。”

又曰：鲁有兀者叔山无趾，踵见仲尼。仲尼曰：“子不谨，前既犯若是矣，虽今来，何及矣？”无趾曰：“吾唯不知务而轻用吾生，是以亡足。今吾来也，犹有尊足者存焉。吾是以务全之也。”无趾出，孔子曰：“弟子勉之。无趾，兀者也，犹务学以复补其前行之恶，况全德之人乎？”

《韩子》曰：如脂粉，则嫫母进御；家不洁，则西施弃野。学之为脂粉亦厚矣。

又《桓范世要》云：学者，人之脂粉也。

又曰：夫耕之用力也劳，而民为之者，可得而富之也。战之为事也危，而民为之者，可得以贵也。今修文学习谈论，则无耕之劳而有富之实，无战之危而有贵之尊，则人孰不为也？

《管子》曰：明主不厌人，故能成其众；士不厌其学，故能成其身也。

《曾子》曰：君子爱人以学，及时而行，难者弗避，易者弗从。年四十无艺，则无艺矣；五十不以善闻，则无闻矣。

《墨子》曰：墨子谓门人曰：“汝何不学？”对曰：“吾族无学者。”墨子曰：“不然。岂有好美者而曰吾族无此，不欲耶；富贵者而曰吾族无此，不用也。”

《新序》曰：齐王问墨子曰：“古之学者何如？”对曰：“古之学得一善言以附其身，今之学得一善言务以说人也。”

《尸子》曰：未有不因学而鉴道，不假学而光身者也。

又曰：今人皆知砥砺其剑，而弗知砥砺其身。夫学，身之砥砺也。

又曰：水积则生吞舟之鱼，土积则生楩楠豫樟，学积亦有生焉。

《慎子》曰：孔子曰：“丘少而好学，晚而闻道。此以博矣。”

《孙卿子》曰：不登高山，不知天之高；不闻先王之遗言，不知学问之大也。

又曰：君子之学，入乎耳，著乎心，布乎四支，形乎动静；小人之学，出乎口，入乎耳。口耳之间四寸耳，曷足以美七尺之躯？

又曰：不学不成。尧学于君畴，舜学于务成昭，禹学于西王国。

《文子》曰：上学以神听，中学以心听，下学以耳听。耳听者学在皮肤，心听者学在肌肉，神听者学在骨髓。

《吕氏春秋》曰：善学者若齐王善鸡，必食其跖数千而后足。跖，鸡踵也。喻学者如食多而后方足也。学不辨义，如被褐而出，锦衣而入。被褐在外，衣锦在内，故不可也。戎人生乎戎而戎言，楚人生乎楚而楚言，不知其所受也。今使戎人长呼楚，楚人长呼戎，则楚人戎言，戎人楚言也。

又曰：圣人生于疾学，而能为魁士名人者，未之闻也。

又曰：善学者，假人道之长以补其短，故假而又假，遂有天下。

《苏子》曰：不食八珍，何以知味之奇？不为文学，何以知世之资？

《孔丛子》曰：人之进退，唯问其志取，必以渐勤则得多。山溜至软，石为之穿；蝎虫至弱，木为之弊。夫溜非石之凿，蝎非木之凿，然而能以微脆之形陷坚刚之体，非积渐之致乎？故学者所以饰百行也。

《说苑》曰：晋平公问师旷曰："吾年七十，欲学，恐已暮矣。"对曰："暮，何不炳烛乎？臣闻少而学者，如日出之阳；壮而学者，如日中之光；老而学者，如炳烛之明。炳烛之明，孰与夜行？"公曰："善哉。"

又曰：子贡谓子石曰："汝不学诗？"子石曰："父母求吾孝，兄弟求吾悌，朋友求吾信，吾暇乎哉？"子贡曰："请捐吾诗以学诗于子。"

又曰：公明宣学于曾子，三年不学书。曾子曰："汝居参门三年不学，何也？"对曰："安敢不学乎？"见夫子居家庭，亲在，叱咤之声未至于犬马，宣说之。见夫子应宾客，恭俭而不懈，宣说之。见夫子居朝廷，严临下而不毁伤，宣说之。此三者，学之而未能。安敢不学乎？"曾子避席谢之曰："参不及，宣其学也。"

《贾谊书》曰：汤曰："学圣王之道，譬其如日；静居而独思，譬其若火。"夫舍圣王之道而静居，而独思，譬其去日之明于庭，而就火之光于室也。

《淮南子》曰：夫明镜之始不形也，朦然未见形容也。及其杚以玄锡，摩以砥旃，鬓眉微毛可得而察也。夫学亦人之砥砺也。

又曰：夫心暗于道而强学不已者，譬聋者之歌，无以自乐。

又曰：人莫不知学之有益于己也，然而不能者，嬉戏害之也。人皆多以无用害有用。以弋猎博弈之日诵诗读书，则识必博矣。故不学之与学，犹喑聋之比于人也。

《法言》曰：学者，所以修性也。视、听、言、貌、思，性所有也，学则正，否则邪。

又曰：学者，所以求为君子也。求而不得者，有矣；夫未有不求而得之者也。

又曰：大人之学，为道；小人之学，为利。子为道乎？为利乎？或曰："耕不获，猎不飨，耕猎乎？"耕道而得道，猎德而得德，是获飨也。

又曰：百川学海而归于海，丘陵学山而不至乎山，是故恶夫画者也。

《抱朴子》曰：人知药理病，不知学理身。

又曰：夫学者，所以澄清性理，簸扬埃秽，启导聪明，饰染质素，察往知来，博涉劝戒，仰观俯察，于是乎在。虽云色白，匪染不丽；虽云味甘，匪和弗美。故瑶华不琢，则耀夜之景不发；丹青不治，则纯钧之劲不就。故质虽在我，而成之由彼。登阆风，扪辰极，然后知井谷之闭隘；披七经，玩百氏，然后觉面墙之至困。粉黛至则西施以加丽，而宿瘤以饰丑；经术深则高才者洞逸，而鲁钝者醒悟。文梓干云，而不可名之为台榭者，未知班输之结构也；天然爽朗，而不可谓之为君子者，未知大伦之臧否也。

《盐铁论》曰：内无其质而外学其文，虽有贤师良友，若画脂镂冰，费日损功。

《论衡》曰：人生怀五常之性，好道乐学，故别于物。今饱食快饮，腹为饭坑，肠为酒囊，是则物也，与三百倮虫何以异乎？

又曰：手无钱而之市决货，货主必不与也。夫胸中无学，亦犹手中无钱。

《潜夫论》曰：天地之所贵者，人也；圣人之所尚者，义也；德义之所成者，智也；明知之所求者，学问也。虽有至圣，不生而智；虽有至才，不生而能；由待学问，其智乃博，其德乃硕，而况于凡人乎？是以人之学也，犹物之有治也。夫瑚簋之器，朝祭之服，其始也，乃山野之木，蚕茧之丝耳。及正之以绳墨，制之以机杼，则皆成宗庙之器，黼黻之章，可羞于鬼神，可御于王公。而君子以敦贞之质，察敏之才，摄之以良朋，教之以明师，文之以《礼》《乐》，导之以《诗》《书》，幽赞之以《春秋》，其有不济乎？

又曰：人之性情，未能相百，其明智有相万也。此非其真性之材也，必有假以致之。夫道之于心，犹火之于目也。深室幽黑无见，乃设燎盛烛，则百物彰矣。此则火之耀也，非目之光也，而目假之则为明矣。天地之道，神明之为不可见也，学问圣典，心思道术则皆睹矣。此则非心之明，而人假之则为己知。

《风俗通》曰：武帝广开献书之路，立五经博士，开弟子员，设科，射策劝以官禄。讫于元始，百有余年，书积如丘山，传业浸众，枝叶繁滋，一经说百万言，盖禄利之路然也。

徐伟长《中论》曰：学者，疏神、达思、治情、理性也。初学则如夜在玄室，所求不得。白日照焉，则群物斯辨。矫首而徇飞，不如修翼之必获；孤居而愿知，不如务学之必达。

蒋子《万机论》曰：谚曰："学如牛毛，成如麟角。"言其少也。

谯周《法训》曰：为国者不患学之害农，患治民者之不学。

《玄晏春秋》曰：十七年，予长七尺四寸，未通史书；与从姑子梁柳等或编荆为楯，执杖为戈，分陈相刺，有若习兵。母数谴予。予出得瓜果，归以进母，母投诸地，曰："《孝经》称'日用三牲之养，犹为不孝'何？孝者，莫大于欣亲。今尔年近乎二十，志不存教，心不入道，曾无怵惕，少慰我心。修身笃学，尔自得之，于我何有？"因对予流涕，予心少感，遂伏书史。

王粲《荆州文学官志》曰：有汉荆州牧刘君，稽古若时，将绍厥绩，乃曰："先王之为世也，则象天地，轨仪宪极，设教导化，叙经志业，明达雍泮，作为礼乐，表陈载籍，以持其德。上知所以临下，下知所以事上，官不失守，民听无悖，然后太阶平焉。故曰：物生而蒙，事屯而养，造昧利有攸适，犹金之消炉，水之从器也。是以圣人实之于文，铸之于学。夫文学也者，人伦之首，大教之本也。”

赵子声《书诣郑康成学》曰：夫学之于人，犹土地之有山川也，珍宝于是乎出；犹树木之有枝叶也，本根于是乎庇也。

虞傅《厉学篇》曰：学之染人，甚于丹青。丹青吾见其久而渝也，不见久而渝于学也。

《傅子》曰：人之学者，犹渴而饮河海也，大饮则大盈，小饮则小盈。

《江表传》曰：孙权谓吕蒙及蒋钦曰：“卿今并当途掌事，宜学问以自开益。”蒙曰：“军中常苦多务。”权曰：“孤岂欲卿治经为博士耶？但令涉猎见往事耳。如卿二人，意性朗悟，学必得之。宜急读《孙子兵法》、《六韬》、《左传》、《国语》及史。孔子曰：‘吾尝终日不食，终夜不寝，以思，无益；不如学也。’”蒙等感悟，遂学，所博览，儒者不胜。鲁肃见吕蒙，谓曰：“今者见卿，学识英博，非复吴下阿蒙。”权常叹曰：“人长而进益，如吕蒙、蒋钦，盖不可及。”

《世说》曰：褚褒字季野。语孙盛曰：“北人学问，渊总博赡。”孙答曰：“南人学问，清通简要。”支道林闻之，曰：“余谓北人看书，如显处见月；南人学闻，如牖中窥日。”

太平御览卷第六百八 学部二

叙经典

《释名》曰：经，径也，常典也；如径路无所不通，可常用也。

《白虎通》曰：五经何谓也？《易》《尚书》《诗》《礼》《乐》也。古者以《易》《书》《诗》《礼》《乐》《春秋》为六经，至秦焚书，《乐经》亡，今以《易》《书》《诗》《礼》《春秋》为五经，又《礼》有《周礼》《仪礼》。

《礼记》曰：二礼，《春秋》有《左氏》《公羊》《谷梁》曰三传，与《易》《书》《诗》通数，亦谓之九经。

《文心雕龙·宗经篇》曰：三极彝训，其书曰经。经也者，恒久之至道，不刊之鸿教也。

《礼记·经解》曰：孔子曰："入其国，其教可知也。其为人也，温柔敦厚，《诗》教也；疏通知远，《书》教也；广博易良，《乐》教也；洁静精微，《易》教也；恭俭庄敬，《礼》教也；属辞比事，《春秋》教也。故《诗》之失愚，《书》之失诬，《乐》之失奢，《易》之失贼，《礼》之失烦，《春秋》之失乱。

《左传》曰：韩宣子适鲁，见《易象》与《鲁春秋》曰："周礼尽在鲁矣，吾乃今知周公之德与周之所以王也。"

《春秋演孔图》曰：作法五经，束之天地，稽之图象，质于三王，施之四海也。

《汉书》曰：六艺之文，乐以和神，诗以正言，礼以明体。

范晔《后汉书》曰：马融尝欲训左氏，及见贾逵、郑众注，乃曰："贾精而不博，郑博而不精，既博既精，吾何加焉？"

又曰：桓荣受朱普学章句四十万言，荣入授显宗，减为二十三万言。却复删省，定成十二万言。由是有桓君大、小学。

《后汉书》曰：许慎字叔重，性淳笃，少博学。马融常推敬之。时人谓之语曰："五经无双许叔重。"初，慎以五经传说臧否不同，于是撰《五经异义》，传于世。

《晋书》曰：刘殷有七子，五子各授一经，一子授《太史》，一子授《汉书》，一门之内七业俱兴。

《齐书》曰：臧荣绪常以宣尼庚子日生，其日陈五经拜之，自号"被褐先生"。

《唐书》曰：长庆中，上谓兵部侍郎薛放曰："为学，经史何先？"放对曰："经者，古先圣之至言，多仲尼所发明，皆天人之极致，诚万代不刊之典也。史则历纪成败，杂书善恶，各录当时之事，亦是鉴其兴亡；然得失相参，是非无所准的，固不可以典籍为比论也。"上曰："六经所尚不一，至学之士，白首不能尽通，如何得其要乎？"对曰："《论语》者，六经之精华；《孝经》者，人伦之大本。穷理执要，真可谓圣人至言。是以汉朝《论语》首列学官，光武令虎贲之士皆习《孝经》，玄宗亲为《孝经》注解，皆使当时大理，海内久安。人知孝节，气感和乐之所致也。"上曰："圣人谓《孝》为至德要道，其信然矣。"

又曰：玄宗时，国子司业李元瓘上言："《三礼》《三传》及《毛诗》《尚书》《周易》等并圣贤微旨，生人教业必事资，经远则斯道不坠。今明经所习，务在出身，咸以《礼记》文少，人皆竞读。《周礼》经邦之轨则，《仪礼》庄敬之楷模，《公羊》《谷梁》历代崇习，今两监及州县以独学无友，四经殆绝。既事资训诱，不可因循，即望四海均习，九经该备。"从之。

又曰：文宗每对宰臣，未尝不深言经学。李石因奏施士丐《春秋》可读。上曰："朕尝览之。穿凿之学，贵为异同耳。学者如凿井然，得美水则已，何必辛苦旁求，然后为得也？"

《广雅》曰：《三坟》，分也；论三才之分，天、地、人之治，其体有三也。《五典》，镇也；制作教法，所以镇之上下，其等有五。《八索》，著素王之法，若孔子者，圣而不王，制此法者有八也。《九丘》

者，丘，区也，别九州土气，教化所宜施者也。此皆三王以前，上至羲皇时书也。今皆亡，唯《尧典》在。《易》，变易也。《礼》，体也，得事体也。《诗》，志所之也；敷布其义谓之“赋”，事类相比似谓之“比”，言王政事谓之“雅”，称颂成功谓之“颂”，随作者之志而别名之也。《尚书》，上也；以尧为上始，而书其时事。《春秋》，冬夏终而岁成，春秋书人事，卒岁而究备；春秋温凉，中象政和也，故举以为名也。《国语》，记诸国君臣相与言语，谋议之得失也。

《庄子》曰：《诗》以导志，《书》以导事，《礼》以导行，《乐》以导和，《易》以导阴阳，《春秋》以导名分。其数散于天下而设于中国者，百家之学，时或称而导之。皆导古之人陈迹耳，而后不能常称哉。

又曰：孔子谓老聃曰：“丘治《诗》《书》《礼》《乐》《易》《春秋》六经，以为文矣。干七十君，论先王之道，时周、邵之迹，一无所用，甚矣夫，人之难说也！道之难明耶！”老子曰：“幸子之不遇治世之君也。夫《六经》，先王之陈迹也，岂其道哉！”

又曰：孔子见聃不许，于是翻翻，堆聚之貌。十二经以说老聃，聃曰：“愿闻其要也。”

《孟子》曰：王者之迹息而《诗》亡，《诗》亡然后《春秋》作，王者，诸圣王者也。太平道衰，王迹止息，颂声不作，曰《诗》亡。《春秋》拨乱作衰。晋之《乘》、楚之《梼杌》，鲁之《春秋》，一也。

《淮南子》曰：五行异气而皆和，六艺异科而皆道。温惠淳良者，《诗》之风也；纯元敦厚者，《书》之教也；清净条达者，《易》之义也；恭俭揖让者，《礼》之为也；宽和简易者，《乐》之化也；刺讥辩议者，《春秋》之靡也。故《易》之失也鬼，《乐》之失也淫，《诗》之失也愚，《书》之失也劫，《礼》之失也乱。此六者，圣人兼用而裁制之。

又曰：玉石之相类者，唯良工能识之；书传之微者，唯圣人能论之。

扬子《法言》曰：或问《周官》曰立事，《左氏》曰品藻。

又曰：书不经，非书也。

又曰：虞夏之书，浑浑尔；深大。商书，灏灏尔；夷广。周书，噩噩尔；不阿附下。下周者，其书憔悴乎！下周者秦，言酷烈也。

又曰：好书不能要诸仲尼书肆也。李轨注曰：卖书市。

又曰：说天者莫辨乎《易》，说事者莫辨乎《书》，说体者莫辨乎《礼》，说志者莫辨乎《诗》，说理者莫辨乎《春秋》。

又曰：或问："圣人之经不可使易知欤？"曰："不可。天俄而可度，则其覆物也浅矣；地俄而可测，则其载物也薄矣。大哉，天地之为万物郭，五经之为众说郛！"

《抱朴子》曰：正经为道德之渊海，子书为增深之川流，犹北辰之佐三辰，林薄之裨高岳也。

又曰：隐士以《三坟》为金玉，《五典》为琴筝，讲肆为钟鼓，百家为笙簧。

孔融《与诸卿书》曰：郑康成多臆说，人见其名学，谓有所出也。证案大较，要在五经四部书，如非此，文近为妄矣。若子所执以为郊天鼓，必当麒麟之皮；写《孝经》本当曾子家策乎？

颜延之《庭诰》曰：观书贵要，观要贵博，博而知要，万流可一。咏歌之书，取其连类合章，比物集句，采风谣以达民志，《诗》为之祖。褒贬之书，取其正言晦义，转制衰王，微辞丰旨，贻意盛圣，《春秋》为上。《易》首体备，能事之渊，马、陆得其象数而失其成理，荀、王举其正宗而略其数象。四家之见，虽各有所志，总而论之，情理出于微明，气数生于形分。然则荀、王得之于心，马、陆取之于物，其芜恶迄可知矣。夫象数穷则太极著，人心极则神功彰，若荀、王之言《易》，可谓极人心之数者也。

郑玄《六艺论》曰：《诗》者，弦歌讽喻之声也；《礼》者，序尊卑之，制崇让合敬也；《春秋》者，古史所记之，制动作之事也。

桓谭《新论》曰：《易》一曰《连山》，二曰《归藏》，三曰《周易》。《连山》八万言，《归藏》四千三百言。古文《尚书》旧有四十五卷，为十八篇。古袟《礼记》有四十六卷。古《论语》二十一卷。古《孝经》一卷，二十章，千八百七十二字，今异者四百余字。盖嘉论之林薮，文义之渊海也。

苏子曰：立君臣，设尊卑，杜将渐，防未萌，莫过乎《礼》；哀王道，伤时政，莫过乎《诗》；导阴阳，示悔吝，莫过乎《易》；明善恶废兴，吐辞令，莫过乎《春秋》；量远近，赋九州，莫过乎《尚书》；和人情，动风俗，莫过乎《乐》；治刑名，审法术，莫过乎商、韩；载百王，纪治乱，莫过乎《史》、《汉》。孟轲之徒，溷淆其间，世人见其才易登，其意易过，于是家著一书，人书一法，雅人君子投笔砚而高视。

傅子曰：《诗》之《雅》《颂》，《书》之《典》《谟》，文足以相副，玩之若近，寻之若远，浩浩焉，文章之渊府也。

袁准《正论》曰：公羊高道听涂说之书，欲以乡曲之辩，论圣人之经，非其任也。

《潜夫论》曰：索物于夜室者，莫良于火烛；索道于当世者，莫良于典籍。

《物理论》曰：夫《五经》则海也，他传记则四渎也，诸子则泾渭也，至于百川沟洫畎浍，苟能通阴阳之气，达水泉之流，以四海为归者，皆溢也。

孙绰子曰：衔辔衡轭，无心于马，而所以御马；典籍礼度，无心于治，而所以为治。

又曰：典籍文章之言也，治出于天，辞宣于人。

杜子《新语》曰：众儒睹《春秋》之记录政之失得，以立正义，以为圣人起当复作《春秋》也，自通士若太史公，亦以为然。余谓之否；夫圣贤所陈皆同，取道德仁义以为奇论异文，而俱善可观；犹人食皆用鱼肉菜茹以为生熟异和，而复俱美也。

《博物志》曰：圣人制作曰经；贤曰著述，曰记，曰章句，曰解，曰论，曰读。

《文心雕龙》曰：自夫子删述，而大宝启耀，于是《易》张十翼，《书》标七观，《诗》列四始，《礼》正五经，《春秋》五例，义既埏乎性情，辞亦匠乎文理，故能开学养政，昭明有融。然而道心唯微，圣谟卓绝，墟宇重峻，吐纳者深，譬万钧之鸿钟，无铮铮之细响矣。夫《易》唯谈天，入神致用，故《系》称旨远辞文，言中事隐，韦编三绝，固哲人之骊渊也。《书》实纪言，而诰训茫昧，通乎《尔雅》，则文意晓然，故子夏叹书，“昭昭若日月之明，离离如星辰之行”，言昭灼也。《诗》主言志，诂训周书，摛风裁兴，藻词谲喻，温柔在诵，最附哀矣。《礼》以立体据事，章条纤曲，执而后显，采掇片言，莫非宝也。《春秋》辨理，一字见义，五石六鹢，以详备成文，雉门两观，以先后显旨，婉章志晦，源已邃矣。《尚书》则览文如诡，而寻理则畅；《春秋》则观辞立晓，而访义方隐；此圣文殊致，表里之异体者也。

太平御览卷第六百九　学部三

易

《易乾凿度》曰：易者，易也，变易也，不易也。管三成德，为道苞龠。郑玄注曰："管犹兼也，一言而兼此三事，以成其德。道苞龠，齐鲁之间，名门户及藏器之管为管龠。"

《礼记经解》曰：洁静精微而不贼，则深于《易》者也。

《论语》曰：孔子曰："加我数年，五十以学《易》，可以无大过矣。"

《易》曰：易有太极，是生两仪，两仪生四象，四象生八卦，八卦定吉凶。

《系辞》曰：《易》之为书也，不可远，为道也屡迁，变动不居，周流六虚，上下无常，刚柔相易，不可以为典要。

又曰：《易》之兴也，其于中古乎？作《易》者，其有忧患乎？是故：《履》，德之基也；《谦》，德之柄也；《复》，德之本也；《恒》，德之固也；《损》，德之修也；《益》，德之裕也；《困》，德之辨也；《井》，德之地也；《巽》，德之制也。

又曰：夫《易》，圣人所以极深而研几也。唯深也，故能通天下之志；唯几也，故能成天下之务。

《说卦》曰：昔者圣人之作《易》也，将以顺天地之理，是以立天之道曰阴与阳，立地之道曰柔与刚，立人之道曰仁与义，兼三才而两之，故《易》六画而成卦；分阴分阳，迭用柔刚，故《易》六位而成章。

又曰：昔者圣人之作《易》也，幽赞于神明而生蓍，参天两地而倚数，观变于阴阳而立卦，发挥于刚柔而生爻，和顺于道德而理于义，穷理尽性以至于命。昔者圣人之作《易》，将以顺性命之理也。

《春秋说题辞》曰：《易》者，气之节，含精宣律历：上经象天，下经计历，《文言》立符，符，信。《象》出期节，象，两也。出期节者，若以至日闭关，商旅不行，后不省方之比也。《彖》言变化，《系》设类迹。

《孝经援神契》曰：《易》长于变，《书》考命行授《河》。宋均注曰：授河者，授《河》《洛》以考命行也。

《帝王世纪》曰：庖羲氏作八卦，神农重之，为六十四卦。黄帝、尧、舜引而伸之，分为二《易》。至夏人因炎帝曰《连山》；殷人因黄帝曰《归藏》；文王广六十四卦，著九六之爻，谓之《周易》。

《周易正义》曰：伏羲重卦，周公作爻辞，此说与《帝王世纪》不同。又孔氏作十篇，亦曰《十翼》。初，卜商为《易传》，至西汉，传之有能名家者有施雠、孟喜、梁丘贺、京房、费直、高相；又东汉郑玄、魏王弼，并注《易》。施、孟诸家，自汉及魏得并立，而传者甚众。至西晋，梁、施、高三氏亡，孟、京二氏有书无师，而郑玄、王弼所传则费氏之学。

《汉书·艺文志》曰：宓牺氏仰观象于天，俯观法于地，观鸟兽之文与地之宜，近取诸身，远取诸物，于是始作《八卦》，以通神明之德，以类万物之情。文王于是重《易》六爻，作上下篇，孔氏为之《彖》、《象》、《系辞》、《文言》、《序卦》之属十篇，故曰"《易》道深矣"。人更三圣，韦昭曰：伏羲、文王、孔子也。世历三古，《易·系辞》曰："《易》之兴也，其于中古乎？"然则伏羲为上古，文王为中古，孔子为下古也。及秦燔书，而筮卜之事传者不绝。

《汉书》曰：京房学《易》于焦延寿，常曰："得我道以亡身者，京生也。"

《东观汉记》曰：任丹传孟氏《易》，作《通论》七卷，世传之，号曰《任君通论》。

《后汉书》曰：孔融《答虞仲翔书》曰："示所著《易传》，自商瞿以来，舛错多矣。去圣弥远，众说骋辞，曩闻延陵之理《乐》，今睹吾君之治《易》，知东南之美者，非但会稽之竹箭焉。又观象云物，察应寒温，原本祸福，与神会契，可谓探赜穷道者也。

《晋书》曰：王湛字处冲，司徒浑之弟也。初有隐德，人莫能知，兄弟宗族皆以为痴，其父永独异焉。兄子济每轻之，尝诣湛，见床头有《周易》，问曰："叔父何用此为？"湛曰："体中不佳，时复看耳。"济请言之，湛因剖析玄理，微妙有奇趣，皆济所未闻也。济遂留连弥日累夜，自视缺然。乃叹曰："家有名士三十年而不知，济之罪也。"

《北齐书》曰：权会本贫生，无仆隶。初任助教之日，恒乘驴上下，且职事处多，每须经历，及其退食，非晚不归。曾夜出城东门，钟漏已尽，会唯独乘驴。忽有二人牵头，一人随后，有异生人，渐渐失路，不由本道。会心甚怪之，遂诵《易经》上篇，一卷不尽，前后二人忽然离散。

《齐书》曰：张绪长于《周易》，言精理奥，见宗一时。常云何平叔所不解《易》中七事。

《梁书》曰：伏曼容字公仪，平昌安丘人。少笃学，善考《易》，倜傥好大言。常曰："何晏疑《易》中九事，以吾观之，晏了不学也。"

《唐书》曰：文宗时，裴通自祭酒改詹事，因中谢。上知通有《易》学，因访以精义，仍命进所习经本，著《易玄解》并《总论》二十卷，《易御寇》十三卷，《易洗心》二十卷。

《世说》曰：殷荆州仲堪曾问远公云："《易》以何为体？"答曰："《易》以感为体。"曰："铜山西崩，灵钟东应，便是《易》也。"

《淮南子》曰：孔子读《易》，至于《损》《益》，未尝不喟然而叹，曰："或欲利之，适足以害之；或欲害之，适足以利之。利害祸福之门，不可不察。"

《刘向别传》曰：所校雠中《易传》，《淮南九师道训》，除复重定，著二篇。淮南王聘善为者九人，从之采获，故中书署曰《淮南九师书》。

王叔师《正部》曰：《易》与《春秋》同经综一机之织，经营天道以成人事。

《金楼子》曰：按《周礼》筮人氏掌《三易》：夏曰《连山》，殷曰《归藏》，周曰《周易》，解此不同。按杜子春云："《连山》，伏羲也；《归藏》黄帝也"难曰："按《礼记》曰：我欲观殷道得乾坤焉，今《归藏》先以坤后乾，则知是殷明矣。推《归藏》既为殷制，《连山》理是夏书。”

诗

卜商《诗序》曰：诗者，志之所之也，情动于中而形于言也。

又曰：在心为志，发言为诗。

《汉书》曰：通其言谓之诗。

《左传·襄十六年》曰：晋侯与诸侯宴于温，使诸大夫舞，曰：“歌诗必类。”歌古诗当使各从义类。齐高厚之诗不类。齐有二心故。荀偃怒且曰：“诸侯有异志矣。”使诸大夫盟高厚，高厚逃归。齐为大国，高厚若此，小国必当有从者。

又襄二十七年曰：郑伯享赵孟子于垂陇，子展、伯有、子西、子产、大叔、二子石从。二子石，印段、公孙段。赵孟曰：“七子从君，以宠武也。请皆赋以卒君贶，武亦观七子之志。”子展赋《草虫》，《草虫》，《召南》诗，曰：“未见君子，忧心忡忡。”比赵孟为君子。赵孟曰：“善哉，民之主也。抑武也，不足以当之。”伯有赋《鹑之贲贲》，《贲贲》，《墉》诗，曰：“人之无良，我以为兄，我以为君。”赵孟曰：“床第之言不逾阈，况在野乎？非使人之所得闻也。”子西赋《黍苗》之四章，《黍苗》，《小雅》诗，曰：“肃肃谢功，召伯营之；列列征师，召伯成之。”比赵孟于召伯。赵孟曰：“寡君在，武何能焉？”子产赋《隰桑》，《隰桑》诗义取“思见君子，尽心以事之。”赵孟曰：“武请受其卒章。”卒章曰：“心乎爰矣，遐不谓矣，中心藏之，何日忘之。”赵孟欲子产之见规诲。子太叔赋《野有蔓草》，《野有蔓草》，《诗·郑风》，取其“邂逅相遇，适我愿兮。”赵孟曰：“吾之惠也。”太叔喜于机遇，故赵孟爱其惠。印段赋《蟋蟀》，《蟋蟀》，《诗·唐风》曰：“无以太康，职思其居，好乐无荒，良士瞿瞿”。言瞿瞿然顾礼仪之所。赵孟曰：“善哉，保家之主也。吾有望矣。”公孙段赋《桑扈》，《桑扈》，《诗·小雅》，义取“君子有礼文，故能受天之佑”。赵孟曰：“匪交匪敖，福将焉往？若保是言也，欲辞福禄得乎？”卒享，文子告叔向曰：“伯有将为戮矣。诗以言志，志诬其上而公怨之，以为宾荣，言诬则郑伯未有其实，赵倡赋诗以自宠。其能久乎？幸而后亡。”

言必先亡。叔向曰:"然,已侈。所谓不及五稔者,夫子之谓矣。"

又曰:楚灵王与子革语,左史倚相趋过,倚相,楚史名也。王曰:"是良史也,子善视之。是能读《三坟》、《五典》、《八索》、《九丘》。"对曰:"臣尝问焉:昔穆王欲肆其心,周穆王也。肆,极也。周行天下,将皆必有车辙马迹焉。祭公谋父作《祈招》之诗以止王,谋父,周卿士。祈父,周司马,掌甲兵之职,招其名也。祭公方谏游行,故指司马官而言也。此诗逸。王是以获没于祗宫。获没,不见篡。臣问其诗而不知,若问远,焉能知乎?"王曰:"子能乎?"对曰:"能。其诗曰:'祈招之愔愔,式昭德音。愔愔,安和貌也。式,用也。思我王度,式如玉,式如金。'金玉取其坚重。形民之力,而无醉饱之心。"言国用人,当随其力,往往如金冶之器而制形,故言形民之力,去其醉饱过盈之也。王揖而入,馈不食、寝不寐数日。深感子革之言。

《论语》孔子曰:"小子何莫学夫诗。诗可以兴,可以观,可以群,可以怨。迩之事父,远之事君,多识于鸟兽草木之名。"

又曰:孔子谓伯鱼曰:"汝为《周南》、《召南》矣乎?人而不为《周南》、《召南》,其犹正墙面而立也欤。"

又子曰:起予者,商也。商,子夏。始可与言诗已矣。

又曰:诗三百,一言以蔽之,曰"思无邪"。

《庄子》曰:诗以道志。

《毛诗正义》曰:昔孔子删古诗三千余篇,上取诸商,下取诸鲁,皆弦歌以合《韶》《武》之音,凡三百一十一篇。至秦灭学,亡六篇,今在者有三百五篇。

《正义》云:初,孔子授训卜商,商为之序,以授鲁人曾申,申授魏人李克,克授鲁人孟仲子,仲子授振牟子,振牟子授赵人荀卿,荀卿授汉人,鲁国毛亨,作《诂训传》以授于赵国毛苌。时人谓亨为大毛公,苌为小毛公,以其所传,故名其诗曰《毛诗》。

又曰:东汉郑玄取毛氏诂训所不尽及同异者,续为之注解,曰"笺"。笺,荐也,言荐成毛意也。

《诗含神雾》曰：集微揆著，上统元皇，下序四始，罗列五际。宋均注曰：集微揆著，若“绵绵瓜瓞，人之初生”，揆其始是，必将至著，王有天下也。

又曰：诗者，天地之心，君德之祖，百福之宗，万物之户也。

《诗推度灾》曰：建四始、五际而八节通，卯酉之际为革政，午亥之际为革命。

《春秋演孔图》曰：诗含五际、六情。六情即六义也；一曰风，二曰赋，三曰比，四曰兴，五曰雅，六曰颂。

《春秋说题辞》曰：诗者，天文之精，星辰之度。

又曰：在事为诗，未发为谋，恬澹为心，思虑为志。故诗之为言志也。

《史记》曰：古诗三千余篇。孔子删取三百五篇，皆弦歌以合韶《武》之音。然《雅》音之韵，四言为主，其余非音之正也。

《汉书》曰：匡衡字稚圭。好学。家贫，庸作以给资用，尤精力绝人。诸儒为之语曰：“无说诗，匡鼎来。应劭曰：鼎，方也。张晏曰：匡衡少时字鼎。匡说诗，解人颐。”

又《艺文志》曰：古诸侯卿大夫交邻国，以微言相感，当揖让之时，必称诗以喻其志，盖以别贤不肖而观盛衰也。

又曰：哀乐之心感而歌咏之声发，诵其言谓之诗，咏其声谓之歌。古有采诗之官，王者所以观风俗，知得失，自考正也。遭秦而全者，以其讽诵，不独在竹帛也。

《晋书》曰：王褒字伟元。性好读诗，至于“哀哀父母，生我劬劳”，未尝不三复流涕。门人弟子受业者皆废《蓼莪》之篇。

又曰：王凝之妻谢氏字道韫，将军弈之女也，聪识有才辩。叔父安尝问《毛诗》何句最佳，答曰：“吉甫作颂，穆如清风，仲山甫永怀，以慰其心。”安谓其雅人深致。

颜延之《庭诰》曰：咏歌之书，取其连类合章，比物集句，诗为之祖。

陆德明《经典释文》曰：孔子最先删诗，以授于子夏，子夏遂作序焉，口以相传，未有章句。

刘歆《七略》曰：诗以言情；情者，信之符也。书以决断；断者，义之证也。

书

《释名》曰：《书》者，言书其时事也。

《汉书艺文志》曰：《书》以广听。

《庄子》曰：《书》以道事。

顾子曰：仪训云：《三坟》《五典》，粲粲如列宿，落落如连珠也。

《春秋说题辞》曰：《尚书》者，二帝之迹，三王之义，所以推其运，明命授之际。书之言信，而明天地之精，帝王之功，凡百二篇，第次委曲。尚者，上也，上帝之书也。

《尚书正义》曰：上世帝王之遗书，有《三坟》、《五典》、《训诰》、《誓命》，孔子删而序之，断自唐虞以下讫于周，凡百篇。以其上古之书，故曰《尚书》。遭秦灭学，并亡。汉兴，济南人伏胜能口诵二十九篇。至汉文帝时，立尚书学，以胜年且九十余，老不能行，乃诏太常掌故晁错就其家传受之。其书四十一篇，欧阳、大小夏侯传其学，各有能名，是曰"今文尚书"。刘向《五行传》，蔡邕勒石经皆其本。其后鲁共王坏孔子故宅，于壁中得古文《尚书》、《论语》，悉以书还孔氏。武帝乃诏孔安国，定其书，作传，又为五十八篇。安国书成，后遭汉武巫蛊事，不行。至魏晋之际，荥阳郑冲私于人间得而传之，独未施行。东晋汝南梅赜奏上，始列于学官。此则古文矣。

又《汉书》曰：孔氏有古文《尚书》，孔安国以今文《尚书》字读之。

又《古文尚书·序》曰：伏生老，言不可晓，使其女传言授晁错。

《汉书·艺文志》曰：《易》曰"河出《图》，洛出《书》"，书之所起远矣。至孔子纂焉，音撰。上断于尧，下讫于秦，凡百篇，而为之序。

刘歆《七略》曰：《尚书》，直言也。始欧阳氏先名之，大夏侯、小夏侯立于学官，三家之学，于今传之。

陆德明《经典释文》曰：汉宣帝本始中，河内女子得《泰誓》一篇献之，与伏生所诵合三十篇，汉世行之。

《汉书》曰：元帝时，豫章内史梅赜奏上孔传《古文尚书》，亡《舜典》一篇，乃取王肃注《尧典》、慎徽《五典》下分为《舜典》一篇，以续之。

《后汉书·杜林传》曰：河南郑兴、东海卫宏，皆长于古学。林尝言："林得兴固谐矣，使宏得林，且有益之。"及宏见林，暗然而服。济南徐巡始师于宏，后更从林学。林前于西州得漆书《古文尚书》一卷，常宝爱之，虽遭艰困，握持不离身。尝以示宏宏曰："林流离兵乱，常恐斯经将绝，何意东海卫子、济南徐生复能传之，是道竟不坠于地也。"宏、巡益重之，于是古文遂行。

《唐书》曰：开元中，宋璟尝自写《尚书·无逸》一篇以献。玄宗置之内殿，出入观省，成诵在心，每叹古人至言，后代莫能及，故任贤诫欲，朝夕孜孜。开元之末。因《无逸》图坏，始以山水图代之。及穆宗问宰臣贞观开元之理，崔植因以是对，请复以《无逸》为诫。帝深善其言。

又曰：高郢子定，幼聪警绝伦。年七岁时读《尚书·汤誓》，问郢曰："柰何以臣伐君？"郢曰："应天顺人，不为非道。"又问曰："用命赏于祖，不用命戮于社，是顺人乎？"父不能对。已见"幼敏门"。

又曰：文宗纂集《尚书》中君臣事迹，命工图写于太液亭，朝夕观览。

太平御览卷第六百十　学部四

礼

《释名》曰：礼，体也。言得事之体也。

《太公六韬》曰：礼者，理之粉泽。

《庄子》曰：三王、五帝之礼义法度，其犹楂梨橘柚，虽其味相反，而皆可于口也。

《论语》曰：不学礼，无以立。

《诗》曰：相鼠有体，人而无礼；人而无礼，胡不遄死？

《礼记·乐记》曰：簠簋俎豆，制度文章，礼之器也。升降上下，周旋裼袭，礼之文也。

又《燕居》曰：礼者何也？即事之治也。君子有其事必有其治。治国而无礼，譬犹瞽之无相与，伥伥乎其何之！譬如终夜有求于幽室之中，非烛何见？若无礼，则手足无所措，耳目无所加，进退揖让无所制。伥，丑良切。

又《曲礼》：君子恭敬撙节，退让以明礼，曰：鹦鹉能言，不离飞鸟；猩猩能言，不离禽兽。今人而无礼，虽能言，不亦禽兽之心乎？

又《礼运》曰：礼之于人也，犹酒之有糵也。君子以厚，小人以薄。

又《乐记》曰：乐者，非谓黄钟、大吕、弦歌、干杨也，乐之末节也，故童者舞之。铺筵席，陈樽俎，列笾豆，以升降为礼者，礼之末节也，故有司掌之。

又《礼器》曰：君子之行礼也，不可不慎也，众之纪也，纪散而众乱。

又曰：先王之立礼也，有本。忠信，礼之本也；义理，礼之文也。无本不立，无文不行。

又《经解》曰：夫礼，禁乱之所由生，犹坊止水之自来也。故以旧坊为无所用而去之者，必有水败；以旧礼而无所用而去之者，必有乱患。

又《礼运》曰：夫礼，先王以承天之道，以治人之情，故失之者死，得之者生。《诗》曰："相鼠有体，人而无礼；人而无礼，胡不遄死？"是故礼必本于天，淆于地，列于鬼神，达于丧祭射御，冠昏朝聘。圣人以礼示之，天下国家可得而正也。

《春秋说题辞》曰：礼者，体也。人情有哀乐，五行有兴灭，故立乡饮之礼，终始之哀，婚姻之宜，朝聘之表，尊卑有序，上下有体。王者行礼得天中和，斗居天中而有威仪，王者法而备之，是亦得天之中和也。礼得，则天下咸得。厥宜阴阳，滋液万物，调四时，和动静，常用，不可须臾惰也。

《三礼正义》曰：《周礼》、《仪礼》并周公所作。经所谓礼三百，威仪三千。礼经则《周礼》也，威仪则《仪礼》也。《周礼》遭秦灭学，藏于山岩屋壁，以故不亡。汉武帝时有季氏获之，以上河间献王，独阙《冬官》一篇，购之千金不得，乃以《考工记》补之，遂奏入于秘府。时儒以为非是，不得。至刘歆独识其书，知周公致太平之迹，始奏立学官。后郑玄为之注。《仪礼》，周衰，当战国之世，其书并亡。至汉，高堂生所传十七篇，唯《士礼》存焉。后世推《士礼》以致天子之礼而行之。至马融、郑玄、王肃，并为之注解。

《礼记正义》曰：《礼记》者，本孔子门徒共撰所闻也。后通儒各有损益。子思伋作《中庸》，公孙尼子作《缁衣》，汉文时博士作《王制》，其余众篇皆如此例。至汉宣帝世，东海后苍善说礼，于曲台殿撰礼一百八十篇，号曰《后氏曲台记》。后苍传于梁国戴德及从子圣。德乃删《后氏记》为八十五篇，名《大戴礼》；圣又删《大戴礼》为四十六篇，名《小戴礼》。其后诸儒又加《月令》、《明堂位》、《乐记》三篇，凡四十九篇，则今之《礼记》也。《礼记》有马融、郑玄二家注。马注今亡，唯郑注行于世矣。

《汉书·艺文志》曰：《易》曰："有夫妇、父子、君臣、上下，礼义有所错。"而帝王质文，世有损益。至周曲为之防，事为之制，言委曲防闲，每事为制也。故曰"礼经三百，威仪三千"。及周衰，诸侯将逾法度，恶其害己，皆灭去其籍。自孔子时而不具，至秦大坏。汉兴，鲁高堂生传《士礼》十七篇，至孝宣世，后苍最明。戴德、戴圣、庆普皆其弟子，三家立于学官。《礼古经》者，出于鲁淹中，淹中，里名也。及孔氏学七十篇，文相似，多三十九篇。及《明堂》《阴阳》《王史氏记》所见，多天子、诸侯、卿大夫之制，虽不能备愈，仓等推《士礼》而致于天子之说。师古曰：愈与愈同。愈，胜也。

《汉书》曰：《乐》以治内而为同，《礼》以修外而为异。同则和亲，异则畏敬也。

范晔《后汉书》曰：曹褒论曰："汉初，朝制无文。叔孙通颇采《礼经》，参酌秦法，虽适物观时，有救崩弊，先王之宏典，盖多阙矣。"

《晋书》曰：韦逞母宋氏，家世儒学，其父授以《周官音义》，谓之曰："吾家世学《周官》，传业相继。此周公所制，经纪典诰、百官品物备于此矣。吾无男，汝可授之，勿令绝世。"后符坚幸太学，博士卢壶奏曰："废学已久，书传零落，比年撰缀，唯《周官礼注》未有其师。窃见太常韦逞母宋氏传其父业，得《周官音义》，今年八十，视听无阙，非此母无以传授后生。"于是就其家立讲堂，隔绛纱幔而传受。以宋氏为文宣君，赐侍婢十人。《周官》后学传于世，时称"韦氏宋母"。

《唐书》曰：开元十四年，上令太子宾客元行冲撰《类礼义疏》，将立学官。疏成，左相张说驳奏曰："今之《礼记》，是前汉戴德、戴圣所编录，历代传习，已向千年，著为经教，不可刊削。至魏，孙炎始改旧本，以类相比，有同抄书，先儒所非，竟不行用。贞观中，魏征因炎所修，更加整比，兼为之注，先朝虽厚加赏锡，其书竟亦不行。今行冲等奉诏修撰勒成一家，然与先儒义乖，章句隔绝。若欲行用，窃恐未可。"上然其奏，遂不得立学。行冲意诸儒排己，退著论以自释。

春秋

杜预《序》云：《春秋》者，鲁史记之名也。楚谓之《梼杌》，晋谓之《乘》，而鲁谓之《春秋》，其实一也。

《释名》曰：言春秋冬夏，终以成岁。举春秋，则冬夏可知也。

《春秋正义》曰：孔子授《春秋》于卜商，卜商又授之弟子公羊高、谷梁赤，又各为之传，则今《公羊》《谷梁》二传是也。《左氏传》有贾逵训，服虔、杜预注，《公羊传》有何休解诂，《谷梁》有范宁集解。

《春秋握成图》曰：孔子作《春秋》，陈天人之际，记异考符。

《春秋演孔图》曰：作法《五经》，连之天地，稽之图象，质于三王，施之四海。

《史记》太史公曰："先人有言，自周公卒，五百岁而有孔子。孔子卒后，至于今五百岁，有能绍明世，正《易》传，继《春秋》，本《诗》《书》《礼》《乐》之际，意在斯乎？意在斯乎？小子何敢让耶？"上大夫壶遂曰："昔孔子何为而作《春秋》哉？"太史公曰："余闻董生曰：'周道衰废，孔子为鲁司寇，诸侯害之，大夫壅之。孔子知言之不用，道之不行也，是非二百四十二年之中，以为天下仪表，贬天子，退诸侯，讨大夫，以达王事而已矣。'子曰：'我欲载之空言，不如见之于行事之深切著明也。'夫《春秋》上明三王之道，下辨人事之纪，别嫌疑，明是非，定犹豫，善善恶恶，贤贤贱不肖，存亡国，继绝世，补敝起废，王道之大者也。拨乱世反之正，莫近于《春秋》。《春秋》文成数万，其指数千。万物之散聚，皆在《春秋》。《春秋》之中，弑君三十六，亡国五十二，诸侯奔走不得保其社稷者，不可胜数。察其所以，皆失其本已。故《易》曰：'失之毫厘，差以千里。'故曰：臣弑君，子弑父，非一朝一夕之故也，其渐久矣。故有国者不可以不知《春秋》：前有谗而不见，后有贼而不知；为人臣者不可以不知《春秋》：守经事而不知其宜，遭变事而不知其权。为人君父而不通于《春秋》之义者，必蒙首恶之名；为人臣子而不通于《春秋》之义者，必陷篡弑之诛，死罪之名。其实皆以为善，为之不知其义，被之空言而不敢辞。夫不通礼义之指，至于君不君，臣不臣，父不父，子不子。夫君不君则犯，臣不臣则诛，父不父则无道，子不子则不孝。此四行者，天下之大过也。以天下之大过予之，则受而不敢辞。故《春秋》者，礼义之大宗也。"

《汉书·艺文志》曰：古之王者，世有史官，君举必书，所以慎言行，昭法式也。左史记言，右史记事，其事为《春秋》，言为《尚书》，帝王靡不同之。周室既微，载籍残缺，仲尼思存前圣之业。以鲁，周公之国，礼文备物，史官有法，故与左丘明观其史记，据行事，仍人道，因兴以立功，就败以成罚，假日月以定历数，藉朝聘以正礼乐。有所褒讳贬损，不可书见；口授弟子，弟子退而异言。丘明恐失其真，故论本意而作传，明夫子不以空言也。

又云：刘歆为《左传》学，以左氏丘明好恶与圣人同，亲见夫子；而公羊、谷梁在七十之后，传闻与亲见，其详略不同。尝共父向校书，父为谷梁学，数以难其父向，向不能报也。

《汉书》曰：《春秋》所贬损，当时有威权者，是以隐其书而不宣。及末世，口说流行，故有公、谷、邹、夹之传。四家之中，公羊、谷梁立于学官。

《东观汉记》曰：张霸字伯饶。以樊儵删《严氏春秋》，犹多繁辞，乃减为二十万言，更名“张氏学”。

《郑玄别传》曰：何休字邵公。作《公羊解注》，妙得公羊本意。作《公羊墨守》《左氏膏肓》《谷梁废疾》。玄后乃发《墨守》，针《膏肓》，起《废疾》。休见而叹曰：“康成入吾室，操吾矛，以伐我乎？”

《魏略》曰：鱼豢尝问魏禧《左氏传》，禧曰：“左氏相斫书耳，不足精意也。”

又曰：严翰字公仲。善于《春秋公羊》。时司隶锺繇不好《公羊》而好《左氏》，以《左氏》为太官厨，《公羊》为卖饼家，故尝数与辩折长短。繇机捷善持论，而翰讷口，时屈，无以应。繇曰：“公羊高竟为丘明服矣。”翰曰：“直故吏为明公服尔，公羊未肯也。”

《蜀志》曰：孟光字孝裕，洛阳人。博物识古，无书不览，尤锐意三史，长于汉家旧典。好《公羊春秋》，而讥诃《左氏》。每与来敏争此二义，常譊譊欢咋。欢，许袁切。咋音俎各切。

《晋书》曰：王济解相马，又甚爱之。而和峤颇聚敛。预尝称济有

"马癖",峤有"钱癖"。武帝闻谓曰:"卿有何癖?"对曰:"臣有《左传》癖。"

王隐《晋书》曰:刘兆字延世。以《春秋》一经,三家殊途,命世名儒,是非之议纷然,互为仇敌,乃思三家之异合而通之。《周礼》有"和怨调入"之官,遂作《春秋调人》七万余言。

又曰:杜预大观群典,谓《公羊》《谷梁》诡辩之言,又非先儒说,《左氏》未究丘明意而横以二传乱之,乃错综微言,著《春秋左氏经传集解》。又参与众家,谓之《释例》。又作《盟会图》、《春秋长历》,备成一家之学。至老乃成。秘书监挚虞赏之,曰:"左丘明本为《春秋》作传,而传遂自孤行;《释例》本为传设,而所发明何但《左传》,故亦孤行也。"

《三国典略》曰:张曜好读《春秋》,每月一遍,时人比之贾梁道。赵隐尝谓曜曰:"君研寻《左氏》,岂求服虔、杜预之纰缪耶?"曜曰:"何为其然乎?左氏之书备叙言事,恶者可以自戒,善者可以庶几。故厉己温习,非欲诋诃古人之得失也。"

《梁书》曰:崔灵恩,清河东武城人也。少笃学,遍习五经,尤精《三礼传》,仕魏为太常博士。天监十三年,归梁,累迁步兵校尉兼国子博士。灵恩聚徒讲授,听者常数百人。性拙朴无风采,及解析经理,甚有精致,都下旧儒咸称重之。助教孔佥尤好其学。灵恩先习《左氏》服解,不为江东所行,乃改说杜义。每文句常申服以难杜,遂著《左氏条义》以明之。时助教虞僧诞又精杜学,因作《申杜难服》以答灵恩。世并传之。

颜延之《庭诰》曰:褒贬之书,取其正言晦义;辅制衰王,《春秋》为上。

《三辅决录》曰:贾逵建初元年,受诏列《春秋公羊》《谷梁》不如左氏四十事奏之,名《左氏长义》。帝大善,赐布五百匹。

又《魏略》曰:逵好《左传》,及为牧守,常课之,月一遍。

桓谭《新论》曰:《左氏》传世后百余年,鲁谷梁赤为《春秋》,残略多有遗失，又有齐人公羊高缘经文作传，弥离其本事矣。《左氏》经之与传，犹衣之表里，相持而成。经而无传，使圣人闭门思之十年，不能知也。

又曰：刘子政、子骏、伯玉三人尤珍重《左氏》，下至妇女，无不读论者。

《江表传》：关羽好《左氏》，略讽皆上口。

孝经

《孝经·序》曰：吾志在《春秋》，行在《孝经》，是知孝者德之本欤。

《春秋说题辞》曰：《孝经》者，所以明君父之尊，人道之素。天地开辟皆在孝。人非父不生，非母不长。天地开辟而生，人承天地，是故亲生膝下以养父母。

《孝经钩命决》曰：《孝经》者，篇题就号也，所以表指括意。序中书名出义，见道曰著。就，成也。孝为一篇之目。十八章也，成号序中心之事，使孝义见于外。一字苞十八章，为天地喉襟，道要德本，故挺以题符篇冠就。

又曰：曾子撰斯问曰："孝文乎？驳不同何？"撰，撰经异同也。子曰："吾作《孝经》，以素王无爵禄之赏，斧钺之诛，故称避席，复坐，吾语汝逊顺以避祸灾。与先王以托权，托先王以为己权势力。目至德要道以题行，题行，题天子德行，致群瑞已行所及也。首仲尼以立情性，情性犹天地，已不正，为天地子，故行冠子以立之也。言子曰以开号，若夫子所以自开于受命也。列曾子示撰辅，使若得录图之故，行冠子以立之也。佐与共治天下也。《书》、《诗》以合谋。"二人同心，其利断金。同心之言，臭如兰也。

《孝经中契》曰：丘作《孝经》，文成道立，斋以白天，则玄云踊北，紫宫开北门，角元星北落，司命天使书题号《孝经篇》。云：神星裔孔丘知元，今使阳衢乘紫麟，下告地主要道之君。后年麟至，口吐图文，北落郎服书鲁端门，隐形不见。子夏往观，写得十七字，余字灭消文，其余飞为赤乌，翔摩青云。

《汉书·艺文志》曰：《孝经》者，孔子为曾子陈孝道也。夫孝，天之经也，地之义也，民之行也。举大者言，故曰《孝经》。

《后汉书》曰：向栩字辅兴。张角之乱，栩上便宜，颇讥刺左右，不欲国家兴兵，但遣人于河上北向读《孝经》，贼自当消灭。中常侍张读奏栩不欲命将出师，疑与角同，欲为内应，收送黄门北寺狱杀之。

谢承《后汉书》曰：仇览字季智，一名香，陈留考城人也。为县阳遂亭长。有羊元者，凶恶不孝，其母诣览告之。览呼元，责哨元以子道，与《孝经》一卷使诵读之。元深改悔，至母前谢罪曰："元少孤，为母所骄，谚曰：'孤犊触乳，骄子詈母'。乞今自改。"卒成佳士。

王隐《晋书》曰：皇甫谧《督终论》曰：气绝之后，以蘧蒢裹尸，择不毛之地葬焉，皆无以自随，唯赍《孝经》一卷，示不忘孝道也。

吴均《齐春秋》曰：沈士字云祯，临终遗命曰："棺中依皇甫谧，用《孝经》，既殡，不须立灵。士安亦然也。"

《齐书》曰：顾欢字景怡。有病邪者问，欢曰："家有何书？"答曰："唯有《孝经》。"欢曰："可取《仲尼居》置病人枕边，恭敬之，自差也。"病者果愈。后人问其故，答曰："善禳恶，正胜邪，此病者所以差也。"

萧方等《三十六国春秋》曰：汉大将军东平王约，汉王聪戏之曰："汝诵何书？味何句也？"约曰："臣诵《孝经》，每咏'身体发肤，受之父母，不敢毁伤'，至于'在上不骄，高而不危'，未尝不反覆诵之。"聪大悦。

《后周书》曰：宇文贵字乾福，少聪敏，涉猎经史，尤便骑射。始读《孝经》，便谓人曰："读此一经，足为身之本。"

《三国典略》曰：徐陵子份。陵尝遇疾，甚笃。份烧香泣涕，跪诵《孝经》，昼夜不息，如此者三，陵疾豁然而愈。

《隋书》曰：郑译性轻，高祖以其定策功，不忍废而阴疏之。译乃阴呼道士章醮以祈福助。其婢奏译"猒蛊左道"。上谓译曰："我不负公，此何意也？"译无以对。后宪司劾以不孝，由是除名。下诏曰："译嘉谋良策，寂尔无闻。鬻狱卖官，沸腾盈耳。若留之于世，在人为不道之臣；戮之于朝，入地为不孝子鬼。有累幽显，无以置之，宜赐以《孝经》，令其熟读。”后复其爵位。

又曰：韦师字公颖，京兆杜陵人也。少沉谨有志性。初就学，始读《孝经》，舍书而叹曰：“名教之极，其在兹！”

又曰：苏威尝谓炀帝曰：“先臣谓臣唯读《孝经》一卷，可以立身，何用多为？”帝亦然之。何妥曰：“苏威所学非止《孝经》，厥父若信有斯言，威不从命，是其不孝；其无斯言，而面欺陛下，是其不诚；不诚不孝，何以事君？且夫子曰：‘不学《诗》，无以言；不学《礼》，无以立。’岂容苏绰教子独反圣人之旨乎？”

《唐书》曰：永徽中，上命陈王师赵弘智于百福殿讲《孝经》，召中书门下三品及弘文馆学士、国子监学官，并令预坐。弘智演畅微言，备陈五孝之义，学士等难问连环，弘智酬应如响。上谓弘智曰：“宜略陈此经要道以辅不逮。”对曰：“昔者天子爰及诸侯卿大夫皆有诤臣，愿以此言奉献。”上甚悦，弘智及学士、儒官并赉以缯帛。

《汉实录》曰：敏使于湖南，途出江陵。帅高从诲为贽，是时谏曰：“祭酒惠及经书，从诲所识不过《孝经》十八章尔。”敏曰：“读书不在多，至德要道十八章足矣。敏记《诸侯章》云：‘在上不骄，高而不危，制节谨度，满而不溢。’此一章皆经要言也。”时从诲兵败于郢，谓敏见讽，举觥以自罚。

太平御览卷第六百一十一 学部五

勤学

《史记》曰：苏秦，洛阳人。与魏人张仪同师鬼谷先生。读书至睡，秦辄引锥刺股，血流至踝。

《汉书》曰：董仲舒，广川人。景帝时为博士。少耽学业，下帏读书，弟子传以相受，莫见其面。十年不窥园圃，乘马三千年不知牝牡。

又曰：路温舒字长君。父使牧羊，温舒取泽中蒲截以为牒，编用写书。

《后汉书》曰：桓荣字春卿，沛国龙亢人也。少与兄元卿俱在田捃拾，而荣开书读之，讲诵不息。元卿嗤荣曰："但自苦气力，何时复施用乎？"荣笑不应。日夜不倦。世祖闻，召拜议郎，使入教授太子，帝称善曰："得生几晚。"后为太子少傅。帝赐其车马衣服，荣得之，陈于庭，谓父兄曰："此吾稽古之力也。"元卿叹曰："我本农家子，岂意学之为利乎？"

又曰：法真隐居大洋，讲论术艺，历年不窥园圃。

又曰：何休作《公羊解诂》，覃思不窥园者十有七年。

又曰：赵昱常就处士东莞綦毋公受《公羊传》，至历年潜思，不窥园门，亲疏稀见其面。

又曰：张霸字伯饶，成都人。好学，七岁通《春秋》，复欲进余经，父母曰："汝小，未能也。"霸曰："我饶为之。"故字伯饶。四迁侍中。

谢承《后汉书》曰：戴封字平仲。年十五，诣太学，师事东海申君。申君卒，送丧到东海，道经其家，父母以封当还，豫为娶妻。封暂过拜亲，不宿而去。

又曰：高凤字文通，南阳祭人。家以农亩为业，而勤学专精读诵。妻尝之田，曝麦于庭，令凤护之，惧鸡，以竿授之。时天暴雨，而凤持竿读书不觉，潦水大至，流其麦矣。

又曰：《袁闳传》：黄巾贼起，攻没郡县，百姓惊散。闳诵不移。贼相约语，不入其间。乡人就闳避难，皆得全免。

又曰：曹褒博雅疏通，尤好礼事。常感朝廷制度未备，慕叔孙通为汉礼仪，昼夜研精，沉吟专思：寝则怀抱笔椠，行则诵习文书；当其念至，忘所之适。

又曰：承宫少孤，年八岁，为人牧豕。乡里徐子盛者，以《春秋经》授诸生数百。承宫过息庐下，乐其业，因就听经，遂请留门下。

《续汉书》曰：宫过徐子盛，好之，因弃其猪而留听经。主怪其不还，求索，得宫，欲笞之。门下生共禁止，因留之，为诸生拾薪执苦数年，勤学不倦。

又曰：崔琦字子玮，济北相瑗之宗也。引古今成败以诫梁冀，冀不能受，乃作《外戚箴》，又作《鹄赋》以为讽。后除临济令，不敢之职，解印而去。冀令刺客求之，见琦耕于陌上，怀书一卷，息辄偃而咏之。刺客贤之，以实告琦，因得脱走。

又曰：荀爽字慈明，幼好学。太尉杜乔见而称曰："可为人师。"爽遂耽思经籍，庆吊不行，征命不应。

司马彪《续汉书》曰：杜乔字叔荣，累祖吏二千石，以孝称。虽二千石子，常步担求师。

又曰：李固少有俊才，雅志好学，为三公子，常躬步驱驴，负书随师。

《魏志》曰：杨浚同郡王蒙少孤，为人仆隶。年十七，见使牧羊，而私读书，因获捶楚。俊美其才，即赎着家中，聘娶立屋，然后与别居。官至散骑常侍。

《魏略》曰：常林少单贫，为诸生。耕带经锄，其妻自担饷馈之，相敬如宾。

又曰：贾逵字梁道。好《春秋左传》，及为牧守，常自课读之，月一遍。

《蜀志》曰：谯周字元南。耽古笃学。家贫，未尝营产业。诵读典籍，欣然独笑，以忘寝食。研精六经，颇晓天文，而不留意诸子文章，非心所存。

《吴志》曰：鲁肃为人方严，寡于玩饰。治军整顿，禁令必行。虽在军阵，手不释卷。

又曰：阚泽字德润，山阴人。常为人佣书，所写毕，诵之亦遍。

虞溥《江表传》曰：张纮事父至孝。居贫，躬耕稼，带经而锄，孜孜汲汲，以夜继日，至于弱冠，无不穷览。

《晋书》曰：王育少孤贫，为人佣，牧羊豕。近学堂。育常有暇拾薪，以雇书手抄书，合截蒲以学书，日夜不止。亡失羊豕，其主笞之，育甚有惭色，将鬻已以偿。于是郭子敬闻而嘉之，代育还羊豕，给其衣食，令育与其子同学。育遂博通经史，仕伪汉，官至太傅。

又曰：车胤字武子，南平人。勤学不倦。家贫，尝不得油，夏月则练囊，盛数十萤火虫以照书。

《晋中兴书》曰：孙盛字安国，为秘书监。好学，自少及长，常手不释卷。既居史官，乃著《三国晋阳秋》。

又曰：刘寔，长不满七尺，精学不倦，虽居官职，至于皓首，手不释卷。

崔鸿《春秋前燕录》曰：豫州刺史张悕字文祖，清河武城人也。悕少孤贫，随母长于舅氏，令其牧牛。悕幼而好学，事母以孝闻。每日必于牧暇采樵二束、菜二本，一以供母，一以雇人书。昼则折木叶学书，夜则以所书者。

《宋书》曰：沈攸之字仲达，晚好读书，《史》《汉》事多所谙忆。常叹曰："早知穷达有命，恨不七年读书。"

又曰：郑鲜之字道子，荥阳开封人。鲜之下帷读书，绝交游之务。

又曰：王歆字休泰，琅琊人。家贫好学，尝三日绝粮，执书不辍。父母家人或谓之曰："困穷如此，何不耕农为求活乎？"歆答曰："我当以典籍自耕耳。"武帝以其博学有文才，累迁中书侍郎、扬州牧。

《后魏书》曰：甄琛，中山人也。举秀才，入都累岁，常以弈棋，通夜不止。手下苍头奴，常令执烛，或时睡，则加杖之，如此非一。奴不胜痛楚，乃曰："郎君辞父母仕官，若为读书执烛，不敢辞罪。今博弈，是何事也？"琛惕然大惭，遂写书，研习经史，闻见日优，仕至侍中。

萧子显《齐书》曰：顾欢字景怡，吴郡盐官人也。年六十岁，书《甲子有兰》三篇。欢推计，遂知六甲。家贫，父使驱田中雀，欢作《黄雀赋》，雀食稻过半。父怒，欲挞之，见赋乃止。乡中有学舍，欢贫，无以受业，于舍壁后倚听，无遗忘者。八岁诵《孝经》《诗》《论》。及长，笃志好学。母年老，躬耕诵书，夜则燃糠自照。

又曰：隐士沈驎士，火烧书数千卷。驎士年过八十，耳目犹聪明，乃故手抄写，火下细书，复成二三千卷，满数十箧。

《南齐春秋》曰：江泌字士清。少贫，昼日斫屧，夜读书，随月光握卷升堂。

《北齐书》曰：杜弼字辅玄。高祖令弼带州骠骑府长史。弼性好名理，探味玄宗。自在军旅，带经从役。

又曰：李铉字实鼎。家贫，苦学，春夏务农，秋冬入学。三冬不畜枕，每至睡时，假寐而已。

《后魏书》曰：李道固，顿丘卫国人，高祖赐名焉。家寒，少孤，有大志，好学不倦。初受业于长乐监伯阳。伯阳称美之。晚与渔阳高悦，北平阳尼等将隐于名山，不果而罢。悦兄闾博学高才，家富典籍，彪遂于悦家手抄口读，不暇寝食。

《三国典略》曰：齐右仆射富平子魏收字伯起，钜鹿曲阳人。幼习骑射，欲以武艺自达。太学博士郑伯猷调之曰："魏郎弄戟多少。"收惭悟，乃折节读书，坐板床积年，板亦为之锐。收尝为《庭竹赋》以自发名。伯猷谓之曰："卿不值老夫，犹当逐兔。"

《后周书》曰：樊深博物，性好学，老而不怠。朝暮还往，常据鞍读书，至马惊坠地，折损支体，终亦不改。后除国子博士。

《梁史》曰：沈约十三而遭家难，潜窜。会赦，乃免。既而流寓，孤贫，笃志好学，昼夜不释卷。母恐其以劳生疾，常遣减油灭火，而昼之所读，夜辄诵之。遂博通群籍，善属文。济阳蔡兴宗闻其才而善之。及为郢州，引为安西外兵参军兼记室。兴宗常谓其诸子曰："沈记室人伦师表，宜善师之。"

《梁书》曰：韦叡族弟受字孝友，沉毅有器局。年十二，尝游京师，值天子出游南苑，邑里喧哗，老幼争观。爰坐读书，不释卷。宗族莫不异之。

沈峻字士嵩，师事宗人沈驎士。嵩在门下积年，昼夜自课。或睡寐，辄以杖自击，其为志如此。

又曰：江革字休映，考城人。吏部侍郎谢朓常过革第，时大寒雪，革敝絮单席而耽学不倦。朓乃脱其所着衣并手割半毡与革。后建安王为雍州刺史，表求记室。人或荐之，以为征北记室参军。与弟观少长共居，不忍离别，苦求同行。参军沈约、任昉同与革书曰："此雍府妙选英才，文房之职总卿昆弟，可谓驭二龙于长途，骋骐骥于千里。"

又曰：刘峻字孝标，平原人。勤学，去学五六里，常行读书不息，地有坑坎，每常倒蹶，然后始悟。

《隋书》曰：皇甫绩字功明。三岁而孤，为外祖韦孝宽所鞠养。尝与诸外兄博奕，孝宽以其惰业，笃以严训愍。绩叹曰："我无庭训，养于外氏，不能克躬励已，何以成立？"深自感激，命左右自杖。孝宽闻而对之流涕。于是学问涉经史。

又曰：卢思道字子行。年十六，遇中山刘松为人作碑，以示思道，读之多所不解。于是感激，闭户读书，师事河间邢子才。后思道为文以示刘松，松又不能甚解。思道乃喟然叹曰："学之有益，岂徒然哉？"

又曰：刘炫字光伯。少以聪敏见称，与信都刘焯闭户读书，十年不出。

又曰：王劭笃学，好经史遗落世事。用思既专，性颇恍忽，每至对食闭目凝思，盘中之肉，辄为仆从所啖，劭弗之觉，唯责肉少，数罚厨人。厨人以情白，依前闭目，伺而获之。厨人方免笞辱。其专固如此。

《唐书》曰：李磎，昭宗朝为宰相。磎自在台省，聚书至多，手不释卷。时人号"李书楼"。所撰文章及注解书传之阙疑近百余卷，经乱悉亡。

《世说》曰：管宁、华歆尝同席读书。有乘轩冕过门者，宁读书如故，歆出观。宁割席分坐曰："子非吾友也。"

《邴原别传》曰：原字根矩。家贫，早孤。邻有书舍，原过其傍而泣。

师问曰："童子何悲？"原曰："一则顾其不孤，二则羡其末学。"师亦哀原之言而为之泣，曰："童子苟有志，我从相教，不之求费也。"

《楚国先贤传》曰：孙敬好学，时欲寤寐，悬头至屋梁以自课。常闭户，号为"闭户先生"。

《庐江七贤传》曰：文党字翁仲。欲之学。时与人俱入丛木，谓侣人曰："吾欲远学，先试投我斧高木上，斧当挂。"乃仰投之，斧果上挂。因之长安受经。

《七贤传》曰：阮籍有奇才异质，或闭户读书连月不出，或游行丘林经日不返。

《益部耆旧记》曰：朱仓字云卿，广汉人。畜钱八百文，之蜀从处士张宁受《春秋》。籴小豆十斛，屑之为粮，闭户精诵。宁矜之，敛得米二十石，仓不受。

嵇康《高士传》曰：逢真，王莽辟，不至。尝为杜陵门下掾，终身不窥长安城，但闭门读书，未尝问政。

《吕氏春秋》曰：宁越，中牟之鄙人也。苦耕稼之劳，谓其友曰："何为而可以逸此苦也？"其友曰："莫如学。学三十年，则可以达矣。"宁越曰："请以十五岁。人将休，吾不休；人将卧，吾不卧。"学十五岁，而周威公师之。

《世要论》曰：有读书倦而刺其掌。

《墨子》曰：墨子使卫，载书甚多。强唐子见而怪之。墨子曰："昔周公旦朝读书百篇，夕见七十士。相天子犹如此，况无事，敢废此乎？"

《邹子》曰：朱买臣孜孜修学，不知雨之流粟。

汉武帝《洞冥记》曰：董谒字仲玄，出隐无常。常息人家，于座以笔题掌，还以竹籜写之。书竟，舐掌中。加以少来精勤，舐之累烂。世谓之《董仲玄掌录》。

《西京杂记》云：匡衡好学，贫无烛，邻家甚富，穿壁引光照书。

《汉书》曰：倪宽，千乘人。受业孔安国。贫无资，佣作带经而锄。在太学为弟子都养。

太平御览卷第六百一十二　学部六

博学

《论语》曰：大哉，孔子！博学而无所成名。

《礼记》曰：君子之学也博，其服也乡。

《易·大畜卦》云：君子以多识前言往行，以畜其德。

《续汉书》曰：班固字孟坚，九岁能属文，诵诗赋。及长，遂博览载籍，九流百家之言，无不穷究。

《东观汉记》曰：杨震字伯起，受《欧阳尚书》于桓郁。明经博览，无不穷究。诸儒为之语曰："关西孔子杨伯起。"

谢承《后汉书》曰：王充字伯任，好学博览。常游洛阳市，阅所卖书，一见辄能诵忆。遂博通众流百家之言。

又曰：黄香知古今，群书无不涉猎。帝以香先帝所异，每有疑，帝时特访问；又诏香诣东观，读所未尝见书。

又曰：贾逵字景伯，弱冠诵《左氏》。语云："问事不休贾长头也。"

王隐《晋书》曰：皇甫谧羸病，手不释卷。历观古今，无不皆综。

又曰：张华博览图籍，四海之内，若指诸掌。世祖问华，千门万户，画地而成。

《晋书何劭传》曰：惠帝即位，初建东宫。太子年幼，欲令亲万机，以劭为太子师。劭博学，善属文，陈说近代事，若指诸掌。

《三国典略》曰：陈遗兼通直。散骑常侍姚察聘于周，沛国刘臻窃于公馆访《汉书》疑事十余条，并为剖析，皆有经据。臻谓所亲曰："名下定无虚士。"

《齐书贾希镜传》曰：宋孝武时，青州人发古冢铭云"青州世子，东海女郎"。帝问学士鲍照、徐爰、苏宝生，并不能悉。镜对曰："此是司马越女嫁苟晞儿。"检访果然。由是见遇。

又《崔慰祖传》曰：国子祭酒沈约、吏部郎中谢朓尝于吏部省中宾友俱集，各问慰祖地理中所不悉十余事。慰祖口吃，无华辞，而酬据精悉，一座称服之。朓叹曰：“假使班、马复生，无以过此。”

萧子显《齐书》曰：王俭自以博闻多识，读书过陆澄。澄曰：“仆年少来无事，唯以读书为业。其年已倍令君，令君少便鞅掌王务，虽复一览便谙，然其卷轴未必多仆。”俭集学士何宪等，盛自商略。澄待俭语毕，然后谈所遗漏数百千条，皆俭所未睹。俭乃敬服。俭在尚书省，出巾箱机案新服饰，令学士隶事多者与之，人各得一两物。澄后来，更出诸人所不知事复各数条，并夺物将去。

《梁书》曰：韦叡子棱，字威直。性恬，素以书史为业，博物强记。当代之士，咸就质疑。

《隋书》曰：王劭初在齐时，祖孝征、魏收、阳休之等尝论古事，有遗忘讨阅不能得，因呼劭问之。劭具论所出。取书验之，一无舛误。自是大为时人所许，称其博物。

《唐书》曰：李守素尤为谱学，妙谱人物。自晋宋以降，四海士流，及周魏以来诸贵勋等，华戎阀阅，靡不详究。时号为“肉谱”。尝与虞世南等六人同直学馆，其夜七夕，内出珍馔，有教赋诗，因共谈人物。初言江左东南，犹相酬对，及言北舌诸姓，次第如流，显其历叶，皆有据证。世南但抚掌而笑，不复能答。既而叹曰：“‘肉谱’定可畏”。许敬宗因谓世南曰：“李仓曹以善人物乃得此名，虽为美事，然非雅号。”曰：“君既言成准的，宜有以改之。”答曰：“卿言是也。昔任彦升善谈经籍，梁代称为‘五经笥’，今日仓曹为‘人物志’，可乎？”杜如晦等咸以为佳。

又曰：蒋乂幼好学。德宗尝幸凌烟阁，见左壁颓剥，上有残缺文记，每行可辨三五字，命录之以问宰臣，宰臣卒然无以对。遽召乂访之，对曰：“此圣历年侍臣图赞也。”暗讽诵，不失一字。宰臣上奏，德宗叹曰：“虞世南暗写《列女传》无以加也。”

《国语》曰：晋文公使赵衰为卿，辞云：“栾枝贞慎，先轸有谋，胥臣多闻，皆可以为辅也。”

《孟子》曰：人皆知粪其田而莫知粪其心。何谓粪心？博学多闻也。

《庄子》：惠施多方，其书五车，称连环可解。

袁子《正书》曰：学莫大于博，行莫大于约。圣人者，天下之至智也，博学以聚之，兼听而辨之。

《抱朴子》曰：洪年十六始习《孝经》、《论语》、《易》，但贪广览于众书，曾披涉自正经诸史百家之言近将万卷。

又曰：夫周公上圣而日读百篇，仲尼天纵而韦编三绝，墨翟大贤载文盈车，仲舒命世不窥园圃，倪宽带经以芸锄，路生截蒲以写书，黄霸桎梏以受业，宁子夙夜以倍功，故能究览玄奥，穷测微言。

《典论》曰：孔融、陈琳、王粲、徐干、阮禹、应玚、刘桢七子者，于学无所遗，于文无所假。

《文士传》曰：张华穷览古今，尝徙居，有书三十乘。

《金楼子》曰：丘迟出为永嘉郡，公祖道于东都亭。敬子、沈隐侯俱至。丘云：“少来搜集书史，颇得诸遗书，无复首尾，或失名姓，凡有百余卷，皆不得可知，今并欲焚之。”二客乃谓主人云：“可皆取出共看之。”博金紫末至，二客以向诸书示之，傅乃发擿剖判；皆究其流出，所得三分有二。宾客咸所悦伏。

《国朝传记》曰：太宗尝出行，有司请载副书以从。上曰：“不须，虞世南在此行秘书。”

又曰：太宗称虞监博闻、德行、书翰、词藻、忠直一人而已，兼是五善。

博物

《家语》曰：夫子曰：“子产于民为惠主，于学为博物。吾以兄事之也。”

《左传·昭元年》曰：晋侯有疾，郑伯使公孙侨如晋聘，且问疾。叔向问焉，曰：“寡君之疾病，卜人曰‘实沈、台骀为祟’，史莫之知。敢问此何神也？”子产曰：“昔高辛氏有二子，伯曰阏伯，季曰实沈。居于旷林，不相能也。日寻干戈，以相征讨。后帝不臧，迁阏伯于商丘，主辰，商人是因，故辰为商星；迁实沈于大夏，主参，唐人是因，以服事夏、商。其季世曰唐叔虞。当武王邑姜，方震太叔，梦帝谓己：'余命而子曰虞，将与之唐，属诸参而蕃育其子孙。'及生，有文在其手，曰'虞'，遂以命之。及成王灭唐，而封太叔焉，故参为晋星。由是观之，则实沈，参神也。昔金天氏有裔子曰昧，为玄冥师，生允格、台骀。台骀能业其官，宣汾挑，障大泽，以处大原。帝用嘉之，封诸汾川。沈、姒、蓐、黄实守其祀，四国，台骀之后。今晋主汾而灭之矣。由是观之，则台骀，汾神也。抑此二者，不及君身。山川之神，则水旱疠疫之灾，于是乎禜之；日月星辰之神，则雪霜风雨之不时，于是乎禜之。若君身，则亦出入、饮食、哀乐之事也。山川、星辰之神又何为焉？侨闻之，君子有四时：朝以听政，昼以访问，夕以修令，夜以安身。于是乎节宣其气，勿使有所壅闭湫底，以露其体。兹心不爽，而昏乱百度，今无乃一之，同四时也。得生疾矣。侨又闻之，内官不及同姓，内官，嫔御。其生不殖，殖，长也。美先尽矣，则相生疾，同姓之相与先美矣，美极则尽，尽则生疾。君子是以恶之。故《志》曰：'买妾不知其姓，则卜之。'违此二者，古之所慎也。一四时娶同姓。二者古人所慎。男女辨姓，礼之大司也。辨，别也。今君内实有四姬焉，同姓姬四人。其无乃德是也乎？若由是二者，弗可为也已。为，治也。四姬有省犹可，无则必生疾矣。"据异姓，去同姓。故言省。叔向曰："善哉，肸未之闻也。"晋侯闻子产之言，曰："博物君子也。"重贿之。

又昭七年《传》曰：子产聘于晋。晋侯疾，韩宣子逆客，私焉私语。曰："寡君寝疾，于今三月矣。并走群望，晋所望祀山川，皆走往祈祷。有加而无瘳。今梦黄熊入于寝门，其何厉鬼也？"对曰："以君之明，子为大政，其何厉之有？昔尧殛鲧于羽山，羽山在东海祝其县西南。其神化为黄熊，以入于羽渊，实为夏郊，三代祀之。鲧，禹父，夏家郊祭之，历殷周二代，又通在群神之数并见祀。晋为盟主，其或者未之祀乎？"言周衰，晋为盟主，得佐天子祀群神。韩子祀夏郊。祀鲧。晋侯有间，间，差也。赐子产莒之二方鼎。方鼎，莒所贡。

《汉书》曰：张安世字子孺，给事尚书。上幸河东，亡书三箧，诏问，莫能知。唯安世识之，具作其事。后求得书，以相校，无所遗失。上奇其材，擢尚书令。

《晋书·张华传》曰：人有得鸟毛，长三丈，以示华。华见，惨然曰："此谓海凫毛也，出则天下乱矣。"陆机尝饷华鲊，于时宾客满座，华发器便曰："此龙肉也。"众未之信。华曰："试以苦酒濯之，必有异。"既而五色光起。机问鲊主，果云"园中茅积下得一白鱼，质状殊常，以作鲊，过美，故以相献。"武库封闭甚密，其中忽有雉雊，华曰："此必蛇化为雉。"开视，雉侧果有蛇蜕焉。吴郡临平岸崩，出一石鼓，捶之无声。帝以问华，华曰："可取蜀中桐材，刻为鱼形，扣之则鸣矣。"于是如其言，果声闻数里。初，吴之未灭也，斗牛之间常有紫气。道术者皆以吴方强盛，未可图也。唯华以为不然。及吴平之后，紫气愈明。华闻豫章雷焕妙达象纬，要之宿，登楼仰观，焕曰："宝剑之气耳，在豫章丰城。"因以焕为丰城令，使求之。焕到县，掘狱屋基，得双剑。其夕，斗牛间气不复见焉。焕以南昌西山北岩下土拭剑，光芒艳发。遣使送一剑并土与华，留一自佩。华以南昌土不如华阴赤土，因以华阴土一斤致焕，焕更以拭剑，倍益精明。又魏时殿前钟忽大鸣震骇者。华云："此蜀山毁，故钟鸣。"寻蜀郡上其事也。

又曰：武帝常问挚虞"三日曲水"之义。虞对曰："汉章帝时，平原徐肇以三月生三女，至三日俱亡。材人以为怪，乃招携之水滨洗祓，遂因水以泛觞，其义起此。"帝曰："必如所谈，便非好事。"束皙进曰："虞小生，不足以知。臣请言之：昔周公城洛邑，因流水以泛酒，故逸诗云'羽觞随波流'。又秦昭王以三日置酒河曲，见金人奉水心之剑曰'令君制有西夏'，乃羁诸侯。因此立为曲水。二汉相缘。皆为盛集。"帝大悦，赐皙金五十斤。时有人于嵩高山得竹简一枚，上两行科斗书，传以相示，莫有知者。司空张华以问皙，皙曰："此汉明帝显节陵中策文也。"检验果然。时人伏其博识。

又曰：恒温伐蜀。初，诸葛亮造八阵图于鱼复下，砂上垒石，八行相去二丈。温见之，谓此常山蛇势也。文武皆莫能识之。

又曰：荀勖尝在帝坐进饭，谓在坐人曰："此是劳薪所炊。"或未之信，帝遣问膳夫，乃云"实用故车脚"。举世伏其明识。

《宋书》曰：何承天博见古今，为一时所重。张永尝开玄武湖，遇古冢，冢上得一铜斗，有柄文。帝以访朝士。承天曰："此亡新威斗，王莽三公亡皆赐之，一在冢外，一在冢内。时三台江左者唯甄邯为大司徒，必邯之墓。"俄而又启冢，内更得一斗，复有一石，铭"大司徒甄邯之墓"。

萧子显《齐书》曰：东海王摛亦史学博闻，历尚书左丞。竟陵王子良校试学士，唯摛问无不对。永明中，天忽黄色照地，众莫能解。摛云是"荣光"。世祖大悦。

《梁书·裴子野传》曰：时西北远边有白题及滑国，遣使由岷山道入贡。此二国历代弗宾，莫知所出。子野曰："汉颍阴侯斩胡白题将一人。服虔注曰：'白题，胡也。'又汉定远侯击虏入滑，此其后乎？"时人服其博识。

又曰：乐蔼为御史中丞，时长沙宣武王将葬，而车府忽于库失油络，欲推主者。蔼曰："昔晋武库火，张华以为积油万石必燃。今库若有灰，非吏罪也。"既而检之，果有积灰。时称其博物弘恕。

《三国典略》曰：齐徐之才见有人以五色斑兰骨为刀把者，之才曰："此人瘤也。"问所得处，云于冢见骷髅骨长数寸，试削，视有文理，故用之。

又曰：周平蜀还，得乐器者皆莫之识。太常少卿斛斯徵直陵切见之曰："此錞于也。"人弗之信。徵遂依干宝《周礼注》以芒筒捋之，其声极振。众乃叹服。徵取以合乐焉。

《隋书》曰：崔赜大业四年从驾汾阳宫，次河阳镇。蓝田令王昙于蓝田山得一玉人，长三尺四寸，着大领衣，冠帻。奏之，诏问群臣，莫有识者。赜答曰："谨案汉文以前未有冠帻，即是文帝以来所制作也。

臣见魏大司农卢元明撰《嵩高山庙记》，云：'有神人以玉为形像，长数寸，或出或隐，出则世延长。'伏唯陛下，应天顺民，定鼎嵩雒，岳神自见。臣敢称庆！"因再拜，百官毕贺。天子大悦，赐缣二百。

《国语》曰：海鸟爰居，止于鲁东门之外三日。臧文仲使国人祭之。文仲不知，以为神。展禽曰："越哉，臧孙之为政也！越，迂也。言其迂阔不知所要也。夫祀，国之大节也，而节，政之所成也。故慎制祀以为国典。今无故而加典，非政之宜也。夫圣王之制祀也，功施于民则祀之，以死勤事则祀之，以劳定国则祀之，能御大灾则祀之，能捍大患则祀之。非是族也，不在祀典。今海鸟至，已不知而祀之，以为国典，难以为仁且智矣。夫仁者讲功而智者处物，无功而祀之，非仁也；不知而不问，非智也。今兹海其有灾乎？夫广川之鸟兽，恒知避其灾也。"是岁也，海多大风，冬暖。爰居所避。文仲闻柳下季之言，使书以为三厕。厕，简书也。三厕，三卿，卿一通也。谓司马、司徒、司空。

又曰：季桓子穿井，获如土缶，其中有羊焉。使问之仲尼，曰："吾穿井而获狗，何也？"获羊言狗者，以孔子博物，测也。对曰："以丘之所闻，羊也。丘闻之，木石之怪曰夔、蝄蜽，水之怪曰龙、罔象，土之怪曰坟羊。"

又曰：吴伐越，隳会稽，获骨一节，专车。骨一节，其长专车。专，坛也。吴子使来好聘问之仲尼，仲尼曰："丘闻之，禹致群臣于会稽之山，防风氏后至，禹杀而戮之，防风，汪茫氏君之名。违命后至，故禹杀之。陈尸为戮。其骨专车焉。此为大矣。"客曰："敢问谁守为神？"仲尼曰："山川之灵，足以纪纲天下者，其守为神。纪纲天下谓名山大川。龙兴云致雨，以利天下。社稷之守为公侯，封国立社稷而山川之祀者为诸侯。令守之，是公侯。皆属于王者。"客曰："防风何守？"仲尼曰："汪茫氏之君，汪茫，长翟国名。守封嵎山者也，封，封山。嵎，嵎山。在今吴郡永安县也。为桼姓，桼，汪茫氏之姓。在虞夏商为汪茫氏，于周为长翟，周世其国北迁为长翟。今为大人。"今，孔子时。客曰："人长之极，几何？"仲尼曰："僬侥氏长三尺，短之至也；僬侥，西南蛮之别名也。长者不过十之，数之极也。"十之三丈，则防风氏。

又曰：仲尼在陈，有隼集于陈侯之庭而死，楛矢贯之，石砮其长尺有咫。隼，鸷鸟，鹗也。楛，木名。砮，镞也，石为之。八寸曰咫。楛矢贯之，坠而死也。陈惠公使以隼如仲尼之馆问之，惠公，哀公之孙悼太子之子吴也。仲尼曰："隼之来也远矣，此肃慎氏之矢也。肃慎，北夷之国。昔武王克商，通道于九夷八蛮，使各以其方贿来贡，使无忘职业。于是肃慎氏贡楛矢石砮，其长尺有咫。先王欲昭其令德之致远物也，故铭其栝曰'肃慎氏贡楛矢'，以分大姬，配虞胡公而封诸陈。分，予也。大姬武王元安胡公，舜后。虞，遏父之子胡满。古者分同姓以宝玉，所以展亲也，展，重。若夏后氏之璜也。异姓以远方之职贡，使无忘服也。故分陈以肃慎氏之贡。陈，妫姓。君若使有司求诸故府，其可得也。"故府，旧府。使求，得之金椟，如之。

《家语》曰：楚昭王渡江，江中有一物大如斗，员而赤，直触王舟，舟人取之。王大怪之，遍问群臣，莫能识。使使聘于鲁，问孔子，孔子曰："此萍实也。唯霸者为能获之。"使者返，王食之，大美。久之，使来以告鲁大夫。大夫因子游问曰："何以知其然？"曰："吾昔之郑，过陈之野，闻童谣曰：'楚王渡江得萍实，大如斗，赤如日，剖而食之，甜如蜜。'此是武王之应也。"

《益部耆旧传》曰：蜀郡张宽，汉武帝时为侍中，从祀甘泉。至渭桥，有女子浴于渭水，乳长七尺。上怪其异，遣问之，女曰："帝后第七车知我所来。"时宽在第七车，对曰："天皇主祭祀者，斋戒不严，则女人见。"

郭璞注《山海经》曰：汉宣帝使人上郡发盘石，石室中得一人，徒裸被发，反缚，械一足。以问群臣，莫能知。刘子正对曰："昔贰负之臣曰免，与贰负杀窫窳。帝乃括之于疏属之山，括，系缚也。音适。桎其右足，反缚两手，系之山上盘石之下。"宣帝大惊。于是时人争学《山海经》。

《国朝传记》曰：润州得玉磬十二，以献。张率更叩其一，曰："是晋某岁所造。”又有人于古墓中得铜物似琵琶，而身正圆。元行冲云：“此阮咸所造。”事并具乐部。

太平御览卷第六百一十三　学部七

教学

《礼记·王制》曰：天子命之教，然后为学。小学在公宫南之左，太学在郊。

又《学记》曰：古之教者，家有塾，党有庠，术有序，国有学。《周礼》：五百家为党，万二千五百家为遂也。一年视离经辨志，三年视敬业乐群，五年视博习亲师，七年视论学取友，谓之小成；九年知类通达，强立而不反，谓之大成。

又曰：学然后知不足，教然后知困；知不足然后能自反也，知困然后能自强也。

又曰：君子知至学之难易，而知其美恶，然后能博喻；能博喻，然后能为师；能为师，然后能为长；能为长，然后能为君。

又曰：大学之法，禁于未发之谓豫，当其可之谓时，不陵节而施之谓孙，相观而善之谓摩。此四者，教之所由兴也。发然后禁，则捍格而不胜；时过然后学，则勤苦而难成；杂施而不孙，则坏乱而不修；独学而无友，则孤陋而寡闻；燕朋逆其师；燕譬废其学。此六者，教之所由废也。

又曰：学者有四失，教者必知之。人之学也，或失则多，或失则寡，或失则易，或失则止。此四者，心之莫同也；知其心然后能救其失也。

又曰：君子之教喻也，道而弗牵，强而弗抑，开而弗达。道而弗牵则和，强而弗抑则易，开而弗达则思。和易以思，可谓善喻也。

又曰：教也者，长善而救其失者也。善歌者使人继其声，善教者使人继其志。其言也约而达，微而臧，罕譬而喻，可谓继志也。

又曰：大学始教，皮弁祭菜，示敬道也；《宵雅》音小肄三，官其始也；入学鼓箧，逊其业也；榎楚二物，收其威也；未卜禘，不视学，游其志也；时观而不语，存其心也；幼者听而不问，学不躐等也。此七者，教之大伦也。

《尚书·说命下》曰：唯学逊志，务时敏，厥修乃来。允怀于兹，道积于厥躬。唯学半念，终始典于学，厥德修罔觉。

《周礼》师氏以三德教国子：一曰至德，以为道本；二曰敏德，以为行本；三曰孝德，以知逆恶。

《谷梁传·昭公》曰：子既生，不免于水火者，母之罪也；羁贯成童不就师，父之罪也；羁贯谓交午剪发以为饰，成童八岁以上者也。就师学问而无方，心志不通，身之罪也。

《汉书》曰：景帝末，文翁为蜀郡守，修起学官，吏民大化，蜀地至于京师者，比齐鲁焉。至武帝，乃令天下皆立学校，自文翁为之始。

又曰：疏广字仲翁，东海兰陵人。少好学，明《春秋》。居家教授，学者远至。

又曰：韦贤子玄成，明经，至丞相。邹鲁谚曰："遗子黄金满籯，不如一经。"

《东观汉记》曰：永平九年，诏为四姓小侯置学。

又曰：樊准见当世学者少，惧先王道术陵迟，乃上疏曰："光武受命中兴之初，群雄扰于冀州，旌旗乱于大泽，然犹投戈讲学，息马论道。孝明皇帝尤垂意于经学，即位删定乖疑，稽合图谶，封师太常桓荣为关内侯，亲自制作《五行章句》；每享射礼，正坐自讲，诸儒并听，四方欣欣。是时，学者尤盛，冠带缙绅游辟雍，观化者以亿计。"

《后汉书》曰：樊鯈字长鱼，删定《公羊》《严氏春秋》，世号樊侯。教学，门徒三千余人。

又曰：延笃字叔坚，南阳犨人。能著文章，有名京师。后以病免归，居家授教不倦。

又曰：任安字定祖。学图谶，究竟其术。还家教授，诸生自远而至。

又曰：张兴字君上。拜太子少傅，显宗数访问经术，声称著闻。弟子自远至者，著录且万人。

又曰：樊英字季齐。善风角占算，河洛七纬，推步灾异。隐于壶山之阳，受业者四方而至。

又曰：郑玄弟子河内赵商等，自远方至者数千人。

又曰：孙期家贫，事母至孝。牧豕大泽中，卖之以奉供养。远方人从游学者，皆执经追于泽畔。

又曰：欧阳歙为司徒，坐在汝南赃下狱中。济阴曹重字伯山，从歙受《尚书》，门徒三千人。

又曰：丁恭字子然。学义精明，迁少府。诸生自远方至者数千人。当世称为大儒。

又曰：杜抚字叔和。少有高才，定《韩诗章句》。后归乡里，教授，沉静乐道，弟子千余人。

又曰：刘昆，王莽世教授弟子恒五百余人。每春秋飨射，常备列典仪，以素木瓠叶之为俎豆，桑弧蒿矢以射菟首。

又曰：马融常在高堂施绛纱帐前授生徒，列女乐，弟子相次传授，鲜有入其室者。

《晋中兴书》曰：范宁字武子，解褐为馀杭令，兴学校，养生徒，洁己志，德行之士，莫不来宗。自中兴已来，崇学敦教未有如宁者也。

崔鸿《十六国春秋·后秦录》曰：凉州胡辩者，河西大儒也。前秦建元末，东徙洛阳，随讲受弟子千有余人，关中后进多赴之。姚兴敕关尉曰："诸生谘访道义，修己厉身，往来出入，勿拘常限。"于是学者咸劝，儒业盛矣。

《国语》曰：晋文公学读书于臼季。三日，曰："吾不能行也咫，咫，咫尺间。闻则多矣。"对曰："然而多闻以待能者，不犹愈乎？"使能者行之，犹愈于不学。

《尚书大传》曰：古之帝王者，必立大学、小学，使公卿之太子，大夫、元士之适子，十有三年，始入小学，见小节焉，践小义焉；年十五入太学，见大节焉，践大义焉。入小学知父子之道，长幼之序；入太学知君臣之义，上下之位。

《墨子》曰：墨子劝弟子学，曰："汝若学，吾当任汝。"弟子学期年，就墨子求仕。墨子曰："汝不闻鲁人乎？昆弟五人，父死，长子嗜酒，不肯预葬。其四弟曰：‘尔若送葬，吾当为汝沽酒。’葬讫，就弟求酒，四弟曰：‘子葬子父，岂独吾父乎？吾恐人笑子，故欺子以酒耳。’今子不学，人自笑子，故劝子也。”

《孙卿子》曰：达师之教，使弟子安焉，乐焉，往焉，游焉，肃焉，藏焉。严此六者，得其学，则邪辟之道塞矣。

《扬子》曰：博学者，所以求为君子也。求而不得，鲜矣，未有不求而得之者也。夫观书者，譬犹登东岳而知丘陵之崀垒也，浮沧海而知江河之不广也，见日月而知众星之照微也，仰圣人而知众说之少观也。

《尸子》曰：学不倦，所以治己也；教不厌，所以治人也。夫茧舍而不治，则腐蠹；使工女缲之为美锦，大君朝而服之。身者，茧也，舍而不治，则知行腐蠹；使贤者教之以为世士，则天下诸侯莫敢不敬。

《任子》曰：学所以治已，教所以治人。不勤学则无以为智，不勤教则无以为仁。

《郭林宗别传》曰：泰以有道君子征同邑宋子俊，劝使往泰。遂辞以疾，阖门教授。

《锺会母传》曰：夫人明于教训，会虽童稚，勤见规诲。年四岁，受《孝经》，十五入太学，谓会曰：“学猥则倦，倦则意怠。吾惧汝之怠，故以渐训汝。今可以独学矣。”

王粲《儒吏》谓曰：古者八岁入小学，学六甲五方书计之事；十五入大学，学君臣朝廷王事之纪。然则文法典艺，其存于此矣。

虞溥《厉学》曰：文学诸生，皆冠带之流，年盛志美，如涉学庭讲修典训，此成大业立德之基也。夫圣人之道，淡而寡味，故学者不好也。及至期月，所观弥博，所习弥多，日闻所不闻，日见所不知，然后心开意朗，敬业乐群。忽然不觉大化之陶已，至道之入神也。夫学者，不患才不及，而患志不立也。

太平御览卷第六百一十四 学部八

幼学

《礼记·学记》曰：幼者听而不问，学不躐等也。

又《曲礼》曰：十年曰幼学。

《论语·为政》曰：子曰："吾十有五而志于学，三十而立。"

《汉书》曰：东方朔十三学书，三冬，文史足用；十五学击剑；十六学《诗》《书》，诵二十二万言；十九学《孙吴兵法》，钲鼓之教，亦诵二十万言。时莫之比。

司马彪《续汉书》曰：荀悦十二能读《春秋》，贫无书，每至市间阅篇牍，一见多能诵记。

《后汉书》曰：张堪早孤，让先父余财数百万与兄子。年十六，受业长安，志美行厉，诸儒号曰"圣童"。

《魏志》曰：锺会母性矜严，勤见规诲。四岁授《孝经》，七岁诵《论语》，八岁诵《诗》，十岁诵《尚书》，十一诵《易》，十二诵《春秋左氏》、《国语》，十三诵《周礼》，十四诵成侯《易记》，十五便入太学，问四方奇文异训。谓会曰："学猥则倦，倦则意怠，故以渐训汝。今可以独学矣。"

西晋赵至字景真。年十四，随人入太学观书。时嵇康于学写石经古文异事讫，去，遂逐车问。康异而语之，为诸生。

《宋书》曰：王俭幼笃学，手不释卷，宾客或相称美。僧虔曰："我不患此儿无名，正恐名太盛耳！"乃手书崔子玉座右铭以贻之。丹阳尹袁粲闻其名，及见之，曰："宰相之门，栝柏豫章虽小，已有栋梁气矣。"

《南史》曰：虞荔字山披，会稽馀姚人也。幼聪敏，有志操。年九岁，随从伯阐侯太常陆倕，问五经十事，荔对无遗失，倕甚异之。太守衡阳王辟为主簿，荔又辞以年小，不就。

《后魏书》曰：祖莹字元珍，范阳人。年八岁能诵《诗》《书》，十二为中书。博学耽书，以昼继夜。父母恐其成疾，禁之，不能止。常密于灰中藏火，驱逐僮仆，父母寝睡，后燃火读书，以衣被蔽窗户，恐漏光明，为人所觉。内外亲属呼为“圣小儿”。

又曰：任城王澄子顺字子和。年九岁，师事乐安陈丰，初书王羲之《小学篇》数千言，昼书夜诵，旬有五日，一皆通利。丰奇之，白澄曰：“丰十五从师，迄于白首，耳目所经，未见此比。江夏黄童，不得无双也。”澄笑曰：“蓝田生玉，何容不尔？”十六通《杜氏春秋》，恒集门生，讨论同异。

《三国典略》曰：齐王纮字师罗，太安狄郡人，北豫州刺史基之子也。年十三，扬州刺史郭元贞抚其背曰：“汝读何书？”对曰：“诵《孝经》。”元贞曰：“《孝经》云何？”曰：“在上不骄，为下不乱。”元贞曰：“吾作刺史，岂其骄乎？”纮曰：“虽不骄，君子防未萌，亦愿留意。”

《梁书》曰：西阳王大钧性厚重，不妄戏弄。年七岁，武帝问读何书，对曰：“学《诗》。”因令讽诵，即诵《周南》，音韵清雅。帝重之，因赐王羲之书一卷。

《三国典略》曰：梁孝元字世诚。初，年五岁，梁武问曰：“读何书？”对曰：“能读《曲礼》。”梁武曰：“汝试言之。”孝元即诵上篇，左右莫不惊叹。及长，精神爽俊。

殷兴《通语》曰：殷礼字往嗣，幼而乡里异之。七岁就官学书，在师未尝戏弄。讽诵恒不为声，潜识而已。师杀鸡诣礼父颖曰：“贺此子能兴君门。”行在舟车，手不释卷。从曲阿往返，遂不知堤渎广狭，及行旅喧闹，未尝视之。时人语曰“奇才强记”。殷往嗣后与张温使蜀，至荆州虎牙遭水，众人失色，往嗣见之无异。诸葛亮见之，叹曰：“东吴菰芦中乃有此奇伟。”

晚学

《国语》曰：晋文公问元帅于赵衰，元帅，上卿。对曰：“郄縠可。行年五十矣。縠，晋大夫。守学弥惇。夫先王之法，德义之府也。德义，生民之本也。能惇笃者，不忘百姓也。请使郄縠。”公从之。

《说苑》曰：晋平公问师旷曰：“吾年七十，欲学，恐晚，如何？”对曰：“少年学如日出之光，二十而学如日中之光，老学如炳烛之明。孰与夜行乎？”公曰：“善哉！”

《后汉书》曰：献帝诏曰：“孔子叹学之不讲，讲者，习也。不讲则所识日忘。今耆儒年逾六十，去离本土，营求粮资，不得专业。结童入学，白首空归，长委农野，永绝荣望，朕甚愍焉。其依科罢者，听为太子舍人。”刘艾《献帝纪》曰：时长安中谣曰：“头白皓然，食不充粮，裹衣褰裳，当返故乡。圣王悯念，悉用补郎。舍是布衣，被服玄黄。”

《齐书》曰：张充字延符。少好逸游。父绪尝告归至吴，始入西郭，逢充猎，右臂鹰，左牵狗。遇船至，便放绁脱韝，拜于水次。父绪曰：“一身两役，无乃劳乎？”充曰：“充闻三十而立，今充二十九矣，请至来年。”绪曰：“过而能改，颜氏子焉。”延明年便改，多所该通。

《唐书姚元崇传》曰：玄宗猎于渭滨，上曰：“卿颇知猎乎？”元崇曰：“臣少居广城大泽，不知书，唯以射猎为事。年四十，方遇张憬藏，谓臣当以文学备位将相，无为自弃。尔来折节读书，今虽官位过忝，至于驰射，老而犹能。”于是乎驱鹰放犬，迟速称旨。上大悦，曰：“久不见卿，思有顾问。卿可于宰相行中。”行常后，上纵辔久顾之，曰：“卿行何后？”公曰：“臣官疏贱，不合参宰相行。”上曰：“可兵部尚书平章事。”

桓子《新论》曰：高君孟颇知律令，常自伏写书。署郎哀其老，欲代之，不肯，云：“我躬自写，乃当十遍读。”

魏应璩《答韩文宪书》曰：昔公孙弘皓首入学，颜涿聚五十始涉师门，“朝闻道，夕殒”，圣人所贵。足下之年，甫在不惑，加以学艺，何晚之有？若能上追南荣忘食之乐，下踵宁子黑夜之勤，穷文尽义，无微不综，规富贵之荣，取金紫之爵，是夏侯胜拾芥之谓也。

好学

《论语》曰：子曰："十室之邑，必有忠信如丘者焉，不如丘之好学也已矣。"

又曰：有颜渊者，好学，不迁怒，不贰过，不幸短命死矣。今也则亡，未闻好学者也。

又曰：孔文子何以谓之文也？子曰："敏而好学，不耻下问，是以谓之文。"

又曰：我非生而知之者，好古，敏以求之也。

又曰：子夏曰："日知其所亡，月无亡其所能，可谓好学也已。"

《礼记·檀弓上》曰：孔子与门人立，拱而尚右，二三子亦皆尚右。孔子曰："二三子之嗜学，我则有姊之丧故也。"二三子皆尚左。

《新序》曰：叶公诣梁问乐王鲋曰："晋大夫赵文子为人若何？"对曰："好学而受规谏，仁也。江出岷山，其源若瓮口，至楚国，其广十里，无它故，其下流多也。好学受规谏，宜乎立哉。"

《汉书》曰：陈平少时家贫，好读书，治黄帝老子之术，兄伯常耕田纵平游学。

《东观汉记》曰：冯豹字仲文。好儒学，以诗传教授。乡里为之语曰："道德斌斌冯仲文。"

又曰：和熹邓后七岁读《论语》，志在书传，母常非之，曰："当习女工，今不是务，宁当学博士耶？"后重违母意，昼则缝纫，夜私买脂烛读经传。宗族外内皆号曰："诸生"。

范晔《后汉书》曰：荀爽幼好学，太尉杜乔见而称之曰："可为人师。"爽遂耽思经书，庆吊不行，征命不应。

张璠《汉记》曰：朱穆字公叔。好学，专精。每一思至，中食失餐，行坠坑坎，亡失冠履。其父常言："穆大专，几不知马之几足。"

《后汉书》曰：张霸就樊儵受严氏《公羊春秋》，遂博览五经。诸生孙林、刘固等慕之，各市宅其傍以就学耶。

《魏书》曰：吉茂字叔畅。好书，不耻恶衣恶食，而耻一物之不知。建安初，与扶风苏则共入武功南山，精思数岁。

《北齐书》曰：刘逖字子长。少而聪敏，在游宴之中，卷不离手。值有文籍所未见者，则终日讽诵，或通夜不归。其好学如此也。

《文士传》曰：李庸字萧远。笃志好学，善属文，词藻清美，常燃柴草，火以读之。

《南史》曰：梁刘峻字孝标，平原人也。永明中，从桑乾还，自谓所见不博，更求异书。闻京师有者，必往祈借。清河崔慰祖谓之“书淫”。

《北史》曰：隋刘臻为仪同。性恍忽，耽经史。经日覃思，至于世事多所遗记。有刘讷者，亦任仪同，俱为太子学士，情好甚密。臻住城南，讷住城东，臻尝欲寻讷，谓从者曰：“汝知刘仪同家乎？”从者不知寻讷，谓还家，因答曰：“知。”于是引之而去。既叩门，臻尚未悟，谓至讷家，乃据鞍大呼曰：“刘仪同可出矣。”其子迎门，臻惊曰：“汝亦来耶？”其子答曰：“是大人家。”于是顾盼久之，乃悟。叱从者曰：“汝大无意，吾欲造刘讷耳。”

杜预《自叙》曰：少而好学，在官则勤于吏治，在家则滋味典籍。

《玄晏春秋》曰：余家素贫窘，昼则务作于劳，夜则甘疲寐。及二时之务，书卷生尘，箧不解缄。唯季冬裁得一旬学，或兼夜寐，或戏独否，或对食忘餐，或不觉日夕，是以游出之事，吉凶略绝。富阳男数以全生之道诲予，方之好色，号予为“书帙”。

废学

《毛诗·缁衣》曰：《子衿》，刺学校废也。世乱则学校不修焉。青青子衿，悠悠我心，纵我不往，子宁不嗣音。

《尚书》曰：不学墙面，莅事唯烦。

《论语》曰：德之不修，学之不讲，是吾忧也。

《左传》曰：学者植也，不学将落也。

《史记》曰：周道既废，焚烧《诗》《书》，故明堂石室金匮玉板图籍散乱也。

又曰：始皇，诸生到者拜为郎，七百人。密种瓜于骊山。山温成实，令诸生就视说之，人人不同。乃为伏机，方难未定，机发，从上土填之。其坑在咸阳西南三望里，今为闵儒乡也。

又曰：秦始皇令天下有藏《诗》《书》百家语者，悉诣守尉烧之，敢偶语《诗》、《书》者弃市，以古非今者族。

《汉书》曰：夫子没而微言绝，七十子终而大义乖。

《前汉书》曰：绛侯不好文学，每召诸生，东向坐而责之，不以宾主之礼相接。

《东观汉记》曰：班超字仲升。家贫，为官佣写书。辍书叹曰："丈夫当效傅介子、张骞，立功异域，以取封侯，安能久事笔砚乎？"

《三国典略》曰：齐许惇无学术，与邢劭、魏收等同列。诸人谈说经史，惇隐几而睡，深为胜流所轻。

《梁书》曰：柳津字元举。性强直，乏风华。或劝之聚书，津曰："吾尝令道士上章驱鬼，安用此鬼名耶？"

《隋书》曰：宇文庆沉深有器局，少以聪敏见知。周初，受业东观，颇涉经史。既而谓人曰："书，足记姓名而已，安能久事笔砚，为腐儒之业？"于时文州民夷相聚为乱，庆应募从征。贼保据岩谷，径路悬绝。庆束马而进，袭破之，以功授都督。

《唐书》曰：马燧少尝与诸兄读书，乃辍卷叹曰："天下将有事矣，丈夫当立功征伐，以济四海，安能矻矻为一儒也？"

《西京杂记》曰：傅介子年十四，好学书，尝弃觚而叹曰："大丈夫当立功绝域，何能坐为散儒？"卒斩匈奴使者，还拜中郎将。后复斩楼兰王首，封仪阳侯。

《金楼子》曰：曹子文少善射御，力格猛兽，不避险阻。数从征伐，志意慷慨，魏武帝常抑之，曰："汝不念读书而好乘马击剑，此一夫之用，何足贵也？"

太平御览卷第六百一十五　学部九

讲说

《广雅》曰：讲，读也。

《说文》曰：讲，和解也。

《易》曰：丽泽兑，君子以朋友讲习。

《论语》曰：德之不修，学之不讲，闻义不能徙，不善不能改，是吾忧也。

《汉书》曰：夏侯胜每讲，常谓诸生曰："士病不能明经，经术苟明，其取青紫如俯拾地芥。学经不明，不如归耕。"

又曰：孔光居公辅位，前后十七年，时会门下诸生讲问疑难，举大义。其弟子多成就为博士。

又曰：董仲舒治《春秋》，孝景时为博士。下帷讲诵，弟子以次授业，或莫见其面。

又曰：班伯为中常侍。成帝方向学，郑宽中与张禹朝夕入说《尚书》、《论语》于金华殿中，诏伯授焉。

又曰：元帝时，少府五鹿充宗贵幸，为《梁丘易》。充宗乘贵辩口，诸儒莫能与抗，皆称疾不敢会。有荐朱云者，召入，摄斋升堂，抗首而说，音动左右。既论难，连柱五鹿君。文颖曰：柱，阁也。诸儒为之语曰："五鹿岳岳，朱云折其角。"由是为博士，迁杜陵令。

又《西京杂记》曰：长安有儒生惠庄，闻朱云折五鹿充宗之角，乃叹息曰："茧栗犊反能尔耶！吾终耻溺死沟中。"遂裹粮从云。云与言，庄不能对。逡巡而去，拊心语人曰："吾不能剧谈，此中多有人。"

《东观汉记》曰：朱祐字仲先。初，光武学长安，时过朱祐，祐尝留上。须讲竟，乃谈语。及车驾幸祐家，问："主人得无去我讲乎？"

又曰：建初四年，诏诸儒会白虎观，讲五经同异。

又曰：桓荣为博士。显宗即位，乘舆幸太常府，令荣坐东面，设几杖，会百官数百人，天子亲自执业。

又曰：桓荣拜议郎，入侍太子，每朝会，辄令荣于公卿前敷奏经书。帝称善。

又曰：显宗亲于辟雍自讲所制《五行章句》，已复令桓郁说一篇。上谓郁曰："我为孔子，卿为子夏，起我者，商也。"又问郁曰："子几能传学？"郁曰："臣子皆未能传。觉孤兄子一人学方起。"上曰："努力教之，有起者即白之。"

又曰：杨政字子行，治《梁丘易》，与京兆祁圣元同好，俱名善说。京师号曰："说经铿杨子行，论难僠僠祁圣元。"又周举字宣光，姿貌短陋，而博学洽闻，为儒者所宗。京师语曰："五经纵横周宣光"也。

又曰：井丹字大春，通五经。时人为之语曰："五经纷纶，井之大春。"

又陈嚣字君期，明《韩诗》。时语曰："关东说诗陈君期。"

又曰：鲁平字叔陵，兼通五经。关东号曰："五经复兴鲁叔陵"也。

又曰：贾逵字景伯，能讲《左氏》及五经本文，以大小夏侯《尚书》教授。诸儒为之语曰"问事不休贾长头"。

《后汉书》曰：郑玄西入关，因涿郡卢植事扶风马融。融门徒四百余人，升堂者五十余生。融素骄贵，玄在门下三年不得见。乃使高业弟子传授于玄。玄日夜寻诵，未尝怠倦。会融集诸生考论图纬，闻玄善算，乃召见于楼下。玄因质诸疑义，问毕辞归。融喟然谓门人曰："郑生今去，吾道东矣。"又卢植于马融受学，融列女乐于前，植侍讲数年，未曾转眄。马融是以敬之。

又曰：大将军袁绍总兵冀州，遣使要郑玄，大会宾客。玄最后至，乃延升上座。玄身八尺，饮酒一斛，秀眉明目，容仪温伟。绍客多豪俊，见玄儒者，未以通人许之。竞设异端，百家互起。玄依方辩对，咸出问表，皆得所未闻，莫不嗟服。

谢承《后汉书》曰：董春字纪阳。少好学，究极圣旨。后还归，立精舍，远方门徒学者常数百人。诸生每升讲堂，鸣鼓三通，横经捧手请问者百人，追随上堂难问者百余人。

又曰：戴冯字次仲，征拜郎中。公卿大会，群臣就席，冯独立。世祖问之，对曰："博士说经者皆不如臣，坐居臣上，是以不得就席。"正旦朝贺，帝令群臣说经义，有不通，辄夺其席，以益通者。冯重五十席。京师谚曰"解经不穷戴侍中"。

《后汉书》曰：丁鸿字孝公。少好《尚书》，十六能论难。永平中引见，说《文侯》一篇，赐衣被。章帝会诸儒白虎观，上善鸿难说，号之曰"殿中无双丁孝公"。

《魏书》曰：文帝初在东宫，氛疠大起，时人凋伤。帝深感难，与素所敬者大理王朗书云："人生有七尺之形，死为一棺之土，唯立德扬名可以不朽。其次莫如著篇籍。疫疠数起，士人凋落，余独何人，能全其寿？"故论撰所著《典论》，诗、赋盖百余篇，集诸儒于肃成门内讲论大义，侃侃无倦。

《晋书》曰：郑玄为散骑常侍光禄勋，嘉平三年拜司空。及高贵乡公讲《尚书》，冲执经亲授。

沈约《宋书》曰：魏齐王每讲肄经通，辄使太常释奠先圣先师于辟雍。

又曰：元嘉十五年，征雷次宗至京师开馆聚徒授教，使丹阳尹何尚之立玄学，太子率更令何承天立史学，司徒参军谢元立文学，凡四学并建之。

《梁书》曰：中宗于敬贤殿讲《老子》，仆射王褒执经，百僚皆预讲席。中宗谈折揵，辩间以嘲谑，在座者相顾解颐。

又曰：沈峻字士嵩，武康人也。博通五经，尤长《周礼》。时吏部郎中陆倕与仆射徐勉书，荐峻曰："凡圣可讲之书，必以《周官》立义。然则《周官》一书，实为群经源本。此学不传多历年，所唯助教沈峻特精此书。"比日开讲，群儒刘岩、沈熊之徒皆执经下座，北面受业。莫不叹服，人无间言也。"

又《伏曼容传》曰：宋明帝好《周易》，常集朝臣于清暑殿讲，诏曼容执经。曼容素美风采，明帝恒以方嵇叔夜，使吴人陆探微画叔夜像以赐之。为尚书外兵郎。尝与袁粲罢朝会言玄理，时论以为一台绝。

又曰：卢广，范阳涿人。少明经，有儒术。天监中归梁，位步兵校尉，兼国子博士，遍讲五经。时北来人儒学者有崔灵恩、孙详、蒋显，并聚徒讲说，而音辞鄙拙，唯广言论清雅，不类北人。仆射徐勉兼通经术，深相赏好。后为寻阳太守、武陵王长史，卒官。

又曰：贺琛字国宝。幼孤，伯父玚授其经业，一闻便通义理。玚异之，常曰："此儿当以明经致贵。"玚卒后，琛家贫，常往还诸暨，贩粟以养母。虽自执舟楫，闲则习业，尤精《三礼》。年二十余，玚之门徒稍从问道。初，玚于乡里聚徒教授，四方受业者三千余人。玚天监中亡，至是复集琛矣。琛乃筑室郊郭之际，茅茨数间。年将三十，便事讲授。既世习礼学，究其微精，占术先儒，吐言辩洁。坐之听受，终日不疲。

《后周书》梁晋熙郡王萧大圜，当元帝时，以世多忌，恐谗诉生焉，乃屏绝人事，门客左右不过两三人。不妄游狎，恒以讲《诗》、《书》、《易》为事。梁元帝尝自问五经要事数十条，大圜辞约指明，应答无滞。梁元帝甚叹美之。因曰："昔河间好学，尔既有之；临淄好文，尔亦兼之。然东平为善，弥高前载，吾重之爱之，尔当效焉。"

《北史》曰：后魏元善迁国子祭酒，上尝亲临释奠，令善讲《孝经》。于是敷陈义理，兼之以谏，上大悦，曰："闻江阳之说，列起朕心。"赉绢一百匹，衣一袭。

又曰：卢景裕博通经典。齐文襄入相，于第开讲，招延时俊，令景裕解所注《易》。景裕理义精微，吐发闲雅。时有问难，或相诋诃，大声厉色，言至不逊，而景裕神彩俨然，风调如一，从容往复，无际可寻。由是士君子嗟美之。

《后周书》曰：吕思礼，东平寿张人也。性温润，不杂交游。年十四，受学于徐遵明。长于论难，诸生为之语曰"讲《书》论《易》锋难敌"。

《隋书》曰：后齐将讲于天子，先定经于孔父庙，置执经一人，侍讲二人，执读一人，摘句二人，录义六人，奉经二人。讲之旦，皇帝服通天冠，玄纱袍，乘象辂至学，坐庙堂上。讲讫，还便殿，改服绛纱袍，乘象辂还宫。讲毕，以一太牢释奠孔父，配以颜回，列轩悬乐，六佾舞。行三献礼毕，皇帝服通天冠，绛纱袍，升阼即座，宴毕还宫。皇太子每通一经，亦释奠。

又曰：马光为太子博士。尝因释奠，高祖亲幸国子学，王公以下毕集，光升座，讲《礼》，启发章句。已而，诸儒生以次论难者十余人，皆当时硕学，光剖析凝滞，虽辞非俊辩，而理义弘赡。论者莫测其浅深，咸共推服。上嘉而劳焉。

又曰：元善通博在何妥之下，然以风流醖藉，俯仰可观，音韵清明，听者忘倦。由是为后进所归。妥每怀不平，心欲屈善，因善讲《春秋》，初发题，诸儒毕集。善私谓妥曰："名望已定，幸无相苦。"妥然之。及就讲肆，妥遂引古今滞义以难善，多不能对。善深衔之。二人由是有隙。

《唐书》曰：太宗幸国子学，视释奠，祭酒孔颖达讲《孝经》。右庶子赵弘智问之曰："夫子门人曾、闵俱称大孝，而今独为曾说，不为闵说，何耶？"答曰："曾孝特优，门人不能逮也。"制旨驳之曰："朕闻《家语》云：昔曾晳使曾参锄瓜，而误断其本，晳怒，授大杖以击其背。参手扑地，绝而后苏。孔子闻之，告门人曰：参来勿内。既而曾子请焉，孔子曰：舜之事父也，使之常在侧，欲杀乃不可得，小棰则受，大杖则走。今参误于父，委身以待暴怒，陷父于不义，不孝莫大焉。由斯而言，孰愈于闵子骞也。"颖达不能对。太宗又谓侍臣曰："诸儒各生异意，皆非圣人论孝之本旨也。夫孝者，善事父母，自家刑国，忠于其君；战阵勇，朋友信，扬名显亲，此之谓孝。具在经典而论者多离其文，迥出事外。以此为教，劳而非法，何谓孝之道耶？"

《语林》曰：刘真长与桓公宣武共听讲《礼记》，桓公云："时有入心处，便觉咫尺玄门。"

《殷氏世传》曰：殷亮，建武中征拜博士。诸儒讲论，胜者赐席，亮重至八九。

《三国典略》曰：东魏崔暹子达拏年十三，暹令儒者教其说《周易》两字。乃集朝贵名流，达拏升高座开讲。赵郡睦仲让阳屈服之，暹大悦，擢仲让为司徒中郎。邺下为之语曰："解义两行得中郎"。

太平御览卷第六百一十六 学部十

读诵

《礼记·曲礼下》曰：居丧，未葬读《丧礼》，既葬读《祭礼》，丧复常读《乐章》。

《论语》曰：南容三复白圭，孔子以其兄之子妻之。

《周礼·春官下》曰：太史掌建邦之六典。大祭祀，与执事卜日。执事，太仆之属。及宿之日，与群执事，读礼书而协事。协，合也。合礼谓习录所当共之事也。

又曰：小史掌邦国之志。大祭祀，读礼法。史以书叙昭穆之俎簋。读礼法者，太史与群执事。史，此小史也。

《史记》曰：太史公曰："予读孟子书，至梁惠王问何以利吾国，未尝不废书而叹息也。曰：嗟乎，利诚乱之始也！夫子罕言利者。

又曰：孔子晚善《易》，韦编三绝，铁擿三折，漆书三灭也。

又曰：董仲舒下帷读书，三年不窥园圃。

《汉书》曰：刘向专精经术，昼诵书传，夜观星宿。

又曰：扬雄自有大度，非圣哲之书不好也；非其意，虽富贵不事也。

《东观汉记》曰：章帝诏黄香，令诣东观读所未尝见书，谓诸生曰："此日下无双，江夏黄童也。"

又曰：高凤诵经，昼夜不绝声。妻之田，曝麦，以竿授凤，令护鸡。凤受竿，诵经如故。天暴雨，流麦，意在经，不视麦漂。

谢承《后汉书》曰：王充字仲任。家贫无书，至京师入市读书，一见辄能诵忆。

又曰：应奉字世叔。读书五行俱下。

又曰：侯瑾字子瑜。佣作为资，暮还辄焚火以读书。

《后汉书》曰：和熹邓后六岁能《史书》，《史书》，周宣王太史籀所作大篆十五篇也。十二通《诗》、《论语》。诸兄每读经传，辄下意难问。志在典籍，不问居家之事。母常非之曰："汝不习女工，乃更务学，欲举博士耶？"后重违母言，昼修妇业，暮诵经典。家人号曰"诸生"。后又诏中宫近臣于东观受读经传，以教授宫人，左右习诵，朝夕济济。

范晔《后汉书》曰：周盘字伯坚。居贫养母，俭薄不充。常诵《诗》至《汝坟》之卒章，慨然而叹。乃解韦带，就孝廉之举也。

又曰：裴骏字仲驹。骏从弟安祖少而聪慧，年七八岁就师，讲《诗》至《鹿鸣》篇，语兄云："禽兽得食相呼，而况人也？"自此之后，未尝独食。

又曰：尚长字子平，河内朝歌人也。隐居不仕，读《易》至《损》《益》卦，喟然而叹曰："吾以知富不如贫，贵不如贱，但未知死何如生？"

《魏武本纪》曰：吾读介之推之避晋封，申包胥之逃楚赏，未尝不废书而叹。

《魏略》曰：侍中董遇好学，避难采樵负贩，常挟经书，投闲习诵。人从学者，遇不肯教，云："当先读百遍，而义自见。"

《吴志》曰：阚泽字德润。好学，居贫，常为人赁书，所写既毕，诵读亦遍。

《魏志》曰：贾逵最好《春秋》，课日读一遍。

《吴志》曰：刘赞字正明。性果烈，好读兵书及史传。每览古良将攻伐之势，辄封书独叹。

《晋书》曰：陶潜字元亮。好读书，不求甚解。每有会意，欣然忘食。

又曰：殷仲堪能清言，善属文，每云三日不读《道德论》便觉舌本间强。其谈理与韩康伯齐名，士咸爱慕之。

又曰：王恭抗直，深存节义。读《左传》至奉王命讨不庭，每辍卷而叹。

又曰：刘敏元字道光，北海人也。厉己修学，不以崄难改心。好星历阴阳术数，潜心《易》《太玄》，不好读史。常谓同志曰："诵书当味义根，何为费功于浮辞之文？《易》者，义之源；《太玄》，理之门，能明此者，即吾师也。”

王隐《晋书·处士传》曰：王褒字伟元，北海人也。读书至“哀哀父母，生我劬劳”，未尝不反覆，流涕占胸也。

沈约《齐纪》曰：顾欢字玄平。少丧父，事母谨孝。母丧，于墓侧数年。好事者或从受书，每至“哀哀父母，生我劬劳”，悲动不能禁。自是学徒废《蓼莪》之篇，不复讲授也。

崔鸿《十六国春秋·前燕录》曰：韩景山，安平省津人也。年十岁，能属文。博览经籍，无所不通。

《宋书》曰：沈演之家世为将，至演之折节好学，读《老子》百遍，以达义理上知名。

《北齐书》曰：赵郡王琛字子睿。初读《孝经》，至“资于事父”，辄流涕歔欷。

又曰：杨愔幼而丧母，曾诣舅子泰，泰与之饮，问：“汝读何书？”答曰：“《诗》。”泰曰：“至《渭阳》未耶？”愔便号泣感咽，子泰亦对之歔欷。于是遂为罢酒。

《北史》曰：后魏元晖业领中书监，录尚书事。齐文襄尝问之，曰：“比何所披览？”对曰：“数寻伊、霍之传，不读曹、马之书。”晖业以时运渐谢，不复图全，唯事饮啖，一日三羊，三日一犊。又尝赋诗云：“昔居王道泰，济济富群英；今逢世路阻，狐兔郁纵横。”

《梁书》曰：武帝每读《孝子传》，未曾终轴，辄辍书悲恸。由是家门爱重，探赜索隐，穷理尽性，究览坟籍，神悟知机，读书不待温故，一阅皆能诵忆。

又曰：《范云传》：初，竟陵王子良为会稽太子，云为府主簿，王未之知。后克日登秦望山，乃命云。云以山上有秦始皇刻石，此文三句一韵，人多作两句读之，并不得韵；又皆大篆，人多不识，乃夜取《史记》读之，令上知。明日登山，子良命宾僚读之，皆茫然不识。末问云，云曰：“下官尝读《史记》，见此刻石文。”进乃读之如流水。子良大悦，因以为上宾。

又曰：昭明太子统，字德施。美姿貌，善举止，读书数行并下，过目皆忆。

《陈书》曰：始兴王叔陵修饰虚名，每入朝，常于车中马上执卷读书，高声长诵，阳阳自若。朝坐斋中，或自执斧斤为沐猴百戏。

《隋书》曰：崔儦字歧叔。以读书为务，颇自负而忽人。尝大署其门下曰："不读五千卷书，无得入我室。"

又曰：来护儿字崇幼，而慕诡好立奇节。初读《诗》至"击鼓其镗，踊跃用兵"，"羔裘豹饰，孔武有力"，舍书而叹曰："大丈夫其世当如是，为国灭贼，以建功名，安能区区久事陇亩！"群辈嘉其言而壮其志。

又曰：韦师字公颖。少沉谨，有慧性。初就学，始读《孝经》，舍书而叹曰："名教之极，其在兹乎！"

《唐书》曰：章怀太子贤，上深所嗟赏之，谓司空李勣曰："此儿已读得《尚书》、《礼记》，曾遣读《论语》至'贤贤易色'，再三覆诵之，乃云性爱此言。固知夙成聪敏，出自天性也。"

又曰：萧德言，晚年尤笃志于学，自昼达夜，略无厌倦。每欲开五经，必盥濯束带，危坐对之。妻子候间请曰："终日如是，无乃劳乎？"德言曰："敬先圣之言，岂惮如此？"

又曰：郭山恽，蒲州河东人。少通《三礼》。景龙中累迁国子司业。时中宗数引近臣及修文学士与之宴集，尝令各效伎艺以为笑乐。工部尚书张锡为《谈容娘舞》，将作大匠宗晋卿舞《浑脱》，左卫将军张洽舞《黄獐》，左金吾卫将军杜元琰诵《婆罗门咒》，给事中李行言唱《驾车西河》，中书舍人卢藏用效道士上章。山恽独奏曰："臣无所解，请诵古诗两篇。"帝从之。于是诵《鹿鸣》、《蟋蟀》之诗。奏未毕，中书令李峤以其词有"好乐无荒"之语，颇涉规讽，恐为忤旨，遽止之。帝嘉山恽之意。

《墨子》曰：周公朝读书百篇，夕见七十五士。

《庄子》曰：孔子游于缁帷之林，休于杏坛之上，弟子读书，孔子弦歌鼓琴，有渔父听曲为法。

又曰：臧与谷相与牧羊而俱亡其羊。问臧奚事，挟策读书；问谷奚事，博塞以游。

又曰：桓公读书于堂上，轮扁斫轮于堂下，释椎凿而问曰："敢问公所读之书何言也？"公曰："圣人之言。"曰："圣人在乎？"公曰："已死矣。"曰："然则公所读者，圣人之糟粕也。"公曰："寡人读书，轮人安得议乎？有说则可，无说则死。"扁曰："以臣之事观之，斫轮徐则甘而不固，疾则苦而不入。不徐不疾，得于手而应于心，口不能言也。有数存焉于其间，臣不能以喻臣之子，臣之子亦不能受之于臣，是以行年七十而老斫轮。古人物各有信，教学之无益也。古人与其不可传者死矣，然则君之所读者，古人之糟粕而已。"

《尚书大传》曰：子夏读《书》毕，见夫子。夫子问："子何为于《书》？"子夏曰："《书》之论事，皎皎如日月之代明，离离如参辰之错行。商所受于夫子者，志之于心，弗敢忘也。"

《尸子》曰：孔子曰："诵《诗》读《书》，与古人居。"

《说苑》曰：孔子读《易》，至于《损》、《益》则喟然而叹。子夏避席而问曰："夫子何为叹？"孔子曰："夫自损者益，自益者缺，吾是以叹也。"子夏曰："然则学者不可以益乎？"孔子曰："否。天之道，成而必变，未尝得久也。夫学者，以虚受之。昔尧履天子之位，允恭以持之，虚静以待下，故百载而逾盛，迄今而益章。昆吾自臧而满意，穷高而不衰，故当时亏败，迄今而逾恶。是非益损之征欤？日中则昃，月盈则食，天地盈虚，与时消息，是以圣人不敢当盛；升舆而遇三人则下，二人则轼，调其盈虚，故能长久也。"子夏曰："善，请终身诵之。"

《神仙传》曰：孔子读书，老子见而问曰："是何书也？"曰："礼也。圣人亦读之。"老子云："圣人可也，汝曷为复读之？"

《洞冥记》曰：李充者，冯翊人也。自言三百岁，从秦始皇登会稽山以望江汉之流也。少而好学，为秦博士，门徒万人。伏生时十岁，乃就充石壁山中受《尚书》。乃以口传受伏子四代之事，略无遗脱。伏子因而诵之，常以细绳十余寻，以缚腰，诵一遍则结绳一结，十寻之绳皆成结矣，计诵《尚书》可数万遍。但食谷损人精意，有遗失，伏子今所传百卷，得其一二耳。故尧舜二典，阙漏尤多。

《家语》曰：孔子读史，至于楚复陈，陈夏征舒杀其君，楚庄王讨之，因取陈而有之。申叔时谏，庄王从之，乃复陈国也。喟然叹曰："贤哉，楚庄王也！轻千乘之国而重一言之信，非申叔之忠，弗能进其义，非庄王之贤弗能受其训。"

《春秋后语》曰：苏秦归，曰"书虽多蓄，亦何以为？"于是夜发书箧数十，得《周书阴符》，《战国策》云：得太公阴符之谋。伏而读之。欲睡，锥刺其股，血流至踝。暮年以出，揣摩曰："此可以说当世之君矣。"

《幽明录》曰：襄阳城南有秦民墓，为性至孝，亲殁，泣血三年。人有为其咏《蓼莪》诗者，民闻其义，涕泗不自胜。

桓子《新论》曰：刘子政、子骏、伯玉三人尤珍重《左氏》，教子孙，下至妇女，无不读诵。

《俗说》曰：刘柳为仆射，傅迪为左丞。傅好读书而不解其义，刘唯读《庄》、《老》而已。傅道刘云："正读十二卷，何足本人"，刘道傅云"读书虽多，而无所解，可谓书簏"。

《物理论》曰：语曰"能理乱丝，乃可读《诗》"。余虽无治丝之能，而悟闻《诗》之义。

《华阳国志》曰：徐诵字子产。少读书，日不过五十字，诵千遍乃得，终成儒学。

《先贤传》曰：延笃从唐季度受《左氏》，欲写传本，无纸，乃借本诵之。及辞归，季度曰："卿欲写传，何辞归？"答曰："已诵之矣。"

《孝德传》曰：张楷字公超，河南人也。至孝自然，丧亲哀毁，每读《诗》见《素冠》、《棘人》，未尝不掩泗焉。

《列女传》曰：班婕妤，况之女，贤才通辩，选入后宫，每读《诗》及"窈窕淑女"之篇，必三复之。

晋潘岳《闲居赋序》曰：岳读《汲黯传》，见司马安四至九卿，而良史书之，题以巧宦之目，未尝不慨然废书而叹。

《金楼子》曰：有人读书握卷而辄睡者。梁朝有名士呼书卷为“黄你”，此盖言其怡神养性如你温也。

又曰：凡读书必以五经为本，所谓“非圣人之书勿读”，“读之百遍，其义自见”，此外众书自可泛而观耳。正史既见得失成败，此经国之所急。五经之外，宜以正史为先。谱牒所以别贵贱，明是非，自宜留意。或复中表亲疏，或复通塞升降，百世衣冠，不可不悉。

又《自叙》云：吾时夏夕中下绛纱，中有银瓯一枚，贮山阴甜酒，卧读有时至晓，率以为常。又经病疮，肘膝烂尽，此以来三十余载，泛玩众书万余矣。自余年十四，苦眼疾沈痼，比来转暗，不复能自读书。三十六年来，恒令左右唱之，曾生所谓诵诗读书，与古人居；读书诵诗，与古人期。兹言是也。

太平御览卷第六百一十七　学部十一

谈论

《史记·儒林传》云：清河王太傅辕固以治《诗》，孝景时为博士。与黄生争论，黄生曰："汤、武非受命，乃弑也。"辕固曰："不然。桀、纣虐乱，天下之人心归汤、武，汤、武诛桀、纣，非受命谓何？"黄生曰："冠虽弊必加于首，履虽新必关于足。何者？上下之分也。今桀、纣虽失，君上也；汤、武虽圣，臣下也。臣下不能匡过以尊主而诛代，非弑而何？辕固曰："必若云，是高祖代秦耶？"于是帝曰："食肉不食马肝，不为不知味也；学者不言汤、武受命，不为非也。"

《汉书·儒林传》曰：武帝时，江公与董仲舒并通五经，能持论，善属文。江公讷于口，上使与舒议，不如仲舒。

又曰：扬雄为人简易佚荡，不能剧谈而好深沉之思也。

又曰：贾生征见，孝文帝方受厘，坐宣室，上因鬼神事而问鬼神之本，贾具道所以然之状。至夜半，帝前席，既罢，曰："吾久不见贾生，自以为之，今不及也。"

《东观汉记》曰：尹敏与班彪相厚，每相与谈，常奠案不食，昼即至暝，夜即彻旦。

《晋书》曰：潘京字世长。举秀才，到洛。尚书令乐广，京州人也，共谈累日，深叹其才，谓京曰："君天才过人，恨不学耳。若学，必为一代谈宗。"京感其言，遂勤学不倦。时武陵太守戴昌亦善谈论，与京共谈，假借之。昌以为不如己，笑而遣之，令过其子若思。京方极其言论，昌窃听之，乃叹曰："才不可假。"遂父子俱辱焉。

又曰：郭象，字子玄。少有才理，好老、庄，能清言。太尉王衍每云听象语如悬河泻水，注而不竭。

又曰：乐广尝与裴頠清言，欲以理服之，而頠辞论丰博，广笑而不言。时人谓頠为“言谈林薮”。

又曰：朝贤尝上巳禊饮，或问王济“昨游有何言谈”，济曰：“张华善说《史》《汉》；裴頠论前言往行，靡靡可听；王戎，子房、季札之间，超然玄箸。”

又曰：王衍妙善玄言，唯谈《老》《庄》为事。每捉玉柄麈尾，与手同色。义理有所不安，随即改更。世号曰：“口中雌黄”。朝野翕然，谓之一世龙门矣。

又曰：胡母辅之字彦国，与王澄等为友。澄尝与人书曰：“彦国吐佳言如锯木屑，霏霏不绝，诚为后进领袖也。”

又曰：赵孟字长舒。为尚书都令史，善于清谈，其面有疵黯。时人言：诸事不决，皆当问疵面。

又曰：裴遐善言玄理，音辞清畅，泠然若琴瑟。尝与河南郭象谈论，一座嗟服。

又曰：殷仲堪能清言，每云：“三日不读《道德论》，便觉舌本间强。”

《晋中兴书》曰：殷浩弱冠与京兆杜人并有美誉，善言玄理。又庾元规少好黄老，能言玄理，时人方之夏侯泰初。

又曰：谢弈女道韫，王凝之妻也。凝之弟献之尝与宾客谈议辞理，将屈，道韫遣婢白献之曰：“欲为小郎解围。”乃以青绫步障自蔽，申献之前义，客不能屈。

又曰：孙盛年十岁，避难渡江，及长，博学善理。于时殷浩擅名一时，与抗论者唯盛。尝诣浩谈论，对食奋尾，毛悉落饭中，食冷而复暖者数四，至暮忘食，理竟不定。

沈约《宋书》曰：高祖少事戎旅，不涉经学。及为宰相，颇慕风流，时或谈论，人皆依违不敢难也。郑解之难必切至，未尝假借，要须高祖辞穷理屈，然后置之。高祖或时惭恧变色动容，既而谓人曰：“我本无术学，谈义尤浅，比时言论，诸贤多见宽容，唯郑不尔，独能尽人之意。甚以此感之。”时人谓之“格佞”。

《宋书》曰：谢灵运辩博，辞义锋起。王惠尝与之谈，时然后言。时荀伯子在座，退而告人曰："灵运固自萧散，直上王郎，有如万顷陂焉。"

又曰：《谢瞻传》曰：灵运好臧否人物。混患之，欲加裁折，未有其方。谓瞻曰："非汝莫能。"乃与晦、曜、弘微等共游戏，便使瞻与灵运共车。灵运登车便商较人物，瞻谓曰："秘书早亡，谈者亦互有同异。"灵运默然，言论自此衰止。

又曰：张敷好读玄言，兼属文论。弱冠，初父邵使与高士南阳宗少文谈系象，往复数番，少文欲屈。握麈尾叹曰："吾道东矣。"于是名价日重。

《后周书苏绰传》曰：属太祖与公卿往昆明池观渔，行至城西汉故仓地，顾问左右，莫有知者。或曰："苏绰博物多通，请问之。"太祖乃召绰，具以状对。太祖大悦。因问天地造化之始，历代兴亡之迹，绰既有口辩，应对如流。太祖益喜，乃与绰并马徐行。至池，竟不设网罟而还。遂留绰至夜，问以治道，太祖卧而听之。绰于是指陈帝王之道，兼述申韩之要。太祖乃起，整衣危坐，不觉膝之前席，语遂达曙不厌。诘朝，谓周惠达曰："苏绰真奇士也。"

又曰：裴文举字道裕。少忠谨，涉猎经史。总管韦孝宽特相钦重，每与谈论，不觉膝前于席。

又曰：寇儁字祖俊，上谷平昌人也。世宗尚儒重德，特钦赏之。与相见，同席而坐，因顾访洛阳故事。俊容止端详，音韵清朗，帝与之谈，不觉为之前席。

《齐书·刘绘传》曰：永明末，都下人士盛为文章谈义，皆凑竟陵西邸。绘为后进领袖。时张融以言辞辩健，周颙称为"清绮"，而绘音采赡丽，雅有风则。时人为之语曰："三人共宅夹清漳，张南周北刘中央。"言其处二人间也。

又曰：张绪性清淡，善谈玄。王俭尝云："绪过江所未有，北士可求之耳。不知陈仲弓、黄叔度能过之不？"

《三国典略》曰：陈袁宪，枢之弟也。幼聪敏好学。梁武帝修建庠序，别开五馆。其一馆在宪宅西，常招弘诸生与之谈论，每有新义，出人意表。国子博士周弘正谓宪父君正曰："贤子今兹欲策试不？"君正曰："经义犹浅，未敢令试。"居数日，君正遣门下客岑文豪与宪候引正，将登讲座，弟子毕集，乃授宪麈尾。时谢岐、何妥在坐，弘正谓曰："二贤虽穷奥赜，得无惮此后生耶？"何、谢递起义端，宪酬对闲敏，神色自若。弘正因谓文豪曰："卿还谘袁，吴郡此郎已堪见代为博士矣。"

《梁书》曰：沈约，齐初为征虏记室，带襄阳令，所奉主即齐文惠太子。太子入居东宫，为步兵校尉，管书记。时东宫多士，约特蒙亲遇。时王侯列宫或不得进，约每以为言。太子曰："吾平生懒起，是卿所悉，得卿谈论，然后忘寝。卿欲我夙兴，可恒早入。"

又曰：简文在东宫召戚衮讲论，又尝置宴，集玄儒之士，先命道学互相质疑，次令中庶子徐摛骋大义，间以剧谈。摛辞辩从横，难以答抗，诸儒慑气。时衮说朝聘义，摛与往复，衮精采自若，应答如流，简文深嘉叹之。

《隋书》曰：辛彦之拜礼部尚书，与秘书监牛弘撰《新礼》。吴兴沈重名为硕学，高祖尝令彦之与重论议，重不能抗，于是避席而谢之，曰："辛君所谓金城汤池，无可攻之势。"高祖大悦。

《唐书》曰：杨绾凡所知友皆一时名士，或造之者，清谈终日，未尝及名利；或有客欲以世务干者，绾言必玄远，不敢发词，内愧而退。大历中，德望日崇，天下雅正之士争趋其门，至有数千里来者。

《庄子》曰：孔子见老聃归，三日不谈。弟子问曰："夫子见老聃，将何规哉？"孔子曰："吾与汝处于鲁之时，人用意如飞鸿者，吾走狗而逐之；用意如井鱼者，吾为钩缴以投之。吾今见龙合而成体，散而成章，乘乎云气而养乎阴阳，余口张不能嗋，舌出不能缩，又何视哉？"

《战国策》曰：苏秦说李兑，明日复见，抵掌而谈。兑送秦明月之珠，和氏之璧。

《抱朴子》曰：王充所作《论衡》，北方都未有得之者。蔡伯喈尝到东江，见之，叹其高文，度越诸子，恒爱玩，而独秘之。及还中国，诸儒觉其谈论更远，嫌得异书。或搜求其隐处，果得《论衡》，捉取数卷将去。伯喈曰："唯我与尔共之，勿广也。"

《管辂别传》曰：辂父为琅琊长。辂时年十五，琅琊太守单子春雅有才度，闻辂一时之俊，欲得相见。辂父即遣辂造之。大会宾客百余人，坐上有能言之士，辂问子春："府君多嘉客，有雄贵之姿。辂既年少，胆志未刚，若相观，惧失精神。先饮三升清酒，尽之然后而言。"子春大喜，便酌三升酒，独使饮之。酒尽之后，问子春："今欲与辂为对者，府君耶？四坐之士耶？"子春曰："吾自欲与卿旗鼓相当。"辂言始读《诗》、《论》、《易》，学问微浅，未能上引圣人之道，陈周汉之事，但论金木水火土鬼神之情耳。子春言："此最难者，而卿以为易耶？"于是唱大论之端，遂造阴阳，文彩泛流，枝叶横生，少引圣籍，多发天然。子春及众士互相攻劫，请难风起，而辂人人答对，言皆有余。至日向暮，酒食不行。于是发声徐州，号之"神童"。又冀州刺史裴徽召辂为文学从事，相见清论，终日不觉罢倦。再相见，转为治中。四相见，转为别驾。前至十月，举为秀才。

《物理论》曰：夫虚无之谈，无异春蛙秋蝉，聒耳而已。

《荆州先德传》曰：庞士元师事司马德操。德操蚕月躬采桑后园，士元往助之，因与共谈。元善神，遂移日忘餐。德操于是异之。

《世说》曰：何晏为吏部尚书，有位望。时谈客盈坐，王弼年未弱冠，往见之。晏闻来，倒履出户迎之。因条向者胜理语，弼曰："此理仆以为理极，可得复难不？"弼作难，一坐便以为屈。于是弼自为客主数番，皆一坐所不及也。

又曰：卫玠字叔宝。少有名理。琅琊王平子高气不群，遗世独邀，每闻君之语议至乎理会之间，要微之际，辄绝倒于坐。前后三闻，为之三倒。时人遂曰："卫君谈道，平子三倒。"及君年长，论者以为出于王武子之右，世咸谓"王家三子，不如卫家一儿。"玠于武昌见大将军王敦，与之谈论，弥日信宿。敦顾谓僚属曰："昔何王吐金声于中朝，此子复玉振于江表。微言之绪绝而复续，不悟永嘉之末复有正始之音。清言胜咏，亹亹入微，平叔在，当复倒矣。"

又曰：孝武将讲《孝经》，谢太傅与诸人私逆讲师。车武子谓袁彦伯曰："不问则德音有遗，多问则重劳二谢。"袁曰："必无此嫌。"车曰："何以知尔。"袁曰："何尝见明镜疲于屡照，清流挠于惠风也？"

郭子曰：张凭举孝廉，出京，负其才气，谓必参时彦。欲诣刘真长，乡里及同举者咸共哂之。张遂径往诣刘。既前，处之下坐，通寒暑而已。真长方洗濯料事，神意不接。良久，张欲自发而未有其端。顷之，王长史诸贤来诣，言各有隔而不通处，张忽遥于末座判之，言约皆远便，足以畅彼我之怀。举坐皆惊。真长延之上坐，遂清言弥日。因留宿，遂复至晓。张退，刘曰："卿且前去，我正尔往取卿共诣抚军。"抚军，简文。张既还船，同旅笑之曰："卿何许宿还。"张笑而不答。须臾，真长至，遣教觅张孝廉船。同旅惋愕。既同载，俱诣抚军。至门，刘谓抚军曰："下官今日为公得一太常博士妙选。"既前，抚军与之语言，咨嗟称善，数日乃止。曰："张凭劲粹，为理之窟。"即用为太常博士。

又曰：范玄平字玄平在简文坐，谈欲屈，引长史曰：长史，王仲祖。"卿助我。"王曰："此非拔山之力所能助也。"

《异苑》曰：陆机初入洛，次河南偃师，时久结阴，望道左人居，因往投宿。见一年少置《易》投壶，与机谈，机心伏之，而无以酬抗。既晓便去。税驂逆旅，问妪，妪曰："此东数十里无村落，正是山阳山王家墓耳。"机乃怪，还睇昨路，空野霾云，拱木蔽日。知所遇者信王弼也。

又曰：陆云独于空草中，忽见一家墙院整顿。云时饥乏，因而诣前。见一年少可二十余，风姿可嘉，论叙平生，不异于人。寻其说《老子》，极有辞致。云出，临别语云："我是山阳王辅嗣。"云出门，还望向处，正是一冢。云始谓俄顷，已经三日。

《幽明录》曰：阮瞻素秉无鬼论，世莫能难。每自谓理足可以辩正幽明。忽有一鬼通姓名作客诣阮，寒温毕，聊谈名理。客甚有才情，末及鬼神事，返覆甚苦，遂屈。乃作色曰："鬼神古今圣贤所共传，君何独言无？即仆便是鬼。"于是忽变为异形，须臾消灭。阮默然，意色大恶。后年余病死。

太平御览卷第六百一十八 学部十二

叙图书

《尚书·序》曰：古者，伏羲氏之王天下也，始画八卦，造书契，以代结绳之政。由是文籍生焉。伏羲、神农、黄帝之书，谓之《三坟》，言大道也；少昊、颛顼、高辛、唐、虞之书，谓之《五典》，言常道也；至于夏、商、周之书，虽设教不伦，雅语奥义，其归一揆。是故历代宝之，以为大训。八卦之说，谓之《八索》，求其义也。九州之志，谓之《九丘》；丘，聚也，言九州所有，土地所生，风气所宜，皆聚此书也。《春秋左氏传》曰："楚左史倚相能读《三坟》《五典》《八索》《九丘》。"即谓上世帝王遗书也。

《左氏传》曰：晋荀跞如周，籍谈为介。王谓籍谈曰："昔高祖孙伯黡司晋之籍，以为大政，故曰"籍氏"。汝司典之后，何故忘之？"

《汉书·艺文志》曰：昔仲尼没而微言绝，七十子终而大义乖，故《春秋》分为五，韦昭曰：谓左氏、公羊、谷梁、邹氏、夹氏也。《诗》分为四，韦昭曰：谓毛氏、齐、鲁、韩也。《易》有数家之传。战国纵横，真伪分争，诸子之言，纷然淆乱。至秦患之，乃燔灭文章，以愚黔首。汉兴，改秦之败，大收篇籍，广开献书之路。迄孝武世，书缺简脱，礼坏乐崩，上喟然而称曰："朕甚闵焉！"于是建藏书之策，置写书之官，下及诸子传说，皆充秘府。

又曰：《古文尚书》藏于壁中。师古注曰："《家语》云：孔腾字子襄，畏秦法峻急，藏《尚书》《论语》《孝经》于夫子堂壁中，而《汉记》曰孔鲋所藏。二说不同，未知孰是也。又后汉王莽征陈咸，咸遂称疾笃，于是乃敛其家律令文书，藏于壁中也。"

《后汉书》曰：吴祐字季英，陈留长垣人也。父恢为南海太守。祐年十二，随从到官。恢欲杀青简以写经书，祐谏曰："大人逾越五岭，远在海滨，其借以陋，然旧多珍怪，上为国家所疑。此书若成，则载之兼两。昔马援以薏苡兴谤，王阳以衣裳邀名，嫌疑之间，诚先贤之所慎。”恢乃止，抚其首曰：“吴氏世不乏季子矣。”

《魏志》曰：王修家不满斗斛，有书数百卷。太祖叹曰：“士不妄有名也。”

《蜀志》曰：向朗字巨达。潜心典籍，积聚篇卷，于时最多也。

《后唐书》曰：李溪者，博学多通，文章秀绝，家有奇书，时号“季书楼”。

《吕氏春秋》曰：《先识览》桀将亡，太史令终古执其图书而奔于商；纣将亡，内史向挚载其图法出奔周。

《穆天子传》曰：癸巳，至于群玉之山，容成氏之所守。山阿平无隘，四彻中绳。言皆平直。先王谓之策府。言往古帝王以为藏策之府，所谓藏之名山者。

《庄子》曰：孔子西藏书于周室，藏其所著书于周者。子路谋曰：“由闻周家征藏史有老聃者，征藏，藏名也。免而归居。夫子欲藏书，则当试焉。”孔子至老聃之门，而老聃不许也。

《博物志》曰：刘德治淮南王狱，得《枕中鸿宝秘书》，及其子向咸共奇之。德信黄白之术可成，谓神仙之道可致，卒亦无验，乃以罹罪。

又曰：太古书今见存者，有神农《山海经》。《山海经》或云禹所作，《素问》黄帝作，《连山》、《归藏》夏所作，周时曰《易》。蔡邕云《礼记·月令》，周公所作。《证法》、《司马法》亦云周公所作。

《论衡》曰：仓颉作书，雨粟，鬼哭虚也。案图书文章，与书何异？鬼神恶书则河出图，何也？若不恶为书，何忽致怪？或作书时会鬼哭雨粟也耳。

伏滔《北征记》曰：皇天坞北，古时陶穴。晋时有人逐狐入穴，行十里许，得书二千余卷。

《金楼子》曰：有细书《周易》《尚书》《周官》《仪礼》《礼记》《毛诗》《春秋》各一部，又写《前汉》《史记》《三国志》《晋阳秋》

《庄子》《老子》《肘后方》《离骚》等合六百三十四卷，悉在一巾箱中，书极精细。

又曰：吾今年四十六岁，聚书来四十年，得书八万卷也。河间之侔汉室，颇谓过之也。此金楼子自称也。

正谬误

《刘向别传》曰：雠校者，一人持本，一人读析，若怨家相对，故曰雠也。

《左传》曰：晋师闰月济于阴板。杜预注云："长历推之，此年无闰月，疑为'门五日'，五字上与门合也。"

《吕氏春秋》曰：有读史者："晋师三豕涉河。"子夏曰："非也，是己亥也。夫己之与三相近，豕之与亥相似。"至晋而问之，则曰晋师己亥涉河也。

《汉书·艺文志》曰：成帝诏光禄大夫刘向言经传诸子诗赋，步兵校尉任宏校兵书，太史令尹咸校术数，侍医李柱国校方技。每一书已，向辄条其篇目，撮其指意，录而奏之。会向卒，哀帝复使向子奉车都尉歆卒父业。歆于是总群书而奏其《七略》，故有《辑略》，有《六艺略》，有《诸子略》，有《诗赋略》，有《兵书略》，有《术数略》，有《方技略》。

《抱朴子》曰：书三写以"鲁"为"胄"，以"帝"为"虎"。

刘向《七略》曰：古文或误以"见"为"典"，以"陶"为"阴"，如此类多。

颖容《春秋例》曰：汉兴，博物洽闻著述之士，前有司马迁、扬雄、刘歆，后有郑众、贾逵、班固，近即马融、郑玄。其所著作违义正者，迁尤多阙略。举一两事以言之；《史记》不识毕公文王之子，而言"与周同姓"；扬雄著《法言》不识六十四卦，云"所从来尚矣"。

《后汉书》曰：和熹邓太后从曹大家受经书兼天文算数，昼省王政，夜则诵读。而患其谬误，惧乖典章，乃博选诸儒刘珍等，及博士议郎、四府掾史五十余人，诣东观雠校传记。

《蜀志》曰：向朗字臣达。年八十，手自校书，刊定谬误也。

《晋书》曰：郑默字思元。起家秘书郎，考核旧文，删省浮秽。中书令虞松谓曰："而今而后，朱紫别矣。"

又曰：齐王攸以礼自拘，鲜有过事。就人借书，必手刊其缪，然后反之。

《后周书》曰：元伟，世宗初拜师氏中大夫，受诏于麟趾殿刊正经籍。

又曰：明帝幼而好学，博览群书，善属文，词彩温丽。及即位，集公卿已下有文学者八十余人，于麟趾殿刊校经史，又捃采众书，自羲农以来讫于魏末，叙为《世谱》，凡五百卷云，所著文章十卷。

《唐书》曰：褚元量以内库旧书，自高宗代即藏在宫中，渐致遗逸，奏请缮写刊校，以引经籍之道。于是上令于东都乾元殿前施架排次，因大加搜写，广求天下异本，数年间，四部完备。

又曰：贞观中，颁五经于天下。初，太宗以经籍去圣久远，文字讹谬，诏前中书侍郎颜师古刊正之。及成，又诏尚书左仆射房玄龄集诸儒讨论得失。时诸儒习师说，舛谬已久，皆窃议非之。于是异端蜂起，师古一一辩答，取晋宋古本以相发明，所立援明据，或出其意表，诸儒皆惊所未闻，叹服而去。太宗善之。

太平御览卷第六百一十九　学部十三

采来遗逸

《史记》曰：高祖入咸阳，萧何先收秦图书。

刘歆《七略》曰：武帝广开献书之路，百年之间，书积如丘山。故外有太史、博士之藏，内则延阁、广内、秘室之府。

《物理论》曰：鲁恭王坏孔子旧宅，得《周书》，阙无《冬官》，汉武购千金而莫有得者，遂以《考工记》备其数。

《汉书》曰：成帝河平三年，遣谒者陈农求遗书于天下。

《东观汉记》曰：杜林于河西得漆书古文《尚书》经一卷，每遭困厄，握抱此经。

《后魏书》曰：高谧字安平，典秘阁。谧以坟典残缺，奏广访郡邑，大加缮写。由是图籍莫不审正。

又曰：李暠署刘昞为儒林祭酒从事中郎。暠好尚文籍典史，穿落者亲自补治。昞时侍侧，前代暠，暠曰："躬自补者，欲人重此曲籍。"

《隋书》曰：刘炫除殿内将军，时牛弘奏请购求天下遗逸之书。炫遂伪造书百卷，题为《连山易》、《鲁史记》等，录上送官，取赏而去。后有人讼之，经赦免死。

《北史》曰：隋裴矩伐陈之役，领元帅记室，既破丹阳，晋王广令矩与高颎收陈图籍。

又曰：隋牛弘上表请开献书之路，曰："昔周德既衰，旧经紊弃。孔子以大圣之才，开素王之业，宪章祖述，制《礼》刊《诗》，正五始而条《春秋》，阐《十翼》而弘《易》道；及秦皇驭寓，吞灭诸侯，先王坟籍，扫地皆尽，此则书之一厄也。汉兴，建藏书之策，置校书之官，至孝成之代，遣谒者陈农求遗书于天下，诏刘向父子雠校篇籍，汉之典文于斯为盛；及王莽之末，并从焚烬，此则书之二厄也。光武嗣兴，尤重经诰，未及下车，先求文雅；至肃宗亲临讲肆，和帝数幸书林，其兰台、石室、鸿都、东观，秘牒填委，更倍于前；及孝献移都，吏人扰乱，图书缣帛，皆取为帷囊，所收而西，裁七十余乘，属西京大乱，一时燔荡，此则书之三厄也。魏文代汉，更集经典，秘书郎郑默删定旧文，时之论者，美其朱紫有别；晋氏承之，文籍尤广，晋秘书监荀勖定魏内经，更著《新簿》；属刘、石凭陵，从而失坠，此则书之四厄也。永嘉 之后，寇窃竞兴，其建国立家，虽传名号，宪章礼乐，寂灭无闻；刘裕平姚泓，收其图籍，五经子史，才四千卷，皆赤轴青纸，文字古拙，并归江左，宋秘书丞王俭，依刘氏《七略》撰为《七志》，梁人阮孝绪亦为《七录》，总其书数三万余卷；及侯景渡江，坏破梁室，秘省经籍，虽从兵火，其文德殿内书及公私典籍重本七万余卷，悉送荆州；及周师入郢，绎悉焚之于外城，所收十才一二，此则书之五厄也。后魏爰自幽方，迁宅伊、洛，日不暇给，经籍阙如；周氏创基关右，戎军未息，保定之始，书止八千，后加收集，方盈万卷；高氏据有山东，初亦采访，验其本目，残阙犹多；及东夏初平，获其经史，四部重杂，三万余卷，所益旧书，五千而已。今御书单本合一万五千余卷，部帙之间，仍有残缺，比梁之旧目止有其半。至于阴阳河洛之篇，医方图谱之说，弥复为少。臣以经书，自仲尼迄今，数遭五厄，兴集之期，属膺圣代。今秘籍见书，亦足披览，但一时载籍，须令大备，不可王府所无，私家乃有。若猥发明诏，兼开购赏，则异典必致，观阁斯积。”上纳之。于是下诏，献书一卷赉缣一匹。一二年间，篇籍稍备，乃总加编次，召天下工书之士，京兆韦霈、南阳杜頵等，于秘书内补续残缺，为正副二本，藏于宫中。其余以实秘书内外之阁，凡二万余卷。炀帝即位，秘阁之书分为三品，于东都观文殿东西厢屋以贮之：东屋藏甲乙，西屋藏丙丁。

《后唐史》曰：都官郎中庾传美充三川搜访图籍。使传美言伪蜀王衍之书，旧僚家在成都，便于归计，且言成都具有本朝实录。及传美使回，所得才九朝而已，其余残缺杂书，盖不足记。

借书

《西京杂记》曰：匡衡勤学，邑人大姓又不识字，家富多书，乃与客作，不求其价。主人怪而问之，衡曰："愿得主人书，遍读之。"主感叹，给以书，后成大儒。

《后汉书》曰：王充师事扶风班彪，好博览而不守章句。家贫无书，常游洛阳市肆，阅卖书，一见辄能忆诵，遂博通众流百家之言。

《蜀志》曰：李权从秦宓借《战国策》，宓曰："成汤大圣，睹野渔而有猎逐之失；定公贤者，受女乐而弃朝事。道家法曰：不见可欲，使心不乱，是故君子先以懿文德也。"

《博物志》曰：蔡邕有书万卷，汉末年，载数车与王粲。亡后，相国掾魏讽谋反，粲子预焉，既被诛，邕所与粲书，悉入粲族子业。

王隐《晋书》曰：齐王攸好学不倦，借人书皆治护，时以还之。

又曰：皇甫谧表从武帝借书，上送一车与之。谧羸病，手不释卷，历观古今，无不皆综。

《先贤传》曰：延笃从唐溪李度受《左氏》，欲写传本，无纸，乃借本诵。及笃辞归，李度曰："卿欲写本，何故辞归？"答曰："已诵之矣。"

《齐·张率传》曰：时陆少玄家有父澄书万余卷，率与少玄善，遂通书籍，尽读其书。

《陈书》曰：孔奂字休文，山阴人。好学，经史百家莫不通涉。沛国刘显，时称"学府"，每共奂讨论，深相叹，乃执奂手曰："昔伯喈坟素悉与仲宣，吾当希彼蔡君，足下无愧王氏。"所保书籍，寻以相付。

《后魏书》曰：崔亮家贫，佣书自业。时陇西李冲当朝任事，亮从兄光往依之，谓亮曰："安能久事笔砚而不往托李氏也？彼家饶书，因可得学。"亮曰："弟妹饥寒，岂可独饱？自可观书于市，安能看人眉睫乎？"

《后周书》曰：梁蔡文宝字敬仁。尝以书干仆射徐勉，大为勉所赏异。乃令与其子游，处所有坟籍，尽以给之。遂博览群书，学无不综。

《北齐书》曰：刘昼少负笈从师，伏膺无倦，恨下里少坟籍，便杖策入都。知太府少卿宗正世良多书，乃造焉。世良纳之。恣意披览，昼夜不倦。

《隋书》曰：卢思道字子行。聪爽俊辩，就魏收借异书，数年之间，才学兼著。

《唐书》曰：裴行俭初以门荫补弘文生，累年在馆，唯闭户读书。馆司将加荐举，固辞。左仆射房玄龄问其故，对曰："遭隋季离乱，私门书籍荡尽，冀在馆披阅有所成耳。"

又曰：中书令李敬玄，亳州谯人也。博览群书，特善《三礼》。初，上在东宫，马周启荐之。召入崇贤馆，兼预侍读，仍借御书令读之。

又曰：阳城字元宗，北平人也。代为官族。家贫不能得书，乃求为集贤写书吏，窃官书读之，昼夜不出房。经六年，乃无所不通。

赐书

《后汉书·东平王苍传》曰：明帝赐苍以秘书，列图道术秘方。

又曰：王景，永平二年，议修汴渠，乃引见，问景以理水。景陈其利害，应对敏捷，帝善之，乃赐景《山海经》、《河渠书》、《禹贡图》。

又曰：章帝赐黄香《淮南》、《孟子》各一本。

又曰：班彪字叔皮，幼与从兄嗣共游太学。家有赐书，内足于财，好古之士，自远方来。

《齐春秋》曰：萧晋字元卿，兰陵人。家有赐书，志学不倦也。

《陈书》曰：江总字总持。幼笃学，有词采。家传赐书数千卷，总寻读，未尝释手也。

《唐书》曰：垂拱三年，新罗王金政明遣使请《礼记》一部并新文章。令所司写《吉凶要礼》，并于《文馆词林》採其词涉规诫者，勒成五十卷，赐之。

又曰：开元十九年，命有司写《毛诗》《左传》《文选》各一部，以赐金城公主，从其请也。

写书

王子年《拾遗记》曰：张仪、苏秦二人同志，递剪发以相活，或佣力写书。行遇圣人之文无题记，则以墨画于掌内及股里，夜还，更折竹写之。

《抱朴子·自叙》曰：葛洪字稚川，丹阳句容人也。生为二亲所骄饶，累遭火，典籍荡尽。伐薪卖之，给笔，夜以写书。家贫乏纸，所写皆反覆有字，人少能读者。

桓谭《新论》曰：余同时佐郎官有梁子初、杨子林好学，所写万卷，至于白首。尝有所不晓百许，寄余，余观其事皆略可见。

萧子显《齐书》曰：隐士沈驎士，火烧书数千卷。驎士年过八十，耳目犹聪明，乃手写细书，复成三二千卷，满数十箧。

《后魏书》曰：穆子容少好学，无所不览，求天下书，逢即写录，所得万余卷。

《三国典略》曰：郎基字世业，中山新市人，鲁郡太守智之孙也。泛涉坟籍，清慎无所营求，尝语人云："任官之所，木枕亦不须作，况重于此乎？"唯颇令人写书。樊子盖曾遗之书，曰："在官写书，亦是风流罪过。"基答曰："观过知仁，斯亦可矣。"

《梁书》曰：袁峻字孝高。早孤，笃志好学，家贫无书，从假借，必皆抄写，自课日五十纸，纸数不登则不止。

《后周书》曰：裴汉借人异书，必躬自录本，至于疾疹弥年，亦未尝释卷。

载书负书附

《史记》曰：苏秦说秦王，书十上而说不行，去秦而归，负书担橐，形容枯槁。

《续汉书》曰：李固为三公子，躬步，以驴负书从师。

《墨子》曰：墨子南使卫，载书甚多，强唐子见而怪之，对曰："昔周公曰：朝读书，夕见七十二士。相天下犹如此，吾安敢废此也？"

《晋书》曰：张华无余财，唯文史溢几箧，徙居，载书三十车也。

焚书

《史记》曰：秦始皇三十四年，令天下敢有藏《诗》、《书》百家语者，悉诣守尉烧之。令下三十日不烧，黥为城旦。所不禁者，医药、卜筮、种树之书耳。

《风俗通》曰：董卓荡覆王室，天子西移，所载书七十车，遇雨道难，分半投弃，即于处烧燔，麋为灰秽。

《淮南子》曰：王寿负书而行，见徐凭，曰："事者，应变而动；书者，言之所出。智不藉书。"王寿乃焚其书而舞也。

《三国典略》曰：初，侯景来，既送东宫，妓女尚有数百人。景乃分给军士，夜于宫中置酒奏乐，忽闻火起，众遂惊散，东宫图籍数百厨焚之皆尽。初，太子梦作秦始皇者云："此人复欲焚书。"既而见爇，梦则验焉。

又曰：周师陷江陵，梁王知事不济，入东阁竹殿，命舍人高善宝焚古今图书十四万卷。欲自投火，与之俱灭，宫人引衣，遂及火灭尽，并以宝剑斫柱令折，叹曰："文武之道，今夜穷矣。"

太平御览卷第六百二十 治道部一

君

《尔雅》曰：林、烝、天、帝、皇、王、后、辟、公、侯，君也。

《易·师卦》曰：大君有命，开国承家。

《尚书·泰誓》曰：嗟我友邦冢君，越我御事庶士，明听誓：唯天地万物父母，唯人万物之灵。亶聪明，作元后，元后作民父母。

又曰：《洪范》曰：唯辟作福，唯辟作威，唯辟玉食。

《毛诗》曰：□□天保，下报上也。君能下下以成其政，臣能归美以报其上焉。

《礼记·礼运》曰：礼者，君之大柄也。政者，君之所以藏身也。子思曰："人主自藏则众谋不进，事是而藏之，犹却众谋，况知非以长乎？夫不察事人之是非，而悦人之赞己，暗莫甚焉。不度理之所在，而阿谀求容，谄莫甚焉。君暗臣谄，以居百姓之上，民弗与也。若此不已，国无类矣。"

荀悦《汉纪论》曰：有王主，有治主，有存主，有衰主，有危主，有亡主。体正性仁，心明志固；动以为人，不以为己，是谓王主。克己恕躬，好问力行；动以从义，不以从情，是谓治主。勤居守业，不敢流怠；动以先公，不以先私，是谓存主。情义交争，公私并行；一得一失，不纯道度，是谓衰主。情过其义，私多于公；制度逾限，政令失常，是谓危主。亲用谗邪，放逐忠贤；纵情追欲，不顾礼度；出入游放，不拘仪禁；赏赐行礼，以越公用；忿怒施罚，以逾治理；遂非文过，知而不改；忠言壅塞，直谏诛戮，是谓亡主。故王主能致兴平；治主能修其政；存主能保其国；衰主遭无难，则庶几得全，苟有难，则殆危；危主遭无难则幸而免，有难则亡；亡主者必亡而已矣。

《白虎通》曰：君者，群也，群下之所归心。

管仲曰：地之生财有时，民之用力有倦，而人君之欲无穷。以有时与有倦养无穷之君，而度量不生于其间，则上下相疾也。

《邓析书》曰：君有三累，臣有四责。何谓三累？亲所信，一累也；以名取士，二累也；近故疏亲，三累也。何谓四责？受重赏而无功，一责也；居大位而不治，二责也；为理而不平，三责也；御军陈而皆奔背，四责也。君无三累，臣无四责，可谓安国家也。

又曰：为君者当若冬日之阳，夏至之阴，万物归之。莫之使也，偃卧而功自成，优游而政自治。

又曰：为君者灭形匿影，群下无私，掩目塞耳，万民恐震，循名责实，案法立成，是谓明主。

《孟子》曰：君视臣如手足，臣视君如腹心。君视臣如犬马，臣视君如国人。君视臣如土芥，臣视君如寇仇。

《孙卿子》曰：君，舟也；庶人，水也。水能行舟，亦能覆舟。

又曰：君者，义也。义正则君正。君者，盘也。水者，民也。盘方则水方，盘员则水员。君者，源也；水者，流也。源清则流清，源浊则流浊。

《鬼谷子》曰：事圣君有听从无谏争，事中君有谏诤无谄谀，事暴君有补削无矫拂。

又曰：君得名则群臣恃之，君失名则群臣欺之。

《尸子》曰：孔子谓子夏曰："汝知君子乎？"子夏曰："鱼失水则死，水失鱼犹为水也。"孔子曰："商，汝知之。"

又曰："日在井中，不能烛远；日在足下，不可以视。君之有国，犹天之有日，居不高则不明，视不尊则不远。"

《韩子》曰：晋平公问叔向："齐桓公九合一匡，君之力？臣之力？"叔向称："管仲、隰朋之力。"师旷曰："君，壤地也；臣，草木也。壤地美然后草木硕。亦君之力，臣何力之有焉？"

又曰：势者，君之舆也；威者，君之策也；臣者，君之马也；民者，君之轮也。势固则舆安，威定则策劲，臣顺则马良，人和则轮利。而为国皆失此，有覆舆、走马、折策、败轮矣。

又曰：为人君者犹壶也；民亦水也。壶方水方，壶圆水圆。

《吕氏春秋》曰：魏文侯燕饮，皆令诸大夫论己。或言君仁，或言君义，或言君智。至任座曰："君，不肖君也。得中山，不封君弟而封君之子，是以知君不肖。"文侯不悦，座趋而起。次及翟璜，曰："君，贤君也。其主贤者，其臣之言直。今座之言直，是以知君贤也。"

又曰：善为君者，蛮夷反舌皆服，俗淳也。水泉深，则鱼鳖归之；人君贤，则豪杰赴之。

又曰：君者，仁义以治之，爱利以安之，忠信以道之。务除其灾、致其福，故人之于上也，若玺之于涂也。抑之以方则方，以圆则圆。若五种之地，必应其类而蕃息百倍。此五帝三王之所以无敌也。

又曰：古之王者，其所为少。其所为少，因者，君术也；为者，臣道也。为则扰矣，因则静矣。因冬为寒，因夏为暑，君奚事焉？故曰：君道无为。

又曰：昔太古尝无君，其民聚生群处，知母不知父，无亲戚、兄弟、夫妻、男女之别，无上下、长幼之道，无进退、揖让之礼，无衣服、履带、宫室、畜积之便，无器械、舟车、城郭、险阻之备。此无君之患，故臣之义，不可不明也。自上世以来，天下亡国多矣，而君道不废者，天下利之也。

又曰：齐桓公染于管仲、鲍叔，晋文染于舅犯、郭偃，荆庄王染于孙叔敖、沈尹承，吴阖闾染于伍员、文之义，越勾践染于范蠡、大夫种。此五君者，所染当，故霸诸侯。范吉射染于张柳朔、王生，中行寅染于籍秦、高强，吴夫差染于王孙雄、太宰嚭，智伯瑶染于智国、张武，申尚染于魏义、偃长，宋康王染于唐鞅、田不礼。此六君者，所染不当，故国皆残亡，身或死辱。为君，非为君而因荣也，非为君而安也。以为行理也。

又曰：先王用非其有如已之有，通乎君道者也。君者处虚、素服而无智，故能使众智也。无能，故能使众能也。能执无为，故能使众为也。无智、无能、无为，此君之所执。

又曰：郑君问于被瞻曰："闻先生之义不死君，信有之乎？"被瞻对曰："有之。夫言不能听，道不能行，则固不事君也。若言听道行，又何死亡？"故被瞻之不死亡，贤于死亡也。

又曰：豫让欲报襄子。其友谓之曰："子之所道甚难而无功，谓子有志则然矣，谓子智则不然。以子之材而索事襄子，索，求。襄子必近子。子得近之而行所欲，此甚易而功必成。"豫让笑而应之曰："是为先知报后知也。为故君贼新君矣，大乱君臣之义也。子无失吾所为矣。凡吾所为此者，所以明君臣之义也，非从易也。"

《淮南子》曰：君，根本也；臣，枝叶也。根本不善，枝叶茂，未闻也。有道之世，以人与国；无道之世，以国与人。以贤人而与之国，尧舜是也；以国与人，桀纣与汤武是也。

《说苑》曰：晋平公问于师旷曰："人君之道奈何？"师旷曰："人君清静无为，务在于博爱，趣在任贤，开耳目以察万方，不溷溺于俗，不拘系于左右，廓然远见，倬然独立，屡省考绩以临臣下。此人君之操也。"平公曰："善！"

《新序》曰：赵襄子问于王子维曰："吴之所以亡者何也？"对曰："吴君吝而不忍。"襄子曰："宜哉，吴之亡也！吝则不能赏贤，不忍则不能罚奸。贤者不赏，有罪不罚，不亡何待？"

《潜夫论》曰：凡人君之治，莫大于和阴阳。夫阴阳者，以天为本。天心顺则阴阳和，天心逆则阴阳乖。天以民为心，民安乐则天心顺，民愁苦则天心逆。

《抱朴子》曰：清玄剖而上浮，浊黄判而下流，尊卑等威，于是乎著。曩圣取诸两仪，而君臣之道立；设官分职，而雍熙之化隆。君人者必修诸己，以先四海；去偏党，以平王道；遣私情，以树至公。昭德塞违，庸亲昵贤，使规尽其圆，矩尽其方矣。

太平御览卷第六百二十一 治道部二

臣

韦昭《释名》曰：臣，慎也。慎于其事以奉上也。

《孝经说》曰：臣者，坚也。守节明度，修义奉职也。

《易》曰：王臣蹇蹇，匪躬之故。蹇卦。

《书》曰：臣无有作福作威王食。臣之有作福作威王食，其害于而家，凶于而国。

又曰：熊罴之士，不二心之臣，保乂王家，用端命于上帝。

《诗》曰：进厥虎臣，阚如虓虎。阚，呼槛切。

《礼》曰：卫有大史曰柳庄，寝疾。公曰："若疾革，虽当祭必告。"公再拜稽首，请于尸曰："有臣柳庄也者，非寡人之臣，是社稷之臣也。闻之死，请往。"不释服而往，遂以禭之。

又曰：为人臣者，杀其身，有益于君，则为之。况于其身以善其君乎？周公优为之。于读为迂。迂，广也，大也。

又曰：故仕于公曰臣，仕于家曰仆。

又曰：大臣法，小臣廉，官职相序，君臣相正，国之肥也。

又曰：为人臣下者，有谏而无讪，有亡而无疾。颂而无谄，谏而无骄，怠则张而相之，相，助也。废则埽而更之，谓之社稷之役。役，为也。

又曰：子言之：事君先资其言，拜自献其身，以成其信。是故君有责于其臣，臣有死于其言，故其受禄不诬，受罪益寡。子曰：事君大言，入则望大利，小言，入则望小利。故君子不以小言受大禄，不以大言受小禄。子曰：事君不下达，不尚辞，非其人弗自。子曰：事君远而谏，则谄也；近而不谏，则尸利也。子曰：迩臣守和，宰正百官，大臣虑四方。子曰：事君欲谏不欲陈。《诗》云："心乎爱矣，遐不谓矣。中心藏之，何日忘之？"子曰：事君难进而易退，则位有序；易进而难退，则乱也。子曰：事君三违而不出境，则利禄也。虽曰不要君，吾不信也。子曰：事君慎始而敬终。子曰：事君可贵可贱，可富可贫，可生可杀，而不可使为乱。乱谓违废事君之礼。

又曰：子曰：大臣不亲，百姓不宁，则忠敬不足而富贵已过也。大臣不治而迩臣比矣。忠敬不足谓臣不忠于君，君不敬其臣。迩，近也。言近以见远，言大以见小，互言之记私相亲也。故大臣不可不敬也，是民之表也；迩臣不可不慎也，是民之道也。民之道，言民犹从也。君毋以小谋大，毋以远言近，毋以内图外，则大臣不怨，迩臣不疾，而远臣不蔽矣。

《左传》曰：石碏，纯臣也，恶州吁而厚与焉。大义灭亲，其是之谓乎？

又曰：晋惠公卒，怀公，命无从亡人。期期而不至，无赦。狐突之子毛及偃从重耳在秦，弗召。怀公执狐突曰："子来则免。"对曰："子之能仕，父教之忠，古之制也。策名委质，贰乃辟也。今臣之子，名在重耳，有年数矣。若又召之，教之贰也。父教子贰，何以事君？刑之不滥，君之明也，臣之愿也。淫刑以逞，谁则无罪？臣闻命矣。"乃杀之。

又曰：秦医和谓晋侯曰："良臣将死，天命不祐。"赵孟曰："谁当良臣？"对曰："主是谓矣。主相晋国，于今八年。晋国无乱，诸侯无阙，可谓良矣。和闻之：国之大臣荣其宠禄，任其大节，有灾祸兴而无改焉，必受其咎。"

又曰：陈无宇谓楚王曰："天子经略，诸侯正封。封略之内，何非君土；食土之毛，谁非君臣。毛，草也。故《诗》曰：'普天之下，莫非王土；率土之滨，莫非王臣。'《诗·小雅》。滨，涯。天有十日，甲至癸。人有十等，下所以事上，上所以共神也。故王臣公，公臣大夫，大夫臣士，士臣皂，皂臣舆，舆臣隶，隶臣僚，僚臣仆，仆臣台。马有圉，牛有牧，以待百事。"

《春秋说》曰：正气为帝，间气为臣，臣之。

《论语》曰：舜有臣五人而天下治。武王曰："予有乱臣十人。"乱，治也。

又曰：季子然问："仲由、冉求可谓大臣与？"子曰："所谓大臣者，以道事君，不可则止。今由与求也，可谓具臣矣。"言备官数而已。

《孝经》曰：君子之事上也，进思尽忠，退思补过，将顺其美，匡救其恶。故上下能相亲也。

《汉书》曰：张良未尝持兵为将，常为画策臣。

又曰：绛侯周勃为丞相，罢，趋出，意甚得。上礼之恭，常目送之。袁盎进曰："丞相何如人也。"上曰："社稷臣。"盎曰："绛侯所谓功臣，非社稷臣。社稷臣者，主存与存，主亡与亡。"

又曰：上居禁中，召周亚夫赐食。因趋出，上目送之曰："此怏怏，非幼主臣也。"

又曰：辛庆忌居处恭俭，食饮被服尤节约。然性好舆马，号为鲜明，唯是为奢。

荀悦《汉纪》曰：臣有六：有王臣，有良臣，有直臣，有具臣，有嬖臣，有佞臣。以道事君，匪躬之故，达节通方，立功兴化，是谓王臣；忠顺不失，夙夜匪懈，循理爱和，以辅上德，是谓良臣；犯颜拂意，砥矢弗挠，直谏遏非，不避死罪，是为直臣；奉法守职，无能往来，是谓具臣；便僻苟容，顺意从谀，是谓嬖臣；倾险谗回，诬上惑下，专权擅宠，唯利是务，是谓佞臣。或有君而无臣，或有臣而无君。用善则治，用恶则乱，难则交争，故明主慎所用焉。

又《东观记》曰：祭遵死后，每至朝会，上常叹曰："安得忧国奉公之臣如祭征虏者！"

沈约《宋书》曰：谢弘微为镇西谘议参军。太祖即位，为黄门侍郎，与王华、王昙首、殷景仁、刘湛等号曰五臣。迁尚书侍部郎。

《唐书》曰：或有言魏征阿党亲戚者，帝使御史大夫温彦博按验无状。彦博曰："征为人臣，须存形迹，不能远避嫌疑，遂招此谤。"帝令彦博让征，曰："自今以后，不得不存形迹。"它日，征入奏曰："臣闻君臣叶契，义同一体，不存公道，唯事形迹。若君臣上下同遵此路，则邦之兴丧或未可知。愿陛下使臣为良臣，勿使臣为忠臣。"帝曰：

“忠良有异乎？”征曰：“良臣，稷、契、皋陶是也；忠臣，龙逢、比干是也。良臣使身获美名，君受显号，子孙传世，福禄无疆。忠臣身受诛夷，君陷大恶，家国并丧，空有其名。以此而言，相去远矣。”

又曰：卢怀慎临终遗表曰：“宋璟立性公直，执心贞固。文学足以经务，识略足以佐时。动唯直道，行不苟合。闻诸朝野之说，实为社稷之臣。”

《晏子春秋》曰：景公问于晏子曰：“忠臣之事君何若？”对曰：“有难不死，出亡不送。”公不说，曰：“君裂地而富之，疏爵而贵之，有难不死，出亡不送，其说何也？”对曰：“言而见用，终身无难，臣何死焉？谏而见从，终身不出，臣何送焉？”

《孔丛子》曰：夫为人臣，见非而不争，以陷主于危亡，罪之大者也。人主疾臣弼已而恶之，资臣以箕子、比干之忠，惑之大者也。

又曰：魏主问：“何如可谓大臣？”子高答曰：“大臣则必取众人之选，能犯颜谏争，公正无私者。陈计事成，主裁其赏，事败，臣执其咎。主任之而无疑，臣当之而弗避。君总其契，臣行其义。然则不猜其人，臣不隐于其君。故动无过计，举无败事。是以臣主并有德也。”

又曰：卫出公使人问孔子曰：“寡人之任臣，无大小，一自言问观察之，犹复失人，何故？”答曰：“如君之言，此即所以失之也。人既难知，非言问所监、观察所尽。且人君所虑者多，多虑则意不精。以不精之意，察难知之人，宜其有失也。君未之闻乎？昔者舜臣尧，官才任士，尧一从之，左右曰：‘人君用士，当自任耳目，而取信于人，无乃不可乎？’尧曰：‘吾之举舜，已耳目之矣。今舜所举，吾又耳目之。是则耳目人，终无已已也。’君苟付可付者，则己不劳，贤才不失矣。”

又曰：孟懿子问：“《书》曰：‘钦四邻’何谓也？”孔子曰：“王者前有疑，后有丞，左有辅，右有弼，谓之四近。言前后左右近臣，当敬畏之。不可以非其人也。”

又曰：孟氏之臣畔。武伯问孔子曰：“如何？”答曰：“人臣而畔，天下之所不容也。其将自反，子姑待之。”三旬，果自归孟氏。武伯将执之，访于夫子。夫子曰："无也。子之于臣，礼意不至，是以去子。今其反，罪以反除，又何执焉？子修礼以待之，则臣去子，将安往哉？"武伯乃止。

《孟子》曰：孟子见齐宣王曰："所谓故国者，世臣之谓也。世臣，先世旧国也。王者当有累世修德之臣，常能辅其君以道也。王无亲臣矣。今王无可亲任之臣。昔者所进，今日不知其亡也。"言王取人不详审，往日之所知臣，今日为恶当诛亡，王无知之。王曰："吾何以识其不才而舍之？"曰："国君进贤如不得已，将使卑逾尊，疏逾戚，可不慎与？"言国君欲进用人，当留意考择，如使忽言不精心意，如不得已而取备官，则使尊卑亲疏相逾也。

又曰：景子曰："内则父子，外则君臣，人之大伦也。父子主恩，君臣主敬。"

又曰：故将大有为之君，必有所不召之臣，欲有谋焉，则就之。故汤之于伊尹，学焉而后臣之。故不劳而王。桓公之于管仲，学焉而后臣之，故不劳而霸。

又曰：欲为君，尽君道；欲为臣，尽臣道。二者皆法尧、舜而已矣。

又曰：在国曰市井之臣，在野曰草莽之臣。

《董子》曰：上臣事君以人，中臣事君以身，下臣事君以质。

《韩子》曰：为臣也，北面委质，无有二心。朝廷不辞贱，军旅不辞难，顺主之法而无是非也。故有口不以私言，有目不以私视。

《吕氏春秋》曰：魏襄王与群臣饮，酒酣，主为群臣祝，令群臣皆得志。史起兴而对曰："群臣或贤或不肖，贤者得志则可，不肖者得志则不可。"王曰："皆如西门豹之为人臣也。"史起对曰："魏氏之行田也以百亩，邺独二百亩，是田恶也。漳水在旁，而西门豹不知用，是其愚也。"

又曰：柱厉叔事莒敖公，自以为不知而去，居于海上。莒敖公有难，柱厉叔辞其友而往死之。其友曰："子自以为不知，故去，今又往死之，是知与不知无异别也。"柱厉叔曰："不然。自以为不知，故去；今死而不去，是果知我也。吾将死之，以丑后世之人不知其臣者也。

所以激君人者之行，而厉人臣之节也。行激节厉，忠臣幸于得察。忠臣察，则君道固矣。"

《淮南子》曰：周公事文王，行无专制，事无由己，身若不胜衣，言若不出口。有所奉持于前，洞洞㦡㦡，如不能，如将失之，可谓能子矣。及继文武之业，履天子之国，则平夷狄之乱，诛管蔡之罪，无所顾问。威动天地，声慑海内。可谓能武矣。成王长，北面致政，委质而臣事之，请而后行，无擅恣之意，无矜伐之色，可谓能臣矣。

《说苑》曰：人臣之术，随顺复命，无所敢专。议不苟合，位不苟尊，必有益于国，必有补于君，故其身尊而子孙保之。臣之行有六邪六正，行六正则荣，犯六邪则辱。贤臣处六正之道，不行六邪之术，故上安而下治。生则见乐，死则见思。此人臣之本也。

又曰：子贡问孔子："为臣孰大？"曰："齐有鲍叔，郑有东里子皮。"子贡曰："齐无管仲，郑无子产乎？"孔子曰："吾闻进贤为善。鲍叔进管仲，子皮进子产。未闻管仲、子产有所进也。"

《新序》曰：秦欲伐楚，使者往观楚之宝器。楚王闻之，召令尹子西而问焉，曰："秦欲观楚宝器，吾和氏之璧，隋侯之珠，可示诸乎？"令尹子西对曰："臣不知也。"召昭奚恤而问焉，昭奚恤对曰："此欲观吾国之得失而图之。国之宝器在于贤臣，夫珠玉玩好之物，非国所重宝者。"于是遂使昭奚恤应之。奚恤称曰："楚国之所宝者，贤臣也。理百姓，实仓廪，使民人各得其所，令尹子西在此。奉圭璋，使诸侯，解忿狷之难，交两国之忻，使无兵革忧，大宗子敖在此。守封疆，谨境界，不侵邻国，邻国亦不见侵，叶公子高在此。理师旅，整兵戎，以当强敌；提桴鼓，以动百万之众，使赴汤火，蹈白刃，出万死不顾一生，司马子反在此。若怀霸王之余义，撮治乱之余风，昭奚恤在此。唯大国之所观。"秦使者瞿然无以对，反言于秦曰："楚多贤臣，未可谋也。"遂不敢伐。

又曰：周舍事赵简子，立门三日三夜。简子使人出问之："夫子将何以令我？"周舍曰："臣愿为谔谔臣，墨笔操牍，随君之后，司君之过而书之。日有记也，月有效也，岁有约也。”简子悦之。

贾谊《新书》曰：智足以谋国事，行足以为人师，仁足以为上下之声；国有法则守之，君有难则死之，谓之大臣也。《古诗》：“为君既不易，为臣良独难。”

应璩《百一诗》曰：茫茫九州内，莫非帝者民。民有忠信行，莫非帝者臣。

太平御览卷第六百二十二 治道部三

政治一

《释名》曰：政者，正也，下所以取正也。

《周礼·天官》太宰之职曰：正月之吉，始和，布治于邦国都鄙，乃县读为悬。治象之治于象魏，使万民观治象，挟日而敛之；太宰以正月朔日布王治之事于天下，至正岁，又书而悬于象魏，振木铎以徇之，使万民观焉。小宰亦帅其属而往，皆所以重治法新王事也。凡治有故。言始和者，若改造云尔。挟日凡十日。乃施典于邦国，而建其牧，立其监，设其参，傅其伍，陈其殷，置其辅；乃者，更申敕之也。以侯伯有功德者加命作州长，谓之牧。所谓八命作牧者也。监谓公侯伯子男各盟一国也。郑司农云：殷治律辅为民之平也。乃施则于都鄙，而建其长，立其两，设其伍，陈其殷，置其辅；长谓公卿大夫，两谓两卿也。乃施法于官府，而建其正，立其贰，设其考，陈其殷，置其辅。凡治，以典待邦国之治，以则待都鄙之治，以法待官府之治，以官成待万民之治，以礼待宾客之治。凡邦之小治，则冢宰听之，待四方宾客之小治。大事决乎王，小事冢宰专平之。岁终，则令百官府各正其治，受其会，正，正处也。会，大计也。听其政事，而诏王废置。平其事来至者之功状而奏白王。三岁，则大计群吏之治而诛赏之。事久则听之大。无功，不徒废，必罪之；有大功，不徒置，又赏之。郑司农云：三载考绩是也。

又曰：《天官》小宰之职曰：正岁，帅治官之属，而观治象之法，徇以木铎，曰：不用法者，国有常刑。正岁谓夏之正月得四时之正，以出教令者审矣。古者将有新令，必奋木铎以警众，使明听也。木铎，木舌也。文事奋木铎，武事奋金铎。

《礼》曰：故政者，君之所以藏身也。藏谓辉光于外而形体不见，若日月星辰之神。是故夫政必本于天，淆以降命。降，下也。淆天之气以下教令。天有运移之期，阴阳之节也。命降于社之谓淆地，教谓令由社下者也。社，土地之主也。《周礼》土会之法有五地之物生也。降于祖庙之谓仁义，谓教令由社下者。大传曰：自祢率而上至于祖，远者轻仁也。自祖率而下至于祢，高者重义也。降于山川之谓兴作，谓教令由山川下者也。山川有草木禽兽，可作器物，其国事。降于五祀之谓制度。谓教令由五祖下者，五祀有中溜、门、户、灶、行之神，此始为宫室制度。此圣人所以藏身之固也。政之行如此，何用城郭沟池之为。故圣人参于天地，并于神鬼，以治政也。

又曰：政以一其行。礼、乐、刑、政，其极一也。极，至也。所以同民心而出治道也。是故治世之音安以乐，其政和；乱世之音怨以怒，其政乖。声音之道与政通矣。是故审声以知音，审音以知乐，审乐以知政，而治道备矣。

又曰："敢问何谓为政？"孔子对曰："政者，正也，君为正，则百姓从政矣。君之所为，百姓之所从也。君所不为，百姓何从？"公曰："敢问为政何如？"孔子对曰："夫妇别，父子亲，君臣严。三者正，则庶物从之矣。"

又曰：哀公问政。子曰："文武之政，布在方策。其人存，则其政举；其人亡，则其政息。人道敏政，地道敏树。夫政也者，蒲卢也。蒲卢蜾蠃谓土蜂也。《诗》曰："螟蛉有子，蜾蠃负之。"螟蛉，桑虫也，蒲卢，取桑虫之子去而变化之以为己子。政之于百姓，若蒲卢之于桑虫然。故为政在人。"

又曰：子曰："夫人教之以德，齐之以礼，则民有格心；教之以政，齐之以刑，则民有遁心。"格，来也。遁，逃也。

又曰：子曰："政之不行也，教之不成也，爵禄不足劝也，刑罚不足耻也。故上不可以亵刑而轻爵。"言政教所以明尝罚也。

又曰：圣人南面听天下，所且先者五，民不与焉。一曰治亲，二曰报功，三曰举贤，四曰使能，五曰存爱。五者一得于天下，民无不足、无不赡者；五者一物纰缪，民莫得其死。物犹事也。纰犹错也。五事得则民足，一事失则民不得其死。明政之难。

《大戴礼》曰：曾子曰："敢问不费不劳，以为明乎？"孔子愀然扬眉曰："参！汝以明主为劳乎？古者舜左禹而右皋陶，不下席而天下治。"

《左氏传》曰：宣子于是乎始为国政，宣子，赵盾。制事典，正法罪，辟刑狱，辟犹理也。董逋逃，由质要，治旧洿，本秩礼，续常职，出滞淹。既成，以授太傅阳子与太师贾佗，使行诸晋国，以为常法。

又曰：晋悼公即位于朝，始命百官，始为政。施舍已责，施恩惠，舍劳役，逋止责。振废滞，起旧德。匡乏困，救灾患，匡亦救也。禁淫慝，薄赋敛，宥罪戾，宥，宽也。节器用，节，省也。时用民，使民以时。欲无犯时。不纵私欲。

又曰：季札聘于郑。谓子产曰："郑之执政者侈，难将至矣。政必及子，子为政，慎之以礼。不然，郑国将败。"

又曰：郑子皮授子产政。子产使都鄙有章，国都及边鄙车服尊卑各有分部。上下有服，公卿大夫服不相愈。田有封洫，庐井有伍。大人之忠俭者，谓卿大夫。从而与之；泰侈者，因而毙之。从政一年，舆人诵之曰："取我衣冠而褚之，褚，蓄也。奢侈者畏法，故蓄藏。取我田畴而伍之。孰杀子产，吾其与之。"及三年，又诵之曰："我有子弟，子产诲之；我有田畴，子产殖之。殖，生也。子产而死，谁其嗣之？"嗣，续也。传言郑所以兴。

又曰："礼之于政，如热之有濯，以救热，何患之有？"

又曰：郑人游于乡校，以论执政。论其得失。然明谓子产曰："毁乡校，如何？"子产曰："何为？夫人朝夕退而游焉，以议执政之善否。其所善者，吾则行之；其所恶者，吾则改之。是吾师也。若之何毁之？"

又曰：子皮欲使尹何为邑。子产曰："少，未知可否？"子皮曰："愿吾爱之，不吾叛也。使夫往而学焉，夫亦愈知治矣？"子产曰："不可。人之爱人，求利之也。今吾子爱人则以政，以政与之。犹未能操刀而使割也，其伤实多。子之爱人，伤之而已，其谁敢求爱于子？子于郑国，栋折榱崩，侨将厌焉，敢不尽言？子有美锦，不使人学制焉。而使学者制焉，其为美锦，不亦多乎？侨闻学而后入政，未闻以政学者也。譬如田猎，射御贯，则能获禽。贯，习也。若未尝登车射御，则败绩厌覆是惧，何暇思获？"子皮曰："善哉，学者也！若果行此，必有所害。"

又曰：周任有言曰："为政者不赏私劳，不罚私怨。《诗》云：'有觉德行，四国须之。’”《诗·小雅》。觉，直也。言德行直则四方顺从也。

又曰：郑子产有疾，谓子太叔曰：“我死，子必为政。唯有德者能以宽服民，其次莫如猛。火烈，民望而畏之，故鲜死焉。水懦弱，民狎而玩之，则多死焉。故宽难。”难以治。疾数月而卒。太叔为政，不忍猛而宽。郑国多盗，聚人于萑蒲之泽。萑蒲，泽名也。于泽中劫人，音符浦切。太叔悔之曰：“吾早从夫子，不及此。”兴徒兵以攻蒲之盗，尽杀之，盗少止。仲尼曰：“善哉！政宽则民慢，慢则纠之以猛；猛则民残，残则施之以宽。宽以济猛，猛以济宽，政是以和。《诗》曰：‘民亦劳止，汔可小康。惠此中国，以绥四方。’施之以宽也。”

《书·大禹谟》曰：后克艰厥后，臣克艰厥臣，政乃乂，黎民敏德。敏，疾也。能知为君难，为臣不易，则其政治，而众民皆疾修德。禹曰：“于，帝念哉！德唯善政，政在养民。叹而言念，重其言，为政以德，则民怀之。水、火、金、木、土、谷，唯修。言念民之本，在先修六府。正德、利用、厚生，唯和，正德以率下，利用以阜财，厚生以养民，三者和，所谓善政。九功唯叙，九叙唯歌。言六府三事之功者有次叙皆可歌乐，乃德政之所致。戒之用休，董之用威，劝之以九歌，俾勿坏。”言善政之道，美以戒之，威以督之，歌以劝之。使政勿坏，在此三者而已。

又《太甲下》曰：德唯治，否德乱。与治同道，罔不兴；与乱同事，罔不亡。言安危在所念，治乱在所法。终始慎厥与，唯明明后。明慎其所与治乱之机，则为明王明君。

又《盘庚上》曰：古我先王，亦唯图任旧人共政。先王谋任久老成人共治其政。王播告之修，不匿厥指。王布告人，以所修之政不匿其指。王用丕钦，罔有逸言。民用丕变。王用大敬其政教，无有逸豫之言，民用大变从化。

又《洪范》曰：六，三德：治民必用刚、柔、正直之三德。一曰正直，二曰刚克，刚能立事。三曰柔克。和柔能治。三者皆德。平康正直。世平安，用正直治之。强弗友刚克，友，顺也。世强御不顺，以刚能治之。燮友柔克，燮，和也。世和顺以柔能治之。沈潜刚克，沈潜谓地虽柔亦有刚，能出金石。高明柔克。高明谓天。言天为刚德亦有柔克，不干四时，喻臣当执刚以正君，君亦当执柔以纳臣。

又《立政》曰：周公若曰："拜手稽首，告嗣天子王矣。"用咸戒于王，曰："王左右常伯、常任、准人、缀衣、虎贲。"周公用王所立政之事，皆戒于王曰：常所常事常所委任，谓三公六卿。准人平法，谓士官。缀衣，掌衣服。虎贲以武力事王。皆左右近臣，宜得其人。周公曰："呜呼！休兹，知恤鲜哉！叹此五者立政之本，知忧得其人者少。古之人，迪唯有夏，乃有室大竞，吁俊尊上帝，古之人道，唯有夏禹之时，乃有卿大夫室家大强，犹乃招呼贤俊与共尊事上帝。迪知忱恂于九德之行，禹之臣蹈知诚信于九德之行，谓贤智大臣九德皋陶所谋也。乃敢告教厥后曰：拜手稽首后矣。曰：宅乃事，宅乃牧，宅乃准，兹唯后矣。知九德之臣，乃敢告教其君，以立政君矣。亦犹王矣。宅，居也。居汝事六卿。掌事者，牧。牧民九州之伯，居外内之官及平法者，皆得其人，则此唯君矣。呜呼！孺子王矣，叹稚子今以为王矣，不可不勤法祖考之德。继自今，我其立政。立事、准人、牧夫，我其克灼知厥若，丕乃俾乱，继用今已往我其立政大臣，立事小臣，及准人、牧夫，我其能灼然知其顺者，则大乃使治之。言知臣下之勤劳，然后莫不尽心力也。相我受民，和我庶狱庶慎，时则勿有间之。能治我所受天民，和平我众狱众慎之事。如是，则勿有以代之。言不可复变。自一话一言，我则末唯成德之彦，以乂我受民。言政当用一善，善在一言而已。欲其口无择言。如此，我则终唯有成德之美以治我所受之民。呜呼！予旦已受人之徽言，咸告孺子王矣！叹所受贤圣说禹汤之美言，皆以告稚子王矣。继自今，文子文孙，其勿误于庶狱庶慎，唯正是乂之。"文子孙子，从今已往，唯以正是之道治众狱，众慎其勿误也。

又曰：成王既黜殷命，灭淮夷，还归在丰，作《周官》。王曰："若昔大猷，制治于未乱，保邦于未危。言当顺古大道，制治安国，必于未乱未危之前，思患预防之。曰唐虞稽古，建官唯百，内有百揆四岳，外有州牧侯伯。道尧舜考古，以建百官，内置百揆四岳，象天之有五行；外置州牧十二及五国之长，上下相维，内外咸治。言有法。庶政唯和，万国咸宁。官职有序，故庶政唯和，万国皆安，所以为治也。夏商官倍，亦克用乂。禹汤建官二百，亦能用治。言不及唐虞之清要也。明王立政，不唯其官，唯其人。"言圣帝明王立政修教，不唯多其官，唯在得其人。王曰："呜呼！凡我有官君子，钦乃攸司，慎乃出令。令出唯行，弗唯反。有官，君子大夫以上。叹而戒之，使敬汝所司，慎汝出令。从政之本，令出必唯行之，不唯反改。若二三其令，乱之道。以公灭私，民其允怀。学古入官，议事以制，政乃不迷。其尔典常作之师，无以利口乱厥官。蓄疑败谋，怠忽荒政。不学墙面，莅事唯烦。”积疑不决，必败其谋。怠惰忽略，必乱其政。人而不学，其犹正墙面而立，临政事必烦。

又《君陈》曰：唯尔令德孝恭，唯孝，友于兄弟，克施有政。言善父母者，必友于兄弟，能施其政令。命汝尹兹东郊，敬哉。图厥政，莫或不艰，有废有兴，出入自尔师虞，庶言同则绎。谋其政，无有不先虑其难。有所废，有所起，出纳之事当用汝众言度之。众言同则陈而布之，禁其专也。有弗若于汝政，弗化于汝训，辟以止辟，乃辟。有不顺于汝政，不变于汝教，刑之而惩止。犯刑者乃刑之。狃于奸宄，败常乱俗，三细不宥。习于奸宄，凶恶毁败五常之道以乱风俗之教，罪虽小，三犯不赦，所以绝恶源也。

《论语》曰：子禽问于子贡曰：“夫子至于是邦也，必闻其政。求之与？抑与之与？”子贡曰：“夫子温良恭俭让以得之。夫子之求之也，其诸异乎人之求之与？”

又曰：为政以德，譬如北辰，居其所，而众星拱之。

又曰：子贡问政。子曰：“足食，足兵，民信之矣。”

又曰：齐景公问政于孔子。孔子对曰：“君君、臣臣、父父、子子。”公曰：“善哉。信如君不君，臣不臣，父不父，子不子。虽有粟，吾得而食诸？”

又曰：子张问政。子曰：“居之无倦，行之以忠。”

又曰：季康子问政于孔子。孔子对曰：“政者，正也。子帅以正，孰敢不正？”

又曰：季康子问于孔子曰：“如杀无道以就有道，何如？”孔子对曰：“子为政，焉用杀？子欲善而民善矣。君子之德风，小人之德草。草上之风，必偃。”

又曰：子路问政。子曰：“先之劳之。”请益，曰：“无倦。”

又曰：子曰：“鲁卫之政，兄弟也。”

又曰：“卫君待子而为政，子将奚先？”子曰：“必也正名乎？”子路曰：“有是哉，子之迂也！奚其正？”子曰：“野哉，由也！君子于其所不知，盖阙如也。名不正，则言不顺；言不顺，则事不成；事不成，则礼乐不兴；礼乐不兴，则刑罚不中；刑罚不中，则民无所措手足。故君子名之，必可言也，言之必可行也。君子于其言，无所苟而已矣。”

又曰：叶公问政。子曰：“近者说，远者来。”

又曰：子夏为莒父宰问政。子曰：“无欲速，无见小利。欲速则不达，见小利则大事不成。”

又曰：无为而治者，其舜也与？夫何为哉？恭己正南面而已矣。

又曰：子张问于孔子曰：“何如斯可以从政矣？”子曰：“尊五美，屏四恶，斯可以从政矣。”

太平御览卷第六百二十三　治道部四

政治二

《史记》曰：鲁公伯禽初受封，之鲁三年，而后报政周公。周公曰："何迟？"伯禽曰："变其俗，革其礼，丧三年然后除之，故迟。"太公亦封于齐，五月而报政。周公曰："何疾也？"曰："吾简其君臣礼，从其俗为也。"及后闻伯禽报政迟，乃叹曰："呜呼！鲁后世其北面事齐矣。夫政不简不易，民不近。平易近民，民必归之。"

又曰：齐威王召即墨大夫而语之曰："自子之居即墨也，毁言日至。然吾使人视即墨，田野辟，民人给，官无留事，东方以宁。是子不事吾左右以求誉也。"封之万家。召阿大夫语曰："自子之守阿，誉日闻。然使人视阿，田野不辟，民人贫苦。昔赵氏攻甄，子弗能救；卫取薛陵，而子不知。是子以币厚吾左右以求誉也。"是日，烹阿大夫及左右尝誉者。于是齐国震惧，人人不敢饰非，务尽其诚。齐国乃大治。

又曰：公孙鞅西入秦，因孝公宠臣景监以求见孝公。孝公既见鞅，语事良久。孝公时睡，弗应，罢而去。孝公怒景监曰："子之客，妄人耳！安足用耶？"景监以让鞅。鞅曰："吾说孝公以帝道，其志不开悟。"后五日，复求见鞅。鞅复见孝公，益愈，然而未中旨，罢而去。孝公复让监，监亦让鞅。鞅曰："吾说公以王道而未入也。请复见鞅。"鞅复见，孝公善之而未甚也。罢而去。孝公谓景监。曰："汝客盖可与语矣。"鞅曰："吾说孝公以霸道，其意欲用之矣。诚复见我，我知之矣。"鞅复见孝公。公与语，不自知膝之前于席也。语数日，不厌。景监曰："子何以中吾君？吾君之欢甚也。"鞅曰："吾说君以帝王之道，而召君曰：'久远，吾不能待。安能邑邑待数十百年而成王道之业乎？'故吾以强国之术说君，君悦之。然亦难以比德于殷周矣。"

《汉书》曰：曹参相齐，召长老诸先生，问以安集百姓。齐故诸儒以百数，言人人殊。参未知所定。闻胶西有盖公，善治黄老，使人厚币请之。既见盖公，盖公为言治道贵清静而民自定，推此类具言之。参于是避正堂，舍盖公焉。其治要用黄老术，故相齐九年，齐国安集，大称贤相。及参去齐，属其后相曰："以齐狱市为寄，慎勿扰也。"后相曰："治无大于此乎？"参曰："不然。夫狱市者，所以并容也。今君扰之，奸人安所容乎？吾是以先之。"

又曰：陆贾时时说《诗》《书》，高帝骂之曰："乃公居马上得之，安事《诗》《书》？"贾曰："马上得之，宁可以马上治乎？且汤、武逆取而顺守，文、武并用，长久之术也。昔者吴王夫差、智伯，极武而亡；夫差，吴天阖闾子也。好用兵，卒为越所灭。智伯，晋卿荀瑶也。攻赵襄子，襄子与韩魏反而丧之。秦任刑法不变，卒灭赵氏。秦之先封于赵。乡使秦已并天下，法先圣，陛下安得而有之？"

又曰：贾谊上疏曰："夫仁义恩厚，人主之芒刃也；权势法制，人主之斤斧也。"

又曰：夫三代之所长久者，其已事可知也。已事，已往之事也。然而不能从者，是不法圣智也。秦世之所以亟绝者，其辙迹可见也。然而不避，是后车又将覆也。夫存亡之变，治乱之机，其要在是而已矣。夫人之智能见已然，不能见将然；夫礼者禁于将然之前，而法者禁于已然之后。是知法之用易见，而礼之所以为至难知也。若夫庆赏以劝善，刑罚以惩恶，先王执此之政，坚若金石，行此之令，信如四时。据此之公无私，如天地耳。岂顾不同哉！顾，反也。为人主计者，莫如先审取舍，取舍之极定于内，安危之萌应是外矣。安者非一日而安也，危者非一日而危也。以礼义治之者积礼义；以刑罚治之者积刑罚。刑罚积而民怨背，礼义积而民和亲。故世主欲民之善同，而所以使民善者或异。或道之以德教，或敺之以法令。道之以德教者，德教洽而民气乐；敺之以法令者，法令极而民风哀。哀乐之感，祸福之应也。秦王之欲尊社庙而安子孙，汤武同然。而汤武广大其德行，六七百岁而不失；秦王治天下十余岁，则大败。此亡他故矣，汤武之定取舍审而秦王之定取舍不审也。夫天下，大器也。令人之置器，置诸安处则安，置诸危处则危。天下之情与器无以异，在天子之所置之。汤武置天下于仁义礼乐，而德泽洽于禽兽草木，广裕累子孙数十世；秦王置天下于法令刑罚，德泽亡一有，祸几及身，子孙诛绝。此天下所共见也。

又曰：董仲舒对策曰："夫人君莫不欲安存而恶危亡，然而致乱危者甚众，所任者非其人而所繇音由者非其道也。是以政日以仆灭也。夫周道衰于幽、厉，非道亡也，幽厉不繇也。至宣王，明文、武之功业，周道粲然复兴，诗人美之，上天佑之，为生货佐，行善之所致也。孔子曰：'人能弘道，非道弘人。'故理乱兴废在于己，非天降命也。臣闻天之所大奉使之王者，必有非人力所能致而自至者。此受命之符也。天下之人同心归父母，故天瑞应诚而至。白鱼入于王舟，有火复于王屋，流而为乌，复，归也。皆积善累德之效也。及后世，淫逸不能统理群生，废德教而任刑罚。刑罚不中则生邪气，邪气积于下，怨恶畜于上。上下不和，阴阳缪盭，而妖孽生焉。此灾异所缘起也。臣闻：命者，天之令也；性者，生之质也；情者，人之欲也。或夭或寿，或仁或鄙，陶冶而成之，不能粹美，有治乱之所生，故不齐也。尧、舜行德，则民仁寿；桀、纣行暴，则民鄙夭。夫上之化下，下之从上，犹泥之在钧，唯甄者之所为；犹金之在镕，唯冶者之所铸。绥之斯来，动之斯和也。"

又曰：董仲舒论时政曰："为政不行甚者，必变而更化之。譬诸琴瑟不调，必解而更张之。当更张而不更张，虽有良工，不能善调也。当更化而不更化，虽有大贤，不能善治也。"

又曰：萧望之上疏曰："夫民函阴阳之气，函与含同。有仁义、欲利之心，在教化之所助，虽尧在上，不能去民欲利心，而能令其欲利不胜其好义也；虽桀在上，不能去民好义之心，而能令其好义不胜其欲利也。故尧、桀之分，在于义利而已。故道民不可不慎也。"

又曰：匡衡上书言政治曰："五帝不同乐，三王各异教。民俗殊务，所遇之时异也。比年大赦，而奸邪不为衰止，盖保民者陈之以德义，示之以好恶，观其失而制其宜也。朝廷者，天下之桢干也。公卿大夫相与循礼恭让，则民不争；好仁乐施，则下不暴；上义高节，则民兴行；宽柔和惠，则众相爱。四者，明王所以不严而成也。”

又曰：元帝时，京房问上曰：“幽、厉之君何以危？所任者何人也？”上曰：“君不明而所任者巧佞。”房曰：“知其巧佞而任之也？”将以为贤也？上曰：“贤之。”房曰：“然则今何以知其不贤也？”上曰：“以其时乱而君危知之。”房曰：“若是，任贤必治，不肖必乱，必然之道也。幽、厉何不觉寤而更求贤，曷为卒任不肖以至于是？”上曰：“临乱之君，各贤其臣。令皆觉寤，天下安得危亡之君？”房曰：“齐桓公、秦二世亦尝闻此二君而非笑之，然则任竖刁、赵高，政治日乱，盗贼满山。何不以幽、厉之王而觉悟乎？”上曰：“唯有道者能以往知来耳。”房因免冠谢曰：“《春秋》记二百四十二年灾异，以示万世之君。今陛下即位已来，日月失明，星辰错行，山崩泉涌，地震石陨，夏霜冬雷，水旱螟虫，民人饥疫，盗贼不禁，刑人满市。《春秋》所记灾异尽备。陛下视今为治耶？为乱耶？”上曰：“亦极乱耳，尚何道。”房曰：“今所任者谁欤？”上曰：“然幸其愈于彼，又以为不在此人也。”愈，胜也。言其胜于彼也。房曰：“夫前世之君亦皆然矣。臣恐后之视今，犹今之视前也。”

《后汉书》曰：桓谭上疏曰：“国之废兴，在于政事；政事得失，由乎辅佐，夫有国之君，俱欲兴化建善。然而治道未理者，其所谓贤者异也。且设法禁者，非能尽塞天下之奸，皆合众人之欲也，大底取便国利民多者则可矣。夫张官置吏，以理万民；悬赏设罚，以别善恶。恶人诛伤，则善人蒙福矣。”

《魏志》曰：袁涣字曜卿，为梁相。每敕诸县曰：“世治则礼备，世乱则礼简。方今难以礼化，在吾所以为政。”

又曰：太祖破袁氏，领冀州牧，辟崔琰为别驾从事。谓琰曰：“昨案户籍，可得三十万众，故为大州也。”琰曰：“今天下分崩，九州幅裂。二袁兄弟，亲寻干戈，冀方蒸庶，暴骸原野。未闻王师仁声先路，存问风俗，救其涂炭，而较计兵甲，唯此为先，岂彼州士女所望于明公哉？”太祖改容谢之。

《晋书》武帝初受禅，驸马都尉傅玄上疏曰：“先王之治天下也，明其大教，长其义节；道化行于上，清议隆于下；上下相奉，人怀义心。亡秦荡灭先王之制，以法术相御，而义心亡矣。近者魏武好法术而天下贵刑名，魏文慕通达而天下贱守节。其后纲维不摄，而虚无放诞之论盈于朝野，使天下无复清议，而亡秦之弊复发焉。”

崔洪《春秋前凉录》曰：张天锡时，小府长史纪瑞上疏论时政曰：“臣闻东野善驭而败其驾，秦氏富强而覆其国。马力已尽，求之弗休；人既劳竭，役之无已故也。造父之御，不尽其马；虞舜之治，不穷其人，故造父无失御，虞舜无失人。”

《唐书》曰：魏征上疏曰：“君人者，诚能见可欲，则思知足以自戒；将有作，则思知止以安人；念高危，则思谦冲而自牧；惧满溢，则思江海下百川；乐盘游，则思三驱以为度；恐懈怠，则思慎始而敬终；虑拥蔽，则思虚心以纳下；想谗邪，则思正身心以黜恶；恩所加，则思无喜以谬赏；罚所及，则思无怒以滥刑。然后简能而任之，择善而从之，智者尽其谋，勇者竭其力，仁者播其惠，信者效其忠。文武争驰，在君无事，可以尽豫游之乐，可以养松乔之寿，鸣琴垂拱，不言而化。何必劳神苦思，代下司职，役聪明之耳目，亏无为之大道也？”

又曰：陈子昂上书言政理曰：“元气者，天地之始、万物之母、王政之大端也。天之道莫大乎阴阳，万物之尊莫大乎黔首，王政之贵莫大乎安人，故人安则阴阳和，天地平而元气正矣。是以古先帝王见人之通于天地，天人相感，阴阳相和，灾害之所不生，嘉祥之所以作也。遂则象于天，则成于地，辅相天地之宜以左右，民于是养成群生，奉顺天德。故人得安其俗、乐其业、甘其食、美其服，阴阳大和，元气已正，天地降瑞，风雨以时矣。”

又曰：景云二年，监察御史解琬陈时政曰：“臣闻国之安危，在于为政。若为政以法，虽暂安而必危。为政以德，虽不便而终治。夫法者，智也。智，所谓权宜；道，可以长久。陛下登位，今已逾年。上封事者多言明圣、述太平，或曰功巍巍、德赫赫，非唯不裨于政化，亦乃陛下之厌闻。臣以为当今风俗未甚振理，政令未息烦劳，阴阳未调和，帑藏未充牣，流离者尚相望于道路，犯禁者犹继踵于狴牢；耳未闻康哉之声，目未睹太平之事。且贞观、永徽之天下，亦今日之天下，相去几何？而风俗淳季相反，由理之失也。夫霸者任智，失德于人，故大伪缘生矣。然巧智之士，浮诡之徒，智忠者为立身之阶，识仁义为百行之本，托之以求进，假之以取容，口是而心非，言同而意反。明君哲后，亦何尽能察哉？趋竞之吏、巧知之人，欲密网以为至公，殊不知网密而犯者众；用苛细为勤事，殊不知事细而扰愈烦。赏贪冒以强能，鄙贞正而孤介；随波浮沉者题之以黠，刚毅正直者目之曰愚。岁月渐渍，日致浇浮，朴散淳离，流宕忘反。若不匡救其弊，何由使风俗淳质、厥人以康哉？”

太平御览卷第六百二十四　治道部五

政治三

《管子》曰：国有四维。一维绝则倾，二维绝则危；三维绝则覆，四维绝则灭。倾可正，危可安，覆可起，灭不可复措也。四维：一曰礼，二曰义，三曰廉，四曰耻。

又曰：政之所行，在顺民心；政之所废，在逆民心。民恶忧劳，我佚乐之；民恶贫贱，我富贵之；民恶危坠，我存安之；民恶灭绝，我生育之。

又曰：凡牧民者，使士无邪行，女无淫事。士无邪行，教也；女无淫事，训也。教训成俗，而刑罚省也。

又曰：善为国者，使民若饥鱼之归饵，渴马之走饮。

又曰：尧、舜之民，非生而治；桀、纣之民，非生而乱。治乱在上也。

又曰：圣人设度量，置仪法，如天地之坚，如列星之固，如日月之明，如四时之信然。故令往而民从之。

《老子》曰：治大国若烹小鲜，烹小鲜不敢挠，恐其縻也。治国烦则乱，治身烦则精神散。以道莅天下者，其鬼不神。以道德治天下，则鬼不敢见其精神以犯人也。

又曰：圣人虚其心，实其腹，弱其志，强其骨，常使民无知无欲，使夫知者不敢为也。为无为，则无不治矣。

又曰：圣人无恒心，以百姓心为心。善者，吾善之；不善者，吾亦善之。信者，吾信之；不信者，吾亦信之。欲善信者，吾因而善信之；不善信者，吾亦以善信教之。圣人在天下惵惵，为天下浑其心，圣人治天下常惵惵，心同恽，用心皆为天下。百姓皆注其耳目，圣人皆孩之。百姓倾注耳目以观听圣人，圣人视百姓如婴儿。

又曰：以政治国，以奇用兵，以无事取天下。以政教治国，以奇计用兵，皆不合道。惟无事可以取天下。吾何以知天下其然哉。以此下文知之。天下多忌讳而民弥贫，国多忌讳，人失作业，故贫。人多伎巧，奇物滋起，法令滋章，盗贼多有。法令益明，窃盗为奸，尽成盗贼。故圣人云："我无为而民自化，我无事而民自富，我好静而民自正，我无欲而民自朴。

《老子》曰：其政闷闷，其民淳淳；其政察察，其民缺缺。

《文子》曰：水浊则鱼险，政苛则民乱。

《墨子》曰：叶公子高问政于仲尼曰："善为政者若何？"对曰："善为政者，远者近之而旧者亲之。"墨子闻之曰："叶公子高未得其问也，仲尼亦未得其对也。"

《孟子》曰：为高必因丘陵，为下必因川泽，为政必因先王之道。

《孙卿子》曰：鲁有子讼父者，康子曰："杀之。"孔子曰："不教而诛之，是虐杀不辜。三军之败，不可诛也；狱犴不治，不可刑也。上陈教而先服之，则百姓从风矣。先教而后刑，则民知罪矣。夫一仞之墙，民不能逾；百仞之山，童子升而游焉。陵迟久矣，能谓民弗逾乎？"讼者闻之，乃请无讼。

《庄子》曰：至德之世，山无蹊隧，泽无舟梁，乌鹊之巢，可攀援而窥。

又曰：闻在宥天下，不闻治天下。在之者，恐天下之淫其性也；宥之者，恐天下之迁其德也。天下不淫其性，不迁其德，岂有治天下者哉？不淫不迁，无为守分。性既正矣，德又定焉。人皆治道，何劳布政有治天下者哉！昔尧之治天下也，使天下欣欣焉，人乐其性也，是不恬也。桀之治天下也，使天下瘁瘁焉，人苦其性，是不愉也。夫不恬不愉，非德也。非德而可长久者，天下无之也。

又曰：黄帝将见大隗于具茨之山，适遇牧马童子，问途焉。曰："若知具茨之山乎？"曰："然。""若知大隗之存乎？"曰："然。"黄帝曰："异哉小童！非徒知具茨之山，又知大隗之所存。请问为天下。"小童曰："夫为天下者，亦奚以异乎牧马哉？亦去其害马而已矣。"

又曰：黄帝立为天子十九年，令行天下。闻广成子在崆峒之上，故往见之曰:“吾欲取天地之精,以佐五谷,以养民人。又欲官阴阳以遂群生。为之奈何?”广成子曰:“而所欲问者,物之质也;而所官者,物之残也。自而治天下,云气不待族而雨,草木不待黄而落。日月之光益以荒矣,而佞人之心翦翦焉。又奚足以语至道哉?”翦翦,狭劣貌。

《尸子》曰:范献子泛于河,大夫皆在。君曰:“孰知栾氏之子?”大夫莫答。舟人清涓舍楫答曰:“君奚问栾氏之子?若修晋国之政,内得大夫,外不失百姓,虽栾氏之子,其若君何?若不修晋国之政,内不得大夫,而外失百姓,则舟中之人,皆栾氏子也。”君曰:“善。”

《申子》曰:明君治国而晦,晦而行,行而止。故一言正而天下定,一言倚而天下靡。《商君书》曰:“善治者使跖可信,不能治者使伯夷可疑。”

《韩子》曰:或曰:“景公不知用势,师旷、晏子不知除患。夫猎者托车舆之安,用六马之足,使王良左辔,则身不劳而易及轻兽。国者,君之车;势者,君之马。不乘君之车,不因马之利,释车而下走者也。故曰:景公,不知用势之主;师旷、晏子,不知除患之臣也。”

又曰:桓公谓管仲曰:“官少而索者众,索,求也。寡人忧之。”管仲曰:“君无听左右之请。因能而授禄,因功而与官,人莫敢索,君何忧焉?”

又曰:夫尧、舜在上位,虽有十桀、纣,不能乱者,势治也。桀、纣在上位,虽有十尧,而不能治者,势乱也。

又曰:故慕毛嫱、西施之美,无益吾面;用脂泽粉黛,则倍其初。明法度,必赏罚,则国富而治。法度赏罚者,国之脂泽粉黛也。

《孔丛子》曰:夫子适齐,晏子就其馆。既燕而私焉,曰:“齐其危夫!譬若载无辖之车以临千仞之溪,其不颠覆,亦难冀也。子吾心也,以齐为游息之馆,当或可救。子幸不吾隐也。”夫子曰:“死病不可医。夫政令者,人君之衔辔,所以制下也。今齐君失之已久也,子虽欲挟其辀而扶其轮,良弗及也。抑犹可以没齐君及子身,过此而往,齐其田氏矣。”

又曰:定公问曰:“《周书》所谓‘庸庸祗祗,畏畏显民’,何谓也？”孔子曰：“不失其道，明之于民之谓也。夫能用可用，则政治矣；敬可敬，则尚贤矣；畏可畏，则省刑矣。人君审此三者，明以示民，而国不兴，未之有也。”

又曰：哀公问：“《书》称夔曰：‘于！予击石拊石，百兽率舞，庶尹允谐’，何谓也？”孔子对曰：“此言善政之化乎物也。古之帝王，功成作乐，其功善者乐和。乐和则天地且犹应之，况百兽乎？夔为帝舜乐正，实能以乐尽治理之情。”公曰：“然则政之大本，莫尚夔乎？”孔子曰：“夫乐所以歌其成功，非政之本也。众官之长信既咸熙，然后乐乃和焉。”

又曰：孔子之卫，卫将军文子问曰：“吾闻鲁公父氏不能听狱，信乎？”孔子答曰：“不知其不能也。夫公父氏之听狱，有罪者惧，无罪者耻。”文子曰：“有罪者惧，听之察刑之当也；无罪者耻，何耻乎？”孔子曰：“齐之以礼，则民耻矣；刑以止刑，则民惧矣。”文子曰：“今齐之以刑，刑犹弗胜，何礼之齐？”孔子曰：“以礼齐民，譬之于御，则辔也。刑以齐民，譬之于御，则鞭也。执辔于此而动于彼，御之良也。无辔而用策，则马失道矣。”文子曰：“以御言之，左手执辔，右手运用，不亦速乎？若任辔无策，马何惧哉？”子曰：“吾闻古之善御者，执辔如组，两骖如舞，非策之助也。是以先王盛于礼而薄于刑，故民从命也。废礼而尚刑，民弥暴矣。”

又曰：子思问于夫子曰：“亟闻夫子之诏，正俗化民之政莫善于礼乐也。管子任法以治齐，而天下称仁焉。是法与礼乐异用而同功也。何必但礼乐哉？”子曰：“尧、舜之化，百世不辍，仁爱之风远矣。管仲之智足以定法，材非管氏而专任法，终必乱成矣。”

又曰：孟轲问子思曰：“尧、舜、文、武之道，可力而致乎？”子思曰：“彼人也，我人也。称其言，履其行，夜思之，昼行之，滋滋焉，汲汲焉，如农之趋时，商之趋利，恶有不致者乎？”

又曰：穆公问子思曰：“吾国可兴乎？”子思曰：“可。”公曰：“为之奈何？”对曰：“苟君与大夫慕周公、伯禽之治，行其政化，开公家之惠，杜私门之利，结恩百姓，修礼邻国，其兴也勃矣。”

又曰：卫君问子思曰：“寡人之政何如？”答曰：“无非。”君曰：“寡人不知其不肖，亦望其如此也。”子思曰：“希旨容媚则君亲之，中正弼非则君疏之。夫能使人富贵贫贱者，君也。在朝之士，孰肯舍其所以见亲而取其所以见疏乎？是故竞求射君之心，而莫有非君之非者。此臣所谓无非也。”公曰：“然乎。寡人之过也，今知改矣。”答曰：“君弗能焉。口顺而心不怿者，临事必疣。君虽有命，臣未敢受也。”

又曰：信陵君问曰：“古之善为国，至于无讼，其道何由？”答曰：“由乎政善也。上下勤德而和，德无不化，俗无不和。众之所誉，政之所是也；众之所毁，政之所非也。毁誉是非与政相应，所以无讼也。”

又曰：子顺相魏，改嬖宠之官以事贤才，夺其不任之禄以赐有功，诸丧职者不悦，造谤言。文咨以告，且曰：“夫不善前政而有成，孰与变之而起谤哉？”子顺曰：“民之不可与虑始久矣。古之善为政者，其初不能无谤。子产相郑，三年而后谤止。吾先君之相鲁，三月而后谤止。今吾为政日新，虽不及圣贤，庸知谤止独无时乎？”文咨曰：“子产之谤，尝亦闻之。未识先君之谤何也？”子顺曰：“先君初相鲁，鲁人颂曰：‘麛裘而芾，投之无戾；芾而麛裘，投之无邮。’及三月政化既行，民又作颂曰：‘衮衣章甫，实获我所；章甫衮衣，惠我无私。”文咨喜曰：“乃今知先生不异乎圣贤矣。”

又曰：新桓固谓子顺曰：“贤者所在，必兴化致治。今子相魏，未闻异政而即自退其身者，志不得乎？何去之速也？”答曰：“以无异政，所以自退也。且死病无良医。今秦有吞食天下之心，以义事之，故不获安。救亡不暇，何化之兴？昔伊挚在夏，吕望在商，而二国不治，岂伊、吕之不欲哉？势不可也。”

又曰：尹曾谓子鲁：“子之读先王之书，将奚以为？”答曰：“为治世。世治则助之行道，世乱则独治其身，治之至也。”

又曰：建初元年，大旱。天子忧之，问群臣政教得失。子丰乃上疏曰：“臣闻为不善而灾报，得其应也；为善而灾至，遭时运之会耳，非政所治也。昔成汤遭旱，因自责，省畋散积，减御损膳，而大有年。意者陛下未为成汤之事焉。”天子纳其言。

《淮南子》曰：治国者若耨田，去害苗而已。今沐者堕发，而犹为之不已，以其所去者少，所利者多。

又曰：圣主之治也，犹造父之御也。和辑乎辔衔之际，而缓急乎唇吻之和；正度乎胸臆之中，而执节乎掌握之间。内得于心中而外合于马志，是故能进能退履绳，而旋曲中规，取道致远而气力有余，诚得其术也。是权势者，人主之车舆也；大臣者，人主之驷马也。体离车舆之安而手失驷马之心，能无危者，古今未之闻也。是故舆马不调，王良不能以取道理；君臣不和，唐虞不能为治。执术以御之，则管、晏之知尽矣；明分以视之，则跖、蹻之奸止矣。

又曰：惠子为惠王为国法，惠子，梁惠王也。已成而示之诸先生。示为国法。先生皆善之，奏之惠王。惠王甚说之，以示翟璜，曰：“善！”惠王曰：“善，可行乎？”翟璜曰：“不可。”惠王曰：“善而不可行，何也？”翟璜对曰：“今夫举大木者，前呼邪许，后亦应之。此举重劝力之歌也。岂无郑、卫激楚之音哉？然而不用者，不若取是其宜也。治国有礼不文辩，故老子曰：‘法令滋章，盗贼多有。’此之谓也。”

又曰：田骈以道术说齐王。齐王应曰：“寡人之治齐国也，道术难以除患。愿闻国之政。”田骈对曰：“臣之言无政而可以为政，譬之若林木无林而可以为林。愿王察其所谓而自取齐国之政焉已。虽无除其患，天地之间，六合之内，可陶冶而变化也。齐国之政何足问哉？”

又曰：昔者五帝三王之莅政施教，必用参五。何谓参五？仰取象于天，俯取度于地，中取法于人。乃立明堂之朝，行明堂之令，明堂，布政之宫，有十二月之政令。以调阴阳之气，而和四时之节，以辟疾病之蕃；俯视地理以制度量，察陵水泽肥墽高下之宜，立事生财，已除饥寒之患；中之考乎德以制礼乐，行仁义之道以治人伦，而除暴乱之祸，乃澄列金木水火土之性。澄，清。故立父子之亲而成家；别清浊五音六律相生之数，以立君臣之义而成国；察四时季孟之序、立长幼之礼而成官，此之谓参。制君臣之义、父子之亲、夫妻之辨、长幼之序、朋友之际，此之谓五。乃裂地而州之，分职而治之，筑城而君之，割宅而异之，分财而衣食之，立太学而教诲之，夙兴夜寐而劳力之，此治之纪纲也。然得其人则举，失其人则废。

又曰：天地之生物也有本末，其养物也有先后。人之于治国也，岂得无终始？故仁义者，治之本也。今不知事修其本而务治其末，是释其根而灌其枝也。且法之生也以辅仁义，重法而弃义，是贵其冠履而忘其头足也。故仁义者，为厚定者也。不益其基而张其广者毁，不益其基而增其高者覆。赵政不增其德而累其高，故灭；智伯不行仁义而务广地，故亡。

《国语》曰：不基其栋，不能任重。重莫若国，栋莫若德。国王之有民也，犹城之有基、木之有根；根深即本固，基美则上宁。

又曰：禹以夏王，桀以夏亡；汤以殷王，纣以殷亡。非法度不存也，纪纲不张而风俗坏也。三代之法不亡而世不治者，无三代之智也。六律具存而莫能听者，无师旷之耳也。故法虽在，必待圣而后治；律虽具，必待耳而后听。故国之所以存者，非以有治也，以有贤人也。其所以亡者，非以无法也，以无圣人也。

又曰：治国譬若张琴，大弦緪则小弦绝矣。緪，急也。故急辔数策者，非千里之御也。清声不过百里，无声之声施于四海。是故禄过其功者损，名过其实者蔽。情行合而名副之，祸福不虚矣。身丑鬼梦，不胜正行；国有妖祥，不胜善政。

太平御览卷第六百二十五 治道部六

贡赋上

《家语》曰：哀公问政于孔子。孔子对曰："政之急者。莫大乎使民富且寿也。"公曰："为之奈何？"孔子曰："省力役，薄赋敛，则民富矣；敦礼教，远罪戾，则民寿矣。"

又曰：子贡问于孔子曰："昔者齐君问政于夫子，夫子曰：'政在节财'；鲁君问政于夫子，夫子曰'政在谕臣'；叶公问政于夫子，夫子曰：'政在悦近而来远'。三者之问一也，夫子应之不同。然则政有异端乎？"孔子曰："各因其事也。齐君为国。奢于台榭，淫于苑囿，伎乐不懈于时，一旦而赐人以千乘之家者三。故曰'政在节财'。鲁君有三人，孟叔、叔孙、季叔。内比周以愚其君，外仇诸侯之宾以蔽其明，故曰'政在谕臣'。夫荆之地广而教狭，民有离心，莫安其居，故曰'政在悦近而来远'。此三者，皆所以为政。"

又曰：闵子骞为费宰，问政于孔子。孔子曰："以德以法。夫德法者，御民之具，犹御马之衔勒也。"子骞曰："敢问古之政。"孔子曰："古之政者，天子以内史为左右手，内史掌王之八柄及叙事之法受纳访，以诏王听治。以德为衔勒，以百官为辔，以刑罪为策，以万民为马，故御天下数百年而不失。善御马者正衔勒、齐辔策，善御民者一其德法，正其百官，刑不用而天下治。"

又曰：子游问于孔子曰："子亟言子产之惠，可得闻乎？"孔子曰："惠在爱民而已。"子游曰："爱民之谓德教，何翅于惠哉？"孔子曰："夫子产者，犹众人之母也，食之弗能教也。"子游曰："其事可言乎？"孔子曰："子产以其乘车济冬涉者，尽爱而无教也。"

又曰：孔子谓宓子贱曰："子治单父，众悦，子何施而得之？"对曰："不齐之治也。父恤其子，其子恤诸孤而哀丧纪。"孔子曰："善。

小节也。小民附矣，犹未足也。”曰：“不齐，所父事者三人，所兄事者五人，所友事者十一人。”孔子曰：“父事三人，可以教孝矣；兄事五人，可以教悌矣；友事十一人，可以举善矣。中节也。中节，人附矣，犹未足也。”曰：“此地民有贤于不齐者五人，不齐事之而禀度焉，皆教不齐所以治之之道。”孔子叹曰：“其大者乃于此乎有矣。”

又曰：孔子初仕为中都宰，中都，鲁邑名也。为养生送死之节，长幼异食，如五十异粮。强弱异任，谓力行之事，各从所任弱困也。男女别涂。路不拾遗，器不雕伪，市不二价。各如其货，不相欺诳。为四寸棺，五寸椁，因丘陵为坟，不封不树。行之一年，而四方诸侯皆则焉。

又曰：宓子贱者，仕鲁为单父宰，恐鲁君听谗，使己不得行其政，于是辞行。故请君之近吏二人与之俱至官，令二吏书。方书，辄掣其肘，书不善，则从而怒之。二吏患焉，辞请归鲁。宓子贱曰：“子之书不善，子归勉之矣。”二吏归报于君曰：“宓子贱使臣书而掣臣肘，书恶而又怒臣，邑吏皆笑之，此臣所以去之而来也。”鲁君以问孔子。孔子曰：“宓不齐，君子也。其才任霸王之佐，屈节而治单父，将以自试。意者，宓子以此谏乎？”公寤，太息曰：“此寡人之不肖也。寡人乱宓子之政而责其善者数矣。微二吏，则寡人无以知过；微夫子，则寡人无由自寤。”遽发所爱之使告宓子曰：“自今以往，单父非鲁有也，从子之制。有便于人者，子决之，五年一言其要。”宓子敬奉诏，遂得行其政。于是单父治焉。教敦厚明亲亲，尚笃敬施，至仁加恳，诚致忠信，百姓化之。

又曰：孔子兄之子蔑者，与宓子贱皆仕。孔子往过蔑而问之曰：“自子之仕，何得何亡？”对曰：“未有所得，而亡者三：王事若聋，聋宜为袭，言前后相因袭。学焉得习，言不得学习也。是学不得明也；奉禄少饘粥不及亲戚，是骨肉益疏也；公事多急，不得吊死问疾，是朋友道阙也。其亡者三，即谓此也。”孔子不悦。往过子贱，问如孔蔑。对曰：“自来仕，无所亡，而所得者三：始诵之，今得而行之，是学信明也；奉禄所供，被及亲戚，是骨肉益亲；有公事而兼以吊死问疾，是朋友益笃也。”孔子喟然谓子贱曰：“君子哉若人！若人犹是人也。鲁无君子，于焉取斯。”

《国语》曰：齐桓公亲逆管仲于郊而与之坐，问焉，曰：“昔吾先君襄公，筑台以为高位；居高台以自尊。田狩毕弋，不听国政；卑圣侮士，而唯女是崇；九妃六嫔，正适称妃。言九者，尊之如一，明其淫侈，非礼制也。侄娣之属皆称望嫔妇官也。陈妾数百；陈，列食必粱肉，衣必文绣；戎士冻馁，戎车待游车之裂，戎士待陈妾之余；戎车，兵车。游车，游戏之车。裂，残也。优笑在前，贤材在后。优笑车倡非。是以国家不日引，引申。不月长，长，益。恐宗社之不扫除，社稷之不血食，敢问为此若何为治？”管子对曰：“昔吾先王昭王、穆王，世法文、武远绩以成名，周官之先绩功也。言昭王虽有所阙，犹能世法文王武王之典，以成其功名也。合群叟，比校民之有道，合，会。叟，老。比，方。校，考也。谓考其德行道艺而兴贤。设象以为民纪，式权以相应，式，用也。权，平也。治正用民使平均相应。比缀以度，比其众寡。缀，连以。度，法也。端本肇末；端，等，肇，正也。谓先等其本以正其末。劝之以赏赐，纠之以刑罚，班序颠毛，以为民纪统。”班，次。序，列。颠，等也。毛，发也。统，经也。言次列使长幼有序，以为治民之经纪也。桓公曰：“为之若何？”管子对曰：“昔者圣王之治天下也，参其国而伍其鄙；参，三国也。郊以内也。伍，五也。鄙郊以外谓三分国都以为三军，五分其鄙以为五属。圣主谓若汤武。定民之居，成民之事。使四民各居其职，若公就官府，农就田野，所以成其事。陵为之终，以为葬地。而慎用其六柄焉。”柄本六柄，生、杀、贫、富、贵、贱。

又曰：齐桓公问管仲曰：“国安矣，吾欲事于诸侯，其可乎？”管子对曰：“未可。君若正卒伍，修甲兵，《周礼》五人为伍，百人为卒。今《管子》亦以五人为伍，而以三百人为卒。则大国亦将正卒伍，修甲兵，则难以速得志矣。君有攻伐之器，小国诸侯有守御之备，则难以速得志矣。君若欲速得志于天下诸侯，则事可以隐，令可寄政。”事，戎事。隐，匿。寄，托也。匿军令托于国政，若有征伐，邻国不知。桓公曰：“为之若何？”管子对曰：“作内政而寄军令焉。”内政，国政。以治正以寄军令。桓公曰：“善。”管子于是制国。五家为轨，轨为之长；轨中一人为之长。十轨为里，里有司；为立有司。四里为连，连为之长；十连为乡，乡有良人焉。良人，乡人，又为大夫也。以为军令；为军常令。五家为轨，故五人为伍，轨长帅之；居则为轨，出则为伍，所谓寄政。十轨为里，故五十人为小戎，里有司帅之；小戎，兵车。此有司之所乘，故曰小戎。《诗》云：小戎伐收。古者戎车一乘步卒二十二人，令齐五十人。四里为连，故二百人为卒，连长帅之；十里为乡，故二千人为旅，乡良人帅之。五乡一帅，故万民为一军，五乡之师帅之。五乡，每一军有五乡也。乡师乡也。万人为军，齐制也。周则万二千五百人为军。帅，长。三军故有中军之鼓，有国子之鼓，有高子之鼓。春以搜振旅，春田曰搜。振旅，整众也。《周礼》仲春教振旅，遂以搜田。秋以猕治兵。秋田曰猕。《周礼》仲秋教治兵，遂以猕田也。是故卒伍整于里，军旅整于郊。内教既成，令勿使迁徙。迁徙犹改正。伍之人祭祀同福，死丧同恤，恤，忧。祸灾共之。人与人相畴，畴，匹。世同居，少同游，故夜战声相闻，足以不乖；昼战目相见，足以相识，其欢欣足以相死。致使以相救。居同乐，行同和，和与和同。死同哀，是故守则同固，战则同强。君有此士也三万人，方行于天下，方，横。以诛无道，以屏周室，屏，蕃。天下大国之君莫之能御。"御，当。

又曰：晋文公元年春，属百官赋职任功，属，会；赋，授也。授职事，任有功。弃责薄敛，施舍分寡。弃责，除宿责也。施，施德也。舍，舍禁也。分寡，分少财也。救乏振滞，匡困资无，救，救乏绝。振极淹滞之士。匡正困穷之人。资无，与无财。轻关易道，通商宽农，轻关，轻其税。易道，除盗贼。通商，利旅。宽农，宽其政不夺其时。懋穑劝分，省用足财，茂勉稼穑也。劝有分无也。省减国用。足财备凶年。利器明德，以厚民性，利，利器用。明，其德教。厚民性，厚其性情也。举善授能，官方定物，方，常。物，事。亡其常官，以定百事。正名育类。正名，正上下服位之名。育类，长育善类。昭旧族，昭明旧臣有功者之善。爱亲戚，明贤良，明，显。尊贵宠，国之贵臣尊礼之。赏功劳，事耇老，礼宾旅，旅，客。友故旧。故旧，公子时。胥、藉、狐、箕、栾、郤、柏、先、羊舌、董、韩，寔掌近官。旧十一姓，晋之旧族。近官，朝廷。诸姬之良，掌其中官，诸姬，同姓。中官，内官。异姓之能，掌其远官。远官，县鄙。公食贡，大夫食邑，士食田，受公田。庶人食力，各由其力。工商食官，工，百工。商，商贾。《周礼》藏皆有贾人以知物贾。食官官禀之。皂隶食职，士臣皂，皂臣舆，舆臣隶。食职，各以其职大小食禄也。官宰食加。官宰，家臣。加，大夫之加田也。《论语》原宪为之宰。政平民阜，财用不匮。阜，安。

《吕氏春秋》曰：吴起行，魏武侯自送之，绝河，谓吴起曰："先生将何以治之西河？"对曰："以忠，以信，以勇，以敢。"武侯曰："四者足矣。请以四者恃先生。"

又曰：宓子贱治单父，弹鸣琴，身不下堂而单父治。巫马期以星出，以星入，日夜不居，以身亲之，而单父亦治。巫马期问其故于宓子。宓子曰："我之谓任人，子之谓任力。任力者固劳，任人者固逸。"宓子则君子矣。

又曰：使民无欲，上虽贤，无用失。夫欲者，其视为天子与隶同，彭祖与殇子同。天子至贵也，天下至富也，彭祖至寿也，诚无欲，则三者不足劝。故人之欲多者，其可得用亦多也。人之欲少者，其可得用亦少也。无欲者，不可得而用之。善为上者，能令人得欲无穷，故人亦可得用而无穷。然欲不正，以治身则夭，以治国则亡。群狗相与居，皆静；投以炙鸡，则相与争，或折其骨，或绝其筋，争术在也。凡治国，令其民争行义也；乱国，令其民争不义也；强国，令其民争乐用也；弱国，令其民竞不用也。

又曰：桀、纣以去之之道致之，罚虽重刑虽严，何益？大寒，民暖是利；热在上，民清是利走。故民无常处，见利则去。欲为天子者，民之所走不可不察。今之世至寒矣，至热矣，而民无走，聚则行钧也。等于暴乱。民无走则王者废矣，暴君幸矣，民绝望矣。

《家语》曰：子路治蒲三年，孔子过之，入其境，三称善。子贡执辔而问："其善可得闻乎？"孔子曰："吾入其境，田畴尽易，草莱甚辟，沟洫深浚。此恭敬以信，故其民尽力。入其邑，墉屋宅固，树木甚茂，此其忠信而宽，故其民不偷也。至其庭甚清闲，诸不用命，此其言明察以断，故其政不扰也。以此观之，虽三称善，庸尽其美乎？"

太平御览卷第六百二十六 治道部七

贡赋下

《汉书》曰：孝文时，晁错说上，令人入粟得以拜爵。边食足支五岁，可令入粟郡县；足支一岁已上，可时赦，勿收农人租。如此德泽加于万人。帝从之。后天下充实，乃下诏曰："农，天下之本，务莫大焉。今勤身从事，而有租税之赋，是谓本末者无以异也。本，农也。末，贾也。言农与贾俱出租无异也。于劝农之道未备，其除田之租税。"

又曰：董仲舒说上曰："古者税人不过十一，其求易供；使人不过三日，其力易足。秦用商鞅之法，加月为更卒，已复为正卒，一岁屯戍，一岁力役，三十倍于古；更卒谓给郡县一月而更者也。正卒谓给中都官者。率计今人一岁之中屯戍及力役之事三十倍多于古也。田租、口赋、盐铁之利，二十倍于古。秦卖盐铁贵，故下人受其用也。既收田租，又出口赋，而官更夺盐铁之利，率计一岁之中失其资二十倍多于古也。或耕豪人之田，见税十五。故贫人常衣马牛之衣而食犬彘之食。"

又曰：倪宽为左内史，劝农业，缓刑狱，卑体下士，务在于得民心。收租税，时裁阔狭，与民相假贷，为有贫弱及农要之时不即征收也。以故租多不入。后有军发，左内史以负租课殿，当免。皆恐失之，大家牛车，小家担负，输租襁属不绝，课更以最上。上由此愈奇宽。

又曰：元凤中，诏曰："夫谷贱则伤农。今三辅太常谷减贱，减犹少也。其令以菽粟当今年赋租税。"元年初诏曰："天下以农桑为本，日者省用，罢不急官，减外徭，耕桑者益众，而百姓未能家给，朕甚悯焉。其减口赋钱。"有司奏请减什三，上许之。

《后汉书》曰：建武中，田租三十税一。有产子者，复以三年之算。明帝即位，人无横徭，天下安宁，时谷尚贵。尚书张林上书言："谷所以贵，由钱贱也。可尽封钱，一取布帛为租，以通天下之用。"从之。

《魏志》曰：太祖初平袁绍，下令田租亩收粟四升，户绢二匹，绵二斤，余不得擅兴。

《晋书》曰：武帝平吴后，制户调之式。丁男之户岁输绢三匹，绵三斤。女及次丁男为户者，半输。诸边郡或三分之二，远者三分之一。夷人输賨布户一匹，远者或一丈。不课田者，输义米户三斛；远者五斗；极远者输算钱，人二十八文。

《齐书》曰：高帝初，竟陵王子良上表曰："今所在谷价虽和，而比室饥歉；缣纩虽贱，骈门裸质。而守宰务在裒刻，围桑品屋以准赀课，致令斩树发瓦以充重赋，破人败产，贾利一时，进违旧科，退容奸利，欲人康泰，其可得乎？"

《隋书》曰：初，苏威父绰在西魏时，以国用不足，为征租税之法，颇称为重。既而叹曰："今所为者，正如张弓，非平世也。后之君子，谁能施乎？"威闻其言，每以为己任。至是，威为纳言，奏减赋役从轻典，帝悉从之。

又曰：开皇九年陈平，上御朱雀门观凯旋，因行庆赏，颁给所费三百余万。帝以江表初定，给复十年，自余诸州，并免当年租赋。十二年，有司上言库藏皆满。帝曰："朕既薄赋于人，又大经赐用，何得尔也？"对曰："用处常出，纳处常入，略计每年赐用至数百万段，曾无减损，乃更开左藏之院，构屋以受之。"诏曰："既富而教，方知廉耻。宁积于人，无藏府库。今年田租三分减一，兵减半，功调全免。"

《唐书》曰：开元八年二月，制曰："顷者以庸调无凭，好恶须准，故遣作样，以颁诸州，令其好不得过精，恶不得至滥。任土作贡，防源斯在。诸州送物，作巧生端。苟欲副于斤两，遂即加其丈尺，有至五丈为匹者，理甚不然。阔尺八，长四丈，同文共轨，其事久行。立样之时，须载此数。若求两而加尺，甚暮四而朝三。宜令所司简阅，有逾于比年常例，尺丈过多者奏闻。"

又曰：开元二年、十五年，定令："诸课户一丁租调准武德二年之制。其调绢絁布并随乡土所出，绢絁各二丈五尺。输绢絁者绵三两，输布麻三斤。其绢絁为匹，布为端，绵为屯，麻为綟。若当户不成匹、端、屯、綟者，皆随近合成。其调麻每年支料有余折一斤，输粟一升，与租同受。”

《管子》曰：地之生财有时，人之用力有倦，人君之欲无穷。以有时与有倦养无穷之君，而度量不生于其间，度量不生，赋役无限也。则上下相疾也。

又曰：桓公伐楚，济汝水，逾方城，望汶山，使贡丝于周室。

《列子》曰：周穆王大征西戎，西戎献昆吾之剑，切玉如泥。

又曰：周王时，西域国有山人来，王为中天之台，月月献玉衣，旦旦荐玉食。王执山人之袪腾而上天。

《文子》曰：楚人担山鸡，路人问曰：“何鸟也？”欺之曰：“凤凰也。”路人请十金，弗与。倍乃与之。将献楚王，经宿鸟死。路人不惜其金，唯恨不得献。国人传之，咸以为真凤，遂闻楚王。王感其贵买欲献于己，厚赐之，过于买鸟之金十倍。

《韩子》曰：齐威王夫人死，有十孺子。薛公欲知王所立，为十玉珥，而美其一，献于王。王以赐十孺子，明日坐视美珥所在，而劝王以为夫人也。

孟献子曰：畜马乘不察于鸡豚，伐冰之家不畜牛羊，百乘之家不畜聚敛之臣。与其有聚敛之臣，宁有盗臣。此谓国不以利为利，以义为利也。

《孟子》曰：夏后氏五十而贡，殷人七十而助，周人百亩而彻，其实皆什一也。彻者，彻也；助者，藉也。诗曰：“雨我公田，遂及我私。”唯助为有公田。由此观之，虽周亦助也。

又曰：尊贤使能，则天下之士皆悦，而愿立于其朝矣；市廛而不征，则天下之商皆悦，而愿藏于其市矣；廛，市宅也。古无征，衰世征之。《王制》曰：市廛而先税。《周礼》曰：国宅无征法，而不廛者当以什一之法征其地耳，不当征其廛宅也。关讥而不征，则天下之旅皆悦，而愿出于其路矣；言关禁异服异语耳，不征税出入者也。《周礼》曰：关市之赋，司关曰无关门之征。犹讥王制，谓文王以前。文王亦不征也。耕者助而不税，则天下之农皆悦，而愿耕于其野矣；助者，井田什一，助佐公家，治公田。不横税赋，若履亩之类。廛无夫里之布，则天下之人皆悦，而愿为之氓矣。里，居也。布，钱也。夫，一夫也。《周礼》曰：宅不毛者出里布，田不耕者有屋粟。凡人无职事者出夫家之征孟子欲使宽。独夫去里布，则人皆乐为之氓矣。白圭问孟子曰："吾欲二十而取一，何如？"孟子曰："子之道，貊道也。万室之国，一人陶则可乎？"曰："不可。器不足用也。"夫貊，五谷不生，唯黍生之；无城郭、宫室、宗庙、祭祀之礼，诸侯币帛饔饩；无百官有司，故二十取一而足也。今居中国，去人伦，无君子，如之何其可也？"

孙武曰：夫帝王处四海之内，居五千里之中，焉能尽专其利？是以分建诸侯，以其利而利之，使食其土之毛实，役其人民之力。故赋税无转徙之劳，徭役无怨旷之叹矣。

《新序》曰：楚人有献鱼楚王者，曰："获鱼，食之不尽，卖之不售，弃之可惜，故来献之。"左右曰："鄙哉，辞也！"楚王曰："子不知鱼，其以此谕寡人也。"于是乃遣使恤鳏寡而存孤独，出仓粟发币而赈不足，罢去后宫不御者出人以鳏夫，楚民欣欣大悦，邻国归之。

荀悦论曰：昔文帝十三年六月，诏除人田租。且古者十一而税，以为天下之中正。今汉人田或百一而税，可谓鲜矣。然豪富强人占田逾多，其赋太半，官收百一之税，而人输豪家太半之赋，官家之惠优于三代，豪强之暴酷于亡秦。是以惠不下通，而威福分于豪人也。今不正其本而务除租税，适足以资富强也。

鱼豢《魏略》曰：汉阳嘉三年，疏勒国王贡西海青石，带舟至。

皇甫谧《帝王世纪》曰：西王母慕舜德，来献白环及玦，并贡益地图。

《西京杂记》曰：初修上林苑，群臣远方各贡合枝李者杨乎。

杨孚《异物志》曰：橘为树，白花而赤实，皮既馨香，里又善味。交址有橘，官一人，秩三百石，岁主贡御橘。

《杂望气经》曰：黄白气润泽入翼，四海有侯王来献者，天子赐四海之国入轸。诸侯王者有献车者出轸。天子用车为币，赐诸侯王。

魏文帝《与王朗书》曰：孙权重遣使称臣，奉贡明珠百箧，黄金千镒，驯象二头，或牝或牡，扰禽鹦鹉，其他珍玩盈舟溢航，千类万品。

太平御览卷第六百二十七 治道部八

赋敛

《周礼·天官下·掌皮》曰：掌秋敛皮，冬敛革。

又《地官下·旅师》曰：凡用粟，春颁而秋敛之。因时而施之，饶时而敛之。委人掌敛野之赋，敛薪刍。凡疏材木材，凡畜聚之物，聚，敛。野赋，物之园囿，山泽之赋。凡疏材，草木有实者。凡蓄聚之物，瓜瓠葵芋御冬之具也。以稍聚待宾客，以甸聚待羁旅。

又《地官下》曰：掌染草，掌以春秋敛染草之物，以权量受之，待时而颁之。

《礼记·王制》曰：古者公田藉而不税，藉之言借也。借民力而治田，美恶取于此。不税，民之所自治也。孟子曰："夏后氏五十而贡，殷人七十而助，周人百亩而彻。"则云古者。古者谓殷时也。市廛而不税，廛，市物邸舍也。关讥而不征。讥异服识异言也。征亦税。

又《太学》曰：百乘之家不畜聚敛之臣。与其有聚敛之臣，宁有盗臣。

《左传·宣上》曰：晋灵公不君，厚敛以雕墙。从台上弹人，观其辟丸者。

又《文下》曰：缙云氏有不才子，晋云，黄帝时官名。贪于饮食，冒于货赂；侵欲崇侈，不可盈厌；聚敛积实，不知纪极；不分孤寡，不恤穷匮。冒亦贪也。盈，满也。实，财也。天下之民，以比三凶，非帝子孙，故别以比三凶。谓之饕餮。贪财为饕，贪食为餮。

《谷梁传·文公》曰：天王使毛伯来求金。求车犹可，求金甚也。

《毛诗·葛屦》曰：《硕鼠》，刺重敛也。国人刺其君重敛，蚕食于民，不修其政，贪而畏人，若大鼠也。"硕鼠硕鼠，无食我黍。三岁贯女，莫我肯顾。逝将去女，适彼乐土。乐土乐土，爰得我所。"

《论语·先进》曰：季氏富于周公，孔曰：周公，天子之宰卿士。而求也为之聚敛而附益之。孔曰：冉求为季氏宰，为之急赋税。子曰："非吾徒也。小子鸣鼓而攻之可也。"郑曰：小子，门人也。鸣鼓，声其罪以责之也。

《春秋繁露》曰：木有变，春凋冬荣，秋水春多雨，此徭役众，赋敛重，百姓贫穷，道多饥人。救者，省徭役，薄赋敛，出仓谷，振困穷。

《韩诗外传》曰：晋平公藏宝之台烧，士大夫闻者皆趋车驰马救火，三日三夜乃胜之。公子晏独奉束帛而贺曰："臣闻王者藏于天下，诸侯藏于百姓，农夫藏于囷庾，商贾藏于箧匮。今百姓困乏于外而赋敛无已。昔桀、纣残贼，为天下戮。今皇天降灾于藏台，是君之大福也。"

《汉书》曰：秦为乱政虐刑，残灭天下，北为长城之役，南有五岭之戍，外内骚动，百姓罢敝，头会箕敛，家家箕头数出谷，以箕敛之也。以供军费，财匮力尽。

又曰：入物者补官，出货者除罪。选举陵夷，廉耻相冒，武力进用，法严令具，兴利之臣，自此而始。

又曰：卫青北击胡，赋税既竭，不足以奉战士。有司请令民得买爵及赎禁锢减罪，置赏官，名曰武功爵。

又曰：孝武时，山东被水灾，民多饥乏。于是天子遣使，虚郡国仓廪以振贫。犹不足，又募豪富人相假贷，而富商贾或滞财役贫，转毂百姓，不佐公家之急，黎民重困。是时禁苑有白鹿而少府多银锡。有司言曰："古者皮币，诸侯以聘享，金有三等：黄金为上，白金为中，赤金为下。乃以白鹿皮方尺，缘以缋为皮币，直四十万，王侯宗室朝觐聘享，必以皮币荐璧，然后得行。"

又曰：东郭咸阳、孔仅为大农丞，师古曰：姓东郭，名咸阳；姓孔，名仅，二人也。领盐铁事，而桑弘羊贵幸。咸阳，齐之大煮盐；孔仅，南阳大冶，皆致产累千金。弘羊，洛阳贾人之子，以心计，故三人言利，析秋毫矣。其明年，大将军骠骑大出击胡，赏赐五十万金。是时财匮，战士颇不得禄矣。大农上盐铁丞孔仅、咸阳言："山海，天地之藏，宜属少府，陛下弗私，以属大农佐赋，愿募自给费。因官器作鬻盐，官与牢盆。苏林曰：牢价直，今世人言顾手牢。浮食奇民欲擅斡山海之货，以致富羡，役利细民。”除故盐铁家富者为吏，吏益多贾人矣。商贾以币之变，多积货逐利。于是公卿言：“郡国颇被灾害，贫民无产业者，募徙广饶之地。陛下损膳省用，出禁钱以振元元，宽贷，而民不齐出南亩，商贾滋众。贫者蓄积无有，皆仰县官。异时算轺车贾人之缗钱皆有差，请算如故。率缗钱二千而算一。师古曰：率计有二千钱者，则出一算。诸作有租及铸，以手力所作而卖之者。率缗钱四千算一。非吏比者、三老、北边骑士，轺车一算；师古曰：比，例也。身非为吏之例，非为三老，非为北边骑士而有轺车者，皆令出一算。比音必寐反。商贾人车二算；商贾人有轺车，又使多出一算。重其职。船五丈以上一算。匿不自占，占不悉，戍边一岁，没入缗钱。悉犹尽也。有能告者，以其半畀之。畀，与也。时必寐反。贾人有市籍，及家属皆无得名田，一人有市籍，身及家内皆不得有田也。以便农。敢犯令，没入田货。”

又曰：晁错奏：“古者税民不过什一，其求易供；使民不过三日，其力易足。至秦则不然，用商鞅之法，改帝王之制，除井田，民得买卖。富者田连阡陌，贫者亡立锥之地。又颛川泽之利，管山林之余，荒淫越制，逾侈以相高。邑有人君之尊，里有公侯之富。小民安得不困？”

又曰：自贡禹在位，数言得失，书数十上。禹以为古民亡赋算口钱，起武帝征伐四夷，重赋于民。民产子三岁则出口钱，故民重困，至于生子辄杀之，甚可悲痛。宜令儿七岁去齿，乃出口钱，年二十乃算也。

又曰：何武兄弟五人皆为郡吏，郡县敬惮之。武弟显家有市籍，租常不入，县数负其课。市啬夫求商捕辱显家，显怒，欲以吏事中商。武曰：“以吾家租赋徭役不为众先，奉公吏，不亦宜乎？”

《东观汉记》曰：马防多牧马畜，赋敛羌胡。帝不喜之，数加谴敕，所以禁遏甚备。由是权势稍损，宾客亦衰。

范晔《后汉书》曰：灵帝南宫灾，张让、赵忠等说帝，令敛天下田亩税十钱以修宫室，发太原、河东、狄道诸郡材木及文石，每州郡部送至京师。黄门常侍辄令谴呵不中者，因强折贱买，十分雇一，因复货之于宦官，复不为，即受材木，遂至腐积。宫室连年不成，刺史、太守复增私调，百姓呼嗟。

《江表传》曰：魏文帝遣使求雀头香、大明珠、象牙、犀角、玳瑁、孔雀、翡翠、斗鸭、长鸣鸡，群臣奏曰："荆、杨二州，贡有常典。魏所求珍玩物，非礼也。不宜与。"权曰："彼所求者，于我瓦石耳，孤何惜焉？彼在谅暗中，而求若是，宁可与言礼哉？"皆具与之。

《晋中兴书》曰：孔严补大中正。时东海王弈信用群下，上疏求海盐、钱塘，以水牛牵埭税取钱直，严启宜寝表。帝诏曰："奕谓此适，民无损害，岂夺惠恤之旨耶？省所启，敬纳忠规。"

又曰：谢安弟石尚书令薨，时年六十二。石无它才望，直以宰相弟兼有大勋，遂居清显，而聚敛无厌，取讥当世。

《管子》曰：鲍叔曰："必用夷吾之言。"公不听，乃令四封之内修兵，关市之征侈之。侈谓过常也。谓重其赋税。

又曰：桓公践位十九年，施关市之征，征，赋。五十而取一，取其货贿五十之一。上年什取三，中年什取二，下年什取一，岁饥不税。岁饥谓时岁总饥，故不税。岁饥施而税。此岁饥谓有饥者，有不饥者，施故饥而税不饥。

又曰：地辟而国贫者，舟舆饰、台榭广也；赏罚信而兵弱者，轻用众、使民劳也。舟车饰、台榭广，则赋敛厚矣；轻用众、使民劳，则民力竭矣。赋敛厚则下怨上，民力竭则令不行。下怨上，令不行，而求敌之勿谋已，不可得也。

又曰：桓公问曰："梁聚谓寡人曰：'古者轻赋税而肥籍敛，取下无顺于此者矣。'梁聚之言何如？"管子对曰："梁聚之言非也。彼轻赋税则仓廪虚，肥籍敛则器械不奉，而诸侯之皮币不至。仓廪虚则俥贱无禄，皮币不衣于天下则国俥贱。梁聚之言非也。"

又曰：桓公见黄鹄，谓管仲曰："鸿鹄，东西南北，倏忽千里，所恃者六翼也。今仲父，寡人之翼也。"管子对曰："民劳而亡，使之不时，民饥而重敛焉，虽黄鹄之有羽翼，其若君何？"

《晏子春秋》曰：为君籍厚敛而托之为民，进谗谀而托之用贤，远公正而托之不顺，君行此三者则危。

《墨子》曰：圣王作舟车，完固轻利，可以任重致远，是以民乐而利之。今则厚敛百姓，饰车以文采，饰舟以刻镂，是以其民饥寒并至，而国乱矣。

又曰：古之民未知饮食，故圣人耕稼，其为食也，以增气充虚。今则厚敛百姓以为美，蒸庖鱼鳖前则方丈，孤寡冻馁，虽欲无乱，不可得也。

《孟子》曰：求也为季氏宰，无能改于其德，而赋粟倍于他日。孔子曰："求也非我徒也，小子鸣鼓而攻之可也。"

又曰：耕者助而不税，则天下之农皆悦，而欲耕于其野也。

《孙卿子》曰：成侯嗣君聚敛，计数之君也，未及取民者也。郑子产，取民者也，未及为政者也。管仲，为政者也，未及修礼者也。故修礼者王，为政者强，取民者安，聚敛者亡。

《庄子》曰：北宫奢为卫灵公赋敛以钟，为坛于郭门之外，三日而成，上下之悬。王子庆忌见而问焉，曰："子何术设之？"奢曰："无敢设也。奢闻之，既琢，复归于朴。还其用本性也。侗乎其无识，任其纯朴而已。傥兮其怠疑。无所取也。华兮其送往而迎来。无所欣悦。来者勿禁，往者无止；任彼尔也。从其强梁，从于众也。随其曲傅，无所系也。因其自穷，用其不得不尔。故朝夕赋敛而毫毛不挫，故无损也。而况有大涂者乎？"

韩子曰：赵简主出，税吏请轻重。简主曰："勿轻勿重，重则利入于上，轻则利归于民。吏无有私利而正矣。"

《孔丛子》曰：子思言苟变于卫君曰："其才可将五百乘。"卫君曰："吾知其才可。然变尝为吏，赋于民而食人二鸡子，故弗用也。"子思曰："夫圣人之官人，如大匠之用木也，取其所长，弃其所短。今君以二卵弃捍城之将，不可使闻于邻国也。"公曰："谨受命。"

《淮南子》曰：或有罪，而可赏；或有功，而可罪者。始，西门豹治邺西门豹，魏文侯之官。食无积粟，府无储钱，库无兵甲，官无计会。人数言其过于文侯，文侯身往行其县，果若人言。文侯曰："翟璜任子治邺，邺大乱。子能变道则可，不能，将加诛于子。”西门豹曰：“王主富民，霸主富武，亡国富府库。今君欲为霸者也，臣故蓄积于民。君以为不然，臣请先登鼓之，甲兵粟米可立直也。”乃登城而鼓之，致甲笴甲，铠笴，操箭矢也。兵弩而出。再鼓，服揵载粟而至。服，驾出也。揵，担。文侯曰：“罢之。”西门豹曰：“与民信非一日积也，一举而欺之，其后不可复用也。燕尝侵魏八城，请北击之，以复侵地。”遂举兵击燕，复地而后反。此有罪而可赏者也。解篇为东封，解篇，魏臣，治东封也。上计而入三倍。有司请赏之。文侯曰：“吾土地非益广也，人民非益众也，何以三倍？”对以冬伐木而积之，以春浮之河而鬻之。文侯曰：“民寒以力耕，暑以强耘，秋以收敛，冬间无事，又伐林而积之，负轭而浮之于河，是用民不得休息也。民以敝矣，虽有三倍之入，将焉用之？”此有功而可罪者也。

《太公兵法》曰：武王问太公胜负何如。太公对曰：“夫纣之行不由理，精兵酒池，赋敛甚数，百姓苦之。”

《国语》曰：斗且廷见令尹子常。子常，令尹子囊之孙囊瓦。子常与之语，问畜货聚马。归以语其弟曰：“楚其亡乎？不然，令尹其不免乎？吾见令尹，问畜聚积实，实若饿豺虎焉。殆必亡者。”

晁错上书曰：阴阳不和，水旱为灾，一亡也；县官重责，更赋租税，二亡也；贪吏并出，受取不已，三亡也。

《说苑》曰：晋平公好乐，多赋敛，不治城郭。曰：“敢谏者死。”国人忧之。有咎犯者谏，公曰：“善。”乃屏钟鼓，除竽瑟，遂与咎犯参治国焉。

又曰：晏子饮景公酒，令器必新。家老曰：“财不足，敛于民。”晏子曰：“止。夫乐者，上下同之。今上乐其乐，下伤其费，是独乐者也，不可。”

《新序》曰：魏文侯出游，见路人反裘而负刍。文侯曰：“胡为反裘而负刍？”对曰：“臣爱其毛。”文侯曰：“若不知其里尽而毛无所植？”明年，东阳上计钱十倍，大夫毕贺。文侯曰：“此所以贺我者，譬无异夫彼路人反裘而负刍也。将爱其毛，不知其里尽，毛无所植也。今吾田地不加广，士民不加众，而钱十倍，必取士大夫也。吾闻之，下不安者，其上不可居也。此非所以贺我。”

又曰：中行寅将亡，乃召其太祝而欲加罪焉。祝简对曰：“昔吾先君中行密子，皮车十乘，不忧其薄也，忧德义之不足也。今主君有车百乘，不忧德义之薄也，唯患车之不足也。夫船车饰则敛厚，敛厚则民怨谤诅矣。且君苟以祝为有益于国乎，则诅亦将为亡矣。国亡，不亦宜乎？”

桓谭《新论》曰：汉定以来，百姓赋敛一岁为四十余万万。吏俸用其半，余二十万万，藏于都内为禁钱。少府所领园地作务之八十三万万，以给宫室供养诸赏赐。

郭子曰：王夷甫妇，郭太宁女，才拙而性刚，聚敛无厌，夷甫患之而不能禁。时其乡人幽州刺史李阳景都大使，犹汉之楼护，护字君卿。郭氏甚惮之。夷甫骤谏之，乃云：“非但我言卿不可，李阳亦谓不可。”郭氏乃为少损。

京氏《别对灾异》曰：火起灾何？人君贪财，赋敛尽民货，即火为起。不救，必有日蚀之灾矣。其救之也，举廉贞士为首之。

太平御览卷第六百二十八 治道部九

贡举上

《周礼·地官》乡大夫之职曰：正月之吉，受教法于司徒，退而颁之于其乡吏，使各以教其所治，以考其德行，察其道艺。以岁时登其夫家之众寡，辨其可任者。以岁时入其书。三年则大比，考其德行道艺，而兴贤者、能者。乡老及乡大夫帅其吏与其众寡，以礼礼宾之。贤者，有德行者也。能者，有道艺者也。众寡谓乡民之善者无多少也。郑司农云：兴贤者，谓若今举孝廉；兴能者，谓若今举茂才。玄谓变举言兴者，谓合众而尊宠之。厥明，乡老及乡大夫、群吏，献贤能之书于王，王再拜受之，登于天府，内史贰之。献犹进也。王拜受之，重得贤者。王上其书于天府。天府，掌祖庙之宝藏者。内史副写其书者，当诏王爵禄之时。

《礼记·王制》曰：命乡论秀士，升之司徒，曰选士。移名于司徒也。秀士，乡大夫所考有德行道艺者。司徒论选士之秀者，而升之学，曰俊士。可使习礼者学大学。升于司徒者，不征于乡；升于学者，不征于司徒，曰造士。不征，不给其繇役。造，成也。能习礼则为成士。大乐正论造士之秀者，以告于王，而升诸司马，曰进士。司马，夏官，卿主邦政者。进士，可进受爵禄也。司马辨论官材，论进士之贤者，以告于王，而定其论。各署其所长。论定，然后官之；任官，然后爵之；位定，然后禄之。

又《曾子问》曰：凡语于郊者，语谓论说于郊学。必取贤敛才焉。或以德进，或以事举，或以言扬。大乐正论造士之秀者升诸司马曰进士，谓此矣。

又《射义》曰：古者天子之制：诸侯岁献贡士于天子，天子试之于射宫，其容体比于礼，其节比于乐，而中多者得与于祭。其容体不比于礼，其节不比于乐，而中少者不得与于祭。数与于祭而君有庆，数不与于祭而君有让。天子将祭，必先习射于泽。泽者，所以择士也。已射于泽，而后射于射宫。射中者得与于祭，不中者不得与于祭。

《汉书》曰：高帝十一年，诏曰："贤士大夫既与我定有天下，而不与吾共安利之，可乎？有肯从我游者，吾能尊显之，以布告天下。御史中执法下郡守，其有意称明法者，必身劝为之。驾诣丞相府，署其行义，年有其人而不言者免官。"

又曰：惠帝四年，诏举民、孝弟力田者复其身。高后元年，初置孝弟官二千石者一人。特置此官而尊其秩，欲以劝勉天下，各令敦行务本。

又景帝后元二年，诏曰："廉士，寡欲易足，今訾算十以上乃得官廉士算不必众。有市籍不得宦，无訾又不得宦，朕甚愍之。訾算四得官。"有市籍谓贾人有财不得为吏。赀，万钱；算，百二十也。十万，时疾吏之贪。以为衣食足知荣辱，故限赀十万乃得为吏。廉士无赀，减至四算乃得官。

又曰：武帝建元初，始诏天下举贤良方正、直言极谏之士。其理申、商、韩非、苏秦、张仪之言乱国政者，皆罢之。

又曰：元光元年，举董仲舒对策曰："今郡守县令，民之师帅，所使承流而宣化也。故师帅不贤则主德不宣，恩泽不流。今吏既亡教训于下，或不承用主上之法，暴虐百姓，与奸为市，言小吏有为奸欺者，守令不举，乃反与之交易求利也。贫穷寡弱，冤苦失职，甚不称陛下之意。夫长吏多出于郎中、中郎，吏二千石子弟选郎吏又以富赀，未必贤也。且古所谓功者，以其任官称职为差，非所谓积日累久也。故小材虽累日，不离于小官；贤材虽未久，不害为辅佐。是以有司竭力尽知，务理其业，而以赴功。今则不然。累日以取贵，积久以致官。是以廉耻贸乱，贤不肖混淆也。诸侯、列卿、郡守、二千石各择其吏民之贤者，岁贡各二人，以给宿卫，且以观大臣之能。所贡贤者有赏，不肖者有罚。夫如是，诸侯、吏二千石皆尽心于求贤，天下之士，可得而官使也。授之以官，以使其材。无以日月为功，实试用贤能为上。量材而授官，录德而定位，录德存视之也。则廉耻殊路，贤不肖异处矣。"帝因是令郡国举孝廉各一人，又限以四科。至五年，诏征吏人有明当代之务、习先圣之术者，县次给食，令与计偕。"计者，上计簿使也。郡国每岁遣诣京师。上之。偕者，俱也。令所征之人与计者俱来，而县次给之也。

又元朔元年，诏曰：“夫本仁祖义，褒德禄贤，劝善刑暴，本仁祖义谓以仁义为本始也。五帝三王所繇昌也。故诏执事兴廉举孝，庶几成风。夫十室之邑，必有忠信；三人并行，厥有我师。今或至阖郡而不荐一人，是化不下究，而积行之君子壅于上闻也。究，竟也。言见壅遏，不得闻于天子也。且进贤受上赏，蔽贤蒙显戮，古之道也。其与中二千石、礼官、博士议不举者罪。”是时天下慎法，莫敢谬举，而贡士盖鲜，故有斯诏。有司奏议曰：“古者诸侯贡士，一适谓之好德，再适谓之贤贤，三适谓之有功，乃加九锡。不贡士，一则黜爵，再则黜地，三而黜爵削地矣。夫附下罔上者死，附上罔下者刑，与闻国政而无益于民者斥，在上位而不能进贤者退。其不举孝、不奉诏，当以不敬论；为其不求士报国也。不察廉为不胜任也，当免。”奏可。凡国之官，非傅相，其地既自署置，又调属僚及部人之贤者，举为秀才廉吏而贡于王庭，多拜为郎，居三署，无常员，或至千人，属光禄勋。故卿校牧守居闲待诏，或郡国贡送，公车征起，悉在焉。光禄勋复于三署中铨第郎吏，岁举秀才廉吏出于他官以补缺员。后汉制同。

又元封五年，诏曰：“盖有非常之功，必待非常之人。故马或奔踶而致千里，踶，蹈也。奔踶者，乘之即奔，立则踶人也。踶音徒计反。士或有负俗之累而立功名。负俗谓被代讥论也。累音力瑞反。夫泛驾之马，泛，覆也。音芳勇反。字本作西乏覆后通用耳。覆驾者，言马有逸气而不修轨彻也。跅弛之士，跅者，无检局也。弛者，放废不遵度礼也。跅音吐各反。弛音式尔反。亦在御之而已。其令州县，察吏人有茂材异等茂材异等者，超等轶群，不与凡同。可为将相及使绝国者。”绝远之国。初，公孙弘以儒术为丞相，天下学士靡然响风。时太常孔臧等曰：“请太常博士官置弟子五十人，复其身。太常择人年十八人以上、仪状端正者补博士弟子。郡国县道邑有好文学、敬长上、肃政教、顺乡里、出入不悖，所闻，二千石谨察可者，常与计偕，诣太常，得受业如弟子。一岁皆辄通一艺以上，补文学掌故缺；其高第可以为郎中者，太常籍奏；即有秀异等，辄以名闻。其不事学、若不材及不能通一艺，辄罢之；而诸不称者罚。”

又曰：孝昭始元初，遣故廷尉王平等五人前为此官，今不居，皆谓之故。持节行郡国，行，下更反。举贤良。孝宣帝时，谏大夫王吉上言曰："今使吏得任子弟，子弟以父兄任为郎。率多骄骜，不通今古，骜傲同音。至于积功理人，无益于人，此《伐檀》所为作也。《伐檀》，诗篇名，刺不用贤也。宜明选求贤，除任子弟之令。"

又曰：孝元帝永光元年二月，诏丞相、御史举质朴敦厚、逊让有行者，光禄岁以此科第郎从官。始令丞相御史举其四科人以擢用之，而见在郎及从官又令光禄每岁依此科考校，定其第高下，用知其人贤否。又诏列侯举茂材。谏大夫张勃举太官献丞陈汤，献丞，主贡献物。汤有罪，勃坐削户百。会薨，故赐谥曰缪侯。以举所举不得人，故加恶谥。缪者，妄也。其劝励也如是。故官得其材，位必久安，为吏长子孙，居官以为姓号，三代以降，斯之为盛。

《汉书音义》曰：甲乙科谓作简策难问列置案上，在试者意投射取而答之，谓之射策。上者为甲，次为乙。若录政化得失，显而问之，谓之对策也。

《后汉书》曰：建武七年，下诏曰："此阴阳错谬，日月薄蚀，百姓有过，在予一人。公卿司隶州牧举贤良、方正各一人，遣诣公车，朕将览试焉。"

又曰：韦彪上议曰："宜以才行为先，不可纯以阀阅。然其要归，在于选二千石。二千石贤，则贡举皆得其人矣。"帝深纳之。

又曰：章帝建初元年，诏曰："夫乡举里选，必累功劳。今刺史、守相不明真伪，茂才孝廉，岁以百数，既非能显而当授之政事，甚无谓也。每寻前代举人贡士，或起畎亩，不系阀阅。《史记》明其等曰阀，积其日阅。言前代举人，务取贤才，不拘问它。敷奏以言，则文章可采；明试以功，则政有异迹，文质彬彬，朕甚嘉之。其令太傅、三公、中二千石、二千石、郡国守相举贤良、方正、能直言极谏之士各一人。"

又章帝建初五年，诏曰："公卿已下，其举直言极谏、能指朕过失者各一人，遣诣公车，将亲临问焉。其以岩穴为先，勿取浮华。"

《汉官仪》曰：建初八年十二月己未，诏书辟士四科：一曰德行高妙，志节清白；二曰经明行修，能任博士；三曰明晓法律，足以决疑，能案章覆问，文任御史；四曰刚毅多略，遭事不惑，明足照奸，勇足决断，才任三辅，皆存孝悌清公之行。自今以后，审四科辟召，及刺史、二千石察举茂才尤异者，孝廉、廉吏务实校试以职。有非其人，不习官事，正举者故举不实，为法罪之。

《后汉书》和帝永光五年，诏曰："选举贤良，为政之本。科别行能，必由乡曲。而郡国举吏，不加简择，故先帝明敕在所，令试之以职，乃得充选。又德行尤异，不须经职者，别署状上。而宣布以来，出入九年，二千石曾不承奉，恣心从好，司隶刺史，讫无纠察。今新蒙赦令，且复申敕，后有犯者，显明其罚。在位不以选举为忧，督察不以发觉为负，非独州郡也。是以庶官多非其人，下人被奸邪之伤，由法不行故也。"

又永元六年，诏曰："朕以眇末，承奉鸿烈。阴阳不和，水旱违度。济河之域，凶馑流亡，而未获忠言至谋所以匡救之策。寤寝永叹，用思孔疚。唯官人不得于上，黎民不安于下；有司不念宽和，而竞为苛刻；覆案不急，以妨人事。甚非所以上当天心，以济元元也。思得忠良之士，以辅朕之不逮。其令三公、中二千石、二千石、内郡守相举贤良、方正、能直言极谏之士各一人，昭岩穴，披幽隐，遣诣公车，朕将亲览焉。"帝乃亲临策问，选补郎吏。

又永元七年，诏曰："元首不明，化流无良；政失于人，谪见于天。深唯庶事五教在宽，是以旧典因孝廉之举以求其人，有司详选郎官宽博有谋、才任典城者三十人。"既而悉以所选郎出补长相。

又永平十三年，诏曰：幽、并、凉州户口率少，边役众剧，束修、良吏进仕路狭。抚接夷狄，以人为本。其令缘边郡户口十万以上，岁举孝廉一人；不满十万，二岁举一人；五万以下，三岁举一人。

又曰：安帝永初元年，诏公卿、内外众官、郡国守相举贤良、方正、有道术之士，明政术、达古今、能直言极谏者各一人。

又永初二年，诏曰："昔在帝王，承天理人，莫不据璇玑、玉衡以齐七政。朕以不德，遵奉大业。而阴阳差越，变异并见。间令公卿、郡国举贤良、方正，远求博选，开不讳之路，冀得至谋，以监不逮。而所对皆循尚浮言，无卓尔异闻。其百僚及郡国吏人有道术、明习灾异阴阳之度、璇玑之数者，各使指变以闻。二千石长吏明以诏书博衍幽隐，朕将亲览，待以不次，冀获嘉谋，以承天诫。"又诏："其明经，任博士，居乡里有廉清孝顺之称，才任理人者，国相岁移名，与计偕上。"

五年，又诏曰："为政之本，莫若得人。褒贤显善，圣制所先。济济多士，文王以宁。思得忠良正直之臣，以辅不逮。其令三公、特进、侯、中二千石、郡守、诸侯相举贤良、方正、违于教化、能直言极谏之士各一人，及至孝与众卓异者，并遣诣公车。朕将亲览焉。"

又曰：胡广，南郡人。初为郡散吏。太守法雄之子真从家来，省其父。真颇知人。会岁终，应举，雄敕真助其求才。雄因大会诸吏，真自于牖间密占察之，乃指广以白雄，遂察孝廉。既到京师，试以章奏，安帝以广为天下第一。旬月拜尚书郎，五迁尚书仆射。

又阳嘉元年，太学新成。诏曰："试明经者补弟子，增甲乙之科，员各十人。除郡国耆儒九十人皆补郎、舍人。"时尚书令左雄议改察举之制，限年四十以上儒九十人，者试经学，文吏试章奏。如有颜回、子奇之类，不拘年齿。尚书仆射胡广、尚书郭虔等驳之曰："选举因才，无拘定制。六奇之策，不出经学；郑产之政，非必章奏。甘、奇著用，年乖强仕；终、贾扬声，亦在弱冠。汉承周秦，兼览殷夏，祖德师经，参杂霸轨，圣主贤臣，代以致理。贡举之制，莫或回革。今以一臣之言，不可铲戾旧章。"竟从雄义。于是雄上言："郡国孝廉，古之贡士，出则宰人，宣协风教。若其面墙，则无所施用。孔子曰'四十不惑'，礼称'强仕'。请自今孝廉年不满四十，不得察举，皆先诣公府。诸生试家法，文吏课笺奏，副之端门，练其虚实，以观异能，以美风俗。有不承科令者，正其罪法。若有茂才异行，自不拘年齿。"帝从之。乃班下郡国。明年，有广陵孝廉徐淑，年未及举，台郎凝诘之，对曰："诏书曰：'有如颜回、子奇，不拘年齿。'是故本郡以臣充选。"郎不能屈。雄诘之曰："昔颜回问闻一知十，孝廉闻一知几耶？"淑无以对，乃遣还郡。于是济阳太守胡广等十余人皆坐谬举免黜，唯汝南陈蕃、颍川李膺、下邳陈球等三十余人得拜郎中。自是牧守畏栗，莫敢轻举在尚书。迄于永熹，十余年间，察选清平，多得其人。雄又奏征海内名儒为博士，使公卿子弟为诸生，有志操者加其俸禄。及汝南谢廉、河南赵建，年始十二，各能通经。雄并奏拜童子郎。自是负书来学，云集京师。

又桓帝诏曰："孝廉、廉吏皆当典城牧人，禁奸举善，兴化之本，常必由之。诏书连下，分明恳恻，而在所玩习，遂至怠慢。选举乖错，害及元元。顷虽颇绳正，犹未懲改。方今淮夷未殄，军师屡出，百姓疲瘁，困于征发。庶望群吏，惠我劳人，蠲涤贪秽，以祈休祥。其令秩满百石，十岁以上，有殊才异行，乃得忝选。赃吏子孙，不得察举。杜绝邪伪请托之源，令廉白守道者，得信其操。"信音申。古字通。

又曰：初平四年，试儒生四十余人，上第赐位郎中，次太子舍人，下第者罢之。诏曰："孔子叹学之不讲，则所识日忘。今耆儒年逾六十，去离本土，营求粮资，不得专业；结童入学，白首空归，长委农野，永绝荣望。朕甚悯焉。其依科罢者，听为太子舍人。"

《齐书》左仆射王俭请解领选，谓褚彦回曰："选曹之始，近自汉末。今若反古，使州郡贡计，三府辟士，与众共之，犹贤一人之意。古者选众，今则不然。奇材绝智，所以见遗于草泽也。"

《梁书》：天监中，沈约上疏曰："当今士子繁多，略以万计。常患官少才多，无地以处，秀才自别是一种仕官，非若汉代取人之例也。假使秀才对五问可称，孝廉答一策能过，此乃雕虫小道，何关理功得失？以此求才，徒虚语尔。"

《后魏书》孝文时，韩麒麟子明宗上言曰："前代取士，必先正名。故有贤良、方正之称。今州郡贡察，徒有秀、孝之名，无秀、孝之实。而朝廷但捡其有门地，不复弹坐，如此则可别贡门望，以叙士人，何假置秀、孝之名也？夫门望者，是其父祖之遗烈，亦何益于皇家？苟有奇才，虽屠钓奴虏之贱，亦可用之；苟非其人，虽三后之胄，自坠于皂隶矣。或云代无奇才，不若取士于门。此亦失矣。岂可以世无周、邵，便废宰相而不置哉？但当校其才长铢重者，即先叙之，则贤才无遗矣。”

《北齐书》曰：课试之法：中书策秀才，集书策考贡士，考功郎中策廉良。天子常服乘舆，出坐于朝堂中楹，秀才各以班草对。字有脱误者，呼起立席后；书有滥劣者，饮墨水一升；文理孟浪者，夺席脱容刀。

《后周书》曰：宣帝大成元年，诏州举高才博学者为秀才，郡举经明行修者为孝廉。上州岁一人，下州三岁一人。

《隋书》曰：文帝开皇中，制诸州贡士岁三人，工商不得入仕。

太平御览卷第六百二十九　治道部十

贡举下制举科附

《唐书》曰：贞观中，诸州所举孝廉赐坐于御前，上问以皇王政术，及皇太子问以曾参说《孝经》，并不能答。太宗谓曰："昔楚庄王议事，君臣莫逮，退而有忧色，曰：'诸侯能自得师者王，自谋而莫已若者亡。今不谷之不德，君臣莫吾逮，吾国几于亡乎？'朕发诏征天下俊异，才以浅近问之，咸不能答。海内贤哲，将无其人耶？朕甚忧之。"

又曰：贞观中，考功员外郎王师旦知举。时冀州进士张昌龄、王公直并有俊才，声振京邑。而师旦考其文策全下，举朝不知所以。及奏等第，太宗怪无昌龄等名，因召师旦问之。曰："此辈诚有词华，然其体性轻薄，文章浮艳，必不成令器。臣若擢之，恐后生相效，有变陛下风雅。"帝以为名言。后并如其说。

又曰：贞观中，文皇帝尝私幸端门，见进士缀行而出，喜曰："天下英雄入吾彀中矣。"

又曰：调露二年，刘思立除考功员外郎。先时进士但试策而已，思立以其肤浅，奏请帖经及试杂文。自后因以为常。

又曰：载初元年，试贡举人于洛城殿前，数日方毕。殿前试人，自兹始也。

又曰：景云中，制曰：四方选集，群才辐辏，操斧伐柯，求之不远。其有能习二经，通大义者；综一史，知本末者；通三教宗旨，究精微者；善六书文字，辨声象者；傅雅曲度，和六律五音者；韬略学孙吴，识天时人事者；畅于词气，聪于受领，善敷奏吐纳者，咸令所司博采明试，朕亲择焉。

又曰：长寿二年，左拾遗刘承庆上疏曰："伏见比年已来，天下诸州所贡物，至元日皆陈在御前。唯贡人独于朝堂拜列，则金帛羽毛升于玉陛之下，贤良文学弃彼金门之外。恐所谓贵财而贱义，重物而轻人。伏请贡人至元日列在方物之前，以备充庭之礼。”制曰：“可。”

又曰：开元中，诏诸州乡贡进士，见讫，宜令引就国子监谒先师，学官为之讲，质问疑义，仍令所司优厚设食。两馆及监内得解举人亦准此。其日清官五品已上及朝集使并往观礼，即为常式。谒先师自此始也。

又曰：开元中，国子祭酒杨玚上言曰：“伏闻承前之例，每年应举常有千数，及第两监不过一二十人。臣恐三千学徒，虚费官廪；两监博士，滥糜天禄。臣窃见入仕诸色出身，每岁尚二千余人，方于明经进士多十余倍，自然服勤道业之士不及胥吏，以其效官，岂识先王之礼义？陛下设学校，务以劝进之；有司为限约，务以黜退之。臣之微诚，实所未晓。今监司课试，十已退其八九；考功及第，十又不收一二。若长以此为限，恐儒风渐坠，小道将兴。若以出身人多，应须诸色都减，岂在独抑明经进士？”上然之。

又曰：开元中，敕：“今之明经、进士，则古之孝廉、秀才。近日已来，殊乖本意。进士以声韵为学，多昧古今。明经以帖诵为功，罕穷旨趣，安得为敦本复古？经明行修，以此登科，非选士取贤之道。其明经，自今以后，每经宜帖十，取通五以上免旧试一帖；仍按问大义十条，取六已上，免试经策十条。令若时务策三道，取粗有文性者与及第。其进士宜停小经，准明经帖大经十帖，取通四已上，然后准例试杂文策考，通与及第。其明经中有明五经已上，试无不通者，进士中兼有精通一史，能试策十条得六已上者，委所司奏听进止。其应试进士等唱第讫，具所试杂文策及送中书门下详覆，其所问明经大义日须对同举人考试，庶能否共知取舍，无愧有功者达，可不勉欤？”

又曰：乾元初，中书舍人李揆兼礼部侍郎。揆尝以主司取士，多不考实，徒峻其堤防，索其书策，殊未知艺不至者居文史之囿，亦不能摛其词藻，深昧求贤之意也。及其试进士文章，日于庭中设五经诸史及《切韵》本于床，而引贡士，谓之曰：“大国选士，但务得才，经籍在此，请恣寻检。”由是数日之间，美声上闻。

又曰：上元年，刘峣上疏曰：国家以礼部为考廉之门，考文章于甲乙，故天下响应，驱于才艺，不务于德行。夫德行者，可以化人成俗；才艺者，可以约法立名。故有朝登甲科而夕陷刑辟，制法守度使之然也。陛下焉得不改而张之？至如日诵万言，陷何关理体？文成七步，未足化人。昔子张学干禄，仲尼曰：‘言寡尤，行寡悔，禄在其中矣。’又曰：‘行有余力，则以学文。’今舍其本而条其末。况古之作，文必谐风雅。今之末学，不近典谟，劳心于卉木之门，极笔于烟霞之际。以此成俗，斯大谬也。昔者采诗观风俗，咏《卷耳》则忠臣喜，诵《蓼莪》而孝子悲。温良敦厚，诗教也。岂主于淫文哉？夫人之爱名，如水之务下。上有所好，下必甚焉。陛下若以德行为先，文艺为末，必敦德励行，以伫甲科。酆舒俊才，没而不齿；陈寔长者，拔而用之，则多士雷奔，四方风动，俗从于下，圣理于上。岂有不变者欤？

又曰：宝应初，礼部侍郎杨绾奏请：每岁举人，依乡举里选，察秀才、孝廉。敕公卿以下集议。中书舍人贾至议曰：“杨绾所奏，实为正论。然衣冠迁徙，人多侨寓。士居乡土，百无一二。今依古制，恐取士之道未尽。今礼部每岁擢甲乙之科，柢足长浮薄之风，启侥幸之路矣。其国子博士等望加员数十道。大郡量置太学馆，令博士出外兼领郡官，召致生徒，依乎故事。保桑梓者，乡里举焉；在流寓者，庠序推焉。如此则青青不复兴刺，扰扰由其归本焉。”敕旨每州岁察孝廉，取在乡闾有孝悌廉耻之行荐焉。秀才，有司以礼待之，试其所通之学。五通之内精通一经，兼能对策，达于体理者，并量行业授官。

又曰：宝应初，礼部侍郎杨绾奏：“贡举条，孝廉各令精通一经，其取《左氏传》《公羊》《谷梁》《礼记》《周礼》《仪礼》《毛诗》《尚书》《周易》，任通一经，每经问义二十条，皆取旁通诸义，务穷根本。试策三道，问古今理体，及当时要务，取堪行用者，仍每日问一道，三道毕日。经义及策全通为上第，其上第者，望付吏部，便与官。其问义每十条通七，策通二为中第，与出身。下者罢之。又《论语》、《孝经》皆圣人深旨，《孟子》亦儒门之达者，其学官望兼习此三者，共为一经，其试如上。秀才举人，望令精通五经，问义二十条，对策试一五道，全通者为上第，送名中书门下，请超与处分。问义十条通七，策通四为中第，中第者送吏部与官。下者罢之。孝悌力田，但能熟读一经，言音典切，即令所司举送试，通便与出身。今年举人，或旧业既习，理难速改，或远州所送，身已在途，事须收奖，不可中废。其今秋举人中有情愿依旧业举者，亦听。今年 之后，一依新格。"敕旨："进士明经，置来日久，今顿令改业，恐难有其人。诸色举人，宜与旧法兼行。"

又曰：建中初，中书舍人权知礼部贡举赵赞奏："应口问大义、明经等。举人明经之目，义以为先。比来相承，唯务习帖，至于义理，少有能通。经术寖衰，莫不由此。今若顿取大义，恐全少其人。欲且因循，又无以劝学。请约举司旧例，稍示考义之难，承前问义。不形文字。落第之后，喧竞者多。臣今请以所问录于纸上，各令直书其义，不假文言。既与策有殊，又事堪微证，凭此取舍，庶归至公。如有义策全通者，五经举人，请准广德元年七月敕，超与处分，明经请减两选。伏请每岁甄奖不过数人，庶使经术渐兴，人知教本。"敕旨："明经义策全通者，令所司具名闻奏，续商量处分。余依。"

又曰：建中初，尚书左选权知礼部贡举顾少连奏："伏以取士之科，以明经为首；教人之本，则义理为先。至于帖书，及以对策，皆形文字，并易考寻。试义之时，独令考对，对答之失，覆视无凭。黜退之中，流议遂起。伏请准建中二年十二月敕，以所问录于纸上，各令直书其义，不假文言。仍请依经疏对。"敕旨："宜依元和二年十二月礼部贡院奏，五经举人请罢试口义，准旧试墨义十条，五经通六便放入策。"诏从之。

又曰：建中三年四月，敕礼部："应进士举人等，自今已后，如试官并不合选，诸色出身人等，有应举者，宜先于举司陈状，准例考试。如才堪及第者，送名中书门下，重加考核；如实不堪，即令所司追纳告身，注毁官甲，准例与及第，至选日仍稍优与处分；其正员官，不在举限。"

又曰：贞元中，兵部侍郎陆贽权知贡举，时崔元翰、梁肃文艺冠时。贽输心于肃与元翰，推荐艺实之士。升第之日，虽众望不惬，然一岁选士才十四五，数年之内，居台省者十余人。

又曰：元和初四月，以起居舍人翰林学士王涯为都官员外郎，吏郎员外郎韦贯之为果州刺史。先是，策贤良，诏杨于陵、郑敬、李益与贯之同考覆。是时牛僧儒、皇甫湜、李宗闵条对甚直，无所畏避。考官第其策，皆居三等。权幸或恶其诋己，而不中第者乃注解其策，同为唱诽。又言，涯居翰林，其甥皇甫湜中选，考核之际，不先上言，故同坐焉。居数日，贯之再黜。巴州司马，涯虢州司马，杨于陵遂出为广州节度。裴垍时为翰林学士，居中覆视，无所同异。及为贵幸，泣诉请罪于上。上不得已，罢垍翰林学士，除户部侍郎。

又曰：元和中，权知礼部侍郎庾承宣奏："臣有亲属，应明经进士举者，请准旧例，送考功考试。"从之。

又曰：长庆元年，敕："今年钱徽下进士郑朗等一十四人，宜令中书舍人王起、主客郎中知制诰白居易等重试。"覆落十人。三月丁未，诏曰："国家设文学之科，本求才实，苟容侥幸，则异至公。访闻近日，浮薄之徒扇为朋党，谓之关节，干扰主司。每岁策名，无不先定。永言败俗，深用兴怀。郑朗等昨令重试，不求深僻题目，贵观学艺浅深。《孤竹管》是祭天之乐，出于《周礼》正经，阅其程试之文，都不知其本事。词律鄙浅，芜类可知。其孔温业等三人粗通，可与及第，其余落第。今后礼部举人，宜准开元二十五年敕，及第人所试杂文并策，先送中书门下详覆。"

又曰：长庆中，礼部侍郎王起奏曰："伏以礼部放榜，已是成名；中书重覆，尚未及第。若重覆之中，万一不定，则放榜之后，远近误传。其于事理，实为非便。臣伏请每年进士堪及第者，本司考试讫，其诗赋先送中书门下详覆后，敕却下本司，然后准旧例，大字放榜。"从之。

又曰：太和初，以散骑常侍冯宿、太常少卿贾餗、库部郎中庞严为考官。策第二十二人。而前进士刘蕡策最切直，不居是选。其间指陈时事，不避贵近，言词激切，士林感动，虽晁、董无以过也。而考官有所畏忌，不敢上闻，随例摈斥。识者之议，喧然不平，守道正人传其文，至有相对而泣者。谏官等或将其策白于宰臣，宰臣怯惮，亦不敢为之明白。登科人李郃者，深有所愧，抗表请让官于蕡，事竟不行。天复初，刘季述败，起居郎罗衮上疏请追赠蕡。于是下诏赠左谏议大夫，仍访子孙叙用。初，蕡条对制策，言宦官权盛，后必为患。及是，果然也。

又曰：太和中，礼部侍郎李汉奏："准大和七年八月敕，贡举人不要试诗赋策，且先帖大经小经，共十帖，次对正义十道，次试论义各一首讫，考核，放及第。"

又曰：太和八年，中书门下奏："进士放榜，旧例礼部侍郎皆将及第人名先呈宰相，然后放榜。伏以委任有司，因当精慎。宰臣先知取舍，事匪至公。今年以后，请便令放榜，不用先呈人名。其及第人，所试杂文及乡贯三代名讳，并当日送中书门下。"便令定例。

又曰：会昌三年，敕："礼部所放进士及第人数目，今后但据才堪者即与，不要限人数。每年止于十人五人总得。"

又曰：会昌四年，中书门下奏："朝廷设文学之科，以求髦俊，台阁清选，莫不由兹。近缘核实，不在于乡闾，超名颇杂于非类，致有跛扈之地。请计交通，将澄化源，在举明宪。臣等商量，今日以后，举人于礼部纳家状，后望依前，五人自相保，其衣冠，则以亲姻故旧久同游处者，其江湖之士，则以封壤接近素所诸知者为保。如有缺孝悌之行、资朋党之势、迹由邪径、言涉多端者，并不在就试之限。如容情故自相隐蔽，有人纠举，其同保人并三年不得赴举。仍委礼部，明为戒励，编入举格。"敕旨依奏。

又曰：大中初，礼部侍郎魏扶放及第二十三人，续奏堪放及第三人。封彦卿、崔涿、郑延休等皆以文艺为众所知，其父皆在重任，不敢选取。其所试诗赋并封奉进，止令翰林学士、户部侍郎、知制诰韦琮等考，尽合程度。其月二十三日奉进，止并付所司放及第："有司考试只合在公，如涉徇私，自有刑典。从今以后，便依常例取舍，不得别有奏闻。"

又曰：大中初，敕："自今放进士榜后，杏园任依旧宴集，所司不得禁制。”先是武宗好巡游曲江亭，禁人宴聚故也。

又曰：大中九年，吏部试宏辞举人，漏泄题目，为御史所劾。侍郎裴谂改及国子祭酒，郎中周敬罚两月俸，考官刑部郎中唐扶出为虔州刺史，监察御史冯颛罚一月俸。其登科十人并落下。

又曰：大中十年，礼部侍郎郑颢进诸家科目记十三卷。敕付翰林，自今放榜后，仰写及第人姓名及所试诗赋题目进入，仍令所司逐年编次。

又曰：大中十二年，中书舍人李藩知举，放博举宏辞科陈琬等三人。及进诗赋论等，召藩谓曰：“所试诗中重用字，何如？”潘曰：“钱起《湘灵鼓瑟诗》有重用字，乃是庶几。”上曰：“此诗似不及起。”乃落下。

李肇《国史补略》曰：进士为时所尚久矣，是故俊乂由其中出者，终身为闻人，故争名常切。其都会谓之举场，通称谓之秀才，投刺谓之乡贡，得第谓之前进士，互推敬谓之先辈，俱捷谓之同年，有司谓之座主，京兆府考而升者谓之等第，外府不试而贡者谓之拨解，然拨解亦须预记人为词赋，非谓自荐。将试相保谓之合保，群居而赋谓之私试，造请权要谓之关节，激扬声价谓之往还，既捷列名于慈恩寺谓之题名，会大宴于曲江亭谓之曲江会，曲江大会在关试后，亦谓之关宴。宴后同年各有所之。归乡间谓之离会。籍而入选谓之春关，不捷而醉饱谓之打毷氉，匿名造谤谓之无名子，退而肄业谓之夏课，挟藏而入试谓之书策。此其略也。其风俗系于先达，其制置存于有司。虽然，贤者得其大志，故位极人臣，常十有二三，登显列十有六七。

制举科

《唐书》显庆三年二月，志烈秋霜科。韩思彦及第。乾封元年，幽素科。苏瑰、解琬、苗神客、格辅、元除昭、刘讷言、崔谷神及第。上元三年正月，词殚文律科。崔融及第。

永隆元年，岳牧举。

垂拱四年十二月，词标文苑科。房晋、皇夔、王旦及第。

永昌元年正月，蓄文藻之思科，彭景直及第。抱儒素之业科。李文愿及第。

长寿三年四月，临难不顾、徇节宁邦科。薛稷、寇泚及第。

证圣元年，长才广度、沉迹下僚科。张猗及第。

通天元年，文艺优长科。韩璘及第。

神功元年九月，绝伦科。苏颋、崔玄童、袁仁、敬可凤、孟温礼、洪子与、卢从愿、赵不欺及第。

大足元年理选，使孟诜试拔萃科、崔翘、郑微及第。少疾恶科。冯万石及第。

长安二年龚黄科。马克麾及第。

神龙二年，才膺管乐科、张大求、魏启心、魏愔、卢绚、张文成、褚璆、咸庆业、郭邻、赵不为及第。才高位下科。冯万石、晁良贞、张敬及第。

三年，材堪经邦科、张九龄、康元瑰及第。贤良方正科。苏晋、宋务光、寇泚、卢怡、吕恂及第。

景龙三年，抱器怀能科、夏侯銛及第。茂才异等科。王敬从、卢重弘及第。

景云二年，文以经国科、袁晖、韩朝宗及第。藏名负俗科。李俊之及第。

先天元年，文经邦国科、韩休及第。藻思清华科、赵冬曦及第。寄以宣风则能兴化变俗科、郭璘之及第。道侔伊吕科、张九龄及第。手笔俊拔超越辈流科。杜昱、张子渐、张秀明、常无名、赵居贞、贾登、那巨及第。

开元二年，直言极谏科，梁升卿、袁楚客及第。哲人奇士逸沦屠钓科，孙逖及第。良才异等科。邵闰之、崔翘及第。

五年，文史兼优科、李升期、康子九、达奚珣及第。文儒异等科。崔侃、褚庭晦及第。

六年，博学通议科。郑少微、萧诚及第。

七年，文词雅丽科。邢巨苗、晋卿、褚思光、赵良器及第。

十二年，将帅科。裴敦复、房自谦及第。

十五年，武足安边科、郑昉、樊衡及第。高才沉沦草泽自举科。邓景山及第。

十七年，才高未达沉迹下僚科。吴巩及第。

十九年，博学宏词科。郑昉、陶翰及第。

二十一年，多才科。李史鱼及第。

二十三年，王霸科、刘璀、杜绾及第。智谋将帅科。张重光、崔圆、李广琛及第。

天宝元年，文词秀逸科。崔明允、颜真卿及第。

六年，风雅古调科。薛据及第。

十三年二月，词藻宏丽科。杨绾及第。

大历二年，乐道安贫科。杨膺及第。

六年，讽谏主文科。郑珣瑜、李益及第。

建中元年，贤良、方正、能直言极谏科，姜公辅、元友直、樊泽、吕元膺及第。文词清丽科，奚陟、梁肃、刘公亮、郑辕、沈封、吴通玄及第。经学优深科，孙玭、黎逢白、季随及第。高蹈丘园科，张绅衡、良儒、苏哲及第。军谋越众科，夏侯审、平知和、郑儋、凌正、周渭、丁侁及第。孝悌力田、闻于乡闾科。郭黄中、崔浩、李牧及第。

贞元元年九月，贤良、方正、能直言极谏科，韦执谊、郑利用、穆贤、杨鄗、裴复、柳公绰、归登直、李言、崔邠、郑敬、魏弘、简回、元佶、徐衮及第。博通坟典达于教化科，熊执易、刘简甫及第。识洞韬略，堪任将帅科。许赞及第。

四年四月，贤良、方正能直言极谏科，崔元翰、裴次元、季彝、崔丰、史牟、陆震、柳公绰、赵参、徐弘毅、韦彭寿、邹儒立、王乃、杜伦、元易、王真及第。清廉守节政术可称堪任县令科，李巽及第。孝悌力田闻于乡闾科。张皓及第。

十年十月，贤良、方正能直言极谏科，裴垍、王播、朱谏、裴度、熊执易、许尧佐、徐弘毅、崔群、皇甫鏄、王仲舒、许季同、仲子陵、郑士林、丘颛及第。博通坟典，达于教化科，朱颖及第。详明政术，可以理人科。张平叔、李景亮及第。

其年四月，才识兼茂明于体用科，元稹、韦敦、独孤郁、白居易、曹景伯、韦庆复、崔绾、罗让、崔护、薛存庆、章珩、李播、元修、萧俛、沈传师、柴宿及第。达于吏理可使从政科。陈岵及第。

三年四月，贤良、方正直言极谏科，牛僧孺、皇甫湜、李宗闵、李正封、吉弘宗、徐晦、贾练、王起、郭球、姚衮、便威及第。博通坟典，达于教化科，冯芑、陆旦及第。军谋宏远材任将帅科，樊宗师及第。达于吏理、可使从政科。萧睦及第。

长庆元年十二月，贤良、方正能直言极谏科，宠严、任琬、吕述、姚中、韦曙、李回、崔椒、崔龟从、韦正实、崔知陈、白玄锡及第。详明政术，可以理人科，崔郢及第。军谋宏远材任将帅科，吴思、李商卿及第。博通坟典，达于教化科。李思玄及第。

宝历元年四月，贤良、方正能直言极谏科，唐申、相俭、韦端、符舒、元褒、萧敞、相鲁士、来择、赵祝、裴恽、韦繇、李昌实、严封、李涯、萧夷中、求元晦及第。详明吏理，达于教化科，韦正实及第。军谋宏远，材任边将科。裴俦、侯云章及第。

太和二年闰三月，贤良、方正能直言极谏科，裴休、裴素、李合、南卓、李甘、杜牧、马植、郑亚、崔博、崔玙、王式、罗邵京、崔渠、韩宾、崔慎由、苗愔、韦昶、崔焕、崔谠及第。详明吏理，达于教化科，宋及第。军谋宏达，堪任将帅科。郑冠、李式及第。

太平御览卷第六百三十 治道部十一

荐举上

《礼记·檀弓下》曰：赵文子知人，所举于晋国，管库之士，七十有余家。管库之士，府吏以下官长所置也。举之于君，以为大夫士也。管，键也。库，物所藏。

《礼记·杂记》曰：管仲遇盗，取二人焉，上以为公臣，曰："其所与游僻也。可人也。"言此人可也。但居恶人之中，使之犯法。

又《儒行》曰：儒有内称不避亲，外举不避怨，程功积事，推贤而进达之，不望其报；苟利国家，不求富贵。其举贤援能，有如此者。

《左传·庄公》曰：鲍叔帅师来言曰："子纠，亲也，请君讨之。鲍叔乘胜而进军，志在生得管仲，故托不忍之辞。管、召，仇也，请受而甘心焉。"管仲射桓公，故曰仇。甘心，言欲快意戮杀之。乃杀子纠于生窦，召忽死之。管仲请囚，鲍叔受之，及堂阜而税之。堂阜，齐地。或曰鲍叔解夷吾缚于此，因以为名。归而以告曰："管夷吾治于高傒，高傒，齐卿高敬仲也。言管仲治理政事之才多于敬仲。使相可也。"公从之。

又《僖中》曰："晋侯问原守于寺人勃鞮。"对曰："昔赵衰以壶飧从，径馁而弗食。"言其廉且仁，不忘君也。径犹行也。故使处原。从披言也。衰虽有大功，犹简小善以进之，示不遗劳。

又《僖下》曰：楚子将围宋，使子文治兵于睽，终朝而毕，不戮一人。睽，楚邑。自旦及食时为终朝。复使子玉治兵于蔿，终日而毕，鞭七人，贯三人耳。蔿，楚邑。自旦夕为终日。国老皆贺子文子，子文饮之酒。蔿贾尚幼，后至，不贺。子文问之。对曰："不知所贺。子之传政于子玉，曰'以靖国也。'靖诸内而败诸外，所获几何？子玉之败，子之举也。举以败国，将何贺焉？"

又曰：初，臼季使过冀，见冀缺耨，其妻馌之。敬，相待如宾。与之归，言诸文公曰："敬，德之聚也。能敬必有德。德以治民，请君用之。"公曰："其父有罪，可乎？"对曰："舜之罪也殛鲧，其举也兴禹。管仲，桓公之贼也，实相以济。《康诰》曰：'父不慈，子不祗，兄不友，弟不恭，不相及也。'《诗》曰：'采葑采菲，无以下体。'君取节焉可也。"文公以为下军大夫。

又曰：晋蒐于被庐，作三军，谋元帅。赵衰曰："郤縠可，臣亟闻其言矣，说礼乐而敦《诗》《书》。《诗》《书》，义之府也；礼乐，德之则也；德义，礼之本也。《夏书》：'赋纳以言，明试以功，车服以庸。'君其试之。"乃使郤縠将中军。

又曰：秦伯伐晋，济河焚舟，取王官及郊。晋人不出，遂自茅津济，封淆尸而还。遂霸西戎，用孟明也。君子是以知秦穆之为君也，举人之周也。周，备也。不偏以一恶弃其善。与人之壹也；一无二心。孟明之臣也，其不解也，能惧思也；子桑之忠也，其知人也，能举善也。子桑，公孙技，举孟明。《诗》曰："于以采蘩，于沼于沚；于以用之，公侯之事。"秦穆有焉。"夙夜匪懈，以事一人"，孟明有焉。"诒厥孙谋，以燕翼子"，子桑有焉。言子桑有举善之谋。

又曰：晋蒐于夷，舍二军。使狐射姑将中军，赵盾佐之。阳处父至自温，改蒐于董，易中军。阳子，成季之属也，故党于赵氏，且谓赵盾能。曰："使能，国之利也。"是以上之。宣子于是乎始为国政。

又《文下》曰：昔高阳氏有才子八人，高阳，帝颛顼之号。八人，其苗裔。苍舒、隤敳、梼戭、大临、龙降、庭坚、仲容、叔达，此即垂、益、禹、皋陶之伦。庭坚即皋陶字。齐、圣、广、渊、明、允、笃、诚。天下之民，谓之八恺。高辛氏有才子八人，伯奋、仲堪、叔献、季仲、伯虎、仲熊、叔豹、季狸，高辛，帝喾之号。此八人，稷、契、朱虎、熊罴之伦。忠、肃、共、懿、宣、慈、惠、和。天下之民，谓之八元。此十六族也，世济其美，不陨其名，以至于尧。尧不能举。舜臣尧，举八恺，使主后土，以揆百事，莫不时序，地平天成。举八元，使布五教于四方，父义、母慈、兄友、弟恭、子孝、内平、外成。是以尧崩而天下如一，同心戴舜，以为天子，以其举十六相，去四凶也。

又《襄三》曰：祁奚请老，老，致仕。晋侯问嗣焉。嗣，续其职者。称解狐，其仇也。将立之而卒。解狐卒。又问焉。对曰：“午也可。”午，祁奚子。于是羊舌职死矣。晋侯曰：“孰可以代之？”对曰：“赤也可。”赤，职之子伯华。于是使祁午为中军尉，羊舌赤佐之。各承其父。君子谓祁奚于是能举善矣，称其仇，不为谄；立其子，不为比；举其偏，不为党。《商书》曰：“无偏无党，王道荡荡。”其祁奚之谓矣。解狐得举，未得位，故曰得举。祁午得位，伯华得官，建一官而三物成，一官，军尉。物，事也。能举善也。夫唯善，故能举其类。《诗》云：“唯其有之，是以似之。”祁奚有焉。

又《襄三十》曰：郑子皮授子产政，辞曰：“国小而逼，逼近大国。族大宠多，不可为也。”子皮曰：“虎帅以听，谁敢犯子？子善相之，国无小，言在治政。小能事大，国乃宽。”为大所恤故也。

《论语》子夏曰：“富哉言乎！舜有天下，选于众，举皋陶，不仁者远矣。汤有天下，选于众，举伊尹，不仁者远矣。”

又曰：仲弓为季氏宰，问政。子曰：“先有司，赦小过，举贤才。”曰：“焉知贤才而举之？”曰：“举尔所知。尔所不知，人其舍诸？”孔曰：女所不知者，人将自举之，各举所知，则贤才无遗。

又曰：公叔文子之臣大夫僎，与文子同升诸公。孔曰：大夫僎本文子家臣，荐之使与已并为大夫，同升在公朝。子闻之，曰：“可以为文矣。”孔曰：言行如是，可谥为文。

《史记》曰：秦缪公以羖羊皮赎百里奚，释其囚，与语国事。百里奚让曰：“臣不及臣友蹇叔。蹇叔贤而世莫知。臣尝游，困于齐，而乞食铚人，蹇叔收臣。臣因而欲事齐君无知，蹇叔止臣，臣得脱齐难，遂之周。周王子颓好牛，臣以养牛干之。及颓欲用臣，蹇叔止臣，臣去，得不诛。事虞君，蹇叔止臣，臣知虞君不用臣，臣诚私利禄爵，且留。再用其言，得脱。一不用，及虞君之难。是以知其贤。”于是缪公使人厚币迎蹇叔，以为上大夫。

又曰：秦孝公下令曰："宾客群臣，有能出奇计强秦者，吾且尊官，与之分土。"卫鞅闻是令下，西入秦，因景监求见孝公，说孝公变法修刑，内务耕稼，外劝战士，明行尝罚。孝公善之，卒用鞅法，百姓便之。乃拜鞅为左庶长。

又曰：王稽使于魏，问郑安平："魏有贤人，可与俱西乎？"安平曰："臣里中有张禄先生，欲见君言天下事。"王稽知其范睢，乃载以入秦。

又曰：赵烈侯好音，谓相国公仲连曰："寡人有爱，可以贵之乎？"公仲曰："富之则可，贵之则否。"烈侯曰："然。夫郑歌者枪、石二人，吾赐之田，人万亩。"公仲曰："诺。"不与。居一月，烈侯问歌者，曰："公仲曰：'求，未有可者。'"有顷，复问，公仲终不与，乃称疾不朝。番吾君谓公仲曰："君实好善而未知所持。今公仲相赵四年，亦有进士乎？"曰："未也。"番吾君曰："牛畜、荀欣、徐越皆贤，可。"公仲乃进三人。牛畜侍烈侯以仁义，约以王道；明日，荀欣侍以选练举贤，任官使能；明日，徐越侍以节财俭用，察度功德，所与无不充。君悦，乃使使谓相国曰："歌者之田且止。"官牛畜为师，荀欣为中尉，徐越为内史，赐相国衣二袭。

《史记》：蔺相如者，赵人也，为赵宦者令缪贤舍人。赵惠文王时，得楚和氏璧。秦昭王闻之，使人遗赵王书，愿以十五城请易璧。赵王与诸大臣谋，欲与秦，恐秦城不得，见欺；欲勿与，即患秦兵之来。计未定。求人可使报秦者，未得。宦者令缪贤曰："臣舍人蔺相如可使。"王问："何以知之？"对曰："臣尝有罪，窃计欲亡走燕。舍人蔺相如止臣曰：'君何以知燕王？'臣语曰：'臣尝从大王与燕王会境上，燕王私握臣手曰："愿结交。"以此知之，故欲往。'相如谓臣曰：'夫赵强而燕弱，而君幸于赵王，故燕王欲结交于君。今君乃亡赵走燕，燕畏赵，其势必不敢留君，而束君归赵矣。君不如肉袒伏斧锧请罪，则幸得脱矣。'臣从其计，大王亦幸赦臣。臣窃以为其人勇士，有智谋，宜可使。"于是王召问蔺相如，以为贤，遂使奉璧入秦。

又曰：赵奢，赵之田部吏也。收租税，而平原君家不肯出。赵奢以法治之，杀用事者九人。平原君怒，将杀奢。奢因说曰："君于赵为贵公子，今纵君家而不奉公，则法削。法削则国弱，国弱则诸侯加兵，是无赵也，君安得有此富乎？当以君之贵奉公如法，则上下平。上下平则国强，国强赵固，而君为贵戚，岂轻于天下耶？"平原君以为贤，言之于王。王用之，治国赋，大平民富，而府库实，卒为名将。

又曰：陈平亡楚归汉，因魏无知求见汉王。与语而悦之，乃拜为都尉。使为参乘，典护军，诸将尽欢。后绛侯、灌婴等咸谗平曰："臣闻平居家时盗其嫂；事魏不容，亡归楚；归楚不忠，又亡归汉。今日大王尊官之，令护军。臣闻平受诸将金，金多者得善处，金少者得恶处。平反覆乱臣也，愿王察之。"汉王疑，召让魏无知。无知曰："臣所言者能也，陛下所问者行也。今有尾生、孝已之行而无益于胜负之数，陛下何暇用之乎？楚汉相距，臣进奇谋之士，顾其计诚足以利国家不耳。且盗嫂受金，又何足疑乎？"王乃厚赐平，拜为护军中尉，尽护诸将。后高祖定天下，与平剖符，世世勿绝为户牖侯。平辞曰："此非臣之功也。"上曰："吾用先生谋计，战胜克敌，非功而何乎？"平曰："非魏无知，臣安得进？"上曰："若子可谓不背本矣。"乃复赏魏无知。

《汉书》曰：韩信投汉，萧何等已数言，上不用，即亡。何闻信去，不及以闻，自追之。人有言上曰："丞相何亡。"上怒，如失左右手。一二日，何来谒，上见，怒且喜，骂何曰："若亡何也？"曰："臣非敢亡，追亡者耳。"上曰："亡者谁？"曰："韩信。"上曰："亡者十数，公无所追。追信，诈也。"何曰："信国士无双。"王必欲长王汉中，无所事信；张晏曰：无事用信也。必欲争天下，非信，无可与计事者。"

又曰：叔孙通降汉，从弟子百余人。然无所进，专言诸故群盗壮士进之。弟子皆曰："事先生数年，幸而得从降汉。今不进臣等，专言大猾何？"通乃言曰："汉王方蒙矢石，争天下，诸生宁能斗乎？故先言斩将搴旗之士。诸生且待我，我不忘之。"

又曰：张释之字季，南阳人。与兄仲同居，以赀为骑郎，事孝文帝，十年不得调，亡所知。释之曰："久官减仲之产，不遂。"欲免归。中郎将爰盎知其贤，惜其去，乃请徙释之补谒者。

又曰：贾谊年十八，以能诵《诗》《书》属文称于郡中。河南守吴公闻其秀才，召置门下，甚爱幸。文帝初立，闻河南守吴公治平为天下第一，故与李斯同邑，而尝学事焉，征以为廷尉。廷尉乃言谊年少，颇通诸家之书。文帝召以为博士。

又曰：武帝初即位，是时丞相田蚡每入奏事移日，所言皆听。荐人或起家至二千石，权移主上。上乃曰："君除吏尽未？吾亦欲除吏也。"

又曰：韩安国为人多大略，知当世取舍，而出于忠厚，贪嗜财货。然所推举士，皆贤于己者。

又曰：张安世，尝有所荐，其人来谢，弗复为通。有郎功高不调，自言安世应曰："君之功高，明主所知。人臣执事，何长短而自言乎？"绝不许。已而郎果迁。幕府长史迁辞去之官，安世问以过失，长史曰："将军明主股肱，而士无所进，论者以为讥。"安世曰："夫明主在上，贤不肖较然。臣下自修而已，何知士而荐之？"其欲匿名迹、远权势如此。

又曰：朱买臣随上计吏为卒，将重车至长安，诣阙上书，久不报。待诏公车，粮用乏，上计吏卒更乞丐之。会邑子严助贵幸，荐买臣。召见，说《春秋》，言《楚辞》，帝甚悦之，拜买臣为中大夫，与严助俱侍中。

又曰：前将军韩增举冯奉世，以卫候使持节送大宛诸国客。至伊修城。都尉宋将言莎车与旁国攻杀汉使，奉世与其副严昌计，遂以节谕诸国王，发其兵进击莎车，攻拔其城。莎车王自杀，传其首诣长安。诸国悉降，威振西域。奉世乃罢兵，以闻。宣帝召见韩增曰："贺将军所举得人。"

又曰：王章奏王凤不忠，天子感悟，谓章曰："微京兆言，吾不闻社稷计。且唯贤知贤，君诚为朕求可以自辅者。"于是章奏封事，荐中山孝王舅琅琊太守冯野王，上欲以代凤。章于此为凤所忌。

又曰：何武为人仁厚，好进士，奖称人之善。为楚内使，厚两龚。

在沛郡，厚两唐。及为公卿，荐之朝廷。此人显于世者，何侯之功也。世以此多焉。

又曰：大将军王凤用事，上遂谦让无所专。左右尝荐光禄大夫刘向少子歆通远有异材，上乃召见，诵读诗赋，甚悦之，欲以为中常侍。召取衣冠，临当拜，左右皆曰："未晓大将军。"

又曰：王凤病，天子数自临问，亲执其手，垂涕曰："将军病，如有不讳，平阿侯谭次将相矣。"凤顿首泣曰："谭等虽与臣至亲，行奢僭，无以率导百姓。不如御史大夫音，臣敢死保之。"初，谭等倨不肯事凤，而音敬凤，卑恭如子，故荐之。

又曰：哀帝有诏举太常，王莽私从何武求举，武不敢举。后数月，哀帝崩，太后即日引莽入，收大司马董贤印绶，诏有司举可代司马者。莽故大司马，辞位，辟丁、傅，众庶称以为贤。又太后近亲，自大司徒孔光以下，举朝皆举莽。武为前将军，素与大将军公孙禄相善，二人独谋议，以为往时孝惠、孝昭少主之世，外戚吕、霍、上官持权，几危社稷，今孝成、孝哀比世无嗣，方当选立亲近辅幼主，宜令异姓大臣持权，亲疏相错，为国计便。于是武举公孙禄可大司马，而禄亦举武。太后竟自用莽为大司马。莽讽有司劾奏武、公孙禄互相称举，皆免。

又曰：王嘉荐儒者公孙光、满昌及能吏萧咸、薛修，皆故二千石有名称，天子纳而用之。

《续汉书》曰：虞诩以左雄有忠公节，上疏荐之曰："伏见议郎左雄，数上封事，至引陛下身遭危难以为警戒，实有王臣蹇蹇之节、周公谟成王之风，宜擢在喉舌之官，必有匡弼之益。"由是拜雄尚书。

又曰：陈蕃、胡广等上疏荐徐稺等曰："臣闻善人，天地之纪，治之所由也。伏见处士豫章徐稺、城阳姜肱、汝南袁闳、京兆韦著、颍川李昙，德行纯备，著于民听。若使擢登三事，协亮天工，必能翼宣盛美，增光日月矣。"桓帝乃以安车玄纁征之。

又曰：桥玄迁司空，转司徒，素与南阳太守陈球有隙。及在公位，而荐球为廷尉。

又曰：皇甫规字威明，安定人。拜度辽将军，上书荐中郎将张奂自代。及党事起，天下名贤多见染逮。规虽为名将，素誉不高，自以西州豪杰，耻不得豫，乃先自上言："臣前荐故大司农张奂，是附党。"朝廷知而不问也。

太平御览卷第六百三十一　治道部十二

荐举中

《东观汉记》曰：光武召邓禹曰：“吾欲北发幽州突骑，诸将谁可使者？”禹曰：“吴汉与邓弘俱客，苏弘称道之。禹数与语，其人勇鸷有智谋，诸将鲜及。”上以禹为知人。上欲定河内，问禹曰：“诸将谁可守河内者？”禹曰：“寇恂文武备足，有牧民御众之才。”上乃用之。

又曰：东平王苍荐吏吴良，上以章示公卿曰：“萧何荐韩信，设坛即拜，不复考试。”以良为议郎。

又曰：王丹字仲回。初，有荐士于丹者，丹选举之。而后所举者陷罪，丹免。客惭自绝。俄而征丹复为太子太傅，乃呼客见之，谓曰：“何量丹之薄？”不为设食以罚之，相待如旧。

又曰：南阳太守杜诗上疏荐伏惠公曰：“窃见故大司徒阳都侯伏惠公，自行束修，讫无毁玷。笃信好学，守死善道。经为人师，行为仪表，众贤百姓，仰望德义。微过斥退，久不复用，识者愍惜，儒士痛心。”

又曰：上尝问宋弘通博之士，弘荐沛国桓谭才学洽闻，几几，近也。及扬雄、刘向父子。于是召谭，拜议郎、给事中。上每宴，辄令鼓琴，好其繁声。弘闻之，不悦，悔于荐举。闻谭内出，遣吏召之。谭至，不举席而让之曰：“吾所以荐子者，欲令辅国家以道。而今数进郑声以乱雅乐，非颂德忠正也。”后大会群臣，上使谭鼓琴，见弘，失其常度。上怪而问之，弘乃离席免冠谢曰：“臣所以荐桓谭者，望能以忠正导主，而令朝廷钦悦郑声，臣之罪也。”

又曰：杜林字伯山，扶风人，为御史。先与郑兴同寓陇右，乃荐之。上乃征兴为太中大夫。

又曰：陈宠字昭公，沛人，为尚书。宠性纯淑，周密重慎。时有表荐，辄自手书削草，人莫得知。

又曰：韦豹字季明，数年辟公府，辄以事去。司徒刘恺辟之，谓曰："卿轻人，好去就，故爵位不逾。今岁垂尽，当辟御史，意在相荐，子其留乎？"豹曰："犬马齿衰，岂敢久待？荐之私，非所敢当。"遂跣而起。恺追之，遥去不顾。

范晔《后汉书》曰：东平王苍以至戚辅政，时班固始弱冠，说苍曰："将军以周、邵之德立于本朝。今者将军幕府新开，广延群俊，四方之士，颠倒衣裳。将军宜效唐、殷之举，审伊、皋之荐，令远近无偏，幽隐必达，光名宣于当世，遗烈著于无穷。窃见故司空掾桓梁、京兆祭酒冯晋、扶风掾李育、京兆督邮郭基、凉州从事王雍、恒农功曹殷肃，此六子者，皆有殊行绝才，德隆当世。如蒙征纳，以辅高明，此山梁之秋，夫子所为叹也。"苍纳之。

又曰：曹腾加位特进，其所进达皆海内名人。陈留虞放、边韶，南阳延固、张温，恒农张奂，颍川堂溪等，皆所举也。

《汉杂事》曰：傅喜为右将军，傅太后与政事。喜数谏之，后不悦。喜上印绶，病在家。司空何武、尚书唐林上书曰："鲁以季友治乱，楚以子玉轻重，魏以无忌折冲，项以范增存亡。故楚跨有南土，带甲百万，邻国不以为难；子玉为将，文公仄席而坐，及其死，君臣相庆。百万之众，不及一贤。"于是上拜喜为大司马，封高武侯。

又曰：谷永为尚书，荐薛宣曰："窃见少府宣，材茂行洁，达于从政；有退食自公之节，寡移赏游说之助。臣恐陛下忽于《羔羊》之诗，舍功实之臣，任虚华之誉，是以越陈宣行能，唯留神考察。"上然之，遂以宣为御史大夫。

《魏志》曰：太祖既定河北，而高干举并州叛，卫固与范先通谋。太祖谓荀彧曰："河东被山带河，当今天下之要地也。君为我举萧何、寇恂以镇之。"彧曰："杜畿可。"于是拜畿为河东太守，固等卒伏。

又曰：颍川戏志才，筹画之士，太祖甚器之，早卒。太祖与荀彧书曰："自志才亡后，莫可与计事者。汝颍固多奇才，谁可以继之？"彧荐郭嘉。召见，与论天下事。太祖曰："使孤成大业者，必此人也。"嘉亦喜曰："真吾君矣。"

又曰：张郃字儁义，河间人也。郃虽武将，而爱儒士。尝荐同郡毕谌经明行修。诏曰："昔祭遵为将，常置五经大夫居军中，与诸生雅歌投壶。今将军外勤戎旅，内存国朝，朕嘉将军之意，擢谌为博士。"

又曰：桓范荐徐宣曰："臣闻帝王之用当世俊才，争夺之时，以策略为先，分定之后，以忠义为首。故晋文行子犯之计，而赏雍季之言；高祖用陈平之智，而托后于周勃也。窃见尚书徐宣，体忠厚之行，秉直亮之性，清雅特立，不随世俗，确然难动社稷之节。今仆射缺，宣行掌后事，腹心任重，莫如宣者。"帝遂以宣为右仆射。

又曰：陈群荐广陵陈矫、丹阳戴乾，太祖并用之。后乾以忠义死，矫为名臣。

《蜀志》曰：诸葛亮自比管仲、乐毅，时人莫之许，唯徐元直谓为信然。徐庶，字元直。时先主屯新野，庶谓先主曰："诸葛孔明者，卧龙也。将军岂愿见之乎？"先主曰："君与俱来。"庶曰："此人可就见，不可屈致。将军宜枉驾顾之。"由是先主遂造亮，凡三。于是情好日密。关羽、张飞等不悦。先主解之曰："孤有孔明，犹鱼之有水也。愿诸君勿复言。"羽、飞乃止。

《吴志》曰：刘繇字正礼，东莱人。兄岱，字公山。平原陶洪荐繇，欲令举茂才，刺史曰："前年举公山，奈何复举正礼乎？"洪曰："若使君用公山于前，擢正礼于后，所谓御二龙于长衢，骋骐骥于千里，不亦可乎？"

又曰：周瑜荐鲁肃才宜佐时，当广求其比，以成功业，不可令去也。权即召肃与语，甚悦之。众宾罢退，独引肃还，合榻对食。

又曰：凌统字公绩，吴郡人。为孙权将，甚见亲重。时有荐同郡盛暹于权者，以为梗概大节，有过于公绩。权曰："但令如公绩足矣。"后召暹夜至，公绩已卧，闻之，摄衣出门，执其手以入。其爱善不害如此。

《晋书》曰：桓彝字茂伦。性通朗，早有盛名。有人伦识鉴，拔才取士，或出于无闻，或得之孩抱。时人方之许、郭。

又曰：刘恢尝荐吴郡张凭，卒为美士。众以此服其人。

又曰：华谭字令思，广陵人。除鄄城令，过璞水，作《庄子赞序》以示功曹。后见教不常，谭疑不能为，私问，是廷掾张延所作。谭即延拔，荐达于部，遂得升擢。比谭为庐江，延亦已为郡。谭至庐江，举寒族周访为孝廉，访果立功名。时以谭为知人。

又曰：江统为司徒左长史。东海王越为兖州牧，以统为别驾，委以州事。与统书曰："昔王子师为豫州，未下车，辟荀慈明；下车，辟孔文举。贵州人士，有堪应者否？"统举高平郄鉴为贤良，陈留阮修为直言，济北程收为方正。时以为知人。

徐广《晋纪》曰：张华少自牧羊，而笃志好学。初为县史，卢钦奇其才，数称荐之。

《晋中兴书》曰：贺循，会稽人。郡钤下有杨方者，字公回，世为郡威仪。少好学，有奇才，以门役在阁下。公事之暇，辄读五经，乡邑未之别也。内史诸葛恢闻方学，召为给使，见而异之，谓有殊常之才。即解役，散置左右，以门人待焉。由是邦壤敬异方，始得周旋乡贵。虞喜兄弟以儒学立名，并知拔之后，恢欲荐郡功曹于中宗，使方具其事。主簿虞预以荐为美送示，太常贺循遂向京师称美之。司徒王导辟以为掾。方始出都，交游人间，缙绅咸厚遇之。

傅畅《晋诸公赞序》曰：魏舒虽有宇量，众望未能悉归。侍中任恺为世祖所委任，泰始中，启舒散骑常侍、侍中、尚书令，又为吏部，迁仆射。舒虽体度弘雅，而才钝无所创设，迁光禄大夫、开府领司徒，世祖临轩，使太常任恺拜授朝廷以恺前启拔舒而为王，人人为恺怨之也。

《宋书》曰：刘穆之为丹阳尹，凡所荐达，不纳不止。常云："我虽不及荀文若之举善，然不举不善。"

又曰：王镇恶颇读诸子兵书，喜论军国大事，骑射非长而纵横善果断。武帝伐广固，镇恶时为临澧令，人或荐之。武帝召与语，异焉。因留宿，且谓参佐曰："镇恶，王猛孙。所谓将门有将。"即署前部贼曹。破贼有功，封博陆县五等子。

又曰：谢晦字宣明。初为昶建威府中兵参军。孟昶死，帝问刘穆之昶府谁堪人府，穆之举晦。即命为太尉参军。武帝尝讯狱，其旦，刑狱参军有疾，晦代之。晦车中一览讯牒，随问，酬对无失，即日署刑狱贼曹。

又曰：张邵元嘉五年为征虏将军，领宁蛮校尉、雍州刺史加都督。初，王华与邵不和，及华参要，亲旧为之危心。邵曰："子陵陵，华字。方弘至公，岂以私隙害正义。"是任也，华实举之。

又曰：晋平王休佑为南徐州，帝就褚彦回求干事人为上佐，彦回举沈文季，转骑长史、东海太守。

又曰：刘道产在雍州，有惠化，遂蛮归怀，皆出缘征为村落，户口殷盛。及到产死，群蛮大为寇暴。孝武西镇襄阳，江夏王羲恭荐柳元景，乃以为广威将军、随郡太守。至，广设方略，斩获数百，郡境肃然。

又曰：荀伯子好学，博览经传。解褐奉朝请、员外散骑侍中郎。著作郎徐度重其才学，举伯子及王韶之并为佐郎，同撰《晋史》。

《齐书》曰：博昭字茂远。御史中丞刘俫荐于武帝。永明初，以为南郡王侍读。

又曰：孔休源字庆绪。州举秀才，太尉徐孝嗣省其策，深善之，谓同坐曰："观此足称王佐之才。"琅琊王融雅相友善，荐之于司徒竟陵王，为西邸学士。

又曰：江革字休映。弱冠举南徐州秀才。时胡谐之行州事，王融与谐之书令荐举。谐之方贡琅琊王沉，便以革代之。

又曰：武帝将下都，刘怀珍白帝曰："夏口是兵冲要地，宜得其人。"高帝纳之。与武帝书曰："汝既入朝，当须文武兼资人委以后事。"武帝乃举柳世隆自代，转为武陵王前军长史、江夏内史行郢州事。

又曰：明帝诏求异士，始安王遥光表荐王暕及东海王僧孺，除暕散骑从事、中郎将。

又曰：梁武帝之临雍州，问京兆人杜恽求州纲纪，恽言柳庆远。武帝曰："文和吾已知，所问未知者耳。"因辟为别驾。

又曰：陆厥字韩卿。少好属文。永明元年，诏百官举士，同郡司徒左曹掾顾暠之表荐厥堪举秀才。

《梁书》曰：何逊字伯言。八岁能赋。沈约尝谓逊曰："吾每读卿诗，一日三复，犹不已。"其为名流所称如此。天监中，兼尚书水部员外郎，南平王引为宾客。后荐之于武帝，与吴均俱进幸。

又曰：朱异字彦和，吴郡人也。有诏求异能之士，五经博士明山宾表异。高祖召见，使说《孝经》、《周易》，甚说之。谓左右曰："朱异实异能。"后见山宾，谓曰："卿所举殊得其人。"仍召异直西省。

又曰：陆襄字师卿，天监三年，都官尚书范岫表荐襄，起家为著作郎。

《陈书》曰：陆琼字伯玉。幼聪惠，有令名，深为文帝所赏。及讨周迪、陈宝应等，都官符及诸大手笔并中敕付琼。及宣帝为司徒，妙简僚佐，吏部尚书徐陵荐琼于宣帝，言其"□具覆敏，文史足用，进居郎署，岁月过淹。左曹掾缺，允膺兹选。虽阶次小逾，其屈滞已积。"乃除司徒左西掾。

《北齐书》曰：祖鸿勋，范阳人也。仆射临淮王彧表荐鸿勋有文学，宜试一官。敕除奉朝请。人谓之曰："临淮举卿，便以得调。竟不相谢，恐非其宜。"鸿勋曰："为国举才，临淮之务。但鸿勋何从而谢之？"彧闻而喜曰："吾得其人矣。"

太平御览卷第六百三十二 治道部十三

荐举下

《唐书》曰：杜如晦少聪悟，精彩绝人。太宗引为秦府兵曹，俄改陕州长史。房玄龄白太宗曰："余人不足惜，杜如晦聪明敏达，王佐之才。若大王守藩，无所用之。必欲经营四方，非此人莫可。"太宗乃请为秦府掾，封延平县男，补文馆学士。贞观初，为右仆射。

又曰：李大亮，隋末为贼所获，同辈百余人皆死。贼帅张弼见而异之，独释与语，遂定交于幕下。大亮既贵，每怀张弼之恩。贞观末，弼为将作丞，自匿不言。大亮遇诸途，识之，持弼手而泣，悉推家产以遗弼。弼辞不受。大亮言于太宗曰："臣有今日荣贵，乃张弼之恩力也。乞回迁臣之官爵以授之。"太宗即日以弼为中郎将，俄迁代州都督。

又曰：岑文本初事萧铣，江陵平，就授秘书郎兼直中书省。李靖骤称其才，擢拜中书舍人，渐蒙恩遇。时颜师古谙练故事，长于文诰，时无逾者，冀复用之。太宗曰："我自举一人，公勿忧也。"乃以文本为中书侍郎，专典枢密。

又曰：狄仁杰授汴州判佐，工部尚书阎立本黜陟河南。仁杰为人诬告，立本惊谢曰："仲尼观过知人，足下可谓海曲之明珠、东南之遗宝。"特荐之，迁并州法曹。

又曰：张柬之进士擢第，为清源丞，年且七十余。永昌初，自免。复应判策试毕，有传柬之考，入下科。柬之叹曰："余之命也。"乃委归襄阳。时中书舍人刘允济重考策，自下升甲科，为天下第一，擢拜监察御史，累迁荆州长史。长安中，则天问狄仁杰曰："朕要一好人任使，有乎？"仁杰对曰："陛下则何任使？"则天曰："朕方待以将相。"仁杰曰："料陛下若求文章资历，则今之宰相李峤、苏味道亦足为文吏矣。岂非文士龌龊，思得大才以用之，以成天下之务者乎？"则天悦曰："此心也。"仁杰曰："荆州长史张柬之，其人虽老，真宰相材也。且久不遇，若用之，必尽忠于国家。"则天召以为洛州司马。他日，又求贤。仁杰曰："臣前言张柬之，犹未用也。"则天曰："已迁之矣。"仁杰曰："臣荐之，请为相也。今为洛州司马，非用之也。"乃迁秋官侍郎。及姚崇将赴灵武，则天令举内外堪为宰相者。崇曰："张柬之沉厚有谋，能断大事。且其人年老，唯陛下急用之。"登时召见，为同凤阁鸾台平章事，年已八十。与桓彦范、敬晖等诛二张，兴复社稷，忠冠千古，功格皇天。

又曰：张嘉贞落拓有大志，亦不自异，亦不下人。自平乡丞免归乡里，布衣环堵之中，萧然自得。时人莫之知也。张循宪以御史出使，还次蒲州驿。循宪方复命，使务有不决者，意颇病之。问驿吏曰："此有客乎？"驿吏以嘉贞对。循宪召以相见，咨以使事积时凝滞者，嘉贞随机应之，莫不豁然。乃命草表，又出其意外。他日，则天以问循宪，具以实对，因请以己官让与之。则天曰："卿能让贤美，朕岂无一官自进贤耶？"乃召见内殿，隔帘与语。嘉贞仪貌甚伟，神彩俊杰，则天甚异之。因奏曰："臣生居草莱，目不睹朝廷之事。陛下过听，引臣天庭，此万代一遇也。然咫尺之间，若隔云雾。臣恐君臣之道，有所未尽。"则天曰："善。"遽命卷帘。翌日，拜监察御史。开元中，用之为相。

又曰：姜皎荐源乾曜，玄宗见之，大悦，骤拜为相。谓左右曰："此人仪形庄肃，类萧至忠。朕故用之。"左右曰："至忠以犯逆死，陛下何故比之？"玄宗曰："我为社稷计，所以诛之。然其人信美才也。"

又曰：李勣少与乡人翟让聚众为盗，推李密为主。言于密曰："天下大乱，本为饥苦。若得黎阳一仓，大事济矣。"遂袭取之。时在饥饿，就食者数十万人。魏征、高季辅、杜正伦、郭孝恪辈客游，勣一见，便加礼敬，引之卧内，谈论忘疲。及虎牢获戴胄，亟相推荐，咸至大官。时称勣有知人之鉴。

又曰：李义府侨居于蜀，袁天纲见而奇之，曰："此郎贵极人臣，但寿不长耳。"因请舍之，托其子曰："此子有七品相，愿提拔之。"义府许诺，因问天纲寿几何。对曰："五十二。此外非所知也。"安抚使李大亮、侍中刘洎等连荐之，召见，拜监察御史，后位至宰相。

《白虎通》曰："诸侯所以贡士于天子者，进贤称善者也。天子躬求之者，贪义也。治国之道，本在得贤；得贤即治，失贤即乱。"

《孔丛子》曰：子高见齐王，王问谁可任临淄宰。称管穆焉。王曰："穆也容貌陋，民不敬者。"子高答曰："夫见敬在德，且臣所称，其才也。君王闻晏子、赵文子乎？晏子长不过六尺，面貌丑恶，齐国之上下莫不宗焉。赵文子其身如不胜衣，其言如不出口，非但体陋，辞气又讷；其相晋国以宁，诸侯敬服，皆德故也。以穆躯形方诸二子，犹悉贤之。昔臣尝行临淄市，见屠商焉，身长八尺，须髯如戟，面正红白，市之男女，未有敬者，无德之故也。"王曰："是所谓祖龙始者也。诚如先生之言。"于是乃以管穆为临淄宰。

《韩子》曰：赵武荐四十六人于其君。及武之死也，四十六人皆就宾位，无私德若此。武荐白屋之士六十余家。

《战国策》曰：淳于髡见七人于宣王。王曰："子来也。寡人闻千里一士，是比肩相望；百世一圣，若随踵而至者也。今子一日而见七士，不亦众乎？"髡曰："不然。夫鸟同翼者聚居，兽同足者俱行。今求茈葫、桔梗于沮泽，则累世不得一焉；若求之梁甫之阴，则连目。夫物有等。今髡，贤者之俦，王求士于髡，譬如挹水于河，而烸于燧也。"言易得也。

《国语》曰：文公使原季为卿。原季赵衰。文公二年为原大夫。辞曰："夫三德者，偃之出也。三德：先掖，先轸咠臣也。偃，狐偃也。三子皆偃所进。以德纪民，其章大矣，不可废也。"使狐偃为卿，辞曰："毛之智贤于臣，其齿又长。毛，偃之兄。齿，年。毛也不在位，不敢闻命。"乃使狐毛将上军，狐偃佐之。

又曰：赵宣子言韩献子于灵公，以为司马。河曲之役，赵孟使人以其车乘干行，秦与晋战，在鲁文十二年。献子执而戮之。众咸曰："韩厥必不没矣。其主朝升之而暮戮其车，其谁安之？"宣子召而礼之曰："吾闻事君者比而不党。夫周以举义，比也；举以其私，党也。夫军事无犯，犯而不隐，义也。吾言汝于君，惧汝不能也。举之而不能，党孰大焉！勉之。临长晋国者，非汝其谁？勉之！”告诸大夫曰：“可贺我矣。吾举厥也而中，吾乃今知免于罪矣。”免失举之罪。

《韩诗外传》曰：魏文侯之时，子质仕而获罪焉。去而北游，谓简主曰：“吾所树朝廷之大夫半，所树边境之人亦半。今堂上之士恶我于明君，朝廷大夫中我于法，边境之人劫我以兵，是以不复树德于人。”简主曰：“噫！子言过矣。春树桃李，夏得阴其下，秋得食其实。春树蒺藜，夏不得采其叶，秋得其刺焉。由此观之，在所树也。今子之所树，其非人耳。”

《吕氏春秋》曰：管仲病，桓公往问之。曰：“仲父之病矣，言其病困。如渍甚，国人弗讳，寡人将谁属国？”管仲对曰：“昔者臣尽力竭智，犹未足以知之也。今病在于朝夕之中，臣奚能言？”桓公曰：“此大事，愿仲父教之寡人也。”管仲敬诺，曰：“谁欲相？”欲用谁相。公曰：“鲍叔牙可乎？”管仲对曰：“不可。夷吾善鲍叔牙。牙之为人也，清廉洁直，视不已若者，不比于人；一闻人之过，终身不志。”勿已，则隰朋其可乎？“隰朋之为人也，上志而下求，丑不若黄帝，而哀不已若者。自丑其德不如黄帝，又恕不若已也。其于国也，有不闻；不求闻而善，求在利国而已矣。其于物也，有不知也；物，事也。非事职不求知之。其于人也，有不见也。务在济民不求见也。勿已，则隰朋可矣。”夫相，大官也。处大官者不欲小察，不欲小智。故曰大匠不斫，但规模而已，不复自斫削。大庖不豆，调和五味，不复自列。大虔不闻。

又曰：魏公叔座疾，惠王往问之。曰：“公叔之病甚矣，将奈社稷何？”对曰：“臣之庶子鞅者，愿王以国听之。若不能听，勿使出境。”王不应。出谓左右曰：“岂不悲哉！夫以公叔之贤，今谓寡人必以国听鞅，悖也。”公叔死，公孙鞅西游秦，秦孝公听之，秦果强，魏果弱。

又曰：百里奚之未遇时，至虢而虏，饭牛于秦，练以鬻五羖之皮。公孙披得，悦之，献诸缪公。三日，请属事焉。公曰：“买之五羊皮而臣之，无乃为天下笑乎？”披曰：“信贤而任之，君之明也；让贤而下之，臣之忠也。君为明，臣为忠，彼信贤也。境内将服，敬国且畏，夫谁暇笑哉？”用之，谋无不当，举必有功。

《说苑》曰：田子方渡西河，遇翟黄乘轸车。子方曰：“子何以至此乎？”曰：“昔西河无守，臣进吴起；邺无令，臣进西门豹；酌无令，臣进北门可；君欲攻中山，臣进乐羊；魏于天下难治，臣进李克。进此五大夫，爵位于此。”

又曰：子贡问孔子曰：“今之臣孰贤？”孔子曰：“齐有鲍叔，郑有子皮。”子贡曰：“齐无管仲，郑无子产者乎？”孔子曰：“吾闻鲍叔之进管仲，子皮之进子产；未闻管仲、子产有所进也。”

又曰：孟尝君进客于齐王，三年不见用。故客反见曰：“不知臣之罪耶？君之过耶？”孟尝君曰：“寡人闻缕因针而入，不因针而急；女因媒而嫁，不因媒而畜。夫子之才必薄矣，尚怨寡人哉？”客曰：“臣闻韩卢，天下疾狗也，见兔而指属则不失兔，望见而放狗，非不能属者罪。”于是孟尝复属齐王，王遂使为相。

又曰：蘧伯玉使之楚，逢公子晳濮水之上，接草而待，曰：“闻上士可以托邑，中士可以托辞，下士可以托才。三言固可得托也。”伯玉曰：“谨受命。”伯玉见楚王，使事毕，坐从容言士。王曰：“何国最多士？”伯玉曰：“楚多士。而楚不能用。”王曰：“是何言也？”伯玉曰：“子胥生于楚而吴善用之，贲皇生于楚而晋善用之。今者臣之来，逢子晳曰：‘上士可以托邑，中士可以托言，下士可以托才。三言者固可得托。”于是楚王发使追公子晳濮水之上。子晳还，重于楚，伯玉之功也。

刘向《新序》曰：楚庄王罢朝而晏，樊姬问其故。庄王曰：“与贤相语，不知晏者也。”樊姬曰：“贤相为谁？”王曰：“虞丘子。”樊姬掩口而笑，王乃问其故。曰：“虞丘子为相数年，未尝进一贤。不知贤，是不智；知而不进，是不忠。不忠不智，安得为贤？”明日朝，王以樊姬之言告虞丘子。虞丘子稽首曰：“如姬之言。”于是辞位而进孙叔敖。叔敖相楚而庄王霸，樊姬之力。

《海内先贤传》曰：颍川钟皓，字季和，为郡功曹。太丘长陈寔为西门亭长，皓深独敬异，岁常礼待，与同分义。会辟公府，临辞，太守问："谁可代君？"曰："府君欲得其人，西门亭长可用。"寔卒为海内高名之臣，归以公相之位。

《三辅决录》曰：颍阳游殷为郡功曹，有童子张既为书佐，殷察畏之，具设宾馔，以子楚托之。后魏王以问，既称楚文武兼学，王遂以为汉兴郡。

《管辂别传》曰：赵孔耀至冀州，见裴使君，问："颜色何以清减！"孔耀曰："体本无药石之疾，然见清河内有一骐骥，拘系后厩历年，去王良、伯乐百八十里，不得骋其足以起风尘，以此憔悴耳。""使君言骐骥，今何所在？"孔耀言："平原管辂，字公明，年三十六。雅性宽大，与世无忌。观天则能同妙甘公、石申，俯览同异则能齐司马季主；游步道术，开神无穷；抱荆山之璞，怀衣光之宝，而为清河郡所录北黉文学，可为痛心疾首者。"裴使君闻言悦，慨曰："如此，便相为取之。"既檄召辂为文学从事。一相见，清论终日，不觉罢倦。天时大热，移床于廷前树下，乃至鸡鸣。向晨，复出。再相见，便转为钜鹿从事。三相见，转为治中。四相见，转别驾。前至十月，举为秀才。

《文士传》曰：张华荐成公绥曰："窃见处士东郡成公绥，年二十五，字子安。体珪璋之质，资不器之量，知深虑明，足以妙见。研思笃好，则仲舒之精，引之世贞斡，足以敦风笃俗。渊才达学，足以弘导世教。固逸伦之殊俊，搢绅之检式也。"

荀爽《与郭叔都书》曰：陈季方才德秀出，超世逸郡，金相玉质，文章席美，终军、贾谊诚无以加。宜遂贡之宰朝，盛其龙光。盐车之骥，自非伯乐无以显名；采光剖璞，以独见宝，实为足下利之。

孔融《荐祢衡表》曰：伏见处士平原祢衡，淑质贞亮，英才卓荦，初涉艺文，登堂睹奥。目所一见，辄传于口；耳所一闻，不忘于心。性与道合，思若有神。若得龙跃天衢，奋翼云汉，足以明近署之多士，增四门之穆穆。

应璩《荐贲伯伟文》曰：璩闻景云浮则应龙翔，治道明则隽乂臻。是故《良哉》之歌，兴于唐尧之世；《多士》之颂，形于周文之朝。窃见太子舍人贲琳字伯伟，禀性纯和，体素清悫，宜授以千里之涂，任以列曹之职。

陆机《荐贺循、郭纳表》曰：伏见武康令贺循，德量邃茂，才鉴清远。丞阳令郭纳，风度简旷，器识朗拔。准其才望资品，循可尚书郎，讷可太子洗马。

又陆机《荐戴若思文》曰：盖闻繁若登御，然后高墉之功显；孤竹在肆，然后降神之曲成。伏见处士广陵戴渊，年三十，字若思，心智足以研幽，才鉴足以辨物。固穷乐志，无风尘之慕；砥节立行，有渫井之洁。诚东南之贵宝，圣朝之奇璞也。

杨方《为虞领军荐张道顺文》曰：盖闻骊龙之珠必沉紫泉之里，垂天之翼必翔青冥之表。窃见处士吴国张道顺，天挺珪璋，明达清秀，下笔掩雕龙之文，登言吐掞天之藻。慕西道之杨生，希北巷之颜回。若得清水淬其锋钺，砥砺其锷，必腾跃天路，出觌圣世。

《琴操》曰：史鱼者，卫灵公之相。时蘧伯玉执清廉之节，修仁义之方，史鱼乃荐伯玉于灵公。公曰："诺。"其后未用。史鱼复入曰："臣闻抱玉朝君，不如贡贤。夫国危者则思仁，思安者则急贤。公何嫌疑？"灵公谓史鱼以庭褒虚饰，良久乃应之。史鱼出，谓其子曰："我荐伯玉于公，公以我言为不信，将自杀以明之。我死后，勿厚敛也。用伯玉，乃敛。"语毕，进药自杀。灵公闻之，曰："痛哉，寡人谓史鱼徒谦退、欲进士者也！不意乃至于身死。"临丧，拜伯玉代史鱼。公泣曰："寡人负史鱼，悔焉无及者也。"

太平御览卷第六百三十三　治道部十四

赏赐

《说文》曰：赏，赐有功也。

《传》曰：蔡公孙归生谓楚令尹子木曰："善为国者，赏不僭，刑不滥。赏僭则惧及淫人，刑滥则惧及善人。若不幸而过，宁僭无滥。与其失善，宁其利淫。无善人则国从之。《商颂》有之曰：'不僭不滥，不敢怠遑。命于下国，封建厥福。'此汤所以获天福也。古之理民者，劝赏而畏刑，恤民不倦。赏以春夏，刑以秋冬。将赏，为之加膳；加膳则饫赐，此所以知其劝赏也。将刑，为之不举；不举则彻乐，以此知其畏刑也。"

又曰：晋荀林父灭潞，晋侯赏林父狄臣千室，亦赏士伯以瓜衍之县，曰："吾获狄土，子之功也。微子，吾丧伯氏矣。"羊舌职悦是赏也。曰："《周书》所谓'庸庸祗祗'者，此物也。物，事也。士伯庸中行伯，君信之，亦庸士伯，此谓明德。文王造周，不是过也。"注云：邲之败，晋侯欲杀林父，士渥浊谏而止之。

又曰：虢公、晋侯朝王，王飨醴，命之宥。皆赐玉五瑴、双玉为瑴。马三匹，非礼也。王命诸侯，名位不同，礼亦异数。

又曰：晋侯伐郑，郑人赂晋侯女乐八人。晋侯以乐之半赐魏绛曰："子教寡人和诸戎狄，以正诸华。八年之中，九合诸侯，如乐之和，无所不谐。请与子乐之。"魏绛辞曰："夫和戎狄，国之福也；九合诸侯，君之灵也，二三子之劳也。臣何力之有？抑臣愿君安其乐而思其终也。"公曰："子之教，敢不承命！夫赏，国之典也。藏在盟府，不可废也。子其受之。"魏绛于是始有金石之乐，礼也。

《周礼·太宰》以八柄驭群臣。三曰予，以驭其幸。注云：幸谓言行偶合于善，则有以赐予之，以劝后也。

又曰：以九式均节财用。八曰匪颁之式。注曰：式谓用财之节度也。匪，分也；颁，赐也。谓分赐群臣。

又曰：太府以敝余之赋，以待赐予。

《礼记》曰：天子赐诸侯乐，则以柷将之；赐伯、子、男乐，则以鼗将之。诸侯赐弓矢，然后专征；赐鈇钺，然后专杀；赐珪瓒，然后为鬯。未赐圭瓒，则资鬯于天子。

又曰：君赐车马，乘以拜；赐衣服，服以拜赐。君未有命，弗敢即乘服也。凡赐，君子与小人同。此赏赐之义也。

又曰：若赐之食，而君客人，则命之祭，然后祭。郑玄曰：虽见宾客，犹不敢备礼也。侍食则不祭也。君赐之爵，则越席再拜稽首受，登席，祭之。饮卒爵而俟。君卒爵，然后授虚爵。不敢先君尽爵。

《诗》曰：陈锡哉周。注云：言文王能布陈大利以锡。

《书》曰：德懋懋官，功懋懋赏。

又曰：用命赏于祖，弗用命戮于社。

又曰：罚弗及嗣，赏延于世。

又曰：功多有厚赏，弗迪有显戮。

《史记》曰：纣囚西伯羑里，西伯之臣闳夭之徒求美女奇物以献纣。纣乃赦西伯而赐弓矢斧钺，使得征伐。

又曰：武王灭纣，乃罢兵西归，封诸侯，班赐宗彝，作《分殷之器物》。郑玄曰：宗彝，宗庙彝樽也。作分器，著王之命及物也已。于是封功臣谋士，而师尚父为首封，封师尚父于营丘，曰齐；封弟周公旦于曲阜，曰鲁；封召公奭于燕；封弟叔鲜于管；封叔度于蔡。余各以次受封。

又曰：禹平水土已成，帝锡玄珪。禹受曰："非予能成，亦大费为辅。"帝舜曰："咨尔费，赞禹功。其锡尔皂游音流，尔后嗣将大出。"遂妻之姚姓之玉女。皇甫谧曰：赐之玄玉，妻姚姓之女。

《史记》曰：晋人请公赏从亡者，臣壶叔曰："君三行赏，赏不及臣。敢请罪。"文公报曰："夫导我以仁义，防我以德惠，此受上赏；辅我以行，卒以成立，此受次赏；矢石之难，汗马之劳，此复次赏；若以力事我，而辅吾缺者，此复受次赏。三赏之后，故且及子。"晋人闻之，皆说音悦。

又曰：晋楚战于城濮。晋侯度河北归国。行赏，狐偃为首。或曰：“城濮之事，先轸之谋。”文公曰：“城濮之事，偃说我‘毋失信’，先轸曰‘军事胜为右。’吾用之以胜。然此一时之说，偃言万世之功。奈何以一时之利，而加万世之功乎？是以先之。”

又曰：三国攻晋阳，引汾水灌其城，城不没者三版。城中悬釜而炊，易子而食。群臣皆有外心，礼益慢。唯高共一作赫不敢废礼。襄子惧、乃夜使张孟同私于韩、魏。韩、魏与合谋，三月丙戌，三国反灭智氏，共分其地。于是襄子行赏，高共为上。张孟同曰：“晋阳之难，共无功。”襄子曰：“方晋阳急，群臣皆懈，唯共不敢失臣礼，是以先之。”

又曰：汉五年，已杀项羽，定天下，即皇帝位。论功行封，以萧何功最盛，封为酂侯。列侯毕已受封，奏位次，皆曰：“平阳曹参身被七十创，攻城略地，功最多，宜第一。”上已桡功臣，多封萧何，至位次未有，以复难之，然心欲何第一。关内侯鄂君进曰：“群臣议皆误。夫曹参虽有野战略地之功，此特一时之事耳。夫上与楚相拒五岁，尝失军亡众，逃身遁者数矣。然萧何常从关中遣军补其处。非上所诏令召，而数万众会上之乏绝者数矣。夫汉与楚相守荥阳数年，军无见粮，萧何转漕关中，给食不乏。陛下虽亡山东，萧何尚全关中，以待陛下。此万世之功也。今虽亡曹参等百数，何缺于汉？汉得之，不必待以全。奈何欲以一旦之功，而加万世之功哉？萧何第一，曹参次之。”高祖曰：“善。”于是乃令萧何第一，赐带剑履上殿，入朝不趋。上曰：“吾闻进贤受上赏。萧何功虽高，得鄂君乃益明。”于是因鄂君故食关内侯邑，封为安平侯。

又曰：项籍死，天下定。上置酒。上折隋何之功，谓“何腐儒，为天下安用腐儒？”随何跪曰：“夫陛下引兵攻彭城，楚王未去齐也。陛下发步兵卒五万人，骑五千，能以取淮南乎？”上曰：“不能。”隋何曰：“陛下使何与二十人使淮南，至如陛下之意，是何之功贤于步卒五万、骑五千也。然而陛下谓‘何腐儒，为天下安用腐儒’，何也？”上曰："吾方图子之功。"乃以隋何为护军中尉。

又曰：汉文帝初即位，赦天下，赐民爵一级，女子百户牛酒。苏林曰：男子赐爵，女子赐牛酒也。皇帝曰："吕产自置为相国，吕禄为上将军，擅矫遣灌将军婴将兵击齐，欲代刘氏。婴留荥阳弗击，与诸侯合谋，以诛吕氏。吕产欲为不善，丞相陈平与太尉周勃谋夺吕产等将军。朱虚侯刘章首先捕吕产等，太尉身率襄平侯通持节承诏入北军。典客刘揭身夺赵王吕禄印。益封太尉勃万户，赐金五千斤；丞相陈平、灌将军婴邑各三千户，金二千斤；朱虚侯刘章、襄平侯通、东牟侯刘兴居邑各二千户，金二千斤。封典客揭为阳信侯，赐金千斤。"

《汉书》曰：夏侯婴自上初起沛，常为太仆从，竟高祖崩。以太仆事惠帝及高后，德婴之脱孝惠、鲁元于下邑间也，乃赐婴北第第一，师古曰：此第者，近北阙之第，婴最第一。曰"近我"，以尊异之。

又曰：景帝赐卫绾剑。绾曰："先帝赐臣剑凡六，不敢奉诏。"上曰："剑，人之所施易，独至于今乎？"绾曰："具在上使。"取六剑，剑常盛，未尝服也。后迁为御史大夫，代桃侯舍为丞相。然自初宦以至相，终无可言。上以为敦厚，可相少主，尊宠之，赏赐甚多。

又曰：伏日，诏赐从官肉。大官承日晏不来。东方朔独拔剑割肉，谓其同官曰："伏日当早归，请受赐。"即怀肉去。太官奏之。朔后入，上曰："昨赐肉，不待诏，以剑割肉而去之，何也？"朔免冠谢。上曰："先生起自责也。"朔来！受赐不待诏，何无礼也！拔剑割肉，一何壮也！割之不多，一何廉也！归遗细君，又何仁也。上笑曰："使先生自责，乃反自誉。"复赐酒一石，肉百斤，归遗细君。

又曰：王成，不知何郡人也。为胶东相，治甚有声，宣帝先褒之。地节三年，下诏曰："盖闻有功不赏，有罪不诛，虽唐虞不能以化天下。今胶东相成，劳来不息，流民自占八万余口，师古曰：隐度名数而来附业也。治有异等之效。其赐成爵关内侯，秩中二千石。

又曰：黄霸为颍川太守。是时凤凰、神雀数集郡国，颍川尤多。天子以霸治行终长者，下诏称扬曰："颍川太守霸，宣布诏令，百姓乡化；

孝子弟悌，贞妇顺孙，日以众多。行者让路，道不拾遗。养视鳏寡，赡助贫穷。狱无重囚，而吏民乡于教化，可谓贤人君子矣。《书》不云乎'股肱良哉'，其赐霸爵关内侯，黄金百斤，秩中二千石"。而颍川孝悌有行义，民、三老、力田皆以差，赐爵及帛。

又曰：初，霍氏奢侈。茂陵徐生曰："霍氏必亡。夫奢则不逊，不逊必侮上。侮上者，逆道也。在人之右，众必害之。霍氏秉权日久，天下害之，而又行以逆道，不亡何待？"乃上疏言："霍氏太盛，陛下即爱厚之，宜此时抑制，无使至亡。"书三上，辄不报闻。其后霍氏诛灭，而告霍氏者皆封侯。人为徐生上书曰："臣闻客有过主人者，见其灶直突旁有束薪。客谓主人：'更为曲突，远徙其薪。不者，且有火患。'主人嘿然不应。俄而家果失火，邻里共救之，幸而得息。于是杀牛置酒，谢其邻人。灼烂者在于上行，余各以功次，不录言曲突者。人谓主人曰：'乡使听客之言，不费牛酒，终亡失火之患。今论功而请宾，曲突徙薪亡恩泽，焦头烂额为上客耶？主人乃寤而请之。今茂陵徐福上书，言霍氏且有变，宜防绝之。乡使福说得行，则国亡裂土出爵之费，臣亡逆乱诛灭之败。往事既已，而福不蒙其功，唯陛下察之。贵徙薪曲突之策，使居焦发灼烂之右。"上乃赐福帛千匹，后以为郎。

《后汉书》曰：光武召桓荣，令说《尚书》，甚善之。拜为议郎，赐钱十万，使授太子。每朝会，辄令荣于公卿前敷奏经书。帝称善曰："得生几晚。"特加赏赐。后荣入会廷中，诏赐奇果。授者皆怀之，荣独手捧之以拜。帝笑之曰："此真儒生也。"以是愈见敬厚，常令止宿太子宫。后拜太子少傅，赐辎车乘马。荣大会诸生，陈其车马、印绶，曰："今日所蒙，稽古之力也。可不勉哉！"

又曰：明帝初即位，赐天下男子爵，人二级；《汉书音义》曰：男子者，谓户内之长也。商鞅为秦制爵二十级。又赐爵者有罪得赎，贫者得卖与人。三老、孝悌、力田人三级，爵过公乘，得移与子若同产同产子，汉置赐爵自公士以上不得过公乘。故过者得移授也。同产，同母兄弟也。及流人无名数欲自占者人一级。无名数谓文薄也。占谓自归首。

又曰：管陶公主为子求郎，不许，而赐钱千万。谓群臣曰："郎官上应列宿，出宰百里，有非其人，则人受其殃。是以难之。"

又曰：水平中，显宗幸宛，诏诸李随安众宗室会见，并受贺赐，恩宠笃焉。

又曰：郭伋为并州牧，过京师谢恩，帝并召皇太子、诸王宴语终日，赏赐车马、衣服、什物。

又曰：肃宗纳梁竦女为贵人，生和帝，窦皇后养以为子。诸窦遂谮杀贵人，而陷竦等死狱中，家属徙九县。和帝立后，贵人姊南阳樊调妻嫕于计切上书自讼曰："妾同产女弟贵人，前充后宫，蒙先帝厚恩，得见宠幸，诞生圣明。为窦宪兄弟所见谮诉，使妾父竦冤死，老母孤弟，远徙万里。今值陛下神圣之运，亲统万机，群物得所。宪兄弟奸恶既伏辜诛，妾乃敢昧死自陈所丐。"帝览章，感悟，乃下掖庭令验问之。嫕辞证明审，遂得引见，具陈其状。乃留嫕止宫中，连月乃出。赏赐衣被、钱帛、第宅，旬月之间，累赀十万。嫕素有操行，帝益爱之，乃号梁夫人。

《楚汉春秋》曰：高帝初，封侯者皆赐丹书铁券，曰："使黄河如带，太山如砺，汉有宗庙，尔无绝世。"

《汉魏春秋》曰：天子以曹公典任于外，临时之赏，或宜速乎。乃命公得承制拜诸侯守相，诏曰："夫军之大事，在兹赏罚，劝善惩恶，宜不旋时。故司马法曰：'赏不逾月者，欲民速睹为善之利也。'昔在中兴，邓禹入关，承制拜君祭酒李文为河东太守，来歙又承制拜高峻为通路将军。察其本传，皆非先请，明临时刻印也。斯则世祖神明权达，盖所用速示威怀而克成洪勋者也。且《春秋》之义，大夫出疆，有专命之事，苟可以利社稷、安国家而已。况君秉任二伯，师尹九有，实征夷夏，军行藩甸之外，得失在于斯须之间，停赏后许以滞时务，固非朕之所图也。自今已后，临事所甄，当加宠号者，其便刻印章假校，咸使忠义得共奖励，勿有疑焉。"

《魏志》曰：太祖攻城邑，靡丽之物则悉赐有勋功劳，其赏不吝千金。无功望施，分毫不与。

又曰：袁焕卒，太祖赐谷二千斛，一教以大仓谷千斛赐郎中令家，一教以垣下谷千斛与耀卿家。焕字耀卿。外不解其意，教曰："以太仓谷者，官法也；以垣下谷者，亲旧也。"

又曰：公令曰："昔赵奢、窦婴之为将也，受赐千金，一朝散之，故能济成大功，永世流声。吾读其文，未尝不慕其为人也。与诸将士大夫共从戎事，幸赖贤人不爱其谋，群士不遗其力，是以夷险平乱，而吾得窃大赏，户邑三万。追思赵、窦散金之义，今分所受租与诸侯掾属及故戍于陈蔡者，庶以酬答众劳，不擅大惠也。"

又曰：镇东将军毌丘俭上言："昔诸葛恪围合肥新城，城中遣士刘整出围传消息，为贼所得。考问所传，整曰：'欲杀我者，便速杀之。'终无它辞。"又遣士郑像出城传消息，恪遣骑寻迹索得，缚将绕城，敕像大呼言："大军已还洛，不如早降。"像不从其言，更大呼城中曰："大军近在围外，壮士努力。"贼以刀筑其口，便不得语。整、像为兵，能守义执节，子弟宜有差异。诏曰："夫显爵所以褒元功，重赏所以宠烈士。整、像召募通使，越蹈重围，冒突白刃，轻身守信；不幸见获，抗节弥厉，扬六军之大势，安城守之惧心，临难不顾，毕志传命。今追赐整、像爵关中侯，各除士名，使子袭爵，如部曲将死事科。"

又曰：夏侯敦从征孙权还，使都督军留居巢，赐伎乐名倡，令曰："魏绛以和戎之功，犹受金石之乐，况将军乎？"

又曰：太祖平柳城，班所获器物，特以素屏风、素机赐毛玠，曰："君有古人之风，故赐君古人之服。"玠居显位，抚育孤兄子甚笃，赏赐以施贫族，家无所余。

又曰：文帝在东宫，赐锺繇五熟釜，为之铭曰："于赫有魏，作汉藩屏。厥相唯锺，实干心膂。靖恭夙夜，匪遑安处。百寮师师，楷兹矩度。"

又曰：薛夔，黄初中为秘书丞。帝与之推论书传，未尝不终日。帝视其衣薄，解袍赐之。

《晋春秋》曰：清河崔祖思死，家无余财，有书八千卷。上闻，嗟叹良久之，以葛屯谷五百斛赐其家，曰："葛屯亦吾之垣下，令后世知其见异。"

《晋书》曰：王沈为豫州，下教曰："能陈长史可否、说百姓所患者，有赏；言刺史得失，倍赏。"主簿褚君曰："上好下应。今示以赏，恐拘介之士，惮赏不言；贪昧之人，慕利妄举。"沈从之。

《宋书》曰：谢方明为桓玄著作佐郎，后从兄景仁举为宋武中军主簿。方明知无不为，帝谓曰："愧未有瓜衍之赏，且当与卿共豫章国禄。"屡加赏赐。

萧子显《齐书》：太祖奇张融，赐衣，曰："见卿衣服粗交尔篮缕，亦亏朝望。今送一通故衣，意谓虽故，乃胜新，是吾之所著。已令裁减，称卿之体。"

又曰：孔灵产为光禄大夫，览止足之分，不肯仕。太祖以白毛扇、素机遗之曰："卿有古人之风，故赐以古人之服。"当代荣之。

《北齐书》曰：唐邕字道和。太原人。邕少明敏，有治世之才。斛律金启太后云："唐邕强干，一人当千。"显祖常解其所着青鼠皮裘赏邕，云："朕意与卿共弊。"

《家语》曰：孔子曰："自季孙之赐我千钟也，而交友益亲；得季孙千钟之赐以施于众，故交友日益亲也。自南宫敬叔之乘我车也，而道加行。孔子欲见老聃，西观周室，敬叔言于鲁君，给孔子车马，问礼于老子。孔子历郊庙，自周而还，弟子四方来集也。故道虽贵，必有时而后动；德虽高，必有势而后行。微夫二子之赐，则丘之道殆于废矣。"

《太公金匮》曰：赏一人而千人喜者，赏之；赏二人而万人喜者，赏之；赏三人而三军劝者，赏之。

《管子》曰：明赏不费，明刑不暴。赏罚，明德之至也。

《司马法》曰：殷戮于市，周赏于朝，劝君子，惧小人也。

《鹖冠子》曰：进贤者受上赏，则下不蔽善；为政赏人不多而民喜，罚人不多而民畏。言赏罚中。

《尹文子》曰：禄薄者不可以经乱，赏轻者不可以入难。此处上者所宜慎者也。

《慎子》曰：孔子云："有虞氏不赏不罚，夏后氏赏而不罚，殷人罚而不赏，周人赏且罚。罚，禁也；赏，使也。"

《文子》曰：善赏者费少而劝多，故圣人赏一人而天下趋之，是以至赏不费也。

《韩子》曰：司城子罕谓宋君曰："庆赏赐与者，民之所好也，君自行之。诛罚杀戮者，民之所恶也，臣请当之。"于是戮细而诛大，君曰："与子罕议之。"居期年，知死生之命制于子罕，故一国归焉。

又曰：襄子围于晋阳中，出围，赏有功者四人，高赫为赏首。张孟谈曰："晋阳之事，赫无大功。今为赏首，何也？"襄子曰："晋阳之事，国危，社稷殆矣。群臣无不有骄侮之意者，唯赫不失君臣之礼，是以先之。"仲尼闻之曰："善赏哉！襄子赏一人，而天下为人臣者莫能失礼也。"

又曰：韩昭侯使人藏蔽袴。侍者曰："君亦不仁矣。蔽袴不以赐左右，而藏之。"昭侯曰："非子之所知也。吾闻明君之爱，一嚬有为嚬，一笑有为笑。今夫袴，岂特嚬笑哉！袴之与嚬笑，相去远矣。吾必待之有功，故藏之，未有与也。"言不谬赏。

《尹子》曰：范献子游于河，顾问栾氏之子。舟人舍楫对曰："君不修政，舟中之人皆栾氏之子。君能反是，栾氏之子其如君何？"献子称善，乃赐舟人田百亩，以田易言也。

《淮南子》曰：忠臣之事君也，计功而受贵，不为苟得；量力而受官，不贪爵禄。其所能者，受之勿辞也。

宋玉等并造集《小言赋》云：楚王既登云阳之台，乃命诸侯大夫景差、唐勒、宋玉等并造《大言赋》，卒而宋玉受赏。王曰："复能为《小言赋》者，与之云梦之田。"玉又为赋。王曰："善。"遂赐云梦之田。

《说苑》曰：晋文公亡时，陶淑狐从。文公反国，行三赏而不及陶淑狐。陶淑狐见咎犯曰："吾从而亡十有三年，颜色黎黑，手足胝胼。

今吾君反国，三赏而不及我也。意者君亡我欤？我有大故欤？子试为我言之于君。”咎犯言之文公。文公曰：“嘻！我岂忘是子哉！夫高明至贤，德行全成，耽我以道，说我以仁，暴浣我行，昭明我名，使我为成人者，吾以为上赏；防我以礼，谏我以义，蕃援我使不得为非，数引我而请于贤人之门，吾以为次赏；夫勇壮强御，难在前则居前，难在后则居后，免我于患难之中者，吾又以为之次。且子独不闻乎？死人者不如存人之身，亡人者不如存人之国。三行赏之后，而劳苦之士次之；夫劳苦之士，子固为首矣。吾岂敢忘子哉？周内史叔兴闻之曰：“文公其霸乎！昔先王先德而后力，文公其当之矣。《诗》云：‘率礼不越。’此之谓也。”

又曰：卫君问于田让曰：“寡人封侯尽千里之地，赏赐尽御府绵帛，而士不至，何也？”田让乃对曰：“君之赏赐不可以功及也，君之诛伐不可以理避也。言不尝功不辩理也。犹举杖而咒狗，张弓而咒鸡矣。虽有香饵而不能致害之，必也。”

又曰：齐宣王游于社山，有闾丘先生长老十三人于路拜谒宣王，王赐之田不租、无徭役，诸老皆拜。闾丘先生独不拜。王曰：“何也？”对曰：“来见大王，所望者三：愿赐臣寿，愿赐臣富，愿赐臣贵。”王曰：“夫生杀有时，命有长短，非寡人之所制，无以寿先生；仓粟丰盈，备灾而畜，无以富先生；大官无缺，小官卑贱，无以贵先生。”闾丘先生曰：“此非谓也。臣所愿者，愿王选吏平法度，政无苛，如此，臣少得寿焉；春夏秋冬，使之以时，役无烦扰，臣少得富焉；愿王出令，使少者敬长，长者敬老，如此，则臣得贵矣。今王赐臣田不租则仓廪虚，无徭役则官无所使，非臣所望也。”王曰：“愿屈先生为相，可乎？”先生曰：“臣愿足矣，焉用相乎！”

又曰：赵襄子问王离曰：“国之所以亡者，何也？”对曰：“君吝而能忍，是以亡尔。”襄子曰：“何以为然也？”曰：“吝则不能赏贤，忍则不能罚罪。贤者不赏，罪者不罚，不亡何也？”

又曰：佛肸于中牟叛，置镬于庭，召大夫而盟曰：“从我者赏之，不从我者罚之。”田英曰：“吾闻义死者不避铁钺之威，义穷者不受轩冕之赐。无义而生，不如有义而死。吾不从也。”乃褰裳就镬。佛肸止之。及襄子既复中牟之叛，闻田英义，召而赏之。英辞不受，曰：“一人受赏，众人有惭色。英若受赏，则中牟之士尽愧矣。”

又曰：苏秦至齐，齐王厚待之。诸大夫嫉之，使人刺秦而不死。齐王出珍宝赏募求贼，不得。苏秦垂死，谓齐王曰：“王诚能为臣求贼者，臣死后，请车裂臣尸于市，询之曰：‘苏秦为燕欲乱齐，今日其死，寡人甚喜，故裂之。若得其杀，主重封赏之。’如此，刺臣者必出矣。”齐王从其言，裂尸而询之，刺秦者果出求赏。

《新序》曰：晋文公猎于泽，有渔父谏曰：“夫鸿鹄厌江海而移入小泽，则有矰缴之患。今君弃宫殿，游至于此，何行之矣？”文公纳谏而还，请赏之。渔父辞曰：“君能尊天，事地，敬神，固国，爱人，薄赋，徭役以时，则臣亦富矣。君若不能，虽有重赏，亦不能保也。”

《吕氏春秋》曰：昔晋文公与楚人战于城濮，召咎犯而问焉：“楚众我寡，奈何？”咎犯曰：“臣闻繁礼之君不足于交，繁战之君不足于诈。君亦诈之而已。”文公又问雍季，雍季曰：“以诈导民，亦一时之利也。”用咎犯之言而败楚人于城濮，反而为赏，雍季在上。左右谏曰：“城濮之功，咎犯之谋也。君用其言而赏后其身，或者不可乎？”文公曰：“雍季之言，百世之利也；咎犯之言，一时之务也。焉有一时之务先百世之利乎？”

又曰：晋文将伐邺，赵襄言所以胜邺之术，文公用之，果胜。还将行赏。襄曰：“君将赏其本乎？赏其末乎？赏其末则骄乘者存，赏其本则臣闻之郤虎。”公召虎，虎曰：“襄言所以胜邺。邺既胜，将赏之，曰：盖闻之于子，请赏子。”虎曰：“言之易，行之难。臣言之者也。”公曰：“子毋音无辞。”虎乃受。凡行赏，其博也则多助，今虎非亲言者也，赏犹及此疏远者，所以尽能竭智者也。晋文亡久矣，归而因大乱之余，犹能以霸，其用此欤？

《风俗通》曰：俗说有功得赐金者皆黄金。案：《孙子法》曰：费千金百万钱。陈平间楚千金，赐二疏金五十斤。此真黄金也，亦为一万钱。

《裴氏新书》曰：舟涓有一言之善，晋侯赐万顷田，辞而不受。晋侯曰："以此田易彼言也，于子犹有所亡，寡人犹有所得。"

《周生烈子》曰：行赏不洽于仁，是春半半生也；行罚不威，是秋半半死也。半生之春不洽于仁，半死之秋不专于义。

太平御览卷第六百三十四 治道部十五

急假

《释名》曰：急，及也，功之使相逮及也。

《汉书》曰：高祖常告归之田。李斐注曰："告，请也。言请休谒也。宁，安也。吉曰告，凶曰宁也。汉律：吏二千石有予告、有赐告。予告者，在官有功最，法所当得也。赐告者，病满三月当免，天子优赐其告，使得印绶将官属归家理病。至成帝时，郡国二千石赐告不得归家，自冯野王始也。汉律：吏五日得一下沐，言休息以洗沐也。"

又曰：汲黯多病，病且满三月，上常赐告者数，终不愈。

又曰：冯野王为琅琊太守。成帝时，王凤辅政。京兆尹王章讥凤专权，荐野王代凤。上初纳其言，而后诛章。于是野王惧不自安，遂病，满三月，赐告，与妻子归杜陵。大将军凤风音讽御史中丞劾奏野王赐告养病而私自便。杜钦素高野王，奏记于凤，为野王言曰："窃见令曰吏二千石，过长安谒。如淳曰：谒者自白得告也。不分别予赐。予，予告也。赐，赐告也。今有司以为予告得归，赐告不得，是一律两科，失省刑之意。夫三最予令也；在官连有三最，则得予告也。病满三月赐告，诏恩也。令告则得，诏恩不得，失轻重之差。又二千石病，赐告得，有故事，不得去郡亡著令。"凤不听，竟免野王官。

谢承《后汉书》曰：许荆字子张。少丧父，养母孝顺。家贫，为吏无有舟车，休假常单步荷担。上下清节，称于乡里。

又曰：范丹字史云，陈留人也。为郡功曹，每休假，上下常单步策杖，同类以车牛与之，不取。

又曰：吴冯字子高。为州郡吏，休假先存恤行丧孝子，次赡病，毕，拜觐乡里耆老先进，然后到家。名昭远近。

《后汉书》曰：光武皇帝纪告宁之典。

《魏志》曰：王思正始中为大司农，年老目暗，又少信。时有吏父病笃，近在外舍，自白求假。思疑其不实，发教曰：“世有思妇病母者，岂此谓乎？”遂不与假。吏父明日死，思无恨意。其为刻薄如此。

《魏志》曰：祝皓字子春，南阳平氏人也。志节抗烈，笃于仁义。为吏归休，周旋乡里，吊死问疾，毕乃还家。

《晋起居注》曰：孝武太元元年，诏大臣疾病假满三月，解职。

王隐《晋书》曰：王尼音夷字季孙。洛中贵盛名士王澄、胡母辅之等皆与尼交。时尼为兵曹佐大将军幕，澄等持羊酒诣军门，吏疏名内，请入见大将军。澄等既入，语吏过王尼，炙羊饮酒讫而去，竟不见。将军闻之，因与尼长假，遂得离兵。

《宋书》曰：王敬弘子恢之，为秘书郎。恢之曾请假还家，未定省，敬弘克日见之，至辄不果。假日将尽，恢之乞求奉辞，敬弘呼前，既至閤，复不见。

又曰：谢景仁憎弟述，尝设馔请宋武帝，帝召述。述知景仁夙意，又虑帝命之，请急不从。帝驰遣呼述。顷至，乃欢。其见重如此。

又曰：谢灵运自以名辈应参时政，王昙首、王华名位素不逾之，并见任遇，意不平，多称疾不朝。直出郭游行，或一百六七十里，经旬不归，既不表闻，又不请急。上不欲伤大臣，讽旨令自解。灵运表陈疾，赐假东归。

又曰：庾炳之居选部，请急还家。尚书令史来谘事，一人善弹，一人工歌，留与宿。有司以违制奏焉。

又曰：伏暅音亘自以名辈，素在始兴。内史何远前为吏，俱称廉白。远累见擢，暅循阶而已。意望不满，多托居家，寻求假到东阳迎妹丧，因留会稽筑宅，自表解职。诏以为豫章内史，乃出拜。侍御史虞嚼奏曰：“风闻豫章内史伏暅，去岁启假，以迎妹丧为辞，因停会稽不去，入东始货宅卖车，以此而推，则是本无还意。暅深怀诽怨，形于辞色，请以大不敬论。”有诏勿论，遂得就郡。

又曰：谢裕字景仁，晦从父也，为左仆射。裕性矜严，居家守静，每唾辄唾左右衣，事毕，即听假一日浣濯。每唾，左右争来受之。

徐爰《宋书》曰：申恬字道献。少怀贞悋，志业介然。拜殿中将军，禁省八载，不休急，时莫之比。

《齐书》曰：衡阳公谌，字彦孚，高帝绝服族子。武帝即位，除步兵校尉，领御仗主，斋内兵仗委付之，心膂密事，皆便参掌。郁林即位，深委信谌，每请急出宿，帝通夕不能寐，谌还乃安。

《梁书》曰：太清元年，大举北侵。初，谋元帅，帝欲用萧范。时朱异取急外还，闻之，遽入曰："嗣王雄豪盖世，得人死力。然所至残暴非常，非吊人之才。昔陛下登北顾亭以望，谓江右有异气，今日之事，尤宜详矣。"

《后魏书》：邢虬字神宝，为光禄卿。虬母在乡遇患，请假而归。值秋水暴长，河梁断绝，虬得一船而渡，船漏而不溢。时人异之。

《唐书》曰：张志宽，蒲州安邑人。隋末丧父，哀毁骨立，为州里所称。贼帅王君廓屡为寇掠，闻其名，独不犯其闾，邻里赖之而免者百余家。后为里正，诣县称母疾，取急求归。县令问其状，对曰："母常有所苦，志宽亦所苦。向患心痛，知母有疾。"令怒曰："妖妄之辞也。"系之于狱。驰验其母，竟如所言。令异之，慰谕遣去。

《襄阳耆旧传》曰：习温长子宇为执法郎，取急归，宾从甚盛。温怒，杖宇，责之曰："吾闻生于乱世，贵而能贫，始可以后亡，况侈竞乎？"

《文士传》曰：顾荣兼侍中，安慰河北。以前后功封嘉兴伯，求急还南。既造江渚，欣然自得。

《风俗通》曰：济北李登为从事史，病，得假归家，复移刺延。期后被召，登自嫌不甚羸瘦，谓双生弟宁曰："我兄弟相似，人不能别。汝类病者，代我至府。"宁曰："府君大严，得无不可？"登曰："我新吏耳，无能觉者。我自行见诊必死。"宁便诣府。医药集诊有验。后为人所言，事发觉，遂杀登。

《世说》曰：车武子为侍中，与王东亭诸人期共游集。车早请急出，过诣王子敬。子敬于时宅在建阳门内道北，车求去。王问："卿何以匆匆？”车答云：“与东亭诸人期共行。”王曰：“卿何以乃作此，不急行！”车遂不敢去，尽急还台。

又曰：顾长康作殷州，请假还东。尔时例不给。苦求之，乃得。

又曰：张敷为宋台秘书郎，自彭城请假还东。于时相国府有一参军督护，亦请假，武帝遣传令语敷云：“可载之。”答曰：“臣性不杂。”遂不载。

《俗说》曰：张邀在彭城，请假当归东。傅亮时为宋台侍中，下舫中与张别。张不起，授两手指着舫户外。傅遂不执其手，熟视张面，云：“相是梨中之不臧者。”便去。

陆机《思归赋序》曰：余牵役京室，去家四载，以元康六年冬取急归。而羌虏作乱，王师外征，机兴愤而成篇。

范宁《启国子生假故事》曰：国学开建，弥历年载。讲诵之音靡闻，考课之绩不著。良由道达之训未弘，钻仰之心弗至。陵替文源，宜见整正；谓应断假，精加督励。严其师训，举善黜违启断。

《众官受假故事》曰：伏见内外众官，陈假纷纭，烦黩无已。旧有急假，一月五急，一年之中六十日为限，不问虚实，相率如此，诬罔视听，烦秽官曹，举世行之，不以为非。急假之制，唯以父母妻子为辞，而伯叔兄弟，制所不及。长偷薄之风，伤敦睦之化。臣谓宜去病解故之制一年，令赐衣。假日随其所欲之，适任其取日多少。《假宁令》曰：诸内外官五月给田假，九月给受衣假，为两番，各十五日。田假若风土异宜，种收不等，通随给之。

又曰：诸百官九品私家祔庙、除程给假五日；四时祭祀各给假四日。并课主祭者。去任所三百里内亦给程。若在京都，除祭日，仍各依朝参。

又曰：诸文武官，若流外已上者，父母在，三年给定假三十日。其拜墓，五年一假十日，并除程。若已经还家者，计还后给。其五品已上所司勘当于事，每阙者奏，不得辄自奏请。请冠，给假三日；五服内亲冠，给假一日，并不给程。

又曰：诸婚给假九日，除程。周亲婚嫁五日，大功三日，小功已下一日，并不给程。周已下无主者，百里内除程。诸本服周亲已上，疾病危笃，远行久别，及诸急难，并量给假。

太平御览卷第六百三十五 刑法部一

叙刑上

《易·蒙卦》曰：初六发蒙，利用刑人。《象》曰：利用刑人，以正法也。刑人之道，道所恶也。以正法制，故刑人也。

又《豫卦》曰：顺以动，豫。圣人以顺动，则刑罚清而民服。

又《噬嗑卦》曰：噬嗑亨，利用狱。噬，啮也。嗑，合也。凡物之不亲，由有间也，物之不齐，由有过也。有间与过，啮而合之，所以通也。刑克以通，狱之利也。《象》曰：雷电噬嗑，先王以明罚勒法。

又曰《丰卦·象》曰：雷电皆至丰，君子以折狱致刑。文明以动，不失清理也。

《尚书·舜典》曰：象以典刑，象，法也。法用常刑，用不越法。流宥五刑，宥，宽也。以流放之法宽五刑。鞭作官刑，以鞭为治官事之刑。朴则教刑，朴，夏楚也。不勤道业，则挞之。金作赎刑，金，黄金。误而入刑，出金以赎罪。眚灾肆赦，怙终贼刑。眚，过也。灾，害也。肆，缓也。贼，煞也。过而有害，当缓赦之。怙奸自终，当型煞之。钦哉钦哉，唯刑之恤哉。舜陈典刑之义，敕天下使敬之，忧欲得中。

又《舜典》曰：帝曰："皋陶！蛮夷猾夏，寇贼奸宄，猾，乱也。夏，华夏。群行攻劫曰寇，煞人曰贼。在外曰奸，在内曰宄。言无教之致。汝作士，五刑有服，士，治狱官也。五刑，墨劓剕宫大辟。服，从也。言刑得轻重中正之法也。五服三就；既从五刑，谓服罪也。行刑当就之处：大罪于原野、大夫于朝，士于市。五流有宅，五宅三居。谓不忍加刑则流放之，若四凶则有五刑之流，各有所居。五居之差有三等之居；大罪四裔，次九州之外，次千里之外也。唯明克允。"言皋陶能明信五刑，施之远近。蛮夷猾夏，使咸信服，无敢犯之者。

又《大禹谟》曰：帝曰："皋陶！唯兹臣庶，罔或干予正。无有干我正，言顺耳。汝作士，明于五刑，以弼五教，期于予治，弼，辅也。期，当也。

叹其能以刑辅教，当于治体。刑期于无刑，民协于中，时乃功，懋哉。”虽成行刑以煞，止煞经无犯者。刑期于无所刑，民皆合于大中之道，是汝之功勉之。皋陶曰：“帝德罔愆，临下以简，御众以宽。罚弗及嗣，赏延于世。宥过无大，刑故无小。罪疑唯轻，功疑唯重。邢疑附轻，赏疑从重，忠厚之至。与其煞不辜，宁失不经，好生之德，洽于民心。兹用不犯于有司。”辜，罪也。经，常也。司，主也。皋陶因帝勉己，遂称帝之德，所以期民不犯上也。宁失不常之罪，不枉不辜之善，仁爱之道。

又《皋陶谟》曰：天讨有罪，五刑五用哉。言天以五刑罚有罪，用五刑宜必当。

又《吕刑》曰：穆王训夏赎刑，吕侯以穆王命作书，训畅夏禹赎刑之法，更从轻矣。布告天下。作《吕刑》。吕刑，后为甫侯，故或称甫刑。唯吕命。王享国百年，耄荒，言吕侯见命为卿时，穆王以享国百年，耄乱荒忽，穆王即位，过四十矣。言百年大期，虽志而能用贤以扬名。度作刑以诘四方。度时世所宜，训作赎刑，以治天下四方之民。

《尚书大传》曰：子张曰：“尧舜之王，一人刑而天下治，何则教诚而爱深也。今一夫而被此五刑。”子龙子曰：“未可谓能为书。”二人俱罪吕侯之说刑也。被此五刑，喻犯数罪也。孔子曰：“不然也。五刑有此教。”教然耳。犯数罪犹以上一罪刑也。

又曰：子夏曰：“昔者三王悫然欲错刑遂罚，错，处也。遂，行也。平心而应之，和然后行之。然且曰：‘吾意者以不平虑之乎？吾意者以不和平之乎？’如此者三，然后行之。此之谓慎罚。”

又曰：孔子曰：“古之刑者省之，今之刑者繁之。其教，古者有礼然后有刑，是以刑省也。今也反是，无礼而齐之以刑，是以繁也。”

《书》曰：伯夷降典礼，析民唯刑。谓有礼然后有刑也。

又曰：兹殷罚有伦，今也反是，诸侯不同听，每君异法。听，设狱也。听无有伦，是故知法难也。

又曰：有过，赦。小罪勿增，大罪勿累。延罪无辜曰累。老弱不授刑，有过不授罚。故老而授刑谓之悖，弱者授之不克，不赦有过谓之贼。

《诗·小雅》曰：《菀柳》，刺幽王也。暴虐无亲，而刑罚不中也。

《诗含神雾》曰：烨烨震电，不宁不令。此应刑政之大暴，故震雷惊人，使天下不安。

《周礼·地官上·大司徒》曰：以乡八刑纠万民。一曰不孝之刑，二曰不睦之刑，三曰不姻之刑，四曰不悌之刑，五曰不任之刑，六曰不恤之刑，七曰造言之刑，八曰乱民之刑。纠犹割祭也。不弟不敬，况师长也。造言，讹言惑众。乱民，乱名改作，执左道以乱政也。任谓朋友相任也。恤谓相忧。

又《地官下·司市》曰：市刑：小刑宪罚，中刑徇罚，大刑朴罚。其附于刑者归于士。徇，举以示其地之众也。朴，挞也。国君过市，则刑人赦；大人过市，罚一幕；世子过市，罚一帟；命夫过市，罚一盖；命妇过市，罚一帷。谓诸侯及夫人世子过其国之市，大夫内子过其都之市也。市者，人所交利而行刑之处，君子无故不游观焉，若游观则施惠以为说。

又曰：《秋官上》曰：大司寇掌建邦之三典，以佐王刑邦国诘四方。典，法也。诘，谨也。《书》曰：穆王耄荒、度作详刑以诘四方也。一曰刑新国用轻典；新国，新辟地立君之国也。用轻法者，为其民之未习于教。二曰刑平国用中典；平国，承平守成之国。用中典者，常行之法。三曰刑乱国用重典。乱国，篡煞叛逆之国。用重典者，以其化恶，伐灭之也。以五刑纠万民：一曰野刑，上功纠力；功，农。功力，勤力也。二曰军刑，上命纠守；命，将命也。守，不失部伍也。三曰卿刑，上德纠孝；德，六德也。善父母为孝也。四曰官刑，上能纠职；能，能其事也。职，职事修理也。五曰国刑，上愿纠暴。愿，悫慎也。暴为当恭，字文误也。

《礼》曰：刑不上大夫，礼不下庶人。

又曰：九十曰耄，七年曰悼。悼与耄虽有罪，不加刑焉。

又曰：刑者，侀也。刑者，成也。一成而不可变，故君子尽心焉。

《传》曰：先君周公作誓命曰：毁则为贼，掩贼为藏，窃藏为盗，盗器为奸。主藏之名，赖奸之用，为大凶德，有常刑无赦，在九刑不忌。誓命已下，皆九刑之书。

又曰：晋侯之弟阳干乱行于曲梁，行，陈。曲梁，地名。魏绛戮其仆。

仆御。晋侯怒，谓羊舌职曰："合诸侯以为荣，阳干为戮，何辱如之？必杀魏绛。"对曰："绛无二志，事君不避难，有罪不逃刑。其将来辞，何辱命焉？"言终，魏绛至。

又曰：声子谓楚令尹子木曰："善为国者，赏不僭而刑不滥赏。僭则惧及淫人，刑滥则惧及善人。若不幸而过，宁僭无滥。与其失善，宁其利淫。无善人则国从之。从之亡也。古之治民者，劝赏而畏刑，恤民而不倦。赏以春夏，刑以秋冬。是以将赏，为之加膳，则饫赐，以此知其劝赏也；将刑，为之不举，不举则彻乐，以此知其畏刑也。"

又曰：初，景公欲更晏子之宅，曰："子之宅近市，湫隘嚣尘，不可以居。湫，下；隘，小；嚣，声；尘，土。请更诸爽垲者。"爽，明；垲，燥。辞曰："君之先臣容焉，先臣，晏子之先人。臣不足以嗣之。于臣侈矣。"公笑曰："子近市，识贵贱乎？"对曰："既利之，敢不识乎？"公曰："何贵何贱？"于是景公繁于刑，有鬻踊者。故对曰："踊贵屦贱。"景公为是省于刑。君子曰："仁人之言，其利博哉！晏子一言而齐侯省刑。"

又曰：郑人铸刑书。铸刑书于鼎，以为国之常法。叔向使谓子产曰："昔先王议事以制，不为刑辟，惧民之有争心也。夏有乱政，而作《禹刑》，商有乱政，而作《汤刑》，夏商之乱者，禹汤之法。言不能议事以制。周有乱政，而作《九刑》。周之衰，亦为刑书，谓之九刑。三辟之兴，皆叔世也。言制书不起于始全盛之世。今吾子相郑国，作封洫，立谤政，制三辟，铸刑书，制三辟，谓用三代之末法。将以靖民，不亦难乎！"

又曰：为刑罚威狱，使民畏忌，以类其震曜煞戮。云电震曜，天地成也，刑狱以象类之。

《论语》曰：导之以政，齐之以刑，民免而无耻。

又曰：礼乐不兴，则刑罚不中；刑罚不中，则民无所措手足。

《孝经》曰：五刑之属三千，而罪莫大于不孝。

《家语》曰：闵子骞问政于孔子。孔子对曰："以德以法。夫德法者，御民之具，犹御马之有衔勒也。君者，人也；吏者，辔也；刑者，策也。夫人君之政，执其辔策而已乎。"闵子骞曰："敢问古之为政。"孔子曰："古者天子以内史为左右手，以德法为衔勒，以百官为辔，以刑罚为策，以万人为马，以御天下，数百年而不失也。"

又曰：有父子讼者。孔子同狴执之，三月不别，其父请止。夫子赦焉，曰："上失其道，狱犴不治，不可刑也。

《书》曰：义刑义杀勿庸，以即汝心。三尺之限，空车不能登者何？峻故也。百刃之山，重载陟焉何？陵迟也。俗之陵迟久矣。虽有刑法，人能勿逾乎？

《国语》曰：臧文仲曰："大刑用兵甲，次刑用斧钺，中刑用刀锯，薄刑用鞭朴，以威民也。"

《孔丛子》曰：仲弓问古之刑教与今之刑教。孔子曰："古之刑教省，今之刑教繁。古教有礼，然后有刑，是以刑省。今无礼以教，而齐之以刑，是以刑繁。"

《史记》曰：胡亥立，以赵高为郎中令。令更变律，有罪者相坐收族。又群盗起，胡亥责李斯。斯惧，上书请行督责，刑者相半。其后赵高谮斯，具五刑，腰斩，夷三族。

又曰：申不害、韩非好刑名法术之学，以为儒者以文乱法，侠者以武犯禁。

《汉书·刑法志》曰：古人有言曰：天生五材，民并用之，废一不可。鞭朴不可弛于家，刑罚不可废于国，征伐不可偃于天下。用之有本末，行之有逆顺耳。

又曰：孝武即位，征发烦数，百姓贫穷，民被酷吏，击奸断宄不胜。于是招进张汤、赵禹之属，修定法令。

又曰：古之知法者，能省刑本也。今之知法者，不失有罪，上下相临，以刻为明。深者获功名，平者多后患。谚曰：鬻棺者欲岁之疫，非憎人欲煞之，利在于人死。

又曰：贡禹上言："孝文皇帝时，贵廉洁，贱贪污，贾人、赘婿及吏坐赃者皆禁锢，不得为吏。无赎罪之法，欲令行禁止，海内大化。武帝始临天下，尊贤用士，开地广境，自见功大，遂纵嗜欲。乃一时之变，使犯法者赎罪，入谷者补吏。是以官乱民贫，盗贼并起。”

又曰：文帝制：“人有已论其父母妻子同产坐之，及收孥律令宜除之，孥，子也。秦法：一有罪，并收其家也。罪疑者与人。”从轻断之。于是刑罚大省，断狱四百。

又曰：秦始皇专任刑罚，躬操文墨，昼断狱，夜理书。

又曰：于定国为廷尉，季秋后请谳。时上常幸宣室，斋而居，决事刑狱，号平反也。反，音番。

又曰：董仲舒云：“阳为德，阴为刑。阳常居大夏，而生养育长为事；阴常居大冬，而积于虚空不用之处。以此见天之任德不任刑也。”

又曰：秦用商鞅之法，故帝王之道，刑戮妄行，人不聊生，逃亡山野，并为盗贼，断狱一岁八十万数。

又曰：《刑法志》曰：古人有言：满堂饮酒，有一人向隅而泣，则一堂不乐。王者之于天下，犹一堂之上也。一人不得平，为之凄怆。今郡国被刑，或冤死者多，此和气所以未洽者也。原夫狱刑所以蕃者，《书》曰：“伯夷降典，折民唯刑。”言伯夷示礼法以道，人人习之，礼然后用刑也。言制礼以止刑，犹堤防之溢水也。今堤防陵迟，礼制未立；死刑过制，生刑易犯。饥寒并至，穷斯滥溢。豪杰擅私为之囊橐，言容隐奸刑，若橐盛物。奸邪所隐，则狃而浸广。狃，串习也。浸，渐。狃，音女九切。

《后汉书》曰：光武留心庶狱。然自王莽之后，旧章不存，法纲弛纵，无以惩肃。梁统上疏曰：“臣愚以为刑罚在衷，无取于轻，是以五帝有流殛放煞之诛，三王有大辟刻肌之刑，所以为除去乱也。高帝定法，传之后代。遭世康平，因时施恩，去肉刑相坐之法，天下几平。武帝值中国全盛，征伐远方，百姓罢弊，豪杰犯禁，奸吏弄法，故重首匿之科，著知纵之律。宣帝履要道以御海内，臣下奉宪，不失绳墨，天下称安。孝元、孝哀即位日浅，丞相王嘉等猥以数年之间亏除先帝旧约，穿令断律凡百余事。臣取其尤妨政者条奏，伏谓择其善而从之，以定不易之典。”时廷尉议以为崇刑峻法，非明王急务，遂罢之。

又曰：梁统对尚书问议刑曰：“圣帝明王制立刑罚，故虽尧舜之盛，犹诛四凶。《经》曰：‘天讨有罪，五刑五用哉。’又曰：爰制百姓于刑之衷，孔子曰：‘刑罚不中，则民无所措手足。’措，置也。衷之为言不轻不重之谓也。《春秋》之诛，不避亲戚，所以防患救乱，全安众庶，岂无仁爱之恩，贵绝残贼之路也。”

又曰：郎顗上书言：“今立春之后，火卦事用，所当温而寒，违反时节，由功赏不至而刑罚必加也。宜须立秋顺气行罚。”

太平御览卷第六百三十六　刑法部二

叙刑下

《晋书》曰：羊亮为太傅杨骏参军，时京邑多盗窃，骏欲更重其法，盗百钱加大辟，请官属会议。亮曰："昔楚江乙母失布，以为盗由令尹。公若欲无盗，将自止，何重法为？"骏惭而止。

《后魏书》曰：韩骐麟为齐州刺史，宽刑罚。从事刘普庆说曰："明公杖节分忧，无所斩戮，何以示威？"答曰："人不犯，何以戮乎？若须立威，当以卿始。"庆惭惧而退。

《梁书》曰：武帝敦睦九族，优藉朝士，有犯罪者，皆讽臣下屈法申之。百姓有罪，即按以法。其缘坐，老幼不免，一人逃亡，举家质作，人既穷急，奸宄益深。后帝亲南郊，秣陵老人遮帝曰："陛下为法，急于黎庶，缓于权贵，非长久之术。诚能反是，天下幸甚。"帝锐意儒雅，疏简刑法，自公卿大臣，咸不以鞠狱留意，奸吏招权，巧文弄法，货贿成市，多致枉滥。大率二岁刑以上，岁至五千人。是时徒居作者具五任，其无任者著斗械。任即课也。若疾病，权解之。

《后周书》曰：大象元年，诏罢高祖所约法。初，高祖作《刑书要制》，用法严重。及帝即位，以海内初平，恐物情未附，乃除之。

《隋书》曰：后周大象元年，诏："高祖所立刑书，用法深重，其一切除之。"然帝数行肆赦，为奸者皆轻犯刑法，政令不一，下无适从。于是又广《刑书要制》而更峻其法，谓之《刑经圣制》。宿卫之官一日不直，罪至削除。逃亡者皆死，而家口籍没。上书自误者科其罪，鞭杖皆百二十为度，名曰天杖。其后人加至二百四十。又作礔礰车，以威妇人。其决罪人云与杖者即一百二十，多打者即二百四十。

又曰：开皇十六年八月景戌诏："决死罪者，三奏而后行刑。"

《唐书》曰：贞观五年诏："京师诸司比来奏决死囚，虽立五覆，一日即了，未暇审思，五奏何益？纵有追悔，又无所及。自今后宜二日中五覆奏，下诸州三覆奏。”又手敕曰：“比来断狱，多据律文，虽情有可矜，而不敢违法。守文定罪，或恐有冤。今后门下省覆奏，有据法合死而情可矜者，宜录状以闻。”

又曰：太宗尝录囚徒，悯其将死，为之动容。顾谓侍臣曰：“刑典仍用，盖风化未洽之咎。愚人何罪而肆重刑乎？更彰朕之不德也。用刑之道，当审事理之轻重，然后加之以刑罚，何有不察其本而一概加诛？非所以恤刑重人命之谓也。”

又曰：贞观中制：“从立春至秋分，不得奏决死刑。其大祭祀及致斋日、朔、望、上下弦、二十四气、雨未晴、夜未明、断屠日月及假日并不得奏决死刑。”

又曰：贞观中制：“古者行刑，君为彻乐减膳。今庭无恒设之乐，莫知何彻。然对食即不啖酒肉。自今以后，刑人日勿进酒肉。内教及太常，并宜停教。”

又曰：永徽中，高宗谓侍臣曰：“狱讼繁多，皆由刑罚枉滥，故《礼》曰，刑者，成也。一成而不可变。末代断狱之吏，皆以苛刻为明，是以秦氏网密秋荼而获罪者众。今天下无事，四海乂安，欲与公等共行宽政。今日刑罚，得无枉滥乎？”太尉无忌对曰：“陛下欲致刑网宽平，臣下犹不识圣意。此法弊来已久，非止今日。若情存体国，即共号痴人，意在深文，便为能吏，所以罪虽合杖，必致遣徒，理有可生，务入于死。非憎前人陷于死刑，务取名耳。陛下矜而令放，法司亦宜固请，但陛下喜怒不妄加于人，刑罚自然适中。”高宗曰：“卿言是矣。”

又曰：神功初，天后谓侍臣曰：“近者朝臣多被周兴、来俊臣等推勘，递相牵引，咸自承服。国家有法，朕岂能违？中间疑有枉滥，更使近者就狱亲问，皆自承引不虚，朕不以为疑，即可其奏。自周兴、俊臣死后，更无闻有反逆者。然则已前就戮者，不有冤滥耶？”姚元崇对曰：“自垂拱已后，被告身死破家者，皆是枉酷自诬而死。告者持以为功，天下号为罗织甚于汉之党锢。陛下令近臣就狱问者，近臣亦不保，何敢辄有动摇？被问者若废性，惧遭其毒手。赖上天降灵，圣情发寤，诛锄凶竖，朝廷乂安。今日已后，臣以微躯及一门百口保见在内外官，更无反逆者。若后有征验，反逆有实，臣请授知而不告之罪。”上大悦曰：“前宰相皆顺成其事，陷朕为淫刑之主。闻卿所说，甚合朕心。”

又曰：陆象先为益州长史，在官务以宽仁为政。司马韦抱贞言：“望明公稍行杖罚，以立威名。不然，恐下人怠惰，无所惧也。”象先曰：“为政者，理则可矣。何必严刑树威，损人益己？恐非仁恕之道。”

又曰：开元二十五年，刑部断狱，天下死罪唯有五十八人。大理少卿徐峤上言：“大理狱院由来相传煞气太盛，鸟雀不栖。至是鹊巢其树。”于是百寮上表贺，以为几至刑措。

又曰：大宗性仁恕。言事者谏曰：“陛下为政，伤于太宽，朝典由是不肃。”上笑而答曰：“今时运艰难，凡人臣事朕者，窥少禄利耳。今府库空竭，无俸入俾之优足，但峻刑科，是君上有威无恩，朕所不忍行也。”

《管子》曰：夫争强之国先争刑令。国之轻重者，刑也。

《文子》曰：道狭然后任智，德薄然后任刑，明浅然后任察。任智者心乱，任刑者上下恐，任察者下求善以事其上。

《庄子》曰：赏罚利害，五刑之辟，教之末；礼法度数，刑名比详，治之末也。

又曰：民为外刑者，金与木也；为内刑者，动与过也。宵人之离外刑也，金木讯之；离内刑也，阴阳食之。免内外之刑者，唯真人能之。

《司马法》曰：先王之治，从天之道，设地之宜，乃作五刑，以禁民僻；乃兴甲兵，以讨不义。制瑞节以通使，巡狩省方以会诸侯、考不同，正礼，月正时历，考不同者，正法度齐于天子法度也。正礼者，上下之礼也。月正时历者，月正朔名也。时历，时气正月相应也。名文章、车服名月爵。称文章车服，所以显有德，异尊卑，使不逾制度也。天子法度，不从命，为乱常法也。比德逆天之时，比败德不行也。不顺时生煞之叙也。乃征师于诸侯征之；不会朝过聘则刘；刘，煞也。诸侯背叛不会朝过聘则煞之。废贡职、擅称兵、相侵削，废天子之命则黜；不从王者法度，则征其罪而黜之也。改历史、衣服、文章，易礼变刑则放；若奉王法，则不之远方。娶同姓，以妾为妻，变太子，专罪大夫，擅立关，绝降交则幽；幽系。慢神省哀，夺民之时，重粟畜货，重罚暴虐，自佚，宫室过度，宫妇过数，则削地损爵。

《尸子》曰：秦穆公明于听狱。断刑之日，揖士大夫曰：“寡人不敏，使民入于刑，寡人与有戾焉。二三子各据尔官，无使民困于刑。”缪公非乐刑民，不得已也。此其所以善刑也。

又曰：车轻道近，则鞭策不用。鞭策之所用，远道重任也。刑罚也者，民之鞭策也。

《商君书》曰：晋文将欲明刑，于是合诸卿大夫于冀宫。颠颉后至，吏请其罪，遂断颠颉之脊。人皆惧曰：“颠颉之有宠也，断脊以循；而况于我乎？”乃无犯禁者。晋国大理。

《吕氏春秋》曰：皋陶作士刑。

《韩子》曰：殷之法：灰弃于术者刑。子贡以为重，问之仲尼。仲尼曰：“灰弃于术，必燔人。燔人怒则斗，斗则三族相煞，虽刑之可也。”

又曰：楚国法：太子不得乘车王弟门。时天大雨至，急召太子。庭中有淖，太子遂驰第门，庭理以殳击马，遂败其驾。太子泣请王诛之。王乃益廷理爵三级。

《淮南子》曰：圣人因民之所喜而劝善，因民之所恶以禁奸。故赏一人而天下誉之，罚一人而天下畏之。故至赏不费，至刑不滥。孔子诛少正卿而鲁国之邪塞，子产诛邓析而郑国之奸禁。

又曰：赵政昼决狱，夜理书。赵政，秦皇帝也。御史冠盖接于郡县，覆督稽留戍五岭以备越，筑城以守胡。然奸邪萌生，盗贼群居，事愈烦而乱愈多。故法者，治之具也，而非所以中也。

又曰：子发为上蔡令，民有当刑狱断论，定决于令前。子发喟然有惨恤之心，罪人以刑而不忘其恩子发，楚威王臣也。在春秋后。日。此其后，子发得罪于威王，而奔于刑者于城下之庐。追者至，蹀足而怒曰：“子发亲决吾罪，而吾怨之，憯于骨体。使我得肉而食之，其知厌乎？”追者皆以为然，不索其内，果活子发。

《白虎通》曰：圣人治天下，必有刑罚何？所以助治，顺天之度也。故悬爵赏者，示有所劝也；设刑罚者，明有所惧也。

《传》曰：三王肉刑，应世以立刑者，五帝之鞭策。刑所以五何？法五行也。五帝画其衣，象五行也。

《世本》曰：伯夷作五刑。

《会稽典录》曰：阚泽字德润，山阴人也。初，吕壹奸罪发闻，有司穷治，奏以大辟。或以为宜加焚烈，用彰其恶。吴王以问泽。泽曰：“盛明之世，不宜有此刑。”遂从之。

徐干《中论》曰：政之大纲有二。二者何？赏罚之谓也。君明于赏罚之道，则治不难矣。赏罚者不在乎必重，而在于必行。必行则虽不重而人肃，不行则虽重而人怠，故先王务赏罚之必行。《书》曰：“尔无不信，朕不食言。汝不从誓言，予则孥戮汝。”

桓范《世要论》曰：德多刑少者，五帝也。刑德相半者，三王也。刑多德少者，五霸也。纯用刑而亡者，秦也。

又曰：夫刑辟之作，所从来尚矣。圣人以治，乱人以亡。是以古属帝王，莫不详慎之者，以为人命至重，一死不生，一断不属。故尧舜之明，犹唯刑之恤。是以后圣制法，设三槐九棘之吏，肺石嘉石之诉，然由复三刺，佥曰“可煞”。然后煞之。罪若有疑，即从其轻。此盖详慎之至也。

杜恕《笃论》曰：圣王之制刑也，非以害民也，将以利民也。故民从而安之。非以陷民也，将以导民也。故民从而化之。断一人之狱，而天下义之，是安之也。断一人之狱，而天下伏之，是化之也。当于民心，合于道理，所断于民者，不行于身，公之也。

《君臣正论》曰：《书》称：“钦哉，唯刑之恤。”又曰：“宥过无大，刑故无小。”此前王明德慎罚之意也。昔汉文感缇萦之孝，遂去肉刑。近则太宗视明堂之图，欲宽背罚。于公以阴德救物，袁安耻职罪鞫人。此前代圣主贤臣钦恤之志也。

太平御览卷第六百三十七 刑法部三

律令上

《书》曰：王曰：“呜呼！凡我有官君子，钦乃攸司，慎乃出令。令出唯行，弗唯反。”有官君子，大夫已上。叹而诫之，使敬汝所司，慎汝出令。从政之本，令出必唯行之，不唯反改。若二三其令，乱之道也。

《韩诗》曰：古者必有命民，民有能敬长怜孤、取舍好让者，命于其君，然后得乘饰车骈马；未得命者，不得乘车，乘车皆有罚。故其民虽有余财侈物，而无礼义功德，即无所用其余财侈物。故其民皆兴仁义，而贱不争贵，强不凌弱，众不暴寡。是唐虞之所以象典刑，而民莫敢犯也。

《论语·子路》曰：子曰：“其身正，不令而行；其身不正，虽令不从。”令，教令也。

《国语》曰：越王勾践令民壮者无娶老妇，老者无娶壮妇。女子十七不嫁，丈夫二十不娶，其父母有罪。将勉者勉乳以告公，令医守之，医，乳医也。生男二壶酒、一犬；生女二壶酒，一豚；生三人与之乳母；生二人与之饩。三子力不能独养，故与乳母。

《家语》曰：孔子初仕，为中都宰。制为养生送死之节，长幼异食，强弱共任，男女别涂，路不拾遗，器不雕伪，市不二价。行之一年，而四方诸侯皆则焉。定公谓孔子曰：“学子之法，以治鲁国，何如？”孔子对曰：“虽天下可也，何但鲁国而已哉？”

《尔雅》曰：柯、宪、刑、范、辟、律、矩、则，法也。诗曰：伐柯伐柯，其则不远。论语曰：不逾矩也。

《释言》曰：坎、律，铨也。易坎卦主法。法律皆所以铨量轻重。

《释名》曰：法，逼也。人莫不欲从其志，逼正使有所限也。令，领理使不相犯也。律，纍音累也。囚人心使不得放肆也。

《史记》曰：商鞅定法，秦人初言令不便者以千数，于是太子犯法。卫鞅曰："法之不行，自上犯之。"将法太子。太子，君嗣也，不可施刑，刑其傅公子虔，黥其师公孙贾。明日，秦人皆趋令行之。令初下，有言令不便者，有来言令便者。卫鞅曰："此皆乱化之人也。"尽迁于边城。其后人莫敢议令。

《汉书》曰：高祖初入关，约法三章曰："杀人者死，伤人乃盗抵罪。"蠲削烦苛，兆民大悦。其后四夷未附，兵革未息，三章之法，不足以御奸，于是相国萧何捃摭秦法，取其宜于时者，作律。

又曰：惠帝四年，除挟书律。如淳曰：秦始皇令敢有挟诗书偶语者俱为城旦也。

又曰：汉王下令：军士不幸死者，吏为衣衾棺敛，转送其家。四方归心焉。

又曰：元帝为太子，壮好经书，宽博谨慎。初居桂宫，上尝急召，太子出龙楼门，张晏曰：门楼上有铜龙，若白鹤飞廉者也。不敢绝驰道。应劭曰：驰道，天子道，若中道然，古挚甚重。西至直城门，晋灼曰：黄图西出南头弟二门。得绝，乃度之，还入作室门。上迟之，问其故，以状对。上大悦，乃著令，令太子得绝驰道。

又曰：元帝柔仁好儒，见宣帝多用文法吏以刑名绳下，大臣杨恽、盖宽饶等坐刺讥语而诛。尝侍燕，从容言："陛下持刑太深，宜用儒生。"宣帝作色曰："汉家自有制度。本以霸王道杂之，奈何纯任德教，用周政乎？姬周之政。且俗儒不达时宜，好是古非今，使人眩于名实，眩，乱视也。音胡乱反切。不知所守，何足委任？"乃叹曰："乱我家者，太子也。"及即位，下诏曰："法令者，欲其难犯而易避也。今律令烦多，典文者不能分明，是欲罪元元之不逮，岂中刑之意哉？中，常也。其议律令可蠲除轻减。"

又曰：成帝河平中诏曰："《甫刑》云：五刑之属三千，大辟之罚其属二百。今大辟罪千有余条，律令烦多，百有余万言。奇请他比，日以益滋。奇请，谓常文外主丈别有所请，以定罪也。它比，谓引它类以附之，稍增律条也。奇音居宜反。其与中二千石、博士及明习律令者议减死刑及可蠲除者，令较然易知。”

又曰：杜周，南阳杜衍人也。义纵为南阳太守，以周为爪牙，荐之张汤，为廷尉史，使按边失亡，所论杀甚多。奏事中意，任用，与减宣更为中丞者十余岁。周少言重迟，内深次骨。宣为左内史，周为廷尉，其治大抵放张汤，而善候伺。上所欲挤音若齐切者，因而陷之；上所欲释，久系待问而微见其冤状。客有谓周曰：“君为天下决平，不循三尺法。”周曰：“三尺法安出哉？前主所是著为律，后主所是疏为令。当时为是，何古之法乎？”

又曰：主父偃以诸侯莫足游者，乃入关见卫将军。卫将军数言上，上不省，资用乏，留久，诸侯宾客多厌之。乃上书阙下。朝奏，暮召入见。所言九事，其八者为律令也。

又曰：朱博迁琅琊太守。文学儒吏时有奏称说云云，博见，谓曰：“如太守汉吏，奉三尺律令以从事耳，亡奈生所言圣人道何也？言不能用也。且持此道归尧舜君，出为陈说之。”迁廷尉，职典决疑当谳平天下狱。博恐为官属所诬，视事，召见正监典法掾史，谓曰：“廷尉本起于武吏，不通法律，幸有众贤，亦何忧！然廷尉治郡断狱以来且二十年，三尺律令，人事出其中。言可以人情知人。掾史试与正监共撰前世决事吏议难知者数十事，持以问廷尉，得为诸覆意之。”如淳曰：但欲用意覆之也。正监以为搏荀强，意未必能然，即共条白焉。博皆召掾史，并坐而问，为平处其轻重，十中八九。官属咸服博之疏略，才过人也。

《后汉书》曰：光武萧王时在河北，祭遵为军市令。帝舍中儿犯法，遵格杀之。帝怒收遵。主簿陈副谏曰：“明公常欲众整齐，今遵奉法不避，是故令行也。”帝乃赏之，以为刺奸将军。谓诸将曰：“当避祭遵！吾舍中儿犯法，尚杀之，必不私公等。”

又曰：桓谭上书言：“法令决事，轻重不齐。或一事殊法，同罪异论，奸吏得因缘为市，欲活则出生议，所欲陷则与死比，是为刑开二门也。命可令通义理、明习法律者，校定科比，科谓事条，比谓事例。一其法度，班下郡国，蠲除故条。如此，天下知方，而狱无怨滥矣。”

又曰：马援在南，条越律与汉律驳者十余事，驳乖事也。与越人申明旧制，以约束之。自后，南越奏行马将军故事。

又曰：王符论明帝时公车反支日不授章奏，凡反支日用月朔为正。戌亥朔一日反支，申酉朔二日反支，午未朔三日反支，辰巳朔四日反支，寅卯朔五日反支，子丑朔六日反支，见阴阳书也。帝闻而怪曰：“人废农桑，远来诣阙，而复拘以禁忌，岂为政之意乎？”于是遂蠲其制令。

又曰：建初中，有人侮辱人父者，而其子煞之。肃宗贳其死刑而降宥之，自后因以为比。是时遂定其议，以为轻侮法。张敏驳议曰：“夫轻侮之法，先帝一切之恩，不有成科班之律令也。夫死生之决，宜从上下，犹天之四时，有生有煞。若开相容恕，著为定法者，则是故设奸萌，生长罪隙。又轻侮之比，浸以繁滋，至有四五百科，转相顾望，弥复增甚，难以垂之万载。臣闻师言：‘救文莫如质。’故高帝去烦苛之法，为三章之约。建初诏书有改于古者，可下三公廷尉蠲除其弊。”

又曰：有兄弟共史人者，明帝以兄不训弟，故报兄重。报，论也。重，死制。而减弟死。中常侍孙章宣诏言两报重，尚书奏章矫制，罪当腰斩，帝问郭躬。躬曰：“法令有故误，章传命之谬，于事为误。误者其文则轻，当罚金。”帝曰：“章与囚同县，疑其故。”躬曰：“周道如砥，其直如矢。《诗·小雅》。如砥，贡赋平；如矢，赏罚中。君子不逆诈，君王法天刑，不可以委曲生意。”帝善之，迁躬廷尉。躬家代掌法，务在宽平。讯噇礼官，决狱断刑，多依矜恕。乃条诸重文可从轻者四十一事奏之，事皆施行，著于令。

又曰：陈宠钩校律令，条法溢于《甫刑》者奏除之，钩犹勘也。前书曰：钩校得其奸贼，钩音工侯切。溢，出也。孔安国注尚书曰：吕侯后为甫侯，故或称甫刑也。曰：“臣闻礼经三百，威仪三千。故《甫刑》太辟二百，五刑之属三千。礼之所去，刑之所取。去礼之人，刑以加之，故曰取也。失礼则入刑，相为表里者也。今律令死刑六百一十，耐罪千六百九十八，耐者，轻刑之名也。赎罪以下二千六百八十一，溢于《甫刑》者千九百八十九，其四百一十大辟，千五百耐罪，七十九赎罪。《春秋保乾图》曰：‘王者三百年一蠲法。’汉兴以来，三百二年，宪令稍增，科条无限，又律有三家，其说各异。宜令三公、廷尉，平定律令，应经合义者，可使大辟二百，而耐罪赎罪二千八百，并为三千，悉删除，其余令与礼相应。”

又曰：卓茂为密令，人常有言部亭长授其米肉遗者。部谓所部也。茂辟左右问之曰：“亭长为从汝求乎？为汝有事嘱之而授乎？将平居自以恩意遗之乎？”人曰：“往遗之耳。”茂曰：“遗之而授，何故言邪？”人曰：“窃闻贤明之君使人不畏吏，吏不取人。今我畏吏，是以遗之。吏既卒授，故来言耳。”茂曰：“汝为弊人矣。凡人所以贵于禽兽者，以有仁爱，知相敬事也。今邻里长老，尚致馈遗，此乃人道所以相亲，况吏与民乎？吏顾不当乘威力强请求耳。凡人之生，群居杂处，故有经纪礼义以相交接，汝独不欲修之，宁能高飞远走，不在人间邪？亭长素善吏，岁时遗之，礼也。”人曰：“苟如此，律何故禁之？”茂笑曰：“律设大法，礼顺人情。今我以礼教汝，汝必无怨恶；以律治汝，何所措其手足乎？一门之内，小者可论，大者可杀也。且归念之。”于是人纳其训，吏怀其恩。

又曰：献帝初，应劭又删定律令，撰具《律本章句》《尚书旧事》《廷尉板令》《决事比例》《司徒都目》《五曹诏书》及《春秋断狱》凡二百五十篇。又集《议驳》三千篇，以类相从，凡八十二事。于是旧事宰缮。

又曰：郑弘建初中为尚书令。旧制，尚书郎限满补县长，令史补丞尉。弘奏以为“台职虽尊，而酬赏甚薄，请使郎补二千石，令史为长。”帝从其议。弘前后所陈有补益王政者，皆著之南宫，以为故事。

《东观汉记》曰：陈宠曾祖父咸，成哀间以明律令为侍御史。王莽篡位，父子相将归乡里，闭门不出入。乃收家中律令文书壁藏之，以俟圣主。咸常敕戒子孙，为人议法当依轻者，虽有百金之利，无与人重。故世谓陈氏持法宽。

《魏书》曰：司马景王辅政，时犯大逆者其法诛及已出之女。毌丘俭之诛，其子甸、妻荀氏应坐死，其族兄顗通表魏帝以乞其命，诏听离婚。荀氏所生女芝为颍川大守刘子元妻，亦坐死，以怀妊系狱。荀氏辞诣司隶校尉何曾乞恩，求没为官婢以赎之命。曾哀之，使主簿程盛上议曰："臣以为女人有三从之义，无自专之道。出适他族，降父母之服，所以明外成之节也。而父母有罪则追刑，夫党见诛又随戮。一人之身，内外授辟。女即产育，则它族之母，无辜授戮，伤孝子之心。且男既不得罪于他族，而女独婴戮于二门。臣以为在室宜从父之诛，既醮可随夫之罚。"于是有诏改定律令。

《魏志》曰：公军进，令曰："吾起义兵，为天下除暴乱。旧土人民，死丧略尽。国中终日行，不见所识，使吾凄怆伤怀。其举义兵已来，将士绝无后者，求亲戚以后之，授上田，官给耕牛，置学师教之，为立庙，使记其先人。魂而有灵，吾百年之后何恨哉？"

《吴志》曰：孙权下令诸将曰："夫存不忘亡，安必虑危，古之善教。昔隽不疑，汉之名臣，于安平之世，而刀剑不离于身。盖君子之于武备，不可以已。今处身疆畔，狄虏交接，而轻忽不豫思变，难哉！顷闻诸将出入各尚谨，多不从人，甚非备虏爱身之谓。夫保己遗名，以安君亲，孰与危辱？宜深警戒，副孤意焉。"

《晋书》曰：贾充所定新律既班天下，百姓安之。诏曰："汉氏以来，法令严峻。故自元、成之世，及建平、嘉平之间，咸欲辩章旧典，删革刑书。述作体大，历年无成。先帝愍元元之命陷于密网，亲发德音，厘正名实。车骑将军贾充将大用圣意，咨询善道，太傅郑冲又与司空荀顗、中书监荀勖、中军将军羊祜、中护军王业及廷尉杜友、河南尹杜预、散骑都尉成公绥、尚书郎柳轨等典正其事，朕每监其用心，常慨然嘉之。今法律既成，始班天下，刑宽禁简，足以克当先旨。昔萧何以定律授封；叔孙通以制仪为奉常，赐金五百斤，子弟皆为郎。夫立功立事，古之所重。自太傅、车骑以下，皆加禄赏，其详依古典。"

又曰：杜预与车骑将军贾充等定律令，既成，预为之注解，乃奏之。曰："法者，盖绳墨之断例，非穷理尽性之书。曰故文约而例直，听省而禁简。例直则易见，禁简则难犯。易见则民知所避，难犯则几于刑措。古之刑书，铭之钟鼎，铸之金石，以塞异端、绝异理也。然后人知恒禁，吏无淫巧也。今所注皆网罗法意，格之以名分，使用之者执名例以审趣舍，伸绳墨之直，去析薪之理也。”

《晋朝杂事》曰：泰始四年，岁在戊子，正月二十日，晋律成。

《宋书》曰：刘秀之为尚书右仆射，请改定制令，疑部人煞长吏，科议者谓值赦宜加徙。秀之以为：“律文虽不明部人煞官长之旨，若值赦但止徒，道使与悠悠煞人曾尾筳异。人敬官长，比之父母，行害之身，虽遇赦，谓宜付尚方，穷其天命，家口令补兵。”从之。

太平御览卷第六百三十八 刑法部四

律令下科附

《齐书》曰：初，江左用晋世张杜律二十卷，孔稚珪删注修改，与竟陵王议务从轻，曰："仲尼有言，古之听狱者求所以生之，今之听狱者求所以杀之。与杀不辜，宁杀有罪。则断狱之职，古所难矣。写律上国学，置律助教，依五经例策试，上高弟，便擢用之。"

《北齐书》曰：武成帝河清中，有司奏上《齐律》，其不可为定法者，别制《权令》二卷，与之并行。后平秦王高归彦谋反，须有约罪，律无正条，于是遂有别条《权令》，与律并行。大理明法，上下比附，欲出则附依轻议，欲入则附从重法。奸吏因之，舞文出没。至于后主，权幸用事，有不附之者，阴中以法，纲纪紊乱，卒至于亡。

《三国典略》曰：齐封述，渤海蓨人，廷尉卿轨之子也。久为法官，明解律令，议断平允，时人称之。

《隋书》曰：李德林，开皇元年敕令与太尉任国公于翼、高颎等同修律令，事讫，别赐九环金带一，骏马一匹，赏损益之多也。

又曰：刘行本为侍御史，雍州别驾元肇言于上曰："有一州吏，授人馈钱二百文，依律令合杖一百。然臣下车之始，与其为约，此吏故违，请加徒一年。"行本驳之曰："律令之行，并发明诏，与民约束。今肇乃敢重其教命，轻忽宪章，欲申乞言之必行，忌朝廷之大信，亏法取罪，非人臣之礼。"上嘉之。

《唐书》曰：高祖入关，除隋苛政，为约法十二条，唯制杀人、劫盗、背军、叛逆，余并蠲除之。及授禅，又用开皇律令，除其苛细五十三条格，务存宽简，取便于时。仍遣斐寂、殷开山、郎楚之、沈叔安、崔善为之徒撰定律令。太宗即位，命长孙无忌、房玄龄与当朝通议之士更加厘改。戴胄、魏徵又言："旧律太重。"于是议绞刑之五十条死断其右趾焉，应死者多蒙全活，得罪者咸称赖之。

又曰：太宗问大理卿刘德威曰："近来刑网稍密，何也？"对曰："诚在君上，不由臣下。主好宽则宽，好急则急。律文失入减三等，失出减五等。今则反是，失入则无辜，失出则获大罪。所以吏各自爱，竞执深文，畏罪之所致耳。"太宗然其言。

又曰：神龙元年，赵冬曦上书曰："臣闻夫今之律者，乃有千余条。近有隋之奸臣，将弄其法，故著律曰：'犯罪而律无正条者，应出罪则举重以明轻，应入罪即举轻以明重。'立夫一言，而废其数百条。自是迄今，竟无刊革，遂使死生罔由乎法律，轻重必因乎爱憎。授罪者不知其然，举事者不知其犯。臣恐贾谊见之，必为之恸哭矣。"

又曰：时所用旧律，其文起自魏文侯师李悝。悝撰攻诸国法著经，以为王者之政，莫急于盗贼，盗贼须刻捕，故著《囚》、《捕》二篇。其轻狡、越城、博戏、借假不廉，淫多逾制，以为《杂律》一篇。又以具其加减，是故所著六篇而已，然皆罪名之制也。

《六韬》曰：文王问太公曰："愿闻治国之所贵。"太公曰："贵法令必行。法令必行，则治道通；治道通，则民大利；民大利，则君德彰。"文王曰："法令必行，大利人民，奈何？"太公曰："法令必行则民俗利，民俗利则利天下。是法令必行，大利人也。"

又曰：愿闻为国之大失。太公曰："为国之大失者，为上作事不法，君不觉悟，是大失也。"文王曰："愿闻不法。"公曰："不法则令不行，则主威伤；不法法则邪不正，邪不正则祸乱起；不法法则刑妄行，刑妄行则赏无功；不法法则国昏乱；国昏乱则臣为变，君不悟则兵革起，兵革起则失天下。"文王曰："诚哉！"

《管子》曰：法者，所以兴功惧暴；律者，所以定分止事。

又曰：凡国无法则众不知为，无度则事无仪。有法不正，有度不直则治僻治，僻则国乱。故曰：正法直度，罪杀不赦诛戮必信，民畏而惧。武威既明，令不再行。

又曰：凡君国之重器，莫重乎令。令重君尊，君尊国安；令轻君卑，君卑国危。故安国存乎尊君，尊君存乎行令，行令存乎严罚。严罚令行，则百吏皆恐。罚不严，令不行，则百吏皆喜。故明君察于治人之本，本莫要乎令。故曰：亏令者死，益令者死，增益令者杀无赦。不行令者死。

又曰：凡牧民者，欲民之可御也。欲民之可御，则法不可重也。法者，将立朝廷；将立朝廷，则爵服不可不贵也，爵服不可不贵也。爵服加于不义，则人贱其爵服，民贱其爵服，则人主不尊，人主不尊，则令不行矣。

又曰：法者，法天地之位，象四时之行，所以治天下。四时之行，有寒有暑，圣人法之，故有文有武。天地之位，有前有后，有左有右，圣人法之，以建经纪。春生于左，秋煞于右，夏长于前，冬藏于后。生长之事，文也；收藏之事，武也。是故文事在左，武事在右。圣人法之，以行法令。

又曰：正月之朔，百吏在朝，君乃出令布宪于国。五乡之师、五属大夫，皆授宪于上大夫。

安子曰：君之以尊者令。令不行，是无君也。故明君慎令。

《文子》曰：文子问老子曰："法安所生？"曰："法生于义，义生于众适，众适合乎人心，此治之要也。法非从天生，非从地出，发于人间，反己自正。

《商君书》曰：凡人主，德行非出人也，勇力非过人也。然民虽有圣智，弗敢谋；有勇力，弗敢煞；虽众，弗胜。其制民无亿万之数，虽行重赏而民弗敢争，行重罚而民弗敢怨者，法也。

又曰：法令者，民之则也，为治之本也，所以备民也。知者不得过，过者不得不及。名分不定而欲天下之治也，是犹欲无饥而去食，欲无寒而去衣也，欲至东而西行，其不几亦明矣。一兔走而百人逐之，非兔一可以分百也，由名之未定也。夫卖兔在市，盗不敢取，分之定也。今法令不明，其名不定，天下之人得议之也。

《慎子》曰：法之功莫大使私不行，君之功莫大使民不争。今立法而行私，是私与法争，其乱甚于无法。立君而尊贤，是与君争，其乱甚于无君。故有道之国，法立则私义不行，君立则贤者不尊。民一于君，事断于法，是国之大道也。

又曰：法虽不善，犹愈于无。投钩分财，投策分马，非以钩策为均也，使得荣者不知所以德，得恶者不知所以怨，乃以塞怨望也。

又曰：尧为匹夫，不能使邻家至；为主则令行禁止。由此观之，贤未足以服不肖，而势位足以屈贤。

《申子》曰：君必有明法正义，若悬权衡以称轻重，所以一群臣也。

又曰：尧之治也，盖明法察令而已。圣君任法而不任智，任数而不任说。黄帝之治天下，置法而不变，使民安乐其法也。

又曰：昔七十九代之君，法制不一，号令不同。然而俱王天下，何也？必国富而粟多也。

《韩子》曰：鲁烧积泽，天北风，火南向，恐烧国。哀公自将众趋救火，人尽逐兽，而火不救。乃召仲尼。仲尼下令曰："不救火而逐兽者，比入禁之罪。"令下未遍，火遂救矣。

又曰：治大国而数变法，则民苦之。是以有道之君，贵虚静，重变法也。

又曰：释法术而为治，尧不能正一国，使中主守法术，拙匠执规矩尺寸，则万不失一也。

又曰：董安于为赵上地之守，行石皋山中，见深涧峭如墙，深百仞。因问其乡左右曰："人尝有之此者乎？"对曰："无有。"曰："婴儿痴聋狂乱人尝有入此者乎？"对曰："无有。""马羊牛尝有入此乎？"对曰："无有。"安于喟然叹曰："吾能治矣。使吾法之无赦，犹入涧之必死也，则民莫知犯，何为不治也？"

又曰：荆庄王有弟门者立法，群臣大夫、诸侯、公子入朝，马蹄践溜者，廷理斩其辀，戮其御。于是太子入朝，马蹄践溜，廷理依法。太子怒，入为王泣曰："必为诛戮廷理。"王曰："法者，所以敬宗庙，尊社稷，故臣授命，尊敬社稷者，社稷之臣，焉可诛也？"太子乃还走避舍，露宿三日，北面再拜请罪。

又曰：夫人臣之侵其主也，如地形焉，即渐以往，使人主失端，东西易面而不自知。故先王立教，司南以端朝夕，明王使其群臣，不游意于法之外，不为惠于法之内。虎所以能服狗者，爪牙也；使虎释其爪牙，使狗用之，则虎反服于狗矣。人主者，以形德制臣也，今君释其刑德而臣用之，则君反制于臣矣。

又曰：奔车之上无仲尼，覆舟之下无伯夷。故号令者，国之舟车也。安则智廉生，危则鄙争起。

又曰：越王问于大夫种曰："吾欲伐吴，可乎？"对曰："可。以吾赏厚而信，罚严而必。君必欲知之，何不试焚？"于是遂焚宫室，民莫救火。乃下令曰："民之救火而死者，比死敌者之赏；胜火而死者，比胜敌之赏；不救火者，比降北之罪。"民之涂其体、被濡衣赴火者左三千人，右三千人，抬知必胜之势也。

又曰：吴起为魏武侯西河之守，秦有小亭临境，起欲攻之。乃倚一车辕于北门之外，而令曰："有能徙北南门之外，赐之上田上宅。"民莫之徙也。及有徙之者，遂赐之如令。俄又置一石赤黍东门之外，而令之曰："有能徙之于西门之外者，赐之如初。"民则争徙之。乃下令大夫曰："攻亭有能先登者，仕之国大夫，赐之上田宅。"民争上。于是攻亭，一朝而拔之。

阮子曰：渔人张网于渊，以制吞舟之鱼；明主张法于天，以制强良之人。立法以堤民，百姓不能干；立防以堤水，江河不能犯。

《傅子》曰：律是咎繇遗训，汉命萧何广之。

又曰：天为有形之主，君为有国之主。天以春生，犹君之有仁令也；天以秋煞，犹君之有威令也。故仁令之发，天下乐之；威令之发，天下畏之。乐之故乐从其令，畏之故不敢违其令。若宽令发而人不乐，无以称仁矣；威令发而下不畏，无以言威矣。无仁可乐，无威可畏，而能保国致治者，未之有也。

《会稽典录》曰：董昆字文通，馀姚人也。少游学，师事颍川荀季卿，授《春秋》，治律令，明达法理。又才能拨烦，县长潘松署功曹史。

刺史卢孟行部，垂念冤结，松以孟明察于法令，转署昆为狱史。孟到，昆断正刑法，甚得其平。孟问昆："本学律令，所师为谁？"昆对："事荀季卿。"孟曰："史与刺史同师。"孟又问昆从何职为狱吏，松具以实对。孟叹曰："刺史学律，犹不及昆。"召之，署文学。

杜预《律序》曰：律以正罪名，令以存事制。

张斐《律序》曰：张汤制《越官律》，赵禹作《朝会正见律》。

《盐铁论》曰：夫善言天者合之于人，善言古者考之于今。二尺四寸之律，古今一也。

又曰：昔秦法繁于秋荼，而网密于凝脂，然而上下相趋，奸伪萌生。

崔寔《政论》曰：君以审令为明，臣以奉令为忠。故背制而行赏谓之作福，背令而行罪谓之作威。作威则人畏之，作福则人归之。夫威福者，人主之神器也，譬之操莫耶矣，执其柄则人莫敢抗，失其柄则还见害也。

《风俗通》曰：《皋陶谟》，虞始造律，萧何成以《九章》，此关诸百王不易之道也。夫吏者，治也。当先自正，然后正人。故承宪履绳，动不失律令也。

科

《后汉书》曰：章帝时，陈宠代郭躬为廷尉，帝纳宠言，制除钻琴严切，钻诸惨酷之科。

又曰：明帝永平十二年诏曰："车服制度，恣极耳目；田荒不耕，游食者众。有司其申明科禁，宜于今者宣下郡国。"

《魏志》曰：曹仁少时，不修行检。及长为将，严邪正，奉法令，常置科于左右，案以从事。

《宋书》曰：顾深之子宝先，大明中为尚书水部郎。先，深之为左丞荀万秋所劾，及宝先为郎，万秋犹在职，自陈不拜。世祖诏曰："宪司之职，理有厘正，而顷刻无轻重，辄致私绝，此风难长，主者可严为其科。"

刘劭《律略》曰：删旧科，彩汉律为魏律，悬之象魏。

扬雄《剧秦美新》曰：金科玉条。科条谓所施法律。金玉，珍之也。

《说文》曰：科，程也；程，品也。十发为程，十程为寸。

太平御览卷第六百三十九 刑法部五

听讼

《易·讼卦》曰：天与水违行讼，君子以作事谋始。

又《丰卦》曰：雷电皆至丰，君子以折狱致刑。

《诗》曰：蔽芾甘棠，勿剪勿伐，召伯所茇。笺云：茇，草舍也。夫召伯听男女之讼，不重烦劳百姓，止舍于棠之下而听断焉。

又曰：《行露》，召伯听讼也。

《周礼》曰：以两造禁民讼，入束矢于朝，然后听之。讼，谓以财货相告者。造，至也。使讼者两至，既两至使入束矢，乃治之也。不至不入束矢，则是自服不直者也。必入矢者，取其直也。诗云："其直如矢。"束矢，其百个与？以两剂禁民狱，入钧金三日，乃致于朝，然后听之。狱，谓相告以罪名者。剂，今券书也。使狱者各赍券书，既两券书及使人钧金，又三日，乃治之重刑也。不券书，不入金，则是自服不直者也。夫入金者，取其坚也。以嘉石平罢民，嘉石，文石也，树之外朝门左。平，成也，成使善也。以肺石达穷民。肺石，赤石也。穷民，天之穷而无告也。凡远近茕独老幼之欲有复于上而其长弗达者，立于肺石三日，士听其辞，以告于上而罪其长。

又曰：凡诸侯之狱讼，以邦典定之；邦典，六典也。凡卿大夫之狱讼，以邦法断之；邦法，八法也。凡庶民之狱讼，以邦成纷之。邦成，谓若今时史事之比也。

又曰：以五刑听万民之狱讼，附于刑，用情讯之，至于旬，乃弊之。读书则用法。附犹著也。讯，言也。用情理言之，冀有可以出之者，十日乃断之。以五声听狱讼，求民情：一曰辞听，观其出言，不直则烦。二曰色听，观其颜色，不直则赧然。三曰气听，观其气息，不直则喘。四曰耳听，观其听聆，不直则惑。五曰目听。观其眸子，视不直则眊然。

又曰：掌都家，听其狱讼之辞，辨其死刑之罪而要之；三月而上狱讼于国。司寇听其成于朝，群士司刑皆在，各丽其法，以议狱讼。成，平也。狱讼成，士师授中，书其刑杀之成与其听狱讼者。

又曰：掌三刺、三宥、三赦之法，以赞司寇听狱讼。一刺曰讯群臣，再刺曰讯群吏，三刺曰讯万民；讯，言也。一宥曰不识，再宥曰过失，三宥曰遗忘。不识谓愚，民无所识，则宥之过失，若今时律过失杀人，不坐死也。玄谓识当也，若今仇雠当报甲，见乙识以为甲而杀之者。过失，若举刃欲斫伐而误中人者。遗忘，若间帷薄忌有宰缮者而以兵矢投射也。

《礼》曰：分争辩讼，非礼不决。

又曰：司寇正刑明辟，以听狱讼，司寇，秋官卿，掌刑者。辟，罪也。必三刺以求民情，断其狱讼之中。一曰讯群臣，二曰讯群吏，三曰讯万民。有旨，无简不听，简，诚也。有其意无其诚者不论以为罪。附从轻，附，施刑也。求出之使从轻。赦从重。虽是罪可重，犹赦之。凡听五刑之讼，必厚父子之亲，立君臣之义以权之；权，平也。意论轻重之序，慎测浅深之量以别之；意，思念也。浅深，谓俱有罪本心有善恶。悉其聪明，致其忠爱，以尽之。尽其情也。

《传》曰：王叔陈生与伯舆争政，二子，王卿士。王右伯舆。右助也。王叔陈生怒而出奔。晋侯使士丐平王室，王叔与伯舆讼焉。事曲直。王叔之宰与伯舆之大夫瑕禽坐狱于王庭，士丐听之。范宣子曰："天子所右，寡君右亦之；所左，亦左之。"使王叔氏与伯舆合要，王叔氏不能举其契，王叔奔晋。

《论语》曰：子曰："听讼，吾犹人也。必也使无讼乎！"

又曰：片言可以折狱者，其由也与？片读为半。片言谓单辞也。折，断也。子路果取所知，言必直，故可令断狱也。

又曰：孟氏使阳肤为士师，士师，典狱之官。问于曾子。曾子曰："上失其道，民散久矣。如得其情，则哀矜而勿喜。"

《汉书》曰：于定国饮酒，至数石不乱。冬月治狱，请谳，饮酒益精明。

《后汉书》曰：陈宠辟司徒鲍昱府。是时三府掾属专尚交流，以不肯视事为高。宠常非之，独勤心物务，数为昱陈当代便宜。昱高其能，转为辞曹，掌天下狱讼。《读汉志》曰：三公掾属二十四人，有辞曹主辞讼事也。其所平决，无不厌服众心。时司徒辞讼久者数十年，事类溷错，易为轻重，不良吏得生因缘。因缘谓依附以生轻重也。宠为昱撰《辞讼比》七卷，决事科二条，皆以事类相从。昱奏上之。其后公府奉以为法。

又曰：王涣为洛阳令，以平正居身，得宽猛之宜。其冤嫌久讼，历政所不断，法理所难平者，莫不曲尽情诈，压塞群疑。又能以谲数发擿奸服，谲诈数术也。京师称叹，以为涣有神算。

又曰：法雄为青州刺史，界内肃清。雄每行部，录囚徒，察颜色知情伪，长吏不奉法，即解印去之。

《魏书》曰：廷尉高柔时，护军营士窦礼近出不还，营以为亡，表言逐捕，役其妻盈及男女为官奴婢。盈连至州府称冤自讼，莫有省者。乃辞诣廷尉。柔问曰："汝何以知夫不亡？"盈垂泣对曰："夫少单特，养一老妪为母，事甚恭谨。又哀儿女，抚视不离，非是轻狡不顾室家者也。"柔重问曰："汝夫不与人有怨雠乎？"对曰："夫良善。""与人交钱财乎？"对曰："尝出钱与同营士焦子文，久求不得。"时子适坐小事系狱，柔乃见子，问所坐。言次："汝颇曾举人钱不？"子曰："自以单贫，初不敢举人物也。"柔察子文色动，遂曰："汝昔举窦礼钱，何言不耶？"子文怪，知事露，应对不次。柔曰："汝已杀礼，便宜早服。"子文于是叩头具首杀礼本末、埋葬处所。柔便遣吏卒承子辞往掘得其尸。诏书复盈母子为平人。

《晋书》曰：陆云为浚仪令。云到官肃然，下不能欺，市无二价。人有见杀者，主名不立。云录其妻，而无所问。十许日遣出，密令人随后，谓曰："不出十里，当有男子候之与语，便缚来。"既而果然。问之具服，云与此妻通，共史其夫，闻妻得出，欲与语。惮近县，故远相邀候。于是一县称为神明。

又曰：邓攸尝诣镇军将军贾混。混以人讼事示攸，使决之。攸不视曰："孔子称：'听讼，吾犹人也。必也使无讼乎！'"混奇之，以女妻之矣。

又曰：符融仕符坚，为司隶校尉。京兆人董丰游学，三年而返，宿妻家。妻为贼所杀，妻兄疑丰煞之，送丰有司。丰不堪楚掠，自诬引杀妻。融察而疑之，问丰曰："汝行往还，颇有怪异及卜筮否？"丰曰："初将发，夜尝梦乘马南渡水，返而北渡水，马停水中，鞭策不去。俯而视之，见两日在于水下，马左白而湿，右黑而燥。寤而心悸，窃以为不详。问筮者，筮者曰：'忧狱讼，远三枕，避三沐。'既至，妻为具沐，夜授丰枕。丰记筮者之言，皆不从之。妻乃自沐，枕枕而寝。"融曰："吾知之矣。马左而湿，湿，水也；左水右马，冯字；两日，昌字也。其冯昌杀之。"乃获昌，诘之。具首服，本与其妻谋董丰，期以新沐枕枕为验，乃误中妇人也。

《宋书》曰：傅琰为山阴令，有卖针卖糖妪争丝，各言已者，诣琰。琰挂而轻鞭之，有铁悄，乃罚卖糖者。又有二老争鸡。问何食，一云食粟，一云食豆。剖之见粟，罚言豆者。人畏如神明。

《后魏书》曰：辛祥为并州平北府司马，会刺史丧，朝廷以其公清，遂越长史敕行州事。祥初在司马，失白璧，还兵药道显被诬为贼。官属推处，咸以为然。祥曰："道显面有悲色。察狱以色，其此之谓乎？"苦执申之，月余，别获贞贼。

又曰：李崇为扬州刺史。先是，寿春县人荀泰有子三岁，遇贼亡失，数年不知所在。后见在同县人赵奉伯家。泰以状告，各言己子，并有邻证，郡县不能断。崇曰："此易知耳。"二父与儿各在别处，经禁数旬，然后遣人告之曰："君儿偶患，向已暴死。有教解禁，可出奔哀也。"荀泰即号啕，悲不自胜。奉伯咨嗟而已，殊无痛意。察知之，乃以儿还泰，诘奉伯诈状。奉伯乃款引云："先亡一子，故妄认之。"

又曰：斐安祖弱冠，州辟主簿。民有兄弟争财，诣州相讼。安祖召其兄弟，以礼义责让之。此人兄弟明日相率谢罪，州内钦服之。

又曰：唐和为内都大官，评决狱讼，不加捶楚，款获实者甚多，世以是称之。

又曰：司马悦字庆宗，历位豫州刺史。时有汝南上蔡董毛奴者，赍钱五千，死于道路。郡县疑人张堤为劫，又堤家得钱五千。堤惧掠，自诬言杀。至州，悦观色，疑其不实。引见毛奴兄灵之谓曰："杀人取钱，当时狼狈，应有所遗。得何物？"灵之曰："唯得一刀削。"悦取视之，曰："此非里巷所为也。"乃召州内刀匠示之，属有郭门者前曰："此刀削门手所作，去岁卖与郭人董及祖。"悦收及祖诘之，及祖款引。灵之又于及祖身上得毛奴所着皂襦，及祖伏法。悦察狱，多此类也。

《后周书》曰：建德二年冬，帝听讼于正武殿，自旦及夜，继之以烛。

又曰：柳庆为雍州别驾，有贾人持金二十斤诣京师交易。寄人停止，每欲出行，常自执管钥。无何，缄闭不异而失之，谓是主人所窃。郡县讯问主人，遂自诬服。庆闻而叹之，乃召问贾人曰："卿钥恒置何处？"对曰："恒自带之。"庆曰："颇与人同宿乎？与同饮乎？"曰："日者曾与一沙门再度酣宴，醉而昼寝。"庆曰："主人以痛自诬，非盗也。彼沙门乃真盗耳。"即遣吏逮捕沙门，乃怀金逃匿。后捕得，尽获所失之金。

又曰：柳庆，有胡家被劫，郡县按察，莫知贼所。邻近被囚系者甚多。庆以贼徒既众，似是乌合，既非旧交，必相疑阻，可以诈求之，乃作匿名书，多榜官门曰："我等共劫胡家，徒侣混杂，终恐泄露。今欲首，惧不免诛。若听先首免罪，便欲来告。"庆乃复施免罪之榜。居二日，广阳王欣家奴面缚自告榜下，因此推穷，尽获党与。庆守正明察，每叹曰："昔于公断狱无私，辟高门以待封。傥斯言有验，吾斯庶几乎？"

又曰：苏绰为六条诏书，奏施行之。其一先修心，其二敦教化，其三尽地利，其四擢贤良，其五恤狱讼，其六均赋役。文帝甚重之，常置诸座右。

《隋书》曰：韦鼎为光州刺史，有人客游，通主人家之妾。及其还去，妾盗物于夜逃亡，寻于草中为人所杀。主家知与妾通，因告客杀之。县司鞫问，具得奸状，因断客辜。狱成，上于鼎，览之，曰："此客实奸而非杀也。乃某寺僧诳妾盗物，令奴杀之。赃在某处。"即放此客，遣掩僧，并获赃物。自是部内肃然，咸称其有神。

又曰：辛公义为牟州刺史，下车先至狱中，因露坐牢侧，亲自验问。十余日间，决断咸尽，方还大厅。授领词讼，皆不立文案，遣当直佐寮一人侧坐讲问。事若不尽，应须禁者，公义即宿厅事，终不还阁。人或谏之曰："此事有程，使君何自苦也？"答曰："刺史无德可以导人，尚令百姓系于囹圄，岂有禁人在狱而心自安乎？"罪人闻之，咸自款服。后有欲诤讼者，其乡闾父老遽相晓曰："此盖小事，何忍勤劳使君。"讼者多两让而止。

《尚书大传》曰：听狱之术，大治有三：治必宽，宽之术归于察，察之术归于义。察犹审也。是故听而不宽，是乱也。宽而不察，是慢也。古之听狱者，言不越辞，辞不越情，情不越义。是故听民之术，怒必思兼，怒小罪勿兼。怒，责也，责因之罪必思义，谓思其辞，思其主。思义，重大罪求可以出之者也。

又曰：孔子如卫，人谓曰："公甫不能听狱。"公甫，鲁大夫。孔子曰："不知公甫之不能听狱也。答而反之。公甫之听狱也，有罪者惧，无罪者耻。民近礼矣。"

《春秋元命包》曰：树棘槐，听讼于其下。棘赤心有刺，言治人者原其心，不失赤，实事所以刺人，其情令各归实。槐之言归也，情见归实也。

《山海经》曰：夏后启之臣曰孟徐，是祠神于巴。听其狱讼，谓之神主。人讼于孟徐之所，人断之也。其衣有血者乃执之。

《会稽典录》曰：郡署锺离意北部督邮，乌程男子孙常，常弟烈分居，各得田半顷。烈死，岁饥，常稍以米粟给烈妻子，辄追计直作券，没取其田。烈儿长大，讼常。掾史议皆曰："烈孙儿遭饿，赖常升合长大成人，而更争讼，非顺孙也。"意独曰："常身为遗父，当抚孤弱，是人道正义。稍以升合券取其田，怀挟奸路，贪利忘义。烈妻子虽以田与常，困迫之至，非私义也。请常田俾烈妻子。"于是众议无以夺意之理。

又曰：谢夷吾字尧卿，山阴人也。为荆州刺史，行部到南鲁县，遇孝章皇帝巡狩，幸鲁阳。上未常见刺史班秩，有诏敕夷吾入，传录见囚徒，诫长吏勿废旧仪。上林西厢南面，夷吾处东，分帷以其中，夷吾省录囚徒。有亭长奸部民者，县言和奸。上意以为吏奸民，何得言和。且观刺夫决当云何。顷，夷吾呵之曰："亭长，诏书朱帻之吏，职在禁奸，今为恶之端，何得言和？"切让三老孝悌，免长罪。其所决正一县三百余事，与上合。章帝叹曰："使诸州刺史尽如此者，朕不忧天下。"特迁钜鹿太守。临发，陛见，赐车马剑带，敕之曰："钜鹿剧郡，旧为难治。以君有拨烦之才，故特授任，无毁前劳。"

张斐《律序》曰：情者，心也。心戚则动情，动于中而形于言。畅于四支，发于事业。是故奸人则心愧而面赤，内怖而色夺。

贾谊《新书》曰：梁尝有疑狱，群臣半以不当，半以为当罪。虽然，王亦疑。梁王曰："陶朱公贤。"以而问曰："梁有疑狱，吏半以为不当，半以为当。奈何？"朱公曰："臣鄙民也，不知。家有二白璧，其泽相如也，然有其价：一者千金，一者五百金。"王曰："径与色泽相如也，一者千金，一者五百金，何也？"朱曰："侧而玩之，一者厚倍，是以千金。"梁王曰："善。"故疑狱则从去，赏疑则从与。梁国大悦。《新序》同也。

《淮南子》曰：越王决狱不当，援刀自割，而战士毕死，感于恩也。

又曰：秦始皇昼决狱，夜理书。

《说苑》曰：劭公述职当桑蚕时，不欲变民事，故不入邑中，舍乎甘棠之下，而听断焉。

《风俗通》曰：沛郡有富家公，赀二千余万。小妇子年裁数岁，顷失其母，又无亲近。其女不贤，公痛困思念，恐争其财，儿必不全。因呼族人为遗令书，悉以财属女。但遗一剑云："儿年十五，以还付之。"其后，又不肯与。儿诣郡，自言求剑。谨案：时太守，大司空何武也。得其辞，因录女及婿，省其手书，顾谓掾吏曰："女性强梁，婿复贪鄙，畏贼害其儿，又计小儿正得此，则不能全护，故且俾与女，内实寄之耳。不当以剑与之乎？夫剑者，亦所以决断。限年十五者，智力足以自居。度此女婿必不复还其剑。当问县官，县官或能证察，得以见伸展。此凡庸何能用虑强远如是哉？”悉夺取财以与子，曰：“弊女恶婿，温饱十岁，亦以幸矣。”于是论者乃服。

又曰：临淮有一人，持匹缣到市卖之，道遇雨，被戴。后人求共庇荫。雨霁，当别，因共争斗，各云我缣，诣府自言。太守薛宣劾实，两人莫肯首服。宣曰：“缣直数百钱耳，何足纷纷自致县官？”呼骑吏断缣，各与半，使追听之。后人曰：“授恩。”前撮之缣主称怨。宣曰：“然固知其当尔也。”因诘责之，具服，悉俾本主。

又曰：颍川有富室，兄弟同屋，两妇俱怀妊。大妇数月胎伤，因闭匿之。产期至，到乳舍，弟妇生男，夜因盗取。争讼三年，州县不能决。丞相黄霸出殿前，使卒抱儿去两妇各十余步，叱妇自往取之。长妇把持甚急，儿大啼；弟妇恐伤害之，因乃放与，而心甚凄怆。霸曰：“此弟妇子也。”责问大妇，乃伏也。

太平御览卷第六百四十　刑法部六

决狱

《易》曰：泽上有风，中孚，君子以议狱缓死。信发于中，虽过可亮。

《传》曰：晋邢侯与雍子争鄐田，久而无成。士景伯如楚，士景伯，晋理官。叔鱼摄理，摄代景伯。韩宣子命断旧狱，罪在雍子。雍子纳其女于叔鱼，叔鱼蔽罪邢侯。蔽，断也。邢侯怒，杀叔鱼与雍子于朝。宣子问其罪于叔向，叔向曰："三人同罪，施生戮死可也。施，行罪也。雍子自知其罪而赂以贾直，鲋也鬻狱，邢侯专杀，其罪一也。己恶而掠美为昏，掠，取也。昏，乱也。贪以败官为墨。墨，不洁之称。杀人不忌为贼。《夏书》曰：昏、墨、贼、杀，皋陶之刑也。请从之。"乃施邢侯而尸雍子与叔鱼于市。

《汉书》曰：高帝诏曰："狱之疑者，吏或不敢决，有罪者久而不论，无罪者久系不决。自今已后，县道官狱疑者各谳所属二千石官长，二千石官长以其罪名当报之，当谓处断也，谳，平议也。所不能决者移廷尉，亦当报之。廷尉所不能决，谨具为奏，附所当比律令以闻。"

又曰：景帝诏曰："狱，重事也。人有智愚，官有上下，狱疑者谳有司。有司所不能决，移廷尉。有令谳而后不当谳者不为失，假令谳讫，其理不当，所谳之人不为罪失。欲令理狱者务先宽。"自此 之后，狱刑益详，近于五听三宥之意。

又曰：张释之为廷尉。顷之，上行，出中渭桥，有一人从桥下走，乘与马惊，于是使骑捕之，属廷尉。释之治问，曰："县人来，闻跸，匿桥下。久，以为行过。既出，见车骑，即走耳。"释之奏此人犯跸，当罚金。上怒曰："此人亲惊吾马。赖和柔，令他马，固不败伤我乎？"而廷尉当云罚金！"释之曰："法者，天子所与，天下公共也。今法如是，更重之，是法不信于民也。且方其时，上使诛之则已。今已下廷尉，廷尉，天下平也。一倾，天下用法皆为之轻重，民安所措其手足？唯陛下察之。”帝良久曰：“廷尉是也。”

又曰：于定国父于公决狱平，罗文法者于公所决皆不恨，郡中立生祠。东海有孝妇，少寡无子，养姑甚谨。姑告邻人曰：“孝妇养我勤苦，哀其无子守寡。我老，久累丁壮，奈何？”遂自死。姑女告吏：“妇杀我母。”吏捕孝妇。孝妇自诬服。于公以为不杀，争之弗能，乃抱其狱具，哭于府上。太守竟杀妇。“郡中枯旱三年。后太守至，卜筮其故，于公曰：“咎其杀孝妇，太守杀牛祭孝妇墓，天乃大雨。”后于公令：“高大门闾，容驷马，高盖车。我治狱多阴德，子孙必有兴者。”至定国，为丞相。于定国为廷尉。人自以不冤。张释之为廷尉。天下无冤人。

又曰：班固云：“今之听狱者，求所以杀之；古之听狱者，求所以生之。与其杀不辜，宁失有罪。今之狱吏，上下相驱，以刻为明。深者获功名，平者多后患。谚曰：‘鬻棺者欲岁之疫，非憎人欲煞之，利在于人死也。’今治狱吏欲陷害人，亦犹此矣。”

《续汉书》曰：郭躬字仲孙，颍川人。辟公府，以明法律，特预朝议。时有兄弟共以绳绞杀人，各持一端，辜不可分。中常侍孙章传诏命，兄不教导弟，报兄重，弟减死。章误言两极重，狱已断，尚书奏矫制当斩。上问躬，躬曰：“当罚金。”上曰：“矫杀人，如何罚金？”躬曰：“法令有故有误。章不故指，传命误，即报重，是故为无所放也。周道如砥，其直如矢。君子不逆诈，王法大刑不可委曲生意。”上曰：“善。”

《后魏书》曰：吴良为议郎。永平中，车驾近出，而信阳侯阴就干突禁卫，车府令徐匡钩就车，收御者送狱。钩，留也。诏书遣匡。乃自系。良上言曰：“信阳侯就，倚恃外戚，干犯乘与，无人臣礼，为大不敬。匡执法守正，反下于理，臣恐圣化由是而弛。”帝虽赦匡，犹左转良为即丘长。

又曰：寒朗字伯奇，永平中以谒者守侍御史，与三府掾共按楚狱颜忠、王平，辞及隧乡侯耿建、曲成侯刘建。建等辞未尝与忠、平相见。是时显宗怒甚，吏皆惶恐，诸所连及，率一切陷入，无敢以情恕者。朗心伤其冤，试以建等物色独问忠、平，而二人错愕不能对。朗知其诈，乃上言建等无奸，专为忠、平所诬，疑天下无辜类多如此。帝曰："即如是，四侯无事，何不早奏，久系至今耶？"朗曰："臣恐海内别有发其奸者，故未敢时上。"帝怒骂曰："吏持两端，促提下。"左右方引去，朗曰："愿一言而死。小臣不敢欺，欲助国耳。臣见考囚者咸共言妖恶大故，臣子所宜同嫉。今出之不如入之，可无后责。是以考一连十，考十连百。又公卿朝会，陛下问以得失，皆言旧制大罪，祸及九族，陛下大恩，才止于身，天下幸甚。及其归舍，口虽不言，而仰屋窃叹。臣今所陈，诚死无悔。"帝意解，诏遣朗出。后二日，车驾幸洛阳狱录囚徒，理出者千余人。

又曰：虞翊为司隶校尉，临终，谓其子曰："吾为朝歌长，杀贼数百，其中必有冤者。自此二十余年，家门不增一口，斯获罪于天也。"

又曰：法雄为青州刺史，每行部，录囚徒，察颜色，多得情伪。长吏不奉法者，皆解印绶去。

又曰：三府举袁安能理剧，拜楚郡太守。是时楚王英反，辞所连及，系者数千人。显宗怒甚，吏案之急，迫痛自诬，死者甚众。安到郡，不入府，先往案狱，理其无明验者，条上出之。府丞、掾吏皆叩头争，以为"阿附反虏，法与同罪，不可。"安曰："如有不合，太守自当坐之，不以相及也。"遂分别具奏。帝感悟，即报许，得出者四百余人。

又曰：郭躬家代衣冠。父弘，习《小杜律》，前书：杜周，武帝时为廷尉，御史大夫断狱深刻，少子延年亦明法律，宣帝时又为御史大夫。对父，故言小。太守寇恂以弘为决曹掾，断狱至三十年，用法平。诸为弘所决者，退无怨情，郡内比之东海于公。年九十五卒。

《晋书》曰：周处为广平太守，有三十年滞狱，一到，悉总决遣之，理无不当。

又曰：安帝义熙中，刘毅镇姑熟。尝出行，南陵县吏陈满射鸟，箭误中直师，虽不伤人，处法弃市。何承天议曰："狱贵情断，疑则从轻。昔有惊汉文帝乘与马者，张释之断以犯跸，罪止罚金，何者？明其无心于惊马也。故不以乘与之重，而加异制。今满意在射鸟，非有心于中人。按律：过误伤人，三岁刑。况不伤乎？”

《后魏书》曰：真君中以狱讼留滞，始令中书以经中义断诸疑事。高允据律评刑三十余载，内外称平。允以狱者民之命也，常叹曰：“皋陶，至德也。其后英蓼先亡，刘项之际，英布黥而王。经世虽久，犹有刑余之衅，况凡人能无咎乎？”

《宋书》曰：谢庄为都官尚书，奏改定刑狱曰：“旧官长竟囚毕，郡遣督邮案验，仍就施刑。督邮贱吏，非能异于官长。虽有案验之名，而无研究之实。愚谓此制宜革。自今入重之囚，县考正毕，以事言郡，并送囚身，委二千石亲临覆辩，必收声吞亹，然后就戮。若二千石不能决，乃度廷尉。神州统外，移之刺史，有疑亦归台狱，必令死者不怨，生者无恨。”

又曰：沛郡相县唐赐往比村彭家饮酒，还，因得病，吐蛊虫二十余物。赐妻张从赐临终言，死后亲刳腹，视五藏悉縻碎。以张忍行刳剖，赐子副又不禁止，论妻伤夫，五岁刑；子不孝父母，弃市，并非科例。三公郎刘勰议：“赐妻痛往遵言，儿识谢及理孝，事源存心非存忍害，谓宜哀矜。”顾觊之议以为：“妻子而行忍酷，不宜曲通小情。谓副为不孝，张同不道。”诏如觊之议。

《隋书》曰：裴蕴授御史大夫，与裴矩、虞世基参掌机密。蕴善候伺人主微意，若欲罪者，则曲法顺情，锻成其罪；所欲宥者，则附从轻典，因而释之。是后大小之狱，皆以付蕴，宪部大理莫敢与夺，必禀进止，然后决断。蕴亦机辩，所论法理，言若悬河，或重或轻，皆由其口，剖析明敏，时人不能致诘。

又曰：裴政为少司宪，用法宽平，无有冤滥。囚徒犯极刑者，乃许其妻子入狱就之。至冬，将行决，皆曰：“裴大夫致我于死，死无所恨。”其处法详平如此。

又曰：郎茂除卫国令。时有系囚二百，茂亲自究审，数日释免百余人。历年辞讼，不诣州省。魏州刺史元晖谓茂曰：“长史言卫国民不敢申诉者，畏明府耳。”茂进曰：“民犹水也，法令为堤防。堤防不固，必致奔突，苟无决溢，使君何患哉？”晖无以应之。

又曰：于仲文字次武，为安固太守。始州刺史屈突尚，宇文护之党也，先坐事下狱，无敢绳者。仲文至郡，穷治，遂竟其狱。蜀中为之语曰：“明断无双有于公，不避强御有次武。”未几，征为御正下大夫。

又曰：梁敬贞，大业之世为大理司直。时帝欲民光禄大夫鱼俱罗之罪，令敬真治其狱，遂希旨陷之极刑。未几，敬真有疾，见俱罗为之厉，数日而死。

《唐书》曰：贞观初，太宗谓侍臣曰：“死者不可再生，用法务从宽恕。古人云：‘卖棺者愿岁之病，非憎于人，利棺之售耳。’今司覆一狱，必求深刻，欲成其考课，作何道理？令得平允。”侍中王珪曰：“俱任公正善人为法官，若断狱允当，则增秩赐金，如此则奸伪息矣。”太宗曰：“古者断狱，必讯于三槐九棘之官，今三公九卿是也。今后大辟罪结正，更取公卿议之。”如是四年，断死刑二十九人，天下几致刑措矣。

又曰：吏部尚书长孙无忌尝被召，不解佩刀入东上阁门，待罪。仆射封德彝议云：“监门校尉不之觉，罪当死；无忌误带刀入，罚铜二十斤。”从之。大理卿带胄执奏曰：“校尉不觉与无忌带入同为误耳。臣子之于尊极不得称误。准律云：‘供御汤药饮、舟船误不知律者皆死。’陛下若录其功，非宪司所决；若当据法罚铜，未为得理。”太宗嘉之，免校尉死。

又曰：李日知，天授中迁司刑丞。时用法严急，日知独宽平，无冤滥。尝免一死囚，少卿胡元礼断请杀之，与日知往复至于数四。元礼怒曰：“元礼不离刑曹，此囚终无生理。”答曰：“日知不离刑曹，此囚终无死法。”竟以两状列上，日知果直。

又曰：润州刺史窦孝谌妻庞氏为奴诬告，云夜解祈福。则天令给事中薛季昶鞫之。季昶断鍊成其罪，庞氏坐斩。侍御史徐有功执论：“庞氏罪不至死。”季昶又劾有功党恶逆。法司结刑，有功当弃市。

方视事，令史垂泣以告。有功曰："岂吾独死，诸人长不死耶？"乃徐起而归。则天览法司所劾，召有功诘之曰："卿此断狱，失出何多耶？"对曰："失出，臣下之小过；好生，圣人之大德。愿陛下舍小过，弘大德，则天下幸甚。"则天默然。庞氏竟减罪，流于岭表。

又曰：杜景佺为司刑丞，天授年，与徐有功、来俊臣、侯思正专理制狱。时人称云："遇徐、杜丈必生，遇来、侯丈必死。"

又曰：李勉为膳部员外，时关东献俘百人，诏并处斩。囚有仰天叹者，勉偶过，问之，对曰："某被胁制守官，非逆者。"勉哀而上言曰："元恶未殄，遭点污者半天下，皆欲澡心归化。若尽杀之，是驱天下以资凶逆也。"肃宗遽令奔骑宥释，由是归化日至。

又曰：颜真卿为监察御史。五原有冤狱，久不决，真卿至辩之。天方旱，狱决，乃雨。郡人呼之为御史雨。

又曰：宝历中，京兆人有姑以小过鞭妇至死者，府上其狱。刑部郎中窦参断合偿死。刑部尚书柳公绰议曰："尊殴卑非斗，且其子在，以妻而戮其母，非教也。"竟以公绰之议，得减死。

又曰：窦参为奉先尉，县人曹芬隶北军，素凶暴，与弟殴其女弟，芬父救之不得，遂投井死。参捕理芬兄弟，当死。众官皆请俟免丧。参曰："子因父生，父由子死。若以丧延罪，是杀父不坐也。"皆正其罪而杀之。一县皆伏。

又曰：德宗于朝堂别置三司，以决庶狱，辩争者辄击登闻鼓。斐谞上疏曰："夫谏鼓谤木之设，所以达幽枉，延直言。今轻猾之徒，援桴鸣鼓，始动天听，竟因纤微。若然者，安用吏理乎？"上然之，悉归有司。

《风俗通》曰：南郡谳女子何侍为许远妻，侍父何阳素酗酒，从远假求，不悉如意，阳数骂詈。远谓侍："汝翁复骂者，吾必挞之。"侍曰："共作夫妻，奈何相辱？揣我翁者搏若母矣。"其后阳复骂，远遂揣之。侍因上堂搏姑耳再三。下司徒鲍宣，决事曰："夫妻，所以养姑者也。今婿自辱其父，非姑所使。君子之于凡庸，不迁怒，况所尊重乎，当减死论。"

又曰：赵相汝南李统，为冀牧阮况奏统耳目不聪，宜免职任。无几，冀州有疑狱，章帝问统，统处当克厌上心。帝曰："君大聪明，刺史不亲郎君耳。"即日免况，拜统侍中。

董仲舒《决狱》曰：甲父乙与丙争言相斗，丙以佩刀刺乙，甲即以杖击丙，误伤乙。甲当何论？或曰："殴父也，当枭首。"议曰："臣愚以父子，至亲也，闻其斗，莫不有怵怅之心。扶伏而救之，非所以欲诟父也。《春秋》之义，许止父病，进药于其父而卒。君子原心，赦而不诛。甲非律所谓殴父也。不当坐。

又曰：甲夫乙将船，会海盛风，船没，溺流死亡，不得葬四月。甲母丙即嫁甲。欲当何论？或曰："甲夫死未葬，法无许嫁。以私为人妻，当弃市。"议曰："臣愚以为《春秋》之义，言夫人归于齐，言夫死无男，有更嫁之道也。妇人无专刺恣擅之行，听从为顺嫁之者归也。甲又尊者所嫁，无淫衍之心，非私为人妻也。明于决事，皆无罪名。不当坐。"

太平御览卷第六百四十一　刑法部七

赃货

《书·吕刑》曰：狱货非宝，唯府辜功，报以庶尤，授狱非家宝也。唯聚罪之事，其报则以众人见罪也。永畏唯罚。

《尚书大传》曰：狱货非可乏也，然后宝之者，未能行其法者也。贪人之宝，授人之财，未有不授命以矫其上者也。亲下以欺上者，未有能成其功者也。

又曰：太公之羑里见文王。散宜生遂之犬戎氏取美马，驳身朱鬣鸡目，之西海滨取白狐，青翰，之于氏取怪兽，之有参氏取美女之江淮之浦，取大贝如车渠，陈于纣庭。纣曰："非子罪也，崇侯也。"遂遣西伯伐崇。

《传》曰：晋邢侯与雍子争鄐田，刑侯，楚臣公巫臣子也。雍子亦楚人也。久而无成。士景伯如楚，土景伯，晋理官。叔鱼摄理。韩宣子命断旧狱，罪在雍子，雍子纳其女于叔鱼，叔鱼蔽罪于邢侯。蔽，断也。已具《决狱》门。

《左传·昭二十三》曰：叔孙婼如晋，晋人执之。范献子求货于叔孙，使请棺缮。以求冠为辟。取其冠法而与之两冠，曰："尽矣。"既送作冠摸法，又进二冠以与之，伪若不解其意也。为叔孙故，申丰以货如晋。欲行货免叔孙也。叔孙曰："见我，吾告汝所行货。"见而不出。留申丰不使得出，不欲以货免。

又《昭二十八》曰：梗阳人有狱，魏戊不能断，以狱上。上魏子。其大宗赂以女乐，讼者之大宗。魏子将授之。魏戊谓阎没、女宽二人，魏子之属大夫。曰："主以不贿闻于诸侯，若授梗阳人，贿莫甚焉。吾子必谏。"皆许诺。退朝，待于庭，馈入，召。比置，三叹。既食，使坐。魏子曰："吾闻诸伯叔，谚曰：'当食忘忧。'吾子置食之间三叹，何也？"同辞而对曰："或赐二小人酒，不饮食。馈之始至，恐其不足，是以叹；中置，自咎曰：'岂将军食之而有不足？'是以再叹；及馈之毕，愿以小人之腹为君子之心，属厌而已。"献子辞梗阳人。

《孔丛子》曰：子思言苟燮于卫君曰："其才可将五百乘。"卫君曰："吾知其才可将，然燮尝为吏，赋于民而食人二鸡子，故弗用也。"子思曰："圣人官人，如大匠之用木，取所长，弃其短。君以二卵弃干城之将乎？"

《汉书》曰：薛宣为冯翊太守，池阳令举廉吏狱掾王立，府未及召，闻立授囚家钱。宣责让县，县案验狱掾，乃其妻独授系者钱万六千，授之再宿，立实不知，惭恐自煞。宣闻之，移书池阳曰："县所举狱掾王立，家私授财而立不知，杀身以自明，诚廉士，甚可闵惜。其以府决曹掾书立之柩，以显其魂。"

又曰：王温舒为右辅，行中尉。岁杀，会宛军发，发𫑡蕙大宛也。诏征豪吏。温舒匿其吏华成，及人有变告温舒授员骑钱，他奸利事，罪至族，自杀。其时两弟及婚家亦各自坐他罪而族。光禄勋徐自为曰："悲夫，古者有三族，而王温舒罪至同时而五族乎？"温舒与弟同三族，而两妻家各一，故作五也。温舒死，家累千金。

谢承《后汉书》曰：种暠为益州刺史，时永昌太守铸黄金为文蛇，以献梁冀。暠纠发逮捕，驰传上言，而三府畏懦，不敢案之。冀由是衔怒于暠。

华峤《后汉书》曰：曹嵩灵帝时赂中官，及输西园钱一亿万，故位至太尉。

袁山松《后汉书》曰：皇甫嵩字义真，定安朝那人。善用兵，饮食必先将士，然后乃安。兵曹有授赂者，嵩曰："公素廉，必资乏也。"乃出钱赐之。吏惭而自煞。由是众皆乐为致死。

范晔《后汉书》曰：欧阳歙字正思，乐安千乘人。为大司徒，坐在汝南赃罪万余，发觉下狱。诸生守阙为歙求哀者千余人，至有髡剃者。子年十七，闻狱当断，驰之京，行到河内获嘉县，自系上书，求代歙死。书奏，而歙已死狱中。

又曰：李膺迁河南尹，时宛陵大姓羊元群罢北海郡，赃罪狼籍，郡舍溷轩有奇巧，乃载之以归。膺表欲治其罪，元群行赂宦竖，膺反坐输作左校。

又曰：蔡衍字孟喜，汝南项人也。迁冀州刺史，劾河间相曹鼎赃罪千万。鼎者，中常侍腾之弟也。腾使大将军梁冀为书请之，衍不答。鼎竟坐输作左校。

《后魏书》曰：郑义为兖州，性贪吝，政以贿成。有饷羊，西门授入，东门卖之。

又曰：崔光韶迁廷尉卿，时秘书监祖莹以赃罪被劾，光韶欲置之重法。太尉阳城王徽，吏部尚书李神儁皆为莹求宽，光韶正色曰："朝贤执事，于舜之功未闻有一，如何反为罪人言乎？"

《北史》曰：后魏就德于营州反，使尚书卢同往讨之，败而还。属侍中穆绍与元顺侍坐，因论之。同先有近宅与绍，绍颇欲为言。顺勃然曰："卢同终将无罪。"太后曰："何得如侍中之言？"顺曰："同好宅与要势侍中，岂有罪也？"绍惭，不敢复言。

《唐书》曰：太宗即位，务止奸忒。风闻诸曹案典多不授赂，乃遣左右试以财物遗之有司。门下令吏授馈绢一匹，太宗怒，将杀之。斐矩进谏曰："此人授赂，诚合重诛。但陛下试之，即行极法，所谓陷其入罪，恐非导德齐礼之义也。"太宗纳之。

又曰：开元十年，武强令斐景仙犯乞取赃积绢五千匹，事发，景仙逃走。吏捕得之，玄宗怒，命集众决煞。大理卿李朝隐奏曰："斐景仙缘是乞赃，犯不至死。又景仙曾祖故司空寂往属缔称首豫元勋，载初年中家陷非罪，凡有兄弟皆被诛夷，唯景仙独存。今见承嫡。据赃未当死坐，有犯犹入议条。十代宥贤，功多宜录。一门绝祀，情或可哀。"诏不许。朝隐复奏曰："有断自天，处之极法。生杀之柄，人主合专；轻重有条，臣下当守。枉法者枉理而取十五匹，便抵死刑；乞取者因乞为赃数千匹，止当流坐。今以乞取得罪处斩刑，后枉法当科欲何罪？臣所以为国惜法期律文。”诏令减死一等，杖一百，流于岭南。

又曰：牛僧孺为御史。长庆元年，宿州刺史李直臣坐赃当死。直臣赂中贵人为之伸理，僧孺坚执不回。穆宗面喻之曰：“直臣事虽失，此人有经度才，可委之边任，朕欲贷其法。”僧孺对曰：“凡人之才，止于持禄取容耳。帝王立法，束缚奸雄，正为才多者。禄山、朱泚以才过人浊乱天下，况直臣小才，又何屈法哉？”

又曰：山南东道节度使柳公绰自京赴镇，行部过邓县。县吏二人犯法在狱，一人纳贿，一吏舞文。县令以公绰持法，犯赃丈必不免。及过款公绰，断曰：“赃吏犯法，法在；奸吏坏法，法亡。”遂杀舞文。未下车而襄汉大治。

又曰：李石用金部员外郎韩益判度支，案益坐赃系台，石奏曰：“臣以李益晓钱谷，录用之，不谓贪猥如此。”帝曰：“宰相但知人则用，有过则惩。卿所用人，且不掩其恶，可谓至公。”

《三辅决录》曰：马融为南郡太守。二府以融在郡贪浊，授主记掾歧肃钱四十万，融子强又授吏白向钱六十万、布三百匹，以肃为孝廉、向为主簿。又坐失大将军梁冀，竟髡徙朔，方自刺不死，得赦还，拜议郎。

《锺离意别传》曰：显宗以意为尚书。时交趾太守坐赃千金，徵还，付法。以资物簿入大司农，诏班赐群臣。意得珠玑，悉以委地，不拜赐。帝怪而问其故，对曰：“臣闻孔子忍渴于盗泉之水，曾参回车于圣母之间，恶其名也。此赃秽之宝，诚不敢拜授。”帝嗟叹曰：“清乎尚书之言！”乃更以库钱三十万赐意。

罪

《书·舜典》曰：流共工于幽州，放驩兜于崇山，窜三苗于三危，殛鲧于羽山。四罪而天下咸服。

又《汤誓》曰：有夏多罪，天命殛之。殛，诛也。

又《泰誓》曰：予克授，非予武。唯朕文考无罪，授克予，非朕文考有罪，唯予小子无良。

《韩诗外传》曰：齐景公之时，民有得罪于景公者。景公大怒，缚置之殿下，召左右支解之。晏子左手持头，右手磨刀，仰面而问曰："古者明王每支解人，不审从何支始也？"景公离席曰："纵之，罪在寡人。"

《礼》曰：子夏丧其子而丧其明，曾子吊之曰："吾闻之，朋友丧明则哭。"曾子哭。子夏亦哭，曰："天乎，予之无罪也。"曾子怒，曰："商！"汝何无罪？吾与汝事夫子于洙泗之间，退而老于西河之上，使西河之民疑汝于夫子，尔罪一也；丧尔亲，使民未有闻焉，尔罪二也；丧尔子而丧尔明，尔罪三也。汝何无罪与？"子夏投其杖而拜之曰："吾过矣，吾过矣。"

《传》曰：秦伯素服郊次，向师而哭曰："孤违蹇叔，以辱二三子，孤之罪也。不替孟明，孤之过也。"

又曰：潞子婴儿之夫人，晋景公姊也。酆舒为政而煞之，又伤潞子之目。晋侯将伐之，大夫皆曰："不可。酆舒有三儁才。"儁，绝异。言有艺胜人者三也。伯宗曰："必伐之。路有五罪：不祀，一也；嗜酒，二也；弃仲章而夺黎氏地，三也；仲章，狄贤人。黎氏，黎侯也。虐我伯姬，四也；伤其君目，五也。怙其才而不以茂德，滋益罪也。"

又曰：卫献公使祝宗告亡，且告无罪。告宗庙也。定姜曰："有罪若何告无罪？舍大臣而与小臣谋，一罪也；先君有冢卿，以为师保而蔑之，二罪也；余以巾栉事侍先君，而暴妾使余，三罪也。告亡而已，无告无罪。"

又曰：吴公子札自卫过晋，将宿于戚，闻钟声焉。曰："异哉，吾闻之，'辩而不德，必加于戮矣。'夫子获罪于君，是以在此，惧犹不足，而又何乐？"

又曰：郑公孙黑将作乱，子产使吏数之曰："伯有之乱，以大国之事，而未尔讨也。尔有乱心无厌，国不汝堪。专伐伯有，而罪一也；昆弟争室，而罪二也；董隧之盟，汝矫君位，而罪三也。有死罪三，何以堪之？"

又曰：陈侯之弟招杀太子偃师，罪在招也。楚人执陈行人于征师杀之，罪不在行人也。

《论语·公冶长》曰：子谓公冶长可妻也。虽在缧绁之中，非其罪也。以其兄之子妻之。

又《尧曰》曰：朕躬有罪，无以万方。万方有罪，罪在朕躬。

《孝经》曰：五刑之属三千，而罪莫大于不孝。

《家语》曰：孔子曰："大罪有五，而杀人为下。逆天地者罪及五世，诬文武者罪及四世，逆人伦者罪及三世，诬鬼神者罪及二世，手杀人者罪止其身。"

又曰：孔子曰："大夫之罪在五刑之域者，闻有谴发，谴，让也。发，始发露也。则白冠牦缨，盘水加剑，造于阙而自请罪，君不使有司执缚牵掣而加之也。其有大罪者，闻命则北面再拜，跪而自裁，君不使人捽引而刑杀之也。大夫自取之耳。吾遇子有礼矣。"

《史记》曰：范睢盛帷帐，侍者甚众，须贾。贾顿首言死罪，曰："贾不意君能致于青云之上，唯君死生之。"范睢曰："汝罪有几？"曰："擢贾之发，以续贾之罪，尚未足也。"

《汉书》曰：惠帝二年制曰："今法有诽谤妖言之罪，是使众臣不敢尽情，而上无由闻过失也。将何以来远方贤良？其除之。"

又曰：南越反，上复欲使杨业将，为其伐前劳，以书敕责之："将军非有斩将搴旗之实也，焉足以骄太哉？前破番禺，捕降者以为虏，掘死人以为获，是一过也；建德、吕嘉逆罪不容于天，建德，他孙也。吕嘉，他相也。将军拥精兵不穷追，超然以东越为援，是二过也；士卒暴露连岁，朕为朝会不置酒，将军不审其勋劳，而造佞巧请乘传行塞，因用归家，怀银黄，垂三组，夸乡里，三过也；失期内顾，以道恶为解，失尊之序，是四过也。"

《后汉书》曰：荆州刺史赵凯诬奏杨旋实非身破贼，而妄有其功，遂槛车征旋，防禁严密，无由自讼。乃噬臂出血，书衣为章，具陈破贼形势，及言凯所诬状，潜令亲属诣阙通。诏书原旋拜议郎，凯反授诬人之罪。

《宋书》曰：孔琳之为御史中丞，明宪直法，无所屈挠。奏尚书令徐羡之亏违宪典。时羡之领扬州刺史，琳之弟璩之为中从事，羡之使璩之解释琳之，使寝其事。琳之不许曰："我触忤宰相，正当罪止一身。汝必不应从坐，何须勤勤耶？"自是百寮震肃，莫敢犯禁。

《北史》曰：贺若弼有罪，在禁所，咏诗自若。上数之曰："人有性善行恶者。公之为恶乃与行俱，有三太猛：嫉妒心太猛，自是非人心太猛，无上心太猛。昔在周朝，已教他儿子反，此心终不能改。"

《唐书》曰：高祖诏曰："朕自起义晋阳，遂登皇极，经纶天下，实仗群才。尚书令秦王、尚书右仆射寂，或契合元谋，或同心运始，并蹈义轻生，捐家殉节，艰辛备履，金石不移。论此忠勤，礼宜优异，官爵之荣，抑唯旧典，勋贤之义，宜有别恩，其罪非叛逆，可听恕一死。"

《说苑》曰：皋禹出，见罪人，下车问而泣。左右曰："王何为痛之至于此？"禹曰："尧舜之民，皆以尧舜之心为心。今寡人为君，百姓各以其心为心，是以痛之也。"

《风俗通》曰：皋字为自辛，令为辛苦忧之也。秦皇以为字似皇，改为罪。

《语林》曰：王子敬疾笃，兄弟劝令首罪。答曰："无所应首，唯遗郗家女以为恨。"

《杂五行书》曰：皋陶以壬辰日死，不可劾罪人成罪也。

太平御览卷第六百四十二 刑法部八

囚

《易·坎卦》曰：上六，系用徽纆，置于丛棘，三岁不得，凶。险峭之极，不可升也。严法峻整，难可犯也。宜其囚执置于思过之地。

《书·武成》曰：释箕子囚，封比干墓。

又《泰誓》曰：屏弃典刑，囚奴正士。屏弃常法而不顾，箕子正谏而以为囚奴。

又《康诰》曰：要囚，服念五六日，至幼僧时，丕蔽要囚。要囚，谓察其要囚辞以断狱，既得其辞服，应思念五六日，至于十日，至于三月，乃大断之。言必反覆思念重刑之至也。

《诗·泮水》曰：矫矫虎臣，在泮献馘。淑问如皋陶，在泮献囚。囚，拘也。僖公既伐淮夷，而反在泮宫，使武臣献馘，又使善听狱之吏如皋陶者，献囚，言伐有功，所以任者，得其人也。

《周礼·秋官上》曰：掌囚，掌守盗贼凡囚者。凡囚者，谓非盗贼，自以他罪拘者也。

《礼·月令》仲夏，小暑至，挺重囚，出轻系。挺犹宽也。重囚宽之，至秋方决轻，轻系出而舍之也。

《传·庄公》曰：乘丘之役，公以金仆姑射南宫长万，公右歂孙生搏之。宋人请之，宋公靳之，曰："始吾敬子。今子鲁囚也，吾不敬子矣。"

又曰：晋襄公缚秦囚，使莱驹以戈斩之。囚呼，莱驹失戈，狼瞫音审取戈以斩囚，遂以为右。

又曰：郑公子归生授命于楚，伐宋。宋华元、乐吕御之。战于大棘，宋师败绩，囚华元，获乐吕。

又曰：晋侯观于军府，见钟仪，问之曰："南冠而絷者，谁也？"南冠，楚冠也。絷，拘系也。有司对曰："郑人所献楚囚也。"使税之，召而吊之，再拜稽首。问其族，对曰："伶人也。"公曰："能乐乎？"对曰："先父之职官也。敢有二事？"使与之琴，操南音。公曰："君王何如？"对曰："非小人之所得知也。"固问之，对曰："其为太子也，师保奉之，以朝于婴齐，而夕于侧也。婴子齐，令丑子重也。侧，司马子反也。言其尊卿敬志也。不知其他。"公语范文子，文子曰："楚囚，君子也。君盍归之，使合晋楚之成？"公从之。

又曰：楚子侵郑，郑皇颉戍之，出与楚师战，败。穿封戍囚皇颉，公子围与之争之，公子围，共王子灵王也。正于伯州犁。正，典直也。伯州犁曰："请问于囚。"乃立囚。伯州犁曰："所争，君子也，其何不知？"上其手曰："夫子为王子围，寡君之贵介弟也。"介，大也。下其手曰："此子为穿封戍，方城外之县尹也。谁获子？"上下手以道囚意。囚曰："颉遇王子，弱焉。"弱，败也，言为王子所得也。戍怒，抽戈逐王子围。

又曰：卫侯如晋，晋人执而囚之于士弱氏。士弱，晋主狱大夫也。

又曰：纣囚文王七年，诸侯皆从之囚。纣于是乎惧而归。

《史记》曰：孟尝君入秦，秦王欲留之。人或说相秦必先齐而后秦，秦其危矣。于是秦昭王乃囚孟尝君。

《汉书》曰：隽不疑为京兆尹，每行县录囚徒，不疑多有所平反。母喜笑，为饮食，语言异于他时。或无所出，母怒，为之不食。故不疑为吏，严而不残。

又曰：吕后为皇太后，乃令永巷囚戚夫人。

又《天文志》曰：有勾圆十五星属杓，曰贱人之牢，牢中星实则囚多，虚则囚出。

又曰：王章下廷尉狱，妻子皆系。小女年十二，起号哭曰："平常狱上夜，呼囚数常至九，今八而止。我君素刚，先死丈必君。"果死。

又曰：萧育当系，乃欲弃官，按佩刀曰："萧育，杜陵男子，何诣曹也？"

《东观汉记》曰：和熹邓后称制，京师旱，自三月至五月，太后幸洛阳寺，省庶狱举冤。囚徒杜洽不杀人，自诬，被掠羸困，便与见，畏吏，不敢白。吏将去，举头若有言。太后察视，觉之，即呼还，问状，遂得申列，即时收令下狱抵罪，尹左迁。行未还宫，澍雨大降。

又曰：和帝永元六年七月，京师旱。幸洛阳寺录囚徒，举冤狱。未还宫而澍雨。

又曰：马援为郡督邮，送囚至府。囚有重罪，援哀而纵之，亡命北地，遇赦留。

《后汉书》曰：陆续字智初，会稽吴人也。太守尹兴辟为郡门下掾。是时，楚王英谋反，阴天疏下善士。及楚事觉，显宗得其录，有尹写墅，乃征兴诣廷尉狱。续与主簿梁宏及掾史五百余人诣洛阳诏狱，续母远至京师，觇候消息。狱事持急，无缘与续相闻，母但作馈食，付门卒以进之。对食悲泣，不能自胜。使者怪而问其故。续曰："母来不得相见，故但使泣耳。"使者大怒，以为门吏通传意气，将召案之。续曰："因食饷羹，识母所自调和，故知来耳，非人告也。母尝截肉，未尝不方，断葱以寸为度，是以知之。"

《魏志》曰：太祖征刘备，先遣贾逵至斜谷视形势，道逢水衡载囚数十车。逵以运急，辄载重者一人，皆放其余。太祖善之。

《晋书》曰：曹摅为临淄令，狱有死囚。岁夕，摅行狱，愍之曰："卿等不幸至此非所，如何？新岁人情所重，岂欲暂见家耶？"众囚皆泣曰："若得暂归，死无恨也。"摅悉开狱出之，克日令还。掾吏固争，咸谓不可。摅曰："此虽小人，义不见负。自为诸君任之。"至日，相率而还，并无违者。一县叹服，号曰圣君。

《北史》曰：后魏元丽拜雍州刺史，为政严酷，吏人恶之。其妻崔氏诞一男，丽遂出州狱囚死及徙流案未由台者，一时放免。

《宋书》曰：王志累迁宣城内史，清谨有恩惠。郡人张倪、吴庆争田，经年不决。志到官，父老相谓曰："王府君有德政，吾乡里乃有如此争。"倪、庆因相携请罪，所讼地遂成闲田。后为东阳太守，郡狱有重囚十余。冬至日，悉遣还家，过节皆反，唯一人失期。志曰：此自太守事，主者勿忧。明旦，果至，以妇孕。吏人又益叹服之。

又曰：谢方明为骠骑长史，理南郡。年终，江陵县狱囚事无轻重，悉放归家使过正，三日还到，罪重者二十余人，纲纪已下，莫不疑惧。时晋陵郡送故主簿弘季咸、徐寿之并随在西，固谏，以为昔人虽有事，或是记籍过言，且当今人情簿，不可以古义相许。方明不纳，一时遣之。囚及父兄并惊喜涕泣，以为就死无恨。至期，有重罪二人，其一醉不能归，逮二日反。余一囚十日不来，五官朱千期请见自讨之。方明知为囚事，使左右谢五官不须入，囚当自反。囚逡巡墟里，不能自归。乡村责让，率领将送意常逃者。远近叹服焉。

《北齐书》曰：梁湘东王绎遣世子方诸出镇郢州，颜之推常管记室。值侯景陷郢，之推被执，频欲煞之，赖其行台郎中王则屡护救免，囚送建邺。

《北史》曰：萧㧑入周，为上州刺史，为政以礼让为本。尝至元日，狱中囚系悉放归家，听三日然后赴狱。主者争之，㧑曰："昔王长、虞延见称前史，吾虽寡德，窃怀景行，以之获罪，弥所甘心。"诸囚荷恩，并依限而至。吏人称其惠化。

《陈书》曰：张种以外戚赐无锡嘉兴县秩。尝于无锡，见有重囚在狱，天寒，呼囚曝日，遂失之。陈文帝闻之，笑而不责。

《南史》曰：吉翰迁豫州梁郡诸军，时有死罪囚，典签意欲活之，因翰入閤斋呈事，翰省说语，令且去，明可更呈，典签不敢复入。呼之乃来，取昨所呈事。视讫，谓曰："卿意当欲宥此囚死命，昨于斋坐，见其事，亦有心活之。但此囚罪重，不可全贷。既欲加恩，卿便当代任其罪。"因命左右收典签，付狱杀之，原此囚生命。

《唐书》曰：韦仁寿，隋大业末为蜀郡法司书佐，狱无冤囚。其有得罪者，临将就戮，犹西向为仁寿礼佛而死。

又曰：太宗亲录囚徒，多所原宥。见死罪者，悯之，放归于家，限至来秋即戮。乃敕天下死囚，皆放令入京，并依期而集。于是天下死罪囚三百九十人皆释禁，自至朝堂，不劳督领，一无逃散。太宗感其奉法，竟尽赦之。

又曰：高宗遵贞观故事，务在恤刑。尝问大理卿唐临在狱系囚之数。临对曰："见囚五十余人，唯二人合死。"上以囚数少，甚喜。

又曰：吕元膺为蕲州刺史，颇著恩信。尝岁终阅郡囚，囚有自告者曰："某有父母在，明日元正，不得相见。"因泣下。元膺悯焉，尽脱其械纵之，与为期。守吏曰："贼不可纵。"元膺曰："吾以忠信待之。"及期，无后到者。由是群盗感义，相引而去。

韩子曰：温人入周，周不内。问之曰："客耶？"对曰："主人也。"问其巷而不知也。吏曰："囚之。"君使人问之曰："子非周人也，而自谓非客，何也？"对曰："臣少也诵《诗》云：'普天之下，莫非王土；率土之滨，莫非王臣。'今君天子，则我天子臣也。"

《淮南子》曰：拘囹圄者，以日为修。当市死者，以日为短。

《吴越春秋》曰：吴王拘越王句践与大夫范蠡于石室，吴王疾，越王谓太宰嚭曰："囚臣请一见问疾。"太宰入言，吴王乃见越王也。

《列女传》曰：严延年为河南太守，河南号曰屠伯。以其刑煞为主。若屠者也。其母尝从东海来，欲就延年腊。到洛阳，适见报囚。所执决刑戮之囚也。母大惊，便止都亭，不肯入府。

《会稽典录》曰：盛吉拜廷尉。吉性多仁恩，务在哀矜。每至冬月，罪囚当断，夜省刑状。其妻执烛，吉持笔，夫妻相向垂泣。妻尝谓吉曰："君为天下执法，不可使一人滥罪。"

《太公金匮》曰：文王问太公曰："天下失道，忠谏者死。予子伯邑考为王仆御，无故烹之，囚予于羑里，以其羹歠予。"

《风俗通》曰：囚，遒也，言辞穷得罪诛遒也。礼：罪人置诸圜土，故囚字为口中人，此其象也。

《陈留耆旧传》曰：虞延除细阳令，每至岁时伏腊，辄休，遣囚各归家。囚并感其恩，应期而还。

韩阳《天文要集》曰：流星入昴，贵人有系囚也。

《论衡》曰：李子长为政，欲知囚情。以梧桐为人，象囚之形，凿地为陷，卧木囚其中。罪正者木囚不动，冤侵夺者木囚动出。不知囚之精神著木人耶？将天神之气动木囚也？

徒

《史记》曰：秦始皇至湘山，逢大风，不得渡。上问博士曰："湘君何神？"对曰："尧女舜妻也。死而葬此。"始皇大怒，使刑徒三千伐湘山树，赭其山上。

又曰：高祖以亭长为县送徒骊山，徒多道亡。自度比至多亡之，到丰西泽中，止饮，夜乃解纵所送徒曰："公等皆去，吾亦从此逝矣。"徒中壮士愿从者十余人。

《汉书》曰：匈奴侵寇，王莽大募天下囚徒，乃名曰猪突狶勇。服虔曰：突者，逐也。唯触突人，故取以为喻也。

范晔《后汉书》曰：尚书郎张俊自狱中上书讼罪，而俊狱已报廷尉。将出谷门，临行刑，邓太后诏驰骑，以减死论。俊上书谢曰："孤恩负义，自陷重刑。请断竟讫，无所复望。廷尉鞠遣，刀斧在前，棺絮在后，魂魄飞扬，形容已枯。陛下圣泽，以臣尝在近密，识其状貌，复其眼目，留心曲虑，特加偏覆。丧车复还，白骨更肉，披棺发椁，起见白日。天地父母，能生臣俊，不能使臣俊当死复生。陛下德过天地，恩重父母，诚非臣俊破碎骸骨，举宗腐烂，所报万一。臣俊徒也，不得上书，不胜去死就生，惊死勇跃，冒昧拜章。"世皆哀其文。

《魏略》曰：人得崔琰书，以裹帻笼，持其笼行都道中。时有与琰宿不平者，遥见琰名着帻笼，从而视之，遂白太祖，以为琰腹诽心谤，乃收付狱，髡刑输徒。前所白琰者又白云："琰为徒，虬须直视，心似不平。"太祖亦以为然，遂欲煞之。

又曰：王陵字彦云，太原人。凌为发干长，遇事，髡刑五年，当道扫除。时太祖下车，过问："此何徒？"左右以状对。太祖曰："此所坐亦公耳。"于是选为骁骑主簿。

《三国典略》曰：太原公洋之赴晋阳也，阳休之劝崔季舒曰："一日不朝，其间容刀。"季舒性好声色，心在闲放，遂不请行，欲恣其淫乐。司马子如等缘宿憾，乃奏暹及季舒过状，各鞭二百，徒于马城，昼则供役，夜置地牢。

《琐语》曰：晋冶氏女徒病，弃之。舞嚚之马僮饮马而见之病，徒曰："吾良梦。"马僮曰："汝奚梦乎？"曰："吾梦乘马如河汾三马，当以告舞僮。舞嚚自往视之曰："尚可活，吾买汝。"答曰："既弃之矣，犹未死乎？"舞嚚曰："未。遂买之。"至舞嚚氏而疾有间，而生荀林父。《神翼记》又载之。

《锺离意别传》曰：司徒侯霸辟意署议曹掾，以诏书送囚徒三百余人到河北连阴。冬盛寒，徒皆贯连械，不复能行。到弘农县，使令出见钱为徒作襦袴，各有升数。令对曰："被诏书，不敢妄出钱。"意曰："使者奉诏命，宁私行耶？"出钱使上尚书，使者亦当上之。"光武皇帝得上状，见司徒侯霸曰："所使吏何乃仁恕用心乎？诚良吏也。"襦袴既且悉到，前县给赐糜粥。后谓徒曰："使者不忍善人婴刑，饥寒感恻于心。今以得衣矣，欲悉解善人械桎，得逃去耶？"皆曰："明使君哀徒，恩过慈父，身成灰土，不敢逃亡。"意复曰："徒中无欲归候亲者耶？"其有节义名者五六十人，悉解械桎，先遣之，与期日会作所，徒皆先期至也。

刘桢《京口记》曰：有龙目湖，秦始皇东游，观地势，曰有天子气。使赭衣徒三千人凿此中间长冈使断，因改名为丹徒。

《风俗通》曰：徒不上墓，说新遭刑罪，原解者不可以上墓祠祀，令人死亡。谨案《孝经》：身体发肤，授之父母。曾子病困，启手足以归全也。今遭刑者髡首剔发，身被加笞，新出狴犴，臭秽不洁。凡祭祀者，孝子致斋，贵馨香如亲存也。时见子被刑，心有恻怆，缘生事死，恐明不歆承，当不上墓耳。

郭子曰：刘道贞尝为徒，扶风王司马骏以五匹布赎之。既而用为从事中郎，当时以为美谈。

孔融《肉刑论》曰：今之洛阳道桥作，徒囚于厮役十死一生。故国家常遣三府请诏，月一案行。又置南甄官使者，主养病徒，仅能存之。语所谓"洛阳豪徒韩伯密，加笞三百不中一，髡头至耳发诣膝"。此自为刑，非国法之意。

徒作年数

《周礼·秋官上·大司寇》曰：以嘉石平罢民，凡万民之有罪过而未丽于法，而害于州里者，桎梏而坐诸嘉石，役诸司空。重罪旬有三日坐，期役；其次九日坐，九月役；其次七日坐，七月役；其次五日坐，五月役；其下罪三日坐，三月役；使州里任之，则宥而舍之。

又《秋官上》曰：司圜掌收教罢民。凡害人者，弗使冠饰，而加明刑焉，任之以事而收教之。能改者，上罪三年而舍，中罪二年而舍，下罪一年而舍。其不能改，出圜土者杀。

《汉书》曰：罪人狱已决，完为城旦舂，满三岁为鬼薪、白粲。应劭注曰：鬼薪，为宗庙取薪。白粲，泽水使正白。鬼薪、白粲一岁，为隶臣妾；隶臣妾一岁，免为庶人。

《晋律》曰：髡钳，五岁刑，笞二百，若诸士诈伪，将吏越武帝垣，兵守逃归家，兄弟保人之属，并五岁刑也。四岁刑，若复上闻入殿门上变事，漏露泄选举事，误发密事，殴兄娣之属，并四岁刑。三岁刑，二岁刑。二岁刑减一等，入罚金。二岁以上至五岁刑，皆耐罪。若越城作奔，走马众中，有挟天文图识之属，并为二岁刑。

张斐《律序》曰：徒加不过六，囚加不过五，罪已定为徒，未定为囚。累作不过十一岁。五岁徒犯一等加六岁，犯六等加为十一岁作。累笞不过千二百。五岁徒加六等，笞一千二百。

太平御览卷第六百四十三 刑法部九

狱

《释名》曰：狱，确胡角切也。言确人情伪也。又谓之牢，言所在坚牢也。又谓之圜土，言筑土表墙，其形圜也。又谓之囹圄，囹，领也，圄，御也，领录徒囚禁御之也。

《急就篇》曰：皋陶造狱。

《说文》曰：狱谓之牢。

《易》曰：泽上有风中孚，君子以议狱缓死。

又曰：山下有火贲，君子以明庶政，无敢折狱。

又曰：山上有火旅，君子以明慎用刑，而不留狱。

《诗·小宛》曰：哀我填寡，宜岸宜狱。岸，赤狱，乡亭之系曰犴也。

《诗含神雾》曰：杓为天狱，主天杀也。

《礼》曰：孟春之月，命有司省囹圄、去桎梏、止狱讼。孟秋之月，命有司修法制、缮囹圄、具桎梏。郑玄注曰：囹圄，所以禁守，系者则令之别狱矣。

《周礼·秋官·司寇》曰：以圜土聚教罢民。圜土，狱城也。

《春秋元命苞》曰：为狱圆者，象斗还合。宋均注曰：作狱圆者象斗运。

《国语》曰：温之会，晋人执卫成公归之于周。晋侯将煞之，王曰："不可。夫政自上下也，上作政而下行之不逆，故上下无怨。今叔父作政而不行，无乃不可乎？不行，谓不顺也。夫君臣无狱，狱，讼也。无是非曲直狱讼之义也。今元咺虽直，不可听也。君臣皆狱，父子将狱，是无上下也，而叔父听之，一逆矣。又为臣杀其君，安庸刑？布刑而不庸，再逆矣。一合诸侯而有再逆政，余惧其无后也。在鲁僖三十年。无后，无以复合诸侯。不然，余何私于卫侯？"晋人乃归卫侯。

《史记》曰：赵高案治李斯。李斯拘执束缚，居囹圄中，仰天而叹曰："嗟乎！悲夫不道之君，何可为计哉？"

又曰：萧何卒，召曹参。参去，嘱其后相曰："以齐狱市为寄，慎勿扰也。"

又曰：周勃为丞相，十余月，乃免相就国。岁余，每河东守尉行县至绛，绛侯勃自畏恐诛，常被甲，令家人持兵以见之。其后有上书告勃反，下廷尉。勃恐，不知置辞。吏稍侵辱之，勃以千金与狱吏。吏乃书牍背示之曰：以公主为证。公主者，孝文女也。勃子胜之尚公主，故狱吏教引为证。薄太后亦以勃无反事。文帝朝，太后以冒絮提文帝，曰："绛侯绾皇帝玺，将兵于北军，不以此时反，今居一小县，顾反耶？"文帝使持节赦绛侯，复爵邑。绛侯既出，曰："吾尝将百万军，然安知狱吏之贵也？"

又曰：钩弋夫人得幸武帝，乃生昭帝。帝立，时年五岁，卫太子废。后上幸甘泉宫，命画工图画周公负成王，于是左右群臣知帝欲立少子。后数日，帝谴责钩弋夫人。夫人脱簪珥叩头，帝曰："引持去，送掖庭狱。"夫人还顾，帝曰："趣行，汝不得活。"夫人死云阳宫。时暴风扬尘，百姓感伤，使者持棺往葬之，封识其处。后帝闲居，问左右曰："人言何？"左右对曰："人言且立其子，何去其母乎？"帝曰："然。是非儿曹愚人所知也。往古国家所以乱者，由主少母壮也。女主独居骄蹇，淫乱自恣，莫能禁也。汝不闻吕后耶？"故诸为武帝生子者，无男女，其母无不谴死，岂可谓非贤圣哉？

《汉书》曰：韩安国坐法抵罪，狱吏田甲辱安国。安国曰："死灰独复不燃乎？"甲曰："燃即溺之。"居无几，安国为梁内史，田甲亡。安国曰："甲不就官，我灭尔宗。"田甲肉袒谢，安国叹曰："公等足与治乎？"卒善遇之。

又曰：孝宣帝初生，号曰皇孙。生数月，遭巫蛊事，收系郡邸。邴吉为廷尉监。望气者言长安狱中有天子气，上遣使者分条中都官狱，系者轻重皆煞之。内谒者令郭穰夜至郡邸狱，吉拒关，使者不得入，皇曾孙赖吉得全。

又曰：张汤，杜陵人。父为长安丞，出，汤为儿守舍。还，鼠盗肉，父怒汤，汤掘熏得鼠及余肉，劾鼠掠笞，并取鼠与肉，具狱磔堂下。父见之文辞如老狱吏，大惊，遂使书狱。

又曰：夏侯胜为议，不许宣帝尊武帝庙，下狱，及丞相长史黄霸坐不举劾，俱下狱。霸欲从胜授经，胜辞以罪死。霸曰："朝闻道，夕死可矣。"胜贤其言，遂授之。系更再冬，讲论不怠。

又曰：有罪当械者皆颂系。应劭注曰：颂者，容也。言见宽容，但处曹吏，不入狴牢。

又曰：尹赏，钜鹿杨氏人。长安中奸多，闾里少年群辈史吏，授财报仇，相与探丸，得赤丸斫武吏，黑者斫文吏，白者主治丧。城中薄暮尘起，剽劫行者死伤横道。赏以三辅高弟选守长安令，治狱，穿地方深各数丈余，乃以大石覆其口，名虎牢。轻薄恶子，鲜衣凶服被铠捍持刀兵者，捕得数百人内虎牢中。数日一发视，皆枕藉死，长安中遂无盗贼。

又曰：《天文志》曰：勾圜十五星属杓，曰贱人之牢星。实则囚多，虚则开出。

《续汉书》曰：范滂字孟博，坐系黄门北寺狱，吏谓曰："凡坐系皆祭皋陶。"滂曰："皋陶，贤者，古之直臣，知滂无罪，将理之上帝。如有其罪，祭之何益？"众人由此止也。

又曰：武帝置中都狱官二十六所，世祖皆省，唯廷尉及洛阳有诏狱。

又曰：虞诩字叔卿，陈留圉人。祖为狱吏，尝效于公之治狱。及诩生，经曰："吾虽不及于公子孙至丞相，冀得为九卿。"故字诩曰叔卿。至尚书令。

又曰：李业字距游，广汉人。王莽居摄，太守刘咸闻业有德，辟业。业称疾，咸怒，教曰："贤者不避害，犹壳射市中，命薄者先死。"令业诣狱养病。客有说咸者，乃出业。

谢承《后汉书》曰：赤眉入长安，时式侯恭以弟盆子为赤眉所尊，故自系。赤眉至，更始奔走，式侯从狱中参械出街中，逢京兆尹解恽，呼曰："解君载我。我更始之忠臣也。即帝败我，弟又为赤眉所立。"恽使后车载之前行，见定陶王刘礼，解其械，言帝在渭中船上。遂相随见更始。

范晔《后汉书》曰：许杨为都水掾，使典复鸿郤陂。初，豪右大姓因缘陂役，竞欲辜较在所，杨一无所听，乃共谮杨取授财赂，遂收杨下狱，而械辄自解。狱吏见恐，遽即夜出杨。时天雨阴晦，道中若有火光照之，时人异焉。

又曰：杜笃字季雅。居美阳，与美阳令游，数从请托，不谐，颇相恨。令怒，收笃送京师。会大司马吴汉薨，光武诏诸儒诔之。笃于狱中为诔，辞最高。帝美之，赐帛免之。

《东观汉记》曰：崔篆为新建大尹。篆叹曰："吾生值浇羿之君，上有老母，下有兄弟，安得独洁己而危所生哉？"乃单车到官，称疾，三年不视事行县。门下掾倪敞谏，篆乃强起班春，所至之县，狱犴填满。篆垂涕曰："嗟乎！刑罚不中，乃陷民于阱。此皆何罪，而至于是乎！"遂平理，所出二千余人。掾吏叩头谏曰："诚仁者之心。然独为君子，将有悔乎？"篆曰："邾文公不以一人易其身，君子谓之知命。如煞一大尹赎二千人，盖所愿也。"遂称疾去。

又曰：鲍昱为泚阳长。县人赵坚煞人系狱，其父母诣昱，自言年七十余，唯有一子，适新娶，今系狱当死，长无种类，涕泣求哀。昱怜其言，令将妻入狱，解械止宿，遂任身有子。

卫弘《汉旧仪》曰：郡邸狱理天下郡国上计，属大鸿胪，东市狱属京兆尹。

王隐《晋书》曰：太康五年夏六月，初置黄沙狱。

《晋书》曰：武帝置黄沙狱，以典诏囚，以高光历世明法，用为黄沙御史。

又曰：帝至平阳，为刘聪所幽辱。麹允伏地号哭不能起，聪大怒，幽之于狱。允发愤自杀，聪善其忠烈，赠车骑将军、节愍侯。

又曰：乔智明为殄寇将军，隆虑、共二县令，爱之，号为神君。部人张兑为父报仇，母老单身，有妻无子，智明愍之，停其狱。岁余，令兑将妻入狱，兼阴纵之。人有劝兑免，兑曰："有君如此，吾何忍累之？纵吾得免，作何面目视息世间？"于狱产一男，会赦得免。

又曰：霍原字休明，燕国广阳人也。少有智力，叔父坐法当死，原入狱讼之，捶毒备加，终免叔父。

《晋令》曰：狱屋皆当完固，厚其草蓐。家人饷馈，狱卒为温暖传致。去家远，无饷馈者，悉给禀狱卒作食。寒者与衣，疾者给医药。

《宋书》曰：溉㧑，明帝立，擢为太子洗马。㧑资籍豪富，厚自奉养，供一身一月十万。宅宇山池，妓妾姿艺，皆穷上品，才调流赡，善纳交游，爱妓陈玉珠，明帝遣求，不与，逼夺之。捴颇怨，帝令有司诬奏，将杀之。㧑入狱数宿，须皆白，免死，系尚方。

萧子显《齐书》曰：戴僧静，会稽永兴人也。少有胆力，便弓马。于都载锦，为欧阳式所得，系兖州狱。太祖遣薛深饷僧静酒食，以刀子置鱼腹中。僧静与吏饮，以刀刻械，手自折锁，发屋而出。归太祖，送止之斋内，以其空贫，年给粟千斛。

崔鸿《后赵录》曰：石季龙幽中书令徐光于襄阳国诏狱，光在狱中注解经史十余万言。

《三国典略》曰：周谍入于齐，为扬州刺史平鉴所获，系之狱。妻生男，鉴因喜醉，擅放免之。既醒知非，上启自劾，齐主特原其罪。

《隋书》曰：斐政为襄州总管，妻子不之官所，授秩奉散给寮吏。民有犯罪者，阴悉知之，或竟岁不发，至再三犯，乃因都会时于众中召出，亲案其罪，五人处死，徒流者甚众，合境惶慑，令行禁止，小民苏息，称为神明。尔后不修囹圄，殆无争讼。

又曰：薛胄为兖州刺史。及到官，系囚数百，胄剖断旬日便了，囹圄空虚。

又曰：柳俭拜蓬州刺史，狱讼者庭遣，不为文书约束，纵容而已，狱无系囚。

《唐书》曰：太宗行次灵石县，指狱而谓皇太子曰："此何谓？"皇太子对曰："此所谓圆狱，将系罪人。"太宗因曰："文王作罚，刑兹无赦，而汉文帝志在轻刑，但以详平为佳，非谓有罪而释也。滥系无辜则政道缺，久滞有罪则怨气生。圆土之中，仰视青天有同悬镜，而锁械虏体，郁结其中。夫循诸己者，可以知物。《传》曰：其恕乎？由此言之，不言不慎。

又曰：阳城为道州刺史，观察史判官督其赋至州，怪城不出迎，以问州吏。吏曰："刺史闻判官来，以为有罪，自囚于狱，不敢出。"判官大惊，驰入，谒城于狱曰："使君何罪，某奉命来候安否耳。"留一二日未出去，城因不复归，馆门外有故问扇横地，城昼夜坐卧其上。判官不自安，辞去。

《晏子春秋》曰：景公籍重而狱多，拘者满圄，怨者满朝。晏子谏，不听。

《淮南子》曰：君不入狱为恩也。

《论衡》曰：獬豸者，一角之羊也，性知有罪，皋陶治其罪，疑者，令羊触之，有罪则触，无罪则不。斯盖天生一角圣兽，助狱为验，故皋陶礼羊，跪坐事之。此则神奇瑞应之类。

《风俗通》曰：《易·噬嗑》为狱。狱，十月之卦，从犬言声。二犬亦存以守也。廷者，阳也，阳尚生长。狱者，阴也，阴主刑煞。故狱皆在庭北，顺其位。

又曰：《诗》云：宜犴宜狱。犴，司空也。周礼，凡万民之有罪过已离于法者，桎梏以上坐诸嘉石，役诸司空，令平易道路也。

又曰：周礼，三王始有狱。夏曰夏台，言不害人若游观之台，桀拘汤是也。殷曰羑里，言不害人若于闾里，纣拘文王是也。周曰囹圄，令圄，举也，言人幽闭思愆，改恶为善，因原之也。今县官录囚皆举也。

《三辅黄图》曰：长安有九市、二十四狱。

《扶南传》曰：扶南俗理讼无牢狱鞭杖，唯以探汤、捧锁、没水为信。先使沐浴斋戒，乃令以手内汤，或捧热锁，或没水中，无罪者不烂、不焦、不没，罪者即验也。

《会稽典录》曰：锺离意为堂邑令。县民防广为父报仇系狱，其母病死，广闻之，号泣狱。意为之凄恻，出广，见之，曰："今欲出若归家殡敛，有义则还，无义则已。"丞掾谏以为不可，意曰："不还之罪，令自授之。"广临殡毕，即自狱以状表上，诏减死一等。

又曰：盛吉字君达，山阴人，司徒虞延辟西曹掾。时陇西太守邓融以赃罪徵诣廷尉，前后考验，历岁不服，明帝下三府，遣精能掾属，更就弹劾。吉到诏狱，但敕主者供汤沐饮食，不去问事。明日复往，解融桎梏，安徐以情，责君若无赃，强见诬枉，宜具列辞，当相伸理，如审有罪，不得诬罔国家。融感吉意，即移辞首服。

又曰：黄昌为蜀郡太守，密捕得盗帅一人，悉使疏诸县强盗，密往捕录。其诸小盗皆原其死，谪作栈道以代民役。由是道不拾遗，狱至连年无有重囚。

又曰：高丰字文林，为鄮县狱吏。刺史虞孟行部，到旬日，鄮县僻，敕鄮长将囚徒就所在录见。林被文书，闭狱下籥，不肯送徒。自诣谏曰：明使君乘法驾騑骖，衔命理冤，当县县而至。今乃遥召囚徒，欲省吏烦，盍"普天之下，莫非王土；率土之滨，莫非王臣。"鄮狱非汉地乎？囚徒终不出县，特望朱轩回轮向鄮。孟遂到鄮。

《襄阳耆旧记》：诸葛亮出关中，使马谡统大众在前，为魏将张合所破，坐下狱死，时年四十九。临终，与亮书曰："明公视谡犹子，谡视明公犹父。愿推殛鲧兴禹之义，使平生之交不亏，谡虽死，无恨于黄泉。"

《博物志》曰：夏曰念室，殷曰动止，周曰稽留，三代之异名也。又狴犴者，亦狱别名。

韩阳《天文要集》曰：贯索，贵人之牢中星，实则囚多，虚则开出。

《搜神记》曰：汉武帝东游，未出函谷关，有物当道，其身数丈，其状象牛，青眼而曜精，四足入土，动而不死。百官惊惧，东方朔乃请酒以灌之。灌之十斛而物消，帝问其故。答曰："此名为患忧之物，气之所生。此必秦之狱地，不然则罪人徒作者之聚。夫酒忘忧。故能消之也。”帝曰：“吁！博物之士，至于此乎？”

东方朔曰：孝武皇帝时，幸甘泉，至长平坂上，驰道中央有虫覆而赤，如生肝状，头目口齿鼻耳尽具。先驱旄头驰还以闻曰：“道不可御。”于是上止车，遣侍中驰往视之，还，尽莫知也。时东方朔从在后属车，上召朔使驰往视之，还，对曰：“怪哉。”上曰：“何谓也？”朔对曰：“秦始皇时拘系无罪，幽杀无辜，众庶怨恨，无所告诉，仰天而叹曰，怪哉！感动皇天，此愤气之所存也，故名之曰怪哉。是地必秦之狱处也。”上有诏使丞相公孙弘案地图，果秦之狱处也。上曰：“善！当何以去之？”朔曰：“夫积忧者，得酒而去之。以酒置中，立消靡。”上大笑曰：“东方生真所谓先生也，何以报先知之圣人哉！”乃赐帛百匹。

《异苑》曰：建康陵欣，景平中死于扬州作部，克辰当葬。作部督梦欣云：“今为狱公姥祖夕有期，莫由自反，劳君解谢，令得放遣。”督不信，夜后又梦，言辞转切，因歌一曲云：“生时世上人，死作狱中鬼。不得还坟墓，灰没有余罪。”督觉，为谢神，从此便绝。

刘义庆《幽明录》曰：晋庐陵太守庞企字子及，上祖坐事系狱而非其罪。见蝼蛄行其左右，相谓曰：“使尔有神，能活我死，不当善乎？”因投饭与蝼蛄，食尽，去。有顷复来，形体稍大，意异之，复与食。数日，其大如豚。及当行刑，蝼蛄掘壁根为大孔道，得从此出亡。后遇赦得活矣。

《齐谐记》曰：吴当阳县董昭之泛船过钱塘江，江中见一蚁，著一短芦，惶遽畏死，使以绳系芦著船。船至岸，蚁得出。中夜，梦见一人，乌衣来谢，云：“仆是蚁中王，君有急难当先见语。”历十余年，江左劫盗纵横，录昭之为劫主，系馀姚狱。昭之曰唯蚁王梦云，缓急当告，今何处告之？狱囚言，但取两三蚁著掌中祝之，昭之如其言。暮果梦昔乌衣人，云：“可急去，入馀杭山，天下既赦命不久也。”于是便觉，蚁啮械已尽，因得出狱。过江投馀杭山，遇赦，遂得免。

《桓子新论》曰：近哀平间道士临淮董仲君坐系狱，病死，数日，目陷生虫，吏捐弃之，便更活去。

太平御览卷第六百四十四 刑法部十

械

《易·蒙卦》曰：利用刑人，用说桎梏。

又《噬嗑》曰：初九，屦校灭趾，无咎。校者，以木绞者也，即械也。校者取其通名也。

《传》曰：郤犨与长鱼矫争田，执而梏之，梏，械也。与其父母妻子同一辕。系之本辕。

又曰：宋华弱、乐辔少相狎，长相优，又相谤也。优，调戏也。子荡怒，以弓梏华弱于朝。子荡，乐辔也。张弓以贯其颈，若械之在手，故曰梏。平公见之，曰："司武而梏于朝，难以胜矣。"司武，司马也。言其懦弱，不足以胜敌也。

《说文》曰：梏，手械，所以告天；桎，足械，所以质地也。

《史记》曰：桓公乃佯为召管仲，欲甘心焉，实欲用之。鲍叔牙迎授管仲，及堂阜而脱之桎梏。

《汉书》曰：有罪当盗械者皆颂系。应劭曰：智略令各有当。盗但颂系者，言见宽容，但处曹吏舍，不入监牢盗著也。恐亡，故著械，不谓盗窃乃械也。

谢沈《后汉书》曰：赤眉入长安，时式侯恭以弟盆子为赤眉所尊，故自系。赤眉至，更始奔走，式侯从狱中参械出街中。具狱门中。

《魏略》曰：贾逵为丞相主簿。王欲征吴，逵谏之，王怒，付狱。狱吏以逵主簿，不即着械，逵曰："促我械。王且疑我在近职求缓于卿，将遣来察。"着械适讫而果遣视之。

《江表记》曰：孙策得太史慈，即敕破械，使沐浴，赐衣巾并设酒食。

《魏志》曰：田豫为汝南太守。先是，郡人侯音反，前太守收其党五百余人，皆当死。豫悉见慰喻，破械遣之。诸囚叩头愿效，即相报语，群贼解散。

《吴志》曰：陈表倾意待士，皆乐为用命。时有盗官物者，疑无难士施明。明壮悍，收考极毒，虽死不伏。廷尉以闻，权以表使自以意求其情实。表便破械沐浴，易其衣服，厚设酒食，欲以诱之，明乃首服。

《晋书》曰：范广为堂邑令丞。刘荣坐事当死，郡以付县。荣即县人，家有老母，至节，广辄暂还荣，亦如期而返。县堂为野火所及，荣脱械救火。事毕，还自着械。

又曰：并州刺史司马腾执诸胡于山东，卖充军实，将诣冀州。两胡一枷，石勒亦在中。

《载记》曰：符丕败，徐义为慕容永所获，械埋其足，将杀之。义诵《观世音经》，至夜，土开械脱，出于重禁之中，若有人脱之者。遂奔。

《后魏书》曰：孝文太和初，时法官及州郡县多为重枷，复以缒石悬于囚颈，伤肉至骨，勒以诬服，吏以为能。帝闻而伤之，乃制：非大逆有明证而不疑辞者，不得大枷。

又曰：宋翻为河南令，县旧有大枷，时人号曰弥方结切尾青。及翻为县主，吏请焚之，翻曰："且置南墙下，以待豪猾。"未几，有内监杨小驹诣县请事，辞色不逊，翻命取尾青以镇之，小驹既免，入诉于宣武。宣武大怒，敕河南尹推之，翻具自陈伏。诏曰："卿固违朝法，岂不欲作威以买名？"翻对曰："造具亦非臣。所以留者，非敢施于百姓，欲待凶暴之徒如驹者耳。"由是威振京师。

《三国典略》曰：东魏中尉宋游道限外授故选状词，渤海王怒而禁之。狱掾欲为之脱枷，游道不肯，曰："此王命所着，不可辄脱。"王闻而宥之。

《北齐书》曰：库狄迁封武章郡王，其子士文为贝州刺史，性孤直，其子啖官厨饼，枷于狱累日，杖之二百，步送还京。

萧子显《齐书》曰：戴僧静，会稽永兴人也。少有胆力，便弓马，于都载锦，为欧阳式所得，系兖州狱。太祖遣薛渊饷僧静酒食，以刀子置鱼肠中。僧静与吏饮，醉，以刀刻械，手自折锁，发屋而出，归太祖。

《后周书》曰：柳庆为雍州别驾，广陵王元欣魏之懿亲，其甥孟氏屡为凶横。或有告其盗牛，庆捕推得实，趣令就禁。孟氏殊无惧容，乃谓庆曰："今若加以桎梏，后复何以脱之？"欣亦遣使辩其无罪，孟氏由此益骄。庆于是大集僚吏，盛言孟氏依倚权戚侵虐之状，言毕，便令笞杀之。此后贵戚敛手，不敢侵暴。

《唐书》曰：酷吏来俊臣所作大枷凡有十号，一曰定百脉，二曰喘不得，三曰突地吼，四曰着即臣，五曰失魂胆，六曰实同反，七曰反是实，八曰死猪愁，九曰求即死，十曰求破家。又令寝处粪秽，备诸苦毒，自非身死，终不得出。

《山海经》曰：贰负之臣曰危，与贰负煞窫窳，帝乃梏之疏属之山，桎其右足，桎，械也。反缚两手与发，系之山上。郭璞注曰：汉宣帝使人作上郡，发盘石石室，得一人，徒役被发，反缚，械一足。以问群臣，莫能知。刘子政案此对之，帝大惊，于是时人争学《山海经》也。

又曰：大荒之中，有宋山者，有木生山上，名枫木，蚩尤所弃桎梏。

《异苑》曰：新野庾绍之少字道遐与南阳宋协中表之亲。桓玄时，庾为湘东太守，病亡。协以义熙中晨起，服茱萸酒。一小儿通云，庾湘东须臾便至，两脚着械，脱之而坐。

《孟子》曰：尽其道而死者，正命也。桎梏死者，非正命也。

《吕氏春秋》曰：齐有善相狗者，其邻畜之数年，不取鼠，以告相者。曰："此良狗也，志在獐豕鹿，不在鼠也。欲其鼠，则桎之。"其邻桎其后足，则狗取鼠矣。

《贾谊书》曰：纣作梏数千，睨诸侯之不谄己者而桎梏之。文王桎梏，囚于羑里，七年而后得免。及武王克殷，既定，令殷之民连梏而流之于河。民输梏者，以手撤之，弗敢败之，跪入之水，不敢投也。昔者文王拥此，故思爱文王，犹敬其梏，况其法教乎？

《风俗通》曰：延嘉中，京师长者皆着木屐，妇人始嫁，至作漆画五彩为系。谨案：党事始发，传诣黄门北寺，临时惶恐，不能信天任命，多有逃亡不就栲者，九族拘系。及所过历，长少妇女皆被桎梏，应木屐之象矣。

又曰：械，戒也，所以警戒，使为善也。桎，实也，言其下垂至地，然后吐情首实。

《语林》曰：嵇中散夜弹琴，忽有一鬼着械来，叹其手快，曰："君一弦不调。"中散与琴，调之，声更清婉。问姓名，不对，疑是蔡伯喈。伯喈将亡，亦被桎梏。

拲音拱

《周礼·秋官上》曰：掌囚，掌守盗贼。凡囚者，上罪梏拲而桎，王之同族拲，有爵者桎，以待弊罪。拲者，两手共入一木，王同姓及命上已上，虽有上罪，或拲或桎而已。弊，犹断也。

《晋令》曰：死罪二械加拲手。

《赵书》曰：后石率精骑五千袭劭续。一战，生擒续于青丘，钳颈拲手，于襄国青阳城门顿头称囚。

锁

《说文》曰：锒铛，锁也。

《汉书·食货志》曰：王莽为货，有诽诅者，郡国槛车铁锁传送长安钟官。

又《王莽传》曰：民犯钱，伍人相坐，没官为奴婢，其槛车儿女步，以铁锁锒锁其颈，传至钟官，奴以千万数。

华峤《后汉书》曰：崔钧为西河太守，与袁绍起兵，董卓收钧父烈，下之郿狱，锒铛。卓诛，烈得归长安也。

王隐《晋书》曰：石勒锁荀晞颈以为司马而反煞之。

《南史》曰：丹徒县令沈巑之以清廉抵罪，巑之，吴兴武康人，性疏直，在县自以清廉，不事左右，浸润日至，遂锁系尚方。叹曰："一见天子足矣。"上召问曰："复欲何陈？"答曰："臣坐清所以获罪。"上曰："清复何以获罪？"曰："无以承奉要人。"上曰："要人为谁？"巑之以手扶四面，指曰："此赤衣诸贤皆是。若臣得更鸣，必令清誉日至。"巑之虽危言，上亦不责。后知其无罪，重除丹徒令。

又曰：褚玠除山阴令，县人张次的、王休达等与诸猾吏贿赂通奸，全丁大户类多隐没。玠锁次的等，具状启台。宣帝手敕慰劳，并遣使助玠搜括，所出军人八百余户。

《三国典略》曰：梁湘东王以鲍泉围湘州久不陷，使平南将军王僧辩代为都督，数泉十罪。舍人罗重欢帅□□三百与僧辩俱发，先令通泉曰："罗舍人被令送王竟陵来。"泉愕然，顾左右曰："得王竟陵助我，贼不足平。"俄而重欢先入，僧辩继之。泉方拂席而坐，僧辩曰："鲍郎，卿有罪，今旨令我锁卿，勿以故意相待。"罗重欢宣令，即锁之于床侧。泉举止自若，谓重欢曰："稽缓王师，甘授其罪，但恐后人更思鲍泉之愦耳。"僧辩意甚不平，泉乃为启自申，并谢淹迟之罪。湘东怒解，遂释之。

宋躬《孝子传》曰：缪斐字文雅，东海兰陵人。父忽得患，医药不给。斐昼夜叩头，不寝不食，气息将尽。至三更中，忽有二神引锁而至，求罢椿："尊府君昔经见侵，故有怒报。君至孝所感，昨为天曹所摄，锁银铛。"斐惊视，父已差。父云："吾病，恒见二人见持，向来忽不见。"斐乃具说。父曰："吾曾过五子胥庙，引二神像置地，当此是也。"

刘欣期《交州记》曰：居风山去郡四里，夷人从太守斐庠求市此山，云出金。既不许，寻有一妪行田，见金牛出食，斫得鼻锁长丈余。后人往往见牛夜出，其色光耀数十里。

钳

《说文》曰：钳，铁有所劫束也。钛胫钳也。钛音递。

《史记》曰：卫青，平阳人。其父为吏，与给事平阳侯家妾通，生青，为侯家人。少时归其父，使牧羊。先母之子皆奴畜之，不以为兄弟。青尝至众居室，有一钳徒相青曰："贵人也，官至封侯。"青叹曰："人奴。得无笞骂即足矣，安得封侯？"

《晋令》曰：徒着钳者，刑竟录输所送狱官。

《晋律》曰：钳重二斤，翘长一尺五寸。

太平御览卷第六百四十五　刑法部十一

象刑

《尚书大传》曰：唐虞象刑而民不敢犯，苗民用刑而民兴相渐。唐虞之象刑，上刑赭衣不纯，纯，缘者。时人尚德义，犯刑者但易衣服，自为大耻。中则杂屦，屦，履也。下刑墨幪，幪，巾也。使以下得冠饰。幪音蒙。以居州里，而民耻之。

《汉书·刑法志》曰：孙卿之论刑也，曰："世俗之为说者，以为治古无肉刑，治古，谓上古至治之时也。有象刑、墨黥之属，菲屦赭衣而不纯，菲，草也。屦，履也。纯，缘衣也。不加缘，示有耻也。是不然矣。以为治古则人莫触罪矣，非独无肉刑哉？亦不待象刑矣。人不犯法、即象刑无所施也。以为人或触罪矣，而直轻其刑，是杀人者不死，而伤人者不刑也。罪至重而刑至轻，民无所畏，乱莫大焉。故象刑非生于治古，方起于乱今也。"如淳曰：古无象刑也。所以有象刑之言者，近起于今人恶刑之重，故遂推言古之圣君，但以象刑，天下自治。

《白虎通》曰：圣人治天下，必有刑罚何？所以助治顺天之度也。故悬爵赏者，示有所劝也；设刑罚者，明有所惧也。《传》曰：三王肉刑，应世以立。刑者，五帝之鞭策。刑所以五何？法五行也。五帝画其衣，象五行也。

诛

《书》曰：昏迷于天象，以干先王之诛。

又曰：商罪贯盈，天命诛之。予不顺天，厥罪唯均。

《礼》曰：振书、端书于君前，有诛；倒筴、侧龟于君前，有诛。臣不豫事不敬也。振。去尘也。端。正也。倒，颠倒也。侧，反也。皆谓甫省视之也。

又曰：以足蹙路马刍有诛，齿路马有诛。皆广敬也。路马，君之马。诛，罚也。

《周礼·秋官下》曰：布宪掌宪邦之刑禁。伤人见血而不以告者，攘狱者、遏讼者，故以告而诛之。谓吏民相杀伤见血者，攘狱者拒却不授也。遏讼者上遏。

《公羊传》曰：君亲无将，将而必诛。

《传》曰：见无礼于君者，诛之，如鹰鹯之逐鸟雀也。

《家语》曰：孔子为鲁司寇，七日，而诛乱政大夫少正卯，戮之于两观之下。子贡曰："少正卯，鲁之闻人也。今夫子为政而始诛之，或者为失乎？"孔子曰："天下有大恶者五，而窃盗不与焉：一曰心逆而险，二曰行僻而坚，三曰言伪而辩，四曰记丑而博，五曰顺非而泽。此五者有一于人，则不免君子之诛，而少正卯皆兼有之：居处足以撮徒成党，谈说足以褒饰荣众，强御足以反是独立，此乃人之奸雄，不可不除。夫汤诛尹谐，文王诛潘正，周公诛管蔡，太公诛华士，管仲诛付乙，子产诛史何，此七子，皆异世而同诛者。七子异世而同恶，故不可赦也。吾始诛之，不亦可乎？"

《史记》曰：二世遵用赵高之法，乃阴与谋曰："大臣不服，官吏尚强，及诸公子必与我争，奈何？"高曰："臣固愿言而未敢也。先帝之大臣，皆天下累世名贵人也，人积功劳，世以相传久矣。今高素，小贱，陛下幸称举，令在上位管中事。大臣鞅鞅，特以貌从臣，其心实不服。今上出，不因此时案郡县守尉有罪者诛之，上以振威天下，下以除去上生平所不可者。愿陛下遂从时无疑。"二世曰："善。"乃行诛大臣及诸公子。

《汉书》曰：诛彭越，盛其醢以偏赐诸侯。

又曰：公孙弘年八十终丞相位，其后李蔡、严青翟、赵周、石庆、公孙贺、刘屈氂踵为丞相。自蔡至庆，丞相府客馆丘墟而已，至贺、屈氂，坏为马厩、车库、奴婢室矣。唯庆以敦谨终丞相位。其余尽伏诛。

又曰：上遣公孙敖将兵深入匈奴迎李陵，敖军无功还，言陵教单于为兵，以备汉军，故臣无所得。上闻，于是族陵家，母弟妻子皆伏诛。

《后汉书》曰：梁冀诛李固而露尸于衢，令有敢临者加其罪。

又曰：梁冀专权，其同己者荣显，违迕者剑死。同僚侧目，台阁机事先以闻冀，乃得奏御。内外恐惧，上下钳口，天子恭己而已，不有所亲任。上既不平之矣，冀以私憾专杀议郎邴遵，上愈益忿，八月癸酉，上问小黄门唐衡曰："左右谁与梁氏不相得者？"衡答曰："单超、左悺。"上呼超、悺音管入室。上曰："梁将军兄弟专朝，逼胁内外，公卿已下，从其风旨。今欲诛之，于常侍意如何？"皆对曰："诚国贼，当诛之日久。臣等弱少，未知圣意如何？"上曰："审然者，常侍密图之。"对曰："图之易耳，但恐陛下腹中狐疑。"上曰："奸臣胁国，当伏其罪，复何狐疑？"于是命衡呼超等，曰："陛下今计已决，勿得数言，恐为人疑。"丁丑，冀心疑超等，使中黄门张恽入省宿，以防其变。瑗敕吏收恽，自外谋图不轨。于是帝幸殿，召公卿勒兵，使者收冀大将军印绶，更封比景部乡侯。黄门令瑗将虎贲剑士卒千人，司隶与共捕冀宗亲，送雒阳狱，无少长，皆诛之。冀自煞，坐冀所连及公卿、列侯、校尉、刺史、二千石死者数十人，冀故吏宾客免绌者二百余人，朝廷为之一空。

又曰：锺离意为瑕丘令。吏有檀建者盗窃县内，意屏人问状，建叩头伏罪，不忍加刑，遣令长休。建父闻之，为建设酒，谓曰："吾闻无道之君以刃残人，有道之君以义行诛。子罪，命也。"遂令建进药而死。

《汉杂事》曰：上自击邓奉，破之于长安。奉降，上以旧功臣，不诛。耿弇曰："奉背恩反叛，曝师连年，上既至，奉亲在陈，兵败乃降，不诛尾敽征恶。"于是诛之。

又曰：秦丰、田戎连兵黎丘距汉，上遣朱祐守丰。议者以为丰已连年，势必困，上自往，丰必降。上往招，丰出恶言。后数月，丰降祐，槛车传及母妻子送洛阳。大司马吴汉劾奏祐知丰狡猾，围守连年，上亲至城下而遂悖逆，天下所闻，当伏夷灭之诛。不时斩截，而听授降，失将帅任，大不敬。上乃诛丰，召祐。

王隐《晋书》曰：解结与孙秀不协，秀诛张华，并欲诛结弟，梁王彤救之，秀曰："我于水中，蟹尚恶之，况其兄弟耶？"

《晋书》曰：孟玖谮陆机于成都王颖，言其有异心。将军王阐、郝昌、公师蕃等皆玖所用，与牵秀等共证之。颖大怒，使秀密收机。其夕，机梦黑缦绕车，手决不开，天明而秀兵至。机释戎服，着白帢，与秀相见，神色自若，谓秀曰："自吴朝倾覆，吾兄弟宗族蒙国重恩，入侍帏幄，出剖符竹。成都命吾以重任，辞不获已。今日授诛，岂非命也？"因与颖笺，词甚凄恻，既而叹曰："华亭鹤唳，岂可复闻乎？"遂遇害于军中。

又《载记》曰：昌黎尹孙伯仁护弟北支、支弟乙拔等俱有才力，以骁勇闻。冯跋之立也，并冀开府，而跋未知所欲，由是有怨言，每于朝享之际，常拔剑击柱曰："兴建大业有功力焉，而滞于散将，岂是汉祖山河之义乎？"跋怒，诛之。

《赵书》曰：临沅侯崖约字道恭，与太子詹事羯孙珍会朝。珍患目痛，问约用何方治为佳，约戏言唯溺取愈。珍曰："目何可溺？"约曰："卿目腕腕，正可溺中。"珍入奏，天子怒，约父子伏诛。

《晋书》曰：刘裕诛诸葛长民，士庶咸恨正刑之晚，若释桎梏焉。

《宋书》曰：谢眺初告王敬则反。眺临诛，叹曰："天道其不可昧乎？我不杀王公，王公因我而死。"

《庄子》曰：为不善乎显明之中者，人得而诛之。为不善乎幽暗之中者，鬼得而诛之。明乎人，明乎鬼者，然后能独行也。

《列子》曰：邓析操两可之说，设无穷之辞。当子产执政，作竹刑，郑国用之，数难子产之治，子产俄而诛之。

《慎子》曰：有虞之诛，以幪巾当墨，以草缨当劓，以菲履当刖，以艾鞸当宫，布衣无领当大辟，此有虞之诛也。斩人去文体，凿其肌肤，谓之刑。画衣冠，异章服，谓之戮。上世用戮而民不犯也，当世用刑而民不从。

《韩子》曰：尧欲传天下于舜，鲧谏曰："不祥哉！孰以天下传之匹夫？"尧不听，举兵诛之于郊。共工又谏，流于幽都。天下莫敢言。

又曰：太公东封齐。齐东海上有居士，曰狂獝、华士，昆弟二人立议曰："上不臣天子，下不事诸侯。耕作而食，掘井而饮，吾无求于上。"太公至营丘，使执而杀之。周公闻，发急传问之，太公答曰："今有马如骥之状，天下至良也，驱之不前，引之不至，左之不左，右之不右，贤士而不为主用，骥之不可以左右，是以诛之。"

《会稽典录》曰：孟尝仕郡户曹史。上虞有寡妇双，养姑至孝。姑卒病亡，其女言县以双煞其母。县不理断结，竟言郡，郡报治罪。尝谏以为此妇素名孝谨，此必见诬，固谏不听，遂抱其狱文书哭于府门。后郡遭大旱三年，上虞尤甚，太守殷丹下车访问，尝具陈双不当死，诛姑之女，改葬孝妇。丹如其言，天应雨注。

《襄阳耆旧记》曰：李衡闻王衜音道有人物，往干之。衜曰："多士世尚书剧曹郎才也。"后数年，校书郎吕壹操弄权柄，大臣逼畏莫敢言。或问衜，衜曰："非李衡无能困之者。"遂共荐衡为郎。衡一引见，口奏壹数千语，孙权有愧色，刘助复告壹，壹即伏诛。

《世说》曰：桓宣武之诛袁贞也，未当其罪，世以为冤焉。袁真在寿春，尝与宣武一妾妊焉，生玄，及篡。亦覆桓族，识者以为天理之所至。

轘

《释名》曰：车裂曰轘。轘也者，散也，文体分散。

《传》曰：齐人杀子亹而轘高渠弥。本裂曰轘。

又曰：楚子为陈夏氏乱，故伐陈。谓陈人无动，将讨于少西氏。遂入陈，煞夏征舒，轘之栗门。

又曰：楚观起有宠于令尹子南，未益禄而有马数十乘，楚人患之。王煞子南于朝，轘起于四境。

《孔丛子》曰：齐王行车裂之刑，群臣谏，不听。子高见齐王曰："闻君行车裂之刑。夫车裂之刑，无道之刑也，而君行之，臣切以为下吏之过也。"王曰："寡人耳。民多犯法，为法之轻也。"子高曰："然此诚君之盛意也。夫人含五常之性，有哀乐喜怒，无不过其节，节过则毁于义。多犯法，以法之重，无所措手足故也。今天下悠悠，士无定处，有德则往，无德则去。欲规霸王之业，与众大国为难，而行酷刑以惧远近，国内之民将畔，四方之士不至，此乃亡国之道。君之下吏不得以闻，是为自居于中正之地，而暗推之君王，使同于桀纣也。且夫为人臣见主非而不争，以陷主于危亡，罪之大者也。人主疾臣之弼己而恶之，资臣以箕子、比干之忠，惑之大者也。”齐王曰：“谨闻命。”遂除车裂之法焉。

《史记》曰：秦发兵攻商君，杀之于郑渑池。秦惠王车裂商君，徇曰：“莫如鞅反。”灭商君之家。

又曰：张仪西说赵王曰：“苏秦荧惑诸侯，以是为非，以非为是，欲反之，不可一，亦以明矣。”

《汉书》曰：陈胜初令铚人宋留将兵定南阳，入武关。留已徇南阳，闻胜死，南阳复为秦。宋留不能入武关，乃东至新蔡，遇秦军，宋留以军降秦。传留至咸阳，车裂留以徇。

《续汉书》曰：张角别党马元义为山阳所捕得，锁送京师，车裂于市。

崔鸿《前凉录》曰：武威姑臧氏名白兴，以女为妻，其妻妒之，兴怒，以妻为婢，为女给使。郡县以闻。张骏大惊曰：“自古所未闻也。将为怪乎？”于姑臧市轘煞之。是月沉阴昏，雾霾四塞。

又曰《前秦录》曰：池阳民惑其妇言而欲煞母，遂车载母，辞诣亲家，入南山。母曰：“汝诣亲家，何至是也？”儿曰：“老婢何言！”遂下母于嵠谷之间，脱衣将煞之。初，妇谓其夫曰：“不可不得中衣来也。”儿不欲手脱，背坐厉声令母自脱。母泣曰：“我生汝养汝，至于今日，汝信妇言枉煞我，不可不乞我此衣。”儿怒曰：“老婢复何言？”母呼曰：“天神山神当见此不？”言未卒声，见所持刀忽贯其项而煞，投于山穴。母乘车却归，昏而反家。妇谓其夫还，逆问：“得中衣来不？”母驰告邻里，收其妇送官。郡县以闻，坚惊曰：“宇宙之内乃有此事，将非怪乎？”于是轘而煞之。

崔鸿《南燕录》曰：慕容超即位，太后告超曰：“左仆射封嵩数遣黄门令牟裳说吾云：'帝非太后所生，依如故法，宜勒兵废帝，立钟为主。'"超命执嵩斩之。嵩请与母别，超曰："汝尚知有母，何意问人之亲？"以五车裂之。

又《前秦录》曰：有司奏，人有盗其母之钱而逃者，请投之四裔。太后闻而怒曰："三千之罪，莫大于不孝，当弃之市朝，奈何投之方外乎？方外岂有无父母之乡乎？"，于是轘而煞之。

《淮南子》曰：苌弘，周宣之执数者也。天地之气，日月之行，风雨之变，律历之数，无所不通也，然不自知，车裂而死。

刘向《说苑》曰：秦始皇太后不谨，幸郎嫪毐，封长信侯，专国事，骄奢。与侍中左右贵臣俱博饮，酒醉争言而斗者走白，皇帝大怒，毐因作乱咸阳宫。始皇取毐，四支车裂之；取皇后，迁之长乐宫。

桓宽《盐铁论》曰：李斯相秦，藉天下之势志小万乘。及其囚于囹圄，车裂于云阳之市，愿负薪入东门，行上蔡径，不可得也。

烹

《释名》曰：煮之于镬曰烹，若烹禽兽之肉也。

《传》曰：寒浞，伯明氏之谗子弟也。伯明后寒弃之夷，羿收之，夷，氏也。信而使之以为己相。浞行媚于内，内，宫人。信施赂于外，愚弄其民，欺罔也。而虞羿于田，乐之以游田。树之诈慝，以取其国家。树，立也。外内咸服，信足诈。羿犹不悛。悛，改也。将归自田，羿还。家众杀而烹之，以食其子。食羿子。其子不忍食诸，死于穷门。煞之于国门。

又曰：楚客聘于晋，过宋，太子知之，请野享之。公使往，伊戾请从之，公曰："夫不恶汝乎？"对曰："小人之事君也，恶之不敢远，好之不敢近，敬以待命，敢有二心乎？纵有供其内，莫供其外，臣请往也"。遣之。至则欿用牲加书征之，诈作盟处，为太子反征验也。而骋告公曰："太子将为乱，既与楚客盟矣。"公囚太子，乃缢而死。公徐闻其无罪也，乃烹伊戾。

又曰：楚白公为乱，既死，其徒征之，生拘石乞而问白公之死焉。

乞曰："此事也，克则卿，不克则烹，何害，固其所也。"乃烹石乞。

《史记》曰：齐威王召阿大夫语曰：自子之守阿，誉言日闻，然使使视阿，田野不辟，民贫苦。昔者，赵攻甄，子弗能求；卫取薛陵，子弗知。是子以币厚吾左右以求誉也。是日烹阿大夫，及左右尝誉者并烹之。

又曰：主父偃曰："丈夫生不五鼎食，死则五鼎烹。"

《汉书》曰：韩信闻郦食其凭轼下齐七十余城，乃夜渡兵平原袭齐。齐王田广闻汉兵至，以为食其卖己，言其与韩信同谋。乃烹食其。

又曰：韩信以罪废为淮阴侯，谋反，诛。临死，叹曰："悔不用蒯通之言。"高帝曰："是齐辩士蒯通。"乃诏蒯通。通至，上欲烹之，曰："若教韩信反，何也？"通曰："狗各吠非其主。当彼时，臣独知齐王韩信，非知陛下也。且秦失其鹿，天下共逐之，高材者先得。天下匈匈，争欲为陛下所为，顾力不能，可殚诛邪？"上乃赦之。

《晋中兴书》曰：刘寅于厌次县筑垒拒石勒，勒后虏执寅，以镬汤煮之。

《韩子》曰：乐羊为魏将，攻中山，其子在中山，中山之君烹其子而遗之乐羊，坐于幕下而飨之。

《吕氏春秋》曰：齐王疾痛，使人迎文挚。至，视王疾，谓太子曰："非怒王，则疾不可活；王怒，则挚必死。"太子顿首强请，曰："苟已王疾，臣与母以死事之，愿先生勿患也。"挚曰："诺。"与太子期而至，将往不当者三，齐王固已怒矣。挚至，不解履登床问疾，王怒，不与言，挚因出，固辞以重怒，王吐而起，疾乃遂已。王大怒，不悦，将烹挚。太子与王左右争急之不得，果以鼎烹挚。爨之三日三夜，颜色不变。挚曰："诚欲杀我，则胡不覆之以绝阴阳之气？"王使覆之，乃死。

《新序》曰：田单处中牟。佛肸以中牟叛，置鼎于庭，致士大夫曰："与我者授邑，不吾与者烹。"大夫从之。至于田卑，曰："义士死不避斧钺之罪，穷不授轩冕之服。无义而生，不仁而富，不若死。"褰衣将入鼎，佛肸说，乃止。赵氏攻取之，闻田单不肯与也，求而赏之。卑曰："不可也。一人举而万夫俯首，智者不为；赏一人而惭万夫，义者不取。我授赏，使中牟之士皆耻，不义。吾去耳。”遂之南楚。

《英雄记》曰：董卓攻得李旻、张安毕主范中，生烹之。二人临入鼎，相谓曰：“不同日生，而同日烹。”

太平御览卷第六百四十六 刑法部十二

斩

《释名》曰：斩，暂也。暂加兵即断也。

《周书》曰：武王使尚父以士卒驰，商师大崩，商辛乃内登于鹿台之上自燔，王崩于火。武王先入，乃射三发，而后下车，击之以轻吕，剑名也。斩之黄钺，悬诸大白旗。乃适二女之所，射之三发，击之以轻吕，斩之以玄钺，悬诸小白旗。

《左传·成上》曰：韩献子将斩人，郤献子驰将救之，至则既斩之矣。郤子使速以徇，告其仆曰：吾以分谤也。

《家语》曰：郏谷之会，齐侯奏宫中之乐，俳优侏儒戏于公前。孔子趋进，历阶而上，不尽一等，曰："匹夫而荧侮诸侯者，罪应诛，请有司速加法焉。"于是斩侏儒，手足异处。齐侯惧，有惭色。

《史记》曰：韩信亡楚归汉，未知名，为连敖坐法当斩。其辈十三人已斩，次当至信，信乃仰视，适见滕公，曰："上不欲就天下乎，何为斩壮士？"滕公奇其言，壮其貌，释而不斩。与语，大悦之。

又曰：张苍坐法当斩，解衣，身长，肥白如瓠。时王陵见而怪其美，乃言沛公，救勿斩。

《汉书》曰：王䜣，济南人。以郡县吏积功，稍迁为被音罢阳令。武帝末，军旅数发，郡国盗贼群起。绣衣御史暴胜之逐捕盗贼，以军兴从事，诛二千石以下。胜之过被阳，欲斩䜣。䜣解衣伏锧，仰天言曰："使君专杀生之柄，威震郡国，今复斩一䜣，不足以增威。不如时有所宽，以明恩贷，令尽死力。"胜之壮其言，贳不诛，因与相结厚也。

《东观汉记》曰：任光字伯卿，初为乡啬夫。汉兵攻宛，军人见光冠服鲜明，令解衣，将斩而夺之。会光禄勋刘赐适至，视光容貌长者，乃救全之。

《后汉书》曰：赵王在长安，为赤眉所得，赤眉欲斩之。白马从事见赵王仪状须眉美好绝众，护而活之。

又曰：献帝疾愈，大会未央殿。董卓朝服升车，而马惊坠泥，还入更衣，其少妻止之，卓不从，遂行。乃陈兵夹道自垒及宫，左骑右步屯卫周匝，令吕布捍前后。王允乃与士孙瑞密表其事，使瑞自书诏以授布，令骑都尉李肃与同心勇士七十余人伪着卫士服于北掖门内以待卓。卓将至，马惊不行，怪惧欲还。吕布劝令进，遂入门。肃以戟刺之，卓衣甲不入，伤臂坠车，顾大呼曰："吕布何在？"布曰："有诏讨贼臣。"卓大骂曰："庸狗敢如是耶！"布应声持矛刺卓，趣兵斩之。主簿田仪及卓仓头前赴其尸，布又杀之。驰赍赦书，以令宫陛内外，士卒皆称万岁。

《魏略》曰：京兆鲍出，字文才。值世饥饿，出觅食。后啖入贼以绳贯其母手掌驱去，出走追斩贼，得其母还。

《魏志》曰：于禁字文则。昌豨叛，太祖遣禁征之。禁急进攻，豨与禁有旧，诣禁降。诸将皆以为豨已降，当送太祖也，禁曰："诸君不知，公常令先围而后降者不赦。夫奉法行令，事上之节也。豨虽旧交，禁可失节乎？"自临与豨诀，霣涕而斩之。郡中震栗，无求不获。

又曰：夏侯玄雅量弘济，临斩东市，颜色不变，举动自若。

又曰：邓艾父子既囚，锺会至成都，先送艾然后作乱。会已死，本营将士追艾槛车迎还。卫瓘遣田续等讨艾，遇于绵竹西，斩之。

《蜀志》曰：魏延梦头上生角，以问占梦赵直。直诈延曰："夫麟有角而不用，此不战而贼欲自破之象也。"退而告人曰："角之为字，刀下用也。头上用刀，其凶甚矣。"后为马岱所斩。

又曰：刘璋敕关戍诸将文书勿复通先主。先主大怒，召璋白水军督阳琛，责以无礼，斩之。

又曰：张松书与先主及法正曰："今日大事垂可立功，如何释此去乎？"松兄广汉太守肃惧祸，退以白璋，发其谋。于是璋收斩松。

《晋书》曰：楚王玮既诛汝南王亮、卫瓘，寻又诏解严云"玮矫诏”，解严斩刑。玮临死，出其怀中青纸诏，以示监刑尚书刘颂，流涕言：“此诏书也，奉此而行，谓为社稷。今更为罪，托体先帝，授枉如此，幸见申列。”颂亦歔欷，不能仰视。

又曰：荀晞字道将，河南山阳人。为兖州刺史，断决如流，人不敢欺。以从母子为都护，犯法，晞斩之。既而素服哭曰：“杀汝者，兖州刺史。哭弟者，荀道将。”以严刻斩戮，号曰屠伯。后为石勒所杀。

又曰：石闵仕伪赵，石鉴为侍中、录尚书事。鉴使石苞夜诛闵，不克，反为闵攻杀。鉴苞等杀胡人，胡人斩关逾城，不可胜数。闵知胡人不为己用，颁令下每人斩一胡，文官赐爵一级，武官立拜牙门。于时，一日之中，斩胡万人。于是鼻高多须滥死者甚众，胡人死至二十余万。

又曰：皇甫谧字子方，少遵父操。永嘉中，博士徵不起，避乱荆州，闭门居，未尝入城府。蚕而后衣，耕而后食。南土人士咸尊敬之，刺史陶侃礼之甚厚。王敦弟王廙代侃，廙至荆州，大失物情，百姓叛，廙大行诛戮立威，以方回为侃所礼，责其不来诣己，乃收而斩焉。荆土华夷莫不流涕。

《三十国春秋》曰：丙寅，丞相府斩督运令史淳于伯于建康，于是以刀拭柱，血逆流上二丈三尺，下四尺五寸，其直如弦。

《后魏书》曰：段晖从世祖至长安，有人告晖欲南奔。世祖问曰：“何以知之？”告者曰：“晖置金于马鞯中，不欲逃走，何由尔也？”世祖密遣视之，果如告者之言。斩之于市。

《齐书》曰：庾弘远字士操，清实有士誉，仕齐为江州长史。刺史陈显达举兵败，斩于朱雀航，将刑，索帽着之，曰：“子路结缨，吾不可以不冠而死。”

又曰：陈显达起兵，官军继至。显达不能抗，退走至西州，为赵谭注稍刺落马，斩之于篱侧，血涌湔篱，似淳于伯之被刑也。

崔鸿《前赵录》曰：卜栩隐于龙门山，尝与郭璞论《易》，栩曰：“吾大厄在四十一，亦未见子之令终。”璞曰：“戮吾祸在江南，不在此也。”镇北靳冲攻太原不克，归罪于栩，辄斩之。刘聪大怒曰：“此人朕所不得加刑，冲何人哉！”遣御史丞诰衍持节斩冲也。

《隋书》曰：刑部侍郎辛亶尝衣绯裈，俗云利于官。上以为厌蛊，将斩之。苏绰曰：“据法不当死，臣不敢奉诏。”上怒甚，谓绰曰：“卿惜辛亶而不自惜也。”命左仆射高颎将绰斩之，绰曰：“陛下宁可杀臣，不得杀辛亶。”至朝堂，解衣当斩，上使人谓绰曰：“竟何如？”对曰：“执法一心，不敢惜死。”上拂衣而入，良久，乃释之。明日谢绰，劳勉之，赐物三百段。

《汉新事》曰：奉车都尉窦固征匈奴，骑都尉秦彭副。固令彭别屯，彭擅斩军司马。固奏秦彭不由督率贼杀人。公卿议，皆以为固议是。公府掾郭躬以为彭得专斩人。上曰：“军正校尉一统督，何以得专杀？”躬对曰：“一统将者，谓在部曲也。今彭别将兵，军事至急，势不得关督将。”有诏躬上殿，令尚书令与公卿杂难躬曰：“督将授斧钺称令，故得擅行法，都尉别得行军法，何以明之？”躬对曰：“军正校尉别将兵，假斧钺即得专军法。”难者曰：“今不假，故不得擅杀。”躬曰：“汉制：假棨戟以当斧钺。”议者皆屈，上从之。

《晋朝杂事》曰：夜遣通事令史张林、黄门令史骆休开神虎门，迎故太傅赵王至太极前，召收中书监张华、侍中朝謐、尚书斐頠、解结，侍郎杜斌等，斩之于东钟下。华等大呼，自称忠臣。张林诘之曰：“公等知太子无罪，何不谏？谏若不从，何不去也？”遂斩之。

《华阳国志》曰：王浚自成都帅水陆军及梁州，又率七万人伐吴。临发，斩牙门将李延。延，所爱将也，以争骑斩之，众莫不肃。

《商君书》曰：晋文公将欲明刑以亲百姓，颠颉后至，吏请其罪。君曰：“用事焉。”吏遂继颠颉之首以徇。晋国之士皆惧。曰：“颠颉之有宠，斩以徇，而况我乎！”

《韩子》曰：禹遇诸侯会稽之上，防风后至，禹斩之。

王韶《孝子传》曰：周青，东郡人也。母患积年，青扶侍左右，五体羸瘦。村里乃敛钱营助汤药，母痊，许嫁同郡周小君。小君疾，未获成礼，乃求见青，属累父母，青许之。俄而命终，青供养为务。十年中，翁姑感之，劝令更嫁，青誓以匪石。翁姑并自杀，女姑告青害杀收考，遂以诬款，七月刑青于市。青谓监杀者曰："乞树长竿系白幡，青若杀翁姑，血入泉；不杀，血上天。"既斩，血乃缘竿上天。

枭首

《传》曰：叔孙昭子杀竖牛，投其首于宁风棘上。

《汉书》曰：三族：令先黥劓，斩左右趾，枭首菹其骨，谓之具五刑。

又曰：汉王病愈，西入关，至栎阳，存问父老，枭故塞王欣头栎阳市。

又《五行志》曰：江充掘巫蛊太子宫，太子乃斩充，举兵与丞相刘屈厘战，太子败走，自杀。明年，屈厘复坐祝诅腰斩，妻子枭首。

《续汉书》曰：张济为河南令，中常侍段珪奴乘犊车于道，济即收捕枭首，悬尸珪门也。

《后魏书》曰：宋鸿贵为定州北平府参军，送戍兵于荆州，坐取兵绢四百匹。兵欲告之，乃斩兵十人。又疏凡不达律令，见律有枭首之非，乃生断兵手，以水洗，然后斩决。寻坐伏法，时人哀兵之苦，叹鸿贵之硬虅。

《廷尉决事》曰：河内太守上民张太有狂病。病发，杀母弟，应枭首。遇赦，议不当除之，枭首如故。

弃市

《礼》曰：刑人于市，与众弃之。

《史记》曰：秦皇平六国，制天下藏诗、书及偶语弃市。

《汉书》曰：中元二年，改磔曰弃市。应劭曰：先诸死刑皆死之市，令改曰：弃市，自非妖道，不复磔也。

又曰：窦婴矫先帝诏，当弃市。婴阳病痱，不食欲死。或闻上无意杀婴，复食治病。

《晋书》曰：范坚迁尚书右丞。时廷尉奏殿中吏邵广盗官幔二张，合布三十匹，有司正刑弃市。广二子，宗年十三，云年十一，操黄幡挝登闻鼓，乞恩辞，求自没为奚官奴，以赎父命。尚书朱映议，以为天下之人无子者少，事遂行，便成永制。坚亦同映议。

又曰：咸和二年，句容令孔恢罪弃市，诏曰："恢自陷刑网，罪当大辟。但以其父年老而有一子，以为恻然，可特原之。"

《隋书》曰：文帝意每尚惨急，奸回不止，京市白日公行掣盗，人间强盗亦往往而有。帝患之，问群臣断禁之法。杨素等未及言，帝曰："朕知之矣。"诏有人能纠告者，没贼家产业以赏纠人。时月之间，内外宁息。其后无赖之徒，候富人子弟出路者而故遗物于其前，偶拾取则擒以送官而取其赏，大抵被陷者甚众。帝知，乃命盗一钱已上皆弃市。行旅皆晏起早宿，天下懔懔焉。

考竟

《释名》曰：狱死曰考竟。考竟者，考得其情，竟其命于狱也。

《后汉书》曰：阳嘉三年春，诏以久旱，京师诸狱无轻重，皆且勿考竟。须得澍雨。

又曰：丹阳方储明风角，为洛阳令。功曹是窦宪客，客为宪所风，夜杀人，断头着奁中，置厩门下，欲令储去官。储摩死者耳连，问谁所杀。有顷，曰："死人言为功曹所杀。"收功曹考竟。

又曰：向相字甫兴，性卓诡不伦，状如学道，又似狂生。张角起，相不欲国家兴兵，便遣将河上北向读《孝经》。贼自灭。张让谗相与角同心，收送黄门北寺狱考竟之。

又曰：董卓被诛，蔡邕在司徒王允坐，殊不意言之而叹，有动于色。允勃然叱之曰："董卓，国之大贼，几倾汉室。君为王臣，所宜同忿，而怀其私遇，以忘大节。今天诛有罪，而反相伤痛，岂不与为逆哉！"即收付廷尉，考竟其罪。邕陈辞谢，乞黥首刖足继成汉史，士大夫多矜救之，不能得。太尉马日磾驰往，谓允曰："伯喈旷世逸才，多识汉事，当续成史，为一代典。且忠孝素著而所坐无名之诛，无乃失名望乎？"允曰："昔武帝不杀司马迁，使作谤书流于后世。方今国祚中衰，不可令佞臣执笔在幼主左右。既无益圣德，复使吾党蒙其讪议。”日磾退而告人曰：“王公其不长世乎？善人国之纪，制作国之典，灭纪废典，其能久乎？”邕遂死狱中。

《晋书》曰：王豹上书劝齐王冏与成都王颖如分陕之利。会长沙王乂至，于冏案上见豹笺，谓冏曰：“小子离间骨肉，何不铜驼下打杀。”冏既不能嘉豹之策，遂纳乂言，乃奏为臣不忠、不顺、不义，辄都街考竟，以明邪正。豹将死，曰：“悬吾头大司马门，见兵之攻齐也。”众庶冤之。俄而冏败。

《三国典略》曰：齐兖州刺史武城县公崔陵恃预旧恩，颇自矜纵。宠妾冯氏假其威刑，恣情取纳，风政不立。为御史所劾，召收系廷尉考竟，遂死狱中。

太平御览卷第六百四十七 刑法部十三

杀

《释名》曰：杀，窜也。埋之使不复见也。

《周礼·秋官上》曰：掌戮掌斩杀贼，谍而搏之。斩以铁钺，若今要斩也。杀以刃刀，若今弃市也。谍为奸寇，反闻者斩之，小者杀之。凡杀其亲者焚之，杀王之亲者辜之。焚之烧也。《易》曰：焚如死如弃。如辜之言枯也，谓磔之也。凡杀人者，踣诸市，肆之三日。刑盗于市。踣，僵尸也。肆犹陈也。

又司刑职曰：杀罪五百。郑玄曰：然，死刑。

《尚书大传》曰：武王杀纣而继公子禄父，使管叔、康叔监禄父。武王死，成王幼，周公盛养成王，使召公奭为傅。周公身居位，听天下为政。管叔疑周公，流言于国曰："公将不利王。"奄君薄姑谓禄父曰："武王已死矣，成王幼，周公见疑矣，此世之时也，请举事。"言周弱，旦不和，欲代之而复政也。然后禄父三监叛，周公以成王之命杀禄父。

《礼》曰：邾娄定公时，有杀其父者，有司以告。公瞿然失席曰："是寡人之罪也。寡人尝学断斯狱矣。臣弑君，凡在官者杀无赦。子弑父，凡在官者杀无赦。言诸臣子孙无尊卑，皆得杀之，其罪无赦也。煞其人，坏其室，洿其宫而豬焉。明其大逆，不欲人复之也。盖君逾月而后举爵。自贬损也。

又《王制》曰：析言破律，乱名改作，执左道以乱政者杀；析言破律，巧卖法令也。乱名改作，谓变易官与物之名，更作法度也。左道若巫蛊及俗禁也。作淫声异服奇技奇器以疑众杀；淫声，郑卫之声。异服，若聚鹬冠琼弁。奇技奇器，若公输般请以会肿也。行伪而坚，言伪而辩，学非而博，顺非而泽以疑众杀，皆谓虚华捷给无诚也。假于鬼神，时日卜筮以疑众杀；今时持丧葬染盖嫁娶卜数文书，使民倍礼违制者也。此四诛者，不以听。

《左传·襄六年》曰：齐子尾害闾丘婴，欲杀之，使帅师以伐阳州。我问师故。鲁以师往问齐何故伐我。子尾史间丘婴以说于我师。

又《昭四年》曰：楚子谓成虎若敖之余也，遂杀之。书曰：楚杀其大夫成虎，怀宠也。

又《昭四年》曰：楚子伏甲而飨蔡侯于申，醉，执而杀之，刑其士七十人。

《论语·颜渊》曰："如杀无道以就有道，何如？"子曰："子为政，焉用杀，子欲善而民善矣。"

《史记》曰：二世使使杀公子将闾，将闾曰："朝廷之礼，吾未尝敢不从宾赞也；廊庙之位，吾未尝敢失节也。"仰天而大呼天者三，昆弟皆流涕，自杀。

又曰：二世又遣使者之阳周，令蒙恬曰："君之过多矣，而卿弟毅有大罪，法及内史。"蒙恬喟然太息曰："我何罪于天，无过而死？"良久，徐曰："恬罪固当死矣。起临洮堑万余里，此其中不能无断地脉，此乃恬之罪也。"吞药自杀。

又曰：秦昭王赐白起剑，令自杀。武安君曰："我固当死矣。长平之战，赵卒降者数十万人，我诈而坑之，是以死。"乃引剑自杀。秦人怜之，乡邑皆祭祀。

华峤《后汉书》曰：梁冀闻崔琦才，请与交，冀行多不轨，琦数诫之，不能授。琦以言不从，失意，为《白鹄赋》。冀知兴己，大怒，幽之室谷，数月得出，后竟杀之。

范晔《后汉书》曰：陈蕃上疏欲急诛侯览等，太后不纳。朝廷闻者，莫不震怒。蕃因与窦武谋杀之。及事泄，曹节等矫诏诛武等。蕃时年七十余，闻难作，将官属诸生八十余人，并拔刀入丞相门，攘臂呼曰："大将军忠以卫国，黄门反逆，何云窦氏不道耶？"王甫时出与蕃相迕，让蕃曰："先帝新弃天下，山陵未成。窦武何功？兄弟父子一门三侯，又多取掖庭宫人作乐饮宴，旬月之间，赀财亿计。大臣若此，是为道耶？公为栋梁，枉挠阿党，复焉求贼？"遂令收蕃。蕃拔剑叱甫，甫兵不敢近，乃益人围之数十里。遂执蕃，送黄门北寺狱。黄门从官驺蹋蹴蕃曰："死老魅，复能损我曹员数，夺我曹廪假否？"即害之。

《吴志》曰：人诈告楼玄谤讪政事，华核上疏乞玄自新。孙皓疾玄名声，复徙玄及子男据付交址将张弈，使以战自效，阴别敕弈令杀之。据到交址病死，玄一身随弈讨贼，持刃步见弈辄拜，弈不忍杀玄。会弈暴疾卒，玄殡敛奕，于器中见敕书，还自杀也。

王隐《晋书》曰：周处字子隐，阳羡人。姑为中书省事。时女子李忿竟父北叛时，杀父。处奏曰，竟父以偷生破家以邀福。子圉告归，怀赢结舌，竟无人子之道，证父攘羊，伤化污俗，宜在投畀，以彰凶逆。平刑市朝，不足塞责。奏可，杀忿。

《唐书》曰：宰相宋申锡为郑注所构，狱自内起。崔玄亮首率谏官请对，与文宗往复数百言，文宗不省其诈，欲置申锡于法。玄亮泣曰："孟轲有言，众人皆曰杀之，未可也；诸大夫皆曰杀之，未可也；天下皆曰杀之，然后察之，方置于法。今至圣之代，杀一凡庶，尚须合于典法，况无辜杀一宰相乎？臣为陛下惜天下法，实不为申锡也。"文宗为之感悟，玄亮由此名重于朝。

又曰：兴平县人上官兴因醉格杀人，亡窜，吏执其父下狱。兴自首请罪，以出其父。京兆尹杜悰以其首罪免父有光教义，请减死配流。王彦威曰："杀人者死，百王共守。若许杀人不死，是教杀人。兴虽免父，不合减死。"

《山海经》曰：共工氏之臣曰相柳氏，九首，以食于九山。头各自食一山之物，言贪暴难餍也。相柳之所抵，厥为溪泽。抵，触也。禹杀相柳，其血脉不可以树槊，乃以为众帝之台。

《曹操别传》曰：始袁忠为沛相，薄待操，沛国桓劭亦轻之。及在兖州，陈留边让颇笑操。操杀让，族其家。忠、劭俱避难交州。操远使就太守士燮尽族劭。劭得出首，拜谢于中庭。操谓曰："跪可解死耶？"遂杀之。

《孟子》曰：孟子谓齐宣王曰："左右皆曰可杀，勿听；诸大夫皆曰可杀，勿听；国人皆曰可杀，然后察之，见可杀焉，然后杀之，故曰国人杀之也。言当贞行大辟之罪。如此而后，可以为民父母。”

又曰：或问：“劝齐伐燕，有诸？”曰：“未也。今有杀人者，或问之曰：人可杀与？则将应之曰：可。彼如曰：孰可以杀之？则将应之曰：为士师则可以杀之。今以燕伐燕，何为劝之哉？”燕有罪，王者当诛之，燕犹齐，故不可。

《搜神记》曰：汉宣帝之世，燕代之间有三男，共取一妇，生四子。及其将分妻子而不可均，反致争讼。廷尉范延寿断之曰：“此非人类，当以禽兽处之。禽兽从母不从父也，请戮三男，以儿还母。”帝嗟叹曰：“何必古？若此则可谓当于理而厌人情也。延寿盖见人事而知用刑矣。”

《太公金匮》曰：杀一人而千人恐者，杀之；杀二人而万人动者，杀之；杀三人而君振者，杀之。

三族刑杂死刑附

《尚书·泰誓》曰：今商王授弗敬上天，降灾下民，沉湎冒色，敢行暴虐，罪人以族，官人以世。一人有罪，刑及父母兄弟妻子，言淫滥也。

《史记》曰：秦始皇平六国，制天下，以古非今者族，吏见知不举与同罪。

又曰：陈狶反，韩信欲谋发兵，欲以袭吕后、太子。其舍人得罪于信，告信欲反于吕后，吕后使武士缚信，斩之长乐钟室。信方斩，叹曰：“吾悔不用蒯通计，乃为儿女子所诈。岂非天哉！”遂夷信三族。

《汉书·刑法志》曰：汉兴，尚有夷三族之令。令曰：“当三族者，先黥劓，斩左右趾，笞杀之，枭其首，葅其骨肉于市。其诽谤者，又先断舌。”故谓之具五刑。彭越、韩信之属皆授此诛。至高后元年，乃除三族罪、妖言令。后新垣平谋逆，复行三族之诛。

又《五行志》曰：赵人新垣平以望气得幸，以土上立渭阳五帝庙，欲出周鼎。夏四月，郊见上帝。岁余，惧诛，谋为逆，发觉腰斩，夷三族。

《后汉书》曰：少府耿纪、丞相司直韦晃起兵诛曹操，不克，夷三族。

又曰：建安五年，车骑将军董承、越骑校尉和辑授密诏诛曹操，事泄。壬午，曹操杀董承，夷三族。

《魏志》曰：建安二年，遣谒者仆射斐茂率关西诸将诛李傕，夷三族。

又曰：太傅司马宣王奏免大将军曹爽。又尚书丁谧、邓飏、何晏、司隶校尉毕轨、荆州刺史李胜、大司农桓范皆与爽通奸，夷三族。

《三十国春秋》曰：魏帝谒陵，曹爽及弟义、训、彦皆从。高祖命授兵，召公卿于庙堂，奏皇太后废爽。丁酉，斩爽、羲、训、彦，夷三族。

杂死刑

《韩子》曰：齐国好厚葬，布帛尽于衣衾，林木尽于棺椁。桓公患之，以告管仲曰："布帛尽则无以为币，林木尽则尾敝为守备，如民之厚葬不休，奈何？"管仲对曰："凡民之有为也，非名之，则利之。"于是乃下令曰："棺过度者戮其尸，罪当丧者。"夫戮尸无名，罪当丧者无利。无名无利，民何故为之？

《吕氏春秋》曰：赵简子沉鸾缴于河曰："吾尝好声色矣，而鸾缴致之。吾尝好宫室台榭矣，而鸾缴来之。今吾好士六年矣，而鸾缴未尝进一人也，是长吾过而绌吾善也。"

《淮南子》曰：夏桀殷纣生燔人，辜颉者为炮烙，铸金柱。铸金柱，然火其下，以人置上，人火中而对笑也。

《符子》曰：桀观炮烙于瑶台，谓龙逄曰："乐乎？"龙逄曰："乐。"桀曰："观刑何无恻怛之心？"龙逄曰："天下苦之，而君以为乐。臣，君之股肱，何不悦乎？"桀曰："听子谏。谏得，我改之；谏不得，我刑之。"龙逄曰："臣观君冠危石也，臣观君履春冰也。未有冠石而不压，蹈春冰而不陷。"桀笑曰："是曰亡则与俱亡，子知我之亡而不自知乎亡。子就炮烙之刑，吾观子。"龙逄歌趋："造作劳我以生息，我以炮烙故涉薪，我乐人不知。"赴火而死。

太平御览卷第六百四十八 刑法部十四

黥

《尚书·吕刑》曰：墨辟疑赦，其罚百锾。孔安国曰：刻其颡而涅之曰墨刑，疑则赦从罚。六两曰锾。锾，黄铁也。

《尚书刑德放》曰：涿鹿者竿人颡也；黥者，马羁竿却舒也。郑玄曰：涿鹿黥，箸先次刀笠伤人，墨市其中，故后世谓之墨土民也。

《尚书大传》曰：非事之事，入不以道义而诵不祥之辞者，其刑墨。注曰：非事而事之，今所不当得为也。

《周礼·秋官·司刑职》曰：墨者使守门。郑玄曰：墨，黥也。先刻面，以墨窒之。

《白虎通》曰：墨，墨其额也。取法火之胜金也，得火亦变而墨也。

《说文》曰：黥，刑在面也。

《史记》曰：秦太子犯法，卫鞅曰："法之不行，自上犯之。"将刑太子。太子，君嗣也，不可施刑，刑其傅公子虔，黥其师公孙贾。明日，秦民皆随令。行之十年，秦民大悦，道不拾遗，山无盗贼。民勇于公战，怯于私斗。

又曰：黥布，秦时为布衣，年少，客相之，当刑而王。及壮，坐黥。布欣然笑曰："人相我当刑而王，几是乎？"

《汉书》曰：文帝除肉刑，当黥者髡为城旦舂。律说曰：男女论决髡钳输边，昼日防寇虏，夜暮筑长城。女子无军警之事，但舂食徒者也。

又曰：黥劓之罪不及大夫，故里谚曰："欲投鼠而忌器。"器，君也，大夫近于君。

《晋令》曰：奴婢亡，加铜青若墨黥，黥两眼。后再亡，黥两颊上。三亡，横黥目下。皆长一寸五分，广五分。

《唐通典》曰：梁制：劫，身皆斩，妻子补兵。遇赦降死者，黵面为劫字。黵音都咸反。十四年，又除黵面之刑。

劓

《尚书·吕刑》曰：劓辟疑赦，其罚唯倍也。孔安国曰：劓，截鼻者也。

《尚书大传》曰：触易君命、革与服制度、奸凶攘伤人者，其刑劓。郑玄曰：攘，窃也。

《周礼·秋官·司刑职》曰：劓罪五百，郑玄曰：劓，截鼻。今东夷或以墨劓为俗。古刑人亡逃者之类与。劓者使守关。

《礼统》曰：劓刑法木之胜土，决其皮革也。

《白虎通》曰：劓，劓其鼻也，法木之穿土也。去鼻亦孔见。

《汉书》曰：文帝除肉刑，当劓者笞三百。

《楚汉春秋》曰：正疆数言事而当，上使参乘，解玉剑以佩之。天下定，出以为守。有告之者，上曰："天下方急，汝何在？"曰："亡。"上曰："正疆沐浴霜露，与我从军而汝亡，告之何也？下廷尉劓。

膑

《尚书大传》曰：决关梁，逾城郭，而略盗者，其刑膑。

《尚书刑德放》曰：膑者，脱去人之膑也。膑罚之属五百，象七精。七宿昏中，变易节气之精也。

《礼统》曰：膑刑法金胜木，去其节目也。

《周礼·秋官上·司刑》曰：刖罪五百。郑玄注曰：周改膑作刖。

《白虎通》曰：膑者，脱其膑也。取法金之刻木也。

《风俗通》曰：俗说，腊正祖食得兔者，名之曰幸。幸者，善祥，令人吉利也。或说兔髌者令人面貌生髌，露见丑恶，今觉得之嘉，不为己疾也。谨案，《尚书》夏禹始作肉刑，则天象而慎其过。故穿逾盗窃者髌，去其膑骨也。逮至暴秦，乱狱纠纷，烹俎车裂，黔首穷愁，饮泣永叹。凡人食得兔髌以为佳瑞，物类以感，冀全己之膑也。

刖

《尚书·吕刑》曰：剕辟疑赦，其罚倍差。孔安国曰：刖足曰剕也。

《周礼·秋官·司刑职》曰：刖罚五百，郑玄曰：刖，断足也。周政膑作刖也。刖者使守门。

《家语》曰：季羔为卫士师，刖人之足。俄而卫乱，季羔逃，刖者守门焉，曰："彼有缺。"季羔曰："君子不逾。"曰："彼有窦。"季羔曰："君子不队。"曰："此有室。"季羔入焉。既而问其故，刖者曰："断足固我罪也。临当刑，君愀然不乐，见于颜色。此臣之所以脱君也。"

《史记》曰：孙膑与庞涓学兵法。庞涓既事魏，得为惠王将军，而自以为能不及孙膑，阴使召孙膑。膑到，庞恐其贤，以刑法断其两足而黥之，欲隐而勿见。齐使者如梁，孙膑以形徒阴见，说齐使，以为奇，窃载与之齐。

《列子》曰：鲁施氏有二子，其一好学，其一好兵。好学者以术干齐侯，齐侯以为公子傅。好兵者以法干楚王，楚王以为军政。邻却氏氏有二子，所业亦同。问施氏之方，施氏告之。一子以术干秦王，秦王曰："今诸侯力争，安得用仁义？"遂宫而放之。一子以法干卫侯，卫侯曰："吾弱国，岂可称兵？"遂以刖之。二人让施氏，施氏曰："子不得时也。"

《韩子》曰：楚人和氏得璞玉于楚山之中，献之武王。武王使玉人相之，曰："石也"。王以和为慢，刖其左足。及文王即位，和又奉其璞，王又使玉人相之，又曰："石也"。文王刖其右足。文王薨，成王即位，和乃抱其璞而哭于荆山之下，三日三夜，泣尽而继之血。成王问其故曰："天下刖者多矣，子何哭之悲也？"和曰："吾非悲刖也，悲夫宝玉而题之以石，直士命之以慢，此吾之所以悲也。"王乃使玉人剖其璞而得宝焉，遂名曰和氏之璧。

宫割

《尚书·吕刑》曰：宫辟疑赦，其罚六百锾。宫，淫刑也。男子割势，妇人幽闭。次死之刑也。

《尚书大传》曰：男女不以义交者，其刑宫。

《尚书刑德放》曰：宫者，女子淫乱，执置宫中不得出。割者，丈夫淫，割其势也已。

《周礼·秋官上·司刑职》曰：宫罪五百。宫者，丈夫割其势，女子闭于宫，若今官男女也。

又《掌戮》曰：宫者，使守内也。以其人道绝也。今世或然。

《礼》曰：文王世子曰："公族无宫刑也。"

《汉书》曰：汉闻李陵降匈奴，上怒甚，群臣皆罪陵。上以问太史令司马迁，迁盛言陵事亲孝，与士信，尝奋不顾身，以殉国家之急，彼之不死，宜欲得当以报汉也。初，上遣贰师大军出财，令陵为助兵。上以迁诬罔，欲沮贰师，为陵游说，下迁腐刑。

造肉刑

《尚书·吕刑》曰：王享国百年，耄荒，度作刑，以诘四方。度时世所宜，训作赎刑，以治天下四方之民。王曰：若古有训，蚩尤唯始作乱，延及于平民，罔不寇贼，鸱义奸宄，夺攘矫虔。为鸱枭之义，以宄夺攘。苗民弗用灵，制以刑，唯作五虐之刑曰法；杀戮无辜，爰始淫为劓、刵、椓、黥。三苗之主顽凶苦昊，敢行虐刑以杀戮无罪，于是始大为截人耳鼻、椓阴、黥面，以加无辜，故曰五虐。

《商君书》曰：断人之足，黥人之面，非求伤民也，以禁奸止过。故禁奸止过，莫若重刑。

除肉刑

《汉书》曰：齐太仓令淳于公有罪当刑，诏狱还系长安。淳于公无男，有五女，当行会逮，骂其女曰："生子不生男，缓急非有益也。"其少女缇萦，自伤悲泣，乃随其父至长安，上书曰："妾父为吏，齐中皆称其廉平。今坐法当刑，妾伤夫死者不可复生，刑者不可复属，虽欲改过自新，其道无由。"天子怜悲其意，遂下令曰："制诏御史：盖闻有虞氏之时，画衣冠、异章服以为戮，而民不犯，何法之至也。今法有肉刑三，孟康曰：黥劓二，左右趾合一，凡三也。而奸不止，其咎安在？无乃朕德之薄而教不明与？夫刑至断支体，刻肌肤，终身不息，息，生也。何其刑之痛而不德也？岂为民父母之意哉？除肉刑者，有以易之。”丞相张苍、御史大夫冯敬奏言：“肉刑所以禁奸，所由来者久矣。陛下下明诏，怜万民之一有过被刑者终身不息，及罪人欲改行为善而道亡繇至，于盛德，臣等所不及也。臣谨议请定律曰：诸当完者，完为城旦舂；文帝除肉刑，皆有以易之，故以完易髡，以笞代劓，以钛左右趾代刑。此言髡者，完之也。当黥者，髡钳为城旦舂；当劓者，笞三百；当斩左趾者，笞五百；当斩右趾及杀人先自告、及吏坐授赇枉法，守县官财物而即盗之，已论命复有笞罪者，皆弃告。命者，名也，成其罪也。趾，足也。当斩右足，以其罪次重，故从弃市也。杀人先自去，谓杀人而自首，吏授赇枉法，守县官财物而盗之者，此三罪已论名而又伐革罪，即昔弃市也。罪人狱已决，完为城旦舂，满三岁为鬼薪、白粲。鬼薪、白粲一岁，为隶臣妾。隶臣妾一岁，免为庶人。”应劭曰：取薪给宗庙为鬼薪。白粲，生择使正白粲然。

论肉刑

《续汉书》曰：时论者多欲复肉刑，孔融乃建议曰：“古者敦庞，善否区别，吏端刑清，政无过失，百姓有罪，皆自取之。末世陵迟，风化坏乱，政挠其俗，法害其民，故曰上失其道，民散久矣。而欲绳之以古刑，投之以残弃，非所谓与时消息者也。纣斮朝涉之胫，天下谓为无道。夫九牧之地千八百君，若各刑一人，是天下常有千八百纣也，求治休和，弗可得已。且被刑之人，虑不念生，志在思死，类多趣恶，莫复归正。夙沙乱齐，伊戾祸宋，赵高英布，为世大患。不能正人，遂为非也。故明德之君，远度深唯，弃短就长，不苟革其政者也。”朝廷善之，卒不改焉。

《魏志》曰：锺繇上疏曰：“大魏授命，继踪虞夏，孝文革法，不合古道。先帝圣德，固天所纵，典坟之业，一以贯之。是以继世仍发明诏，思复古刑，为一代法。连有军事，遂未施行。陛下远追二祖遗意，惜斩趾可以禁恶，恨人死之无辜，使明习律令，与群臣共议。出本当右趾而入大辟者，复行此刑。《书》云：‘皇帝清问下民鳏寡，有辞于苗。’此言尧当除蚩尤、有苗之刑，先审问于下民之有辞者也。若今蔽狱之时，讯问三槐九棘、群吏万民，使如孝景之令，其当弃市欲斩右趾者许之，其黥、劓、左趾、宫刑者，如孝文易以髡、笞。能为奸者，率年二十至四、五十，虽斩其足，犹任生育。今天下人少于孝文之世，下计所全，岁三千人。张苍除肉刑，所杀岁以万计。臣欲复肉害刑，岁生三千人。”疏奏，诏曰：“太傅学广才高，留心政事，又于刑理深远。此大事，公卿群僚善共平议。”司徒王朗议以为“繇欲轻减大辟之条，增益刖刑之数，此则起偃为竖，化尸为人矣。然臣之愚，犹有未合微异之意。夫五刑之属，著在科律，科律自有减死一等之法。不死，即为减死。施行已久，不待远假斧凿于彼肉刑，然后有罪次也。前世仁者，不忍肉刑之惨酷，是以废而不用。不用已来，历年数百。今复行之，恐其所减之文未彰于万民之目，而肉刑之间已宣于寇雠之耳，非所以来远人也。”议者百余人，与朗同者多。帝以吴蜀未平，且寝。

王隐《晋书》曰：曹彦议云：“严刑以杀，犯之者寡；刑轻易犯，蹈恶者多。臣谓玩常苟免，犯法乃众；黥刖彰刑，而民甚耻。且创黥刖，见者知禁，彰罪表恶，亦足以畏，所以《易》曰小惩大戒，岂蹈恶者多耶？假使恶多尚不至死，无妨产育，苟必行煞，为恶纵寡而不已，将至无人，天无以神，君无以尊矣，故人宁过不杀。是以为上宁宽得众。若乃于张听讼刑以止刑，可不革旧，过此以往肉刑宜复。肉刑于死为轻，减死五百为重，重不害生，足以惩奸，轻则知禁，禁民为非，所谓相济经常之法。议云不可，或未知之也。”

又曰：尚书梅陶问光禄大夫祖纳：“汉文帝故当为英雄，既除肉刑，而五六百岁无能复者。”纳答曰：“诸圣制肉刑，而汉文擅除已来，无胜汉文帝者。”故不能复。非圣人者无法，何足为英雄？”于是陶不能对，隐白征西大将军曰：“夫政未可立，则思制度，全育民命，富国强兵。叛盗之属，断支而已，是好生恶杀，叛盗背死，是好杀恶生也。断支若谓之酷，截头更不谓之虐，何其乖哉？刑罚不中，则民无所措手足也。蛮夷猾夏，则皋陶作士，此欲善其末则先制其本也。自古多人犹惜民命得以御寇，况今千不遗一，益宜存在以伐大贼。今若得改之，则岁活数万，生数亦如之。若此十载，生各数万。断支之后，随刑使役，不失民，不乏用，富国强兵。此之谓也。“

又曰：刘颂上书曰：“古者用刑以止刑，及今反于此。以刑生刑，以徒生徒。诸重犯亡者发过三寸，辄重髡之，此以刑生刑。亡加作一岁，此以徒生徒。亡者积多，系囚猥蓄，议者因曰不可不赦，复从而赦之，此为刑不制罪，法不胜奸。民知法之不胜，相聚而谋为不轨。故自顷以来，奸恶陵暴，所在充斥，渐以滋蔓，日积不已，弊将所归。议者不深思此故，而曰肉刑于民忤听，忤听孰与盗贼不禁？圣主之制肉刑，远有深重，其事可得而言，非徒惩其畏剥割之痛而不为也。乃去其为恶之具，使夫奸民无用，不复肆其志，止奸绝本，理之尽也。亡者刖其足，无所用复亡；盗者截其手，无所用复盗；淫者割其势，理亦如之。除恶塞源，莫善于此，又非徒然也。此等已刑之后，便各归家，父母妻子共相养恤。疮愈可役，上准古制，随宜业作，虽已刑残，不为虐弃，生育繁阜之道自若也。今宜取死刑之限轻，及三犯逃亡淫泆，悉以肉刑代之。其三岁刑以下，宜杖罚。及宜制其罚数，使有常限。后刑不复生刑，徒不复生徒，而残体为戮，终身作诫。民见其痛，畏而不犯，必数倍于今。且为恶者，随发被刑，去其为恶之具，岂与全其为奸之手足，而蹙居必死之穷地同哉？而犹曰肉刑不可用，臣切以为识务之甚也。”

《博物志》曰：肉刑，明王之制，荀卿每论之。汉兴，文帝感太仓公女之言而废之，班固著论云宜复之。迄汉末魏初，陈纪又论宜申古制，孔融谓不可复。魏武帝辅汉，欲申之，锺繇、王朗不同，遂寝。夏侯玄、李胜、曹羲达、丁谧建私议，各有彼此，多言，时未可复、故遂寝。

崔寔《政论》曰：高祖非九章之律，高后深三族之罪，文帝去肉刑，景帝减加笞。由此言之，世有所更，何独拘前？

太平御览卷第六百四十九 刑法部十五

髡

《周礼·秋官上·掌戮》曰：髡者使守积。郑司农曰：髡当为完，谓但居作三年，不亏其体者也。五刑之中，而髡丈必王之同族不割者。宫之为剪伤其类，髡仍似守续也。

《后汉书》曰：邓骘子侍中凤，尝与尚书郎张龛书，属郎中马融宜在台阁。又中郎将任尚遗凤马。后尚坐断盗军粮，槛车征诣廷尉，凤惧事泄，先自首于骘。骘畏太后，遂髡妻及凤以谢。

《曹瞒别传》曰：太祖常行，经麦中，令士卒犯麦者死。骑士皆下马，持麦以相付。时太祖马腾入麦中，主簿对以《春秋》之义，罚不加于尊，太祖曰："制法而自犯之，何以率下？然孤为军师，不可杀，请自刑。"因拔剑割发以置地。

《会稽典录》曰：吴范与鄱阳太守魏腾少相友善。腾尝有罪，吴王怒甚，敢有谏者死。范谓腾曰："与汝皆死。"腾曰："死无益，何死为？"范曰："安能虑此坐观汝耶？"乃髡头自缚诣閤下，使铃下以闻。铃下不敢，曰："必死不可。"范曰："汝有子？"曰："有。""使汝为吴范死，汝子属我。"铃下曰："诺。"乃排閤入。吴主大怒，欲投以戟，寮翰走出。范因突入，叩头流血，言与涕并。良久，吴主意释，乃免腾。

《晋书》曰：髡钳五岁刑。

张斐《律序》曰：髡者，刑之威，秋凋落之象。

《后魏书》曰：李䜣负罪得降免，有旨鞭髡刑，配为厮役。䜣之废也，平寿侯张谠见与语，奇之，谓人曰："此佳士也，终不久屈。"未几而复为太仓尚书。

《风俗通》曰：秦始皇遣蒙恬筑长城，徒士犯罪，亡依鲜卑山，后遂繁息，今皆髡头衣赭，亡徒之明效也。

鞭

《书》曰：鞭作官刑。为办治官事之刑也。

《传》曰：齐襄公田于贝丘，见大豕。从者曰："公子彭生也。"公怒曰："彭生敢见！"射之，豕人立而啼。公惧，坠于车，伤足丧屦。反，诛屦于徒人费。弗得，鞭之见血。

又曰：重耳过卫，卫文公不礼焉。出于五鹿，乞食于野人，与之块。公子欲鞭之，子犯曰："天赐也。"稽首，授而载之。

又曰：楚子将围宋，使子文治兵于睽，终朝而毕，不戮一人。子玉复治兵于蒍，终日而毕，鞭七人，贯三人耳。

又曰：卫献公初有嬖妾，使师曹诲之琴，诲，教也。师曹鞭之。公怒，鞭师曹三百。

《谷梁传·成公》曰：梁山崩，雍河，三日不流。晋君召伯尊而问焉。伯遵来遇辇者不辟，使车右下而鞭之。辇者曰："所以鞭我者，取道远矣。"伯遵下车问焉，曰："子有闻乎？"对曰："梁山崩。"伯遵曰："君为此召我，如之何？"辇者曰："天有山，天崩之，天雍之，虽召伯遵，其若之何？"伯遵由悉问焉，悉至疑，欲重问之也。辇者曰："君亲素缟，帅臣而哭之。"既祀焉。

《后汉书》曰：刘宽迁南阳太守，典历三郡，温仁多恕。虽在仓卒，未疾言遽色。尝以为"齐之以刑，民免而无耻。"吏人有过，但用蒲鞭罚之，示辱而已。

《汉晋春秋》曰：明帝勤于吏事，苛察逾甚，或于殿前鞭杀尚书郎。

《晋中兴书》曰：谢鲲字幼舆，弱冠知名。值中朝大乱，长沙王乂辅政，亲媚小人，忌害君子。时疾鲲名，谮之，乂遂执欲鞭之。鲲解衣伏锁，神无遽容。乂异而释之，文无喜诗。

又曰：皇帝诏："飞督王饶忽上吾鸩鸟，口云以辟恶，此凶物，岂宜妄进？"于是顿鞭饶二百，使殿中御史孙云监于四冲道焚烧之。

《后魏书》曰：甄琛监决赵修鞭，犹相隐恻，然告人曰："赵修小人，背如土牛，殊耐鞭杖。"有识以此非之。

《三国典略》曰：齐崔谦迁钜鹿太守，恩信大行，改鞭用熟皮为之，不忍见血，示耻而已。有贫弱未埋者，皆曰：“我自造白鬓公，不虑不决。”在郡七载，狱无停囚。

《齐春秋》曰：齐景真为晋平太守，有惠政，常悬一蒲鞭，未尝用之。

《齐书》曰：薛安都从弟道生，以军功为大司马参军，犯罪，为秣陵令庾淑之所鞭。安都大怒，乃乘马从数十人，令左右执矟欲往杀淑之。行至朱雀航，逢柳元景，遥问曰：“薛公何之？”安都跃马至车后曰：“小子庾淑之鞭我从弟，今往刺杀之。”元景虑其不可驻，绐之曰：“小子无宜适卿往，与手甚快。”安都既回马，元景复呼之，令下马入车，因让之曰：“卿从弟服章言论，与寒细不异，且人身犯罪，理应加罚。卿朝廷勋臣，云何放恣，辄于都邑杀人，非唯科律所不容，主上亦无辞相宥。”因载俱归，安都乃止。

《南史》曰：褚玠为山阴令。时舍人曹义达为宣帝庞，县人陈信家富，谄事义达。信父显文恃势横恣，玠乃遣使执显文，鞭之一百，于是吏人股栗。

《唐书》曰：太宗以暇日遍阅群书，因读明堂孔穴云“人五藏之系，咸附背脊，针灸失所，皆有损害。”乃废书而叹曰：“今律，决笞者皆六髀背分授，乃有邂逅致死之义。挞人之背，理则宜然。夫棰，五刑之最轻者，死者，人生之至重者也，岂容犯最轻之刑而或鞭笞致死？自古帝王由来未悟，不亦悲夫！”即颁制决罪人不得鞭背。

《晋令》曰：应得法鞭者即执以鞭，过五十称行之。有所督罪，皆随过大小，大过五十，小过二十。鞭皆用牛皮革廉成，法鞭生苇，去四廉，常鞭用熟靼，之列反。柔革也。不去廉，作鹄头，纫长一尺一寸，鞘长二尺二寸，广三分，厚一分，柄皆长二尺五寸。

《搜神记》曰：神农以赭鞭百草，尽知其毒寒温臭味所主，故天下号曰神农也。

《异苑》曰：河内司马唯之奴天雄死，死后还，其妇来善，闻体有鞭疮而却着锁，问云：“有何遇，至如此？”曰：“曾因醉，窃骂大家，今授此罪。”

《列女传》曰：楚野辩女者，昭氏妻也。郑简公使大夫聘于荆，至于狭路，有一妇人乘车与大夫遇，击折大夫车之轴。大夫怒，将执而鞭之。女曰：“妾闻君子不迁怒，不贰过。今狭路之中，妾之避已极矣，而子大夫之仆不肯少伺，是以废于大夫之车，而反执妾，岂非迁怒哉？不怒仆而反怒妾，岂不贰过哉？”

《会稽典录》曰：锺离意为尚书仆射。时匈奴有降者，诏赐缣三百匹，尚书郎暨酆误以三千匹赐之，上大怒，鞭酆殿下，重痛将死。意直排閤入，谏曰：“陛下德被四表，恩及夷狄，是以左衽之徒稽首来服。愚闻刑疑从轻，赏疑从重。今陛下以酆赏误，发雷霆之威，海内谓陛下贵微财而贱士命也。”

又曰：谢夷吾为郡功曹吏，太守弟五伦妻车马入府，无所关启，夷吾鞭功曹佐吏，门阑卒率车马出之，收其人从。伦为解之，良久乃已。

《汝南先贤传》曰：许嘉年十三，父给亭治道，坐不竟，当得鞭。嘉叩头流血请得免，由是感激读书。

梅陶《自叙》曰：余居中丞，曾以鞭皇太子傅，亲友莫不致谏，余笑而应之曰：“堂高由阶。皇太子所以得崇于上，由吾奉王宪于下也，岂其枉道取媚？”后皇太子特见延，赐以清宴。

笞

《史记》曰：张仪尝从楚相亡璧，意疑盗，执掠笞数百，不服，释之。

《汉书》曰：曹参子窋为中大夫。惠帝怪相国不治事，谓窋曰：“汝归，私从容问乃父曰：‘高帝新弃群臣，帝富于春秋，君为相国，日饮无所请事，何以忧天下？’然无言吾告汝也。”窋既洗沐归，时间自从帝所陈，参怒而笞之二百，曰：“趋入侍，天下事非乃所当言也。”

又曰：景帝元年下诏曰：“加笞与重罪尾，重罪谓死刑。幸而不死，不可为人。谓不能自起居也。其定律，笞五百曰三百，笞三百曰二百，犹尚不存。”至中六年，又下诏曰：“加笞者或至死而笞未毕，朕甚怜之，其减笞三百曰二百，笞二百曰一百。”

又曰：笞者，所以教之也，其定棰令。棰，策也，所以击者也。丞相刘舍、御史大夫卫绾请：笞者，棰长五尺，其本大一寸；其竹也，末薄半寸，皆平其节。当笞者笞臀，毋得更人，毕一罪乃更人。自是笞者得全。

又曰：车千秋为高庙寝郎。会卫太子为江充所谮败，久之，千秋上急言讼太子冤，曰：“子弄父兵，罪当笞耳。天子之子过误杀人，当何罪哉？臣尝梦见一白头翁教臣之言。”是时上颇知太子惶恐无他意，乃大感悟焉。

又曰：孝平后有节操。自刘氏废，常称疾不朝会。莽敬惮伤哀，欲嫁之，乃更号为皇新室主，令立国将军成新公孙建世子豫饬医往问后疾。成，饰也，音象。后大怒，笞鞭其旁侍御，因发疾不肯起，莽遂不敢强也。及汉兵诛莽，燔烧未央宫，后曰：“何面目以见汉家。”自投火而死。

《楚汉春秋》曰：上败彭城，丁固追上，上被发而顾，曰：“丁公何相逼之甚？”乃回马而去。上即位，欲陈功。上曰：“使项氏失天下，是子也。为人臣用两心非忠也。”使下吏笞煞之。

《东观汉记》曰：邓禹攻赤眉，曰：“无谷食，自当来，吾折棰笞之，非诸将忧也。”

《后汉书》曰：汝南太守宗资署范滂功曹，委任政事。滂外甥西平李颂，公族子孙，而为乡曲所弃。中常侍唐衡以颂请资，资用为吏，滂以非其人，寝而不召。资迁怒捶书佐朱零，零仰曰：“范滂清裁，犹以利刃断腐朽，今日宁授笞死而滂不可违。”资乃止。

又曰：桥玄再迁上谷太守，又为汉阳太守。时上邦令皇甫祯有赃罪，玄收考髡笞，死于冀市。

《隋书》曰：刘行本为治书侍御史，未几，迁黄门侍郎。上尝怒一郎，于殿前笞之。行本进曰：“此人素清，其过又小，愿陛下少宽假之。”上不顾，行本于是正当上前曰：“陛下不以臣不肖，置臣左右。臣言若是，陛下安得不听；臣言若非，当致之于理，以明国法，岂得轻臣而不顾也？臣所言非私。”因置笏于地而退。上敛容谢之，遂原所笞者。

《管子》曰：栋桡不胜任则屋覆，而人不怒者，其理然也。弱子，慈母所爱也，不以其理下瓦，则慈磨茸之。

《说苑》曰：韩伯瑜有过，其母笞之，泣。其母问曰：“他日笞之，未尝泣，今何泣？”对曰：“他日瑜得笞常痛，今母力之衰，笞不痛，是以泣之。”

《益部耆旧传》曰：杜贞字孟宗，广汉绵竹人也。少有孝行，习《春秋》，诵百万言。兄事同郡翟酺，酺后被系狱，真上檄章救酺，系狱笞六百，竟免酺难，京师莫不壮之。

拷掠

《释名》曰：捶而死曰掠。掠，狼也。用威如狼也。

《汉书》曰：景帝诏曰：“死者不可复生，刑者不可复息，此先帝之所重也。而吏未称职，以掠辜苦，饥寒瘐死狱中，何用心逆人道也？朕甚痛之。其令郡国岁上系囚以掠，若瘐死者坐。名县爵里、丞相御史课殿最以闻也。”

《后汉书》曰：薛安为扬州从事。戴就字景成，会稽上虞人。为仓曹掾，授赃秽。刺史欧阳操遣安检治，拷覆取实。安乃收就，拷讯五毒，乃以针刺就手十指甲，使令爬土，又烧铁令赤，使挟之肘腋内，焦烂肉堕地，就乃取而食之，终无款伏。安乃覆就于船下，而烧马粪于船，两头熏之。火灭，谓就已死，发船视之，乃张目谓其主者曰：“公何不益粪添火，而使绝之，何也？”主者乃报安，安大惊，遂引就共坐谈论，乃解其事耳。《会稽典录》又载。

又曰：遭党事，当考实李膺等。案经三府，太尉陈蕃却之，曰：“今所考案，皆海内人誉，忧国忠公之臣。此等犹十代宥也，岂有罪名不彰而致收掠者乎？”不肯平署。平署，犹连署也。帝愈怒，遂下膺等于黄门北寺狱。

又曰：周纡迁司隶校尉。六年夏，旱，车驾自幸洛阳录囚徒，二人被掠生虫，坐左转骑都尉。

《后魏书》曰：卢度世以崔浩事弃官，逃于高阳郑罴家，罴匿之。使者囚罴长子，将加棰楚，罴戒之曰："君子杀身以成仁，汝虽死勿言。"子奉命遂被考掠，至于火爇其体。因以物故，卒无所言。度世后令弟娶罴妹，以报其恩。

又曰：尉古贞，代人也。道武之在贺兰部，贺染干遣侯引乞突等将肆逆，古真知之，密驰以告。染干疑古真泄其谋，乃执拷之，以两车轴捍其头，伤其目，不服，拇殊之。

《梁书》曰：梁代旧律，测囚之法曰：一上起自晡鼓，尽于二更。及比部郎中泉删定律令，以旧法测立持久，非人所堪，分其刻数曰再上。廷尉以为新制过轻，请集八座议之。尚书周弘正议曰："凡小大之狱，必应以请，岂可恣考掠，以制刑罪？且测人时节，本非古制，近代以来方有此法。起自晡鼓，迄于二更，岂是常人所能堪忍？所以重械之下诬枉者多，朝晚二时同等刻，进退而求于事为哀。"

《会稽典录》曰：梁弘，句章人也，太守尹兴召署主簿。是时楚王英谋反，妄疏天下牧守，谋发，兴在疏中，征诣廷尉。宏与门下掾陆续等传考诏狱，掠毒备至，辞气益壮。

太平御览卷第六百五十　刑法部十六

杖

《尚书·尧典》曰：朴作教刑。朴，槚楚也。不勤道业，则挞之。

《礼记·学记》曰：槚楚二物，收其威也。

《家语》曰：舜之事父，小杖则授，大杖则走。

《后汉记》曰：明帝时政事严峻，九卿皆鞭杖。左雄上言："九卿位次三事，班在大臣，行有佩玉之节，动有庠序之仪。加以鞭杖，诚非古典。"上即除之。

《魏志》曰：杨阜字义山，为大匠卿。上疏欲省宫人诸不见幸者，乃召御府吏问后宫人数。吏崔令对曰："禁密，不得宣露。"阜怒，杖百，数之曰："国家不与九卿为密，乃与小吏为密乎？"帝闻而愈敬禅之。

又曰：周宣字孔和，乐安人，为郡吏。太守杨沛梦八月一日曹公当至，必与君杖，饮以药酒。使宣占之，对曰："夫杖起弱，药治人病。八月一日，贼必除灭。"至期，贼果破。

《蜀志》曰：刘琰妻胡氏入贺太后，太后令特留胡，经日乃归。胡有美色，琰疑其与后主有私，呼卒伍挝胡，至于以杖搏面，而后弃遣。胡具以告，琰坐下狱。有司议："卒非挝妻之人，面非授杖之地。"琰竟弃市。

王隐《晋书》曰：武帝以山涛为司徒，频让不许，出而径归家。左丞白褒又奏涛违诏，杖褒五十。

《晋阳秋》曰：诸葛武侯杖十以上亲决，宣王闻之喜曰："吾无患矣。"

《后周书》曰：宣帝自公卿已下皆被楚挞，其间诛戮黜免者不可胜言。每笞棰，人以百二十为度，名曰天杖。宫人内职亦如之。后妃嫔御虽被宠嬖，亦多被杖背。于是内外恐惧，人不自安。

《北史》曰：卢潜为黄门。郑子默奏潜从清河王岳南讨，岳令潜说梁将侯瑱，大纳瑱赂遗，还不奏闻。文宣杖潜一百，仍截其鬓，潜颜色不变。

《三国典略》曰：齐义宁太守荀仲举，字士高，颍川汝阴人也。在郡清简，亦工诗咏。尝与长乐王尉粲剧饮，啮粲指至骨。齐文宣知之，赐杖一百。或问其故，云："我那许当时，正疑是鹿尾耳。"

又曰：齐冯翊王润，字子泽，神武弟十四子也。廉慎方雅，习于吏职。神武尝称之曰："此是吾家千里驹也。"初为定州刺史，开府。王回洛，润督独孤拔侵窃官田，授纳赠赂。润案举其事，二人上言润出送台使，登魏文旧坛南望叹息，不测其意。武成宣命于州曰："冯翊王少小谨慎，内外所知，不为非法，朕信之矣。登高远望，人之常情，何足可道？鼠辈轻相间构，理应从斩，犹以旧人，未忍致法。回洛决鞭二百，拔宜决杖一百。"

《隋书》曰：高祖性猜忌，素不悦学。既任智而获大位，因以文法自矜，明察临下。恒令左右觇视内外，有小过失，则加以重罪。又患令史赃污，因私使人以钱帛遗之，得犯立斩。每于殿廷打人，一日之中，或至数四。尝怒问事挥楚不甚，即命斩之。十年，尚书左仆射高颎、治书侍御史柳彧等谏，以为朝堂非杀人之所，殿廷非决罚之地，帝不纳。颎等乃尽诣朝堂请罪，曰："陛下子育群生，务在去弊，而百姓无知，犯者不息，致陛下决罚过严，皆臣等不能有所裨益。请自退屏，以避贤路。"帝于是顾谓领左右都督田元曰："吾杖重乎？"元曰："重。"帝问其状，元举手曰："陛下杖大如指，捶楚人三十者，比常杖数百，故多致死。"帝不怿，乃令殿内去杖。欲有决罚，各付所由。

又曰："厍狄士文拜贝州刺史，性清苦，不授公料，家无余财。其子尝啖官厨饼，士文枷之于狱累日，杖一百，步送还京。僮隶无敢出门。

又曰：燕荣为幽州总管，按部道次见丛荆，堪为笞捶，命取之，辄以试人。人或自陈无咎，荣曰："后若有罪，当免尔。"及后犯细过，将挝之，人曰："前日被杖，使君许有罪宥之。"荣曰："无过尚尔，况有过耶？"榜棰如旧。

《唐书》曰：开元二年，监察御史蒋挺有所犯，敕朝堂杖之。黄门侍郎张廷珪曰："御史宪司，清望耳目之官，有犯当杀即杀，当流即流，不可决杖，可杀不可辱也。”

又曰：开元中，前广州都督裴伷先下狱，中书令张嘉贞奏请决杖。兵部尚书张说进曰：“臣闻刑不上大夫，以其近于君也。故曰：士可煞，不可辱。臣今秋巡边，中途闻姜皎朝堂决杖流，皎是三品，亦有微功，不宜决廷辱，以卒伍待之。且律有八议，勋贵在焉，今伷先不可轻行决罚。”上然其言。嘉贞不悦，退而谓悦曰：“何言事之深也？”说曰：“宰相者时来即为，岂能长据？若贵臣尽当可杖，但恐吾等行当及之，此言非为伷先，乃为天下士君子也。”

又曰：王遂为浙西观察使，每有笞挞，其杖率过常制。既遇祸，监军使封其杖来献，命中人出示于朝以作诫。

《世说》曰：桓宣武在荆州，欲以德被江汉，耻以威刑肃物。令史授杖正从朱衣，上过桓室，年少从外来，云向从门下过，令史授杖。上稍云根，下拂地足，意讥其不着。宣武云：“我犹患其重。”

传集曰：咸为左丞，杨济与咸书曰：“昨遣人相视授罚，云大重，以为恒然。相念杖痕不耐风寒，宜深慎护，不可轻也。当饮酒，令体中常暖为佳，苏治疮上急痛，故寄往之。”咸答：“违距上命，稽停诏罚，退思此罪，在于不测，才加罚黜，退用战悸，何复以杖重为剧？小人不德，所好唯酒，宜于养疮，可数致也。”

《襄阳耆旧记》曰：罗尚为右丞。是时左丞处事失武帝意，大怒，欲案入重罪。事连尚，于是尚为坐授杖一百，时论美之。

《益部耆旧传》曰：常播字文平，蜀郡江源人，仕县主簿。县长广都朱淑以官谷割没，当论重罪。播争狱讼，身授杖数千，披肌割肤，更历三狱，幽禁二年。每将掠栲，吏先验问伏不，播答言忽得罚，无所多问，辞终不挠，事遂见明也。

《三辅次录》曰：丁邯字叔春，正直不挠，举孝廉，为郎，以令史次补也。世祖改用孝廉，选邯补为郎，邯称疾不就。诏问：“实病？羞为郎乎？”对曰：“臣实不病，以孝廉为令史职尔。”世祖怒，使虎贲杖之数千，诏问：“欲为郎不？”邯曰：“能杀臣者，陛下；不能为郎者，臣也。”诏出，不为郎。

督

《晋书》曰：魏明帝改士庶罚金之令，妇人加笞，还从鞭督之例，以其刑体裸露故也。

《晋律》曰：诸有所督罚，五十以下鞭如令。平心无私而辜死者，二岁刑。

《晋令》曰：应授杖而体有疮者，督之也。

束皙《劝农赋》曰：乃有老闲，旧猥欺狡难觉，时虽被考，不过校督。歌对囹圄，笑向桎梏。

流徒

《书》曰：五流有宅，五宅三居，谓不忍加刑，则流放之，若四凶者。五刑之流，各有所居：大罪四裔，次九州之外，次千里之外也。

又曰：流宥五刑，流共工于幽州，放驩兜于崇山，窜三苗于三危，殛鲧于羽山，四罪而天下咸服。

《后魏书》曰：高聪有罪，恕死，徙平州为民，届瀛州，属刺史王质获白兔将献，托聪为表。高祖见表，顾谓王肃曰：“在下那得复有此才而令朕不知也？”肃曰：“此高聪北徙，此文或其所制。”高祖悟曰：“必应然也。”

《隋书》曰：王伽，开皇末为齐州行参军。初无足称，后被州使送流囚李参等七十余人诣京师。时制，流人并枷锁传送。伽行次荥阳，哀其辛苦，悉呼而谓之曰：“汝等虽犯宪法，枷锁亦大辛苦。吾欲与汝等脱去，行至京师总集，能不违期不？”皆拜谢曰：“必不敢违。”伽于是悉脱其枷，停援卒，与期曰：“某日当至京师，如致前却，吾当为汝授死。”舍之而去。流人感悦，依期而至，一无离叛。上闻而异之，于是悉召流人，并令携负妻子俱入，赐宴于殿庭而赦之，擢伽为雍令。

太平御览卷第六百五十一　刑法部十七

除名

何法盛《晋中兴书》曰：胡毋崇为永康令，多授货赂，政治苛暴，诏都街顿鞭一百，除名为民。

《隋书》曰：贺若敦被除名，每出怨言。晋公护征还，令自杀。临刑，呼子弼，谓曰："吾欲必平江南，然此心不果，汝当成之。吾以舌死，汝不可不思。"引锥刺弼舌出血，诫以慎口。

又曰：贺若弼坐免官，弼怨望愈甚。后数年，下弼狱。上谓之曰："我以高颎、杨素为宰相，汝唱言云此二人唯堪啖饭耳，是何意也？"弼曰："颎，臣之故人；素，臣之舅子。臣并知其为人，诚有此语。"公卿奏弼怨望，罪当死，上惜其功，于是除名为民。

又曰：高颎得罪，除名为民。颎初为仆射，其母诫之曰："汝富贵已极，但有一斫头耳，尔其慎之。"颎由是常恐祸变。及此，颎欢然无恨色，以为得免于祸。

又曰：权武为潭州总管，晚生子，与亲客宴集。酒酣，遂擅赦所部内狱囚。武帝以南越边远，治从其俗，务适便宜，不依律令，而每言当今法急，官不可为。上令有司案其事，皆验。上大怒，命斩之。武于狱中上书，言其父为武元皇帝战死于马前，以此求哀。由是除名为民。

《晋律》曰：吏犯不孝，谋杀其国王侯伯子男，官长诬偷授财枉法及掠人和卖诱藏亡奴婢，虽遇赦，皆除名为民。

又曰：除名，比三岁刑。

又曰：其当除名，而所取饮食之用之物，非以为财利者，应罚金四两以下，勿除名。

晋潘岳《闲居赋叙》曰：今天子谅暗之际，领太傅主簿府诛，除名为民，俄而复官。

免官

《后汉书》曰：梁松迁太仆，数为私书请托郡县。二年发觉，免官，遂怀怨望。四年冬，乃悬飞书诽谤，下狱免。

《宋书》曰：庾登之为司徒长史，南东海太守府公彭城王义康专览政事，不欲自下厝意，而登之性刚，每陈己志。义康不悦，出为吴郡太守，以赃货免官。

又曰：谢灵运在会稽，亦多徒众，惊动县邑。太守孟顗因灵运横恣，表其异志。灵运驰诣阙，上表自陈本末。文帝知其见诬，不罪也，以为临川内史。在郡游放，不异永嘉。为有司遣使随州从事郑望生收灵运，兴兵叛逸，遂有逆志，为诗曰："韩亡子房奋，秦帝鲁连耻。本自江海人，忠义感君子。"追讨禽之送廷尉，廷尉论上斩刑，上爱其才，欲免官而已。彭城王义康坚执，谓不宜恕，诏以谢玄勋参微管，宜宥及后词，降死，徙广州。

《晋律》曰：免官比三岁刑，其无真官而应免者，正刑召还也。

又曰：有罪应免官，而有文武加官者，皆免所居职官。

又曰：其犯免官之罪，不得减也。

又曰：其当免官者先上。免官，谓不听应收治者也。

收赎

《书》曰：金作赎刑。

又曰：墨辟疑赦，其罚百锾。六百两曰锾。锾，黄铁也。劓辟疑赦，其罚唯倍。倍百为二百也。剕辟疑赦，其罚倍差。倍差谓俗之文半为五百锾。宫辟疑赦，其罚六百锾。大辟疑赦，其罚千锾。

《国语》曰：桓公问："齐国寡甲兵，为之若何？"甲，铠。兵，弓矢之属。管仲对曰："轻过而移诸甲兵，诸，之也。谓轻其过，使以甲兵赎罪。制重罪赎以犀甲一戟，重罪，死罪。犀，犀皮，可为甲。戟，战戟也。秘长二又六尺。轻罪赎以鞼劬位切盾一戟，轻罪，劓刖之属。鞼盾，缀革有文加绩。小罪谪以金分。"小罪，不入五刑者。以金赎分两之差，今之罪金是也。《书》曰：金作赎刑也。

《家语》曰：鲁国之政法，赎人臣妾于诸侯者，皆取金于府。子贡赎之而辞不取。孔子闻之曰："赐失之矣。夫圣人举事，可以移风易俗，而教导可以施于百姓，非独适身之行也。今鲁国富者寡，贫者多，赎人授之益金则为不廉，则何以相赎乎？自今已后，鲁人不复赎人法于诸侯矣。"

《汉书》曰：文帝常行中渭桥，有一人闻跸，匿桥下。久，以为跸过，走出，乘与马惊。廷尉张释之奏犯跸，当罚金。帝怒曰："赖吾马和柔，他马已伤败我，廷尉乃罚金耶？"

又曰：张敞上书，论死刑以下出粟赎罪，以给军用。萧望之以为，父兄囚执，子弟将不顾死亡之患，败乱之行，以赴财利求救，一人得生，十人以丧，且富者得生，贫者独死，刑法不一也。

又曰：贡禹上言：孝文皇帝时，贵廉洁，贱贪行。贾人赘婿及吏坐赃者，皆禁锢不得为吏，无赎罪之法，故令行禁止，海内大化。武帝始临天下，尊贤用士，开地广境，日见功大，遂纵嗜欲，乃行一时之变，使犯法者赎罪，入谷者补吏，是以官乱民贫，盗贼并起。

又曰：卫青为太中大夫，元光六年拜为车骑将军，击匈奴，出上谷。公孙敖出代郡，李广出雁门。敖亡七千骑，广为虏所得，得脱归，皆当斩，赎为庶人。

又曰：赵食其，祋祤人也。祋，丁外切。祤，许羽切。为右将军，从大将军出定襄，迷失道当斩，赎为庶人。

又曰：博望侯张骞、郎中令李广俱出右北平异道，匈奴左贡王将数万骑围广。广与战二日，骞至，匈奴引兵出。骞坐行留当斩，赎为庶人。

又曰：右卫将军苏建亡军，独身脱还，赎为庶人。

《后汉书》曰：孝明时诏："亡命自殊死以下赎，死罪缣四十匹；左趾至髡钳城旦舂，十匹；完城旦舂至司寇五匹。犯罪未发觉，诏书到日自告者，半入赎。"

《晋书》曰：王弘有政绩，后为河南尹，苛碎。坐桎梏罪人，以泥墨涂面，置深坑中，饿不与食，又擅纵五岁刑以下二十人，为有司所劾。帝以弘累有政绩，听以赎罪论。

又曰：烈王无忌，闵王承之子也。承为荆州刺史王廙所害。江州刺史褚裒当之镇，无忌及丹阳尹桓景等饯于版桥。时王廙子丹阳丞耆之在坐，无忌志欲复雠，拔刀将手刃之，裒、景命左右救捍，获免。御史中丞车灌奏无忌欲专煞人，付廷尉科罪。成帝诏曰："王当以体国为大，岂可寻绎由来，以乱朝宪？主者其申明法令，自今已往，有犯必诛。"于是听以赎论。

《齐书》曰：到㧑，永明元年为御史中丞。车驾幸丹阳郡，宴饮，㧑恃旧，酒后狎侮同列，谓庾杲之蠢尔蛮荆，其俗鄙。复谓虞悰曰断发文身，其风陋。王晏既贵，雅步从容，又问曰："王散骑复可故尔？"晏先为国常侍，转员外散骑郎，此二职清华所不为，故以此嘲之。王敬则执榠查，以刀子削之，又曰："此非元徽头，何事自吃之？"为左丞庾杲之所纠，以赎论。

《唐书》曰：后魏起自北方，属晋室之乱，部落渐盛。其主乃峻刑法，每以军令从事。人乘宽政，多以违令得罪，死者以万计，于是国中骚然，其后，当死者听其家献金马以赎。

《会稽典录》曰：杨娇为右丞，诣南宫取急案条阁旧事，于复道中逢太常羊柔不避车，又下娇纠奏柔以为知丞郎应行威仪有序，九列外官而公干犯，请廷尉治柔罪。诏勿治，以三月俸赎罪。

《晋律》曰：其年老小笃癃病及女徒，皆收赎。

又曰：诸应收赎者，皆月入中绢一匹，老小女人半之。

又曰：赎死，金二斤也。

又曰：失赎罪囚，罚金四两也。

又曰：以金罚相代者，率金一两以当罚十也。

禁锢

《传》曰：楚共王即位，将为阳桥之役，使屈巫聘于齐，且告师期。巫臣尽室以行。遂奔晋，晋人使为邢大夫。子反请以重币锢之，禁锢勿令仕。王曰："其自为谋也，则过矣；其为吾先君谋也，则忠。忠，社稷之固也，所盖多矣。盖，覆也。且彼若能利国家，虽重币，晋将可乎？言不许。若尾婴于晋，晋将弃之，何劳锢焉？"

又曰：会于商任，锢栾氏也。禁锢栾盈，使诸侯不得授之。二十二年，会于沙随，复锢栾氏也。晋知栾盈在齐，故复锢也。

《后汉书》曰：河内张成善说风角，推占当赦，遂教子杀人。李膺为河南尹，督促收捕，既而逢宥获免。膺愈怀愤疾，竟案杀之。初，成以方伎交通宦官，帝亦颇讯其占。成弟子牢循因上书诬告膺等养太学游士，交结诸郡生徒，更相驱驰，共为部党，诽讪朝廷，疑乱风俗。于是天子震怒，班下郡国，逮捕党人，布告天下，使同忿疾，遂收执膺等。其辞所连及陈实之徒二百余人，或有逃遁不获，皆悬金购募。使者四出，相望于道。明年，尚书霍谞、城门校尉窦武并表为请，帝意稍解，乃皆赦归田里，禁锢终身，而党人之名犹书王府。熹平五年，永昌太守曹鸾上书大讼党人，言甚方切。帝省奏大怒，即诏司隶益州槛车收鸾，送槐里狱，掠杀之。于是又诏州郡，更考党却逝生故吏父子兄弟，其在位者，免官禁锢，爰及五属。谓斩缞、齐缞、大功、小功、缌麻也。

又：韩棱初为郡功曹，太守葛兴中风，病不能听政，棱阴代兴视事，出入二年，令无违者。兴子尝发教欲署吏，棱拒执不从，因令怨者章之。章谓令上章告言之。事下案验，吏以棱掩兴病，专典郡职，遂致禁锢。显宗知其忠，后诏特原之。

又曰：弟五伦上疏云："三辅论议者，至云以贵戚废锢当复，以贵戚浣濯之，犹解酲当以酒也。病酒曰酲。诐险趋势之徒，诚不可亲近。"

《齐书》曰：王宴弟诩，位少府卿。敕未登黄门郎，不得畜女伎。诩与射声校尉阴玄知坐畜伎免官，禁锢十年。敕特原。

《典略》曰：马骋在东观十六年，以为久费精思，非养生之道，擅去离署，免官，禁六年。

崔鸿《前燕录》曰：辽东内史宋该举侍郎韩偏为孝廉，慕容俊令曰："夫孝廉者，道德沉敏，贡之王庭，偏往助叛徒迷固之罪。及王威临讨，凭城丑詈，此则勃之甚，奈何举之？该下吏可正四岁刑，行财祈进，亏乱王典，可免官，禁锢终身。”

《晋令》曰：犯免官，禁锢三年。

《郑玄别传》曰：玄病笃，与益恩书曰：“吾预党禁锢十四年也。”

太平御览卷第六百五十二　刑法部十八

赦

《易》曰：雷雨作解，君子以赦过宥罪。

《书》曰：眚灾肆赦。眚，过；灾，害；肆，缓。言大过害当缓赦之。

又曰：五刑之疑有赦，五罚之疑有赦，其审克之。刑疑赦从罚，罚疑赦从免，其当伺察，能得其礼。

《周礼》曰：国君过市，刑人赦。

又曰：司刺，掌三宥三赦之法。一宥曰不识，再宥曰过失，三宥曰遗忘；一赦曰幼弱，再赦曰老耄，三赦曰蠢愚。

《尔雅》曰：赦，舍也。舍，放置也。

《论语》曰：子路问政。子曰："先有司，赦小过，举贤才。"

《史记》曰：陶朱公子杀人，囚于楚。公曰："杀人而死，职也。"使少子往视之，乃装黄金千溢以置褐器中。载以一牛车，遣其少子。朱公长男固请欲行，公不许。长男曰："长子，家督也。今弟有罪，大人不遣，是吾不肖。"欲自杀，其母为言，不得已而遣长子。为一封书及金，令遗故所善庄生。生乃见楚王曰："某星犯某宿，独以德为可以除之。"王乃使封三钱之府。长男以为赦，弟固当出也，重千金虚弃无所为也，乃复见庄生曰："弟今自赦，故辞去。"生知其意曰："自入室取金。"庄生耻为儿所卖，乃入见楚王曰："臣出，道路皆言陶之富人朱公子多将金赂王左右，王非能恤楚而恩赦，乃以陶朱公子也。"楚王大怒，遂杀陶朱公子。明日乃赦，令长子持其弟丧归也。

《汉书》曰：惠帝冠，赦天下，省法令妨吏民者，除挟书律。如淳曰：秦皇令，敢有挟持书偶语者，为城旦舂。

又曰：惠帝崩，太子立为皇帝，年幼，太后临朝称制，大赦天下。

又曰：武帝元封二年四月，临决河塞堤，作《瓠子歌》，赦所过徒。六月，诏曰："甘泉宫内铜池中产芝，九茎连叶，赦天下。"作《芝房之歌》。五年冬，行南巡，还至泰山，增修封禅，赦天下。六年，诏曰："朕礼首山，昆田出珍物，化为黄金。祭后土，神光三烛。其赦汾阴殊死以下，赐天下贫民布帛人一匹。益州、昆明反，赦京师亡命令从军，击之。后元元年三月，诏曰："朕郊见上帝，巡于北边，见群鹤留止，以不罗网，靡所获。献荐于泰畤，光景并见，其赦天下也。"

又曰：宣帝地节元年四月，凤凰集鲁，群鸟从之。戊申，立皇太子，赦天下。神爵四年春二月，诏曰："嘉瑞并见，修兴太一、五帝、后土之祠，祈为百姓蒙福。鸾凤万舞，集止于旁。斋戒之暮，神光显著。荐献之夕，神光交错，或降于天，或登于地，或从四方来集于坛。上帝嘉飨，海内承福，其赦天下。"

又曰：成帝建始元年二月，诏曰："乃者火灾降于祖庙，有星孛于东井，其大赦天下，咸得自新。"永嘉元年丙寅，立皇后赵氏，大赦天下。四年正月，行幸甘泉，郊泰畤，神光降集紫殿，大赦天下。

又曰：哀帝建平二年四月，诏曰："汉家之制，推亲亲以显尊尊。定陶恭皇之号，不宜复称定陶。尊恭皇太后，称永信宫，立恭皇后庙于京师。赦天下。"

《东观汉记》曰：吴汉疾笃，上乃亲自临问所欲言。对曰："臣愚，无所知识，唯愿无赦而已。"

又曰：郭躬家世掌法，务在宽平。章和元年，赦天下系囚，在四月丙子以前，减死罪一等，勿笞，诣金城，而文不及亡命。躬上封事曰："伏唯天恩莫不荡宥，死罪以下并蒙更生，而亡命捕得独不沾泽。臣以为赦前犯死罪而系在赦后者，可皆勿笞，诣金城，以全民命益于边。"上善之，即下诏赦焉。

谢承《后汉书》曰：学士中诸生与李膺等更相褒重，莫不畏其贬议。时河内张成善说风角，推占当赦，遂教子杀人。李膺为河南尹，督促收捕，既而逢宥获免。膺愈怀愤疾，竟案杀之。

又曰：度尚为荆州刺史。尚见胡兰余党南走苍梧，惧为己负，仍伪上言苍梧贼入荆州界，于是征交趾刺史张磐下廷尉。辞状未正，会赦见原，磐不肯出，狱方更牢持械节。狱吏谓磐曰："天恩旷然，而君不出，何乎？"磐因自列曰："前长沙贼胡兰作难荆州，余党散入交趾。磐身婴甲胄，涉危履险，讨击凶患，斩殄渠帅，余烬鸟窜，冒遁还奔。荆州刺史度尚惧磐先言，怖畏罪戾，伏奏见诬。磐备位方伯，为国爪牙，而为尚所枉，授罪牢狱。夫事有虚实，法有是非，磐实不辜，赦无所除。如忍以苟免，永授侵辱之耻，生为恶吏，死为弊鬼。乞传尚诣廷尉，面对曲直。"廷尉以其状上，诏书征尚到廷尉，辞穷授罪，以先有功得原。

又曰：董卓死，陕中诸将后共相要，遣使诣长安相闻，求乞大赦。尚书令王允等以为杀卓时己赦，今复求，一岁不可再赦。李傕等曰："京师不赦我，我当死，不若决之。若攻长安，克之则可大得天下；不克则尽钞取三辅妇女财物西上陇，归乡里作贼，延命尚可数年。"于是帅兵西向长安。

《魏志》曰：文帝延康元年，授禅即位，改延康为黄初，大赦天下。

又曰：陈留王奂即位，咸熙二年二月，加相国晋王冕十二旒、天子旌旗、出警入跸、乘金银车等。癸未，大赦。八月辛卯，晋王薨。壬辰，晋太子炎绍封袭位。襄武县言有大人见，长三丈余，迹长尺二寸，白发，着黄单衣，黄巾，柱杖，呼人王，始语云，今当太平。九月乙未，大赦。

《吴志》曰：吕蒙病发，孙权迎置内厩，夜不能寐，病中有瘳，为下赦令。

又曰：孙皓天玺元年，吴都言临平湖自汉末草秽拥塞，令更开通。长老相传，此湖边石函中有小石，青白色，长四寸，广二寸余，刻作皇帝字。于是改年，大赦。

《蜀志》曰：孟光字孝裕，河南人。延熙九年秋，大赦。光责大将军费祎曰："大赦者，偏枯之物，非明世所宜有也。衰弊穷极，必不得已，然后乃可权而行之耳。今主上仁贤，百僚称职，有何旦夕之危，倒悬之急，而数施非常之恩，以惠奸宄之恶乎？又鹰隼始击，而更原宥有罪，上犯天时，下违人理。老夫耄朽，不达治体，窃谓斯法难以经久，岂具瞻之高美所望于明德哉？”祎但顾谢踧踖而已。

干乞《晋纪》曰：庶人杨氏卒于金墉城。陈留董仲道游于太学，喟然而叹曰：“建斯室也，何为者乎？每见国家赦书，谋反大逆皆除，其杀祖父母父母者不除，以为道法所不容也。何今日公卿而处议，文饰礼典，以至此事乎？天人之理既惑，大乱将作矣。”顾谓谢鲲、阮千里等曰：“《易》称知几其神，卿等各可深逃。”乃身荷担，妻子推鹿车以入于蜀山，莫知所至。

王隐《晋书》曰：武帝咸熙二年十二月丙寅，上乃设坛授命于郊，即洛阳宫，幸太极前殿，大赦天下。

又曰：愍帝建兴元年夏四月壬申，上即位于长安宫，改年，大赦天下，与之更始，前后不及者，皆除之。

崔鸿《前秦录》曰：王猛疾病未瘳，符坚大赦死已下。

又曰：永兴元年，符坚将为赦，与尚书左仆射王猛、右仆射符融密议于露堂，屏左右为赦文。有一大苍蝇入自牖间，鸣声甚大，集于笔端，驱而复来，久之乃去。俄而长安市里相告曰：“官今大赦。”有司以闻，坚惊谓猛、融曰：“禁中何从泄也？”于是敕外推之，咸言有一小人衣黑衣，大呼于市曰：“官今大赦。”须臾不见。坚叹曰：“其向者苍蝇也。”

《后魏书》曰：崔玄伯，太宗时，郡国豪右大为人蠹，乃优诏征之。人多恋本而长吏逼遣，于是轻薄少年因相扇动，所在聚结，讨之不能禁，太宗乃引玄伯及元成侯屈等议赦之。屈曰：“人逃不罪，而反赦之，似若有求于下，不如先诛首恶，赦其党类。”玄伯曰：“王者治天下，安人为本，何能顾小曲直也？譬琴瑟不调，必改弦而更张。夫赦虽非正道，而可以权行，自秦汉已来，莫不相踵。屈言先诛后赦，会于不能两去，孰与一行便定？若其赦而不改者，诛之不晚。”太宗从之。

《后周书》曰：明帝三年夏，诏：“比屡有纠发官司赦前事。此虽意在疾恶，但先王制肆眚之道，令天下自新。若又推问，自新何由哉？

如此之徒，有司勿为推究。唯库厩仓廪与海内所共，汉帝有云，朕天下守财耳。若有侵盗公家财畜钱粟者，魏朝之事，年月既远，一不须问。自周有天下以来，虽经赦宥，而事迹知者，有司宜即推穷。得实之日，便免其罪，征备如法。

《北齐书》曰：宋世良，字元友。为清河太守，甚有善政。天保初，大赦，清河狱内蓬蒿但满，无囚可赦，唯率将吏拜诏而已。

又曰：后主将大赦，时临漳令李世业为台所劾，赃多至死。世业即穆提婆对门陆令宣言于齐主，所以大赦。后由是频赦，遂以为常。平恩县功曹贺肫，小人奸贪，数犯刑宪，但入狴牢，无不遇赦，故世人以肫为赦之候。

又曰：赦日，武库令设金鸡及鼓于阊阖门外之右。勒集囚徒于阙前，挝鼓千声，脱枷锁遣之。

《隋书》曰：张煚为天官司会，与宗伯斛斯征素不协。征出为齐州刺史，坐事下狱，自知罪重，遂逾狱而走。帝大怒，购之急。煚上密奏曰："征自以负罪深重，惧死遁逃，若不北窜匈奴，则南投吴越。征虽愚陋，久历清显，奔波敌国，尾嫳圣朝。今者炎旱为灾，可因兹大赦。"帝从之。征赖以获免，煚卒不言。

《唐书》曰：太宗以法吏舞文，尤留意于刑政，每亲录囚徒。贞观初，时方发生，乃悉放京城死罪系囚徒归家，期以秋分还系所囚，敕天下皆放之。是岁，天下死罪囚如期而还者，凡二百九十人。太宗愍其奉法，悉赦之。自是犯法者鲜。贞观二年，上谓侍臣曰："凡殊，唯及不轨之辈。古语曰：'小人之幸，君子不幸。一岁再赦，奴人喑哑。'凡养稂莠者，伤禾稼；惠奸宄者，贼良人。昔文王作罚，刑兹无赦。夫小仁者，大仁之贼。故我有天下以来，不甚放赦。今四海安静，礼义兴行，数赦则愚人常冀侥幸，唯欲犯法，不能改过。当须慎赦。"

《尚书大传》曰：有过必赦，小罪勿增，大罪勿增，老弱不授刑，有过不授罚。故老而授刑谓之悖，弱而授刑谓之克，不赦有过谓之贼。故与其杀不辜，宁失有罪；与其增以有罪，宁失过以有赦。

《家语》曰：孔子为司寇，有父子讼者，夫子同狴而执之，狴，狱也。三月而不别也。其父请止，夫子赦焉。季孙闻之不悦，曰："司寇欺余。曩告余曰：'为国家必先以孝。'余今戮一不孝以教民孝，不亦可乎？又赦之，何哉？"冉有以其言告，孔子喟然叹曰："上失其道而煞其下，非理也。不教以孝而听以狱，是煞不辜；三军大败，不可斩也；狱犴不理，不可刑也。何者？上教之不行，罪不在民故也。

《管子》曰：凡殊者，小利而大害也，故久而不胜其祸。无赦者，小害而大利也，故久而不胜其福。故赦者，奔马之委辔也。无赦者，痤疽之砭石也。

又曰：赦者，先易后难；法者，先难后易。故惠者，民之仇雠也；法者，民之父母也。

《庄子》曰：闻在宥天下，不闻治天下。郭家注曰：宥使自有则治，法治之则乱。在也者，恐天下之淫其性也。宥也者，恐天下之迁其德也。天下不淫其性也，不迁其德，有治天下者哉！无治乃不迁淫耳。

《淮南子》曰：或曰知天且赦也而煞人，或曰知天且赦而活人，其望赦同，其所利害异。故或吹火而灯，或吹火而灭，所以吹者异也。

《李燮别传》曰：燮年逃亡，匿临淄界为酒家佣。灵帝即位，时月经阴道晕五车，史官曰："有流星升汉而北，阳芒迫卯，荧惑入大角，犯帝座，其占当有大臣被诛者。故太尉李固，西土人，占在固。今月经阴道，围五车，宜有赦令，以除此异。"上感此变，大赦天下，求公子孙，酒家且车乘厚送之。

《汉旧仪》曰：践祚改元，立皇后、太子，赦天下。每赦，自殊死以下及谋反，大逆、不道、诸不当得赦者，皆赦除之。令下，丞相御史复奏可，分遣丞相御史乘传驾行郡国，解囚徒，布诏书。郡国各分遣吏，传厩车马，行属县，解囚徒。

《海内先贤传》曰：王允字子师，诛董卓。卓将郭汜、李傕等闻卓死，引兵还围长安，燔掠官省，死者万数，大赦天下。允忠节三朝，更赦书云："其赦射帝营宫阙，不从此令。"是日遂及于难。

《华阳国志》曰：丞相诸葛亮，时有言公惜赦，亮答曰："治世以大德，不以小惠，故匡衡、吴汉不愿为赦。先帝亦言吾周旋陈元方、郑康成间，每见启乱之道悉矣，曾不语赦也。若刘景升父子岁岁赦宥，何益于治也？"

王符《潜夫论》曰：凡治疾者，必先知脉之虚实，气之所结，然后为之方，故疾可愈也。为国者，必先知人之所苦，祸之所起，然后为之禁，故奸可塞也。夫贼良人之甚者，莫大数赦。赦数，则恶人昌而善人伤矣。养稂莠者伤禾稼，惠奸宄者贼良人。《书》曰：文王作罚，刑兹无赦。孝明帝时，荆州举茂才。初过谢恩赐食。事讫，问何异闻，曰："坐有剧贼九人，刺史数以互郡，讫不能得。"帝曰："汝非部南郡从事耶？"对曰："是。"帝乃震怒曰："贼发部中不能擒，然才何以为茂？"乃捶数百，便免官，而切让州郡。十日之间，贼即伏诛。由此观之，擒盗贼在于明法，不在数赦。

崔寔《政论》曰：孝文皇帝即位二十三年乃赦，示不废旧章而已。近永平、建初之际，亦六七年乃赦，亡命之子皆老于草野，穷困惩艾皆至于死。顷间以来，岁旦赦，百姓轻为奸非。前年一期之中，大小四赦。谚曰："一岁再赦，奴儿喑哑。"况不轨之民，孰不肆意？遂赦为常俗，赦以趣赦，转相驱踧而不得息，虽日赦之，乱捕击耳。

郭子曰：孙秀降晋，武帝厚存宠之，妻以姨妹蒯氏，室家甚睦。妻尝怒，乃骂秀为貉子，秀大不平，遂出不复入。蒯氏自悔责，遂请救于帝。时大赦，群臣咸见。既出，帝独留秀，从容言天下旷荡，蒯夫人可得从其例不。秀免冠谢，为夫妇如初。

《傅子》曰：若亲贵犯罪，大丈必议，小丈必赦，是纵封豕于境内，放长蛇于左右也。

荀悦《汉纪论》曰：大赦，权时之宜，非常典也。汉兴，承兵革 之后，大过之代比屋可刑，故设三章之法，申以大赦之令，荡涤秽流，与人更始，时势然也。后代承业，习而不革，失时宜矣。

《风角书》曰：春甲寅日，风高去地三四丈，鸣条从甲上来，为大赦期六十日。

又曰：候赦法，冬至后尽丁巳之日，南风从巳上来，满三日以上，必有大赦。

《望气经》曰：黄气四出，注期五十日，赦。

《古乐府歌》诗曰：始出上西门，遥望秦氏楼。秦氏有好女，自名为女休。女休年十五，为宗行报雠。左执白杨刀，右援宛景矛。上山四五里，问吏得女休。女休前置辞：平生为燕王妇，于今为诏狱囚。刀矛本及下，恍橦击鼓赦书下。

太平御览卷第六百五十三　释部一

叙佛

《汉书》曰：汉使骠骑将军霍去病出陇，过焉耆山，得休屠王祭天金人。颜师古注曰：作金人以为天神之主而祭之，即今佛象，是其遗法也。

《后汉书》曰：浮图者，佛图也。西域天竺国有佛道焉。佛者，汉言觉也，将以觉悟群生也。统其教以修善，慈心为主，不杀生类，专务清静。其精进者，号为沙门，汉言息自心，盖息意去欲，而归无为也。又以为人死精神不灭，随复授形，所行善恶，皆有报应，故所贵行善修道以练精神，练而不已，以至无生而得佛也。身长一丈六尺，黄金色，项佩日月光，变化无常，无所不入，故能化通万物，而大济群生。初，帝梦见金人长大，项有日月光，以问群臣。或曰："西方有神，其名曰佛。其形长大而黄金色。陛下之所梦，得无是乎？"于是遣使天竺而问道术，遂于中国而图其形象焉。有经书数千卷，以虚无为宗，包罗精粗，无所不统。善为宏阔胜大之言，所求在于一体之内，而所明在于视听之表，故世俗之人以为虚诞。然归于玄微，深远难测，故王公大人观死生报应之际，莫不瞿然自失也。

《晋书》曰：后赵百姓以佛图澄，故多奉佛，皆营造寺庙，相竞出家，真伪混淆，多生愆过。季龙下书料简，其著作郎王度奏曰："佛，外国之神，非诸华所应祠奉。汉代初传其道，唯听西域人等，得立寺都邑，以奉其神，汉人皆不出家。魏承汉制，亦修前轨。今可断赵人悉不听诣寺烧香礼拜，以遵典礼。"

《宋书》曰：顾欢以佛道二家教异，学者互相非毁，乃著《夷夏论》，曰："《道经》云：'老子入关之天，竺维卫国，国王夫人名曰净妙。老子因其昼寝，乘日精入净妙口中。后年四月八日夜半时，剖左腋而生，坠地即行七步。于是佛道由此而始兴焉。’又《玄妙内篇佛经》云：‘释迦成佛有尘劫之数，出法华无量寿。然二经所说如合符契，道则佛也，佛则道也，其圣则符，其迹则反。’”欢虽同二注，而意党道教。司徒袁粲托为道人以驳之。

《后魏书·释老志》曰：凡说教，大抵言生生之类，皆因行业而起。有过去、当今、未来，历三世，识神不灭。凡为善恶，必有报应。渐积胜业，陶冶粗鄙，经无数形，藻练神明，乃致无生而得佛道。其门阶次二行，等级非一，皆缘浅以致深，藉微而为著，率在于积仁顺，蠲嗜欲，习虚静而成通照也。其始修心则依佛法僧，谓之三归。又有五诫：去杀、盗、淫、妄言、饮酒，大意与仁、义、礼、智、信同。

《梁书》曰：郭祖深以武帝溺情内教，朝政弛纵，舆榇诣阙，上封事曰：“比来慕法，普天信向，家家斋戒，人人忏礼，不事农业，空谈彼岸。夫农业者，今日济育；功德者，将来胜因。岂可惰本勤末，置近效赊也？”时帝大弘释典，将以易俗，故祖深尤言其事，以为都下佛寺五百余所，穷极弘丽，僧尼十余万，资产滚沃，所在郡县不可胜言。道人又有白徒尼则畜养，女皆不贯人籍，天下户口几亡其半，而僧尼多非法养女，皆服罗纨，其蠹俗伤法，抑由于此。恐方来处处成寺，家家剃落，尺土一人，非复国有。

《南史》曰：天竺诸国，皆事佛道，自后汉明帝，法始东流。自此以来，其教稍广，别为一家之学。元嘉十二年，丹杨尹萧摹之奏曰：“佛教被于中国，已历四代，而自顷以来，更以奢竞为重。请自今以后，有欲铸铜象者，悉诣台自闻。兴造塔寺精舍，皆先列言，须许报，然后就功。”先是，晋世庾冰始创议，欲使沙门敬王者。后桓玄复述其议，并不果行。宋大明六年，孝武使有司奏沙门接见皆尽敬，诏可。

《隋书·经籍志》曰：释迦在世四十九年，教化乃至，天龙人鬼，并来听法，弟子多有得道证果。后于拘尸那城娑罗双树间，二月十五日，入般涅盘，译言灭度，亦言常乐。我净弟子迦叶等，追共撰述，教为十二部经。

《唐书》曰：傅奕上疏，请除去释教，高祖付群官详议。太仆卿张道源称奕奏合理，中书令萧瑀与之争论曰："佛，圣人也，奕为此议，非圣人者，无法，请置严刑。"奕曰："礼本于事亲，终于奉上，则忠孝之理著，臣子之行成。而佛逾城出家，逃背其父，以匹夫抗天子，以继体悖所亲。瑀非出于空桑，乃遵无父之教。臣闻非孝者无亲，瑀之谓矣。"瑀不能答，但合掌曰："地狱所设，正为是人。"

又曰：会昌中：道士赵归真举罗浮道士邓元起有长年之术，帝遣中使迎之，繇是与衡山道士刘玄静胶固而排释氏。

《牟子》曰：或问曰："佛从何而生？宁有先祖？"牟子曰："佛生天竺，假形王家。父曰白净，夫人字曰净妙。四月八日，佛精从天来，夫人昼寝，梦见象六牙，欣然悦之，遂感而孕，因以八日从母右胁而生。太子有三十二相、八十种好，颊如师子，皮不授尘水，手足皆钩锁，毛悉向上。"

又曰：子得佛道以来，良有益否？牟子曰："吾自得佛道来，如开浮云，见白日，如执火炬，入冥室矣。"

《建康实录》曰：吴赤乌十年，胡人康僧会入境，置经行所，朝夕礼念，有司以闻。帝曰："昔汉明帝感梦金人，使往西方求之，得摩腾竺法兰来中国立经行教，今无乃是遗类乎？"因引见僧会。其言佛教灭度已久，唯有舍利可以求请。遂以大内立坛，结静三七日得之。帝崇佛道，以是江东初有佛法。

《高僧传》曰：释惠严，宋高祖素所知重。文帝在位，情好尤密。先是，帝未甚崇信，京尹萧摹之上启，请制起寺及铸象。帝乃与侍中何尚之、吏部郎羊玄保等议之，谓尚之曰："谢灵运常言六经典文，本在济俗。为治必求灵性真奥，岂得不以佛经为指南耶？近摹之推达性论，尤为名理。"羊玄保进曰："此谈盖天人之际，岂臣所宜预？窃恐秦楚论强兵之术，孙吴画吞并之计，将无取此耶？"帝曰："此非战国之具，良如卿言。"尚之曰："夫礼隐逸则战士怠，贵仁德则兵气衰。若以孙吴为志，苟在吞噬，亦无取于尧舜之道，岂唯释教而已邪？"帝悦曰：“释门有卿，亦犹孔氏之有季路。”

《世说》曰：殷中军见佛经，云理应在阿堵上。注云：“佛经之行东国，尚焉，而记传无闻，莫详其始。”牟子曰：“汉明帝夜梦见神人，身有日光，飞止殿前，意甚忻悦。明日问群臣，有通人傅毅对曰：‘闻天竺有得道号曰佛，身有日光，殆将其神也。’于是上语，遣羽林郎秦景、博士弟子等十二人之大月氏，写取佛经四十二章，在兰台石室。”

又曰：庾公常入佛图，见卧佛，曰：“此子疲于津梁。”时人以为名言。《涅盘经》云：如来背痛于双树间，北首而卧，故后之图绘者为此象也。

《佛地论》曰：佛者，觉也。觉一切种智，复能开觉有情，如睡梦觉，故名为佛。姓释迦，号牟尼佛。

《普曜经》曰：从兜率天降神于西域迦维卫国净饭王宫，摩耶夫人剖左胁而生，时多灵瑞，生而能言。

《本相经》曰：年十九，逾城出家，学道勤行，精进禅定。六年成道，具三十二相，八十种好。

《涅盘经》曰：醍醐之教，喻于佛性，从乳出酪，从酪出苏，从生苏出熟苏，熟苏出醍醐。醍醐，苏之精也。

《法显记》曰：佛生于殷末，道成于周初，至成王十二年，经律始到新头河。河即摇喂所到之处。

《佛骨记》曰：佛有四牙，广半寸，长半寸。一牙在呵条国，又一牙在天上，又一牙在海龙王宫，又一牙在乾陀国，国王使大臣九人守保之，月朝捧擎牙出，牙或时放光明，香花数十斛散牙上，而牙不没。

唐韩愈《论佛骨疏》曰：伏以佛者，夷狄之一法耳，后汉时流入中国，上古未尝有也。昔黄帝在位百年，年一百一十岁，少昊在位八十年，年一百八十岁，此时天下太平，百姓安乐寿考，然而此时未有佛也。至殷汤亦年百岁，汤孙太戊在位七十五年，武丁在位五十九年，书史不言其年寿考所极，盖亦非因事佛而致然。汉明帝时，始有佛法、明帝在位才十八年耳。其后乱亡相继，运祚不长，宋、齐、梁、陈、元魏已下，事佛渐谨，年代尤促。唯梁武帝在位三十八年，前后三度舍身施佛，宗庙之祭，不用牲牢；尽日一食，止于菜果。其后竟为侯景所逼，饿死台城，国亦寻灭。事佛求福，乃更为祸。由此观之，佛不足信也，亦可知矣。高祖始授隋禅，则议除之，当时群臣才识不远，不审知先王之道，古今之宜，推阐圣明以正斯弊，其事遂止。陛下神圣睿武，数百年已来未有伦比，即位之初，即不许度人为僧尼、道士，不许创立寺观。臣愚以为高祖之志，必行于陛下之身。纵未能行，岂可恣之转令盛矣？今闻陛下令群僧迎佛骨于凤翔楼，以舁入内，又令诸寺送迎供养。臣虽至愚，必知陛下不惑于佛以祈福也。直以年丰人乐，徇人之心，为京都士庶设诡异之观，戏玩之具耳。然百姓愚冥，易惑难晓，苟见陛下如此，将谓真心信佛。皆云天子大圣，犹一心敬信，百姓何人，更惜身命？以至焚顶烧指，百十为群，解衣散钱，自朝至暮，转相仿效。唯恐后时，老少奔波，弃其业次，若不明加禁遏，更历诸寺，必有断臂脔身以为供养者，伤风败俗，传笑四方，非细事也。夫佛本夷狄之人，与中国言语不通，衣服殊制，口不言先王之法言，身不服先王之法服，不知君臣之义、父子之恩。假如其身至今尚在，奉其国命来朝京师，陛下容而接之，不过宣政一见，礼宾一设，赐衣一袭，卫而出境，不令惑众也。况其身死已久，枯朽之骨，凶秽之余，岂令入宫禁？孔子曰：“敬鬼神而远之。”古之诸侯行宜于国，尚令巫祝以桃茢拂除不祥，然后进吊。今无故取朽秽之物，亲临观之，巫祝不先，桃茢不用，群臣不定，其非御史不举其失，臣实耻之。乞以此骨付有司，投水火，永绝根本，断天下之疑，绝后代之惑，使天下之人知大圣之作为出于寻常万万也，岂不盛哉！岂不快哉！

太平御览卷第六百五十四 释部二

奉佛

袁弘《后汉纪》曰：楚王英好游侠，交通宾客，晚节喜黄老，修浮图祠。八年，上临辟雍，礼毕，诏天下死罪得以缣赎罪。英遣郎中令诣彭城曰："臣托在藩蔽，无以率先天下，过恶素积。喜闻大恩，谨奉黄缣二十五匹，白纨五匹，以赎其愆。"楚相以闻。诏曰："楚王诵黄老之微言，尚浮图之仁祠，洁斋三月，与神为誓，有何嫌惧而赎其罪？令还缣纨，以供桑门之盛馔。"

《晋书》曰：何充性好释典，崇修佛寺，供给沙门以数百，縻费巨亿而不悋也。亲友至贫乏，无所施遗，以此获讥于世。阮裕常戏之曰："卿志大宇宙，勇迈终古。"充问其故，裕曰："我图数千户郡尚不能得。卿图作佛，不亦大乎？"于时郗愔及弟昙奉天师道，而充与弟准崇信释氏。谢万讥之云："二郗谄于道，二何佞于佛。"《世说》亦云。

又曰：王恭性虽抗直，而暗于机会，自矜贵，不闲用兵，尤信佛道。临刑犹诵经，神色无惧。

《宋书·谢灵运传》曰：会稽太守孟顗事佛精恳，而为灵运所讥。尝谓顗曰："得道应须惠业，文人生天当在灵运前，成佛必在灵运后。"顗深恨此言。

又曰：袁粲字景倩。幼孤，祖哀之，名曰愍孙。孝武即位，稍迁尚书吏部郎。文帝讳日，君臣并于中兴寺八关斋中食，竟，愍孙别与黄门郎张淹更进鱼肉食。尚书令何尚之奉法素谨，密以白孝武，并免官。

又曰：范泰暮年事佛甚精，于宅西立祇洹精舍。

又曰：宋明帝颇好玄理，以周颙有辞义，引入殿内，亲近宿直。帝所为惨毒之事，颙不敢显，诵经中因缘罪福事，帝亦为之止。颙音辞辩丽，长于佛理，著三宗论，言空假义。西凉州智林道人遗颙书，深相赞美。言“捉麈尾来四十余载，颇见宗录，唯此途白黑无一。又得者，为之发病，非意此音，猥来入耳。”其见重如此。

《齐书》曰：竟陵王子良尝招致名僧，讲论佛法，造经呗新声。又文惠太子同好释氏，甚相友悌。子良敬信尤笃，数于邸园营斋戒，大集朝臣众僧，至赋食行水，或躬亲其事，世颇以为失宰相体。武帝不豫，子良启进沙门，于殿户前诵经。武帝为感，梦见优昙钵花于经案，宣旨使御府以铜为华，插御床四角。

又曰：晋安王子懋字云昌，武帝弟七子也，廉让好学。年七岁时，母阮淑媛尝病危笃，请僧行道，有献花供佛者，众僧以铜罂盛水渍其茎，欲花不萎。子懋流涕礼佛曰：“若使阿姨因此和胜，愿诸佛令花竟斋不萎。”七日斋毕，花更鲜红。视罂中，稍有根须。

又曰：吴兴有项羽神护郡厅事，太守到郡，必须祀以轭下牛。李安人奉佛法，不与神牛，着履上厅事，又于厅上设八关斋。俄而牛死。

又曰：滕昙恭，南昌人也。年五岁，母杨氏患热，思食寒爪，土俗所不产。昙恭历访不能得，衔悲哀切。俄遇一桑门，问其故，昙恭具以告桑门曰：“我有两爪，分一相遗。”还以与母，举室惊异。寻访桑门，莫知所在。及父母卒，昼夜哀恸。时忽有神光自门而起，俄见佛像及夹侍之仪，容光显著，自门而入。昙恭家人大小咸共礼拜，久之乃灭。远近道俗咸传之。

《梁书》曰：庐江何伯屿与弟幼屿俱厉节操。伯屿卒。幼屿好佛法，剪落长斋，持行精苦，兄弟年并八十余。

又曰：范云从父母兄缜，字子真。时竟陵王子良盛招宾客，缜亦预焉。子良精信释教，而缜盛称无佛。子良曰：“君不信因果，何得有富贵贫贱？”缜答曰：“人生如树花同发，随风而堕，自有拂帘幌堕于茵席之上，有阂篱墙落于溷粪之中。堕茵席者，殿下是也；落粪溷者，下官是也。贵贱虽复殊途，因果竟在何处乎？”子良不能屈。

又曰：武帝大弘佛教，而亲自讲说。太子亦素信三宝，遍览众经。乃于宫内别立慧义殿，专为法集之所，招引名僧，自立三谛法义。普通元年，甘露降于慧义殿，咸以为至德所感。

又曰：何胤居虎丘西寺讲经学，僧徒随之，常禁杀。有虞人逐鹿，径来趋胤，伏不动。又有异鸟如鹤，红色，集讲堂，驯狎如家禽。初，开善寺藏法师与胤遇于秦望山，后还都，卒于钟山。死日，胤在波若寺见一名僧，授胤香炉奁并函书，曰："贫道发自杨都，呈何居士。"言讫，失所在。开函，乃是《大庄严论》，世中未有。访之香炉，乃藏公所常用。又于寺内立明珠柱，柱乃七日夜放光。昭明太子钦其德，遣舍人何思澄致手令以褒美之。

又曰：建平王大球，简文第十七子也，性明惠夙成。初，侯景围台城，武帝素归心释教，每发誓愿，恒云："若有众生应授诸苦，讳身当代。"时大球年甫七岁，闻而惊谓母曰："官家尚尔，儿安敢辞？"乃六时礼佛，亦曰："凡有众生应获苦报，悉大球代授。"其早惠如此。

又曰：大中元年，都下疫甚。帝于重云殿为万姓设救苦斋，以身为祷。九月辛未，幸同泰寺，设四部无遮大会。上释服，御法衣，清净大舍，以便省为房，用素瓦器，乘小车，私人执役。甲午，升法座，为大众讲《涅盘经》。癸卯。群臣以亿万奉赎，众僧默然。乙酉，百辟诣寺东门，奉表请还宫，三请乃许。帝三答书，前后并称顿首。中大同元年二月，幸同泰寺，讲《三惠经》，乃舍身为奴。皇太子已下群臣出钱亿万奉赎。是夜，同泰寺为天火所烧略尽。二年，帝升光严殿，讲《三惠经》，又舍身，群臣以亿万奉赎，僧众嘿然。百辟诣凤庄门，上表请帝，帝三答，皆称顿首。丁亥，服衮冕还宫。高祖自初舍身，后或书经坐禅，尽日不食。又于元光殿坐师子座，讲金字经。

又曰：贞阳侯明俘执至魏，魏帝引见，明及诸将送晋阳，渤海王高澄礼明甚重，谓曰："王与梁主和好，十有余年，闻彼礼佛文常云：为魏主及先王。"此甚是梁主厚意，不谓一朝失信，致使纷扰，因欲与梁通和。

又曰：初，武帝军东下，用不足，建安王伟取襄阳寺铜佛以为钱，富僧藏镪，多加毒害。后遂恶疾，性多恩惠，尤愍穷之。每祁寒积雪，则遣人载樵米，随乏绝者赋给之。晚年崇信佛理，尤精玄学，著《二旨义》，制《性情》《几神》等论义，僧宠及周舍、殷钧、陆倕，并各精解，而不能屈。

又曰：到溉少有美名，家门雍睦，兄弟特相友爱。初与弟洽恒同居一斋，洽卒后，便舍宅为寺。蒋山有延贤寺，溉家世所立，溉所得禄俸皆充二寺，因断腥膻，终身蔬食，别营小室，朝夕从僧徒礼诵。武帝每月三致净馔，恩礼甚笃。性不好交游，及卧疾，门可罗雀。太清二年卒，临终勒子孙薄葬之礼。言讫，便屏家请人僧读经赞呗。及卒，颜色如恒，手屈三指，即佛道所云得果也。

又曰：周弘正善玄理，为当世所宗，藏法师于开善寺讲说，门徒数百。弘正年少，未知名，着红裈锦绞髻，踞门而听。众人蔑之，弗谴也。既而乘间进难，举座尽倾听，法师疑非世人，觇之，大相赏狎。

又曰：刘惠斐字宣文，彭城人也。少博学，能属文，起家梁安成王法曹行参军。常还都，途径寻阳，游于匡山，遇处士张孝秀，相得甚欢，遂有终焉之志。因不仕，居东林寺。又于山北构园一所，号曰离垢园，时人仍谓为离垢先生。惠斐先明释典，攻篆隶，在山手写佛经二千余卷，常所续者百余卷。昼夜行道，孜孜不怠，远近钦慕之。简文临江州，遗以几杖。论者云：自远法师没后，将二百年始有张、刘之盛矣。

又曰：庾诜，普通中诏以为黄门侍郎，称疾不起。晚年尤遵释教，宅内立道场，环绕礼忏，六时不辍。诵《法华经》，每日一遍。后夜中忽见一道人，自称愿公，容止甚异，呼诜为上行先生，授香而去。中大通四年，因寝忽惊觉曰："愿公复来，不可久驻。"颜色不变，言终而亡。举室咸闻空中唱"上行先生已去弥毑净域矣。"武帝闻而下诏，谥节处士，以显高烈。

又曰：张孝秀，字文逸。长六尺余，白皙，美须眉，仕州治中从事史。后归山，居东林寺，有田数十顷，部曲数百人，率以力田，尽供山众，博涉群书，专精释典。僧有亏戒律者，集众佛前作羯磨而笞之，多能改过。

又曰：马枢字理要，扶风郿人也。博极经史，尤善佛教。邵陵王纶为南徐州刺史，素闻其名，引为学士。纶时自讲《大品经》，令枢讲《维摩》《老子》《周易》。同日发题，道俗听者二千人。王欲极观优劣，乃谓众曰："与马学士论义，必使屈服，不得空立主客。"于是学者各起问端，枢依次剖判，开其宗旨，论者拱默听授而已。纶甚佳之。

《陈书》曰：后主沈皇后讳婺华，身居俭约，唯寻阅图史及释典为事。常遇岁旱，自暴而诵佛经，应时雨降。陈亡入隋，及炀帝崩，自广陵过江，于毗陵天静寺为尼，名观音。

又曰：孙玚常于山斋设讲肆，集玄儒之士，冬夏资奉，为学者所称，而处己率易，不以名位骄物。时皇兴寺朗法师该通释典，玚每造讲筵，时有抗论，法侣莫不倾心。

又曰：徐陵少而崇信释教，经论多所解释。后主在东宫，令陵讲《大品经》，义学名僧，自远云集，每讲筵商较，四座莫能与之抗。

又曰：徐孝克后东游，居钱塘之任义里，与论释典，遂通三论。每日二时，旦诵佛经，晚讲礼传，道俗授旨数百人。天嘉中，除剡令，非其好也。太建四年，征为秘书丞，不就。乃蔬食长斋，持菩萨戒，昼夜讲诵《法华经》。陈亡，入长安。隋文帝闻其名行，召令于尚书都堂讲《金刚般若经》，寻授国子博士，以疾卒，年七十三。临终，正坐念佛，室内有非常香气，邻里皆惊异之。

又曰：傅縡幼聪敏，七岁诵古诗赋至十余万言。长好学，能属文，陈文帝召为撰史学士。縡笃信佛教，从兴皇惠明法师授三论，尽通其学。时有大心寺昙法师著《无诤论》以诋之，縡乃为《明道论》，用释其难。

《隋书》曰：姚察，炀帝即位，授太子内舍人。大业二年，终于东都。遗命薄葬，每日设清水斋食菜果□□□菜。初，察欲读一藏经，并已究竟。将终，曾无痛恼，但西向坐，正念云一切空寂。其后身体柔软，颜色如恒。

《唐书》曰：白居易，会昌中罢太子少傅，致仕，与香山僧如满结香山社。每肩与往来，自称香山居士。常写其文集送江州东西二林寺、洛城香山圣善寺，如佛书杂传例流行□之。遗命葬于香山如满师塔之侧。

又曰：裴休家世奉佛，休尤深于释典。太原、凤翔近名山，多僧寺。视事之隙，游践山林，与义学僧讲求佛理。中年后，不食荤血，恒斋戒，屏嗜欲，香炉贝典不离斋中，咏歌赞呗，以为法乐。与尚书纥干泉皆以法号相字。□□时人重其高洁而鄙其太过。

又曰：元和中，宪宗迎凤翔法门寺佛骨至京师，留禁中三日，乃送诸寺。王公士庶奔走施舍如不及，韩愈上疏，极陈其弊，贬潮州刺史。

《洛阳伽蓝记》曰：奉朝请孟仲晖者，武威人也。父金城太守。晖志性聪朗，学兼释氏四谛之义，穷其指归。恒与沙门论议，时号为玄宗先生。

《谈薮》曰：王玄谟爽迈不群，北征失律，法当死。梦人谓之曰："汝诵《观音经》千遍可免祸。"谟曰："命悬旦夕，千遍何由可得？"乃口授云："观世音南无佛，与佛有因，与佛有缘，佛法相缘，常乐我净。朝念观世音，暮念观世音，念念从心起，念佛不离心，而诵满千遍。"将就戮，将军沈庆之谏，遂免。

又曰：梁高祖崇信佛道，于建业起同泰寺，又于故宅立光宅寺，皆穷极工巧，殚竭财力。百姓怨苦，殆不聊生。自以其身施同泰寺为奴，朝廷共敛珍宝赎之。有事佛精苦者，辄加以菩萨之号。其下书皆云皇帝菩萨。

又曰：崔光常昼坐读佛经，有鸽入怀，缘臂上肩久之，道俗嗟异。

太平御览卷第六百五十五 释部三

僧

《宋书》：僧道□生。彭城人。幼而聪悟。年十五便能讲经。及长。有异解，立顿悟义。时人推服。元嘉十一年。卒于庐山。

又曰：徐湛之为南兖州刺史。招集文士，尽游玩之适。时有沙门释休善属文。湛之与之甚厚。孝武命使还俗姓汤，位至扬州从事。

又曰：沙门惠琳，秦郡秦县人。姓刘氏，少出家，住治城寺。有才章，兼内外之学，为庐陵王义贞所知。尝著《均善论》，颇贬裁佛法，云："有白学先生以为中国圣人经纶百世，其德弘矣，智周万变，天人之理尽矣。道无隐旨，教罔遗筌，聪睿迪哲，何负于殊论哉？有黑学道士陋之，谓不照幽冥之途，弗及来生之化，虽尚虚心，未能虚事，不逮西域之深也。为主客酬答。其归以为六度与五教并行，信顺与慈悲齐伍。"论行于世，文帝见论赏之。元嘉中，遂参权要，朝廷大事皆与议焉，权侔宰相。会稽孔觊常诣之，慨然叹曰："遂有黑衣宰相，可谓冠履失所矣。"

《齐书》曰：赵僧岩，北海人。寥廓无常，人不能测。后忽为沙门，栖迟山谷，常挈一壶自随。一旦，谓弟子曰："吾今夕当死，壶中大钱一千，以通九泉之路；蜡烛一铤，以照七尺之尸。"至夜而亡。时人以为知命。

《建康实录》曰：沙门支遁，字道林，常隐迹东山，不游人事，好养鹰马而不乘放。人或讥之，遁曰："贫道爱其神骏耳。"卒后，戴安道常经其墓，叹曰："德音未远而拱木已积，盖神理绵绵，不与气运俱尽耳。"

《支遁传》云：本姓关氏，陈留人，或云河东林虑人。幼有神理，聪明秀彻。初至京师，太原王濛甚重之，曰："造微之功，不减辅嗣。"

又曰：王坦之初与沙门竺法仰甚厚。每共论幽冥报应，便要先死者，当报其事。后经岁，师忽来云："贫道已死，罪福皆不虚。唯当勤修道德，以升济神明尔。"言讫不见，坦之寻亦病卒。

《梁书》曰：有惠岩、惠议道人并住东安寺，学行精整，为道俗所推。时斗场□□□□□□寺多禅，都下为之语曰："斗场禅师窟，东安谈议林。"

《高僧传》曰：摄摩腾，中天竺人。汉明帝遣郎中蔡愔等往天竺寻访佛法，于彼见摩腾，乃要还汉地。明帝甚加赏接，于城西门外立精舍以处之，汉地有沙门之始也。大法初传，未有归信，故蕴其深解，无所宣述。后卒于洛阳。腾译四十二章经一卷，初缄在兰台。腾所住处，今雒城西白马寺是也。

又曰：竺法兰，亦天竺人，自言诵经论数万章，为天竺学者之师。时蔡愔既至，兰与摩腾共契游化，遂相随而来。昔汉武穿昆明池底，得黑灰，问东方朔，朔云："不经。可问西域胡。"后法兰至，众人追以问之，兰□□□□云："世界终尽，劫火洞烧，此灰是也。"后卒于雒。

又曰：康僧会，其先康居人。吴地初染大法，风化未全。僧会欲使道振江左，乃杖锡东游，以吴赤乌十年初达建业，营立茆茨，设象行道。时吴初见沙门，疑为矫异，有司奏曰："有胡人入境，自称沙门，容服非常，事应检察。"权曰："昔汉明帝梦神，号称为佛，彼之所事，岂非其遗风耶？"即召僧会，诘问有灵验否。会曰："如来迁逝，忽逾钦簇，遗骨舍利，神曜无方。昔阿育起塔八万四千，塔寺之兴，以表遗化也。"会乃洁斋静室，以铜瓶加几，烧香礼请三七日，果获舍利。权大叹服，即为建塔，号建初寺，名其地为佛陀里。

又曰：帛尸梨密多罗，此云告支，西域人呼为高座。传云国王之子，当承继世，而以国让弟，遂为沙门。密天姿高朗，风神超迈，晋永嘉初，始到中国，值乱，仍过江上建初寺。丞相王导一见而奇之，以为吾之徒也。密常在石子岗东行道头陀，既卒，因葬于此。成帝怀其风，为树刹于冢后。有关右沙门来游，乃于冢处起寺。陈郡谢混赞成其业，仍曰高座寺也。

又曰：释道安，姓卫氏，常山扶柳人也。形虽不逮于人，而聪俊罕俦。七岁读书，再览能诵。年至十三出家，日诵万言，师敬异之，为授具戒。至邺，遇佛图澄见而嗟赏，与语终日，因事澄为师。澄讲安覆，疑难锋起，安挫锐解纷，行有余力。后避地南投襄阳。时襄阳习凿齿锋辩天逸笼罩当时，其先藉安高名，早以致书通好，及闻安至，即往修造。既坐，称言“四海习凿齿”，安曰“弥天释道安”，时人以为名答。安常注诸经，恐不合理，乃誓曰：“若所说不甚违理，愿见瑞相。”乃梦见胡道人头白眉毛长，语安云：“君所注经，殊合道理。我不入泥洹，住在西域，当相助弘通，可时设食。”后至远公，乃知和上所梦宾头卢也。以晋太元十年卒，年七十二。罗什在西国闻安风，谓是东方圣人，恒遥礼之。初，安生而便左臂有一皮，广寸许，着臂上，可得上下之，唯不得出手，时人谓之为印手菩萨。

又曰：惠远姓贾，雁门楼烦人也。届寻阳，见庐峰清靖，足以息心，始住龙泉精舍。刺史桓伊乃为远。又于山东立房殿，即东林是也。绝尘清信之宾，并不期而至，彭城刘遗民、豫章雷次宗、雁门周续之、新蔡毕颖之、南阳宗炳等并弃世遗荣，依远游止。著《法性论》，罗什见而叹曰：“边国未有经，便暗与理合，岂不妙哉？”远卜居庐阜三十余年，影不出山，迹不入俗。每送客，常以虎溪为界焉。《惠远集》云：隆安六年，桓玄遣书于惠远，言沙门令致敬王者，惠远答书论不可致之意。又言袈裟非朝廷之服，钵盂非廊庙之器，军国非沙门之象，窃所未安，遂著《沙门不敬王者论》五篇，一论家，二论出家，三论出求宗不顺化，四论体不兼应，五论形尽神不灭。著是五论，以明出家之法，不合同俗以致敬于王者。

又曰：竺道生姓魏，钜鹿人。幼而颖悟，聪哲若神。初入庐山，幽栖七年，后还都止青园寺。王弘、范泰、颜延之并挹敬风猷，从之问道。生曰：“夫象以尽意，得意则忘象；言以诠理，入理则言息。自经典东流，译人重阻，多守滞文，鲜见圆义。若忘筌取鱼，始可与言道矣。”于是校阅真俗，研思因果，乃言善不授报，顿误成佛，剖析经理，洞入幽微。乃说阿阐提，人皆成得佛。于时大部未传，旧学以为邪说，讥愤滋甚，后槃大本至于南京，果称阐提悉有佛性，与前所说，若合符契。

又曰：释惠观姓崔，清河人，十岁便以博见驰名。晚适庐山，咨禀惠远、什公入关，乃自南徂北，访核异同，详辩新旧，风神秀雅，思入玄微。时人称之曰：通情则生融上首，精难则观肇弟。

《洛阳伽蓝记》曰：融觉寺比丘昙谟最善于释学，讲《涅盘》、《花严》，僧徒千人。天竺国胡沙门菩提流支见其徒礼之，号为菩萨。流支解佛义，知名西土，西土诸夷号为罗汉。流支读昙谟《最大乘义》章，每弹指赞叹，唱言微妙，即为胡书写之，传于西域。西域沙门常东向遥礼之，号为东方圣人。

又曰：僧肇法师制四论，合为一卷，曾呈庐山远太师，太师叹仰不已。又呈刘遗民，叹曰：“不意方袍复有平叔。”方袍之语出遗民也。

又曰：佛耶舍，此云觉明，日诵三万言，洞明三藏，与罗什法师情好，共出《毗婆沙论》及《四分律》。为人髭赤，时号为吃髭三藏。

《谈薮》曰：北齐高祖多杀戮。有稠禅师者，以业行著称，箴之曰：“陛下罗刹化，临水必自见之。”如其言，果见群罗刹在其后。于是乃禁断鹰鹞，造佛寺，断屠杀，不食肉。

又曰：汝南□周舍，清信士也。学通内外，兼有才口。谓沙门法云曰：“孔子不饮盗泉之水，法师何以捉鍮石香炉？”答曰：“檀越既能载橐，贫道何为不执鍮？”仆射徐孝嗣修缉高座寺，多在被宴息。法云曰：“法师亦治萧寺，日夕游此。”二寺邻接而不相往来，嗣常谓法师常在高座，不游高座寺。答曰：“檀越既事萧门，何不至萧寺？”

又曰：魏李恕聘梁，沙门重公接恕，曰：“向来全无菇膎。”户佳切恕父名谐，以为犯讳。怒曰：“短发粗疏。”重公曰：“贫道短发，沙门种类，以君交聘二国，不辨膎谐。”重公常谒高祖，问曰：“弟子闻在外有四声，何者为是？”重公应声答曰：“天保寺刹。”及出，向刘孝绰道以此为能。绰曰:“何如道天子万福。”

《高僧传》曰:三藏法师玄奘,陈留人,姓陈氏。贞观初,肇自咸京,誓往西国,穷览圣迹,经六载至摩伽陀城。凡十二年,备历圣君,龙庭之文,就岭之秘,皆研机睹奥矣。又造伽叶结集之墟,千圣道成之树,虔心顶礼,焚香散花,设大施会。于是五天亿众、十八国王献毡投珠,积如山岳,咸称法师为大乘也。及东归,太宗诏留于弘福道场,乃召名德僧灵润等二十人译梵,自《菩萨戒》至《摩诃般若》总七十四部,一千三百余轴。法师身长八尺,眉目疏朗,凡所游历一百二十八国。

《长阿含经》曰:凡食门,衣钵随身,譬如飞鸟。

《四十二章经》曰:僧行道,如牛负深泥中,疲极不敢左右顾。

《增一阿含经》曰:沙门皆草蓐为床。

又曰:四河入海,无复河名;四姓为沙门,皆称释种。

《无为经》曰:沙门有三,坐禅为上辈,诵经为中辈,助众为下辈。

《道安传》曰:初,魏晋沙门依师为姓,故性各不同。安以为大师之本,莫尊释迦,乃以释命氏。后获《增一阿含经》,果称“四河入海,无复河名”,既悬与经符,遂为永式。

异僧上

《晋书》曰:鸠摩罗什,天竺人也。世为国也。父鸠摩炎,聪懿有大节,将嗣相位,乃辞出家,东度葱领。龟兹王闻其名,郊迎之,请为国师。王有妹,年十二,才悟明敏,诸国交聘,并不许。及见炎,心欲当之,乃逼以妻焉。既而罗什在胎,其母惠解倍常。及年七岁,母遂与俱出家。罗什从师授经,日诵千偈,义亦自通。年十二,其母携到沙勒国,王甚重之,遂停沙勒一年,博览五经。为性率达,不拘小捡,专以大乘为化,诸学者共师焉。年二十,龟兹王迎之还国,广说诸经,四远学徒莫之能抗,西域诸国咸伏罗什神隽。符坚闻之,乃遣吕光率兵伐龟兹,谓光曰:“若获罗什,即驰驿送之。”光还至凉州,闻符坚为姚苌所害,于是窃号河右,罗什在凉州积年。姚兴破吕隆,乃迎罗什,待以国师之礼。尝讲经于草堂寺，忽下高座谓兴曰："有二小儿登吾肩，欲鄣须妇人。"兴以宫女进之，生二子焉。

又曰：沙门昙霍，秃发傉檀时从河南来，持一锡杖，令人跪曰："此是波若眼，奉之可以得道。"或人藏其锡杖，昙翟大哭数声开目，须臾，起而取之，咸奇其神异莫能测也。后兵乱不知所如。

又曰：佛图澄，天竺人也。姓白氏，少学道，妙通玄术。永嘉四年，来适洛阳。自云百有余岁，常服气自养，能积日不食，善诵神咒，能役使鬼神。以油麻杂茵支涂掌，千里外事皆彻见掌中，如对面焉。腹旁有一孔，常以絮塞之，每夜读书则拔絮，孔中出光，照于一室。又常斋时平旦至流水侧，从腹旁孔中引出五脏六腑洗之，还内腹中。卒于邺宫寺。复□有沙门从雍州来，称见澄西入关。石季龙掘而观之，唯有一石而无尸，季龙恶曰："石者，朕也。葬我而去，吾将死矣。"明年季龙死。

《梁书》曰：沙门释宝志，不知何许人也，于宋太始中见之，出入钟山，往来都邑，年已五十六矣。宋齐之交，稍显灵迹，被发徒跣，语嘿不伦。或被锦袍，饮啖同于凡俗。恒以镜铜剪刀镊属柱杖负之，好为忏记，所谓志公符是也。天监十三年卒。将死，忽移寺金刚像出置户外，语人云："菩萨当去。"旬日，无疾而终。先是，琅琊王筠至庄严寺，宝志遇之，与交言欢饮。至亡，敕令筠为碑，盖先觉也。

《洛阳伽蓝记》曰：沙门宝公，不知何许人也。刑貌寝陋，心识通达，过去未来，预睹三世，发言似谶，不可得解，事过之后，始验其实。胡太后问以世事，宝公曰："把粟与鸡唤朱朱。"时人莫解。建义元年，后为尔朱荣所害，始验其言。

又曰：法云寺，西域乌长国胡沙门昙摩罗所立。摩罗聪惠利根，学穷释氏。至中国，即晓魏言及隶书，凡所闻见，无不通解。京都沙门好胡法者皆就摩罗授持之。戒行真苦，秘咒神验，咒枯树能生枝叶，咒人变为驴马，见者莫不惊怖。西域所赍舍利骨及佛牙经像皆在此寺。

《高僧传》曰：耆域，天竺人，以晋惠之末至于洛阳，见洛阳宫城，云："仿佛似忉利天宫，但自然之与人事不同耳。"又曰："匠此宫者，从忉利天来，成便还天上矣。"

又曰：犍陁勒者，本西域人。来至洛阳积年，虽敬其风操，而终莫能测。后谓众僧曰：洛东南有槃鵄山，山有寺庙处，基摭犹存，可共修立。"众未之信，试遂捡视，入山到一处，四面平坦，勒示云："此山寺基也。"即掘之，果得寺下石基。后示讲堂僧房处，如言皆验，众咸惊叹，因共修立焉。

又曰：释昙始，关中人。晋孝武太元末，赍经律数十部，往辽东宣化，显授三乘，高句骊闻道之始也。义熙初，复还关中。始足白于面，虽跣涉泥水，未尝沾湿，天下咸称白足和尚。

又曰：释法成，凉州人。十六出家学经律，不饵五谷，唯食松脂，隐居岩穴，习禅为务。后小疾，便告众云亡。常诵《宝积经》，于是自力诵之。始得半卷，气劣不堪，令人读之，一遍裁竟，合掌而卒。侍疾十余人，咸见空有绀马负金棺，升空而逝。

又曰：竺昙猷，敦煌人。少苦行，习禅定。游江左，止剡之石城山，乞食坐禅。后有神见形，诣猷曰："师威德既重，来止此山，弟子辄推室以相奉。"天台山悬崖峻峙，峰岭切天，古老相传云："上有释舍，得道者居之。虽有石桥跨涧而横石断之，自终古以来，无得至者。"猷行至桥所，闻空中声曰："知君诚笃，今未得度，却后十日，自当来也。"猷每恨不得度。石洞开，度桥，少许，睹精舍神僧，果如前所说，因共烧香中食，食毕，神僧谓猷曰："却后十年，自当来此，今得住"。于是而返。

又曰：释昙谛，其先康居人。母黄氏昼寝，梦见一僧呼黄为母，寄一麈尾并铁镂书镇二枚。眠觉，见两物具存，因而怀孕生谛。谛年五岁，以麈尾等示之，谛曰："秦王所饷。"母曰："汝置何处？"答曰："不忆。"至年十岁出家，学不从师，悟自天发。后见僧䂮法师，曰："即先师弘觉法师。"䂮晚入吴，居虎丘寺。

《唐高僧传》曰：万回姓张氏，阌乡人。其形如愚蒙，其迹乃神圣。苦乐贵贱不关其心，歌哭隐显不恒其性，剃发褐衣游伽蓝。□年十岁，有兄戍辽阳，其母忆甚，饭僧祈福。师忽然裹斋余出门径去，晚际执兄书至，母惊问其由，默然而无对。后兄来还，言是日万回云从家来，啖斋余，取书而反，始知其灵神焉。中宗赐号玄通大居士，封云诲公。

太平御览卷第六百五十六 释部四

异僧下

《高僧传》曰：安清字世高，安息国王正后之太子也。幼以孝行见称，虽居家而奉戒清峻。王薨，便词位。乃深唯苦空，散离形器，行服既毕，遂让国与叔，出家修道。博晓经藏而游方弘化，遍历诸国。以汉桓帝之初，始到中夏，多有神迹，世莫能量。自称先身己经出家，有一同学多瞋分别，值世主不称，每辄恚恨。高屡加诃谏，终不悛改，如此二十余年，乃与同学辞诀云："卿明经精勤不在吾后，然性多恚怒，命过当授恶形。我若得道，必当相度。"既而值灵帝之末，振锡江南云："我当过庐山，度昔同学。"行过宫亭湖庙，此庙旧有威灵，商旅祈祷，乃分风上下，各无留滞。尝有乞神竹者，未许辄取，舫即覆没，竹还本处。自是舟人敬惮，莫不摄影。时商旅三十余船奉牲请福，乃降祝曰："舫有沙门，可枫呼上。"客咸惊愕，请高入庙。神告高曰："昔吾外国与子俱出家学道，好行布施，而性多瞋怒。今为宫亭庙神，周回千里并吾所治，以布施故，珍玩甚丰，以瞋恚故，堕此神报。今见同学，悲欣何言。寿尽旦夕而丑形长大，若于此舍命，秽污江湖。当渡山西泽中，此身灭后，恐堕地狱。吾有绢千匹并杂宝物，可以立法营塔，使生善处也。"高曰："故来相度，何不出形？"神曰："形甚丑异，众人必惧。"高曰："但出，众不怪也。"神从床后出头，乃是大蟒，不知尾之长短。至高膝边，高向之梵语数番，赞呗数契，蟒悲泪如雨，须臾还隐。高即取绢物辞别而去，舟侣飏帆，蟒复出身，登山而望，众人举手，然后乃灭。倏忽之顷，便达豫章，即以庙物为造东寺。高去后，神即命过暮有一少年上船，长跪高前，授其咒愿，忽然不见。高谓船人曰："向之少年即宫亭庙神也。得离恶形矣。"

又曰：竺昙摩罗刹，此云法护。其先月支人，本姓文氏，世居敦煌郡。年八岁出家，遂随师至西域，游历诸国，遂通外国之言三十六种，书亦如之。以晋武之末，隐居深山，山有清泉，恒取澡漱。后有彩薪者秽其水侧，俄顷而燥，护乃徘徊叹曰："人之无德，遂使清泉□辍流，水若永竭，真无以自给，正当移去耳。"言讫而泉流满涧。法护以世居敦煌而化道周洽，时人咸谓敦煌菩萨也。

又曰：帛远字法祖，才思俊彻，敏朗绝伦。诵经日八九千言，研味方等，妙入幽微，世俗坟典，多所该贯。晋惠之末，太宰河间王颙镇关中，虚心敬重，待以师友之礼。每至闲辰静夜，辄谈讲道德。于时西府初建，俊乂甚盛，能言之士咸伏其远达。后奄然命终，群胡各起塔庙。少时，有一人姓李名通，死而更苏，云见祖法师宰芍罗王处，为王讲《首楞严经》，云讲毕往忉利天。又见祭酒王浮被锁械，求祖忏悔。昔祖平素之日与浮母争邪正，浮屡屈，既瞋，不自忍，乃作《老子化胡经》以诬谤佛法，殃有所归，故死方思悔。

又曰：佛驮跋陀罗，此云觉贤。本姓释迦氏，维罗卫国甘露饭王之苗裔也。父少亡，贤三岁孤，与母居。五岁后丧母，为外氏所养。从祖鸠婆利闻其聪敏，兼悼其孤露，乃迎还，度为沙弥。至年十七，与同学数人，俱以习诵为业，众皆一月，贤一日诵毕。其师叹曰："贤一日敌三十夫也。"及授具戒，修业精勤，博学群经，多所通达。少以禅律驰名，常与同学僧迦达多共游罽宾，同处积岁，达多虽伏其才明，而未测其为人也。后于密室闭户坐禅，忽见贤来。惊问何来，答云："暂至兜率，致敬弥勒。"言讫便隐。达多知是圣人，未测浅深。后屡见神变，乃归心祈问，方知得不还果。然常欲游方弘化，备观风俗。会有秦沙门智睿西至罽宾，既要请苦，遂愍而许焉。于是既度葱岭，路经六国，国王矜其远化，并倾怀资奉。至交趾，乃附舶循海而行，经一岛下，贤以手指山曰："可止于此。"舶主曰："客行惜日，调风难遇，不可停也。"行二百余里，忽风转吹舶，还向岛下，众人方悟其神，咸师事之。于后暗夜之中，忽令众舶俱发，无肯从者。贤自起收缆，一舶独发。俄尔贼至，留者悉被抄害。顷之，至青州东莱郡，闻鸠摩罗什在长安，即往从之。什大悦，秦太子泓欲闻贤说法，乃要命群僧集论东宫。罗什与贤数番往复，什问法云："何空？"答曰："众微成色，色自无性，故唯色常空。"又问："既以极微破色空，微复去：何破一微？"答曰："群师或折一微，我意谓不尔。"又问："微是常耶？"答曰："以一微，故众微空；以众微，故一微空。"时宝云译出此语，不解其意，道俗咸谓贤之所计微尘是常。余日，长安学僧复请更释。贤曰："夫法不自生缘会，故生缘一微，故有众微。微自无性，则为空矣。宁可言不破一微，常而不空乎？"此是问答之大意也。

又曰：昙无忏，天竺人。明解咒术，所向皆验，西域号为大咒师。后随王入山，王即天竺王也。王渴，须水不能得，忏乃密咒石出水，因赞曰："大王圣化所感，遂使枯石生泉。"邻国闻者皆叹王德。于时雨泽甚调，百姓称咏，王悦其道，深加优宠。后至凉，凉王沮渠蒙逊闻忏名，呼与相见，接待甚厚。尝告蒙逊云："有鬼入聚落，必多灾疫。"逊不信，欲躬见为验。忏即以术加之，逊见而骇怖。忏曰："宜洁诚斋戒，神咒以驱之。"乃读咒三日，谓逊曰："鬼已去矣。"时境首有见鬼者，云见数百疫鬼，奔骤而逝。境内获安，忏之力也。

又曰：释法显姓龚，平阳武阳人也。三岁便度为沙弥，十岁遭父母忧，孝性过人，葬事毕，仍即还寺。尝与同学数十人于田中刈稻，时有饥贼欲夺其谷，诸沙弥悉走，唯显独留，语贼曰："若欲须谷，随意所取。但君等昔不布施，故致饥贫。今复夺人，恐来世弥甚，贫道预为君忧耳。"言讫即还，贼弃谷而去。及授大戒，常慨经律舛阙，誓志寻求。以晋隆安三年西度流沙，将至天竺，去王舍城三十余里有一寺，逼暝过之，显欲诣耆阇崛山，寺僧谏曰："路甚艰阻，多黑狮子，亟经啖人，何由可至？"显曰："远涉数万里，誓到灵鹫，身命不期，出息非保，岂可使积年之诚既至而废？虽有险难，吾不惧也。"众莫能止，乃遣两僧送之。既至山，日将曛夕，遂欲停宿。两僧色惧，舍之而还。显独留山中，烧香礼拜，翘感旧迹，如睹圣仪。至夜，有三黑狮子来，蹲踞显前，舐唇摇尾。显诵经不辍，一心念佛，狮子乃低头下尾，伏显足前。显以手摩之，咒曰："若欲相害，待我诵竟。若见试者，便可退矣。"狮子良久乃去。明晨乃还，路穷幽梗，止有一径通行。未至里余，忽逢一道人，年可九十余，容服粗素而神气俊远，显虽觉其韵高，而不悟是神人。后又逢一少僧，显问曰："向者耆年是谁耶？"答云："头陀迦叶大弟子也。"显方大恨，更追至山所，有横石塞于室口，遂不能入，显流涕而去。

又曰：昙无竭，此云法勇。至罽宾国，礼拜佛钵。住岁余，学梵书语，求得《观世音授记经》梵文一部，复西行。虽屡经危险，而系念所赍《观世音经》未尝暂废。将至舍卫国，中野逢山象一群，无竭称名归命，即有狮子从林中出，象惊惶奔走。后渡恒河，值野牛一群鸣吼而来，将欲害人，无竭归命如初，寻有大鹫飞来，野牛惊散。其诚心所感，在险克济，皆此类。

又曰：释智严，晋义熙十三年，宋武帝西伐长安，克捷旋旆，涂出山东。时始兴公王恢从驾游观山川，至严精舍，见其同止三僧各坐绳床，禅思湛然。恢至，良久不觉，弹指三人开眼，俄而还闭，不与言。恢心敬其奇，访诸耆老，皆云此三僧隐居、求志、高洁法师也。恢即启宋武延请还都，莫肯行者。既屡请情至，二人推严随行。恢道怀素笃，礼事甚勤，还都即住始兴寺。严性虚静，志避喧尘。恢乃为于东郊起精舍，即枳园寺也。严在寺不授别请，常分卫自资。道化所被，幽显咸伏。有见鬼者，云见西州太社闻鬼相谓云"严公当至，当辟易。"此人未之解。俄而严至，聊问姓字，果称智严，默而识之，密加礼异。

又曰：求那跋摩，此云功德铠，累世为王。年十四便机见儁远，深有远度，仁爱泛博，崇德务善。其母尝须野肉，令跋摩辩之。跋摩曰："有命之类，莫不贪生，夭彼之命，非仁人矣。"母怒曰："设令得罪，吾当代汝。"跋摩他日煮油，误烧其指，因谓母曰："代儿忍痛。"母曰："痛在汝身，吾何能代？"跋摩曰："眼前之苦尚不能代，况三途耶？"母乃悔悟，终身断煞。至年十八，相工见而谓曰："君年三十当临大国，南面称尊。若不乐世荣，当获圣果。"至年二十，出家授戒。乃辞师违众，林栖谷饮，孤行山野，遁迹人世。往师子国观风阐教，识真之众咸谓已得初果，仪形感物，见者发心。元嘉初，文帝知跋摩已至南海，于是敕州郡令资发下京，路由始兴，经停岁许。始兴有虎市山，峰岭高绝，跋摩谓其仿佛耆阇，乃改名灵鹫。于山寺之外别立禅室，去寺数里，磬音不闻。每至鸣权，跋摩已至，或冒雨不沾，或履泥不湿，时道俗莫不肃然增敬。寺有宝月殿，跋摩于殿北壁手自画作罗汉象，乃作定光儒童有布发之形。象始成 之后，每夕放光。此山本多虎灾，自跋摩居之，昼行夜往，或值虎者，以杖按头戏之而去。于是山旅水宾，去来无梗。尝于别室入禅，累日不出，寺僧遣沙弥候之，见一白狮子缘柱而立，亘室弥漫，生青莲华。沙弥惊恐大呼，往逐狮子，豁无所见。后文帝重敕观寺等，复更敦请，乃泛舟下都，以元嘉八年正月达于建业。文帝引见，因问曰："弟子常欲持斋不煞，迫以身殉物，不获从志。法师既不远万里来化此国，将何以教之？"跋摩曰："夫道在心，不在事；法由己，非由人。且帝王与匹夫所修各异，匹夫身贱名劣，言令不威，若不克己苦躬，将何为则？帝王以四海为家，万民为子，出一嘉言则士庶咸悦，布一善政则神人以和。刑不夭命，役无劳力，乃则使风雨适时，寒暖应节，百谷滋繁，桑麻郁茂，如此持斋亦以大矣，不杀亦以众矣。宁在阙半日之餐，全一禽之命，然后方为弘济耶？"帝乃抚几叹曰："夫俗人迷于远理，沙门滞于近教。迷远理者谓至道虚说，滞近教者则拘挛篇章。至如法师所言，真谓开悟明达，可与言天人之际矣。"乃敕住祇洹寺，供给隆厚。

又曰：昙摩密多，此云法秀，罽宾人也。年至七岁，神明澄正，每见法事，辄自然欣跃。其亲爱而异之，遂令出家。罽宾多出圣达，屡值明师，博贯群经，特深禅法，所得门户，极其微奥。为人沉邃，有惠解，仪轨详正，生而连眉，故世号连眉禅师。少好游方，有如毗罗神王卫送，遂至龟兹，于中路欲回，乃现形告辞密多曰："汝神力通变，自在游处，将不相随共往南方。"语毕，即收影不现。遂从至都，即于上寺图像于壁，迄今犹有声影之验。洁诚祈福，莫不响应。

又曰：释智猛，雍州新丰人。每闻外国道人说天竺国有释迦遗迹及《方等经》，常慨然有感，驰心遐外，以为万里咫尺千载可追，遂发长安，到罽宾国，有五百罗汉，常往返于阿耨达地。有大阿罗汉，见猛，至欢喜，猛咨问方士，为说四天子事。猛于奇沙国见佛文石唾壶，又于此国见佛钵，光色紫绀，四际尽然，以香花供养，顶戴发愿，钵若有应，能轻能重，既而转重，力遂不堪。及下钵时，复不觉重。至迦维罗卫国，见佛发、佛牙及肉髻骨，佛影、佛迹，炳然俱存。其所游践，究观灵变天梯地龙之事。不可胜数。

又曰：天竺沙门僧伽达，禅学深明，来游宋境，尝在中坐禅，日时将迫，念欲虚斋，乃有群鸟衔果，飞来授之。达多思维弥猴奉密，佛亦授而食之，令鸟授食，何为不可？于是授而进之。

又曰：求那跋陀罗，此云功德贤，中天竺人。以大乘学，故世号摩诃衍谯。王欲请讲《华严经》，而跋陀自忖未善宋言，有怀愧叹，即旦夕礼忏于观世音，乞求冥应，遂梦有人白衣持剑，擎一人首来至其前曰："何故忧耶？"跋陀具以事对，答曰："无所多忧。"即以剑易首，更安新头，语令回转曰："得无痛也？"答曰："不痛。"豁然便觉，心神喜悦。旦起，道义皆通，备领宋言，于是就讲。

又曰：沙门宝意，世居天竺，以宋孝建中来止京师瓦官禅房，恒于寺中树下坐禅，又晓经律，时人号为三藏。常转侧数百具子，立知吉凶，善能神咒，以香涂掌，亦见人往事。宋祖施一铜唾壶，高二尺许，常在床前，忽有人窃之，意取竹席一领空卷之，咒数通经，于三夕，唾壶还在席中，莫测其然。

又曰：竺法崇尝游湘州麓山，山精化为夫人诣崇请戒，舍所住山以为寺，崇居之。少时，化洽湘土。

又曰：释法安，一名慈钦，未详何许人。善能开化愚蒙，拔邪归正。晋义熙中，新阳虎灾，县有大社，树下筑神庙，左右居民以百数，遭虎死者，夕有一两。安尝游于其县，暮经此宿，民以畏虎，早闭门闾，安径之树下，通夜坐禅向晓，闻虎负人而至，投之树北，见安如喜，惊跳伏安前，安为说法授戒，虎踞地不动，有顷而去。及亘，村人追虎至树下，见安大惊，谓是神人，遂传之，一县士庶莫不崇奉，虎灾由此遂息。因改神庙，留安立寺。

又曰：释昙邕于庐山之西南营立茅宇，与弟子昙果澄思禅门。尝于一时，果梦山神求授五戒，果曰："家师在此，可往咨授。"少时，邕见一人着单衣袷，风姿端雅，从者二十余人，请授五戒。邕以果先梦，知是神仙，乃为说法授戒。神嚫以外国匕著，礼拜辞别，倏忽不见。

又曰：释僧苞建三七日普贤斋忏。至弟十七日，有白鹄飞来，集普贤座前，至行香毕，乃去。至二十一日将暮，有黄者衣四人，绕塔数匝，忽然不见。

又曰：支昙兰，晋太元中游剡县，后憩始丰赤城山，见一处林泉清旷而居之。经于数日，忽见一人，长数丈，呼兰令去，又见诸异形禽兽以恐兰，见兰恬然自得，乃屈膝礼拜，云："珠欺王是家舅，令往韦乡山就之，推此处以相奉尔。"后三年，忽闻车骑隐隐，从者弥众，俄而有人着帻，称珠欺王通，既前，从其妻子男女等二十三人，并形貌端正，有逾于世。既至兰所暄凉讫，兰问住在何处，答曰："在乐安县韦乡山。久服风问，与家累仰投，乞授归戒。"兰即为授之，授法竟，嚫钱一万，密二器，辞别而去。便闻鸣笳动吹，响振山谷，禅众十余，共所闻见。

又曰：释玄高母梦梵僧散华满室，觉便怀胎，及生男，家内忽有异香，光明照壁，迄旦乃息。母以儿生瑞兆，因名灵育。出家改名玄高。聪敏生知，学不加思。至年十五，已为山僧说法授戒。林阳堂山，古老相传云是群仙所宅，高徒众三百，往居山舍，多有灵异，磬不击而鸣，香亦自然有气，应真仙士，往往来游。学徒之中有玄绍者，学究诸禅，神力自在，手指出水供高洗漱，其水香静，倍异于常，每得非世华香，以献三宝。其灵如绍者，有十一人。西海有梵僧印，亦从高授学，志隘量褊，得少为足，便谓已得罗汉，顿尽禅门。高乃密以神力令印于定中备见十方无极世界，诸佛说法不同。印于一夏寻其所见，永不能尽，方知定水无底，大生愧惧。

又曰：释僧同韬光晦迹，人莫能知。居塞山，山在长安南四百里。将殂，告弟子曰："吾将去矣。"其夕，见火从绳床后出烧身，经二日方尽，烟焰张天，而房不烬。弟子收遗灰，架以砖塔。

又曰：阿诃罗竭者，多行头陀，独宿山野。晋惠帝元康元年，乃西入止娄至山石室中坐禅。此室水既远，时人欲为开涧，竭曰："不假相劳。"乃自起，以左脚蹑室西壁，陷没指，既拔足，水从中出，清香软美，四时不绝，来饮者皆止饥渴除病。

又曰：竺法惠，本关中人，晋康帝建元中至襄阳，止羊叔子寺，不授别请。每乞食，辄赍绳床自随，于闲旷之路则施之而坐。时或遇雨，以油帔自覆，雨止，唯见绳床，不知惠所在，讯问未息，惠已在绳床。每语弟子法照曰："汝过去时折一鸡脚，其殃寻至。"俄而照为人所掷，脚遂永疾。

又曰：涉公，西域人。言未然之事，验若指掌。以符坚建元十一年至长安，能以秘咒咒下神龙。每旱，坚常请之咒龙，俄而龙下钵中，天辄大雨。坚及群臣亲就钵观之，咸叹其异。

又曰：杯渡者，不知姓名，常以木杯渡水，因而为目。不修细行，神力卓越，世莫测其由来，唯持一芦圌子，更无余物。向广陵，遇村舍，有李家设八关斋，先不相识，乃直入斋堂而坐，置芦圌于中庭。众以其形陋，无恭敬心。李见芦圌当道，欲移置墙边。数人举，不能动，渡食竟，提之而去，笑曰："四天王福于李家。"于时有一竖子窥其圌中，见四小儿，并长四寸，面目端正，衣裳鲜洁，于是追觅，不知所在。后三日，乃见西界蒙笼树下坐。李礼拜请还家供养，渡不堪持斋，饮酒啖肉，至于辛鲙，与俗不殊。清旦，忽云："欲得一袈裟，中时令辩。"李即经营，至中时未成。渡云暂出，至冥不返，合境闻有异香，疑之为怪。处处觅渡，乃见在北岩下，敷败袈裟于地，卧之而死，头前脚后皆生莲花，花极鲜香。邑共殡之，后数日，有人从北来，云见渡负芦圌行向彭城。乃共开棺，唯见鞋履。既至彭城，有白衣黄欣，深信佛法，见渡礼拜，请还处家。家至贫，但有麦饭而已，渡甘之怡焉。止得半年，忽语欣云："可觅芦圌三十六枚，吾须用之。"答云："此间正可有十枚，贫无以买，恐不尽办。"渡曰："汝但检觅，宅中应有。"欣即穷检，果得三十六枚，列之庭中。虽有其数，亦多破损，比欣次弟熟视，皆新完。渡密封之，因语欣令开，乃见钱帛皆满，可百许万。识者谓是杯渡分身他土，所得䞋施，回以施欣。欣授之，皆为功德。经一年许，渡辞去，欣为办粮食，明晨，见粮食具存，不知渡所在。

《续高僧传》曰：释惠恭者，益州成都人也。与同寺惠远结契勤学，远直诣长安，恭往荆扬访道，从江左来还，□二人相遇，欣欢共叙别离三十余年。同宿数夜，远言谈泉涌，恭竟无所道。远问恭曰："离别多时，今得相见，庆此欢会，伊何可论，但觉仁者无所说，将无所得耶？"恭对曰："为性暗劣，都无所解。"远曰："大无所解，可不诵得一部经乎？"恭曰：唯诵得《观世音经》一卷。"远厉声曰："《观世音经》小儿皆能诵之，何烦汝大许人？且向为童子出家，与远立誓望登道果，岂复二十余年唯诵一卷经如指许？大是非暗钝懒惰所为，请与断交，愿法师早去，无增远之烦恼也。"恭曰："经卷虽小，佛口所说。遵敬者得无量福，轻慢者得无量罪，仰愿暂息瞋心，当为法师诵一遍，即与长别。"远大笑曰："《观世音经》是《法华普门品》，远已讲之数百遍，如何欲闹人耳乎？"恭曰："外书云'人能弘道，非道弘人'，但至心听佛语，岂得以人弃法？"乃于庭前结坛，坛中安高座，绕坛数匝，顶礼升高座。远不得已，于檐下据胡床坐听。恭始发声唱经题，异香氛氲，遍满房宇，及入经文，天上作乐，雨四种花。乐则寥亮振空，花则氛霏满地。诵经讫，下座自为解座梵讫，花乐方歇。惠远接足顶礼，泪下交流，谢曰："惠远臭秽死尸，敢行天日之下，乞暂留赐见教诲。"恭曰："非恭所能，诸佛力耳。"即拂衣长揖，沿流而去。尔后访问，竟不知其所之。

太平御览卷第六百五十七 释部五

经

《晋书》曰：姚兴如逍遥园，引沙门于澄玄堂，听鸠摩罗什演佛经。罗什通辨夏言，寻览旧经，多有乖谬，不与胡本相应。兴与罗什及沙门僧肇、昙顺等八百人更出大品，罗什持胡本，兴执旧经，以相考校。其新文异旧者，皆会于理义。续出诸经并诸论三百余卷。今之新经皆罗什所译。兴既托意于佛道，公卿已下莫不钦附，沙门自远而至者五千余人。起浮图于永贵里，立波若台于中宫，沙门坐禅者恒有千数。州郡化之，事佛者十室而九矣。

《齐书》曰：张绪为中书令，善谈玄。驾幸庄严寺，听僧达道人讲《维摩》，坐远，不闻诸言，上难移绪，乃迁僧达。

《梁书》曰：张稷出为青、冀二州刺史，不得志，尝闭阁读佛经。

又曰：刘勰字彦和，早孤，笃志好学，家贫不婚娶，依沙门僧祐居，遂博通经论，因区别部类，录而序之。定林寺经藏，勰所定也。勰为文，长于佛理，都下寺塔及名僧碑志必请勰制文。敕与惠震沙门于定林寺撰经证，功毕，求遂出家。先燔须发自誓，敕许之，乃变服，改名惠地。

又曰：任孝恭，少从萧寺云法师读经论，明佛理。至是，蔬食斋戒，信授甚笃。而性颇自伐，以才能尚人，于流辈中多有忽略，世以此少之。

又曰：皇侃性至孝，常日诵《孝经》二十遍，以拟《观世音经》。

又曰：梁萧詧谓其度支尚书宗如周曰："卿何为谤经？"如周踧踖，自陈不谤，詧又谓之如初。如周惧，出告蔡大宝，大宝知其旨，笑谓之曰："君当不谤余经，正应不信《法华》耳。"如周乃悟然。《法华》云："闻经随喜，面不狭长。"如周面狭且长，由是詧有此戏。

《陈书》曰：王固清虚寡欲，信佛法，及丁所生忧，遂终身蔬食。夜则坐禅，昼诵佛经。尝聘魏，宴于昆明池，魏人以南人嗜鱼，大设罟网，固以佛法咒之，遂一鳞不获。

《后魏书》曰：斐宣，高祖曾令集沙门讲佛经，因命宣论难，其有理诣，高祖称善。

《唐书》曰：韦绶字子章，京兆人。少有至性，丧父，刺血写佛经。

又曰：贞元十四年，南天竺国进《花严经》残梵夹，令僧般若三藏于保寿寺，僧智柔圆照同于崇福寺翻译成四十卷。

《高僧传》曰：释道安，姓卫氏，常山人。初经出已久而旧译时谬，致使深义隐没未通，每至讲说，唯叙大意。安躬览经典，钩深致远，并寻文比句，为起尽之义。经文看树，自安始也。

《洛阳伽蓝记》曰：神龟九年十一月，太后遣崇灵寺比丘惠生向西域取经，凡得一百七十部，皆是大炒暑典。

《涅槃经》曰：是诸大乘经为满字，无欠少之义也。小乘诸教悉为半字，义未圆，故云半字。

像

《晋书》曰：恭帝深信浮图道，铸货千万，造丈六金像于瓦官寺。帝亲迎之，群臣步从，满十许里。

又曰：彭城王纮上言：“乐贤堂有先帝手画佛像，经历寇难而此堂犹存，宜敕作颂。”帝下其议。蔡谟曰：“佛者，夷狄之俗，非经典之制。先帝量同天地，多才多艺，聊因临时而画此像，至于雅好佛道，所未及闻也。今欲发王命，敕史官，上称先帝好佛之志，下为夷狄作一像之颂，于义有疑焉。”于是遂寝。

又曰：秦将吕光伐龟兹，将军杜暹梦金像飞越龟兹之城。曰：“所谓佛神去之，胡亡必矣。”

又曰：咸和中，丹阳尹高悝行张侯桥，见浦中五色光长数尺，不知何怪，乃令人于光处得金象，无有光趺。悝乃下车载像，还至长干巷首，牛不肯进，悝乃令驭人任牛所之，牛径牵至寺。经一岁，临海渔人张系世于海口忽见铜花趺浮出，取送县，以送台，乃施像足，宛然合会。简文咸安元年，交州合浦人董宗之彩珠，没水底，得佛光艳，交州送台，以施像，又合焉。自咸和中得像，至咸安初，历三十余年，光趺始具。初，高悝得像，后有西域胡五人来诣悝曰："昔于天竺得阿育王造像，来至邺下，逢时乱，埋于河边，今寻觅失所。五人尝一夜俱梦见像曰：已出江东，为高悝所得。"悝乃送此五僧至寺，见像歔欷涕泣，像便放光，照烛殿宇。像趺先有外国书，莫有识者，后有三藏那跋摩识之云："是阿育王为弟四女所造也。"

《宋书》曰：刘牢之子敬宣，八岁丧母，昼夜号泣。四月八日，见众人灌佛，乃下头上金镜为母灌像，因悲泣不自胜。

又曰：沉道虔累世事佛，推父祖旧宅为寺。至四月八日，每设像之日，辄举家恸焉。

又曰：自汉世始有佛像，形制未工，戴逵特善其事，颙亦参焉。宋世子铸丈六铜像于瓦官寺，既成，面恨瘦，工人亦不能改，乃迎戴颙，颙曰："非面瘦，乃臂胛肥尔。"及减臂胛，瘦患即除，无不叹服。

《梁书》曰：阮孝绪末年，蔬食断酒，恒供养。石像先有损坏，心欲补之，罄心敬礼，经一夜，忽然完复，众并异之。

又曰：大通四年，又造一丈六尺旃檀像，量之，剩二尺成丈八，形次衣文及手足，更重量，又剩一尺五分。至大通五年，寺僧洽重量，又剩七寸，即是长二丈矣。大同四年，移入大殿，敕主书吴文宠更量，又剩五寸。凡五度量，即长二丈七寸，岂非精诚所感耶？

又曰：武帝舍宅造寺，未成，于小庄严寺造无量寿像，长一丈八尺，及铸而铜不足，帝又给功德铜三千斤。台内送铜未至像处，已见铜车到炉所，于是就冶，一灌便足在后台。司铜至，方知向来送铜灵感所致，及开模像以成丈九而相好不差。又有大钱二枚，见在衣绛，竟不销铄。其年欲移像还寺，未移前，淮中估客每夜辄闻大桥上如有人修道路，往视，不见人。俄而像度光彩辉焕，观者莫不归心。

《北齐书》曰：有沙门晏通，于道旁造大漆像，教化乞财所得物，咸以入。常以杖敲此像，号曰出课乌奴。

又曰：封述，勃海蓚人。一息，娶陇西李士元女，大输财聘，及将成礼，犹竞悬违。述忽取所供养像对士元摇而示之，士元笑曰："封公何处常得应急像？"

《洛阳伽蓝记》曰：西域捍魔城南十五里，有一大寺，三百余僧。有像一躯，举高丈，面常东立，不肯西顾。父老相传云："此像本从南方腾空而来。"于寘国王亲来敬礼，请像载归，中路夜宿，忽然不见，遣人寻之，还来本处。王即起塔，封四百户以供洒扫。人有患者，以金薄贴像，所患处即得除愈。后人于此像边造丈六像及诸像塔，乃至数千，悬彩幡盖，亦有万计。魏国之幡过半，幡上隶书多云太和、景明、延昌。唯有一幡，观其年号，是姚兴时幡。

《西京记》曰：光福坊大兴寺有阿育金象，历宋、齐、梁、陈，数有奇异。陈国亡，忽面自南向，虽止之还尔。隋文帝载入长安，内中供养，后移置此寺。寺众以殿大像小不可当阳，置之于北面，明日乃自转兆荇，众咸惊异，复置北面，明日复还转南面。众乃忏谢，不复更动。

又曰：崇敬寺有石像一躯，高五尺，制作粗恶，甚有灵验。传云：是阿育王弟四女所造。其女貌丑，常自慨恨，多作佛象，及成皆类，如此千数。乃至诚祈祷，忽感佛见形。更造诸像，相好方具，其父使鬼神遍散诸像于天下，此其一也。

《高僧传》曰：释昙翼，出家事安公为师，后居长沙寺。翼常叹寺立僧足，而形象尚少，阿育王所造，多布在馀方。尝闻外国僧说，有至诚所请者，亦为之降见，乃专精恳恻，更求诚应。以晋太元中，忽有一金像现于渚宫城北路，光明照灼，百姓惊骇。翼闻乃往祇礼，谓众人曰："当是阿育王像降我长沙寺焉。"即令弟子数人捧接，迎至长沙寺。其后，罽宾禅师从蜀下，入寺礼拜，见像光生有胡字，便曰："是阿育王像。何时来此？"时人方知翼之不谬。

又曰：汉明帝使蔡愔于西域得画释迦奇象，是优由王旃檀像。既至雒，明帝即令图画写置清凉台中及显节陵上。

《增一阿含经》曰：优填王敕国内巧匠，会以牛头旃檀作佛像形供养，晨夕礼拜。是时，波斯匿王闻优填王作佛像供养，亦召巧匠，语言如来形体煌若天金，今当以直金作佛形像。即以紫磨作如来像，亦高五尺。尔时阎浮提中始有三像。

《法显记》曰：僧尼罗王国以金等身而铸像，髻装宝珠。有盗者以梯取之，像渐高而不及，盗叹其不救众生，像俯首而与之。后市人擒盗，盗言其事，视像尚俯。王重赎其珠而复装之。

《象记》曰：梁武帝天监元年正月八日，梦檀像入国，因发诏往迎像。按《佛游天竺记》及《优填王经》云：佛上忉利天，一夏为母说法。王臣思见，优填国王遣三十二匠及赍旃檀，请大目连神力运往，令图像相。既如所愿，图了还返，坐高五尺，在祇洹寺至今供养。帝欲迎请此像，遣决胜将军郝骞等八十人应募往。达，具状祈请，舍卫王曰："此中天正像，不可适边。"乃命三十二匠更刻紫檀，人图一相。卯时运手，至午便就，相好具足，而像顶放光，降微细雨，并有异香，故《优填王经》云："真身既隐次，二像现普为。"众生深作利益者是也。骞等负弟二像行数万里，度大海，冒涉风波，随浪至山，粮食又尽，所将人众及传送者身多亡殁。逢诸猛兽，一心念佛，乃闻像后有甲胄声，又闻钟声。岩侧有僧，端坐树下，登负像下置其前，僧起礼像，骞等礼僧，僧授澡罐令饮，并得饱满。僧曰："此像名三藐三佛陀。金毗罗王自从至彼大作佛事，语顷失之尔。夜佥梦见神，晓共图之。"至天鉴十年四月五日，骞等达于扬都，帝与百僚迎还太极殿。至太清三年，湘东王在江陵即位，遣人从扬都迎上至荆都。后梁大定八年，城北静陵造大明寺，乃以像归之。今见在，多有传写，流被京国云。

太平御览卷第六百五十八 释部六

戒律

《书》曰：武帝惑于佛教，朝贤多启求授戒。江革精信因果，而帝未知，谓革不奉佛法，乃赐革《觉意诗》五百字，又手敕革曰："果报不可不信。"革因乞授菩萨戒。

又曰：陶弘景曾梦佛，授其菩萨记，云名为胜力菩萨，乃诣鄮县阿育王塔自誓，授五大戒。大同二年卒，遗令不须沐浴，以大袈裟覆衾蒙首足，弟子遵而行之。

又曰：陆杲素信佛法，持戒甚精，著《沙门传》三十卷。

又曰：萧昱字子贞，历位中书侍郎。每求试边州，武帝以其轻脱无威望，抑而不许。普通五年，徙临海郡，行至上虞，敕追还，令授菩萨戒。既至，恂恂尽礼，改意蹈道，持戒又精洁，帝甚善之。

《北齐书》曰：赵隐字彦深，专意玄门，崇敬佛道，虽年期颐，常持戒行。

《高僧传》曰：弗若多罗，此云功德华，罽宾人也。少出家，专精十诵律部。伪秦中，振锡入关，姚兴待以上宾之礼。先是，经法虽传，律藏未阐，鸠摩罗什闻多罗既善斯部，以秦弘始六年，集僧数百余人，延请多罗诵出十诵胡本，罗什译为晋文，三分获二。多罗遘疾弃世，后有昙摩流支，此云法乐，西域人。弃家入道，偏以律藏驰名，以弘始七年秋达关中。初，弗若多罗诵出十诵，未竟而亡，庐山释惠远闻支既善毗尼，希得究竟律部，乃遗书通好。流支既得远书，乃与罗什共译十诵都毕，支曰："吾当更行无律教处。"于是游化馀方，不知所卒。

《毗婆沙论》曰：善分别戒，名为毗尼藏。《大智论》曰：诸罗汉问谁能明了集毗尼藏，皆言优婆离持律弟一。请就师子坐，问佛在何处说初毗尼戒，优婆离言："我闻佛在毗舍离，尔时须邻那迦兰陀长者子初犯戒，以是因缘，故结初罪，如是二百五十戒义，三部七法，八法，尼律，增一开杂部，善部，如是等八部十作。”《毗尼藏经》云：五戒：一不杀生，二不偷盗，三不邪淫，四不妄语，五不饮酒食肉，故云五戒。布施持戒，忍辱精进，禅定智惠，以法能度生死，故云六度。声、色、香、味、触、法，能坌污人之净心，故曰六尘。

禅

《宝林传》曰：佛未涅槃时，每告弟子迦叶曰：“吾以清净法眼涅槃，妙心实相正法将付与汝。汝可流布，无令断绝。”迦叶敬诺，唯然授教。迦叶传阿难，阿难付商那和修，自此转相传授，至般若多罗，并佛二十八师。般若多罗付菩提达磨。菩提达摩者，南天竺人也，梁普通中，泛海至于广州，后过江，上嵩山少林寺。达磨传惠可，惠可传僧璨，隐于皖山，璨传道信，道信传弘忍，弘忍传惠能，惠能住韶州曹溪，是为六祖。

《高僧传》曰：释道立，不知何许人。出家事安公为师，隐覆舟山。岩居独立，不授供养，每潜入禅，辄七日不起。

塔

《宋书》曰：谢尚尝梦其父曰：“西南有气至，冲人必死，勿当其锋。家无一全，汝宜修福塔寺可禳之。若未暇立寺，可杖头刻作塔形，见有气来可拟之。”尚悟，惧未及造塔寺，遂刻小塔施杖头，恒置左右。后果有异氛遥见西南，从天而下，始如车轮，渐弥大，直冲尚家，尚以杖指之，氛便回散，阖门获全。气所经处，数里无复孑遗。遂于永和四年舍宅造寺，名庄严寺。宋大明中，路太后于宣阳门外造庄严寺，改此为谢镇西寺。

又曰：阿育王寺塔，阿育王即铁轮王。王阎浮提一，天下佛灭。后一日一夜，役鬼神造八万四千塔，此即其一。吴时居其地，以为精舍。孙綝寻除毁之，塔亦同灭。吴平后，诸道人复于旧处建立焉。晋元帝初渡江，更修饰之。其后有西河离石县胡人刘萨何遇疾暴亡，七日更苏，说云："观世音语云：'汝缘未尽，当得活，可作沙门。洛下斋、丹阳会稽并有阿育王塔，可往礼拜。'忽然醒寤。"因此出家，名惠达。游行至丹阳，未知塔处，及登越城西望，见长于里气色，因就礼拜，果是先阿育王塔所，屡放光明。由是定知必有舍利，集众就掘，得三石碑，有铁函，函中有银函，函中又有盛三舍利及爪发长一丈七尺，诏遣沙门释云随使往迎之。先是，武帝改造阿育王等塔，出旧塔下舍利及佛爪发，发青绀色，众僧以手伸之，随手长短，放之则旋屈为蠡形。按经云："佛发青而细，犹如藕茎丝。"《佛三昧经》云："我昔在宫沐头，以尺自量，发长一丈二尺，放已右旋，还成蠡文。"则与帝所得同也。

《佛图澄传》曰：后赵尚书张离、张良家富，事佛起大塔。澄谓曰："事佛在于清净无欲，慈矜为心。檀越虽仪奉大法，而贪吝未已，游猎无度，积聚不穷，方授见世之罪，何福报之可希也？"

《洛阳伽蓝记》曰：永宁寺，熙平元年灵太后胡氏所立也。在宫前阊阖门南一里，中有九层浮图。初掘基至黄泉下，得金象三十躯，太后以为信法之征。永熙三年，浮图为火所烧。后有人从东莱郡来，云见浮图于海中，光明照耀，俨然若新，海上之民咸皆见之，俄然雾起，浮图遂隐。

又曰：西方佛沙伏国国王造一塔，初成，用真珠为罗网覆其上。于后数年，王乃思量，此珠罗网价值万金，我崩之后，恐人侵夺，复虑大塔破坏，无人修补，因解珠网以铜镬盛之，在塔西北百步掘地埋之。上种树名菩提，枝条四布，密叶蔽天，树下四面坐象各高丈五，恒有四龙典掌此珠，若兴心欲取，即有祸变。刻石为铭，属语将来，若此塔坏，劳烦后贤出珠修治。

寺

《后汉书》曰：陶谦同郡人笮融聚众数百，往依于谦，谦使督广陵、下邳、彭城运粮，遂大起浮图。寺上累金盘，下为重楼，又堂閤周回，可容三千许人。作黄金涂像，衣以锦彩。每浴佛，辄多设饮饭，布席于路，其有就食及观者，且万余人。

《宋书》曰：明帝以故宅起湘宫寺，费极奢侈。以孝武庄严寺刹七层，帝欲起十层，不可立，分为两刹。各五层。新安太守巢尚之罢郡，还见帝，曰："卿至湘宫寺未？我起此寺，是大功德。"虞愿在侧曰："陛下起此寺，皆是百姓卖儿贴妇钱，佛若有知，当悲哭哀愍。罪高佛图，有何功德？"帝大怒，驰曳下殿。愿徐去，无异容。

又曰：巢市之甚聪敏，时百姓欲为孝武立寺，疑其名，尚之应声曰："宜名天保。《诗》云：天保，下报上也。"时服其机速。

又曰：萧惠开丁父难，家素事佛，凡为起四寺，南冈下名曰禅冈寺，曲阿旧乡宅名曰禅乡寺，京口墓亭名曰禅亭寺，所封阳县名曰禅封寺。

《梁书》曰：何氏自晋司空充，宋司空，尚之奉佛法，建立塔寺。至敬容，又舍宅东为伽蓝。趋权者因助造构，敬容并不拒，故寺堂宇颇为宏丽。时轻薄者因呼为众造寺。及敬容免职，出宅，止有常用器物及囊衣而已，竟无余财。

又曰：谢举宅内山斋舍以为寺，泉石之美，殆若自然。举托情玄胜，尤长佛理，注《净名经》，尝自讲说。

又曰：武帝以三桥旧宅为光宅寺，敕周兴嗣与陆倕各制寺碑。及成，俱奏。帝以兴词所制自题。

又曰：江紑字含洁，幼有孝性。年十三，父蒨患眼，紑侍疾，将期月，衣不解带。夜梦一僧云，患眼者饮惠眼水必差。及觉，说之，莫能解者。与草堂寺智者法师善，往访之，智者曰："《无量寿经》云：'慧眼见贞，能度彼岸。'"蒨乃因智者启，舍同夏县界牛屯里舍为寺，乞赐嘉名，敕答曰："近见智者云慧眼，则五眼之一号，可以惠眼为名。"及就创造泄，故井水清冽，异于常水。梦中取水洗眼及煮药，稍觉有瘳，因此遂得差。

《南史》曰：王懿字仲德。父苗，仕苻坚，至二千石。苻坚之败，仲德年十七，及兄睿同起义兵，与慕容垂战，败，被重创走，与家属相失，路经大泽，困未能去，卧林中。有一小儿，青衣，年可七八岁，骑牛行，见仲德，惊曰："汉已食未？"仲德言饥，小儿去须臾复来，得饭与之。食毕欲行而暴雨，莫知津径。有一白狼至前，仰天而号，号讫，衔仲德衣，因渡水，仲德随后得济，与睿相及。渡河至滑台，复为翟辽所留。积年，仲德欲南归，乃弃辽奔泰山。晋太元末，徙居彭城。宋元嘉九年，又为徐州刺史。仲德三临徐州，威德著于彭城，立佛寺，作白狼、童子像于塔中，以在河北所遇也。

又曰：波斯国城外佛寺二三百所，梁大通二年，遣使献佛牙。

又曰：刘孝绰与到溉兄弟甚狎，溉少孤，宅近僧寺，孝绰谓僧物色也，抚手笑。溉知其旨，奋拳击之，伤口而去。

《三国典略》曰：齐王初为胡昭仪起大慈寺。未成，改为穆皇后大宝林寺，运石填泉，牛死无数。

《唐书》曰：会昌五年四月，括天下寺，凡大寺四千二百，兰若四万，僧尼二十六万五百。七月，敕并省天下佛寺，上州各留寺一所，中下州寺并废。上都、东都各留十寺，寺僧十人。

《洛阳伽蓝记》曰：白马寺，汉明帝所立也。佛教入中国之始，寺在西阳门外御道南。明帝梦见金人，长丈六，项佩日月光明，胡神号曰佛，遣使向西域求之，乃得金象焉。时以白马负经而来，因以为名。寺上经函常存，时放光明，曜于堂宇，是以道俗礼敬之，如仰真容。

又曰：崇义里有京兆人杜子休宅。时有隐士赵逸，云是晋武时人，晋朝旧事多所记录，正光初来至京师，见子休宅，叹息曰："此中朝时太康寺也。"时人未之信，遂问寺之由，逸云："龙骧将军王濬平吴之后，始立此寺，本有三层浮图，用砖为之。"指子休园中曰："此是故处。"子休掘而验之，果得砖数万，并有石铭云："晋太康六年岁次乙巳九月甲戌朔八日辛巳，仪同三司、襄阳侯王濬敬造。"子休遂舍宅为灵应寺。

又曰：宜寿里内苞信县令段晖宅地下常闻有钟声，时见五色光明照于堂宇。晖甚异之，遂掘光所，得金象一躯，高三尺，并二菩萨趺，上铭云:“晋泰始二年五月十五日侍中中书监荀勖造。”晖遂舍宅为光明寺。时人咸云:“此地是荀勖宅。”

又曰:修梵寺有金刚,鸠鸽不入,鸟雀不栖。菩萨达摩云:得其真相。

《建康实录》曰:晋许询舍永兴、山阴二宅为寺,家财珍异,悉皆是给。既成,启奏孝宗。诏曰:“山阴旧为祇洹寺,永兴居为崇化寺。”造四层塔,物产既罄,犹欠露槃、相轮。一朝风雨,相轮等自备。时所访问,乃是剡县飞来。

又曰:一乘寺,梁劭陵王纶造。梁末贼起,遂延烧。陈尚书令江总舍堂宇寺,今之堂是也。寺门遍画凹凸花,代称张僧繇手迹,其花乃天竺遗法,朱及青绿缘所成,远望眼晕如凹凸,就视即平,世咸异之,拇墅凹凸寺。

又曰:牛头山西峰中有窟,不测深浅,古老相传,云辟支佛所出。梁武帝于窟穴下置寺,名曰仙窟寺。窟有一石钵盂,莫知所由来,形状甚古。唐神龙初,郑克俊取将入长安,乃开禅寺志公严屐也。

《高僧传》曰:释法度少出家,高士名僧绍隐居琅琊之摄山。及亡,舍所居山为栖霞精舍,请度居之。经岁许,忽闻人马鼓角之声,俄见一人持名纸通曰:靳尚度前见尚形甚都羽卫亦严致敬。已乃言曰:“弟子主有此山七百余年,法师道德所归,谨舍以奉给,并愿授五戒,永结来缘。”度为设会,授戒而去。

又曰:孙放西寺曾构倾颓,沙门支云惠谋欲建立。其日,有童子持纸莲花插故寺东面,相去十余丈。于是建刹中标,正当华所。

太平御览卷第六百五十九 道部一

道

《老子》曰：道可道，非常道，虚极之妙也。无名天地之始，有名万物之母。无名者，妙本也，道冲而用之或似不盈，渊乎似万物之宗。天地之间，其由橐籥乎？玄牡之门是谓天地根。天地所以能长且久者，以其不自生，故能长生。生而不有，为而不恃，长而不宰，是谓玄德。执古之道，以御今之有。能知古始，是谓道纪。万物并作，吾以观其复。功成事遂，百姓皆谓我自然。绝圣弃智，民利百倍。孔德之容，唯道是从。以阅众甫，吾何以知众甫之然哉？曲则全，谓曲己以应务则全也；枉则直，谓枉己以伸人则直也。窪则盈，谓执谦则常盈也；弊则新，谓守弊薄则日新也。少则得，谓抱一不离则无失也；多则惑，谓有为多门则惑乱也。是以圣人抱一为天下式。希言自然者，谓因言悟道，不滞于言，合自然也。有物混成，先天地生，寂兮寥兮，独立而不改，周行而不殆。吾不知其名，字之曰道，强为之名曰大。域中有四大，王居其一。谓王者人灵之主，万物系其兴亡也。人法地，地法天，天法道，道法自然。重为轻根，静为躁君。善行无辙迹，谓体了真性行无行相，则必与道宜也。善言无瑕谪，谓遣象求意，理证心忘也。善计不用筹算，谓一以贯之，不生他见也。善闭无关楗而不可开，谓心无逐境之迷，境无起心之累也。善结无绳约而不可解，谓心与道合，虽无约束，其不可解也。是以圣人常善救人，故无弃人，常善救物，故无弃物，是谓袭明。知其雄，守其雌；知其白，守其黑；知其荣，守其辱；谓含德内融则复归于朴，常德听用则散而为器。既涉形器，必有精粗。圣人用之，则为群材之官长矣。故大制不割，谓圣人用道大制群生。万物不谢，于自然曾不割伤也。道之在天下，犹川谷之于江海。死而不亡者寿，谓死者分理之终，亡者夭折之数。寿者一期之尽，夫知足力行者，得天常地，死而不亡，是一期之尽，可谓寿矣。执大象，天下往。往而不害，安于太平。化而欲作，吾将镇之无名之朴。谓道也。失道而后德，失德而后仁，失仁而后义，失义而后礼，天下之物生于有，有生于无，明道若昧，进道若退，夷道若类。上德若谷，谓虚沿而容物也。大白若辱，谓能洁而含垢也。广德若不足，谓大成而执谦也，建德若渝，谓立功而不炫也。体真若渝，谓淳一而和光也。大方无隅，谓不小立圭角也，大器晚成，谓且无近功也。大音希声，谓不饰小说也。大象无形，谓能应万类也。道隐无名，谓功用不彰也。道生一，一生二，二生三，三生万物，万物负阴而抱阳，冲气以为和。为道日损，损之又损，以至无为。故塞其兑，闭其门，终身不勤也，谓不纵六根爱悦，则祸患之门闭矣，终身不勤劳也。开其兑，济其事，终身不救，谓开纵视听，以成其爱悦之事，故有祸患不救也。无遗自殃，是谓袭常，谓不为身灾，是谓密用真常之道也。

又曰：知者不言，言者不知。所以言者以音相闻，譬如知音者，识音以弦，心知其音，口不能传道。深微妙知者，不言也。太上曰知者不言，言能以救物。

又曰：上士学道，授之以神，中士授之以心，下士授之以耳。以神听者通无形，以心听者知内情，以耳听者闻外声。

又曰：知者不言，言者不知，故圣人云："我无为而民自化，我无事而民自富，我好静而民自正，我无欲而民自朴。"修之于身，天下自化。深根固蒂，长生久视之道。以道莅天下，其鬼不神，道者万物之奥，为者败之，执者失之，是以圣人无为故无败，无执故无失。

《太上经》曰：混茫之气，变化为真人，与时翱翔，有名无体。

《仙经》曰：神仙轻举，谓之天仙，列位太清，度名秘籍。

《秘要经》曰：五岳洞府，隐处地仙，保其神形，远其忧患。

又曰：太清九宫皆有僚属，其最高者称太皇、紫皇、玉皇，其高总称大道君，次称真人、真卿，其间有御史。凡称太上者，一宫之尊也，德高无逾，故曰太上。

又曰：仙者，川也。身者，舟也。济川得岸，何假舟焉？

《太真科》曰：《玉皇谱录》有百八道君，群仙随业以补其职。三善道者，圣、真、仙也。上品曰圣，中品曰真，下品曰仙。三清之间，各有正位。圣登玉清，真登上清，仙登太清。玉清有大帝宫殿，皇帝、王公、卿大夫、吏民率以圣呼之，如圣皇、圣帝之类是也。男女贵贱，各有次弟。上清有玄都、玉京、七宝、紫微，率以真呼之。太清有太极宫殿，率以仙呼之。其上清、太清之品位，男女次弟之统数，与玉清同。

《大洞经》曰：从生得道，从道得仙，从仙得真，从真得为上清君。

《玉符经》曰：二十四真图，五岳之灵宝也。能得之，必能仙去，飞步太清。欲得道法，先沭浴去秽，当得《东井图》。欲定五帝、役山精，当得《五岳图》。欲通神灵、法仙诀，当得《八史真形图》。欲通五行厨，当得《六甲通灵图》。欲存吾身、致天神，当得《九宫紫房图》。欲奉道法，当得《太清图》。欲奉顺道，当得《混成图》。欲通道机，当得《西升保录图》。欲通变化，当得《灵化图》。欲蹑大道，当得《九天图》。欲脱身形，当得《九变图》。欲隐存守身神，当得《养身图》。欲定身守神宝，当得《含影图》。欲恬泊守一以存身，当得《养身图》。欲寂默养志，当得《精诚守志图》。欲清净洁白致其芝英，当得《芝英玉女图》。欲聘六丁，当得《六阴玉女图》。欲致仙录，当得《九九道仙图》。欲食道气，当得《导引图》。欲治道术，当得《洞中皇宝图》。欲为变化，当得《偃息图》。欲临炉定九丹金液，当得《太一图》。欲登五岳求神仙芝药，当得《开山芝药图》。欲保神形、别邪精，当得《明镜图》。

《上清经》曰：气之所守，随身所生。神在则气在，神去则气去。气散则为云雾，合则为形影。出之为仙，化入之为真一。上结三元，下结万物，静用为兆身，动用为兆神。

《洞真经》曰：凡读《大丹隐书洞真玄经》，能研精密，感通玄达，云回释玄元，味景太清者，得为玄中法师也。

葛洪《神仙传》曰：自伏羲至三代，显名道士，世世有之。其老子，盖得道尤精者也，内实自然，欲正定本末，当以史传为据，并仙经、秘文以相参会，其他俗说，文多虚妄。其后道士，私有增益，非真文也。著《道德》二篇尹喜行其道。至汉，窦太后好黄老言，孝文帝及外戚诸窦皆令读之，故庄周之徒以老子为宗。

《太上玄一真人经》曰：众真高仙皆有师也，奉授《上清三同宝经》。为学无师，则道不成，八景、龙与焉可得乘？太极、玉阕缮可得登？凡学上清之道，岂肉飞之举？若慢于师道，则失投夜光也。以是言之，道固难知也，至于圣贤，皆尊其师，所以耐道也。

《太上太霄琅书》曰：天地布气，师教之真。真仙登圣，非师不成。心不可师，师心必败。

《宝玄经》曰：裁制偏邪，必归中正。能及流末，还至本源。道本无形，假言立象，虽言冲用，用实无物。

《道典》曰：制杀生者，天也。顺性命者，人也。非逆天者，勿杀也。非逆人者，勿伐也。为政如是，盖道之极也。

《七圣纪》曰：南岳赤君下教变迹为道士，与六弟子俱显姓名。

《太一帝君经》曰：求道者使其心正，则天地不能违也。舍色累而不顾，避荣利而自远，甘寒苦以存思，乐静斋于隐垣，则学道之人始可与言矣。

《太上三五顺行经》曰：天者，道之应形也。应有时渐，交以引之，玄象虚文，莫过三五。三五顺行运周，则变通不穷，三才合度。太一者，天也。天之授一气，荡荡而致清。道者，天之积灵也。

《升玄经》曰：道之玄妙，出于自然，生于无生，先于无先，弥纶无外，布神化气，淡然无上，制御诸天。

《玄妙内篇》曰：大道起于无为，无为，万物之祖也。

《正一真人经》曰：道之淳真，非有言也。借言通意，因置玄都，正一之化，去真近矣。

《宝玄经》曰：正则道合，合则言志，志言在正，正以绝邪。斋戒诵经，仙道自成，成仙之大，莫过太上，太上无言，言以应感，感应之道，表信成经也。

《三皇经》曰：求索自然，脱身当道，三光发明，天地常然。

《智惠经》曰：与人君言则惠于国，人父言则慈于子，人师言则爱于众，人兄言则悌于行，人臣言则忠于上，人子言则孝于亲，人友言则信于交，人妇言则忠于夫，人夫言则和于室，人弟言则恭于礼，野人言则劝于农，道士言则止于道，异国人言则各守其域，奴婢言则慎于事。

《太上经》曰：亲近贤智，博问善道，贤者论议，不可专执。

又曰：末世道士讲经说法，仪轨云何？若说五千文者，亦依《灵宝》。

《太上三洞宝经》曰：三洞传法之师一人度世，胜黄衣道士千人也。

又曰：大茅山有铜铁鼎，可容四五斛，刻甚精好，在山最高处，入土八尺余，上有盘石掩鼎。每吉日，远近道士咸登山瞻视，无复草木。垒石为小坛，昔有小瓦屋，为风所倒。两铉法日月也，三足法三才也，羽山之铜所作，神变隐显。

《真诰》曰：大茅山西南有四平山，谷谓之羽山。其下有洞室，名曰方台。洞有两口，见于山外，与华阳通，号为别宇幽馆矣，得道者处焉。

又曰：修于身，其德乃真。君子立身，道德为任，清净为师，太和为友，为玄为默，与道穷极，治于根本，求于末兆。为善者自赏，为恶者自刑，故不争无不胜，不言无不应。

又曰：能以至心学道，当以道首骚者。裴君曰："我师南岳赤松子为太虚真人。者太上以德教老子以得道，松子以道授我而得仙。

又曰：仙道十二试观之法，试皆过，然后授之。经此十二事，大试也，皆太极真人临见之，可不慎焉？昔彭祖弟子青乌公授明师之教，审仙妙之理，入华阴山学道。积年十二试有三不过。后服金液而升太极，道君以为试三不过，但仙人而已，不得为真人。

又曰：裴君云，学道者有九患，若审之，则仙不远矣。患人有志无时，有时无友，有友无志。有志不遇其师，遇师不学，学师不勤，勤不守道，或志不固一心。如此则不须友而成，亦不须感而动，此学仙之广要也。师有忧戚，弟子出入无善。为学无师，道则不成，心存目想，见师如经。学非师授，不可以教人，恐疑悟后学，故不得传。求法事师，莫怪贵贱，勿疑长幼。言我年大而彼年小，彼是贱而我是贵，此是未解正真平等之要。人无贵贱，有道则尊，所谓长老不必耆年，要当多识多见以为先生。不得言彼学在我后，云何更反师彼。作此念者，非学道也。当谦下推能让德，唯善是从，不得独是非。彼得道度世，莫不由师也。学之有师，亦如树之有根也。太智既成，复能成就小智，犹树根生子，子复能生根，展转相生，种类不绝。从师变道，道过于师，还教于师，所谓道贵人贱，义类如此。先师并须尊异，所以尔者，本师者，学之根也，譬为山一篑之土，渐得高大。本师者，发蒙之基也。后师者，备成也。谕如严装服饰，众事已办，唯未加冠，不可以行人事也。妄生下想。所以然者，论议言说，为人模范，师不明道，焉能解疑难也？古者贤圣上学，得其师名为更生，不得其师名为乱经，无其师，道不自生也。

《太平经》曰：上士学道，辅佐帝王好生之德也。中士学道，欲度其家。下士学道，才脱其身。

又曰：言则道不成，多言则为害。闭口不言，万岁无患。

又曰：人得善师，乃使凡贱之人成善。人善不止更贤，贤不止次圣，圣不止乃得深知真道，守道不止乃得仙，仙不止乃与天比其神，神不止乃得与无气比其得，元气乃包天地八方，莫不授其气而生，是善师之功也。不得其善师，失路矣。故师师相传，乃坚于金石，不以师传之名为妄作，则致邪矣。叛去其师，是去其真道，自穷之术也。道有宗师、祖师。

《定真玉录》曰：治心之最，不忘须臾，心神乃定，定则入道，其状在外。慎其言语，惧触物也；节其饮食，虑贪叨也；衣粗而静，在素淡也；居陋而隐，守静笃也；恭谨一切，避凌辱也；不敢为先，免嫉谤也；始终淳信，潜化导也；进止和光，密行教也；挫锐解纷，明道有时也；出处变化，见神应之速也。

又曰：九宫真人出入皆从黄阙绛台，中间为故道，以道之左右置台阙者，以司非常之气，同迎真人之往来也。

《道基经》曰：服药食麦为善，麦有甘始，道士御气，食麦而度世也。

又云：合道不言，得无之真，昼夜不卧，日月合光，不饥不渴，龟龙胎息也。

又曰：食谷者，名之谷仙，行之不休，则可延久长也。不食谷者，可以度世。

又曰：无卖吾道以行求钱，无炫吾道强授豪荣，无损吾道以与谗佞。

《黄庭经》曰：仙人道士服气，非有神也，养生所致，和气专也。若道士恐畏存神，可鸣天鼓，声闻太极。

《太真科》曰：道士修经习业，以五千文为先。

又曰：道有寂动，气化之有形，智化之有声。

又曰：皇教道也，帝教德也，王教仁也。

《抱朴子》曰：求师必须深博，犹涉沧海、造长洲，独以力劣为患，岂以物少为忧哉？夫虎豹之所余，乃狸鼠之所饫，陶朱之所弃，乃原宪之所无。专心凭师，依法行道，济身度世，利在永亨。事师尽敬，得道为期，承间候色也。不尽力明其师道，则罪不可除也。学道得师，明事之，害乱不得发也。

《三无真一经》曰：有大洞守一经者，则为师也。《太清经》云：天地以道资，圣人以道师也。资者，持道以养育当生也；师者，以教人不知而当成也。

又曰：有大洞守一经者，则为师也。所以崇建本末尽善，明天戒之苦至，期神灵之所宗，托阶级以自始，所以师友垣其外，三一鉴其内。帝君忻其口，赤子悦其宅。《老子》云：天地以道资，圣人以道师。资者，持道以养育当生也；师者，以教人不知而当成也。

《上清紫宸经》曰：经不师授，窃天之宝；授无盟信，忽天之道。

《太上八素真经》曰：太上玄人所以与天地等者，贵其能相教导也。先觉于后觉，反流归于一源也。

天真皇人曰：此□诸君皆积学灭度，道业垂成，而得授此文以还生人中，皆超虚步空，上升金阙，授号自然也。其并悠远，人世所不能明。考其延者，羡门子师夜光，高丘子师石公，洪崖先生师金母，并授灵宝灭度五炼之法、升天之传。

又曰：《正一法文》曰：若炫法求利，不明正典，传非习谬，迷误后生，后生缘薄，率尔逐易，不寻高德。苟贪爱名，名而无实，望福得祸，祸加深也。传授苟非其人，道不虚授，常恐浮浅之辈，亟生诽谤，贻灾致罪，为累不轻，所以立信效心因以为施，授授之中，有以分别。

《洞真经》曰：修太一之道，忌见血秽之类，亦不可泣。

《大有经》曰：授上清宝经者，不得哭泣。

《玄母按逝经》曰：存金华雌一之精，深戒哭泣，令身多戚忧。

太平御览卷第六百六十 道部二

真人上

《太上经》曰：太微天中，有二十四气混，黄杂聚结，有名无气，变化为真人。道之积成，托形立影，与时翱翔，有名无体，谓之真人。

《八素真经》曰：若精勤得道者，皆当书以蕊简，刻以琼文，位为上清左真公。

又曰：龙衣，凤帔，虎带，皆是群真所献于帝皇。

《真诰》曰：中皇君者，天帝君之弟子也。生知长生之要，天仙之法，夙会玄感，于是太上授以帝君九真之经、八道秘言之章，道成授书，为太极真人。

又曰：清虚真人于太素真人授三奔之道，桐柏真人修解剑之法，有太上奔日之文，得为下元真人。

又曰：不知回元隐道者，不得刻名上真。回元者，太上更新之日也。常以其日思存吉事。

又曰：虚妄者，德之病；华衒者，身之灾；执滞者，失之由；耻辱者，行之玷。遣此四者，然后可以向道耳。有淫衒之心，不可行上真之道也。昨见清虚宫正除落此辈人名，又考付三官推之，可不慎乎？紫微真仙之才，内明外知，录名太极，金书东州，内累既息，积之勿休。

又曰：审道之本，则为上清真人。仙真妙方能尽梗概之道者，便为九宫真人。若各备具其道，则为太极真人。

又曰：练形于太阴，易貌于三官，授学化神，濯景易气，俯仰四运，得为真人。

《金根经》曰：天图玉关，主监众真游宴之所也。

又曰：天关上有六层玉台，太上真人集宴之处也。

又曰：玉保青宫北殿上有金格，格上有金章、凤玺、玉札、丹青、羽盖、升仙法服，以给成真之人。

《大有经》曰：玉华青宫有宝经、玉诀，应有为真人者授之。

又曰：《太上素灵洞玄经》上化三真。又《大洞真经》曰：道有三真，不可去身。紫霞变景，三光映真。

《大洞玉经》曰：太无山中有洞宫玉户，在峨嵋之上，诸得道真仙之名刊列此宫也。

又曰：云上清有宫，门有两阙，左金阙，右玉阙，有羽衣守士。内有玉芝流霞之泉，刻金题众真飞仙之号。又云玉清中有太晖殿，玉真游宴之所也。

又曰：九真仙伯，上帝司禁之君。濯缨，帝川之池也。

又曰：太一上元君者，万仙之司主。方岳真气，太上真人步五星之道，以致降于室。

《天洞真经》曰：赤城朱窗，上清绝境，乃帝一内宅，三真宝堂。

又曰：上清真人总仙大司马长生法师，登大帝沧浪山洞台中双玉穴，酣饮紫明芝液。

又曰：长生存神者，好山水之人，仁知动静所依也。依仁者静而寿，依智者动而乐，当投简送名，俾崇仁智，朱书白简，移籍太清，发炉拜手，用青纸青丝，裹络岩石上，诣水泛舟，中流读简，以名系之，必能降真也。

《上清九真中经内诀》曰：有玉保公太素遣下迎九真之人也。

又曰：欲行九真之法者，斋戒净室，并为天帝君所见记录也。

《太真科》曰：羽仙侍郎上都官典格列其职位，都统玉真、太上真人，在五岳华房之内，非有仙籍，不得闻见，丹简校定，名入南宫。

又曰：虚皇金阙，玉帝最贵最尊，号曰自然，莫能使之然，莫能使之不然也。和光于人，似同而异，唯得道者乃能知之。

又曰：上清禹余天有三官真人，主治过刑煞伐、阴贼不轨、嫉害贤哲、心怀进退、秽慢真人之罪者。

《玉清隐书》曰：玉名金格，当为上真三天真皇佩神虎之符，在太极上位。上真则飞龙翼辕，中真则紫毛持节，下真则太极参轩。

又曰：太微天帝君，命太微上真敕使群灵。

又曰：上皇玉帝命玄羽真人出迎太微天帝，又命太上真人开琼珠之箧，出玉真隐书玄羽之经，以传太微天帝之君。

《内音玉字经》曰：真人散香于玉廷。

又云：飞散百和之香，流五云之华，以观飞天真人。

又曰：四极真人主人命籍，常乘蒙真之车，校人罪筭。

又曰：九华真人治于南上宫中，校人功过善恶，三官列言。

又曰：天真皇人曰：诸天内音，自然王字，其大梵隐语。上帝命天真皇人，注解其正音，足以开度天人。

《登真隐诀》曰：昆仑瑶台，刊定真经之所也。上品居上清，拟帝皇之尊。中品处中道，皆公卿之位。下品居三元之末，并大夫之流。三真品经，各有条次。

又曰：三昧真人乘风云龙车，下卫斋戒之士。太素真人群始学者恶梦之法，金华真人刻大洞上经于天帝紫微宫玄琳玉殿东壁牖上，太虚真人说鸿鸟之经，太极真人诵王母之辞，典禁真人察人之善恶，妙行真人推劫会之数。

又曰：太极真人常以立春日日中会诸仙人于太极宫，刻玉简记仙名。至春分之日日中，昆仑瑶台，太素真人会诸仙人刊定真经也。昆仑瑶台是西母之宫，所谓西瑶上台，天真秘文尽在其中矣。太素真人治白水沙洲之上，定其真经也。至立夏日日中，上清五帝会诸仙于紫微宫，见四真人论求道之功罪。至夏至日日中，天上三官会于司命河候，校定万民罪福，增减年算。至立秋日日中，五岳诸真人诣中央黄房，定天下祀图灵药。至立冬日日中，阳台真人会集列仙，定新得道人，始入《名仙录》。至冬至日日中，诸仙诣万诸宫，东海青童君刻其仙录金书内字。凡学道之人常以夕半日中谢罪，罪名自除，克身归善，以求长生神仙。秋分之节，气处清虚，太和正日也。众真诸仙，是日听讼，又刺奸吏，及部内诸仙官并糺奏在处道士之功过及含生有罪应死生者，故

《仙忌真记》曰："子欲升天慎秋分，罪无大小皆上闻。"此朱火丹陵宫仲阳先生之要言也。又云：此辞出《列纪》，是青童君述古真人之言，以传龚氏，言罪福纤介刻于丹城之籍也，伏匿之，善恶阴德之细功无不缕陈也。

又曰：上真人之道有七：弟一太上郁仪奔日文，二太上结邻奔月章，三太上八素奔辰章，四太微飞天上经，五高上太洞真经，六金阙灵书紫文，七九真中经也。上真之位为诸天帝，行则三七色节，万真前导。中真之道有六：大丹隐书、九真玄文、太上金策、方诸上经、三皇内文、紫书诀录。中真之位，上清卿相之列也，紫毛持节，玉帝参辕。下真之道有八：上清七变、隐地八术、玄皇玉书、神州洞经、紫庭中方、降箓黄道、素奏中章、上元玉书。下真之位，上清大夫之流，五色节旄，飞行倒景。

又曰：有得见圣列纪者，玄录书名，奏之上清，位为仙卿。若能行金阙真事，则拜为大夫。此谓列纪重于紫文也。既见之，非真授佩而已，谓知其中经目之轻重，求道之梯级，依此寻学，故胜于守紫文之单事也。

《上皇玉箓》曰：二十四真人，有佩玉箓以行山川者，则河海上神奉迎启道。

《灵宝隐书》曰：中极真人主人命籍；九华真人主九幽之下，宿对生死；太元真人授天之符，度长夜之魂；太极真人治赤城玉洞之府，司校太山死生之箓；三元真人主紫微行道。

《赤书玉诀经》曰：凡月十四日，上帝真皇敕太一使者，下与北酆都伯使者同行天地，司察人神功过深浅，列言上官。又敕太一天神使者，下与三官司察天人善恶列言也。又遣九部刺奸，周行五岳三宫水府，条正鬼事，司人功过，列言上天。

《白羽经》曰：太真丈人登白鸾之车，驾黑凤于九源，自天已下，莫不范德。又太极真人有仙真相好者，要在慈心触物，以辅相好，然后得仙矣。不能忍性，则仙相败矣。故修道会真，必以精思为本神为本，存神入观，克以静念为先。

《太劫经》曰：上景真人将天下力士元洪水母决逆万川。

《海空经》曰：何监者，天人之隐名处，玉楼之上列真仙之馆。又高真者，体有真气，玉眸诜诜。

《南真传》曰：昨与叔申诣清虚宫，校定真仙得失之事，近顿除落四十七人，复上三人耳。内明真正乃良材也。九宫真人出入皆从黄阙绛台，中间为道，故以道之左右置台阙者，以伺非常之气，真人往来者。

《太上正法经》曰：九真者，九天之真气凝而成也。上、中、下三真生于太清，是元始之澄气也。各置宫室次弟，上清宫卫之官，太上天道君，万真之主也。居玉殿，造上帝之章，以为宝经，于玉清宫中，以度后学得真之士。

《三元品戒经》曰：紫微宫有延生之仪格。又云，赤帝玉司君玉景度治南方朱阳之台，总统上真之士。

景林真人曰：勤感累世，念真期灵，皇鉴其用思太极，注名玉礼，于是细书紫虚之宫，朱书东华之閤，刻名上清，丹文锦籍。

《空洞灵章》曰：真人弹云璈，吹九凤之箫，神州之笙，其音逸乡，流激千寻。

《后圣列纪》曰：上清金阙后圣君少好道，乐真紫微上真天帝玉清宫，赐紫蕊刚丹凤玺，得在上清中游太极，下治诸天，封掌兆民。

《仙志》曰：凡修行太一之事，真人之道不得有所拜，但心拜而已，不形屈也。思真行道，通而无穷，显验应期，登真必速也。

《黑箓上篇》曰：圣真仙者，其行道德，俱宗太玄。

《戒文经》曰：太上真人居仙府中，世人得仙者皆先过此。

《自然玉字经》曰：七宝林中有上真之游圃，真人之戏园。

《太霄琅书》曰：元皇玉灵之胄，位登太真，理二仪于玄圃，掌玉箓于万仙，总地司于五岳，领上真于三关，上统无涯，下摄洞源，自天以下，莫不咸隶。

又曰：太素三元君，禀灵和玉宸上气，故结生虚无，含章秀景，机洞妙无，神齐广晖，道周九玄，呼吸未兆，触物对应，太上之凝结也。

《太上四明玉经》曰：真仙之道，以耳目为主，淫色则目暗，广爱则耳闭，此二病从中来而外奔也。非复有他，今令其聪明益易耳。但不为之，当洗心绝念，放弃淫贪，所谓严其始矣。保利双阙，启彻九门，朝液泥丸，列为上真，视彻甚远，听于绝响，此真仙之高，不但明耳目而已。

《三洞珠囊》曰：高上玉清刻石隐铭曰：丰都山在北，内有空洞，洞中有六宫，书此铭于宫北壁，制检群凶，不使横暴，生民学者得佩此刻石文，则北酆落名，南宫度命，为其真人。

《太平经》曰：后学得道，各有品阶，至于指极，圣真仙人。

《定真玉箓经》曰：凡欲定心，当授上皇民籍定真玉箓，此至要为学之先也。先能定心，仙名乃定，是三天正一，先生所佩，以定得仙之名。

《太上经》曰：玉清者，如玉坚不可毁，净不可污也。坚淳无变，秽累都尽，一而无杂，故名为真人。

《太上丹简》曰：凡学道居真人之位者，名入南宫。

《三五顺行经》曰：合德入道，号曰真人。太上遣四极真人，来迎授三天灵箓之文于上清宫。

《上清八景经》曰：精思百日，真人降形也。

葛玄《五千文序》曰：精思远感而上远，则太上遣真人下授希策之旨。又云：静思期真，则众妙感会；内观形影，则神气长有；体洽道德，则百神震服。

《大洞雌一篇》曰：金姿曜于东华，玉形悦于帝门，神映五老，腾跃三元，顶负宝曜，浮游九晨，分形散景，位为上真。

《升玄经》曰：唯须忠直，寻道求真，改恶从善，得为真人。

《三元玉检经》曰：岁庚寅九月九日甲辰，元始于上清宫告盟，授三元玉检，使付后学。有玄名应为上清真人者。

太平御览卷第六百六十一　道部三

真人下

《集仙录》曰：王母者，龟山金母也。西华至精之气，化而生金母，生而飞翔，处极阴元，位配西方，母养群品，所居宫阙在舂山昆仑之圃，阆风之苑，有城千里，楼十二，非飙车羽轮不可到也。蓬发虎齿，非西母之真形，盖金方之神也。元始授以万天元统龟山九光之箓，使制召万灵，统括众真，总诸天之羽仪，天帝朝宴之会，上清宝经，三洞玉书，凡所授度，咸所关预。黄帝在位，王母遣使乘白鹿集帝庭，授以地图。其后舜在位，遣使献白玉环及益地图，遂广黄帝九州为十二州，又遣献舜玉管，吹之以和八风。

又《尚书帝验期》曰：王母之国在西荒。凡得道授书者，皆朝王母于昆仑之阙。王褒字子登，斋戒三月，王母授以琼花宝曜七晨素经。茅盈从西城王君诣白玉龟台，朝谒王母，求长生之道，王母授以玄真之经，又授宝书童散四方。洎周穆王驾鼋鼍鱼鳖为梁，以济弱水，而升昆仑玄圃阆苑之野，而会于王母，歌白云之谣，刻石纪迹于弇山之上而还。

汉武帝道好长生之道，元封元年，登嵩岳筑寻真之台，斋戒思道。王母于七月七日乘紫云之辇，驾九色斑龙，带天真之策，佩金刚灵玺、黄锦之服，金光奕奕，结飞云文授，戴天太真晨缨之冠，蹑方琼凤文之履，天姿奄蔼，真绝世之人也。下车，扶二侍女登床，东向而坐，命侍女取桃，以玉盘盛至七枚，四与帝食，母自食三。帝欲怀核种之，母曰："此桃三千岁一实，中土地薄，种之不生。"问长生之道，母曰："贱荣乐卑，自复佳尔。养性之道，理身之要，在不怠耳。欲长生者，先取诸身，坚守三一保灵根，青白分明适泥丸，三宫备卫在绛宫，黄庭戊己无流源。此所谓呼吸太和，保守自然，真要之道也。至若太上灵药，上帝之奇物也。下阴生重云妙草，皆神仙之药也。得上品者，后天而老，乃太上之所服，非中仙之所宝。其中品者，有得服之，后天而游，乃天真之所服，非下仙之所及。其次药有九丹金液、紫虹华英、太清九转五云之浆，玄霜绛雪，腾跃三黄，东瀛白香，玄洲飞生，八石千芝，威喜九光，西流石胆，东沧青钱，高丘余粮，积石琼田，太灵还丹，盛以金兰、长光绛草、云童飞于，此飞仙之所服，非地仙之所闻也。其下药，伏苓、昌蒲、巨胜、黄精之类，服之可以延年，虽不得长享无期，亦以身生光泽，得为地仙。求道者要先凭此阶，渐而能致远胜也，若能呼吸服御，保固神气，此上品自然之要道也。且夫一人之身，天付之以神，地付之以形，道付之以气，万物草木亦如之。身以道为本，岂可不养神固气以全尔形也？形神俱全，上圣所贵。王母命上元夫人出八会之书、五岳真图、五帝六甲灵飞之符，凡十二事以授帝，不能用其道而多所惑焉。后三祠王母复下降所授之书，置柏梁台上，为天灾所焚。李少君解形而去，巫蛊事起，帝愈悔恨。

又：大茅君盈南治句曲之山，元寿二年八月己酉，南岳真人赤君、西城王君方，诸葛青童并从王母降于茅盈之室。又王母命上元夫人授盈二弟茅固、茅衷太霄隐书。其后，紫云元君魏华存斋戒于阳落山隐元之台，王母与金阙圣君降于台中，乘八景之与，同诣清虚上宫，传玉清隐书四卷以授魏夫人。时太虚真人等歌太极歌，王母曰："逍遥玄精际，万流无暂停。哀此去留会，劫尽天地倾。当寻无中景，不死亦不生。体被自然道，寂观合大冥。南岳挺真干，玉映耀颖精。有任靡其事，虚心自授灵。嘉会绛河曲，相与乐未央。"王母复还龟台。

《三一经》曰：黄帝游灵台青城山绝岩之下，见天真皇人以苍玉为屋，黄玉为床，翠罗之帷，侍者皆天人。

又曰：高丘子，商时人也，好道，入六景山。积年，但读黄素道经服饵术。后服鸿丹，得陆仙，游行五岳。复饮金液，为中岳真人。

又曰：郭崇子，商时人也，彭真人弟子。尝山行，盗困崇，诸子弟欲追擒之，崇子曰："纵去。"其盗后仕官，而崇子誉之，数数往。彼谢之曰："我昔盗也，不可授大君子之誉。"遂自煞。后崇子得道，太极真人以为有杀人之罪，不得为真人。此为善之过，尚致人自毙，况为恶乎？

又曰：楚庄公时，市长宋莱子常洒扫一市。久时，有一乞食翁入市，经日行歌道中曰："天庭发双华，山源彰阴邪。清晨案天马，来诣太真家。真人无奈隐，又以灭百魔。"常歌此乞食，市人无解此者，独莱子悟，疑其真人，然未全解其歌耳，遂师此翁而去。积十余年，翁遂授以中仙之道。莱子今在中岳也。乞食翁者，西岳真人冯延寿，周宣王时人也。天庭，在两眉之下，是彻视之津梁，亦谓之华庭也。山源是鼻下，人中之本，侧在鼻下，小入谷中也。天马，手也。以手按鼻下，则杜绝百邪。

又曰：真人尹喜，周大夫也。为关令，少好学，善天文秘纬，鬼神无以匿其情状，瑰杰不检，荣戚不形于色。志怀逍遥，天性玄湛。忽登楼四望，见东极有紫气西迈，喜曰："夫阳数度尽，九星度值，合岁月并，正应有异人过此。"乃斋戒扫道以俟之。及老子度关，喜先诫关吏曰："若有翁乘青牛薄板车者，勿听过，止以白之。"果至。吏白，愿少止。喜带印绶，设师事之礼，老子重辞之。喜曰："愿为我著书，说大道之意，得奉而行焉。"于是著《道德经》上下二篇。喜于是俱去玄洲上卿

《苏林传》曰：林字子玄，濮阳曲水人也。父秀，含德隐曜，居于恒山。林少禀异操，至赵，师琴高先生，授炼气益命之道。又师华山仇先生，授还神之术，曰子真人也。当学真道，乃致林于涓子。未遂，告林真诀。先生曰："必作地上真人，当先去三尸。"林后授紫阳真人道诀凡二百余事。至子守玄丹洞房，三元真人具标上焉。林为中岳真人。

《茅君传》曰：盈字叔申，咸阳人也。父祚，有三子，盈、固、衷也。盈少禀奇操，矫俗抗迈，不求闻达，不交非类。入恒山，读老易饵术，潜影在山中六年。精思念道，诚感密应，梦太玄玉女持玉札而携之曰："西城王君得真道，可为师。"明发，乃寻求至西城，斋戒三月，果见王君。盈乃叩头再拜，勤恳乞长生之术。乃得在西城，洞台之中，

金玉上宫，亲侍旦夕，执巾屦之役。积十七年，专一不懈。复二年，王君命驾，造白玉龟山，谒王母于青琳宫，将盈同行。王君见西王母，稽首于前。盈乃叩头再拜，自陈于王母前，得治身之要道。行其事归家数十年，以汉元帝时，天官下迎来渡江东治句曲山。于是天皇大帝遣授黄金紫玉，策为太元真人东岳上卿，司命神君，仗紫毛之节，十绝灵幡，巾藕华冠，绣羽紫帔，丹青飞群，斑龙与素，虎軿曲晨，宝盖琼帷，缘宝执神，流火双珠，月明锦旌，白羽玄千，金钟玉磬，紫林之腴，玉浆金罂，治赤城山玉洞之府，上编上清，下宴太极，封掌吴越，司校太山死生箓，朝籍众真，定策金名，领授学道，试校群仙。时茅君弟吏二千石，当之官，乡人多送之。茅君亦在座，曰："余亦有职，某月日当之官。"宾客曰："愿奉送茅君。"言不须有所损费，吾有以供帐。至期大作宴会，皆青缣，帷幄，下铺皇百毡，奇馔异果，罗列妓乐，合奏闻数里，从者千余人。文吏则朱衣素带，武吏则戎备曜日，茅君乃登羽盖车去。以晋兴宁三年七月四日夜，初降杨君家，着青锦绣裙，紫毛帔巾芙蓉冠。侍从七人入户，一人执紫毛节，一人执十绝幡，一人带绿章囊，一人握流金铃，三人奉白牙箱并朱衣。以后数数来降，弟子迎候。仙人李遵撰传，光显于世间也。

《三洞珠囊》曰：王褒字子登，前汉王陵七世孙。服青精饳饭，趋步峻峰如飞鸟，无津梁直度积水。又服云碧晨飞丹腴，视见甚远。太上大道君遗遣正一左玄执盖郎封玮音，赐王君素明琼玗、丹绂绵旌，号清虚真人。

《真诰》曰：赤松子，黄帝时雨师，号太极真人。

又曰：九疑真人韩伟远，昔师中岳宋德玄。德玄者，周宣王时人也，服灵飞六甲得道，能远行，数变隐，得玄灵之道。今在嵩山。伟远久而随得其道，九疑真人。

又曰：斐玄仁，右扶凤阳夏人也，汉文帝二年始生焉。斐君得道，将入室，弟子邓云亦得道，将邓登太华山，入西洞玄石室中。积三十二年，忽见五老人赐斐君神芝之术，亦号清虚真人。

又曰：中岳真人王仲甫，少好仙道，常吸引二景及餐霞法。四十余年，都不觉益，其子亦服之，十八年仙去。后南真人忽降仲甫家而教之曰："子朏众亏减，津液不注，虽接真景以餐霞，故未为身益。"仲甫遂因药治病，兼修真道。又积年方成。今在玄洲授书，为中岳真人，领九玄之司。

又曰：范伯慈，桂阳人也，家本事俗，忽得狂病，经年不愈。闻沈道士治病多验，乃弃家求疗。五十日病愈。后入天目山，饵胡麻，精思十七年。又服丹砂得道，为玄一真人。

又曰：许谧字思玄，一名穆。晋简文皇帝以为护军长史，虽外混俗务，而内修真学，得为上清真人。

又曰：紫虚元君领上真司命，南岳魏夫人，王清虚弟子，名华存，杨司命之师也。任城人，晋司徒文康公魏舒之女，年二十四，适南阳刘幼彦。幼彦为汲县修武，夫人斋戒念道，入室百日。十二月夜半，青童君及王君四真人同降，授上经三十一卷。至洛阳乱，夫人渡江居豫章，随于璞往江州安城郡，因居彼。年八十三，以成帝咸和九年，青童清虚又降，授剑解之道，称疾隐化，乘飚车往洛阳山。明日，有四十七真人降，教道法。积十六年，西母与金阙南极同降迎夫人，北诣上清宫玉阙下，授神凤章龙，衣虎带，丹飞裙，十绝华幡，流金火铃，九盖芝軿，九色之节，双珠月明，神虎之符，锦旗虎旌，给西华玉女，八景飞与，玄景九龙。又授扶桑大帝君玉札金文，位为紫虚元君，领上真司命，主诸学道，死生图籍，摄御三官，关校罪考。文授金阙圣君青琼板丹录文，位为南岳夫人，给曲晨飞盖，治天台大霍山洞台中。下训奉道教授当为真仙者。一月再登玉清，三登大素，四谒玉晨，遨宴扶桑，仰招天真，总括神纂，刊书九天，佐命东华，叶翼帝晨，飞步太霞，参辔九虚，以兴宁中降阳君。又授许掾上经。自此后，数数来降也。王清虚令弟子范邈作内传显于世也。

又曰：紫清上宫九华安真妃，晋兴宁三年，年十三四，着云锦裙，上丹下青，腰丝绣带，右带系十余小铃，铃子青色，又黄色相间，左带玉佩，指着金钚，白珠约臂，作髻在顶中，余发垂至腰。一侍女，朱衣带青章，囊长尺余，以盛书，书可十余卷，白玉检囊，口上刻字，玉清神虚内真紫元丹章。一侍女赤衣，捧白玉箱，绛带络之，年并十七八。自此后数数来降，授书作诗。

《真人传》曰：马明生者，齐国临淄人也。本姓帛，名和，字君贤。为县吏捕贼所伤，遇太真元君，与药即愈。随至太山石室中，金床玉几，珍物奇伟，人迹所不能及。事之勤亦至矣，太真乃授以长生之方，曰："我所授服太和自然龙胎之体，适所以授三天真人，不可以教始学者。"后随安期先生服饵仙去，为真人。斐真人弟子三十四人，其十八人学真道，余学仙道。

太平御览卷第六百六十二 道部四

天仙

《天仙品》曰：飞行云中，神化轻举，以为天仙，亦云飞仙。

《神仙众真戒经》曰：大方诸山，对会稽之东，上有天仙宫室，金玉杂为栋宇。

《金根经》曰：天阙上有层楼玉台，主众仙出入之所也。

《玉清刻石隐铭》曰：佩玉帝隐文者得，为上仙。

《戒文经》曰：天西北有仙堂。差次职署则度名。著九宫五斗仙府。中天上有东西南北及中央也。皆有石城。应其方位。百官曹局。皆纪在中列纪。

《后圣列纪》曰：若斗中有玄玉篆籍者，皆为上仙。

《登真隐诀》曰：三清九宫，并有僚属，例左胜于右。其高总称曰道君，次真人、真公、真卿。其中有御史玉郎诸小号，官位甚多也。女真则称元君夫人，其名仙夫人之秩比仙公也。夫人亦随仙之大小，男女皆取所治处，以为署号，并有左右。凡称太上者，皆一宫之所尊。又有太清右仙公，蓬莱左仙公，太极仙侯，真伯仙监、仙郎、仙宾。

《皇民谱录》曰：自三象明曜已来，至于累亿劫会，天地成败，非可胜载。数极唐尧，是为小劫。丁亥之后，甲申之年，阳九百六之气离合，壬辰之始，数有九周。至庚子之年，赤星见于东方，白彗见于月窟。唐尧之后四十六丁亥，是小劫之周；又五十五丁亥，至壬辰癸巳，是大劫之周也。六合冥一，二道盈亏，时运周劫，始转一仙阶。

《金根下经》曰：有学仙品日进叙退降簿录，侍仙玉晨之典祀。

《集仙录》曰：后汉南阳公主降驸马都尉王咸。公主素尚至道，属汉末乱离，谓咸曰："但当自保，必可延生。若碌碌随时，与世进退，恐不免乖离之苦，奔迫之患也。"咸黾俯世利，未从其言。公主遂入华阴山长往。咸入山追之，无见。忽于岭上见朱履一双，前取之，化为石，谓其山为公主峰。

又曰：张正礼，汉末在衡山学道，服黄精，受西城君虹景丹。患药之难得，至广州为道士，遂得内外洞彻砂，兼修守一之法。仙去。

《真诰》曰：章震，南郡人，少学经昼，周幽王时人，而常叹曰："人生世间，日失一日，去生转远。"乃著道书百余篇。精于五行，演其微妙，以养性治病为旨。后入崆峒山仙去。

又曰：王远字方平，东海人。举孝廉，除郎中，累迁至中散大夫，博学，尤明天文图谶河洛之要，逆知天下盛衰之期。汉桓帝嗣位，闻之，连诏不出，使郡国逼载以至京师，但低头闭口不答诏。乃题宫门板四百余字，皆说方来。帝恶之，归乡里。同郡故太尉公陈耽为方平驾道室，旦夕事之。方平在耽家四十余年，后语耽云："吾当去，明日日中发。"至明日，果卒。耽知仙去，曰："先生舍我矣。"

又曰：严青，会稽人，家贫，常于山中作炭。忽有一人与青语，不知其异人也。临别，以一卷书与青，曰："汝得长生，故以相授，当以洁器盛之，置于高处。"青授之。后得其术，入霍山仙去。

又曰：张陵字辅汉，沛国丰人也。本大儒，晚学长生之道，得九鼎丹经。闻蜀中多名山，乃入鸣鹄山，著道书二十余篇。仙去。

又曰：赵广信，阳城人。魏末来渡江，入剡小白山中。学道，授左慈玄中之道，并彻视法。如此积年，周行郡国，或卖药，人莫知也。多来都下市丹砂，作九华丹。仙去。

又曰：郭景世，晋初学道于庐江灊山中，授孟德然口诀，兼服胡麻玄丹，仙去矣。

又曰：赵伯威，东郡人也，少学于邯郸张先生。晚在中岳，授玉佩金珰经。道成，仙去。主仙籍，并记学道者。

又曰：李方回，晋武帝时人也。学道在华山，授管成子蒸丹饵术法。又授苏门周寿陵丹霞之法。五十年精心内视，仙去。

又曰：李修著书四十篇，名曰《道源》。其书曰："弱能制强，阴能蔽阳。常若临深履危，御奔乘朽，长生之道也。”年四百岁，颜色不衰。后仙去。

刘向《列仙传》曰：马师皇者，黄帝马师。后数有病，龙出于水治之。一旦仙去。

又曰：王子乔，周灵王太子晋也，好吹笙作凤鸣。浮丘公接上嵩山，三十余年仙去。

葛洪《神仙传》曰：苏仙公名林，字子玄，周武王时人也，家濮阳曲水。林少孤，以仁孝闻。贫，常自牧牛得道。母食思鲊，仙公以匕著置器中，携钱去即以鲊至。母曰：“便县有鱼，去此百余里，汝欺我哉！”仙公跪曰：“不妄。”明日舅至，云昨见仙公便县市鲊。母方骇其神异。后仙去。有白鹤来上郡城东北楼，以爪画楼板，似漆书，云城郭是，却蜀非。于今仙公故弟犹在。丁令威亦如此。

又曰：沈文泰者，九疑人，得红泉神丹法，去土符还年之道，服之甚效。欲之昆仑，留息积年，以传李文渊曰：“土符不去，服药行道无益也。”文渊遂授其秘要，后亦仙去。令以竹根汁煮丹及黄神去三尸法。

又曰：沈羲，吴郡人，学道于蜀，能治病救人，甚有恩德。后遇羽衣侍节人，以白玉版青玉丹书授羲，羲不能读。须臾大雾，雾解，失其人。羲还，后仙去。

又曰：陈安世，京兆人，为灌叔本佣，禀性慈仁。叔本好道，有二道人托为书生，从叔本游，以观试之。叔本不知其异人也，久而益怠。书生乃问安世曰：“尔好道否？”曰：“无缘知之。”曰：“审好道，明日早会道北大树下。”安世承言，早往，无所见。曰：“书生诈我哉？”三期，安世辄早至，乃以药授安世，后仙去。

又曰：吴睦，长安人，少为县吏，堂局枉克人。民讼之，睦逃去，入山林。饥累日，行至石室，遇孙先生，令学种黍及胡麻，扫除驱使。经四年，先生遂授其道，后服丹仙去。

又曰：董威辇，不知何许人，晋武帝末，在洛阳白社中，寝息土上。衣服蓝缕，常吞一石子，经日不食。或市乞佣作，人或往观之，亦不与言。时或著诗，莫知所终。

又曰：萧史，秦缪公时人，善吹箫，能致孔雀白鹄。公女字弄玉，好之，以妻焉。遂教弄玉作凤鸣，居十数年，凤凰来止，公为作凤台，夫妇止其上，数年仙去。故秦人为作凤女祠雍宫，世有箫声。

又曰：河上公，莫知姓名也。汉孝景时，结草菴于河上。帝读老子经，景帝好其言，有所不解，闻公以问之。以素书二卷与帝曰："读此析疑，勿示于非人。"公后仙去。

又曰：黄子阳少知长生之道，隐博落山中九十余年，但食桃，饮石泉。后逢司马季主。季主以导仙八方与之，遂度世仙去。

又曰：王生，阳城人，居壶谷中，不知时。汉武帝登嵩山，东方朔等从，忽见一神人，长丈余。帝礼而问之，曰："其九疑山人也，闻中岳有石菖蒲，一寸九节，食可长生，故来彩之。"忽失神人。帝遂彩服之。帝性热烦闷不快，从官皆服，皆能迟久。唯王生闻神人教服，遂彩食之，仙去。

又曰：刘根字君安，京兆长安人。少明五经，汉武帝时人也。入嵩山石室峻绝之处。尝曰："上药有九转还丹，太一金液，次有云母雄黄之属，亦可长生。次乃草木之药，能治病益气。上可数百岁，下即全其所禀而已。必欲长生，即先定心志，除嗜欲，乃可授神方五色篇。"根后入鸡头山，仙去。

又曰：阴长生，新野人，后汉阴皇后之属籍也。少居富贵，不好荣利。知马明生得度世之术，乃求寻之，遂相见，执御者之礼事之，十余年不懈。明生曰："子真得道矣。"乃入青城山，授以太清神丹经，告别，后于平都山仙去。

《风俗通》曰：汉明帝时，尚书郎王乔为叶令。月朔，常诣朝堂。明帝知其来而无车骑，密令太史候望。言其临至时，常有双凫从东南飞来。使因见凫，举罗得一舄，使尚方识之，乃四年所赐尚书官履也。每朝，叶门下鼓不击自鸣，闻于京师。后天上乃下一玉棺于厅前，乔曰："天帝召我。"沐浴寝其中，盖便上覆，葬于城东，土自成坟。百姓为立祠，号叶君祠。

《三洞珠囊》曰：壶公谢元，历阳人，卖药于市，不二价，治病皆愈。语人曰："服此药，必吐某物，某日当愈。"事无不效。日收钱数万，施市内贫乏饥冻者。费长房为市令，知其人。后诣公，公携长房去，授以治病之术，令还。壶公后仙去。戴公柏有太微黄书十余卷，即壶公之师也。

又曰：乐子长，齐人也，少好道，到霍林山，服巨胜赤松散，方去仙。

又曰：卫叔卿，中山人，服云母。子度世入山见父，叔卿语曰："吾齐书室西北墉大柱下，有玉函，中有书，取而按合服之。"度世归，果如言。饵五色云母，仙去。

又曰：魏伯阳者，吴人也。好道不仕，封己养高，后入山，饵神丹，仙去。撰《参同契》，其说以周易爻象论作丹之意，而世不知神丹之事，多作阴阳注之，殊失其旨。

又曰：尹轨，字公度，太原人。博极群书，晚乃学道，常服黄精，年百余岁，言天下盛衰安危吉凶，未尝不效。入太和山，仙去。

又曰：东郭延年者，山阳人也。服灵飞散，能在暗室中夜书。又身生光，远照小物，见其彩色。一旦，数十人乘虎豹来迎之，延年遂诣昆仑山，仙去。

又曰：王真，上党人，七十九乃学道，徐行若飞，有兼人之力。郄元节事真十余年，真以蒸丹小饵法授之，容常不衰。乡人计真之年，以四百余岁。后登女几山，仙去。

又曰：平中节，河东人，晋真羯胡乱华，遂隐苍梧山，授宋君存心之道。积四十五年，精思不懈，体有真气，后仙去。

又曰：葛玄善于奕幻，拙于用身。初在长山，近入盖竹，亦能乘虎使鬼，但未得授职耳。常与谢稚坚、黄子阳、郭声子相随也。葛玄是抱朴子从祖，即郑思远之师也。时人莫测所处，传言东海中仙人寄书，呼为仙公。

又曰：鲁妙典者，九疑山女道士也。生而好道，忽谓母曰："人之上寿，所传得者稀。喜乐悲哀，日以相害，况埋没真性，混于流俗乎？”有道士过其门，授以《大洞黄庭经》谓曰：“所患人不能知，知不能修，修不能精，精不能久。不唯有玄科之责，亦将苦报无穷也。”妙典奉其言，入九疑山，累有魔试，介特不挠。山上一石盆中有泉，用之不竭。又有大铁臼，不知何处来。今并在山中石坛上，宛然有仙履迹，及古镜一，广三尺，古钟一，形如偃月，在无为观中。妙典后仙去。

又曰：谢自然，女道士也，果州人。词气高异，其家在大方山下，顶有古像老君，其形自然。因拜礼，不愿下山。母从之，乃迁居山顶。自此常诵《道德经》、《黄庭内篇》，于开元观授紫虚宝录，于金泉山居之。山有石坛，烟篣修竹。一十三年，昼夜不寐，两膝上忽有印，似小于人间官印，四壖若朱，有古篆六字，粲如白玉。忽于金泉道场有云气遮匝，一川散漫弥久。仙去。其《金泉碑略》曰：天上有白玉堂，壁上列高仙、真仙之名，如人间壁记。时有朱书注其字下曰：降世为某官某职。又自然所居堂东壁上书数字，皆道德之意，真迹有焉。

又曰：王奉仙，宣州当涂县民家女也。得其道，尝以忠孝正直之道，清净俭约之言，修身密行之要训于人，故远近瞻仰，金玉委前，弃而不顾。后入洞庭山，无疾而化。有云鹤异香之瑞，仙去。

太平御览卷第六百六十三 道部五

地仙

《史记》曰：蓬莱、方丈、瀛州，在渤海中，去人不远，盖常有至者，诸仙及灵药宰缮。其物禽兽尽白，未至，望之如云。

《秘要经》曰：立三百善功，可得存为地仙，居五岳洞府之中。

《抱朴子》曰：彭祖言天上多尊官大神，新仙者位卑，所奉事者非一，但更益劳苦耳。故不切于升腾，而止乎人间者八百年。

《述异记》曰：庐山上有三石梁，长数十丈，广不盈尺，俯眄而杳不见底。晋咸康中，江州刺史庾亮迎吴猛，将弟子登山游览，因过此梁，见一翁坐桂树下，以玉杯承甘露，与猛，猛分赐弟子。又进至一处，见崇台广厦，金玉房宇，器物不可识。与猛言若旧，设玉膏终日。

《斐君传》曰：西玄三山，洞周千里，西山有相连各一宫，金城九重，潜通洞道，距玄洲昆仑，非人迹所及。斐君、周君分处其内。

《五岳图》曰：青城山，洞周二千里，蜀郡界黄帝拜五为岳丈人。

又《名山记》曰：北接嶓嵱，南接峨嵋，东至成都，山形似城。其山有赤壁，张天师所治处，今遗迹犹存。

《魏夫人传》曰：赤城丹山，洞周三百里，有日月伏根，三辰之光照洞中。《五岳图》云：此山在会稽罗江，其西北有赤城。按《茅君传》云：霍林司命治赤城丹山玉洞之府。齐永明中，忽有大群鹄从西北来，下集霍门溪，溪谷填塞，弥漫数里，多所蹋藉。状如为物所惊，一夕还飞向西北，计是赤城上都泉湖中物也。罗浮山，山洞周五百里，《真诰》呼为层城。葛洪交州远停此解化。

《茅君传》曰：句曲山，洞周一百五十里，秦时名为句金之坛。汉时三茅君得道，来治此山。

《五符》曰：林屋山，周四百里，一名苞山，在太湖中。下有洞，潜通五岳，号天后别宫。夏禹治水，平后藏五符于此。吴王阖闾使龙威丈人入山所得是也。

《真诰》云：包山下有石室银房，方圆百里。又有白芝隐泉，泉水紫色。

又曰：城玉山，洞周三千里，周司命先在恒山中。太玄玉女语令往西城师王君，于是往焉，即此山也。

又曰：厚载之中，有洞天三十六所。又八海中诸山亦有洞宫。或方千里、五百里，非三十六洞天之例也。五岳名山皆有洞宫，或三十里、二十里，并舍神仙，又非小天之数也。

《名山记》曰：岳洞方百里，在终南太一间。或名桂阳宫，多诸灵异。王屋山洞周回万里，名曰小有清虚天。按《王君内传》云：在河内沁水县界，济水所出之源也。北有太行，东南有北邙嵩山，内洞天□，日月星辰，云气草木，万类无异矣。宫阙相映，金玉镂饰，皆地仙所处，即清虚王君所居也。

《真诰》云：此诸天所谓阳台也。诸得道者皆诣焉。委羽山在海中。司马季主所处也。

又曰：括苍山，洞周三百里，东岳佐命也，在会稽东南，群帝之所游。山多神异，又有缙云堂，孤峰直耸，岩岭秀杰，特冠群山。山中茅玄岭独高处，有司命埋丹砂六千斤，深二丈，盘石填上。其山左右泉皆小赤色，人饮之寿。茅山天市坛石正当洞天之中央，玄窗之上也。昔东海青童君乘风飚飞轮车，按行洞天，曾来于此。

刘向《列仙传》曰：赤松子，神龙时雨师，服水玉。至昆仑山上，常止西王母石室，随风雨上下，仙去。

又曰：渥佺，槐山采药父也。好食松实，体生毛，目方瞳，能飞行。

又曰：广成子，古仙也，居崆峒山石室中。黄帝闻而造焉，问其道要。广成子曰："帝治天下云不待族而飞，草木不待黄而落，何足语至道？"黄帝退居三日，顺风再拜。广成子曰："至道之精。杳杳冥冥；无视无听，抱神以静；形将自正，必靖必清。吾将去无穷之门，游无极之野。"

又曰：白石先生者，中黄道人弟子也。常煮白石为粮，因就白石山居，亦食脯饮酒食谷。日行三四百里，容貌不衰。

又曰：黄山君者，修彭祖之术，百余岁，有少容。彭祖去，乃追论其言为经。

又曰：《上清六甲经》曰：宋玄德，周宣时人也。服六甲灵飞符，得真灵之道，上嵩高山。

又曰：李意期，蜀人也，世常见之。衍道行于人，于蜀城角穴上居之。当刘备欲东伐吴，报关羽之怨，使迎意期到，甚重之。问其伐吴，不答，而求纸画兵马器仗万数，乃一一裂坏之。又画一尊官，掘地埋之，乃径去。备不悦。后果为吴所破，大败，十余万众才数百人还，器甲军资略尽。备恚怒病，终于永安宫。意期少言，人有所问，都不对。蜀中人有忧患，往问之，曰："吉凶自有常候，但占其颜色惨悦耳。"后入琅琊山，不复出。

又曰：封君达，陇西人，服黄连五十年余。入鸟鼠山中，服练百余岁，往来故里。常骑青牛施药愈病人，唯呼青牛道士。居人间积年，后入虎丘山，仙去。

又曰：王仲都，西汉人也，少修道德。孝文以积寒之日，令仲都单衣载四马于上林昆明，环水而驰。御者厚衣狐裘而寒栗垂死，仲都色曾不变，体和气溢如焰。及盛暑，围以烈火，体亦不汗。后不知所之。

又曰：有稷丘公者，太山下道士也。汉武帝东巡狩，至泰山，稷丘公乃冠章甫衣黄，拥琴来迎上，曰："陛下勿上也，恐伤足。"帝必欲上，及数里，果如言，但讳之。故但祠而还，为稷丘公立祠，复百户使奉承之也。

又曰：戴孟本姓燕，名济，字仲微，汉明帝时人。入华山及武当山，受斐君玉佩金珰经及授石精金光符，复有太微黄书，能周旅名山。

又曰：左慈字元放，庐江人也，明五经，通星气。见汉祚衰微，乃学道，精思，于天柱山得石室中《九丹金液经》，是太清中经法也。师李仲甫。又葛玄师于慈，曹操闻而召之，问学道之由。慈不答，操怒，欲规杀之。乃为置酒，俄失慈。建安末渡江，寻山入洞，在小括山，颜色甚好。

又曰：王遥字伯辽，鄱阳人也。颇行治病，皆愈。遥有箧长数寸，一弟子姓钱，随遥十数年，未尝见开之。一夕，天雨晦冥，遥使钱以九节杖负此箧，钱将出行，所道非所曾经度。行十数里，登一小山，入石室中。先有二人，遥见，既至，取箧发之，中有五舌竹簧三枚。三人各鼓一簧，良久，复内箧中，辞石室中人。及还家，着奋葛单衣及自负竹箧而去，遂不复还。后三十年，弟子见遥在马蹄山下，颜更少，盖地仙也。

又曰：陈子皇，济阴人也，得饵术方，服之绝谷。初，年七十余，衰老。及服饵，反少。在民间积年，入霍山去。

又曰：葛洪字稚川，琅琊人。不好荣爵，闭门却扫。尚神仙道术，未尝交游。于馀杭山见何多道、郭文举，目击而已，各无所言。从祖玄，吴时学道得成，以其练丹术授弟子郑隐，字思远，洪就隐学，悉得其法。

《道学传》曰：鲍靓字太玄，以太兴元年八月二十日步道上京。行达龙山，见前有一少年，姿容整茂，徒行甚徐，而去殊疾。靓垂名马，密逐数里，终不能及，意甚异之。及，问曰："视君似有道者。"少年答曰："我中山阴长生也。"

又曰：介象字元则，会稽人也。学通五经，能属文。后学道，闻有《还丹经》，周疑天下求之，不得其师。乃入山精思，遇一人，授以《还丹经》，告曰："得此便仙，勿复他为也。"乃辞归。象尝往弟子骆延雅舍，帷下平床中，有诸生论左氏义不平，像旁闻为辩正。诸生知非常人，密表荐于吴主。像欲去，吴主诏至武昌，甚尊异之，称为介君。为赐弟供帐，黄金千斤。像后告病，须臾便死。诏葬之，为立庙。先生时躬祭，常有白鹤集座上，徘徊而去。

又曰：李根，字子侧，许昌人也。昔往寿春吴太文家，弟子知根有道术，窃穷视其器，见《素书》一卷，自记学道、服药时日。又太文说根目瞳子方，根乃地仙耳。

又曰：伯山甫者，雍州人也。入华山中二百年，不到人家，即言人先世以来善恶功过，有如临见。又知方来吉凶。

又曰：刘政，沛人也，高才博物，寻考异闻。荀胜己，虽隶奴。必师事之。求养生之术。饵丹。年四百余岁。

又曰：王烈。字长休。邯郸人也。常黄精及铅。二百余岁。行步若飞。博极群书。嵇甚重之。数数就学。共入太行山。见山裂。有青石髓流出。烈取髓。丸之成石。气如米饭。嚼之亦然。烈因携少归。欲遗康。康取而视之。已成青石，击之铮铮。康即与往视断山，山已如故。烈入河东抱犊山，见一石室，室中有石架，架上有《素书》二卷，莫识其字。暗记数十字以示康，康尽识之。烈喜，乃与康共往读之。至其所，失其石室。烈私语弟子曰："叔夜来，合得道故也。"按《神仙经》云：神仙五百年，山辄一开，其中石髓出，得而服之寿老。烈后莫知所之。

又曰：步正者，字玄真，巴东人也。说秦始皇时事，了如目前。汉末，将数十弟子入吴，授以服气及石髓方小丹法，年四百岁。

又曰：焦光字孝然，河东人也。常食白石，煮如芋。每入山伐薪，负之与人。魏授禅，与人别去，不知所适。

又曰：孙登，不知何许人，常止山门，穴地而坐，弹琴读《易》。冬单衣，天大寒，人视之，被发丈余，自覆蓍。历世见之，颜色如故。更无余资，亦不食。时杨骏为太傅，使迎，问之不答，骏遗布袍，登出门借刀断袍，上下异处，置骏门下，知骏当伏诛。时曾稽、嵇康曾诣登，登不与语。康乃扣难之，登弹琴自若。久之，康退。登曰："康才高识寡，劣于保身。"

又曰：帛和字仲理，辽东人也。入地肺山，事董奉。奉以行气服术法授之，告和曰："吾道尽此，不能得神丹金砂，周游天下，无山不往。汝今少壮，广求索之。"和乃到西城山事王君。君语和《大道诀》曰："此山石室中，当熟视北壁。当见壁有文字，则得道矣。"视壁三年，方见文字，乃古人之所刻，刻《太清中经神丹方》及三皇天文大字《五岳真形图》，皆著石壁。和讽诵其万言，义有所不解，王君乃授之诀曰："作地仙在林虑山。"

又曰：宫嵩，琅邪人也，能文，著道书二百卷，服云母为地仙。

又曰：李常在，蜀郡人也，少治道术，世常见之在虎寿山下。

陶潜《桃源记》曰：晋太康中，武陵人捕鱼，从溪而行，忘路远近。忽逢桃花林，夹岸芳华鲜美，落英缤纷。林尽得山，山下有一小口，初极狭，行四五步，豁然开朗。屋宇连接，鸡犬相闻，男女衣着，悉如外人。见渔父惊，为设酒食。云先世避秦难，率妻子来此，遂与外隔。问今是何代，不知有汉、魏、晋。既出，白太守，遣人随往寻之，迷不复得。

《真诰》曰：刘凭，沛人也，学道于稷丘子，常服石英，年三百余岁，有少容。尝到长安，诸贵人闻凭有道，乃往拜见之。又有百余人随凭，语贼曰："汝辈作人，何豺狼其心。相教继道，危人利己，此是伏尸都市，肉飨乌鸢之法。"贼忽顿伏骇去。凭后入太白山，数十年归乡里，颜色更少。

又曰：尹思字少龙，安定人。晋元康五年正月十五日夜，坐屋中，遣儿视月中有异物否。儿曰："今当有大水，月中有一人披蓑带剑。"思自视之，曰："月中人乃带剑伏矛，当大乱，三十年，复当小清。"思后不知所之。

又曰：皇初平者，丹溪人，年十五，家使牧羊。有道士见其良谨，便将至金华山石室中，四十余年不复念家。其兄初起寻索历年，后见市中一道士言其处，初起即随去，得见。语毕，问羊何在，曰："近在东耳。"初起往视之，但见白石。初平乃往叱石，为羊数万头。初起知得仙道，便弃家，共服松脂伏苓，至五百岁。初平改字为赤松子，初起改字为赤鲁班。

又曰：吕恭，字文敬，于太行山彩药，忽逢人授以仙方。得道，因遣恭去，曰："可视卿里。"及孙吕习者作道士，民多奉视之。恭传言到习家，扣门问讯。奴出，问公从何来。恭曰："此是家。"习闻，惊喜出拜。恭乃以神方授习而去。习时已年八十，服之还少。至二百岁，乃入山中，子孙世不复老。

又曰：沈建，丹阳人，世为长吏。建好道不仕，学服饵之术，能治病飞行，或去还。如此三百余年，乃绝迹不知所之。

又曰：许远游弟三男名翽，字道翔，小名王斧。糠秕世务，居雷平山下，修业精勤。常愿早游洞室，不欲久停人世。遂诣北洞，以梁太和六年于茅山旧宅，年三十而告终，即居方隅山洞方园馆中，常去来四平方台。后为上清仙去。

又曰：马明生，临淄人，为县吏，逐贼被伤，遇太真以灵丸得差。后师安期生，授服太清丹，在世五百年，汉灵帝光和中去世。

《集仙箓》曰：杨平，不知名姓，在杨平山居，多变化之术。或问之，乃曰："我杨平洞中仙人耳。称每岁三元大节，诸天各有上真下游洞天，以观其善恶，人世死生兴废，水旱风雨，预关报洞中。其龙神祠庙血食之司，皆为洞府所统。洞中仙曹，如人间郡县聚落耳，不可一一详记也。"言讫而去。

太平御览卷第六百六十四 道部六

尸解

《西城王真人传》曰：解化之道，尸不不能俱神化者也。

《宝剑上经》曰：尸解之法，有死而便生者，有头断从一旁生者，有形存而无骨者。

又曰：夫尸解者，本真之练蜕也，五属之隐适也。虽仙品之下弟，其禀授亦不轻也。所谓隐回三光，白日陆沉者也。夫修下尸解者，皆不得返望故乡，此谓下解之道也。名配紫简，三官不得复窥其间隙，虽获隐遁，世志未厌，又不得返归，故游栖不定也。

又曰：以丸药和水而饮之，又并抱草而卧，则伤死于空室中，谓之兵解。

又曰：上品唯八素列纪，授而不行，余皆白日尸解，得为飞仙。

《登真隐诀》曰：尸解者，当死之时，或刀兵水火，痛楚之初，不异世人也。既死之后，其神方得迁逝，形不能去尔。

又曰：董仲居，淮南人也。少时服气炼形，年百余岁不老。常见诬系狱，尸解仙去。

又曰：清平吉，沛人也，汉高祖时卒也。至光武时故不老，后尸解去。

《真诰》曰：顾欢字玄平，吴郡人。齐永平中，卒于剡山，葬盐官乐附里。木连理生墓，县令江山图表状，欢尸解而去。

又曰：辛玄子之延期，陇西定谷人。好道，行渡秦川长梁津，致溺水，解而去之。

又曰：张祖常者，彭城人，吴时北来，行入方山洞室中，托形堕车，隐化幽馆而修守一之业。

又曰：刘平河者，无名字，汉末为九江平河长。行医术，有功德，救人疾患如己之病。行遇仙人周正时，授以隐存之道。居于方山洞室，常服日月晨气，颜貌朮少。后尸解而去。

又曰：授大戒者死，灭度炼神，上补天宫，谓之尸解。

又曰：人死，必视其形如生人，视足不青，皮不皱，目光不毁者，皆尸解也。白日尸解，自是仙也，非尸解之例，其用药得尸解，非是。用灵丸之解化者，皆不得返故乡，三官执之也。白日去谓之上尸解，夜半去谓之下尸解，向晚暮之际去者，谓之地下主者也。

《琼文四纪篇》曰：得九真中经者，白日尸解。或曰：飞行羽经轻也。

又《六纪篇》曰：灵书紫芝或五老宝经有之者尸解。

《神仙传》曰：介象字元则，会稽人也。吴先主甚重之，常谓曰："介君"，象速求去，先生不听。象言病，先主使左右赐美梨一奁。须臾，象死解去。

又曰：紫清上宫九华安祀谓杨君曰："可寻解剑之道，作吉终之术。"自尽出嘿之，会隐显之迹。

又曰：葛玄，字孝先，从左慈授《九丹金液经》，常饵朮，语弟子张奉曰："当尸解去，八月十二日时当发。"至期，玄衣冠而卧，无气而色不变，尸解而去。

又曰：壶公谢元，阳历人也，费长房师之。及道士李意期将两弟子去积年，长房及两弟子皆隐变解化。

又曰：鲍靓字太玄，琅琊人，晋明帝时人。葛洪妻父阴君授其尸解法。一说云：靓，上党人，汉司隶鲍宣之后，修身养性，年过七十而解去。有徐宁者，师事靓。宁夜闻靓室有琴声而问焉，答曰："嵇叔夜昔示迹东市，而实兵解耳。"

《晋中兴书》曰：葛洪赴岣嵝令，行至广州，其刺史邓岱留，不听，去。洪乃止罗浮山中，炼丹积年。忽与岱书，当远行寻药。岱得书，径往别，而洪已亡。年八十一，颜色如平生，入棺轻如空衣，尸解而去。

《道学传》曰：吴猛字云世，有道术。庾亮闻其神异，厚礼迎之来武昌。寻求归，辞以算尽，请具棺。庾公闵然，即日发遣。未达家五十里而终，形状如生。

又曰：若六行未通，宿植市少，则入中品，以为尸解遁变也。降此以下，是正服御。功行浅劣，则入阶下阶。胜者则灭度更生，更生之后，修道随功多少，方始得道。

《太上太霄琅书》曰：修学上法，时入山林，服饵灵药，因缘应过，虽复尸解和光世，礼与世大异者，不棺不椁，拂山平之上，扫深树之下，单衾覆于地。

《太上太真料》曰：若祠祀先人，应知归否者。有功德升度得道，子孙仁孝，则化形来游，歆所设也。亦尸解之类。

《金阙圣君传》曰：灵书紫文者，或曰《五老宝经》有之者尸解，行之者成道。

《东海青童传》曰：《保洞观经》曰：云灵上玄品有之者，白日尸解。

《抱朴子》曰：道林中有五种尸解符，今太玄阴生符及是一病解者。

《列仙传》曰：宁封，黄帝时为陶正，以火自烧而随烟上下。《真诰》云：宁生服石脑而火则是作，火解也。

又曰：司马季主，汉文帝时人，授四灵子都剑解之道。在委羽山大有宫。服明丹之华，抱扶晨之晖，貌如女子，须长三尺。一男名法育，一女名济华，同得《道真诀》。云季主服灵散潜升，犹首足异处。此语似作剑兵解法。兵解则不得在太极，而其女尚读《洞经》，便是别修高法也。

守玄白术隐居在茅山东，守玄白能隐形，亦教见身。介琰者，白羊公弟子也。今在建安方山，琰初为孙权所杀，解化而去。

又曰：愕绿华者，女仙也。颜整，晋穆帝升平三年己未，十一月十日，降于羊权家，自云南山人。权字道学，即晋简文时黄门待郎羊欣之祖也。权及欣皆潜修道要，耽玄味真。绿华云：凡修道之士，视爵位如过客，视金玉如瓦砾，则得长生。因授权尸解法，亦隐景化去。

又曰：中侯王夫人于兄子晋刘授飞解脱网之道。

又曰：蔡天生，上谷人，少卖香于野外。性仁好道，蓬河伯少女市香天山。

又曰：韩崇字长季，吴郡人也。汉明帝时人，少好道，林屋仙人王玮玄曾授以流珠丹一法，崇奉而修之，大有验。后玮玄授以隐解而去，入大霍山度世为右理中监。

《汉起居注》曰：李少君之将去也，武帝梦共登高山，见使者称太一之命召请。既觉，语左右曰："少君将去。"数日，果病死，解去。

《灵宝赤书》曰：《三元王符》与《灵宝五篇真文》同出太玄都玉京山紫微上宫。此文禳阳九百六劫会之数，度学者之身。玄都有此经，佩之得为圣，上朝太清，功德未满，即得尸解。

又曰：杜契字广平，京兆人。建安初，来江东依孙策。后遇介琰先生授之。以称异人。再拜，奉其香火，少女乃教其朝天帝王皇之法，尸解而去。隐存方台。

《老君传》：九真五石，并日暂入太阴。权过三官者，始得上解之法。

又曰：紫阳公传西城剑解之法。修佩神剑七年，朱书符解化去。若以曲晨飞精题之者，立能变遁隐化，太一遣吉光宝衣来迎。

又曰：王远字方平，见蔡经骨相当尸解，且告以要言。方平冠远游冠，朱衣虎头鞶囊，五色绶，带剑，黄色少髭，长矩中人也。乘羽车，驾五龙，异色绶带，前后麾节幡旗，自天而下。须臾，引见经父兄，因遣之。召麻姑，姑先报被诏，按行蓬莱，今便往，愿还来即去。如此两时，闻麻姑来，先闻人马声，从官当半于远，姑至，经举家亦见之。是好年，才加笄，于顶上作髻，余发散垂至腰。衣有文彩，又非锦绣，衣彩曜日，不可名状，皆世所无也。入拜远，远为之起立，各进行厨脯行，云是麟脯。远去经父母怪私问经，经曰："王君常在昆仑山，往来罗浮等山。山有上宫室，王君出，唯乘一黄麟，十数侍者。每行，山海神皆奉迎拜谒也。"远有书与陈尉，其书廊落，大而不正。先是，无人知方平名，远用此知之。陈存录王君手书于小箱中也，经后尸解而去。

又曰：张微子，汉昭帝时将作木匠张庆女也。微子好道，得尸解。

又曰：苏子训者，齐人也，人莫知其有道。在乡里行信让，积年，颜色不老，人追随之不见。所常服饵，好清谈，常闲居读《易》，为文皆有意义。京师贵人闻之，莫不虚心谒见，不可致之。后至适出门，诸贵人冠盖塞路，诸生具言适去矣，东陌上乘驴者是也。各奔马逐之，不及。子训至陈公技涸曰："吾明日当去，不复还也。"陈公以葛布单衣一送之，至时，子训死，解化仙去。

又曰：阴长生，新野人也。后汉戚里专务道术，闻马明生得度世之道，乃造焉。明生旦日夕别与之高谈，论语当世之事，治田农之业。如此十余年，长生不懈。同事明生者十二人皆悉归，唯长生弥肃。明生曰："子真得道矣。"乃将入青城山，以《太清神丹经》授之。丹成仙去。著书九篇，云：上古仙者多矣，但汉兴以来四十五人，连余为六矣。三十人尸解，余并白日仙去。

阴君自序曰：汉延光元年，新野山北之子授仙君神丹要诀，道成去世，付之名山。于是阴君裂黄素，写丹经一通，函以文石，置嵩高山；一通黄栌简漆书之，函以青玉，置太华山；一通黄金之简刻而书之，函以白银，著蜀经山；一封缣书合为一篇，付弟子，使世世当有所传付。又著诗三篇，以示将来也。

又曰：成仙公名武丁，桂阳人也。后汉时为县小吏，少言大度，博通鞠效，不从师授，有自然之性。时先被使京，还过长沙郡，投邮舍不及，遂宿于野。忽闻树上人语云："向长沙市药。"平旦视之，乃二白鹤。仙公异之，遂往市，见二人张白盖相从而行，谓仙公曰："君当得地仙耳。"令还，仙公病卒，尸解。

又曰：龙伯高者，后汉伏波将军马援戒其兄子，称此人之美可法者也。伯高后从仙人刁道林受服胎气之法，又受服青饳方。醉亡隐处方台师定录君。伯高名述，京兆人，汉建武中为仙都长，至零陵太守。马援戒兄子严书曰："龙伯高敦厚周慎，口无择言，谦约节俭，公廉有威。吾爱之重之，愿汝曹效之。"

又曰：汉期门郎程伟妻，得道者也，能通变化。伟逼求术，妻不传。逼之不己，妻蹶然而死，尸解而去。

《南岳魏夫人内传》曰：清虚真人王子登与东华青童君来降，授夫人曰："隐迁白翳神散一剂。"又与白石精金化形灵丸，使顿服之，称疾勿行，克期有定，俱会丹巙之南阳洛山阳洛宫。言毕，二真人去。即服药，因称脚疾，闭目寝息，饮而不食。夜半之后，太一玄仙遣飚车来迎，驾气骋御，径入帷中。其时弟子侍疾，众亲满侧，莫之觉也。洛阳山，昔夏禹巡诸名山，刻石于此，下有洞台，神仙学者万余人。

又曰：王晋贤，晋王夷甫女也，为愍怀太子妃。洛城乱，刘曜略晋贤，欲妻之。晋贤大骂曰："我皇太子妇，司徒公之女，胡羌小丑，敢欲干我乎？"言毕投河，其侍婢名六出，投河死。时遇嵩高女真韩西华出游，遂俱获内救，外示其死，体实密济将入嵩高山，今华阳内洞中。六出，年二十余，体貌修整，有节操。姓田，渔阳人，魏故浚仪令田讽之孙。讽有阴德，以及六出耳。

又曰：董奉字君异。侯官人也。吴先主时，有少年为奉本县长，见奉年四十余，不知学道。罢官去后五十余年，复见他职行经侯官，诸故吏人皆往见之，奉颜貌一如往日。奉居山不种田，为人治病亦不取钱。愈者使栽五株杏，数年计十余万株，令人将谷一器，自往取杏一器。货杏得谷，赈救贫乏，供给行旅不逮者，岁二万余斛，乃尸解去。

斐君曰：尸解之仙，不得御华盖，乘飞龙，登太极，游九宫也。诸有单用曲晨飞精剑解者，得八素列纪，唯奉宝秘不修行，皆白日尸解。其有作水火病兵及用大刀竹杖解去者，先诣名山，并太清尸解。凡修剑解之道，并纪名紫简，上隶高仙诸有宿功善业阴德信仙，其神得诣朱火丹陵官，授学仙道，为九宫真人。诸有用太极尸解之道，夜半去者，职为地真。应尸解者，或学功浅深，志尚颓废；或为祭酒，精勤救治者，并得为三十六洞天。文解地下主者，一百四十年一转；武解鬼师二百八十年一转。凡有三等，乃得进补仙职。

《九天生神章经》曰：夫学上道，希慕神仙及得尸解者，终归仙道。神化则同，不相逢杂，俱入道真。

《明真科》曰：生世好道，精功布德，名书上清者，得尸解。下仙游行五岳，后生人中，更授经法，为人宗师。

《太微经》曰：诸尸解者，按《四极真科》云，一百四十年乃得神中真官，于是始得飞华盖，乘辇龙，登太极，游九宫也。

《雌一五老经》曰：夫仙之去世也，或绝迹藏住而内栖事外，或解剑遗杖，飘然云雾，延神寄玄，莫知其端绪也。

又曰：若有此《五老经》，虽不斋戒存思，与俗混杂，故不失隐存下神，白日尸解。及命过太阴，地下主者，或遗骨胎变，授化南宫，是必宿有骨缘也。

《上清经》曰：元始天地以上清变化七十四方解形之道授南极元君。

《太清真人内传》及《名山记》曰：罗浮山，洞周五百里，在会稽南，行三十里，其山绝高，葛洪解化处。《真诰》谓之增城山。

《集仙录》曰：张天师道陵隐龙虎山，修三元默朝之道，得黄帝龙虎中丹之术。丹成，服之，能分形散景。天师自鄱阳入嵩高山，得隐书制命之术。

又曰：周爰友者，汝南安城人也，汉河南尹周畅女也。畅平生多阴德，爰友小好道，饵伏苓。四十年后，遇石先生，教其遁化及隐景之道，解形之法。

又曰：唐庐眉娘者，生而眉绿，性机巧。南海太守进至阙，顺宗叹其在宫内，谓之神姑，但食胡麻饭一三合。至元和中，宪宗嘉其聪惠，因赐金凤环，以束其腕。久之，不愿在宫掖，乃度为女道士，放归南海，赐号逍遥。数年不食，尸解化去。

太平御览卷第六百六十五　道部七

剑解

《太极真人石精金光藏景录形神经》曰：制剑之法，上宰总真西城王君昔授之于紫阳公，施行道成。总真昔用剑解之道，又授九转丹方于里长先生，此即周人也。

《东乡序》云：漱龙胎而死决，服琼英先师王西城，此是饮丹后，用剑解而不言服九转者当是。虽授而不遂合用，后以付门弟子茅君，亦是授而不用，故云付耳。《茅君传》南岳魏夫人传杨君，故安妃云可寻剑解之道，但不知遂用不耳。许长史既服腴石，或当不必为其事，掾从镇南夜解，则又非此法。掾，许长史子也。若是太清解，及单用剑者，应不得反望故乡。而掾游处方台，还本居邦也。神剑用之而解化，则能游宴太极，彩五星之灵轨，焕七元之威光，以范仪烈映真气，故轩辕乔山之葬，剑舄宰缮。王子渤海之家，剑鸣空椁；王乔有京陵之墓，剑飞冲霄，斯实真验九玄，精应太灵，神方灵致威剑之妙化也。诸以剑尸解者，以剑代身，五百年之后，此剑皆自然还其处。诸以剑解者，不必止是。用丹书者，空剑亦可幽响无闻，恍惚难寻，不可得言矣。不可得为之者，见之者唯当应之于心耳。神奇欻恍，变动无方，非复物理所期，正当心任化，即事从宜耳。为之者亦不觉其所以，见之者固莫测其所然。轩辕彩百山之铜以铸鼎，虎豹百禽为之视火参炉鼎，而轩辕疾崩。葬乔山，五百年后山崩，宝剑赤舄宰缮。一旦又失。王子乔者曾诣钟山，获《九化十变经》以隐遁日月，游行星辰。后一旦疾终，营冢渤海山。夏襄时有发王子墓者一剑在北寝上，自作龙鸣，人无敢近。后亦失所之。王子乔墓在景陵，战国时复有发其墓者，见一剑，人适欲取视，其剑忽然上飞去。王子乔事，旧说浮丘公携与乘鹤，共登嵩山。此事不同，解化时年正十五六耳，故戴远游冠也。昔葛洪云，阴君授鲍靓尸解之法，后死，埋石子岗。有人发其棺，见一大刀，冢左右有人马之声，遂不敢取。此似解剑法而不能飞去，此是用灵宝太玄阴生符朱书刀矣。太清之下，故得主者而已。按《玉清灵传》说总真带剑，杨君说桐柏带剑，此并应是先解剑化也。真人用宝剑以尸解，蝉蜕化之上品也。夫尸解之法，多如蝉蜕。今此剑非蜕也。故云上品，明变遁之高道。营造剑之时，先斋戒百日，乃于幽隐处，近清泉，立西向屋，作灶口亦西向，善锻人炼好铁，生铤合炼成，令得八斤为足也。若欲穷其精理，当用竹炭。又以铜锡柔澳，如此用岁月功夫殊多，所以古人作剑，三年然后成也。薛烛云：欧冶铸剑，赤钟之山破而出锡，若耶之溪涸而出铜。今以此合烧，则炼多而不燥，刚利而销。其锻人亦须温良，新衣沐浴，造剑之日，尤不得饮酒食肉及游履淹秽。用七月庚申日，八月辛酉日，使长三尺九寸，广一寸四分，厚三分半，谓背脊上近柄间，令厚三分半也。至两刃际，可减一二厘耳。又向刃边，先煞背二分，乃立刃至抄，亦以渐令薄也。杪九寸，为左右两处，当从镮项定度，整三尺，刻背为刃，亦广三分八厘，必使中脊余六分也。杪九分，合杀两边，令尖杀杪，锋令有两棱如戟，杪杀锋也。其柄用长短适令镮高二寸四分，身长二尺四寸，则余一尺二寸六分以柄。铁因当中央，令广九分，厚二分，与镮相连。柄操梓材，近环围四寸九分，刃围三寸九分，皆以扣竟为正。若作剑装，则促扁于此也。剑头可安箓镮，谓发始炼刚，仍使镮身相连，勿别作模合作钉连之，都使外形大小厚薄相似，乃凿除应空之内，亦可先钻作数孔凿为易，其伏基处凿镘之。都毕，令大镮高二寸四分，横分广刘，对中径二寸八分，内方员径四分，镮形古今多法，或正圆，或狭长，或如鼎耳，乃有十许种。今此经中所图，亦是显其左右法耳，非正定形也。谨准制古，今取其合度，立图如右。又镮之内不得正圆如竹，亦不得正方如界尺，当令内面小方而外落棱角，必令得刻已刃字，不甚邪转，唯使长三尺九寸耳。尺寸、度数、厚薄、形制并备如别图。寻古今尺长短不同，九章算法皆积毫厘之度。晋中书监荀勖善音律伎艺，常恨八音不调。后有人掘地得一玉律，铭题周世，短晋尺四分半，以改定音律，声韵合度。今宜用此尺为准，所以尔者，总真、桐柏并以周时作剑，用周尺也。

篆镮者，镂刻剑镮，镮左右面刻之，作刃字，面有九刃字也。镮背上刻作九己字也。深刻字皆从刃背而下，顺刃谓两边刃，及己字皆对；从刃背边起俱下就刃，故曰顺刃也，顺镮而刻之，随镮曲转，故曰顺镮也，谓刻处得以金银间之，益分明佳也。剑身刻象，镮中央复有竖起，如小手镮者，名之曰伏基。伏基之义，谓为日月之基隐秋光景也。内镮左面为日字。内镮者，即小镮之中伏基也。刻右面为月字，先又圆刻日月之外为郭也。五百年还出，以挥五岳，入以藏无间，谓潜灵遁迹，隐影藏形也。下以制九阴，谓可以摄召九阴之神也。上以承玄冥，谓北斗玄冥星主隐变也。卫足以逐邪魔，威足以鉴七精，谓控威秉势，鉴照七星也。仰以映五气，谓五行之气常栖映也。俯以代身化形矣。欲知剑之左右内外，以剑正指南，使剑背在上，使剑刃在下也。于是以东面右，西面为左，东为内面，西为外面。此剑尺度长短、广狭、厚薄，刻镂文字，乃太极四真人灵剑模范也。上清真人亦皆带剑，上清之剑，并是太极所造耳。故此经为太极之法，乃四真人定范，何必须昆吾之金、割玉之铤也？此盖明不必须精铁所存者，模范而已。王子乔剑，乃凡下之铁耳。乔山尸解之剑，非昆吾之流金也。轩辕驾龙玄圃，是步纲之卫为解化后，乃行前真，多有此例。此剑经前章也。太极上化符，以飞精书纸，盛以紫囊，欲去时以系剑鞘右，以曲晨飞精书剑右面，令至剑杪也。又太极篆形符以飞精书纸，临去之日服之，身生七色之云，自有电光。右以曲晨飞精书剑背，令皆两刃之际也。又太极解化符，恒日服一符，七年化去，朱书竹中帛秘要也。是合曲晨丹成，临欲解化时以题剑。七年以后，朱题剑亦能解化。

陶隐居曰：晋永嘉中，刘愐呼麦切奇识，亦云是异人作此剑，乃方佛符字殊细，设娄罗镮曰大乘法，而铁甚快利，宋来便恒供御卫，名曰刘愐钹尚千牛刀。同宝女已易去镮麾刻处，亦渐渐欲灭。又见有四五故镮，并相似如一，不知其剑身何在。东山顾居上亦造此剑。诸人有同时共制者，今犹存焉。大抵违谬不可具说，乃有铜铸作环，以钉铸着故刀。如此并可以类推。今此仪式，唯是陶隐居所匠深构心解，亦谓理极，未知必同太极模范不耳。凡试刃之利钝，取中形芒数枚急束，以一发悬其抄，系于杖头，令一人执之。乃以刃一斫，芒断而发犹连，计芒多少为优劣。刘愐铍千牛皆旧斫十三芒。又有一百炼刚刀斫十二芒，国中唯称此为绝。而近造神剑，斫十五芒。观其铁色青激，光彩有异，盖薛烛所谓涣如冰之将释者矣。顷来有作者十余人，皆不及此。作刚朴是上虞谢平，凿镂装治是石尚方师黄文庆，并是中国绝手。以齐建武元年甲戌岁八月十九日辛酉，建于茅山，造至梁天监四年乙酉，岁敕令造刀剑形供御用，穷极精功，奇丽绝世，别有横法刚。公家自作百炼，黄文庆因此得免隶役，为山馆道士也。《周礼》制剑长三尺，柄居五寸，是六分之一也。内刃广二寸半，重古秤一斤四两，今秤三斤十两也。今公家剑长四尺七寸，柄居一尺五寸，是三分之一小减也。刃广一寸六分，轻重不定。此宝剑长三尺九寸，广一寸四分。而经有刀剑两名。晋武帝大始十年，中书监荀勖及张华等校定钟律八音，不与古乐相谐。由汉来用尺渐长，乃更依《周礼》积黍法制尺，以量铸新器，募求古物，得周世正玉律，比之毫厘无差。因击古钟，以律命之，亦皆响合，兼以七钟古物相课皆会。又得汲冢竹简，亦长二尺四寸。于是施用，谓之古尺。阮咸听荀乐声以为高功，非兴国之音。咸亡，后有人掘地得铜尺，长荀尺古尺之四分半。时人以阮咸之解音，遂复施行，谓之官尺，令司农相承以制五尺，并取积寸以作斗斛也。宋元嘉中，大将军彭城王义康制物每欲广大，又加官尺寸半。民间复有相与用之，至今谓之为尚方。御府都水材官用尺，乃复长民一分，推如众例，则以古尺为胜。钟律宫商，自然响会，是合精神冥数。且周世有又二真剑之时，兼荀张穷极精巧，时又有束皙、雷焕之徒，妙贯神鬼，阮咸虽善音乐，而性度纵诞，不能清切，故以单缓为好耳，掘地铜尺犹应是后汉时物也，梁天监四年，又更校尺以调正钟律，定用张荀古尺半分，于事合衷。今施用名曰法尺。

又曰：若欲潜遁名山，随时观化，不愿真官，隐浪自足者，当修剑尸解之道，以曲晨飞精书剑左右面，先逆自托疾，然后当抱剑而卧也，谓先伪称疾。寝卧数日，乃密脱剑青囊，拔出题书及系符。都毕，于是抱之而祝，须天马迎至，解衣而游，勿令人知觉也。又以飞精蘖密拭剑镮，呼剑名字。祝毕，勿见太一以天马来迎于寝卧之前，于前上马。若女子，则以辎軿来迎。古来诸仙多有托以余物，或用竹杖，或巾屦。唯鲍靓用太清刀法，此神变欻恍，假类会形，不可以理趣相求，真奇事矣。天马者，吉光腾黄之兽也。古画图有此兽形，皆昔真人所显相传示也。吉光似鹿，腾黄类马，男则单骑，女则驾軿也。太极真人命太一使者赍马执控，并迎以宝衣。欻忽而来，不知所以然也。太一主仙蜂也，马去之时，虽众医侍疾，子孙满侧，则我易服束剑，流景变迹而不觉我之云为也。所谓化遁三辰，巅徊月精，呼吸万变，非复故形者也。

又曰：极上化符以飞精书纸，盛以紫囊。欲去时，以系剑镮，藏景符以飞精书纸，盛以绛囊。欲去时，以系剑鞘。诸仙人多以竹杖，不必尽得剑法。或是太清术耳，假物变化，不可一类求之。

又曰：夫修下尸解者，皆不得返望故乡。上解之道名配紫简，三官不得复窥其隙，但畜神剑，与之起居相随。十三年自能化形，不必须药书之，若不辩作药，七年之后，但以丹书剑，亦能潜化也。单行此法，似不得反故乡矣。自不及曲晨之妙精，吉光腾黄之延控也。虽单此，犹贤于太清杂法，兼得改形练化，游宴太极，其用他药得尸解，非是灵丸之化者，皆不得反故乡。反故乡，三官执之也。太清尸解之法，那得比太极之化遁乎？太清尸解法，五符中有太玄阴生符。又用牛脂煎锡药丸两事耳，无复余方也。佩用制剑之法，具在符图诀中。其后用解化之道，又非常修之事，故并不载。

太平御览卷第六百六十六 道部八

道士

《太霄经》曰：人行大道，谓之道士。又云：从道为事，故称也。周穆王因尹轨真人制楼观，遂召幽逸之人，置为道士。平王东迁洛邑，置道士七人。汉明帝永平年，置二十一人。魏武帝为九州置坛，度三十五人。魏文帝幸雍，谒陈炽法师，置道士五十人。晋惠帝度四十九人，给户三百。

《真诰》曰：刘翊字子相，后汉人也。世居颍川，家富，以济贫为事，为陈留太守。后去官，入山为道士。

又曰：淳于斟字叔顗，会稽人。汉桓帝时为县令，入山修道。

又曰：刘宽字文饶，后汉南阳太守，年七十三入华山，服丹枣。

又曰：王郎字法明，太原人也。入茅山，师陶隐居。以梁大通三年正月十四日化。隐居为制铭志，并设奠云："纡冕岂荣，随璜非宝。万里求真，缄兹内抱。"

又曰：陶弘景父真宝，清辩有才学，工草隶，闲骑射、药术。而陶隐居亦善隶书，虽效王书而别为一法，文章尺牍为世所重。

又曰：孙韬字文藏，会稽剡人也。入山师潘四明，参授真法，学摹写，遂大巧妙。后学王书，殊有深意，当时称之。南洞大碑及许长史坛碑，并是韬迹也。陶隐居手为经题，握中秘诀，门人罕能见之。唯传孙韬与桓阊二人而已矣。

又曰：朱仲尝于会稽卖珠，汉高后时人也。仲以素书倚酒于女几家。几盗写，学其术。

又曰：道士不欲临丧损神坏气，所以去世不仕，而独存焉。唯父母及师，不惧性命之伤，必临其丧，以此而伤是无伤也。

《抱朴子》曰：薛旅字季和，燕代人。周武王时，学道于钟山北河。经七试而不过者，由淫佚鄙滞败其试耳。

又曰：郭文举，河内轵县人。入陆浑山学道，独能无情意不生也。

又曰：吴大帝时，蜀中有李阿者，穴居不食，累世见之，号八百岁翁。人往问事，阿无所言，但占阿颜色。若欣然则事吉，若惨戚则凶，若含笑则大庆，微叹则深忧。如此候之，未曾不审也。一旦忽去，不知所之。

又曰：范零子少好仙道，如此积年。后遇司马季主，季主同入常山中。积七年，入石室北。东角有石瓮，或作石牖。季主出行，恳戒之曰："慎勿开。"零子忽发视之。季主还，乃遣归。后复召至，使守一铜匮，又戒勿发。零子复发之，季主乃遣之，遂不得道。

又曰：冯良者，南阳人。少作县吏，年三十为尉佐史。迎督邮，自耻无志，乃毁车杀牛，裂败衣帻，去，从师授《诗》、《传》、《礼》、《易》，复学道术占游候，十五年乃还。州郡礼辟不就，诏特举贤良高弟。半道委还家，年六十七弃世，东度八山，在鹿迹洞中。

又曰：安丘望之字仲都，京兆长陵人也。修尚黄老，汉成帝重其道德，常宗师之，愈自损退。成帝请之，若值望之章醮，则待事毕，然后往。《老子章句》有安丘之学。望之忽病笃，弟子公沙都与于庭树下，望之晓然有痊。时冬月，鼻闻李香，开目则见双赤李着枯枝。望之仰手承李，李自堕掌中。因食李，所苦尽除，身轻目明，遂去，莫知何在也。

《道学传》曰：燕济字仲微，汉明帝时人也。少好道德，不仕，周游名山。后居武当山，寝息无常所。或因积石，或倚大树，四时衣服不变。恒散发。亦有练巾。

又曰：鲍靓字太玄，上党人也。汉司隶鲍宣之后，禀性清惠，学通经史，修身养性，蠕而兖切动不犯。闻人之恶，如犯家讳，人多从授业。杨道化物，号曰儒林。

又曰：王嘉字子年，陇西人也，在东阳谷口凿岸穴居，其徒数百，各自穴处。为人貌短陋而聪察滑稽，有问世事善恶，终不直说，过率有验。

又曰：严遵字君平，蜀郡人也。修道自保，与人子言孝，与人臣言忠，与人弟言顺，各因其法，导之以善。

又曰：王远字方平，常降蔡经家。须臾，麻姑至，骑从半于方平。麻姑手爪如鸟，经私心曰："时背痒，得搔之佳也。"方平曰："姑神人，汝何遽此？"遂鞭之。经愿从方平学道，方平使背立，从后观之曰："心邪，不可教之仙道。"乃与度世术。

又曰：庾承仙字崇光，颍川人。明老庄，隐文江县白水台。立庐舍讲肄，儒士释老授其学。隐居江南，累诏不出。后来始兴讲《道德经》，剖析凝滞。

又曰：薛玉宝字延世，沛国人也。梁时师玄圃先生，以文章见美。善书翰，尝书一章于崇灵观道正省壁上，见者玩之也。

又曰：东乡宗超字逸伦，高密黟陬人也。尝露坛行道，奁中香尽，自然满溢。又炉中无火，而烟气自生，氤氲周遍，久之不歇。

又曰：张裕，天师十二世孙，起招真观植名果，尽山栖之趣。梁简文为制碑。

又曰：昔晋陵人钱妙真，于茅山燕口洞得道，门人立碑于茅山。劭陵王为观序，今具存焉。

又曰：梁武帝天监二年，置大小道正。平昌孟景翼，字道辅，时为大正，屡为国讲说。四年，建安王伟于座问曰："道家经教，科禁甚重，老子二篇，盟誓乃授，岂先圣之旨，非凡所说耶？"景翼曰："崇秘严科，正宗妙化。理在相成，事非乖越。"

又曰：刘法先，彭城人也。时顾欢着道经义，于孔德璋多有与夺。法先与书讨论同异。顾遂屈服，乃答曰："吾自古之遗狂，水火不避。得足下此箴，始觉醒悟。既往狂言，不足在怪。"又云：法先每见道释二众，亟相是非，乃着息争之论。顾欢又作《夷夏辩》。或及三科，论明释老同异。

又曰：张诜，吴郡嘉兴人也。善玄言，屡讲老子，修行上道，讨论上经，人自远来集也。诜寻求真秘，甚识宗尚。

又曰：陈景尚，吴人也。善讲诵，道释中皆不能及。制灵书经，大行于世。梁劭陵王甚重之，召景尚随王之郢，终于江夏。

又曰：桓闿字音舒，东海丹徒人也。梁初，昆仑山渚平沙中有三古漆笥，内有黄素写千君所出《太平经》三部，村人惊异于经所起，静供养，先呈陶隐居。隐居云："此真千君古本"。闿将经至都，便苦劳疟，诸治不愈。陶隐居闻云："此病非余，恐取经为咎，何不送经还本？"即依，二日送，寻愈。

又曰：曹宝字世珍，丹阳人。善为步虚两京冠，绝贵，游见者皆称赏焉。

又曰：严智明字惠识，晋陵人也。授性有善声，幼工诵咏声。明帝有疾，每引法众于内殿行道，闻智明咏经，甚怀赏悦，云疾为之愈。及法席既解，智明还外，帝中夜不安寝，敕呼智明对御转诵，即觉欢。

又曰：徐师子字德威，东海人也。陈武帝立宗灵大观，引德威为观主。后卒，文皇敕赍秘器葬焉。

《太平经》曰：严寄之字静处，丹阳句容人也。为道士，事亲至孝。住石渚观，母老，不敢远离。乃迎母，于观边立小屋，以尽温清。母终，毁瘠过礼，识者嘉之。

又曰：郗愔字方回，高平金乡人，为晋镇军将军。心尚道法，密自遵行。善隶书，与右军相埒。手自起写道经，将盈百卷，于今多有在者。

又曰：张孝秀以王元规笔迹妙巧，频相请屈。元规但玩泉石，终日抚琴啸咏，了不执笔。临还，止为行书数行而已。孝秀雅相推惮，弗敢固祈。今简寂馆长榜犹有笔迹也。

又曰：许思玄者，许远游之弟也。生而好道，儒雅知名。晋简文帝为俗外之交也。

又曰：任敦尚，博昌人。永嘉中，投茅山讲道集众。敦窃叹曰："众人虽云慕善，皆外好耳，未见真心可与断金者。"

又曰：晋陆纳为尚书令，时年四十，病疮，告杜恭云："弈世短寿，临终皆患此疮。"恭为奏章，又与云飞散谓纳曰："君命至七十。"果如其言。王右军病，请恭。恭谓弟子曰："右军病不差，何用吾。"十余日果卒。

又曰：蒋负刍，义兴人也，与晋陵薛彪之为俗外之交。去来茅山，有志栖托。齐永明中，暂下都。陶隐居一遇，便尽素契。陶后解绂结宇中茅，中茅山也。仍请负刍度岭相就，经典药术常共论之。

又曰：杨超字超远，东海人也。出入事陶隐居，往复与陶论难，得为入室。

又曰：诸慧开字智远，吴兴乌程人也。每以戒行自修，拯济为务。齐大明八年，天下饥馑，慧开有少谷实，乃悉分赈，乡邑赖之。有三人积饥食饱而致死，其家诉县，称慧开饲杀饿人，苦相诬谤。邑令笑曰："乞食饱死，反怨主人，法无此科。"遣而不问。

又曰：濮阳者，不知何许人。事道专心，祈请皆验。郑鯑音弟女足跛，阳疗之，寻差。晋简文废世子，无嗣，时使人祈请于阳。于是中夜有黄气起自西南，遥堕室，尔时李皇后怀孝武。

又曰：许迈字叔玄，少名映，后改名远游。志求仙道，入临安西山，经月不返，人亦不知人所之。先娶散骑常侍吴郡孙宏女为妻，迈居临安式中，为书谢遣其妻，云："欲闻悬雷之响，山鸟之鸣，自为萧韶九成，不能胜也。偶景青葱之下，栖息岩岫之室，以为殿堂广夏，不能过也。情愿所终，志绝于此，吾其去矣，长离别矣。"

又曰：褚伯玉字元璩，吴郡钱塘人。早慕冲虚，年十八，父为娶妇入前门，伯玉后门出，往剡，居瀑布山。性耐寒暑，在山三十余年，隔绝人事。一说云：伯玉初游南岳，路入闽中，飞湍走险。伯玉泊舟晚濑，冲飙忽起，山水暴至，激船上巅，崩落绝嶂。徒侣以为冰碎，缘阻寻求，见伯玉自若，以小杖拐舟，涉不测之泉，众以骇伏。入霍山而去。初隐瀑布山，齐高祖钦其风，欲与相见。辞以疾而去。帝追恨，诏瀑布山下立太平观，孔稚珪立碑。

又曰：张陵博学，及河洛天文，悉穷其妙，静处衡门，不求闻达。弹琴咏诗，顺志而已。

又曰：龙威丈人，山中得道者也。时人莫知其名，号曰山隐居。傲然不群，高绝人世。

又曰：陶弘景字通明，魏郡平阳人也。自号华阳隐居，常谓人曰："我心恒如悬镜，触物不遗。"好行阴德，拯济困穷，合施诸药，远近赖之。平生未尝昼眠，看书必至半夜。好闻松风之声，少绝肥羶。晚唯进䭃答、紫菜、生姜，饮酒能至一斗而断不醉也。

《老氏圣纪》曰：神医中岳仙人成公与，以姚氏泓十五年七月六日仙化，门徒欲厚葬之。与忽然重起曰，"道士绝累，与俗有殊，胡为哀哭厚葬？但建修斋功，此乃合太古淳真人法也。"言讫而化。明日中时，有叩石室者，门人出视，见两童子，引入户，公与欻起去。葬于巩县界洁素里。

又曰：孟道养字孝元，外名援，平昌人。少时闻有法席，不问远近，往观听焉。及长，性沉静，学专为己，不求闻达。闭户开窗，披书玩古。及入室，读诵声才出口，有刘缓、戴诜相造，研论窗玄理，各叹伏，以为迈绝。

又曰：吴猛字世云，豫章人也。性纯孝；夏夜在父母侧，不敢驱拂蚊纳，恐去己而集亲。年三十，邑人丁义士奉道以术传之，乡人隐铜为设酒，既去，酒在器中不耗。道士舒道云病疟比年，猛授以三皇诗使讽之，顿愈。尝还豫章，以白羽画江而渡。县东有石笥，历代未尝开。猛往发之，多得简碟，古字不可识。县南有峻石，时立千仞，猿狖不能上，猛仗策登之。县令新蔡千庆好畋猎，猛屡谏不听。后庆大猎，四面引火烘天，而猛坐草中自若，鸟兽依附左右，火不能及。庆大骇，因是悔。王敦于坐收猛，俄失之，敦大怒。是岁敦败。猛登庐山，见一叟坐树下，以玉杯承甘露授猛。又有玉房金室，见数人与猛语，若旧相识，设玉膏终日。猛又乘铁船于庐山顶。

又曰：钱妙真，晋陵人也。幼而好道，便欲离俗，亲族逼以适人，泣涕固免，遂居大小二茅山。后往燕口洞，手裁书并诗七章与陶隐居。

又曰：孔灵产，会稽山阴人也。遭母忧，以孝闻。宴酌珍羞，自此而绝。饘蔬布素，志毕终身。父见过毁恻然，命具馔。灵产勉从父命，咽以成疾。父以人有天性不可移，遂不复逼。深研道几，遍览仙籍。宋明帝于禹穴之侧立怀仙观，诏使居之。迁太中大夫，加给事。高帝赐以鹿巾猿裘竹素之器，手诏曰："君有古人之风，赐以林下之服，登泛之日，可以相存也。"

又曰：张绎字士和，吴郡人也。奖励学徒，整肃法事，屡讲众经，理致深密，词端华辩，当时所宗。梁武帝雅相钦赏。时陶隐居着《法检论》，明释老二教。绎往复讨论，甚有条理，隐居嘉焉。专心道法，居贫守约，善八体书，别制云篆。作《茅山南洞碑》，甚工。

又曰：宋文同字文明，吴郡人也。梁简文时，文明以道家诸经莫不敷释，撰《灵宝经义疏》，题曰谓之通门。又作《大义》，名曰《义渊》，学者宗赖，四方延请。长于着撰，讷于口辞。

又曰：王遂起，太原人，为集真观主。性少眠，纵卧熟，犹觉人语。言论相涉，即领其辞，莫不叹其清寤。

又曰：昼夜不卧，日月合光。